SCHÄFFER

POESCHEL

Hans J. Nicolini

Prüfungsvorbereitung Wirtschaftsfachwirt

Mit Original-IHK-Aufgaben

2., überarbeitete Auflage

2017
Schäffer-Poeschel Verlag Stuttgart

Autor:
Dr. Hans J. Nicolini arbeitet als Lehrbeauftragter an öffentlichen und privaten Einrichtungen. Seit über dreißig Jahren engagiert er sich in unterschiedlichen Funktionen in der kaufmännischen Fort- und Weiterbildung. Er ist Mitglied in mehreren Aufgabenerstellungs- und Prüfungskommissionen an verschiedenen Industrie- und Handelskammern.

Gedruckt auf chlorfrei gebleichtem, säurefreiem und alterungsbeständigem Papier

Bibliografische Information der Deutschen Nationalbibliothek
Die Deutsche Nationalbibliothek verzeichnet diese Publikation in der Deutschen Nationalbibliografie; detaillierte bibliografische Daten sind im Internet über http://dnb.d-nb.de abrufbar

Print: ISBN 978-3-7910-3528-4   Bestell-Nr. 20391-0002
PDF: ISBN 978-3-7910-3529-1   Bestell-Nr. 20391-0151

© 2017 Schäffer-Poeschel Verlag für Wirtschaft · Steuern · Recht GmbH
www.schaeffer-poeschel.de
service@schaeffer-poeschel.de

Umschlagentwurf: Goldener Westen, Berlin
Umschlaggestaltung: Kienle gestaltet, Stuttgart; Abbildung: Shutterstock
Satz: primustype Hurler GmbH, Notzingen
Druck und Bindung: C. H. Beck, Nördlingen

Printed in Germany

Januar 2017

Schäffer-Poeschel Verlag Stuttgart
Ein Tochterunternehmen der Haufe Gruppe

Vorwort zur 1. Auflage

Der IHK-Weiterbildungsabschluss »Geprüfter Wirtschaftsfachwirt/Geprüfte Wirtschaftsfachwirtin« hat sich in kürzester Zeit zu einer der – an der Zahl der Teilnehmenden gemessen – wichtigsten Prüfungen entwickelt. Die anspruchsvolle Prüfung bestätigt umfassende Kenntnisse in allen wesentlichen volks- und betriebswirtschaftlichen Themen, die Unternehmen von ihren Führungskräften erwarten.

Wirtschaftsfachwirte können deshalb in nahezu allen Unternehmensbereichen eingesetzt werden und ihre Kenntnisse und Fähigkeiten bei der Begleitung und Gestaltung der innerbetrieblichen Prozesse und Leistungen einbringen. Dazu benötigen sie die Fähigkeit zu unternehmerischem Denken, Kundenorientierung, die Bereitschaft zu eigenverantwortlichem Handeln und eine ausgeprägte Methodenkompetenz.

Das vorliegende Lehr-und Nachschlagewerk deckt die Inhalte des Rahmenplans und der Prüfungsordnung vollständig ab und kann deshalb zur unmittelbaren Vorbereitung auf die Prüfung dienen. Es kann darüber hinaus allgemein von Studierenden und Praktikern zur systematischen Weiterbildung genutzt werden.

Die Darstellung orientiert sich streng an dem IHK-Rahmenplan. Von der Gliederung wird nur dann vereinzelt abgewichen, wenn Mehrfachdarstellungen vermieden werden können oder die Erfahrungen mit den bisherigen Klausuren eine andere Schwerpunktsetzung sinnvoll erscheinen lassen. Wenn Themen für mehrere Fächer von Bedeutung sind, werden sie zusammenfassend dargestellt, um den Zusammenhang und die Logik erkennbar zu machen.

Konsequent wird darauf verzichtet, die Ausführungen über die geforderte notwendige Tiefe hinaus auszudehnen. Sie orientieren sich nicht an der wissenschaftlichen Diskussion, sondern an den Anforderungen, die in der Prüfung zu erwarten sind. Eine klare Schwerpunktsetzung erfolgt bei besonders kritischen Themen. In den juristischen Handlungsfeldern werden lediglich die relevanten grundlegenden Regelungen dargestellt, auf Besonderheiten wird bewusst verzichtet. Die Vorbereitung auf die Prüfung ist dadurch besonders konzentriert und zielorientiert möglich.

Weil der Rahmenstoffplan nichts Anderes vorsieht, beschränkt sich die Darstellung auf die nationalen Vorschriften, insbesondere wird im Rechnungswesen auf internationale Rechnungslegungsvorschriften nicht eingegangen.

Die konzentrierte Prüfungsvorbereitung, die unmittelbar vor der Prüfung eher auf Vollständigkeit als auf Tiefe ausgerichtet ist, wird durch ausgewählte gestalterische Elemente unterstützt:

▶ Bezeichnungen wurden reduziert und sprachlich angepasst.
▶ Kernaussagen sind in Merksätzen prägnant verdeutlicht.
▶ Zahlreiche Abbildungen machen die Ausführungen leichter zugänglich.
▶ Beispiele erleichtern den Transfer für die Prüfung.
▶ Gegenüberstellungen verdeutlichen die Unterschiede bei Sachverhalten, die typisch gegeneinander abgegrenzt werden müssen.

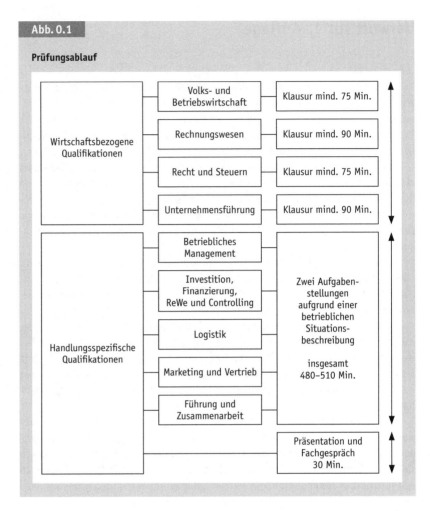

Abb. 0.1

Prüfungsablauf

- Aufzählungen lassen verschiedene Gesichtspunkte eines Themenfeldes übersichtlich erkennen.
- Die Nennung der Paragrafen vereinfacht die Nutzung der relevanten Gesetzestexte.
- Übungsaufgaben mit Lösungen ermöglichen eine Selbstkontrolle.
- Durch das umfangreiche Stichwortverzeichnis lassen sich auch Details komfortabel recherchieren.

Die Inhalte und der Ablauf der Prüfung sind in der »Verordnung über die Prüfung zum anerkannten Abschluss Geprüfter Wirtschaftsfachwirt/Geprüfte Wirtschaftsfachwirtin« i. d. F. vom 25. August 2009 (BGBl. I S. 2960) geregelt. Abbildung 0.1 stellt den dreigeteilten Ablauf aus Sicht der Teilnehmenden dar.
Entsprechend umfangreich und differenziert muss die Vorbereitung auf diese anspruchsvolle Prüfung sein. Die Qualifikationsinhalte der einzelnen Handlungsberei-

che dürfen dabei nicht isoliert betrachtet werden, sie bilden zusammen ein einheitliches Gesamtsystem.

Ein wesentliches Element stellen die Übungen zur Selbstkontrolle dar. Die Aufgaben aus IHK-Klausuren zum Geprüften Wirtschaftsfachwirt/zur Geprüften Wirtschaftsfachwirtin sind entsprechend gekennzeichnet. Bei der Auswahl wurden die verschiedenen möglichen Aufgabentypen berücksichtigt. Für die Fächer der Wirtschaftsbezogenen Qualifikationen sind Aufgabenstellung und Lösung unverändert. Den Klausuren zu den Handlungsspezifischen Qualifikationen ist im Original eine Beschreibung der Rahmenbedingungen vorangestellt, die für alle Aufgaben der jeweiligen Klausur gelten. Weil sie hier sinnvoll den Fächern zugeordnet sind, mussten die Aufgabenstellungen um die notwendigen Informationen ergänzt werden. Eine inhaltliche Veränderung ergibt sich dadurch nicht.

Um weitere mögliche Prüfungsthemen abdecken zu können, werden zusätzliche Aufgaben angeboten. Sie orientieren sich eng an den bisher vorliegenden Klausuren und können so ebenfalls mit der Art der Fragestellung vertraut machen.

Verlag und Autor wünschen allen Prüfungsteilnehmern viel Erfolg!

Köln, im März 2013 Dr. Hans J. Nicolini

Vorwort zur 2. Auflage

Nachdem der erfreuliche Erfolg der Prüfungsvorbereitung für Wirtschaftsfachwirte das eingeschlagene Konzept bestätigt hat, war es sinnvoll, in der neuen Auflage keine grundsätzlichen Änderungen vorzunehmen. Offensichtlich werden die Prüfungsthemen – auch in ihrer Gewichtung untereinander – angemessen prüfungsbezogen behandelt.

Neben einigen kleineren redaktionellen Verbesserungen sollen wenige Ergänzungen und Aktualisierungen den Nutzen nochmals verbessern. Zusätzliche Übungsmöglichkeiten erleichtern weiter die Prüfungsvorbereitung.

Köln, im Januar 2017 Dr. Hans J. Nicolini

Inhaltsübersicht

Inhaltsverzeichnis

Abkürzungsverzeichnis

AGG	Allgemeines Gleichbehandlungsgesetz
Abs.	Absatz
AEVO	Ausbilder-Eignungsverordnung
AG	Aktiengesellschaft
AG	Arbeitgeber
AGB	Allgemeine Geschäftsbedingungen
AktG	Aktiengesetz
AO	Abgabenordnung
ArbSchG	Gesetz über die Durchführung von Maßnahmen des Arbeitsschutzes zur Verbesserung der Sicherheit und des Gesundheitsschutzes der Beschäftigten bei der Arbeit
ArbZG	Arbeitszeitgesetz
Art.	Artikel
AStG	Gesetz über die Besteuerung bei Auslandsbeziehungen
Aufl.	Auflage
ÄZ	Äquivalenzziffer
BA	Betriebsausgaben
BAB	Betriebsabrechnungsbogen
BBiG	Berufsbildungsgesetz
BetrVG	Betriebsverfassungsgesetz
BGB	Bürgerliches Gesetzbuch
BGBl.	Bundesgesetzblatt
BIP	Bruttoinlandsprodukt
BMW	Bayerische Motoren Werke
BR	Betriebsrat
BUrlG	Bundesurlaubsgesetz
bzw.	beziehungsweise
ca.	circa
CBT	Computer Based Training
CR	Customer Relationship
CSCL	Computer Supported Cooperative Learning
D	Geplante Dauer eines Vorgangs
DB	Deckungsbeitrag
DBA	Doppelbesteuerungsabkommen
DIHK	Deutscher Industrie- und Handelskammertag
DIN	Deutsches Institut für Normung
DMS	Dokumentenmanagementsystem
DVD	Digital Video Disc, Digital Versatile Disc
e. G.	eingetragene Genossenschaft
EDV	Elektronische Datenverarbeitung
EFQM	European Foundation for Quality Management

EG	Europäische Gemeinschaft
EMAS	Eco- Management and Audit Scheme
EN	Europäische Norm
ErbSt	Erbschaftsteuer
EStDV	Einkommensteuer-Durchführungsverordnung
EStG	Einkommensteuergesetz
ESUG	Gesetz zur weiteren Erleichterung der Sanierung von Unternehmen
ESVG	Europäisches System Volkswirtschaftlicher Gesamtrechnungen
EU	Europäische Union
evtl.	eventuell
EWR	Europäischer Wirtschaftsraum
FAZ	Frühest möglicher Anfangszeitpunkt
FEZ	Frühest möglicher Endzeitpunkt
ff.	fortfolgende
FiBu	Finanzbuchhaltung
FMEA	Failure Mode and Effects Analysis (Fehler-Möglichkeiten-Einfluss-Analyse)
FördG	Fördergebietsgesetz
GATT	General Agreement on Tariffs and Trade
GbR	Gesellschaft bürgerlichen Rechts
GG	Grundgesetz
GKV	Gesamtkostenverfahren
GmbH	Gesellschaft mit beschränkter Haftung
GmbHG	Gesetz betreffend die Gesellschaften mit beschränkter Haftung
GoB	Grundsätze ordnungsmäßiger Buchführung
GuV	Gewinn- und Verlustrechnung
GWB	Gesetz gegen Wettbewerbsbeschränkungen
h	Stunde/-n
HGB	Handelsgesetzbuch
HR	Handelsregister
HRA	Handelsregister, Abteilung A
HRB	Handelsregister, Abteilung B
HWK	Handwerkskammer/-n
HwO	Handwerksordnung
i.Br.	im Breisgau
i. d. F.	in der Fassung
i. d. R.	in der Regel
i. e. S.	im engeren Sinne
i. H.v.	in Höhe von
i. S. d.	im Sinne des
i. V. m.	in Verbindung mit
IHK	Industrie- und Handelskammer/-n
Incoterms	International Commercial Terms
InsO	Insolvenzordnung
ISO	International Organization for Standardization

IWF	Internationaler Währungsfonds
Kap.	Kapitel
Kfz	Kraftfahrzeug
KG	Kommanditgesellschaft
KGaA	Kommanditgesellschaft auf Aktien
KLR	Kosten- und Leistungsrechnung
KrW-/AbfG	Kreislaufwirtschafts- und Abfallgesetz
KSchG	Kündigungsschutzgesetz
KSt	Körperschaftsteuer
KStG	Körperschaftsteuergesetz
KStR	Körperschaftsteuerrichtlinen
kWh	Kilowattstunde/-n
Lkw	Lastkraftwagen
LMBG	Lebensmittel- und Bedarfsgegenstände-Gesetz
LuL	Lieferungen und Leistungen
MarkenG	Gesetz über den Schutz von Marken und sonstigen Kennzeichen
MbD	Management by Delegation
MbO	Management by Objectives
ME	Mengeneinheit
Min.	Minute/-n
MoMiG	Gesetz zur Modernisierung des GmbH-Rechts und zur Bekämpfung von Missbräuchen
MTM	methods-time measurement
Nr.	Nummer
OHG	Offene Handelsgesellschaft
P	Pufferzeit
p. a.	per annum (jährlich)
PAG	Projektauftraggeber
PC	Personalcomputer
PERT	Program Evaluation and Review Technique
Pkw	Personenkraftwagen
PM	Projektmitarbeiter
POS	Point of Sale
PR	Public Relations
ProdHaftG	Gesetz über die Haftung für fehlerhafte Produkte
QFD	Quality Function Deployment
RAP	Rechnungsabgrenzungsposten
REFA	Verband für Arbeitsgestaltung, Betriebsorganisation und Unternehmensentwicklung (früher Reichsausschuß für Arbeitszeitermittlung)
ReWe	Rechnungswesen
RFID	Radio Frequency Identification
RHB	Roh-, Hilfs- und Betriebsstoffe
RIFID	radio-frequency identification
RoI	Return on Investment
RPZ	Risikoprioritätszahl

SAZ	Spätester Zeitpunkt, zu dem der Vorgang begonnen werden muss
SE	Societas Europaea
SEZ	Spätester Zeitpunkt, zu dem der Vorgang beendet sein muss
SGB	Sozialgesetzbuch
SMS	Short Message Service
Std.	Stunde/-n
StVO	Straßenverkehrsordnung
TA	Technische Anleitung
TPL	Teilprojektleiter
TQM	Total Quality Management
TransPuG	Gesetz zur weiteren Reform des Aktien- und Bilanzrechts, zu Transparenz und Publizität
TV	Television (Fernsehen)
TzBfG	Teilzeit- und Befristungsgesetz
u. a.	unter anderem
UG	Unternehmergesellschaft
UKV	Umsatzkostenverfahren
USP	unique selling position
USt	Umsatzsteuer
UStG	Umsatzsteuergesetz
usw.	und so weiter
UWG	Gesetz gegen unlauteren Wettbewerb
VDE	Verband der Elektrotechnik Elektronik Informationstechnik e. V.
VDI	Verein Deutscher Ingenieure
VG	Vermögensgegenstand/-gegenstände
VGA	Verdeckte Gewinnausschüttung
Vgl.	Vergleiche
VGR	Volkswirtschaftliche Gesamtrechnung
VHS	Video Home System
VO	Verordnung
VoIP	Voice over Internet Protocol
WBT	Web Based Training
WTO	World Trade Organisation
z. B.	zum Beispiel
z. T.	zum Teil
ZPO	Zivilprozessordnung

1 Volks- und Betriebswirtschaft

1.1 Volkswirtschaftliche Grundlagen

1.1.1 Markt, Preis und Wettbewerb

1.1.1.1 Volkswirtschaftliche Produktionsfaktoren

Zur Deckung des menschlichen Bedarfs in einer Volkswirtschaft dienen die Güter, die durch die Nutzung der volkswirtschaftlichen Produktionsfaktoren (vgl. Abbildung 1.1) hergestellt werden können:

Boden. Die gesamte genutzte Bodenfläche einschließlich der Bodenschätze. Sie ist nutzbar

- zum Anbau (Land- und Forstwirtschaft)
- zum Abbau von Bodenschätzen (z. B. Kohle, Kies, Erze)
- als Standort (z. B. für Produktionshallen, Straßen, Wohngebäude)

Arbeit. Das gesamte Arbeitskraftpotenzial kann nach unterschiedlichen Kriterien eingeteilt werden. Die Abbildungen 1.2 und 1.3 zeigen mögliche Einteilungskriterien.

Kapital. Produzierte Produktionsmittel, z. B. Maschinen und Anlagen, Gebäude und das Wissen in einer Volkswirtschaft.

Bildung. Z. B. Schulen, Berufsausbildung, Fortbildung, Wissenschaft und Forschung.

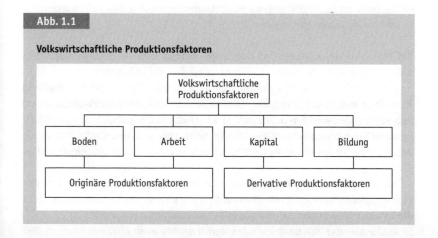

Abb. 1.1

Volkswirtschaftliche Produktionsfaktoren

Volkswirtschaftliche Produktionsfaktoren

Boden — Arbeit — Kapital — Bildung

Originäre Produktionsfaktoren — Derivative Produktionsfaktoren

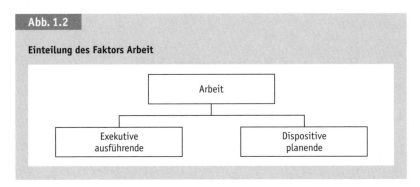

Abb. 1.2

Einteilung des Faktors Arbeit

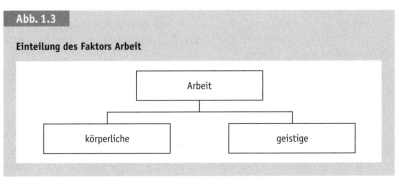

Abb. 1.3

Einteilung des Faktors Arbeit

1.1.1.2 Preisbildung auf den unterschiedlichen Märkten

Die Preisbildung vollzieht sich auf einem Markt. Am überzeugendsten ist wohl die Interpretation als Beziehungsgefüge, in dem Käufer und Verkäufer zu Tauschzwecken agieren.

Definition Markt

> Der Markt ist die Einrichtung, die für einen geplanten Tausch die Informationen und die Möglichkeiten bietet.

Die Interessen der Anbieter und Nachfrager werden über den Preis ausgeglichen, z. B. Wochenmarkt, Versandhandel, Internethandel, Aktienhandel.

Je nach Intention der Untersuchung ist eine präzisere Beschreibung sinnvoll. So kann der Markt danach eingegrenzt werden, welche Nachfrager am Marktgeschehen teilnehmen oder welche Verkäufer auftreten. Er kann unter geografischen Gesichtspunkten abgegrenzt werden oder nach dem Geltungsbereich bestimmter Regeln, die das Marktverhalten bestimmen. Unterschiedliche Einteilungsmöglichkeiten zeigt Abbildung 1.4.

Für die meisten Fragestellungen ist eine **Abgrenzung** sinnvoll, die sich an den Gütern orientiert, die auf einem Markt angeboten und nachgefragt werden, oder die die Zahl der Marktteilnehmer zu einem Abgrenzungskriterium macht.

Aus dem letzten Kriterium kann das **Marktformenschema** abgeleitet werden. Seit Langem ist bekannt, dass sich die Preisbildung völlig anders vollzieht, je nachdem

Abb. 1.4

Kriterien zur Marktabgrenzung

Kriterium	Ausprägung	Beispiel
Zugang	beschränkt	Schornsteinfeger
	unbeschränkt	
Organisation	Regelungen vereinbart	Börse, Auktion
	keine Regelungen	
Zahl der Anbieter	viele	Brot
	wenige	Kraftstoff
	einer	Spezialmedikament
Zahl der Nachfrager	viele	Brot
	wenige	Passagierflugzeuge
	einer	Panzer
Ort	Punktmarkt	Börse
	Flächenmarkt	Versandhandel
Zeitraum	begrenzt	Auktion
	unbegrenzt	Lebensmittel

Abb. 1.5

Marktformenschema

Nachfrager / Anbieter	einer	wenige	viele
einer	Bilaterales Monopol	Beschränktes Monopol	Monopol
wenige	Beschränktes Monopson	Bilaterales Oligopol	Oligopol
viele	Monopson	Oligopson	Bilaterales Polypol

ob auf einer Marktseite ein Teilnehmer auftritt, ob es wenige oder viele sind. Bezogen auf einen konkreten Markt muss ein einzelner Anbieter immer groß sein, viele Anbieter müssen kleine Anbieter sein. Daraus ergibt sich das Marktformenschema in Abbildung 1.5.

Dies ist eine sehr vereinfachte grobe Einteilung. Weitere Verfeinerungen des Schemas sind denkbar, z. B. für einen Markt, in dem es einen großen und viele kleine Anbieter gibt usw. Außerdem sind die Abgrenzungen nur scheinbar genau, etwa der Unterschied zwischen »wenige« und »viele« und damit zwischen Oligopol und Polypol.

Ein weiteres Problem ist die inhaltliche Marktabgrenzung.

Beispiel **Marktabgrenzung Motorräder**

Der Markt für Motorräder ist ein Oligopol, weil wenige Produzenten als Anbieter vielen Nachfragern gegenüberstehen. Motorräder konkurrieren aber sicher auch mit Motorrollern und Kleinwagen, so dass man fragen muss, ob die Hersteller von Kleinwagen- und Motorrollern eigentlich in den Markt einbezogen werden müssten. Kleinwagen wiederum konkurrieren aber zumindest teilweise mit Mittelklassewagen, so dass möglicherweise eine weitere Fassung der Marktgrenzen erforderlich wird.

Bedingungen vollkommener Markt

Die Preise bestimmen auf den Märkten das reale Austauschverhältnis der Güter. Um die Preisbildung auf einem Markt modellhaft darstellen zu können, müssen vereinfachende Annahmen getroffen werden. Ein Markt wird als **vollkommen** bezeichnet, wenn folgende **Bedingungen** erfüllt sind:

- **Sachliche Gleichartigkeit** der Güter. Es soll keinen Unterschied geben hinsichtlich Qualität, Verpackung, Aufmachung usw., die Güter sollen homogen sein.
- **Keine persönlichen Präferenzen.** Ein Kauf oder Verkauf darf nicht von den Sympathien gegenüber den beteiligten Personen abhängen.
- **Keine räumlichen Präferenzen.** Das Gut kann überall gekauft werden, weil ein einheitlicher Preis vorausgesetzt wird.
- **Keine zeitlichen Differenzierungen.** Nach dieser Bedingung ist ein Gut zur gleichen Zeit, mit gleichen Lieferfristen, gleicher Abfertigung und Bedienung erhältlich.
- **Viele Anbieter und Nachfrager.** Es existiert ein bilaterales Polypol.
- **Vollständige Markttransparenz.** Sie ist gegeben, wenn die Nachfrager über die Konditionen der Anbieter vollständig informiert sind und umgekehrt.
- **Unendliche Reaktionsgeschwindigkeit.** Bei den Entscheidungen der Marktteilnehmer gibt es keine Verzögerungen.
- **Keine Zugangsbarrieren.** Jeder kann ohne Investitionen zu tätigen am Marktgeschehen teilnehmen.

> Der vollkommene Markt ist ein theoretisches Modell, das die weitere Analyse vereinfachen soll.

In der Realität werden nur wenige Märkte die Bedingungen für den vollkommenen Markt wenigstens ansatzweise erfüllen wie z. B. die Wertpapierbörse und der Wochenmarkt.

Ein Markt wird als **unvollkommen** bezeichnet, wenn von den Homogenitätsbedingungen, also den ersten vier der oben genannten Kennzeichen, wenigstens eine nicht erfüllt ist.

Die typische Nachfrage auf einem vollkommenen Markt zeigt die Abbildung 1.6: Je höher der Preis ist, desto geringer wird die Nachfrage sein. Da eine eindeutige Abhängigkeit zwischen dem Preis und der nachgefragten Menge besteht, handelt es sich um eine **Nachfragefunktion**.

Diese Kurve muss keine Gerade sein. Dieser Verlauf wird hier lediglich angenommen, um die Darstellung zu vereinfachen.

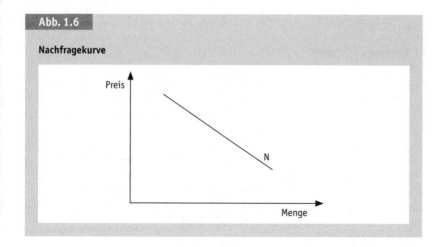

Abb. 1.6

Nachfragekurve

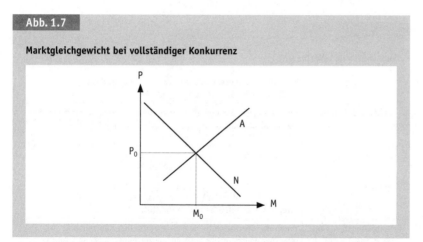

Abb. 1.7

Marktgleichgewicht bei vollständiger Konkurrenz

Die von den Verkäufern angebotenen Mengen sind ebenfalls vom Preis abhängig. Der Verlauf der **Angebotsfunktion** ergibt sich dadurch, dass bei höheren Preisen mehr, bei niedrigen Preisen weniger angeboten wird.

Unter den Bedingungen des vollkommenen Marktes stellt sich – theoretisch – ein Gleichgewicht ein. Aus dem Zusammenwirken von Angebots- und Nachfragefunktion ergibt sich der **Gleichgewichtspreis** P_0 und die **Gleichgewichtsmenge** M_0. Gleichgewicht bedeutet in diesem Zusammenhang, dass der betrachtete Markt keine Tendenzen zu Veränderungen aufweist, weil die angebotene Menge und die nachgefragte Menge bei diesem Preis gleich sind, nämlich M_0. Das Gleichgewicht liegt im Schnittpunkt der Angebots- und Nachfragekurve (vgl. Abbildung 1.7).

Der Preis, der sich auf einem Markt bildet, übernimmt unterschiedliche Funktionen. Abbildung 1.8 gibt einen Überblick.

Gleichgewicht von Angebot und Nachfrage

Abb. 1.8

Funktionen des Preises

Signalfunktion	Der Preis informiert über die Knappheit eines Gutes.
Lenkungsfunktion	Der erzielbare Preis lenkt die Produktionsfaktoren auf die Märkte, auf denen die größte Nachfrage herrscht.
Ausgleichsfunktion	Die Pläne der Haushalte und der Unternehmen werden in Übereinstimmung gebracht.
Erziehungsfunktion	Der Preis zwingt Konsumenten und Produzenten, die Güter sparsam zu nutzen.
Auslesefunktion	Unternehmen, die nicht zum Marktpreis anbieten können, müssen aus dem Markt ausscheiden.
Zuteilungsfunktion	Der Lebensstandard der Haushalte wird durch den Preis bestimmt.

Abb. 1.9

Funktionen des Wettbewerbs

Steuerungsfunktion	Unternehmen müssen ein Angebot entwickeln, das den Vorstellungen der Konsumenten entspricht.
Allokationsfunktion	Um niedrige Preise erreichen zu können, müssen sie Produktionsverfahren anwenden, die eine optimale Kombination der Produktionsfaktoren ermöglichen.
Innovationsfunktion	Sie werden deshalb neue Produktionsverfahren entwickeln, um neue oder verbesserte Produkte anbieten zu können.
Anpassungsfunktion	Sie reagieren flexibel auf die ständigen Änderungen in einer dynamischen Wirtschaft durch Anpassung ihrer Produktionsprogramme, -verfahren und -kapazitäten.
Verteilungsfunktion	Durch den Wettbewerb auf dem Arbeits- und Kapitalmarkt soll eine leistungsgerechte Einkommensverteilung gesichert werden.
Kontrollfunktion	Der Wettbewerb ist ein gesellschaftlich etabliertes Verfahren zur Begrenzung und Kontrolle wirtschaftlicher Macht.

1.1.1.3 Ziele und Instrumente der Wettbewerbspolitik

Wettbewerbspolitik soll volkswirtschaftlich oder sozial nicht gewollte Auswirkungen von wettbewerbsbeschränkenden Verhalten verhindern. Der Wettbewerb gewährleistet, dass sich durch das Zusammentreffen von Anbietern und Nachfragern auf den Märkten Preise bilden, die eine Steuerungsfunktion für den Austausch der Güter und Dienstleistungen haben. Ziel ist eine möglichst optimale Versorgung der Bevölkerung, um einen möglichst hohen Wohlstand zu erreichen. Abbildung 1.9 verdeutlicht, welche Funktionen der Wettbewerb übernimmt.

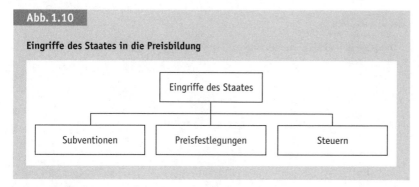

Abb. 1.10

Eingriffe des Staates in die Preisbildung

```
                    Eingriffe des Staates

  Subventionen      Preisfestlegungen      Steuern
```

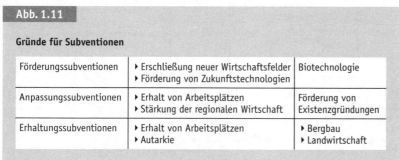

Abb. 1.11

Gründe für Subventionen

Förderungssubventionen	‣ Erschließung neuer Wirtschaftsfelder ‣ Förderung von Zukunftstechnologien	Biotechnologie
Anpassungssubventionen	‣ Erhalt von Arbeitsplätzen ‣ Stärkung der regionalen Wirtschaft	Förderung von Existenzgründungen
Erhaltungssubventionen	‣ Erhalt von Arbeitsplätzen ‣ Autarkie	‣ Bergbau ‣ Landwirtschaft

1.1.1.4 Eingriffe des Staates in die Preisbildung

Für den Staat bestehen verschiedene Möglichkeiten, in die Preisbildung auf den Märkten einzugreifen. Er wird das tun, um unerwünschte politische und gesellschaftliche Folgen der Marktergebnisse zu vermeiden.

Subventionen

> Subventionen sind Zuwendungen des Staates, die ohne direkte Gegenleistung entweder den Konsumenten oder den Produzenten zugutekommen.

Definition Subventionen

Sie bewirken, dass die Preise, die von den Konsumenten gezahlt werden, niedriger sind, als die Preise, die letztlich die Produzenten erhalten. Die Arten von Subventionen und ihre Begründungen werden in den Abbildungen 1.11 und 1.12 zusammengefasst. Subventionen werden kritisch betrachtet, weil sie das Marktergebnis verfälschen.

Höchst- und Mindestpreise

Zum Schutz der Marktteilnehmer können Höchst- und Mindestpreise festgesetzt werden. Gegenüber dem Gleichgewichtspreis entsteht dadurch ein Angebots- oder Nachfrageüberhang, denn im Gleichgewicht kann es weder einen Angebotsüberhang (= **Nachfragelücke**) noch einen Nachfrageüberhang (= **Angebotslücke**) geben (vgl. Abbildung 1.13).

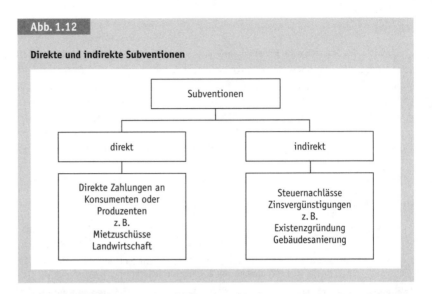

Abb. 1.12

Direkte und indirekte Subventionen

Ein **Mindestpreis** liegt oberhalb des Gleichgewichtspreises. Deshalb werden die Produzenten ihr Angebot erhöhen, während die Nachfrage zurückgeht. Weil aber der Preis garantiert ist, muss der Staat die nicht am Markt abgesetzte Menge aufkaufen. Mindestpreise dienen also dem Schutz der Produzenten, z. B. garantierte Abnahmepreise für Landwirte.

Mindest- und Höchstpreise führen zu Angebots- und Nachfrageüberhängen

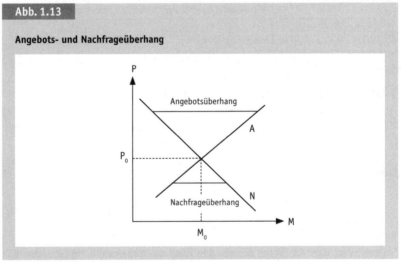

Abb. 1.13

Angebots- und Nachfrageüberhang

Höchstpreise liegen unterhalb des Gleichgewichtspreises. Bei dem niedrigeren Preis fragen die Nachfrager mehr nach, die Produzenten verringern aber ihr Angebot. Es entsteht ein Nachfrageüberhang. Höchstpreise dienen also dem Schutz der Konsumenten, z. B. Netzentgelte, Gebühren für Handygespräche mit dem Ausland.

Steuern

Durch die Erhöhung oder Senkung von Abgaben kann der Staat den Marktpreis beeinflussen, um unerwünschte Entwicklungen zu verhindern oder gewollte zu fördern.

> **Beispiele** **Staatliche Steuerung des Marktpreises**
> Die Erhöhung der Steuern auf Alkopops hat die Nachfrage einbrechen lassen.
> Durch die Ökosteuer werden bestimmte Formen des Energieverbrauchs verteuert, um einen Anreiz für die Nutzung von umweltschonenden Energieformen zu schaffen.

1.1.2 Volkswirtschaftliche Gesamtrechnung

In der volkswirtschaftlichen Gesamtrechnung werden die Güter- und Einkommensströme einer Volkswirtschaft in einer Periode erfasst und systematisch in einem Rechenwerk dargestellt. Dadurch erhält man für die Wirtschaftspolitik höchst bedeutende Informationen, etwa über die Höhe der Produktion oder die Einkommens- und Vermögensverteilung.

1.1.2.1 Bruttoinlandsprodukt und Bruttonationaleinkommen

Der am häufigsten verwendete Maßstab zur Beschreibung der wirtschaftlichen Entwicklung einer Volkswirtschaft ist das Nationalprodukt. Es soll die gesamten Ergebnisse der wirtschaftlichen Tätigkeiten in einer Periode (i. d. R. ein Jahr) im betrachteten Wirtschaftsraum beschreiben. Dazu werden alle Güter und Dienstleistungen, die in der Wirtschaftsperiode produziert worden sind, mit ihrem Marktpreis erfasst.

> Das Bruttoinlandsprodukt gibt den Wert aller Güter und Dienstleistungen an, die in einem Jahr in einer Volkswirtschaft erwirtschaftet worden sind. Bei seiner Ermittlung wird zwischen Entstehungs-, Verwendungs- und Verteilungsrechnung unterschieden.

Definition Bruttoinlandsprodukt

Entstehung

Für die Entstehungsrechnung (vgl. dazu Abbildung 1.14) wird das BIP in die Beiträge der einzelnen Wirtschaftsbereiche aufgeteilt. Die Höhe entspricht der Summe aus seinem Beitrag zur Wertschöpfung, den Abschreibungen und den indirekten Steuern abzüglich Subventionen.

Verwendung

Die Verwendungsrechnung (vgl. Abbildung 1.15) gibt Aufschluss darüber, in welchen Wirtschaftsbereichen das BIP verbraucht worden ist.

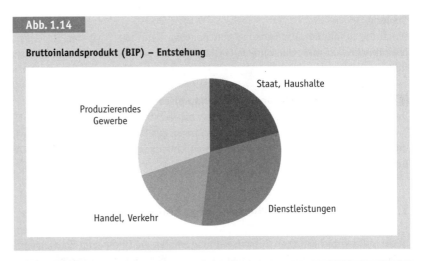

Abb. 1.14

Bruttoinlandsprodukt (BIP) – Entstehung

Staat, Haushalte

Produzierendes
Gewerbe

Dienstleistungen

Handel, Verkehr

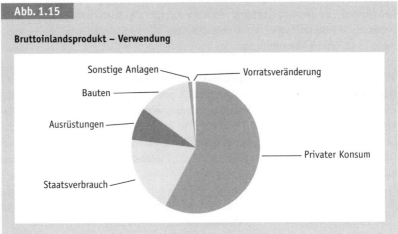

Abb. 1.15

Bruttoinlandsprodukt – Verwendung

Sonstige Anlagen

Vorratsveränderung

Bauten

Ausrüstungen

Privater Konsum

Staatsverbrauch

Bei der Interpretation ist zu beachten, dass die Verwendung konjunkturabhängig ist; aus einem Vergleich zweier aufeinanderfolgender Jahre dürfen deshalb keine Schlüsse auf langfristige Strukturveränderungen gezogen werden.

Verteilung

In einer Verteilungsrechnung wird nachgewiesen, welche Anteile das Einkommen aus unselbstständiger Tätigkeit einerseits und Einkommen aus Unternehmertätigkeit und Vermögen andererseits ausmachen (vgl. Abbildung 1.16).

Die Aufteilung in Arbeitnehmerentgelt und Unternehmens- und Vermögenseinkommen ist funktional und darf nicht personenbezogen gesehen werden. Ein großer Teil der Arbeitnehmer verfügt über Vermögenseinkommen, wenn auch oft in bescheidenem Rahmen. Andererseits können Personen, die ihrer Funktion nach eher dem Unternehmenssektor zugeordnet werden könnten, formal Arbeitnehmer sein.

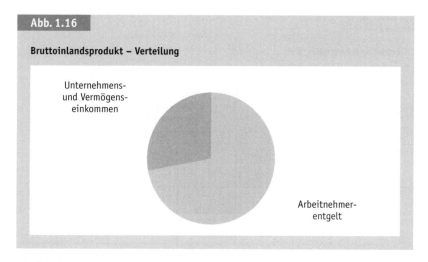

Abb. 1.16

Bruttoinlandsprodukt – Verteilung

Unternehmens-
und Vermögens-
einkommen

Arbeitnehmer-
entgelt

Beispiele **Arbeitnehmerentgelt, Vermögenseinkommen, Einkommen aus Unternehmertätigkeit**

Das Gehalt eines Vorstandsvorsitzenden einer großen Aktiengesellschaft wird unabhängig von seiner Höhe als Arbeitnehmerentgelt erfasst, weil er angestellt ist.

Die Zinsen auf ein – auch bescheidenes – Guthaben auf einem privaten Sparkonto werden als Vermögenseinkommen erfasst.

Ein Würstchenverkäufer im Fußballstadion erzielt Einkommen aus Unternehmertätigkeit, wenn er auf eigene Rechnung arbeitet. Ist er aber für einen anderen tätig, wird sein Einkommen als Arbeitnehmerentgelt berücksichtigt.

Nominales und reales Bruttoinlandsprodukt

Wird das Bruttoinlandprodukt **nominal** ermittelt, werden dabei die jeweiligen Marktpreise zu Grunde gelegt. Diese Preise verändern sich aber von einer Periode zur anderen, denn von mehr oder weniger hohen Preissteigerungen ist auszugehen. Abbildung 1.17 verdeutlicht den Effekt. Ein Teil der Veränderung des BIP ist also nicht auf die zusätzliche Produktion von Gütern und Dienstleistungen zurückzuführen, sondern auf Preissteigerungen. Zur Ermittlung des **realen** BIP werden die Preissteigerungen herausgerechnet.

Die Aussagefähigkeit des realen BIP ist höher als die des nominalen BIP.

Die Entwicklung des nominellen BIP wird durch Preissteigerungen verzerrt

1.1.2.2 Volkseinkommen

Das Volkseinkommen ist die Summe aller Erwerbs- und Vermögenseinkommen, die Inländern letztlich zugeflossen sind. Es umfasst das von Inländern empfangene Arbeitnehmerentgelt und die Unternehmens- und Vermögenseinkommen. Diese Größe wird üblicherweise für Verteilungsrechnungen genutzt.

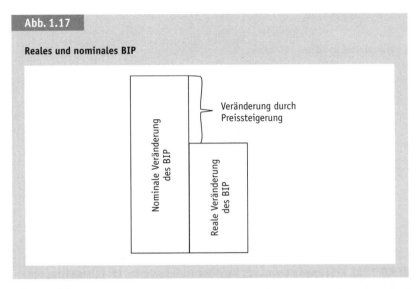

Abb. 1.17

Reales und nominales BIP

Veränderung durch Preissteigerung

Nominale Veränderung des BIP

Reale Veränderung des BIP

Lohn- und Gewinnquote werden als Anteile am Volkseinkommen ermittelt.

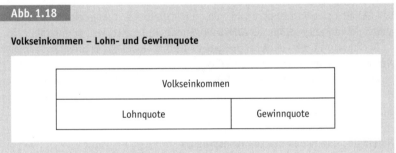

Abb. 1.18

Volkseinkommen – Lohn- und Gewinnquote

Volkseinkommen	
Lohnquote	Gewinnquote

Lohn- und Gewinnquote

Der Anteil der Arbeitnehmerentgelte am Volkseinkommen wird als Lohnquote bezeichnet. Entsprechend heißt der Anteil der Einkommen aus Unternehmertätigkeit und Vermögen Gewinnquote.

Volkseinkommen und verfügbares Einkommen

Das verfügbare Einkommen wird außerhalb des Regelwerkes der VGR ermittelt. Das Einkommen, das den Inländern tatsächlich für Konsum und Sparen zur Verfügung steht, ist geringer als das Volkseinkommen, denn vorab müssen die direkten Steuern, z. B. die Einkommensteuer, und die Arbeitnehmerbeiträge zur Sozialversicherung abgeführt werden.

Volkseinkommen
./.   direkte Steuern
./.   Arbeitnehmerbeiträge zur Sozialversicherung
=   Verfügbares Einkommen

Einkommensumverteilung

Die Interpretation der Lohn- und Gewinnquote ist eher schwierig, weil dem Staat vielfältige Instrumente zur Umverteilung der Einkommen zur Verfügung stehen. Die aus dem Produktionsprozess entstandene primäre Einkommensverteilung wird durch Transfers, Steuern, Abgaben und die Bereitstellung öffentlicher Güter verändert.

▸ Die **horizontale Umverteilung** erfolgt durch die Sozialversicherungssysteme. Prämien und Steuern werden einbezahlt und als Leistungen an die Anspruchsberechtigten ausgezahlt, z. B. Umlagefinanzierung in der Rentenversicherung, Pflegeversicherung.

▸ Die **vertikale Umverteilung** führt zu einem Transfer von Kaufkraft von einkommensstarken zu einkommensschwachen Gruppen, z. B. Progression in der Einkommensteuer, Wohngeld, Arbeitslosengeld.

▸ Die **funktionelle Einkommensverteilung** ist die Verteilung des Volkseinkommens in Arbeitnehmereinkommen und Unternehmer- und Vermögenseinkommen.

▸ Die **personelle Einkommensverteilung** ist die Verteilung des Volkseinkommens auf die privaten Haushalte.

1.1.3 Konjunktur und Wirtschaftswachstum

1.1.3.1 Ziele der Stabilitätspolitik

> Unter »Wirtschaftspolitik« versteht man jede zielgerichtete Einflussnahme auf die Wirtschaftsentwicklung.

Definition Wirtschaftspolitik

Sie wird nicht nur vom Staat oder der Zentralbank gemacht, sondern auch von den großen Interessenverbänden und im Extremfall sogar von einzelnen Wirtschaftssubjekten. Ihre Ziele sind in Deutschland eindeutig geregelt: Das »Gesetz zur Förderung der Stabilität und des Wachstums der Wirtschaft«, kurz **Stabilitätsgesetz** genannt, aus dem Jahre 1967 legt fest, welche Ziele (vgl. Abbildung 1.19) zu verfolgen sind.

Abb. 1.19

Ziele der Wirtschaftspolitik

Das »Magische Viereck«

Ziel	Messgröße	Angestrebter Wert
Stetiges und angemessenes Wirtschaftswachstum	Zunahme des BIP	3–4%
Stabilität des Preisniveaus	Preisindex	2%
Hoher Beschäftigungsstand	Kapazitätsausnutzung	möglichst hoch
Außenwirtschaftliches Gleichgewicht	Leistungsbilanzüberschuss	ausgeglichen

Zielbeziehungen –
Konflikt und Harmonie

Bei diesen vier Zielen spricht man vom **Magischen Viereck**, weil bei der Verfolgung dieser wirtschaftspolitischen Ziele Konflikte auftreten können, sie also nicht alle gleichzeitig im gleichen Ausmaß zu verwirklichen sind. Die Erfüllung des einen führt zu einer Nichterreichung des anderen Zieles.

Beispiel

Vollbeschäftigung und Preisniveaustabilität sind konkurrierende Ziele: Preisniveaustabilität ist nur erreichbar, wenn Arbeitslosigkeit in Kauf genommen wird.

Dieser **Zielkonflikt** lässt sich nur theoretisch verschieden lösen. Tatsächlich wird man einen Kompromiss anstreben, der dazu führt, dass beide Ziele nicht mit der möglichen Intensität verfolgt werden, dass aber auch gleichzeitig keines der Ziele vollkommen unberücksichtigt bleibt.

Bei anderen Zielkombinationen kann dagegen **Zielharmonie** bestehen, mit einer Maßnahme können also mehrere der genannten Ziele erreicht werden.

Beispiel

Wirtschaftswachstum und Vollbeschäftigung lassen sich parallel verfolgen.

Vom magischen Viereck
zum magischen Sechseck

Seit dem Inkrafttreten des Stabilitätsgesetzes 1967 haben sich die Werte in der Gesellschaft verändert und dadurch sind **neue Ziele** hinzugekommen, die allgemein akzeptiert, aber im Stabilitätsgesetz nicht genannt sind:

▸ gerechte Einkommens- und Vermögensverteilung sowie
▸ Umweltschutz.

Aus dem ursprünglichen magischen Viereck ist also in der Realität ein **magisches Sechseck** geworden.

1.1.3.2 Wirtschaftspolitische Maßnahmen und Konzeptionen

Geldpolitik

Definition Geldpolitik

> Die Geldpolitik umfasst alle Maßnahmen, mit denen die Zentralbank die Geldmenge sowie die Geld- und Kreditversorgung der Wirtschaft beeinflusst.

Ihre wichtigsten Ziele sind die

▸ Erhaltung des Binnenwertes des Geldes, also der Preisniveaustabilität sowie
▸ Erhaltung der Kaufkraft nach außen, also Sicherung der Wechselkurse.

Steuerungsinstrument ist hauptsächlich die umlaufende Geldmenge. Eine Verknappung der Geldmenge wird als restriktive Geldpolitik, eine Ausdehnung der Geldmenge als expansive Geldpolitik bezeichnet.

In Europa ist die Europäische Zentralbank für die Geldpolitik verantwortlich.

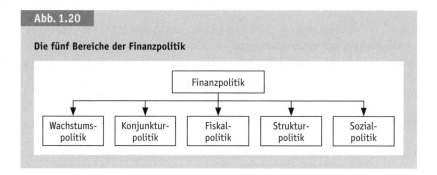

Abb. 1.20

Die fünf Bereiche der Finanzpolitik

```
                          Finanzpolitik

Wachstums-    Konjunktur-    Fiskal-    Struktur-    Sozial-
  politik       politik      politik    politik     politik
```

Finanzpolitik

> Die Finanzpolitik umfasst die Maßnahmen des Staates, die seine Einnahmen und Ausgaben beeinflussen.

Definition Finanzpolitik

Die Bereiche der Finanzpolitik zeigt Abbildung 1.20:

▸ Die **Wachstumspolitik** soll ein stetiges Wirtschaftswachstum ermöglichen. Dazu gehören alle Maßnahmen zur Förderung des Wettbewerbs und des technischen Fortschritts.

▸ Die **Konjunkturpolitik** zielt darauf ab, gesamtwirtschaftliche Schwankungen zu dämpfen, um eine kontinuierliche Wirtschaftsentwicklung zu erreichen.

▸ Durch die **Fiskalpolitik** soll die Veränderung der öffentlichen Einnahmen und Ausgaben zur Steuerung der konjunkturellen Entwicklung gelenkt werden.

▸ Maßnahmen der **Strukturpolitik** sollen negative Auswirkungen eines Strukturwandels entgegenwirken.

▸ Durch die **Sozialpolitik** soll ein Mindestmaß an sozialer Sicherheit erreicht werden. Dazu zählen die Sicherung eines ausreichenden Einkommens und die Leistungen der gesetzlichen Sozialversicherungen.

Tarifpolitik

> Tarifpolitik umfasst alle Maßnahmen zur Gestaltung von Tarifverträgen.

Definition Tarifpolitik

Tarifverträge regeln die konkrete Gestaltung der Arbeitsbedingungen in Bezug auf:

▸ die Entgeltfindung, z. B. Eingruppierung, Höhe des Entgelts, Zulagen, Zuschläge;

▸ die arbeitsrechtlichen Rahmenbedingungen, z. B. Urlaub, Altersversorgung, Pausenregelungen, freie Tage.

Sie werden zwischen einer Gewerkschaft und einem Arbeitgeberverband (Flächentarifvertrag) oder einem einzelnen Unternehmen (Haustarifvertrag) abgeschlossen. Die wesentlichen Rahmenbedingungen sind im Tarifvertragsgesetz (TVG) festgelegt.

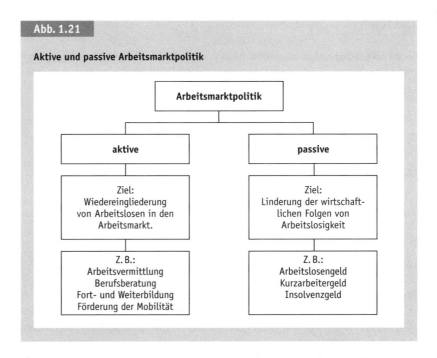

Abb. 1.21

Arbeitsmarktpolitik

Definition Arbeitsmarkt-
politik

> Durch die Arbeitsmarktpolitik sollen Angebot und die Nachfrage auf dem
> Arbeitsmarkt beeinflusst werden.

Abbildung 1.21 zeigt die Unterscheidung zwischen aktiver und passiver Arbeitsmarktpolitik.

Nach heutiger Auffassung sind auch die Förderung des Wirtschaftswachstums und
die Verbesserung der Wettbewerbsfähigkeit Teile der Arbeitsmarktpolitik, weil sie
Arbeitsplätze erhalten bzw. schaffen. Zuständig sind in erster Linie:

▸ der Gesetzgeber,
▸ die Bundesagentur für Arbeit,
▸ die Arbeitgeberverbände,
▸ die Gewerkschaften.

Vier Arten der Arbeitslosigkeit werden unterschieden:

Vier Arten der Arbeits-
losigkeit

▸ **Konjunkturelle Arbeitslosigkeit** entsteht in Abhängigkeit von den Konjunktur-
phasen.
Beispiel: Bei Rückgang der Konjunktur werden Arbeitnehmer entlassen oder
weniger eingestellt.
▸ **Saisonale Arbeitslosigkeit** entsteht in Abhängigkeit von den Jahreszeiten.
Beispiele: Skiliftbetreiber, Sommerkleidung, Spargelernte

▸ **Strukturelle Arbeitslosigkeit** entsteht durch grundlegende Veränderungen in Regionen oder bei bestimmten Berufen.
Beispiele: Druckereien benötigen keine Schriftsetzer mehr, durch Zechenschließungen im Bergbau verloren zahlreiche Mitarbeiter ihren Arbeitsplatz

▸ **Friktionelle Arbeitslosigkeit** entsteht, wenn der Wechsel von einer Arbeitsstelle zur nächsten nicht nahtlos erfolgt.

Umweltpolitik

Die gesellschaftliche Zukunftsaufgabe eines verstärkten Umweltschutzes ergibt sich aus der fortschreitenden Erschöpfung bzw. Verschlechterung der natürlichen Ressourcen.

> Ziele staatlicher Umweltpolitik sind die umfassende Verminderung der Emission von Schadstoffen und die Beeinflussung der wirtschaftlichen Zielvorstellungen der Wirtschaftssubjekte, um den dauerhaften Erhalt der Umwelt zu sichern.

Ziele der Umweltpolitik

Während die Umweltpolitik früher vor allem die Emissionen von Anlagen vermindern sollte, wird dieser Ansatz heute durch einen **produktbezogenen Umweltschutz** ergänzt. Dabei wird der gesamte Lebenszyklus eines Produktes betrachtet. Dazu gehören Rohstoffgewinnung, Herstellung, Transporte, Verschmutzung und Ressourcenverbrauch während der Nutzung und auch die anschließende Verwertung und Entsorgung.

Beispiele Produktbezogener Umweltschutz

Recycling, Nutzung nachwachsender Rohstoffe, Höchstgrenzen für den Schwefelgehalt leichter Heizöle, Festlegung von Grenzwerten bei Emissionen in die Luft, Lärmschutz, Begrenzung des Phosphatgehaltes in Waschmitteln.

Nachfrage- und angebotsorientierte Wirtschaftspolitik

Die Wirtschaftspolitik umfasst alle Maßnahmen, die das Wirtschaftsgeschehen zielgerichtet beeinflussen. Dazu ist eine grundlegende Konzeption notwendig, aus der die Instrumente einer rationalen Wirtschaftspolitik abgeleitet werden können. Grundsätzlich wird zwischen den Konzepten der Angebots- und Nachfragepolitik unterschieden. Die Abbildungen 1.22 und 1.23 fassen die beiden Ansätze zusammen.

> Die angebotsorientierte Wirtschaftspolitik orientiert sich an der Verbesserung der Investitionsbedingungen und der Produktionsstrukturen.

Angebots- versus nachfrageorientierte Wirtschaftspolitik

Sie soll die Rahmenbedingungen für die Unternehmen nachhaltig verbessern. Ihre Befürworter sind die Vertreter des Monetarismus, der bekannteste ist Milton Friedman.

Abb. 1.22

Angebotsorientierte Wirtschaftspolitik

Maßnahmen	Ziele	Probleme
Minderung der Staats-ausgaben	▸ Zinsen sinken ▸ Nachfrage steigt	Geringe öffentliche Investitionen
Senkung der Personalkosten	▸ Höhere Wettbewerbs-fähigkeit ▸ mehr Beschäftigung	▸ Nachfrage sinkt ▸ Arbeitslosigkeit wird exportiert
Senkung der Einkommensteuer	Höhere Leistungsanreize	Steigende Staats-verschuldung
Weniger Regulierung	▸ Kostensenkung ▸ Höhere Investitionen	▸ Soziale Standards sinken ▸ Lebensqualität sinkt

Abb. 1.23

Nachfrageorientierte Wirtschaftspolitik

Maßnahmen	Ziele	Probleme
Nachfrageprogramme	▸ Multiplikatorwirkung ▸ Wachstum entsteht	▸ Staatsverschuldung steigt ▸ Meist nicht ausreichend möglich.
Investitionszulagen	Investitionen steigen	Mitnahmeeffekte
Senkung der Zinsen	Investitionen steigen	Kapitalabfluss
▸ Lohnerhöhungen ▸ Steuersenkungen	Steigende Nachfrage	▸ Nachfrage fließt in ausländische Produkte ▸ Abfluss öffentlicher Mittel
Erhöhung der Sozial-transfers	Steigende Nachfrage	Verzerrung der Arbeitsmärkte
Aktive Arbeitsmarktpolitik	Niedrige Arbeitslosigkeit	Verzerrung der Arbeitsmärkte

Die nachfrageorientierte Wirtschaftspolitik geht davon aus, dass die gesamt-wirtschaftliche Nachfrage die Höhe der Produktion und den Grad der Beschäf-tigung bestimmt.

Der Staat hat danach mit seiner Fiskalpolitik steuernd so einzugreifen, dass eine nachhaltige Vollbeschäftigung erreicht wird. Der bekannteste Vertreter dieser Konzeption ist John Maynard Keynes.

Abb. 1.24

Gründe für internationalen Handel

Gründe für internationalen Handel		
Unterschiedliche Verfüg-barkeit von natürlichen Ressourcen	▸ Boden, ▸ Klima, ▸ Rohstoffe.	▸ Bananen, Kaffee, ▸ Erdöl, ▸ Chrom, Nickel.
Unterschiedliche natürliche Produktionsbedingungen	▸ Steinkohle, ▸ Getreide.	▸ Südafrika ↔ Ruhrgebiet ▸ Frankreich ↔ Norwegen,
Technologische Lücke	▸ Know-how, ▸ Fertigungsverfahren.	▸ Satelliten, ▸ Hochhäuser.
Kostendegression		Vereinbarung erforderlich
Unterschiedliche Faktor-ausstattung	▸ arbeitsintensive Produkte, ▸ kapitalintensive Produkte.	▸ Entwicklungsländer, ▸ Industrieländer.
Unterschiedliche Nachfrage		

Abb. 1.25

Freihandel und Protektionismus

	Maßnahmen	Ziele
Freihandel	▸ Abbau von Handelshemmnissen, ▸ gegenseitige Öffnung der Märkte.	Förderung des Exports
Protektionismus	▸ Aufbau von Handelshemmnissen, ▸ Abschottung des eigenen Marktes.	▸ Schutz von Arbeitsplätzen, ▸ Autarkie, ▸ Sicherung von Mindest-standards.

1.1.4 Außenwirtschaft

Der Handel mit anderen Ländern ermöglicht, die Vorteile internationaler Arbeits-teilung zu nutzen. Der Grund sind die unterschiedlichen Produktionskosten, die wiederum auf

▸ unterschiedliche Produktionsverfahren,
▸ unterschiedliche Faktorausstattung,
▸ unterschiedliches Nachfrageverhalten

zurückzuführen sind. Abbildung 1.24 verdeutlicht die Gründe mit Beispielen.

1.1.4.1 Freihandel und Protektionismus

Protektionismus und Freihandel sind zwei polare Konzepte zur Gestaltung der internationalen Wirtschaftsbeziehungen. Abbildung 1.25 verdeutlicht die Unter-schiede.

Regionale Freihandels-
zonen

Seit dem zweiten Weltkrieg wird die Liberalisierung des internationalen Handels vorangetrieben, insbesondere durch die Gründungen von GATT und WTO. Die Bildung von regionalen Freihandelszonen, von denen der Gemeinsame Markt der Europäischen Union die bedeutendste ist, hat zum Abbau von Zöllen und nichttarifären Handelshemmnissen beigetragen.

Durch die neuen Technologien im Kommunikations-, Informations- und Transportwesen sind zunehmend weltweite Märkte für Waren, Kapital und Dienstleistungen entstanden. Dieser Prozess der **Globalisierung** ermöglicht, die jeweils günstigsten Produktionsstandorte auszuwählen. Als Folge entstehen Märkte, auf denen Angebote und Nachfragen aus der ganzen Welt zusammentreffen.

> Unter ökonomischen Aspekten wird unter Globalisierung die fortschreitende Verflechtung des internationalen Handels und die Integration der nationalen Volkswirtschaften zu einem Weltmarkt verstanden.

Die zunehmende Vernetzung führt zu neuen Konflikten, aber auch zu neuen Formen der Zusammenarbeit. Die Liberalisierung und die starke Zunahme des internationalen Handels sind unmittelbare Ergebnisse der Globalisierung, die für die nationalen Volkswirtschaften von erheblicher Bedeutung sind:

Folgen der Globalisierung

- ▸ Der Wettbewerb um Marktanteile verschärft sich.
- ▸ Das Angebot wird größer und differenzierter.
- ▸ Produktionsstätten werden verlagert.
- ▸ Die Beschäftigung nimmt in den betroffenen Branchen ab.
- ▸ Bildung und Ausbildung der Bevölkerung bekommen einen höheren Stellenwert.
- ▸ Die Finanzmärkte werden weitgehend von der Realwirtschaft abgekoppelt.
- ▸ Konjunkturentwicklungen auf den internationalen Märkten beeinflussen die nationalen Konjunkturen.
- ▸ Die internationale Preisentwicklung beeinflusst das nationale Preisniveau.

Abbildung 1. 26 fasst die Aspekte der Globalisierung zusammen.

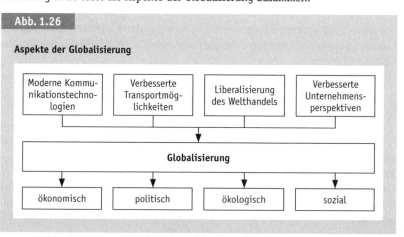

Abb. 1.26

Aspekte der Globalisierung

| Moderne Kommunikationstechnologien | Verbesserte Transportmöglichkeiten | Liberalisierung des Welthandels | Verbesserte Unternehmensperspektiven |

Globalisierung

| ökonomisch | politisch | ökologisch | sozial |

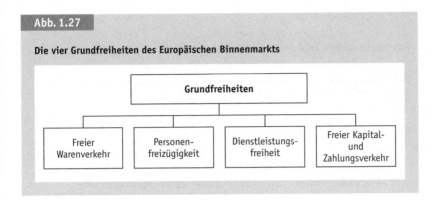

Abb. 1.27

Die vier Grundfreiheiten des Europäischen Binnenmarkts

Grundfreiheiten

- Freier Warenverkehr
- Personenfreizügigkeit
- Dienstleistungsfreiheit
- Freier Kapital- und Zahlungsverkehr

Als **Kritik** an der fortschreitenden Globalisierung werden genannt:

▸ Menschenrechte werden weniger kontrollierbar.

▸ Ökologische Mindeststandards können unterlaufen werden.

▸ Internationale Konzerne beeinflussen aufgrund ihrer wirtschaftlichen Macht politische Prozesse.

▸ Freier Wettbewerb führt auf dem Arbeitsmarkt zu Niedriglöhnen.

▸ Deshalb kann soziale Sicherheit immer weniger garantiert werden.

▸ Verlagerung von Arbeitsplätzen in Länder mit niedrigen Standards.

▸ Die Abhängigkeit der Entwicklungsländer nimmt zu.

Kritik an der Globalisierung

1.1.4.2 Besonderheiten der EU

Europäischer Binnenmarkt

Der gemeinsame Binnenmarkt der Mitgliedstaaten der Europäischen Union ist mit 28 Mitgliedstaaten (Das Vereinigte Königreich wird die EU voraussichtlich verlassen.) der größte gemeinsame Markt der Welt. Er beruht auf vier Grundfreiheiten (vgl. Abbildung 1.27).

Die vier Grundfreiheiten des EU-Binnenmarkts

▸ **Freier Warenverkehr:** Der Handel zwischen den Mitgliedstaaten unterliegt grundsätzlich keinen Beschränkungen.

▸ **Personenfreizügigkeit:** Arbeitnehmer haben die Möglichkeit, in einem anderen Land als dem Heimatland zu wohnen und zu arbeiten. Dazu gehören das Aufenthaltsrecht und auch der Abbau von Passkontrollen.

▸ **Dienstleistungsfreiheit:** Jeder Unternehmer aus einem Mitgliedstaat darf seine Leistungen auch in anderen EU-Staaten anbieten und durchführen.

▸ **Freier Kapital- und Zahlungsverkehr:** Transfers von Geld und Wertpapieren unterliegen keinen Beschränkungen. Das gilt auch gegenüber Drittstaaten.

Europäische Währungsunion

Die Europäische Währungsunion ergänzt den Europäischen Binnenmarkt durch eine gemeinsame Währung. Seit 1999 ist der Euro die gemeinsame Währung, die derzeit in 19 Staaten der Europäischen Union eingeführt ist. Die Vor- und Nachteile der gemeinsamen Währung (vgl. Abbildung 1.28) werden unterschiedlich gesehen.

Abb. 1.28

Vor- und Nachteile der Europäischen Währungsunion

Vorteile	Nachteile
Niedrigere Transaktionskosten, weil der Umtausch entfällt.	Unterstützung von wirtschaftlich schwachen Regionen erforderlich.
Größere einheitliche Absatzmärkte.	Standortvorteile schwächerer Länder durch niedrige Lohnkosten.
Anlagen sind gegen Währungs-schwankungen gesichert.	Geldpolitische Zielgrößen (z. B. die Geld-menge) sind schwieriger festzulegen.
Vereinfachte Buchführung.	Gefahr der Verringerung der Geldwert-stabilität.
Vereinfachung des Vordringens auf ausländische Märkte.	Einzelne Länder beeinflussen durch ihre Wirtschaftspolitik den Euro-Kurs.
Höheres internationales Vertrauen in die Währung.	Die Anpassungsfunktion der Wechselkurse wird geschwächt.
Attraktivität für ausländische Direktinvesti-tionen steigt auf einem größeren Markt.	
Harmonisierungsbestrebungen in anderen Bereichen werden unterstützt.	

1.2 Betriebliche Funktionen und deren Zusammenwirken

Die betrieblichen Funktionen sind abgegrenzte Aufgaben- und Verantwor-tungsbereiche der betrieblichen Organisationsstruktur. Sie dienen dem ge-meinsamen Zweck, Güter und Dienstleistungen zu erstellen, um damit die Interessen der Kunden zu befriedigen.

Die betrieblichen Grundfunktionen ergeben sich direkt aus den Marktbeziehungen. Querschnitt- und Servicefunktionen verfügen zwar nicht über diese direkte Markt-beziehung, ohne sie wäre aber die Teilnahme des Unternehmens am Marktgeschehen nicht möglich. Abbildung 1.29 zeigt die typische Einteilung mit Aufgabenbereichen.

Die Leitung des Unternehmens ist verantwortlich für das Zusammenwirken der Funktionsbereiche, die in spezifischer Weise in Beziehung miteinander stehen. Dieses System muss aktiv gestaltet werden, damit die operationalisierten **Unter-nehmensziele** erreicht werden können.

Abb. 1.29

Betriebliche Funktionen

Grundfunktionen		Querschnitts- und Servicefunktionen	
Forschung und Entwicklung		Personal	▸ Personalbeschaffung, ▸ Personalführung, ▸ Personalverwaltung, ▸ Aus- und Weiterbildung.
Beschaffung	▸ Material, ▸ Personal, ▸ Lieferantenauswahl.	Finanzen	▸ Buchführung, ▸ Jahresabschluss, ▸ Kostenrechnung.
Produktion	▸ Arbeitsvorbereitung, ▸ Herstellung, ▸ Qualitätskontrolle.	Information	▸ Controlling, ▸ Statistik.
Absatz	▸ Marktanalyse, ▸ Marketing, ▸ Verkauf.	Logistik	▸ Lager, ▸ Versand.

1.3 Existenzgründung

Selbstständigkeit ist die Berufstätigkeit auf eigenes finanzielles und soziales Risiko. Das schließt die Verantwortung und die Übernahme der Konsequenzen für das eigene Handeln ein, aber auch für das Unterlassen.

Definition Selbstständigkeit

Die Ziele einer selbstständigen Tätigkeit aus Sicht der Existenzgründer sind:
▸ höhere Eigenverantwortung,
▸ Unabhängigkeit von Vorgesetzten,
▸ höheres Einkommen,
▸ Vermeidung von Arbeitslosigkeit sowie
▸ ein höherer gesellschaftlicher Status.

1.3.1 Gründungsphasen

Nach der grundsätzlichen Entscheidung für die Selbstständigkeit ergeben sich unterschiedliche Wege, aber in der Regel laufen die Vorbereitungen in vier Phasen ab:
▸ **Orientierung.** Die Überlegungen zur eigenen Geschäftsidee bestimmen die folgenden Schritte, denn sie haben Auswirkungen auf die Finanzierung, die Organisation, notwendige Genehmigungen und Anmeldungen.
▸ **Konzeption und Planung.** Nach der Entscheidung für eine Geschäftsidee wird ein detailliertes Geschäftsmodell ausgearbeitet. Das Ergebnis ist der **Businessplan**.
▸ **Umsetzung.** Mit der anschließenden Umsetzung beginnt die praktische unternehmerische Tätigkeit.

▸ **Festigung.** Um den unternehmerischen Erfolg dauerhaft zu sichern, werden sämtliche Funktionsbereiche auf ihre Effizienz und Effektivität hin überprüft und gegebenenfalls die notwendigen Veränderungen veranlasst.

1.3.2 Voraussetzungen der Existenzgründung

Selbstständige müssen mehrfach qualifiziert sein. Selbstverständlich müssen die fachlichen Voraussetzungen gegeben sein, darüber hinaus sind aber weitere **Kenntnisse** und **Eigenschaften** unverzichtbar:

▸ Eigeninitiative,
▸ Verantwortungsbewusstsein,
▸ berufliche Erfahrung,
▸ Branchenkenntnisse,
▸ Entscheidungsfreudigkeit,
▸ Risikobereitschaft,
▸ Realitätsbezug beim Planen,
▸ Kreativität,

▸ Einsatzbereitschaft,
▸ Stressresistenz,
▸ berufliche Qualifikationen,
▸ betriebswirtschaftliche Grundkenntnisse,
▸ Überzeugungs- und Durchsetzungskraft,
▸ Belastbarkeit,
▸ Frustrationstoleranz sowie
▸ Führungserfahrung.

Bereitschaft zur Fortbildung notwendig

Weil diese Vielfachqualifikationen nur selten vorliegen, ist die Bereitschaft zu Fort- und Weiterbildung eine weitere wichtige Voraussetzung für den Erfolg einer Existenzgründung.

1.3.2.1 Risiken der Existenzgründung

Die betrieblichen und persönlichen Risiken, die mit dem Schritt in die Selbstständigkeit verbunden sind, können durch eine ehrliche Selbsteinschätzung minimiert werden. **Betriebliche Risiken** sind in dem mangelnden Wissen über wirtschaftliche Zusammenhänge und Abläufe begründet:

▸ Der Umfang der notwendigen finanziellen Ausstattung wird oft falsch ermittelt.
▸ Gründer sind verständlicherweise von ihrer Idee überzeugt und gehen davon aus, dass andere ihre Einschätzung teilen. Die Erwartungen über die Akzeptanz und die Nachfrage sind dann oft zu optimistisch.
▸ Fehlende Marktkenntnis führt zu einer Fehleinschätzung der Konkurrenz.
▸ Konjunkturschwankungen wirken sich besonders stark aus, wenn eine Abhängigkeit von einem oder wenigen Produkten besteht.
▸ Fehlende Erfahrung und mangelnde Analyse der Arbeitsabläufe führen zu Fehlern bei der Aufbauorganisation.

Angesichts dieser betrieblichen Risiken kommt der **Unternehmerpersönlichkeit** eine besondere Bedeutung zu:

▸ Branchenerfahrung ist bei jeder Gründung unerlässlich und in der Regel die Voraussetzung für den Erfolg des neuen Unternehmens.
▸ Die konsequente Einhaltung der Planungen erfordert eine Überzeugung, die auch durch erste Schwierigkeiten nicht erschüttert werden darf.

▸ Die Leistungsfähigkeit wird zu optimistisch eingeschätzt. Wenn der Umsatz im Verhältnis zu den Investitionen und den fixen Kosten zu niedrig ist, wird sich kein dauerhafter Erfolg einstellen.

▸ Besonders bei kleinen Unternehmen – und damit bei den meisten Gründungen – können Probleme im privaten Bereich den Erfolg nachhaltig gefährden.

Von allen Risiken ist die finanzielle Ausstattung das bedeutendste, weil

▸ es durch Verringerung von anderen Risiken nicht kompensierbar ist.

▸ sich die anderen Risiken mittelbar oder unmittelbar auf die finanzielle Situation auswirken.

▸ es stärker als andere Risiken unmittelbar zur Existenzgefährdung führen kann.

Existenzgründer müssen deshalb das finanzielle Risiko durch eine angemessene Finanzausstattung möglichst gering halten.

Durch sorgfältige **Beratung** und Planung im Vorfeld der Gründung können die Gefahren für ein Scheitern identifiziert und minimiert werden.

Beratung minimiert Risiken

1.3.2.2 Geschäftsidee

Es gibt keine Geschäftsidee, die sich für alle Gründer eignet. Jeder bringt unterschiedliche Fähigkeiten und Voraussetzungen mit. Persönliche Interessen, Erfahrungen und Kontakte spielen ebenso eine Rolle wie die finanziellen Möglichkeiten:

▸ Auch in traditionellen und gesättigten Märkten können **Marktlücken** aufgespürt werden. Es gibt kaum ein Produkt, das nicht zu verbessern oder weiterzuentwickeln wäre.

▸ Ein Erfolg versprechendes Vorgehen bei Neugründungen ist die **Übernahme von Geschäftsideen** aus anderen Branchen oder anderen Ländern.

▸ Die frühe Ausnutzung von Ergebnissen des technischen Fortschritts und ihre Umsetzung in neue, bisher **nicht vorhandene Produkte** und Verfahren können zu einer sicheren Geschäftsidee führen.

▸ Durch frühzeitiges Aufspüren **neuer Trends**, Vorlieben der Kunden oder neuer gesetzlicher Möglichkeiten können ebenfalls gute Voraussetzungen für eine erfolgreiche Neugründung geschaffen werden.

1.3.2.3 Businessplan

Jede Geschäftsidee wird individuell entwickelt und umgesetzt. Ein Businessplan zwingt den Gründer, seine Geschäftsidee **systematisch** in all ihren Ausprägungen zu beschreiben. Er soll alle wichtigen Aspekte der Neugründung enthalten und veranschaulichen, wie und womit das neue Unternehmen den angestrebten Erfolg erzielen will.

Der Geschäftsplan dient vier wesentlichen Zielen:

▸ **Qualifizierung.** Alle erfolgsrelevanten Bereiche des Unternehmens werden nochmals genau analysiert.

Ziele des Businessplans

▸ **Überprüfung.** Detaillierte Prüfung des Vorhabens und eventueller Alternativen.

▸ **Planung.** Grundlage für die Realisierung und Umsetzung.

▸ **Finanzierung.**

Der Geschäftsplan bietet zunächst einen kurzen Überblick über das geplante Vorhaben auf ca. drei Seiten. Ein ausführlicherer Teil enthält dann auf 20 bis 30 Seiten
detaillierte Angaben. Abbildung 1.30 gibt einen Überblick über die wesentlichen
Bestandteile.

Abb. 1.30

Bestandteile eines Geschäftsplans

Historie	▸ Gründer, ▸ Gründungsdatum, ▸ Unternehmensgeschichte.
Unternehmensorganisation	▸ Rechtsform, ▸ Statuten, Verträge, ▸ Beteiligungen, ▸ Kapitalstruktur, Kapitalgeber.
Beschreibung des Vorhabens	▸ Unternehmenszweck, ▸ Beteiligungen, ▸ Standort.
Marktforschung	▸ Marktpotenzial, ▸ Abgrenzung von Konkurrenten, ▸ Entwicklungspotenzial.
Produktstrategie	▸ Kundennutzen, ▸ Alleinstellungsmerkmale, ▸ Stärken und Schwächen, ▸ Schutzrechte, ▸ Konkurrenz, ▸ Weiterentwicklungen.
Preisstrategie	▸ Wettbewerbssituation, ▸ Kostenplanung, ▸ Besondere Konditionen.
Kommunikationsstrategie	▸ Zielgruppe, ▸ Werbemaßnahmen, ▸ Öffentlichkeitsarbeit.
Distributionsstrategie	▸ Zielgruppen, ▸ Vertriebskanäle.
Management	▸ Motive der Gründer, ▸ Qualifikation, ▸ Position im Unternehmen, ▸ Anteile am Unternehmen.
Organisation	▸ Personalausstattung, ▸ Lohnpolitik, ▸ Logistik.
Finanzplanung	▸ Kapitalbedarfsplan, ▸ Eigen- und Fremdmittel, ▸ Investitionsplanung, ▸ Liquiditätsplanung, ▸ Rentabilitätsvorschau, ▸ Kostenstruktur, ▸ Fremdproduktion, ▸ Materialeinkauf.
Chancen und Risiken	▸ Ausfall des Managements, ▸ Störung oder Ausfall der Produktion, ▸ Produkthaftpflicht, ▸ Gesetzesänderungen, gesetzliche Auflagen, ▸ Markttrends, konjunkturelle Entwicklung.

1.4 Rechtsformen

Die Wahl der Rechtsform ist von erheblichem Einfluss auf die zukünftigen Möglichkeiten des Unternehmens. Wichtige **Entscheidungskriterien** sind:

> Entscheidungskriterien für die Wahl der Rechtsform

- ▸ Haftung,
- ▸ Leitungsbefugnis,
- ▸ Gewinnverteilung
- ▸ Mitbestimmungsregelungen,
- ▸ Mindestkapitalausstattung,
- ▸ Finanzierungsmöglichkeiten,
- ▸ Steuerbelastung,
- ▸ Publizitätspflichten,
- ▸ Gründungskosten,
- ▸ Kosten der Rechtsform,
- ▸ Ansehen der Rechtsform.

1.4.1 Einzelunternehmen

Bei einem Einzelunternehmen führt und vertritt der Inhaber das Unternehmen, er trägt das gesamte Risiko und haftet mit seinem ganzen – auch privaten – Vermögen. Das gesamte benötigte Kapital wird von ihm alleine aufgebracht. Eine Mindestkapitalausstattung ist nicht vorgeschrieben. Das Unternehmen ist Teil des Gesamtvermögens des Eigentümers. Die Vor- und Nachteile sind in Abbildung 1.31 gegenübergestellt.

1.4.2 Personengesellschaften

Die Bezeichnung fasst Unternehmensformen zusammen, in denen die Gesellschafter **persönlich haften**. Personengesellschaften haben keine eigene Rechtspersönlichkeit.

Abb. 1.31

Vor- und Nachteile von Einzelunternehmen

Vorteile	Nachteile
Alleiniges Entscheidungsrecht, evtl. Mitbestimmungsregelungen.	Qualität der Entscheidungen wird nicht geprüft.
Anspruch auf den vollständigen Gewinn.	Hohes Risiko wegen unbeschränkter Haftung.
Kein Mindestkapital erforderlich.	Schwierige Kapitalbeschaffung.
Keine Gründungsvorschriften, evtl. Anmeldungen erforderlich.	
Hohe Motivation.	

Abb. 1.32

Vor- und Nachteile einer Gesellschaft bürgerlichen Rechts

Vorteile	Nachteile
Kein Mindestkapital erforderlich.	Haftung auch mit Privatvermögen.
Kein Eintrag ins HR erforderlich.	Hohes Vertrauen erforderlich.
Sehr einfache Gründung.	Zu jeder Entscheidung Zustimmung aller erforderlich.
Vertragsgestaltung frei.	Bei Streitigkeiten schwierige Beweislage.
Kostengünstig.	

Gesellschaft bürgerlichen Rechts

Die Gesellschaft bürgerlichen Rechts (GbR) ist die Grundform der Personengesellschaften. Sie ist ein Zusammenschluss von mindesten zwei natürlichen und/oder juristischen Personen, um einen gemeinsamen beliebigen Zweck zu erreichen. Die Vor- und Nachteile fasst Abbildung 1.32 zusammen.

Beispiele

Zwei Teilnehmer an einem IHK-Lehrgang vereinbaren mündlich in einem formlosen Gespräch, eine Fahrgemeinschaft zu bilden, um Benzinkosten zu sparen.

Drei Bauunternehmen vereinbaren, sich gemeinsam als Arbeitsgemeinschaft um den Auftrag zum Bau einer Brücke zu bewerben.

Offene Handelsgesellschaft

OHG betreibt Handelsgewerbe

Bei einer OHG betreiben zwei oder mehr Gesellschafter ein **Handelsgewerbe** unter gemeinsamer Firma. Die Gründung erfolgt durch den Abschluss eines formfreien Gesellschaftsvertrages, Schriftform ist nicht erforderlich. Die Gesellschafter der OHG haften persönlich und solidarisch mit ihrem gesamten Vermögen für alle Verbindlichkeiten der Gesellschaft. Alle Gesellschafter sind zur Geschäftsführung berechtigt, jeder kann die OHG bei gewöhnlichen Rechtsgeschäften alleine vertreten. Bei Ausscheiden eines Gesellschafters besteht die OHG weiter. Ihre Vor- und Nachteile fasst Abbildung 1.33 zusammen.

Partnerschaftsgesellschaft

Angehörige freier Berufe können seit 1995 Partnerschaften gründen. Der Gesetzgeber wollte damit den Angehörigen der freien Berufe die Möglichkeit von Zusammenschlüssen ermöglichen, die einerseits den traditionellen Berufsbildern entsprechen, andererseits ein flexibles unternehmerisches Handeln ermöglichen. Wesentliche Vorschriften des BGB über Gesellschaften und die maßgeblichen Regelungen des HGB finden entsprechende Anwendung.

Abb. 1.33

Vor- und Nachteile einer Offenen Handelsgesellschaft

Vorteile	Nachteile
Ein Mindestkapital ist nicht vorgeschrieben.	Alle Gesellschafter haften uneingeschränkt auch mit ihrem Privatvermögen.
Die Kreditwürdigkeit wird höher eingeschätzt als bei einem Einzelunternehmen.	Die Eintragung ins Handelsregister ist zwingend vorgeschrieben.
Der Gesellschaftsvertrag kann an die individuellen Bedürfnisse angepasst werden.	Zwischen den Gesellschaftern ist ein starkes Vertrauensverhältnis erforderlich

Abb. 1.34

Vor- und Nachteile der Kommanditgesellschaft

Vorteile	Nachteile
Der Kommanditist haftet nur in Höhe seiner Einlage.	Eintragung ins Handelsregister ist erforderlich.
Ein Mindestkapital ist nicht vorgeschrieben.	Die Kommanditisten sind von der Geschäftsführung ausgeschlossen.
Hohe Kreditwürdigkeit, weil der Komplementär voll haftet.	Die Anteile sind schwer verkäuflich.

Kommanditgesellschaft

Der Zweck der Kommanditgesellschaft ist ebenfalls der Betrieb eines Handelsgeschäftes unter gemeinsamer Firma. Jeweils mindestens ein Kommanditist und mindestens ein Komplementär müssen Gesellschafter einer KG sein.

Bei den **Kommanditisten** ist die Haftung gegenüber den Gesellschaftsgläubigern auf die Höhe ihrer Vermögenseinlage beschränkt. Sie sind von der Geschäftsführung und der Vertretung der KG ausgeschlossen, verfügen nur über ein eingeschränktes Kontrollrecht und über keinerlei Weisungsmöglichkeiten gegenüber der Geschäftsführung.

Die **Komplementäre** haften voll auch mit ihrem Privatvermögen. Ihnen obliegt die Geschäftsführung und Vertretung der KG.

Bei der Gewinnverteilung erhält – sofern der Gesellschaftsvertrag keine andere Regelung vorsieht – zunächst jeder Gesellschafter vom Jahresgewinn 4 % seines Kapitalanteils. Danach wird der weitere Gewinn angemessen verteilt. Abbildung 1.34 fasst die Vor- und Nachteile einer KG zusammen.

Gesellschafter der KG

GmbH & Co KG

Bei einer GmbH & Co KG handelt es sich im Grunde um eine Kommanditgesellschaft. Bei dieser Konstruktion ist der Komplementär eine GmbH mit der Folge, dass seine Haftung doch beschränkt ist auf die Haftungspflicht einer GmbH.

Kommanditgesellschaft auf Aktien

Bei der KGaA sind zwei unterschiedliche Gesellschaftstypen miteinander verbunden. Für die Komplementäre gilt im Wesentlichen das Recht der Personengesellschaften. Sie haften persönlich und unbeschränkt und sind geschäftsführungs- und vertretungsbefugt, wenn durch Satzungsbestimmung keine andere Regelung getroffen worden ist.

Die Kommanditaktionäre verfügen über vergleichbare Rechte wie die Aktionäre einer AG. Sie bringen das in Aktien zerlegte Grundkapital der KGaA auf und haften darüber hinaus nicht für Forderungen gegen die Gesellschaft.

Verbindung von Personen- und Aktiengesellschaft

Stille Gesellschaft

Die Stille Gesellschaft ist eigentlich keine eigene einheitliche Rechtsform, sondern grundsätzlich bei allen Rechtsformen möglich.

Der stille Gesellschafter tätigt eine Einlage, die in das Vermögen des Inhabers eingeht. Sie kann entweder in Geld bestehen oder in einer Sachleistung oder Dienstleistung. Er wird angemessen an Gewinn und Verlust beteiligt. Geschäftsführung und Vertretung bleiben ausschließlich bei dem Inhaber, der Stille hat nur Kontrollrechte.

Eine Stille Gesellschaft ist eine reine Innengesellschaft, nach außen ist sie nicht erkennbar. Durch Vertrag kann eine Beteiligung am Verlust ausgeschlossen werden. Wird der Stille auch an den stillen Reserven beteiligt, wird diese Konstruktion als **untypische Stille Gesellschaft** bezeichnet.

Keine eigene Rechtsform

Beispiel

Ein Zahnarzt beteiligt sich mit 10.000 Euro als stiller Gesellschafter an einem Dentallabor. Laut Vertrag ist er mit 8 % – nur – am Jahresgewinn beteiligt. Er ist ein typischer stiller Gesellschafter.

1.4.3 Kapitalgesellschaften

Bei Kapitalgesellschaften haften die Gesellschafter nicht persönlich, sondern nur mit ihrem Gesellschaftsanteil.

Gesellschaft mit beschränkter Haftung

Eine GmbH kann durch eine oder mehrere natürliche oder juristische Personen gegründet werden. Die Satzung des Gesellschaftsvertrages muss bei einem Notar beurkundet werden und die GmbH ist ins Handelsregister einzutragen.

Das Mindestkapital zur Gründung einer GmbH beträgt 25.000 Euro, der niedrigste mögliche Anteil eines einzelnen Gesellschafters 100 Euro. Jeder Gesellschafter muss mindestens ein Viertel seiner Einlage einzahlen, wobei aber insgesamt mindestens 12.500 Euro erreicht werden müssen. Die GmbH haftet mit ihrem gesamten Vermögen, lediglich die Gesellschafter haften beschränkt, nämlich in Höhe ihrer Einlage.

Vor Eintragung der GmbH ins Handelsregister haften die Handelnden allerdings persönlich und solidarisch, sobald ein notarieller Gesellschaftsvertrag geschlossen ist (§ 11 Abs. 2 GmbHG).

Die Organe der GmbH sind der Geschäftsführer, die Gesellschafterversammlung und, sofern vorhanden, der Aufsichtsrat.

Organe der GmbH

Abb. 1.35

Vor- und Nachteile der Gesellschaft mit beschränkter Haftung

Vorteile	Nachteile
Haftung nur gegenüber der GmbH in Höhe der Einlage.	Das Mindestkapital beträgt 25.000 €.
In der Regel kein Aufsichtsrat erforderlich.	Notarielle Beurkundung erforderlich.
Niedriges Mindestkapital.	Eintrag ins Handelsregister erforderlich.
Eingeführte und anerkannte Rechtsform.	Vorschriften für Kapitalgesellschaften beim Jahresabschluss.
Gründung über »Unternehmergesellschaft (haftungsbeschränkt)« möglich.	Anteile schwer verkäuflich.

Der **Geschäftsführer** vertritt die GmbH gegenüber Außenstehenden. Zu seinen Aufgaben gehören u. a.:

▸ die Geschäftsführung,
▸ die Aufstellung des Jahresabschlusses,
▸ die Einberufung der Gesellschafterversammlung.

Die **Gesellschafterversammlung** ist das oberste Willensbildungsorgan der GmbH. Nach § 46 GmbHG hat sie u. a. über folgende Angelegenheiten zu bestimmen:

▸ Feststellung des Jahresabschlusses und Verwendung des Ergebnisses,
▸ Einforderung von Einzahlungen auf die Stammeinlage,
▸ Teilung bzw. Einziehung von Geschäftsanteilen,
▸ Bestellung des Geschäftsführers bzw. der Geschäftsführer,
▸ Bestellung von Prokuristen und Handlungsbevollmächtigten.

Der Aufsichtsrat ist kein notwendiges Organ der GmbH. Er kann aber in der Satzung vorgesehen werden. Zu seinen Aufgaben gehört dann die Überwachung der Geschäftsführung. Die Vor- und Nachteile einer GmbH sind in Abbildung 1.35 zusammengefasst.

Unternehmergesellschaft (haftungsbeschränkt)
Die Unternehmergesellschaft (haftungsbeschränkt) stellt keine neue Rechtsform dar, sie ist eine für Existenzgründer gedachte Variante der GmbH. Ihre Gründung wird u. a. durch folgende Regelungen erleichtert:

Vereinfachung für Existenzgründer

▸ Durch ein Musterprotokoll ist ein vereinfachtes und kostensparendes Gründungsverfahren möglich.
▸ Das Kapital, das voll einzuzahlen ist, muss nur mindestens einen Euro betragen.
▸ Jährlich müssen mindestens 25 % des Jahresüberschusses in eine Rücklage eingestellt werden.
▸ Wenn die Rücklage einschließlich des ursprünglichen Stammkapitals 25.000 Euro erreicht hat, ist die Umwandlung in eine GmbH möglich, aber nicht zwingend.

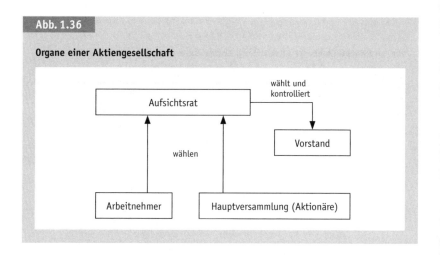

Abb. 1.36

Organe einer Aktiengesellschaft

Aktiengesellschaft

Rechtsform für Großunter-
nehmen

Die Aktiengesellschaft ist eine Rechtsform, die vor allem auf Großunternehmen mit einem hohen Kapitalbedarf zugeschnitten ist. Sie verfügt über eine eigene Rechts-fähigkeit und kann zu jedem Zweck gegründet werden. Sie entsteht mit Eintragung ins Handelsregister.

Die AG verfügt über ein Grundkapital von mindestens 50.000 €, das in Anteile (Aktien) aufgeteilt ist, die die Rechte der Aktionäre verbriefen. Sie haftet mit ihrem Gesellschaftsvermögen, die Aktionäre tragen nur das Risiko des Wertverlustes ihrer Aktien, der allerdings bis zum Totalverlust führen kann.

Abbildung 1.36 zeigt das Zusammenwirken der Organe einer Aktiengesellschaft. Das sind die Hauptversammlung, der Aufsichtsrat und der Vorstand. In Abbildung 1.37 sind die Vor- und Nachteile einer Aktiengesellschaft zusammengestellt.

Die **Hauptversammlung** beschließt u. a. (§ 119 AktG) über

▸ die Bestellung der Mitglieder des Aufsichtsrats, die von den Anteilseignern ent-
  sandt werden,
▸ die Verwendung des Bilanzgewinns,
▸ die Entlastung von Vorstand und Aufsichtsrat,
▸ Kapitalerhöhungen und -herabsetzungen sowie
▸ die Bestellung des Abschlussprüfers.

Der **Vorstand** ist das Leitungsorgan der AG. Er vertritt die Gesellschaft nach außen.

Der **Aufsichtsrat** ist das Kontrollorgan der AG. Er beruft, berät und überwacht den Vorstand und prüft den Jahresabschluss. Bei Aktiengesellschaften mit mehr als 2000 Arbeitnehmern werden die Aufsichtsratsmitglieder je zur Hälfte von der Hauptver-sammlung und den Arbeitnehmern gewählt (§§ 1 und 7 MitbestG).

Genossenschaft

Die eingetragenen Genossenschaften sind rechtsfähige Personenvereinigungen ohne feste Mitgliederzahl, deren gemeinschaftlicher Geschäftsbetrieb darauf ge-

Abb. 1.37

Vor- und Nachteile einer Aktiengesellschaft

Vorteile	Nachteile
Kleine Anteile möglich.	Umfangreiche Vorschriften.
Einfacher Zugang zu Kapitalmärkten.	Grundkapital mindestens 50.000 €.
Trennung von Leitung und Eigentum.	Aufsichtsrat vorgeschrieben.
Mitarbeiter können beteiligt werden.	Publizitätpflichten.

Abb. 1.38

Vor- und Nachteile einer Limited

Vorteile	Nachteile
Mindestkapital nur 1 £.	Jährliche Folgekosten i.H.v. 300 bis 600 €.
Keine notarielle Beurkundung.	Adresse und ein Vertreter in Großbritannien erforderlich.
Hoher Bekanntheitsgrad im internationalen Rechtsverkehr.	Rechtsform ist in Deutschland relativ unbekannt.
Begrenzte Haftung.	Jahresabschluss muss in England eingereicht werden, die Steuererklärung in Deutschland.

richtet ist, die wirtschaftlichen Interessen ihrer Mitglieder nach den Prinzipien der **Selbsthilfe und Selbstverwaltung** zu fördern. Die Genossen (Mitglieder) sind mit einer Einlage beteiligt.

Organe der Genossenschaft sind die Generalversammlung, der Vorstand und der Aufsichtsrat. Die Generalversammlung ist das oberste Willensbildungsorgan, sie wählt den Aufsichtsrat. Der Aufsichtsrat bestellt und überwacht den Vorstand. Der Vorstand leitet die Genossenschaft in eigener Verantwortung.

Organe der Genossenschaft

Die Genossenschaft haftet nur mit ihrem eigenen Vermögen.

Limited

Die englische Private Company Limited by Shares wird in England nach englischem Recht und in englischer Sprache durch die Eintragung ins englische Handelsregister gegründet. Die Gründungskosten sind niedrig, die Einschaltung eines Notars ist nicht erforderlich. Die Zweigniederlassung in Deutschland muss in das deutsche Handelsregister eingetragen werden.

Der Sitz der Limited muss in England oder Wales sein. Er dient zum einen als Postadresse, zum anderen müssen dort bestimmte Verzeichnisse und Listen einsehbar sein. Wichtigstes Organ ist die Gesellschafterversammlung, die Geschäftsführung wird von Direktoren wahrgenommen. Die Vor- und Nachteile einer Limited zeigt Abbildung 1.38.

Europäische Aktiengesellschaft

Die Europäische Aktiengesellschaft (Societas Europaea, SE) ist seit 2004 die erste für alle EU-Mitgliedsstaaten einheitliche Gesellschaftsform. Grundsätzlich können nur Gesellschaften aus EU- und EWR-Mitgliedstaaten eine SE gründen.

Die SE ist eine Gesellschaft, deren Kapital in Aktien aufgeteilt ist, das gezeichnete Kapital muss mindestens 120.000 € betragen. Sie muss ihren Sitz in dem Mitgliedsstaat haben, in dem sich die Hauptverwaltung der SE befindet. Die Gesellschaft muss ihrer Firma den Zusatz „SE" vor- oder nachstellen.

Beispiele

BASF SE, Porsche SE, EON SE

Grundsätzlich wird eine SE in jedem Mitgliedstaat wie eine Aktiengesellschaft behandelt, die nach dem Recht des Sitzstaats der SE gegründet wurde. Folgende Bedingungen müssen erfüllt sein:
▸ Eine SE können nur Gesellschaften aus EU- und EWR-Mitgliedstaaten gründen.
▸ Die SE muss ein grenzüberschreitendes Element enthalten.
▸ Das Kapital muss mindestens 120.000 Euro betragen.

Die SE hat folgende Merkmale:
▸ Die Europäische Gesellschaft besitzt eine eigene Rechtspersönlichkeit.
▸ Sie ist eine Kapitalgesellschaft.
▸ Ihr Kapital ist in Aktien zerlegt. Jeder Aktionär haftet nur bis zur Höhe des von ihm gezeichneten Kapitals.
▸ Sie muss ihren Sitz in einem Staat der EU oder des EWR haben, kann ihn aber jederzeit in einen anderen Mitgliedstaat verlegen.
▸ Ihre Aktionäre üben ihre Rechte in der Hauptversammlung aus.
▸ Die Geschäftsführung wird durch einen Vorstand oder einen Verwaltungsrat ausgeübt.
▸ Die Aktien können nach den jeweiligen nationalen Vorschriften übertragen werden.

Abb. 1.39

Übersicht über die wichtigsten Rechtsformen

Rechtsformen

	GbR	OHG	KG	stille Gesellschaft	GmbH	AG	Limited	UG	e.G.
Mindestzahl der Gründer	2	2	2	2	1	1	1	1	3
Form	formlos	nicht vorgeschrieben			notarielle Beurkundung				Unterzeichnung durch Gründer
Registereintragung	nein	HRA		nein	HRB				Genossenschaftsregister
Gründungskosten	keine	ca. 500 €	ca. 500 €	keine	ca. 1.250 €	ab 1.500 €	ab 500 €	ab 300 €	
Mindestkapital	keines				25.000 €	50.000 €	1 £	1 €	keines
Haftung der Gesellschaft	mit dem gesamten Gesellschaftsvermögen								
Haftung der Gesellschafter	mit Gesamtvermögen		Komplementär / Kommanditist	in Höhe der Einlage					
Beschaffung zusätzlichen Eigenkapitals					Nachschusszahlung	Kapitalerhöhung		Thesaurierung, Nachschusszahlung	Erhöhung der Einlage, Neue Genossen
Vertretung	gemeinsam	jeder Gesellschafter	Komplementär	Kaufmann	Geschäftsführer	Vorstand	Geschäftsführer	Geschäftsführer	Vorstand
Gesetzliche Regelung	§§ 705–740 BGB	§§105–160 HGB	§§161–177 HGB	§§ 230–237 HGB	GmbHG	AktG	Companies Act	GmbHG	GenG

1.5 Unternehmenszusammenschlüsse

Unternehmenszusammenschlüsse sind Verbindungen von verschiedenen, bisher rechtlich und wirtschaftlich selbstständigen Unternehmen zu einer größeren Wirtschaftseinheit, nämlich zu Kooperationen.

1.5.1 Kooperation

1.5.1.1 Ziele der Kooperation

Die Zusammenarbeit der Kooperationspartner erfolgt, um deren individuelle oder gemeinschaftliche Belange verfolgen und durchsetzen zu können:

▸ Erhöhung der Wirtschaftlichkeit,
▸ Verbesserung der Produktionsmöglichkeiten,
▸ Stärkung der Wettbewerbsfähigkeit,
▸ Risikoverteilung und Risikominderung sowie
▸ Bildung von Fachverbänden.

Die wesentlichen Gefahren durch abgestimmtes Verhalten bei Kooperationen bestehen in möglichen Beschränkungen des Angebotes.

1.5.1.2 Formen der Kooperation

Folgende Kooperationsformen können gebildet werden:

▸ **Fachverbände.** Zu Fachverbänden schließen sich Unternehmen freiwillig zusammen, um gemeinsame Interessen zu vertreten, z. B. Bundesverband der Deutschen Industrie (BDI), Hauptverband des Deutschen Einzelhandels (HDE).
▸ **Kammern** sind Körperschaften des öffentlichen Rechts, bei denen eine Pflichtmitgliedschaft besteht. Ihre Aufgaben sind Interessenvertretung, Wirtschaftsförderung, Politikberatung, Aus- und Weiterbildung, Durchführung von Prüfungen, z. B. Industrie- und Handelskammern, Handwerkskammern.
▸ **Konsortien.** Um Risiken zu verteilen und Größenvorteile zu nutzen, werden befristet Konsortien zur Durchführung eines gemeinsamen, genau abgegrenzten größeren Geschäftes gebildet. Sie sind besonders im Finanzbereich verbreitet, z. B. Emissionskonsortium zur Ausgabe von Wertpapieren, Kreditkonsortium zur Verringerung des Platzierungs- und Ausfallrisikos sowie Industriekonsortium zur Abwicklung eines Bauprojektes.
▸ **Kartelle** sind Vereinbarungen zwischen rechtlich selbstständigen Unternehmen der gleichen Branche. Die Beteiligten verpflichten sich zu Maßnahmen, um gemeinsam eine Marktbeeinflussung erreichen zu können. Kartelle sind – mit Ausnahme von Mittelstandkartellen und »freigestellten Vereinbarungen« – verboten.
▸ **Syndikat.** Wenn ein Kartell über eine gemeinsame organisatorische Einheit verfügt, z. B. über eine gemeinsame Einkaufsorganisation, handelt es sich um ein Syndikat.

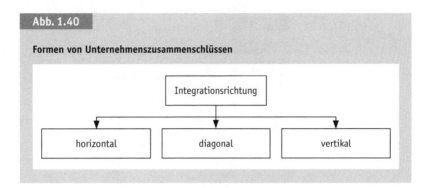

Abb. 1.40

Formen von Unternehmenszusammenschlüssen

- ▸ **Franchising.** Beim Franchising wird von rechtlich selbstständigen Unternehmen ein gemeinsames Geschäftskonzept genutzt, das von einem Franchisegeber gegen Entgelt zur Verfügung gestellt wird. Meistens sind damit Nutzungsrechte an Logos, Einrichtungsdesign u. Ä. verbunden, aber auch Abnahmeverpflichtungen und umsatzabhängige Abgaben. Beispiele sind: Backwerk, Runners Point, Yves Rocher, Subway, Schülerhilfe, McDonald's.

1.5.2 Konzentrationen

Arten von Zusammenschlüssen

Bei einer Konzentration wird durch einen **Zusammenschluss** die wirtschaftliche Selbstständigkeit aufgegeben. Die rechtliche Selbstständigkeit kann aber weiterhin bestehen bleiben, allerdings mit Unterordnung der zusammengeschlossenen Unternehmen unter eine einheitliche Leitung. Die drei möglichen Formen zeigt Abbildung 1.40:

- ▸ An einem **horizontalen** Zusammenschluss sind mehrere Unternehmen der gleichen Produktionsstufe beteiligt, z. B. mehrere Hersteller von Fahrrädern.
- ▸ Wenn sich Unternehmen unterschiedlicher Produktionsstufen zusammenschließen, z. B. ein Fahrradhersteller mit dem Produzenten von Speichen oder Schutzblechen, handelt es sich um eine **vertikale** Konzentration.
- ▸ Die **diagonale** Konzentration schließt – oft branchenübergreifend – Hersteller der gleichen und zusätzlich einer anderen Produktionsstufe ein.

1.5.2.1 Ziele der Konzentration

Aus Sicht der Unternehmen liegen die Vorteile einer Konzentration in

- ▸ verbesserten Möglichkeiten der Rationalisierung,
- ▸ besseren Konditionen bei der Finanzierung,
- ▸ einem höheren Gegengewicht zu den Marktpartnern,
- ▸ einer stärkeren Marktposition, in der Kostenvorteile nicht immer über den Marktpreis weitergegeben werden müssen,
- ▸ besseren Reaktionsmöglichkeiten auf Marktveränderungen,
- ▸ verbesserten Investitionsmöglichkeiten,
- ▸ sinkenden durchschnittlichen Kosten durch Economies-of-Scale sowie
- ▸ einer Kostenreduktion durch Harmonisierung von Leistungen durch Economies-of-Scope.

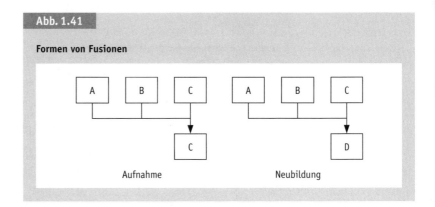

Abb. 1.41

Formen von Fusionen

1.5.2.2 **Formen der Konzentration**

Fusion

Bei einer Fusion schließen sich bisher selbstständige Unternehmen zusammen. Dabei kann ein ganz neues Unternehmen entstehen, aber auch eine Aufnahme in ein bisher und weiterhin bestehendes Unternehmen ist möglich. Abbildung 1.41 zeigt die beiden Möglichkeiten.

Konglomerat

Als Konglomerate werden Zusammenschlüsse bezeichnet, bei denen die Unternehmen unterschiedlichen Branchen angehören.

Beispiele

Die Siemens AG umfasst u. a. die Geschäftsfelder Industry, Energy und Healthcare.

Die über 100 Unternehmen der Heraeus Holding GmbH beschäftigen sich unter anderem mit Quarzglas, Speziallichtquellen, Medizintechnik und Zahngesundheit.

Konzern

Merkmal eines Konzerns ist die einheitliche Leitung mehrerer rechtlich selbstständiger Unternehmen.

Trust

Bei einem Trust geben die Unternehmen bei einem Zusammenschluss ihre rechtliche und wirtschaftliche Selbstständigkeit vollkommen auf.

Joint Venture

Bei einem Equity-Joint-Venture wird eine neue, rechtlich selbstständige Geschäftseinheit gegründet. Die Gründungsgesellschaften bringen außer dem Kapital meistens weitere Erfolgspotenziale ein, die sich gegenseitig ergänzen.

Beispiel
Ein Partner sichert die Finanzierung, der andere trägt Know-how und Kontakte bei.

Das Joint Venture wird durch die Gründungsunternehmen geführt und ist trotzdem rechtlich und organisatorisch klar losgelöst, ist also durch Kooperation bei gleichzeitiger Autonomie gekennzeichnet.

Beispiel
Manche Staaten erlauben die Gründung von Tochtergesellschaften ausländischer Unternehmen gar nicht oder nur unter Auflagen. Joint Ventures mit einheimischen Unternehmen bieten dann eine Möglichkeit, auf den nationalen Märkten präsent zu sein.

Contractual-Joint-Venture
Beim **Contractual-Joint-Venture** gehen die beteiligten Unternehmen lediglich eine Kooperation ein, bei der Kosten und Risiken aufgeteilt werden.

Abbildung 1.42 zeigt zusammenfassend die Abgrenzungen der verschiedenen Formen von Zusammenschlüssen.

Abb. 1.42

Unternehmenszusammenschlüsse – Zusammenfassung

Art der Verbindung	Art des Zusammenschlusses	Rechtliche Selbstständigkeit	Wirtschaftliche Selbstständigkeit
Kooperation	Fachverband	bleibt erhalten	bleibt erhalten
	Kammer		
	Konsortium		bleibt teilweise erhalten
	Kartell		
	Syndikat		
Konzentration	Konzern	bleibt nicht erhalten	bleibt nicht erhalten
	Konglomerat		
	Trust		
	Fusion		
	Joint-Venture		

gelernt & gewusst Kapitel 1

Aufgabe 1.1 (IHK H10)

Sie beabsichtigen, sich mit einem Reisebüro selbstständig zu machen. Hinsichtlich der Rechtsform wird Ihnen empfohlen, eine GmbH & Co. KG zu wählen. Sie wollten jedoch eine GmbH gründen.

a) Stellen Sie vier Merkmale einer GmbH dar. *(8 Punkte)*

b) Beschreiben Sie die Rechtsform einer GmbH & Co. KG und geben
Sie zwei Vorteile gegenüber der GmbH an. *(7 Punkte)*

Aufgabe 1.2 (IHK F11)

In der Presse wird häufig von Unternehmenszusammenschlüssen berichtet. Hierbei werden mehrere Formen der Zusammenarbeit zwischen Unternehmen praktiziert. Die verschiedenen Arten lassen sich in die zwei Gruppen Kooperationen und Konzentrationen einteilen.

a) Erläutern Sie den Unterschied zwischen

  ▸ *einer Kooperation*

  ▸ *einer Konzentration.* *(8 Punkte)*

b) Ordnen Sie jeder Form zwei allgemeine Beispiele zu *(4 Punkte)*

Aufgabe 1.3

Im »Magischen Sechseck« werden die Ziele der Wirtschaftspolitik beschrieben.

a) Nennen Sie die sechs Ziele.

b) Beschreiben Sie einen Zielkonflikt, der sich bei der Verfolgung der Ziele ergeben kann.

c) Erläutern Sie an einem Beispiel das Verursacherprinzip beim Umweltschutz

Aufgabe 1.4 (IHK F11)

Betriebliche Funktionen lassen sich nach primären und sekundären Aufgaben gliedern.

a)

1. Erläutern Sie den Unterschied zwischen

  ▸ *primären Aufgaben und*

  ▸ *sekundären Aufgaben.* *(6 Punkte)*

2. Nennen Sie für jeden der beiden Aufgabenbereiche zwei betriebliche
Funktionen. *(4 Punkte)*

b) Erläutern Sie anhand eines Beispiels aus Ihrer betrieblichen Praxis den Zusammenhang von Finanzierung und Investition. *(5 Punkte)*

Aufgabe 1.5 (IHK H11)

Im vergangenen Jahr haben sich die Konjunktursituation und der Arbeitsmarkt in der Bundesrepublik Deutschland positiv entwickelt.

a) Erläutern Sie die konjunkturelle Arbeitslosigkeit. *(6 Punkte)*

b) Nennen Sie zwei weitere Arten der Arbeitslosigkeit. *(4 Punkte)*

c) Erläutern Sie, wie mithilfe der antizyklischen Fiskalpolitik die
konjunkturelle Arbeitslosigkeit bekämpft werden kann. *(6 Punkte)*

Aufgabe 1.6

Die Ilex AG muss in ihre Produkte aufgrund von behördlichen Auflagen ein zusätzliches Sicherheitselement einbauen. Dadurch erhöhen sich die Produktionskosten um 12 %, die auf den Verkaufspreis aufgeschlagen werden.

Stellen Sie für drei Funktionsbereiche dar, welche Auswirkungen sich dadurch ergeben können.

2 Rechnungswesen

2.1 Grundlegende Aspekte

Unter dem Begriff »Rechnungswesen« wird ein System zur Ermittlung, Darstellung und Auswertung aller betrieblicher Zahlen verstanden, mit dem alle im Betrieb auftretenden Geld- und Güterströme erfasst und zugerechnet werden, soweit sie durch die betriebliche Leistungserstellung und -verwertung hervorgerufen werden.

Es gibt Auskunft über gegenwärtige und zukünftige Beziehungen zu anderen Wirtschaftssubjekten wie Kunden und Lieferanten, Gläubigern und Schuldnern, Fiskus und vielen anderen.

Der Teil des Rechnungswesens, der sich an Interessenten richtet, die der Organisation selbst nicht angehören, ist zu deren Schutz besonders geregelt, denn sie haben nicht die Möglichkeit einer detaillierten Überprüfung der angegebenen Zahlen. Deshalb unterliegt das **externe Rechnungswesen**, dessen wichtigster Bereich klassisch als »Finanzbuchhaltung« bezeichnet wird, weitgehenden rechtlichen Regelungen.

Ein solcher gesetzlicher Schutz ist nicht erforderlich, wenn die Adressaten direkten Zugang zu den Informationen haben. Das **interne Rechnungswesen** unterliegt deshalb grundsätzlich keinen gesetzlichen Regelungen oder anderen bindenden Vorschriften.

2.1.1 Teile des Rechnungswesens

Jede Organisation verlangt ein nach aktuellen betriebswirtschaftlichen Überlegungen organisiertes Rechnungswesen, um alle relevanten wirtschaftlichen Vorgänge zahlenmäßig festhalten und rechnerischen und statistischen Auswertungen zugänglich machen zu können. Dabei ist eine Aufteilung in vier Bereiche sinnvoll, wobei die jeweiligen Ausprägungen von der Größe der Organisation und von den gewünschten Erkenntnissen abhängen.

▸ Die **Finanzbuchhaltung** ist der Teil des Rechnungswesens, der den externen Informationsinteressen dient. Ihr Ergebnis ist der Jahresabschluss, der das Unternehmensergebnis zeigt. Er unterliegt zwar engen handels- und steuerrechtlichen Restriktionen, bietet aber trotzdem gestalterischen Raum. Ansatz- und Bewertungswahlrechte ermöglichen im Rahmen der Bilanzpolitik die Beeinflussung des Ergebnisses, die sich wiederum nach Zielsetzungen wie Steuerminimierung, hoher Ausschüttung u. Ä. richtet.

Abb. 2.1

Merkmale des internen und externen Rechnungswesens

	Externes Rechnungswesen	Internes Rechnungswesen
Untersuchungs-objekt	‣ Ganzes Unternehmen, ‣ Alle Geschäftsvorfälle.	‣ Zusätzlich Teilgebiete des Unternehmens, ‣ Nur betriebsnotwendige Geschäftsvorfälle.
Gesetzliche Grundlage	Handels- und Steuerrecht.	Keine gesetzlichen Regelungen.
Zeitbezug	Vergangenheitsbezogen.	Gegenwarts- und zukunfts-bezogen.
Teilgebiete des Rechnungswesens	Buchhaltung mit Jahres-abschluss.	Kosten- und Leistungs-rechnung, Planungsrechnung, Statistik.
Ziele	Dokumentation der Ver-mögens-, Finanz- und Ertrags-lage.	Planung, Steuerung und Kontrolle des Geschäfts-verlaufes.
Adressaten	Kapitalgeber, Staat, Kunden, Lieferanten, Arbeitnehmer, Öffentlichkeit.	Unternehmensführung (Geschäftsführer, Vorstand), Controlling.
Zugang	Pflicht zur Veröffentlichung unter bestimmten Voraus-setzungen. Vgl. §§ 325 ff. HGB, TransPuG.	Keine Pflicht zur Veröffent-lichung.

Die **Finanzbuchhaltung** erfasst die Veränderungen der Vermögens- und Kapitalver-hältnisse. Dazu werden alle unternehmensbezogenen Vorgänge sachlich und zeitlich geordnet erfasst, gebucht und dokumentiert.

Abb. 2.2

Teile des Rechnungswesens

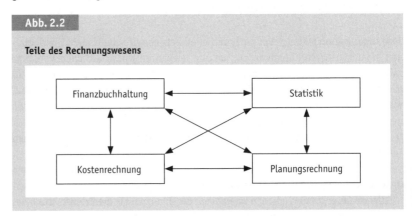

▸ Die **Kostenrechnung** verfolgt schrittweise die Entstehung der Kosten im Leistungsprozess. Der tatsächliche Werteinsatz in einer bestimmten Periode wird den betrieblichen Leistungen gegenübergestellt.

▸ In der **Statistik** werden Daten erhoben, analysiert, gedeutet, dokumentiert und damit Hypothesen untermauert oder verworfen. Mithilfe von Kennzahlen lassen sich zusätzliche Erkenntnisse gewinnen.

▸ Die **Planungsrechnung** hat die Aufgabe, zukünftige Ausgaben und Einnahmen zu konkretisieren. Dazu greift sie auf das Zahlenmaterial zurück, das aus den anderen Bereichen des Rechnungswesens zur Verfügung gestellt wird und bereitet es für unternehmerische Planungen auf.

2.1.2 Grundsätze ordnungsmäßiger Buchführung

Jeder Kaufmann hat die Pflicht, die Grundsätze ordnungsmäßiger Buchführung (GoB) zu beachten (vgl. §§ 238 Abs. 1 Satz 1 und § 243 Abs. 1 HGB). Es handelt sich dabei um einen unbestimmten Rechtsbegriff, die GoB sind nirgendwo verbindlich definiert, sondern richten sich nach der Verkehrsauffassung und können sich weiterentwickeln.

Beachtung der GoB

»Die Buchführung muss so beschaffen sein, dass sie einem sachverständigen Dritten innerhalb angemessener Zeit einen Überblick über die Geschäftsvorfälle und über die Lage des Unternehmens vermitteln kann.« (§ 238 Abs. 1 Satz 2 HGB)

Daraus folgen u. a. die in Abbildung 2.3 gezeigten Regeln.

Abb. 2.3

Grundsätze ordnungsmäßiger Buchführung

Formelle Grundsätze	▸ Eintragungen in einer lebenden Sprache	§ 239, Abs. 1
	▸ Geordnete Erfassung und Aufbewahrung	§ 239, Abs. 4
	▸ Keine Buchung ohne Beleg	§ 238, Abs. 1
	▸ Unveränderlichkeit der Eintragungen	§ 239, Abs. 3
	▸ Beachtung der Aufbewahrungsfristen	§ 239, Abs. 4
	▸ Klarheit und Übersichtlichkeit	§ 239, Abs. 1
	▸ Überprüfbarkeit der Eintragungen	§ 239, Abs. 4
Materielle Grundsätze	▸ Richtigkeit und Willkürfreiheit	§ 239, Abs. 2
	▸ Vollständigkeit	§ 239, Abs. 2

2.1.3 Buchführungspflicht

Die Buchführungspflicht ergibt sich aus den Steuergesetzen und aus zusätzlichen außersteuerlichen Vorschriften. Kaufleute und freiwillig Bilanzierende haben die Vorschriften des Handelsgesetzbuches zu beachten.

Vorschriften zur Buchführungspflicht

> »Jeder Kaufmann ist verpflichtet, Bücher zu führen und in diesen seine Handelsgeschäfte und die Lage seines Vermögens nach den Grundsätzen ordnungsmäßiger Buchführung ersichtlich zu machen.« (§ 238 Abs. 1 Satz 1 HGB)

Kleine Einzelkaufleute sind nach § 241 a HGB von der Buchführungspflicht befreit. **Steuerrechtlich** gilt, dass derjenige, der bereits nach anderen Gesetzen als den Steuergesetzen Bücher und Aufzeichnungen zu führen hat, zur Buchführung verpflichtet ist.

> Wer nach anderen Gesetzen als den Steuergesetzen Bücher und Aufzeichnungen zu führen hat, die für die Besteuerung von Bedeutung sind, hat die Verpflichtungen, die ihm nach den anderen Gesetzen obliegen, auch für die Besteuerung zu erfüllen. (§ 140 AO)

Zusätzlich besteht die **originäre Buchführungspflicht** nach § 141 AO für Unternehmer und Land- und Forstwirte mit

▸ einem Umsatz von mehr als 500.000 Euro im Kalenderjahr oder
▸ selbst bewirtschafteten land- und forstwirtschaftlichen Flächen mit einem Wirtschaftswert von mehr als 25.000 Euro oder
▸ einem Gewinn aus Gewerbebetrieb von mehr als 50.000 Euro im Wirtschaftsjahr oder
▸ einem Gewinn aus Land- und Forstwirtschaft von mehr als 50.000 Euro im Kalenderjahr.

Für die freien Berufe wie z. B. Rechtsanwälte, Steuerberater oder Ärzte besteht grundsätzlich keine Buchführungspflicht.

2.1.4 Bilanzierungs- und Bewertungsgrundsätze

Die Grundsätze zur Aufstellung des Jahresabschlusses werden aus der Vorschrift des § 264 Abs. 2 HGB abgeleitet:

> »Der Jahresabschluss hat ... ein den tatsächlichen Verhältnissen entsprechendes Bild der Vermögens-, Finanz- und Ertragslage ... zu vermitteln.« (§ 264 Abs. 2 HGB)

Abb. 2.4

Bilanzierungs- und Bewertungsgrundsätze

Materielle Grundsätze	Vollständigkeit	Ausweis aller VG, Schulden, RAP, Aufwendungen und Erträge.	§ 246 Abs. 1
	Richtigkeit	Werte und Zuordnungen.	
	Willkürfreiheit	Angaben sollen neutral erfolgen.	
Ansatz-grundsätze	Verrechnungsverbot		§ 246 Abs. 2
	Ansatzstetigkeit	Beibehaltung der Ansatz-methoden.	§ 246 Abs. 3
	Bilanzidentität	Wertansätze der Eröffnungs-bilanz dürfen nicht von denen der Schlussbilanz des Vor-jahres abweichen.	§ 252 Abs. 1, Nr. 1
Bewertungs-grundsätze	Stichtags-bezogenheit	Die Situation am Stichtag muss dargestellt werden.	§ 252 Abs. 1, Nr. 4
	Going Concern	Fortführung des Unternehmens wird unterstellt.	§ 252 Abs. 1, Nr. 2
	Einzelbewertung	Bei VG und Schulden.	§ 252 Abs. 1, Nr. 3
	Bewertungs-stetigkeit	Bewertungsmethoden sind beizubehalten.	§ 252 Abs. 1, Nr. 6
	Bilanzidentität	Wertansätze der Eröffnungs-bilanz dürfen nicht von denen der Schlussbilanz des Vor-jahres abweichen.	§ 252 Abs. 1, Nr. 1
Vorsichts-prinzip	Realisationsprinzip	Gewinne dürfen erst aus-gewiesen werden, wenn sie realisiert sind.	§ 252 Abs. 1, Nr. 4
	Imparitätsprinzip	Absehbare Verluste müssen ausgewiesen werden	§ 252 Abs. 1, Nr. 4
	Niederstwertprinzip	Ansatz von VG mit dem nied-rigsten möglichen Wert.	§ 253 Abs. 3 Satz 1
	Höchstwertprinzip	Ansatz von Schulden mit dem höchsten möglichen Wert.	§ 253 Abs.1
	Anschaffungs-wertprinzip	VG werden mit ihrem ursprünglichen Zugangswert angesetzt.	§ 253 Abs. 1
	Wertaufholungsgebot	Bei Wegfall des Grundes für eine außerplanmäßige Abschreibung.	§ 6 Abs. 1, Nr. 2, Satz 3 i. V. m. § 6 Abs. 1, Nr. 1, Satz 4 EStG
Periodisierung	Sachliche Abgrenzung	Herstellungskosten werden den entsprechenden Erträgen zugeordnet.	§ 252 Abs. 1, Nr. 5
	Zeitliche Abgrenzung	Erträge werden in der Periode berücksichtigt, in der sie entstanden sind.	§ 252 Abs. 1, Nr. 4

2.2 Finanzbuchhaltung

2.2.1 Grundlagen

In der Finanzbuchhaltung werden die unternehmensbezogenen Vorgänge sachlich und zeitlich geordnet auf Konten erfasst. Sie ist nach handels- und steuerrechtlichen Vorschriften durchzuführen. Zu beachten sind die Aufzeichnungs- und Aufbewahrungsvorschriften, ein **Kontenrahmen** sichert die eindeutige systematische Erfassung.

Am Ende der Rechnungsperiode werden die Konten abgeschlossen und daraus der Jahresabschluss entwickelt.

2.2.1.1 Adressaten der Finanzbuchhaltung

Als Teil des externen Rechnungswesens richtet sich die Finanzbuchhaltung sowohl an die Geschäftsleitung und die Anteilseigner als auch an die Finanzverwaltung, Schuldner und Geschäftspartner und die Öffentlichkeit. Die verschiedenen Interessenten haben dabei unterschiedliche Anforderungen.

Abb. 2.5

Adressaten der Finanzbuchhaltung

Interessenten	Informationsbedarf
Eigentümer	▸ Zusammensetzung der Finanzmittel, ▸ Zusammensetzung der VG, ▸ Gewinne und Verluste, ▸ Arten der Aufwendungen, ▸ Ertragsquellen.
Gläubiger	▸ Höhe der Forderungen, ▸ Sicherheiten.
Kunden	▸ Umfang der Verbindlichkeiten, ▸ Umsätze.
Arbeitnehmer	▸ Sicherung der Arbeitsplätze.
Partnerunternehmen	▸ Allgemeine wirtschaftliche Leistungsfähigkeit, ▸ Abgleich mit eigenen Aufzeichnungen.
Aufsichtsbehörden	▸ Jahresabschlüsse und Prüfberichte, ▸ allgemeine Vermögenslage.
Finanzbehörden	▸ Jahresabschlüsse,
Öffentlichkeit	▸ Allgemeine wirtschaftliche Situation. ▸ Arbeitsplätze, ▸ Steuerzahlungen.

2.2.1.2 Bereiche der Finanzbuchhaltung

Die Finanzbuchhaltung wird unterschiedlich nach Aufgabenbereichen gegliedert, z. B. in:

▸ Kreditorenbuchhaltung,
▸ Debitorenbuchhaltung,
▸ Anlagenbuchhaltung,
▸ Personalbuchhaltung.

Je nach Größe des Unternehmens werden die Aufgaben mehr oder weniger differenziert bzw. zusammengefasst.

2.2.1.3 Aufgaben der Finanzbuchhaltung

Die Finanzbuchhaltung hat vor allem eine Dokumentationsaufgabe. Nach Zielsetzung können folgende Bereiche unterschieden werden:

▸ **Ermittlung der Bestände.** Zu einem bestimmten Stichtag werden die Schulden- und Vermögensbestände dokumentiert.
▸ **Ermittlung der Bestandsveränderungen.** Zu- oder Abnahme des Vermögens, der Forderungen und Verbindlichkeiten.
▸ **Ermittlung des Erfolgs.** Gegenüberstellung der Aufwendungen und Erträge zur Feststellung eines Gewinnes oder Verlustes.
▸ **Ermittlung der Selbstkosten.** Darstellung der Kosten für die betrieblichen Leistungen.
▸ **Bereitstellung von Daten** zur Unternehmensplanung.
▸ **Rechenschaftslegung** gegenüber Gesellschaftern und Gläubigern.
▸ Bereitstellung von **Beweismitteln** bei Prozessen und als Nachweis der Besteuerungsgrundlagen.

2.2.2 Jahresabschluss

Nach § 242 Abs. 3 HGB besteht der Jahresabschluss grundsätzlich nur aus der Bilanz und der Gewinn- und Verlustrechnung. Kapitalgesellschaften müssen nach § 284 HGB einen Anhang aufnehmen, in dem Erläuterungen zu einzelnen Posten der Bilanz und der Gewinn- und Verlustrechnung gemacht werden. Ein Lagebericht ist zwar auch von den mittleren und großen Kapitalgesellschaften aufzustellen (§ 289 HGB), gehört aber formal aufgrund der Gesetzessystematik nicht zum Jahresabschluss.

Die Regelungen zur Bilanzierung bei Kapitalgesellschaften finden sich in den §§ 266 ff. HGB. Sie enthalten eine festgelegte **Gliederung** und Vorschriften zu einzelnen Posten.

Teile des Jahresabschlusses

2.2.2.1 Aufbau der Bilanz

Die Bilanz gibt für einen bestimmten Stichtag in Kontoform auf der **Aktivseite** eine Übersicht über das betriebliche Vermögen, die **Passivseite** zeigt, aus welchen Quellen die betrieblichen Mittel stammen.

Abb. 2.6

Grundschema der Bilanz

Aktivseite	Passivseite
Anlagevermögen	Eigenkapital
Umlaufvermögen	Fremdkapital
Bilanzsumme	Bilanzsumme

Für Kapitalgesellschaften ist die Mindestgliederung der Bilanz in § 266 HGB geregelt.

In Abbildung 2.7 werden wichtige Positionen der Bilanz erläutert.

Abb. 2.7

Positionen der Bilanz

	Beschreibung	Beispiele
Anlagevermögen	Vermögensgegenstände, die dauerhaft dem Geschäftsbetrieb dienen sollen.	Gebäude, Maschinen, Fahrzeuge, Patente.
Umlaufvermögen	Vermögenswerte, die zum kurzfristigen Verbrauch oder zur Weiterveräußerung bestimmt sind.	Roh-, Hilfs- und Betriebsstoffe, Vorräte von Fertigprodukten.
Eigenkapital	Mittel, die dem Unternehmen von den Eigentümern dauerhaft zur Verfügung gestellt werden.	‣ Stammkapital bei der GmbH, ‣ Grundkapital bei der AG.
Rücklagen	Teile des Eigenkapitals, existiert nur bei Kapitalgesellschaften.	‣ Gewinnrücklagen, ‣ Kapitalrücklagen.
Rückstellungen	Verbindlichkeiten, deren Höhe und Fälligkeitstermin noch nicht bekannt sind.	‣ Pensionsrückstellungen, ‣ Steuerrückstellungen.
Verbindlichkeiten	Durch Schuldenaufnahme finanziertes Kapital.	Darlehen
Rechnungsabgrenzungs-posten	Zahlungen, die vor dem Abschlussstichtag erfolgt sind, aber Aufwand bzw. Ertrag einer späteren Periode sind.	Zahlung einer Versicherungsprämie im Oktober für 12 Monate.
Latente Steuern	Steuerlasten oder -vorteile, die sich durch Unterschiede in der Steuer- und Handelsbilanz ergeben.	Ausnutzung von Wahlrechten, z. B. Aktivierung von Entwicklungskosten, die in der Steuerbilanz verboten ist.

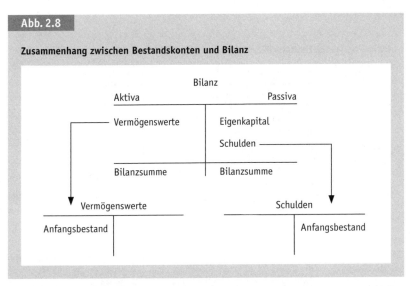

Abb. 2.8

Zusammenhang zwischen Bestandskonten und Bilanz

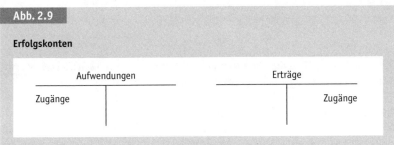

Abb. 2.9

Erfolgskonten

2.2.2.2 Bestandskonten und Erfolgskonten

Die Einzelabrechnung der Bilanzposten erfolgt mit Konten, die den Anfangsbestand aufnehmen und auf denen alle Änderungen während des Geschäftsjahres erfasst werden. Die Darstellung in Kontenform ermöglicht, jederzeit den aktuellen Bestand durch Ermittlung eines Saldos festzustellen. Diese **Bestandskonten** entsprechen in Form und Inhalt der Bilanz, lediglich die Bezeichnung der Seiten ist verändert. Zum Bilanzstichtag wird für die Bestandskonten der Saldo ermittelt und als Endbestand in die Schlussbilanz übernommen.

Bei den **Erfolgskonten** handelt es sich systematisch um Unterkonten des Kapitalkontos. Die Entwicklungen der einzelnen Positionen der GuV werden auf Aufwandsbzw. Ertragskonten erfasst. Ihre Zahl ist abhängig von der Zahl der Aufwands- und Ertragsarten.

Im Soll werden Aufwendungen gebucht, die das Kapital vermindern, Erträge werden im Haben erfasst. Beim Jahresabschluss werden die Salden der Erfolgskonten in das Gewinn- und Verlustkonto übernommen.

Konten in der Buchführung

Abb. 2.10

Erfassung von Geschäftsvorfällen

Grundtypen	Beschreibung	Beispiel
Aktivtausch	Wenn ein Geschäftsfall nur die Aktivseite der Bilanz betrifft, so wird immer ein Posten erhöht und ein anderer um denselben Betrag gemindert.	Barzahlung einer Rechnung.
Passivtausch	Wenn ein Geschäftsfall nur die Passivseite der Bilanz betrifft, so wird immer ein Posten erhöht und ein anderer Posten um denselben Betrag gemindert.	Ein kurzfristiges Darlehen wird in ein langfristiges umgewandelt.
Aktiv-Passiv-Mehrung	Berührt ein Geschäftsfall beide Seiten der Bilanz, so steht der Mehrung eines Aktivpostens immer die Mehrung eines Passivpostens gegenüber.	Kauf von Ware auf Ziel.
Aktiv-Passiv-Minderung	Berührt ein Geschäftsfall beide Seiten der Bilanz, so steht der Minderung eines Aktivpostens immer die Minderung eines Passivpostens gegenüber.	Zahlung einer Lieferantenrechnung aus dem Bankguthaben.

Die Abbildung 2.10 zeigt, dass sich bei der Erfassung von Geschäftsvorfällen die Buchungsmöglichkeiten auf vier Grundtypen reduzieren lassen.

2.2.2.3 Gewinn- und Verlustrechnung

Die Gewinn- und Verlustrechnung (GuV) bildet zusammen mit der Bilanz den zentralen Teil des Jahresabschlusses. Sie zeigt den Erfolg des Unternehmens für eine bestimmte Rechnungsperiode.

Die GUV zeigt den Unternehmenserfolg

Die GuV hat die Aufgabe, die **Erfolgsquellen** nach Art und Höhe erkennbar zu machen. Durch Erfassung aller in einer Periode angefallenen Erträge und Aufwendungen wird der Jahresüberschuss bzw. Jahresfehlbetrag ermittelt. Die GuV zeigt also nach Art und Höhe, wie der Erfolg des Unternehmens erreicht worden ist.

Die Berechnung kann nach zwei unterschiedlichen Methoden vorgenommen werden: dem Gesamtkostenverfahren (GKV) oder dem Umsatzkostenverfahren (UKV). Beide sind grundsätzlich sowohl nach HGB wie nach IFRS anwendbar und beide führen zu demselben Ergebnis:

▸ Beim **Gesamtkostenverfahren** werden alle Aufwendungen, die in der betrachteten Rechnungsperiode bei der betrieblichen Leistungserstellung entstanden sind, und alle erzielten Erträge gegenübergestellt. Da Aufwand und Ertrag bei der Herstellung bestimmter Güter nicht notwendig in der gleiche Periode anfallen, werden die Bestandsveränderungen, Eigenverbrauch und Eigenleistungen herausgerechnet.

▸ Das **Umsatzkostenverfahren** geht von den Umsatzerlösen einer Periode aus. Ihnen werden diejenigen Aufwendungen gegenübergestellt, die für die tatsächlich verkauften Produkte angefallen sind.

> Die Regelungen zur Aufstellung der Gewinn- und Verlustrechnung finden sich
> im HGB in den §§ 275 ff.

Eine tiefere Gliederung ist zulässig, wenn Klarheit und Übersichtlichkeit nicht beeinträchtigt werden. Kleine und mittelgroße Kapitalgesellschaften können Vereinfachungen in Anspruch nehmen.

2.3 Kosten- und Leistungsrechnung

> Die Kostenrechnung erfasst und bewertet den Einsatz der betrieblichen
> Produktionsfaktoren im Leistungsprozess. Die Leistungsrechnung ermittelt das
> Ergebnis der Leistungserstellung.

2.3.1 Einführung

2.3.1.1 Ausrichtung der Kosten- und Leistungsrechnung

Alle Überlegungen im Rahmen der Kostenrechnung beziehen sich immer auf eine Periode, z. B. ein Jahr oder einen Monat. Um ein vergleichbares und nachvollziehbares Ergebnis ermitteln zu können, ist eine solche Abgrenzung unumgänglich.

Ihre Ausgestaltung ergibt sich aus den Aufgaben, die sie erfüllen soll, z. B.:

▸ Kalkulation,
▸ Dokumentation,
▸ Kontrolle,
▸ Disposition.

Sie muss sich an den Erkenntnisinteressen der jeweiligen Entscheidungsträger orientieren, entsprechend werden die möglichen Kostenrechnungssysteme ausgewählt und gestaltet, die in Abbildung 2.11 zusammengefasst sind.

2.3.1.2 Bereiche der Kosten- und Leistungsrechnung

Die Kostenrechnung stellt die Entstehung der Kosten im Leistungsprozess dar. Sie besteht aus den Teilen Kostenarten-, Kostenstellen- und Kostenträgerrechnung. Die Abbildungen 2.12 und 2.13 zeigen die Vorgehensweise.

Die Gesamtkosten werden dabei nach unterschiedlichen Fragestellungen strukturiert und gegliedert (vgl. Abbildung 2.13).

2.3.1.3 Aufgaben der Kosten- und Leistungsrechnung

Die Kostenrechnung liefert die aussagekräftigen und verlässlichen Informationen zum betriebsbedingten Werteverzehr, um sachgerechte Entscheidungen treffen zu können. Ihre wichtigsten Aufgaben sind:

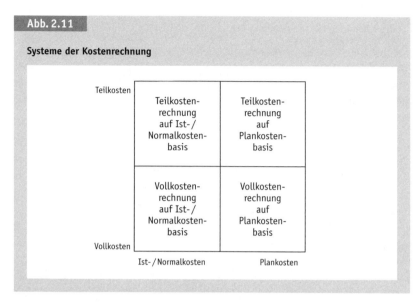

Abb. 2.11

Systeme der Kostenrechnung

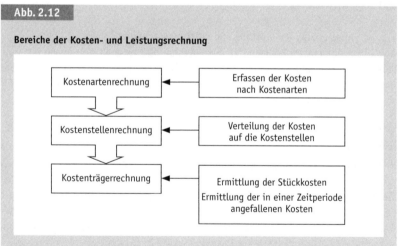

Abb. 2.12

Bereiche der Kosten- und Leistungsrechnung

▸ **Kalkulation und Nachkalkulation.** Bereitstellung der Grundlage für die Gestaltung des Verkaufspreises.

▸ **Kontrolle der Wirtschaftlichkeit.** Überprüfung der Prozesse und Kostenstellen durch Soll/Ist-Vergleich, Zeitvergleich oder Betriebsvergleich.

▸ **Deckungsbeitragsrechnung.** Informationen als Grundlage für Entscheidungsrechnungen zur Produkt- und Preispolitik.

▸ **Entscheidungsgrundlage.** Die Erkenntnisse, die aus den Daten der KLR gewonnen werden, bilden eine wichtige Grundlage für unternehmerische Entscheidungen.

▸ **Kurzfristige Erfolgsrechnung.**

▸ **Bewertung** der Vorräte in der Bilanz.

Abb. 2.13

Behandlung der Gesamtkosten

Welche Kosten sind angefallen?	**Wo** sind die Kosten angefallen?	**Wofür** sind die Kosten angefallen?
Kostenartenrechnung	Kostenstellenrechnung	Kostenträgerrechnung
Die **Gesamtkosten** werden		
nach ihrer Art aufgeteilt	auf die betrieblichen Kostenbereiche verteilt	auf einzelne Produkte aufgeteilt
▸ Personalkosten, ▸ Materialkosten, ▸ Zinsen, ▸ Abschreibungen usw.	▸ Material, ▸ Fertigung, ▸ Verwaltung, ▸ Vertrieb usw.	▸ Kostenträger- stückrechnung, ▸ Kostenträgerzeitrechnung.

Abb. 2.14

Abgrenzung zwischen Finanzbuchhaltung und Kostenrechnung

Beziehungen zwischen
FiBu und KLR

2.3.1.4 Abgrenzungsrechnung von der Finanzbuchhaltung zur Kosten- und Leistungsrechnung

In der Finanzbuchhaltung werden die gesamten Aufwendungen und Erträge erfasst, unabhängig davon, ob sie betrieblich bedingt sind oder nicht.

Die Kostenrechnung berücksichtigt nur solche Aufwendungen und Erträge, die in einem engen Zusammenhang mit der betrieblichen Tätigkeit stehen.

Deshalb können nicht alle Aufwendungen aus der Finanzbuchhaltung unverändert als Kosten übernommen werden. Die kostenrechnerische Anpassung bezieht sich auf Kosten, denen
▸ ein Aufwand in anderer Höhe entspricht, z. B. Kalkulatorische Abschreibungen,
▸ überhaupt kein Aufwand entspricht, z. B. Kalkulatorischer Unternehmerlohn.

In einer **Abgrenzungsrechnung** wird das Gesamtergebnis aus der Finanzbuchhaltung in das Betriebsergebnis der Kosten- und Leistungsrechnung überführt, indem die neutralen Erträge eliminiert werden.

> Gesamtergebnis
> ./. neutrales Ergebnis
> = Betriebsergebnis

2.3.2 Kostenartenrechnung

Ausgangspunkt der KLR

Die Kostenartenrechnung ist der Ausgangspunkt jeder Kostenrechnung. Ihre Aufgabe besteht darin festzustellen, welche Arten von Kosten in welcher Höhe angefallen sind.

2.3.2.1 Erfassung der Kosten
Die Höhe der Kosten ergibt sich aus dem Produkt aus Menge und Wert der verbrauchten Güter.

Beispiele Berechnung von Kosten

Kostenart	Verbrauchte Menge	Wert der verbrauchten Menge	Kosten	
Papier	30.000 Blatt	6,40 € je 1.000 Blatt	6,40 × 30	192,00 €
Gas	56,330 kWh	4,88 € je kWh	56,330 × 4,88	274,89 €
Reinigung	312 m^2	12,35 € je m^2	312 × 12,35	3.853,20 €

2.3.2.2 Gliederung der Kosten
Abhängig vom Zweck der Kostenerfassung können die Kostenarten unter verschiedenen Gesichtspunkten unterteilt werden (vgl. Abbildung 2.15).

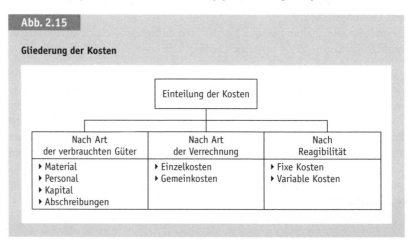

Abb. 2.15

Gliederung der Kosten

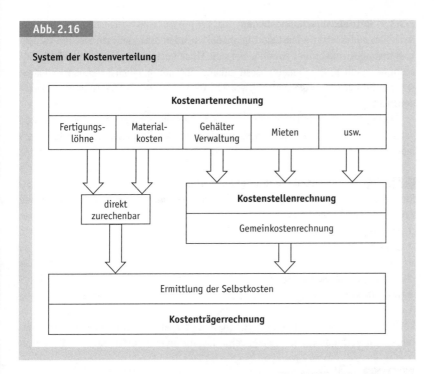

Abb. 2.16

System der Kostenverteilung

2.3.3 Kostenstellenrechnung

In der Kostenstellenrechnung wird untersucht, an welchem **Ort im Leistungsprozess** die Kosten angefallen sind. Sie verteilt die Gemeinkosten, die nicht direkt einem bestimmten Produkt zugeordnet werden können, verursachungsgerecht auf die Stellen im Unternehmen, an denen die Kosten anfallen.

Verteilung der Gemeinkosten

Kostenstellen werden meistens nach Funktionen im Produktionsprozess gebildet:

▸ **Hauptkostenstellen** sind organisatorische Einheiten, in denen unmittelbar Leistungen für den Absatzmarkt erbracht werden (Fertigungskostenstellen). Sie geben keine Leistungen an andere Kostenstellen ab. Beispiele: Montage, Lackiererei.

▸ **Hilfskostenstellen** erbringen Vorleistungen für andere Kostenstellen.

 – Fertigungshilfsstellen erbringen die Vorleistungen ausschließlich für Fertigungskostenstellen. Ihre Kosten werden auf die Hauptkostenstellen verrechnet. Beispiele: Reparaturwerkstatt, Fuhrpark.

 – Allgemeine Hilfsstellen erbringen die Vorleistungen für andere betriebliche Kostenstellen. Beispiele: Werkschutz, Hausmeister.

▸ **Allgemeine Stellen** geben ihre Leistungen vollständig oder fast vollständig an andere Kostenstellen ab. Beispiele: Energieversorgung, Sozialdienste.

▸ **Materialstellen** bearbeiten die Beschaffung und Lagerung des Materials.

▸ **Verwaltungsstellen.**

▸ **Vertriebsstellen** übernehmen alle mit dem Absatz verbundenen Aufgaben.

2.3.3.1 Betriebsabrechnungsbogen

Nachdem alle Kosten erfasst und gegliedert worden sind, müssen sie den Hauptkostenstellen zugeordnet werden. Bei den Einzelkosten ist eine unmittelbare Zuordnung möglich, die Gemeinkosten müssen dagegen möglichst verursachungsgerecht auf die Kostenträger verteilt werden. Dazu dient der Betriebsabrechnungsbogens (BAB).

Das Ergebnis der Kostenverteilung ist entscheidend abhängig von den genutzten Verteilungsschlüsseln. Deshalb ergeben sich durch den BAB erhebliche Gestaltungsmöglichkeiten.

Beispiel **Kostenverteilung Reinigungskosten**

Reinigungskosten von Büroräumen können – sinnvoll – nach unterschiedlichen Kriterien verteilt werden:

▸ Fläche je Raum in m^2,
▸ Zahl der Räume,
▸ Zahl der Nutzer,
▸ Umfang der Verschmutzung,
▸ Nutzungszeit.

Zur Verteilung der Kosten auf die Hauptkostenstellen stehen unterschiedliche Verfahren zur Verfügung. Das Beispiel zeigt das Stufenleiterverfahren.

Beispiel **Kostenverteilung**

In einem Produktionsbetrieb werden die Gemeinkosten mithilfe eines einfachen Betriebsabrechnungsbogens auf die Kostenstellen verteilt:

		Kostenstellen				
			Fertigung			
		Werkstatt	Fertigung I	Fertigung II	Verwaltung	Vertrieb
Gehälter	3.000					
Sozialabgaben	600					
kalk. Abschreibungen	10.000					
Stromkosten	2.400					

Dabei gilt:

a) Die Gehälter fallen im Verhältnis 1 : 15 : 10 : 2 : 2 an.

b) Die Sozialabgaben werden im gleichen Verhältnis verteilt.

c) Von den Abschreibungen entfallen 10% auf die Verwaltung, der Rest gleichmäßig auf die beiden Fertigungsstellen.

d) Die Stromkosten werden nach tatsächlichem Verbrauch verteilt:

Werkstatt	100 Kilowattstunden
Fertigung I	400 Kilowattstunden
Fertigung II	500 Kilowattstunden
Verwaltung	100 Kilowattstunden
Vertrieb	100 Kilowattstunden

e) Die Kosten der Werkstatt enthalten 120 für Fertigung I, sie sind ansonsten der Verwaltung zuzurechnen.

f) Die Verwaltungskosten sollen im Verhältnis 3 : 2 auf die Fertigungen I und II aufgeteilt werden.

g) Von den Vertriebskosten entfallen 280 auf Fertigung I, 160 auf Fertigung II.

h) Die Einzelkosten betragen

Material	
Fertigung I	33.872
Fertigung II	26.900

Ergebnis:

Betriebsabrechnungsbogen

	Gemein-kosten	Werk-statt	Fertigung I	Fertigung II	Verwal-tung	Vertrieb
			Kostenstellen			
Gehälter	3.000	100	1.500	1.000	200	200
Sozialabgaben	600	20	300	200	40	40
kalk. Abschreibungen	10.000	–	4.500	4.500	1.000	0
Stromkosten	2.400	200	800	1.000	200	200
		320	7.100	6.700	1.440	440
			864	576	↵	
			280	160		↵
		320	8.244	7.436		
Einzelkosten		64.000	33.872	26.900		

2.3.3.2 Ermittlung der Zuschlagsätze

Die Gemeinkosten, die mit dem BAB ermittelt worden sind, müssen anschließend auf die Kostenträger verrechnet werden. Das geschieht durch prozentuale Zuschläge auf die Einzelkosten, wobei auf den sinnvollen Zusammenhang zu achten ist.

> Bei der Ermittlung der Zuschlagsätze wird unterstellt, dass die Gemeinkosten in einem festen Verhältnis zu den Einzelkosten stehen.

Unter der Voraussetzung, dass sich dieses Verhältnis nicht ändert, können aber auf einfache Weise, nämlich durch Anwendung unveränderter Zuschlagsätze, auch die Selbstkosten in späteren Perioden berechnet werden.

Beispiel:

Im obigen Fall ergibt sich:

	Werkstatt	Fertigung I	Fertigung II
	320	8.244	7.436
Einzelkosten	64.000	33.872	26.900
Zuschlagsatz	0,5 %	24,3 %	27,6 %

2.3.4 Kostenträgerrechnung

In der Kostenträgerrechnung werden die Kosten je Produkt ermittelt. Zwei Grundformen sind gebräuchlich:

> Die **Kostenträgerzeitrechnung** ermittelt die Höhe der Kosten, die innerhalb einer Abrechnungsperiode für ein Produkt angefallen sind.
> Mit der **Kostenträgerstückrechnung**, die auch als **Kalkulation** bezeichnet wird, werden die Kosten errechnet, die für jeweils eine Produktionseinheit der Güter oder Dienstleistungen angefallen sind.

2.3.4.1 Kostenträgerzeitrechnung

In der Kostenträgerzeitrechnung werden für die Kostenträger die Kosten einer Abrechnungsperiode ermittelt. Durch die Gegenüberstellung der Kosten und Leistungen einer Periode wird der kurzfristige Betriebserfolg festgestellt. Er kann entweder nach dem Umsatzkostenverfahren oder nach dem Gesamtkostenverfahren ermittelt werden.

Nach dem – weit verbreiteten – Umsatzkostenverfahren kann das Berechnungs-schema der Abbildung 2.17 genutzt werden.

Abb. 2.17

Kalkulationsschema

		Gesamtkosten	Kostenträger I	Kostenträger II
	Materialkosten			
+	Fertigungskosten			
=	Herstellkosten der Erzeugung			
+/–	Bestandsveränderungen			
=	Herstellkosten des Umsatzes			
+ +	Verwaltungsgemeinkosten Vertriebsgemeinkosten			
=	Selbstkosten des Umsatzes			
	Umsatzerlöse			
	Betriebsergebnis			

Zu Kontroll- und Steuerungszwecken ist es sinnvoll, die Kostenträgerzeitrechnung in kurzen Zeitabständen durchzuführen.

2.3.4.2 Zuschlagskalkulation

Kumulative Zuschlagskalkulation

Wenn die Einzelkosten und die Gemeinkosten jeweils nur insgesamt bekannt sind, kann ein einziger Zuschlagssatz zur Verteilung der Gemeinkosten gewählt werden. Er ergibt sich, indem die Summe der Gemeinkosten zur Summe der Einzelkosten in Beziehung gesetzt wird.

Ermittlung Zuschlagssatz

Beispiel

In einer Werkstatt werden Arbeitshosen hergestellt. Die Summe der Einzelkosten (Wareneinsatz) beträgt in einem Monat 80.000 €, die Summe der Gemeinkosten für den gleichen Zeitraum 60.000 €. Der Zuschlagsatz beträgt dann

60.000 : 80.000 × 100 = 75 %.

Bei einem Warenwert von 100 € ergibt sich so ein Gemeinkostenzuschlag in Höhe von 75 €, die Stückkosten betragen entsprechend 175 €.

Elektive Zuschlagskalkulation

Die Zuschlagskalkulation wird genauer, wenn die Zuschlagssätze für die Gemeinkosten differenzierter, nämlich mit Bezug zwischen der jeweiligen Kostenart und der
Kostenstelle ermittelt werden.

Beispiel

Die Materialgemeinkosten der Kostenstelle »Material« werden den Materialkosten
zugeschlagen, die Verwaltungsgemeinkosten der Kostenstelle »Allgemeine Verwaltung«.

Je stärker die Gemeinkosten nach Kostenstellen aufgesplittet werden können, desto
aussagefähiger ist der ermittelte Gemeinkostenzuschlag.

2.3.4.3 Zuschlagskalkulation mit Maschinenstundensätzen

Grenzen der klassischen
Zuschlagskalkulation

Die Aussagekraft der Zuschlagskalkulation nimmt ab, wenn die Gemeinkosten durch
den Einsatz von Maschinen zunehmen. In fertigungsintensiven Produktionsbetrie-
ben ist deshalb ein Kostenverrechnungssatz notwendig, in dem das **Verursachungs-
prinzip** stärker Berücksichtigung findet. Wenn für einzelne Produkte bekannt ist, in
welchem Ausmaß Maschinen in Anspruch genommen werden, bietet sich aus diesem
Grunde als Verrechnungssatz der Maschinenstundensatz an.

$$\frac{\text{Gesamtmaschinenkosten}}{\text{Maschinenstunden}} = \text{Maschinenstundensatz}$$

Beispiel Ermittlung Maschinenstundensatz

Anschaffungskosten	600.000 €	Abschreibungen	$\frac{600.000}{6}$	100.000 €
Kalkulatorische Nutzungs-dauer	6 Jahre			
Kalkulatorischer Zinssatz	10 %	Zinskosten	$\frac{600.000 \times 10}{2 \times 100}$	30.000 €
Instandhaltungskosten	500 €/Monat		500 × 12	6.000 €
Benötigte Standfläche	15 m²	Raumkosten	15 × 5 × 12	900 €
Monatliche Raumkosten	5 €/m²			
Energiebedarf	1.800 kWh/ Monat	Energiekosten	12 × 0,12 × 1.800	2.592 €
Strompreis	0,12 €/kWh			
				139.492 €
Arbeitstage/Jahr	240	Arbeitszeit/Jahr	240 × 8 - 120	1.800 Std.
Arbeitszeit/täglich	8 Std.			
Stillstandszeiten	120 Std./Jahr			
Maschinenstundensatz			$\frac{139.492}{1.800}$	**77,50 €/Std.**

Die verbleibenden Gemeinkosten werden mithilfe eines allgemeinen Zuschlagsatzes verteilt.

2.3.4.4 Divisionskalkulation

Der Umweg der Kostenzuordnung über einen BAB lässt sich vermeiden, wenn die Gesamtkosten bekannt sind und **gleichartige Produkte** zu beurteilen sind. Teilt man die Gesamtkosten durch eine Schlüssel- oder Bezugsgröße, ergeben sich die durchschnittlichen Kosten pro Einheit. Diese Divisionskalkulation wird angewandt bei Produkten, die in großer Zahl bzw. hoher Auflage erstellt werden.

Beispiel **Durchschnittskosten gleichartiger Produkte**

Wenn in einem Unternehmen, das ausschließlich Fahrradständer herstellt, die ermittelten Gesamtkosten durch die Zahl der hergestellten Fahrradständer geteilt werden, so sagt das Ergebnis, wie hoch die durchschnittlichen Kosten dafür nach diesem Verfahren zu veranschlagen sind.

Gesamtkosten pro Monat	3.502.000 €
Zahl der Fahrradständer	824
Durchschnittskosten pro Fahrradständer	425 €

Die Divisionskalkulation ist in ihren Möglichkeiten beschränkt. Sie kann keine sinnvollen Ergebnisse mehr liefern, wenn
▸ verschiedenartige Produkte hergestellt werden,
▸ die Mengen je Zeiteinheit verschieden sind,
▸ die Fertigungstechniken voneinander abweichen.

2.3.4.5 Äquivalenzziffernkalkulation

Die Äquivalenzziffernkalkulation eignet sich als Divisionskalkulation bei Sortenfertigung. Die Produkte sind grundsätzlich sehr ähnlich, unterscheiden sich aber in bestimmten Eigenschaften.

Kalkulation bei Sortenfertigung

Beispiele

Ein Sägewerk stellt Bretter in verschiedenen Stärken her.
Eine Brauerei stellt verschiedene Sorten Bier her.

Die Kosten sind in diesen Fällen nicht gleich, stehen aber in einer festen Relation zueinander, weil z. B. die gleichen Einsatzstoffe in unterschiedlicher Menge verwandt werden oder lediglich die Arbeitszeit unterschiedlich ist.

Ein Reinigungsdienst bietet seine Leistung für ein Verwaltungsgebäude in drei Leistungsstufen an:

Grundleistung	30 Min/Tag	in 30 Büros
Regelleistung	60 Min/Tag	in 20 Büros
Komplettangebot	90 Min/Tag	in 40 Büros

Für die verschiedenen Leistungsarten werden Äquivalenzziffern gesucht, die die anteiligen Kosten entsprechend ihrer Verursachung erfassen. Aus Größe, Gewicht, Qualität oder einer anderen Eigenschaft wird dazu ein Bewertungsfaktor ermittelt.

Neben der Kostenrelation muss die Mengenrelation in die Ermittlung einfließen. Erst die Multiplikation der Äquivalenzziffern mit den Mengen ergibt die Rechnungseinheiten, die zu Grunde gelegt werden können. So werden die einzelnen Leistungen rechnerisch vergleichbar gemacht.

Beispiel

Es ergibt sich folgender Zusammenhang, wenn die Gesamtkosten der Reinigung im obigen Beispiel 38.000 € betragen:

Angebot	ÄZ	Menge	Rechnungs-einheit	Kosten pro Einheit	Kosten pro Angebotsart
30 Min	1	30 Büros	30	200 €	6.000 €
60 Min	2	20 Büros	40	400 €	8.000 €
90 Min	3	40 Büros	120	600 €	24.000 €

Die Gesamtkosten in Höhe von 38.000 € verteilt auf 190 Rechnungseinheiten ergibt einen Verrechnungssatz i. H. v. 200 €. Die Multiplikation des Verrechnungssatzes mit der Zahl der Verrechnungseinheiten zeigt die Gesamtkosten je Angebotsart.

2.3.4.6 Handelswarenkalkulation

Die Kalkulation in einem Handelsbetrieb unterscheidet sich von der Kalkulation in einem Produktionsbetrieb, weil die Fragestellung bei fertig bezogenen Gütern anders ist. Das vollständige Schema in Abbildung 2.18 lässt das Verfahren erkennen.

Abb. 2.18

Schema Handelskalkulation

			Beispiel	
	Listeneinkaufspreis		3.000,00	
./.	Lieferrabatt	10%	300,00	
=	Zieleinkaufspreis		2.700,00	
./.	Skonto	2%	54,00	
=	Bareinkaufspreis		2.646,00	
+	Bezugskosten	pauschal	100,00	
=	Einstandspreis		2.746,00	
+	Handlungskosten	51%	1.400,46	
=	Selbstkostenpreis		4.146,46	
+	Gewinnaufschlag	25%	1.036,62	
=	Barverkaufspreis		5.183,08	(= 77%)
+	Provision	20%	1.548,19	
+	Kundenskonto	3%		
=	Listenverkaufspreis		6.731,27	

Die **Handelsspanne** beträgt

$$\frac{\text{Verkaufspreis} - \text{Einstandspreis}}{\text{Einstandspreis}} \times 100 = \frac{6.731,27 - 2.746,00}{2.746,00} \times 100 = 145,13\%$$

2.3.5 Vergleich von Voll- und Teilkostenrechnung

Bei der Vollkostenrechnung werden die gesamten in der Rechnungsperiode angefallenen Kosten auf die Kostenträger verteilt.

Unterschiedliche Verteilung auf Kostenträger

In der Teilkostenrechnung werden nur die variablen Kosten auf die Kostenträger verteilt.

Die fixen Kosten, die von der Ausbringungsmenge unabhängig sind, bleiben unberücksichtigt.

2.3.5.1 Begründung der Teilkostenrechnung

Die Gründe für die Kostenaufspaltung in fixe und variable Kosten ergeben sich aus den Mängeln der Vollkostenrechnung:

▸ Die Fixkosten, die unabhängig von der Ausbringungsmenge anfallen, entstehen vor allem durch unternehmerische Entscheidungen. Sie werden dadurch nicht verursachungsgerecht auf die Kostenträger verteilt.

▸ Die Gemeinkosten werden mithilfe von Verteilungsschlüsseln den Kostenträgern zugeordnet. Es existiert aber kein objektiv richtiger Verteilungsschlüssel, das Ergebnis ist deshalb weitgehend willkürlich.

▸ Aus dem Verhältnis zwischen Verkaufspreis und variablen Stückkosten können Aussagen zur Bedeutung des Produktes einfach ermittelt werden. Produktions- und absatzpolitische Entscheidungen lassen sich überzeugend begründen.

Beispiel **Betriebsergebnis entscheidet über Bedeutung des Produkts**
In der Kantine der Metall GmbH sind folgende Werte bekannt:

	Stammessen	vegetarisch	Diät	gesamt
Fertigungsmaterial	1.200	700	1.000	2.900
Fertigungslöhne	80	80	120	280
	1.280	780	1.120	3.180
Fixkostenumlage	600	600	600	1.800
	1.880	1.380	1.720	4.980
Verkaufserlös	2.400	1.080	2.100	5.580
Betriebsergebnis	520	./. 300	380	600

Wenn der Küchenchef daraus schließt, das vegetarische Essen nicht mehr anzubieten, weil es nicht kostendeckend hergestellt werden könne, bleiben die variablen Kosten für die beiden restlichen Essen unverändert, aber die Fixkosten können – unter der Annahme, dass die Vegetarier nicht auf die anderen Angebote ausweichen – nur noch auf diese beiden Angebote verteilt werden.

	Stammessen	vegetarisch	Diät	gesamt
Fertigungsmaterial	1.200	0	1.000	*2.200*
Fertigungslöhne	80	0	120	*200*
	1.280	0	1.120	*2.400*
Fixkostenumlage	900	0	*900*	1.800
	2.180	0	*2.020*	*4.200*
Verkaufserlös	2.400	0	2.100	*4.500*
Betriebsergebnis	*220*	0	*80*	300

Der Vergleich zeigt, dass es die falsche Entscheidung gewesen wäre, das vegetarische Essen nicht mehr anzubieten, denn das Betriebsergebnis insgesamt würde sich verschlechtern.

Die Betrachtungen im Rahmen der Teilkostenrechnung beziehen sich immer auf einen bestimmten Zeitpunkt. Wenn die Fixkosten kurzfristig abgebaut werden können oder wenn sie kurzfristig einer anderen Leistung zugeordnet werden können, kann sich ein abweichendes Bild ergeben, das zu neuen Überlegungen führen muss.

Entscheidung zum Produktionsprogramm

2.3.5.2 Absolute einstufige Deckungsbeitragsrechnung

In der Deckungsbeitragsrechnung werden die Kosten zunächst aufgeteilt in fixe und variable Kosten. Der **Deckungsbeitrag** ist dann definiert als Differenz zwischen Erlösen und variablen Kosten.

Abb. 2.19

Ermittlung des Deckungsbeitrages

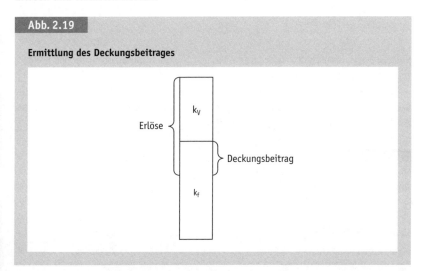

Die genaue Kostenaufteilung ist also Voraussetzung für den sinnvollen Einsatz der Deckungsbeitragsrechnung.

> Der Deckungsbeitrag entspricht dem Erlös, der über die variablen Kosten hinausgeht.

Wenn der Deckungsbeitrag positiv ist, wenn also gilt:

Erlöse – variable Kosten > 0,

leistet der Kostenträger einen Beitrag zur Deckung der fixen Kosten, die insgesamt für die Bereitstellung der Produktionsmöglichkeit anfallen. Auch eine Leistungserbringung, die bei einer Vollkostenrechnung zu einem Verlust führt, kann einen

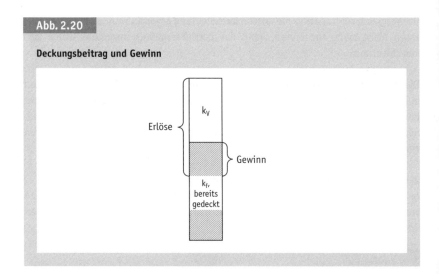

Abb. 2.20

Deckungsbeitrag und Gewinn

Erlöse

k_v

Gewinn

k_f, bereits gedeckt

Beitrag liefern zur Deckung der fixen Kosten, die auch bei Einstellung der Produktion nicht verhindert werden könnten.

Abbildung 2.20 zeigt, dass der Deckungsbeitrag dem erzielten Gewinn entspricht, wenn die Fixkosten bereits durch Erlöse aus anderen Tätigkeitsbereichen der betrachteten Organisationseinheit gedeckt sind.

Beispiel **Verlust begrenzen**

In einer Weiterbildungseinrichtung wird überlegt, ob ein Lehrgang stattfinden soll. Der Fachbereichsleiter hatte kalkuliert:

Umsatzerlös bei 30 TN	120.000
Honorare der Dozenten	42.000
Fahrtkosten der Dozenten	4.000
Werbung	60.000

Eine Woche vor Lehrgangsbeginn ist klar, dass 30 Teilnehmer nicht erreicht werden. Wie hoch muss die Teilnehmerzahl sein, damit der Lehrgang durchgeführt werden kann?

Die Werbekosten sind eine Woche vor Lehrgangsbeginn bereits bezahlt. Der Verlust beträgt also 60.000 €, wenn der Lehrgang abgesagt wird. Er sollte aber durchgeführt werden, wenn mindestens die variablen Kosten gedeckt werden können:

$$\text{Mindestteilnehmerzahl} = \frac{46.000}{4.000} = 11,5 \quad \rightarrow 12 \text{ Teilnehmer}$$

Der Anbieter macht trotzdem einen Verlust (Gesamtkosten 106.000 € - TN-Gebühren 48.000 € = 58.000 €). Er ist aber geringer als bei Absage des Angebotes (60.000 €).

2.3.5.3 Mehrstufige Deckungsbeitragsrechnung

Die Aussagefähigkeit der Deckungsbeitragsrechnung kann noch erhöht werden, wenn die Fixkosten einzelnen Kostenträgern, Produktgruppen oder Unternehmensbereichen möglichst genau verursachungsgerecht zugeordnet werden. Die zusätzlichen detaillierten Erkenntnisse sollen bessere Entscheidungen ermöglichen.

Die Fixkosten des Unternehmens werden deshalb nicht in einer Summe abgebildet, sondern in verschiedene Kategorien aufgeteilt und hierarchisch auf die verursachenden Fixkostenstufen weiter unterteilt. Wenn ein Unternehmen mehrere Produkte herstellt, werden Deckungsbeiträge für jedes Produkt und für jede Produktgruppe ermittelt. Auf jeder dieser Stufen gibt es typisch zuordenbare Fixkosten.

Die mehrstufige Deckungsbeitragsrechnung ermöglicht eine bessere Analyse der Erfolgsstruktur eines Unternehmens und gezieltere Maßnahmen zur Verbesserung des Betriebsergebnisses.

1. Erzeugnisfixkosten: Sie entstehen ausschließlich durch die Produktion oder den Absatz einer einzelnen Produktart (z.B. Kosten für Spezialwerkzeuge zur Herstellung dieses Erzeugnisses, kalkulatorische Zinsen auf das in den Maschinen gebundene Kapital, Gehalt des Produktmanagers).
2. Erzeugnisgruppenfixkosten: Sie entstehen durch einzelne Erzeugnisgruppen (z.B. Miete für ein Gebäude, in dem diese Erzeugnisgruppe hergestellt wird, Werbekosten für eine Produktgruppe).
3. Kostenstellenfixkosten: Sie stehen mit einzelnen Kostenstellen im Zusammenhang, können aber Produkten nicht als Einzelkosten zugerechnet werden (z. B. Gehalt des Leiters einer Kostenstelle, in der eine Produktart bearbeitet wird).
4. Bereichsfixkosten: Sie können nur einzelnen Betriebsbereichen zugerechnet werden (z.B. Kosten des Bereichscontrollings).
5. Unternehmensfixkosten: Sie sind nicht weiter differenzierbar und werden der Gesamtunternehmung zugeschrieben (z.B. Abschreibungen auf das Verwaltungsgebäude, Vorstandsgehälter, Steuern).

Die Stückkosten werden konsequent nicht in einem, sondern in mehreren Schritten ermittelt. Dabei können auch Veränderungen der Lagerbestände berücksichtigt werden. Abb. 2.21 verdeutlicht das Vorgehen:

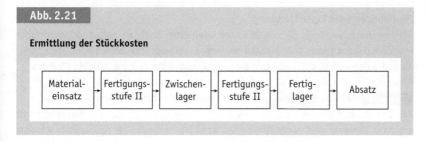

Abb. 2.21

Ermittlung der Stückkosten

Material-einsatz → Fertigungs-stufe II → Zwischen-lager → Fertigungs-stufe II → Fertig-lager → Absatz

Beispiel

In einem Textilunternehmen wird Damen- und Herrenoberbekleidung in mehreren Produktionsstufen hergestellt. In der ersten Produktionsstufe sind die Fertigungsbereiche getrennt. In der zweiten Produktionsstufe werden jeweils zwei Produkte weiterverarbeitet. Danach durchlaufen alle Produkte einen gemeinsamen Bereich.

Die Erlöse, die variablen Kosten und die Fixkosten der einzelnen Produktionsstufen sind bekannt.

		Damenhosen	Herrenhosen	Herrenhemden	Damenblusen
	Erlöse je Stück	30,00	28,00	25,00	29,00
-	variable Kosten je Stück	26,20	27,20	20,20	26,60
=	Stückdeckungsbeitrag	3,80	0,80	4,80	2,40
x	Produktions- und Absatzmenge	10.000,00	4.000,00	4.000,00	10.000,00
=	Produktdeckungsbeitrag	38.000,00	3.200,00	19.200,00	24.000,00
-	Sortenfixkosten	8.400,00	4.400,00	4.000,00	5.000,00
=	Sortendeckungsbeitrag	29.600,00	- 1.200,00	15.200,00	19.000,00
-	Gruppenfixkosten	6.000,00		5.000,00	
=	Gruppendeckungsbeitrag	22.400,00		29.200,00	
-	Bereichsfixkosten	4.800,00			
=	Bereichsdeckungsbeitrag	46.800,00			
-	Unternehmensfixkosten	15.000,00			
=	Betriebsergebnis	31.800,00			

2.3.5.4 Deckungsbeitragsrechnung als Entscheidungsrechnung

Eine Deckungsbeitragsrechnung kann als Teilkostenrechnung die Vollkostenrechnung nicht ersetzen. In bestimmten Fällen aber führt sie zu dem betriebswirtschaftlich einzig sinnvollen Ergebnis.

Fremdbezug oder Eigenfertigung

Make-or-buy-Entscheidung

Bei der Entscheidung, ob ein Produkt oder eine Leistung selbst erbracht oder fremdbezogen werden soll (»**make or buy**«), spielen Fixkosten keine Rolle, weil sie auf jeden Fall anfallen. Entscheidungsrelevant sind nur die variablen Kosten.

Beispiel **Reinigung mit eigenem Personal oder externer Reinigungsfirma**

Für das Verwaltungsgebäude der Nord-OHG wird überlegt, ob die Reinigung mit eigenem Personal und eigenen Geräten erfolgen soll oder ob ein Auftrag an eine Reinigungsfirma vergeben werden soll.

Der Verwaltung liegt ein Angebot eines Reinigungsunternehmens über 6.500 € pro Monat vor. Die internen Kostenberechnungen haben ergeben, dass die Reinigung mit eigenem Personal und eigenen Geräten 7.500 € pro Monat kosten würde, worin 1.500 € Fixkosten enthalten sind.

Entgegen erstem Anschein wird die Entscheidung zu Gunsten der Eigenleistung fallen, weil nur die variablen Kosten zu berücksichtigen sind, die mit 6.000 € niedriger liegen als das Angebot von 6.500 €.

Annahme eines neuen Auftrags

Bei vorhandenen Kapazitäten kann mithilfe der Deckungsbeitragsrechnung entschieden werden, ob ein Auftrag auch dann angenommen werden sollte, wenn die Vollkostenrechnung ergibt, dass nicht alle Kosten gedeckt sind.

Neuer Auftrag

Beispiel

Die Pico AG produziert Küchenmaschinen. Folgende Daten sind bekannt:

Produktions- und Absatzmenge	800 Stück
Maximale Kapazität	1.000 Stück
Gesamtkosten bei einer Produktion von 800 Stück	240.000 €
davon variable Kosten	160.000 €
davon fixe Kosten	80.000 €
Erlöse insgesamt	276.000
Erlöse je Stück	345 €
Gewinn	36.000 €
Gewinn je Stück	45 €

Ein Küchencenter aus Bonn stellt einen Zusatzauftrag (200 Stück) in Aussicht, allerdings zu einem Preis von 275 € je Küchenmaschine.

Entscheidung auf Vollkostenbasis:			Entscheidung auf Teilkostenbasis		
Gesamtkosten je Stück	$\frac{240.000}{800}$	300 €	Fixkosten bleiben außer Betracht	0 €	
Möglicher Erlös durch Zusatzauftrag		275 €	Variable Kosten pro Stück	$\frac{160.000}{800}$	200 €
Verlust je Stück		25 €	Erlös Zusatzauftrag je Stück		275 €
Verlust insgesamt		5.000 €	Verbesserung des Gesamtergebnisses	200 × 75	15.000 €
Auftrag ablehnen			**Auftrag annehmen**		

> Solange ein positiver Deckungsbeitrag erzielt wird, sollte bei konstanten Fixkosten ein zusätzlicher Auftrag angenommen werden.

Engpassrechnung

Berücksichtigung von Engpässen

Bei einem Engpass können aufgrund der Produktionsbedingungen weniger Leistungseinheiten produziert werden als abgesetzt werden könnten. In diesem Falle sollten vorrangig die Leistungen produziert werden, die den höchsten relativen Deckungsbeitrag erbringen.

Beispiel

Bei der Propper AG werden vier Produkte A, B, C, D auf zwei Maschinen hergestellt. Für die beiden Maschinen gilt:

	Fixkosten je Periode in €	Kapazität je Periode in Std.
Maschine 1	25.000	998
Maschine 2	40.000	800

Zu den Produkten stehen folgende Daten zur Verfügung:

Produkt	maximale Absatzmenge	Preis €/ME	variable Kosten €/ME	Beanspruchung Maschine 1 h/ME	Beanspruchung Maschine 2 h/ME
A	200	200	100	2,0	1,0
B	200	400	160	3,0	0,5
C	500	330	240	0,7	0,2
D	300	500	470	0,3	0,8

Optimales Produktionsprogramm

Zu ermitteln ist das gewinnmaximale Produktionsprogramm:
Auslastung beider Maschinen bei maximaler Absatzmenge aller vier Produkte:

Produkt	maximale Absatzmenge	Maschine 1 Beanspruchung in h	Maschine 2 Beanspruchung in h
A	200	400	200
B	200	600	100
C	500	350	100
D	300	90	240
benötigte Kapazität		1.440	640
vorhandene Kapazität		998	800

Bei Maschine 1 besteht ein Produktionsengpass.
Gewinnmaximales Produktionsprogramm:

	A	B	C	D
Preis	200	400	330	500
variable Kosten	100	160	240	470
Stück-DB	100	240	90	30
Kapazitätsbeanspruchung von Maschine 1	2	3	0,7	0,3
relativer DB = $\dfrac{\text{Stück} - \text{DB}}{\text{Kapazitätsbeanspruchung Maschine 1}}$	50	80	128,57	100
Rang	4	3	1	2

Optimales Produktionsprogramm:

Produkt	Produktionsmenge (ME)	Beanspruchung Maschine 1 (h)
C	500	350
D	300	90
B	186	558
		998

Für die Produktion von A stehen nur 2 Stunden zur Verfügung.

	DB	
C	500 × 90	45.000
D	300 × 30	9.000
B	186 × 240	44.640
A	1 × 100	100
Gesamter DB		98.740
Fixkosten		65.000
Bereichsgewinn		33.740

2.3.6 Normalkostenrechnung

Die Beeinflussung der Kosten ist Voraussetzung für eine effiziente Steuerung des Unternehmens.

Bei der Normalkostenrechnung werden die tatsächlich ermittelten Istkosten geeigneten Vergleichswerten aus der Vergangenheit gegenübergestellt.

Definition Normalkosten-rechnung

Der Vergleich zwischen Ist- und Normal-Gemeinkosten zeigt, ob eine Über- oder Unterdeckung vorliegt.

Beispiel

	Material	Personal
Bezugsgrundlage	200.000	120.000
Normal-Gemeinkostenzuschlag	90 %	60 %
Normal-Gemeinkosten	180.000	72.000
Ist-Gemeinkosten	186.000	65.000
beurteilungsbezogene Unterdeckung	-6.000	
beurteilungsbezogene Überdeckung		+ 7.000
Beurteilung	ungünstig	günstig

Bei Anwendung der Normalkostenrechnung ist nicht erkennbar, welche Kosten für einen Kostenträger tatsächlich entstanden sind. Außerdem können Beschäftigungsschwankungen nur berücksichtigt werden, wenn die durchschnittlichen Istkosten in ihren variablen und fixen Anteil aufgespalten werden.

2.3.7 Plankostenrechnung

Definition Plankosten

> Bei der Plankostenrechnung werden die Kosten nicht aus der Vergangenheit abgeleitet, sondern sind das Ergebnis der betrieblichen Planung.

Die Istkosten werden dann mit den vorher ermittelten Plankosten verglichen. Die Plankosten sind dabei das Produkt aus der geplanten Verbrauchsmenge und den Planpreisen:

$$K_P = M_P \times P_P$$

2.3.7.1 Starre Plankostenrechnung

Bei der starren Plankostenrechnung wird von einer konstanten Beschäftigung ausgegangen. Es erfolgt keine Aufteilung in fixe und variable Kosten. Unter diesen vereinfachten Annahmen ist der Plan-Kalkulationssatz einfach zu ermitteln:

$$\text{Plan} - \text{Kalkulationssatz} = \frac{\text{Plankosten}}{\text{Planbeschäftigung}}$$

Die Ermittlung der verrechneten Plankosten bei Istbeschäftigung erfolgt dann durch einfache Multiplikation:

$$\text{Verrechnete Plankosten bei Istbeschäftigung} = \frac{\text{Istbeschäftigung} \times \text{Plankosten}}{\text{Planbeschäftigung}}$$

Diese einfache Form der Plankostenrechnung ist nur anwendbar, wenn
▸ die Fixkosten vernachlässigbar gering sind und
▸ Ist- und Planbeschäftigung übereinstimmen. Andernfalls lassen sich Verbrauchs-
abweichungen nicht isolieren.

2.3.7.2 Flexible Plankostenrechnung

Die flexible Plankostenrechnung berücksichtigt verschiedene **Beschäftigungsgrade**,
die sich z. B. durch niedrigere als die erwarteten Absätze ergeben können. Die
Planwerte können so auf den Ist-Beschäftigungsgrad umgerechnet werden. Die
Sollkostenfunktion lautet dann

$$K_S(X) = K_f + K_v \times X$$

Mit dieser Funktion können die Plankosten für Planbeschäftigung ermittelt und
dann mit den Istkosten K_I bei Istbeschäftigung verglichen werden. Die Abweichung
zwischen den Sollkosten K_S und den Istkosten K_I wird als **Verbrauchsabweichung** ΔV
bezeichnet.

$$K_I - K_S = \Delta V$$

Sie zeigt das Ausmaß des über oder unter den Plandaten liegenden Verbrauchs. Die
Verbrauchsabweichung ist die wichtigste Größe der Analyse mit der flexiblen Plankostenrechnung, weil sie durch Entscheidungen im Unternehmen beeinflusst werden kann.

Beschäftigungsabweichungen ΔB ergeben sich aus der Differenz zwischen Ist-
und Planbeschäftigung, also den Sollkosten K_S und den proportional verrechneten
Plankosten K_{verr}.

$$\Delta B = K_S - K_{verr} = K_S - K_P \times \frac{X_I}{X_P}$$

Die Beschäftigungsabweichung ist durch das Unternehmen nur bedingt zu beeinflussen, weil es auf die Auftragslage nur begrenzt, z. B. durch das Marketing, Einfluss
hat. Die möglichen Abweichungen sind in Abbildung 2.22 dargestellt.

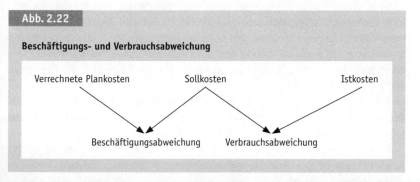

Abb. 2.22

Beschäftigungs- und Verbrauchsabweichung

Beispiel **Beschäftigungsabweichung in der Dent AG**

Die Dent AG stellt hochwertige Zahnräder her. Sie plant für die nächste Periode die maximale Produktion von 10.000 Stück. Dafür werden 120.000 € Fixkosten und 180.000 € variable Kosten ermittelt. Tatsächlich werden in der Periode nur 8.000 Stück hergestellt. Die Istkosten betragen 285.000 €.

Die Beschäftigungsabweichung ergibt sich durch die Leerkosten der nicht genutzten Kapazitäten. Die Verbrauchsabweichung ist besonders kritisch zu sehen, weil die tatsächlichen Kosten höher sind als die erwarteten 80 % von 300.000 €.

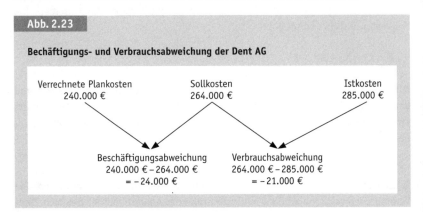

Abb. 2.23

Bechäftigungs- und Verbrauchsabweichung der Dent AG

Verrechnete Plankosten	Sollkosten	Istkosten
240.000 €	264.000 €	285.000 €

Beschäftigungsabweichung
240.000 € – 264.000 €
= – 24.000 €

Verbrauchsabweichung
264.000 € – 285.000 €
= – 21.000 €

2.3.8 Neuere Kostenrechnungsverfahren

Ansprüche des Kosten-
managements

Die Erfordernis zur Schaffung von mehr Kostentransparenz und die Notwendigkeit zu einer stärkeren Beeinflussung der Kostenstruktur im Rahmen eines permanenten Kostenmanagements haben zu einer Weiterentwicklung der traditionellen Kostenrechnungsverfahren und zur Entwicklung neuer Ansätze geführt.

2.3.8.1 Target Costing

Die **Zielkostenrechnung** (Target Costing) zielt auf eine möglichst direkte Steuerung unter ergebnisorientierten und vor allem marktorientierten Gesichtspunkten mithilfe konkreter Steuerungsinstrumente ab. Im Grunde wird die bisherige Betrachtung »Welche Kosten entstehen, wie teuer ist deshalb ein Produkt?« umgekehrt in die Betrachtungsweise »Wie teuer darf ein Produkt sein?«. Die Antwort auf diese Frage wird aber von den Nachfragern gegeben, die den Erfolg bzw. die Akzeptanz bestimmen (vgl. dazu Abbildung 2.24).

Das setzt voraus, dass bereits zu Beginn der Produktentwicklungsphase bindende Kostenvorgaben existieren, die lenkenden Einfluss auf den Entwicklungsprozess haben. Das Produkt wird dann nach den ermittelten Zielkostenvorgaben entwickelt.

Schafft es ein Anbieter frühzeitig, Instrumente zu entwickeln, um die Marktanforderungen in den Produktentwicklungsprozess mit einzubeziehen, bestehen große Kostenreduktionspotenziale, die nicht unbedingt mit einer Qualitätsreduktion einhergehen müssen.

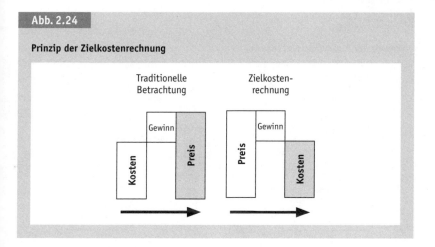

Abb. 2.24

Prinzip der Zielkostenrechnung

<Traditionelle Betrachtung | Zielkosten-rechnung>

Beispiel

Ein Touristikunternehmen plant eine Radtour »Backsteingotik«. Die Marktanalyse, hat ergeben, dass ein Preis von maximal 800 € in der Zielgruppe akzeptiert wird. Das Unternehmen wird danach

▸ die Unterkünfte so auswählen,

▸ die eingeschlossenen Leistungen so reduzieren,

dass der Preis für die Radtour 800 € nicht überschreitet.

Bestimmend für die Zusammenstellung dieses Produktes sind also in diesem Falle nicht die kunsthistorischen Besonderheiten, sondern die Marktakzeptanz.

2.3.8.2 Prozesskostenrechnung

Wie bei der Zielkostenrechnung wird auch bei der Prozesskostenrechnung angestrebt, insbesondere die indirekten Kosten aktiv zu beeinflussen und im Sinne eines umfassenden **Kostenmanagements** zu gestalten. Sie wird in der Regel ergänzend zu traditionellen Kostenrechnungssystemen genutzt. Die Prozesskostenrechnung soll

▸ die Kostentransparenz insbesondere bei den indirekten Kosten erhöhen,

▸ den Ressourcenverbrauch effizienter gestalten,

▸ die Kapazitätsauslastung darstellen,

▸ die Produktkalkulation verbessern und

dadurch strategische Entscheidungen verbessern.

Durch Analyse des Betriebsablaufes werden die Aktivitäten in Teilprozesse zerlegt und dadurch Leistungsbereiche neu gebildet. Abbildung 2.25 zeigt das Prinzip. Den so entstandenen Bezugsgrößen werden die Kosten entlang der Wertschöpfungskette möglichst verursachungsgerecht zugeordnet. Dies ermöglicht eine stellenbezogene und leistungsabhängige **Kostenplanung** und schließlich auch Kostenkontrolle. Dazu ist die Überprüfung und gegebenenfalls Veränderung der Kostenarten und -stellen notwendig.

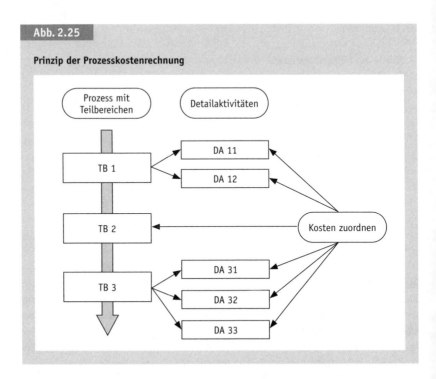

Abb. 2.25

Prinzip der Prozesskostenrechnung

Die Herausforderung besteht darin, den Teilbereichen und darüber hinaus den Detailaktivitäten die genau damit verbundenen Kosten zuzuordnen. Dadurch wird besser als bei anderen Methoden erkennbar, wo genau **Kostentreiber** das Angebot verteuern.

Die Prozesskostenrechnung erhöht die Transparenz, weil die Kosten nun konkreten Aktivitäten zugeordnet werden können. So können Schwachstellen und Kosteneinsparpotenziale erkannt und Kostentreiber identifiziert werden, z. B.

▸ Zahl der Produktvarianten,
▸ Zahl der Lieferanten,
▸ Zahl der Aufträge,
▸ Zahl der unterschiedlichen Bauteile,
▸ Zahl der Bestellungen.

Die Maßnahmen des Kostenmanagements zur Senkung und Vermeidung von Kosten können kurzfristig erfolgen, aber auch grundsätzliche Maßnahmen wie z. B. Umorganisationen oder Outsourcing nach sich ziehen.

2.4 Auswertung der betrieblichen Zahlen

2.4.1 Aufbereitung und Auswertung der Zahlen

Der veröffentlichte Jahresabschluss ist für eine betriebswirtschaftliche Analyse ungeeignet.

Um eine sinnvolle Auswertung vornehmen zu können, muss deshalb eine **Aufbereitung** erfolgen. Dabei werden die einzelnen Positionen der Bilanz zu aussagefähigen und mit Kennzahlensystemen sinnvoll analysierbaren Größen zusammengefasst. Das Ergebnis dieser Aufbereitung der Bilanz ist eine **Strukturbilanz**. Sie hat prinzipiell die in Abbildung 2.26 skizzierte Grundstruktur.

Strukturbilanz bildet die Grundlage für die Analyse

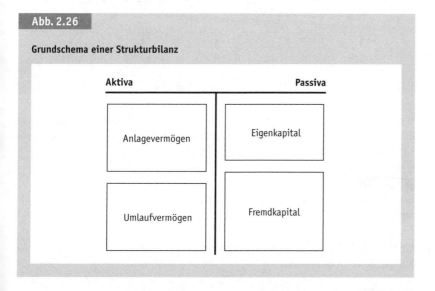

Abb. 2.26

Grundschema einer Strukturbilanz

Welche Form die Strukturbilanz für Auswertungszwecke genau haben soll, hängt eng mit dem **Erkenntnisinteresse** der Analysten zusammen. Zur Aufbereitung der Bilanz stehen die in Abbildung 2.27 gezeigten Methoden zur Verfügung.

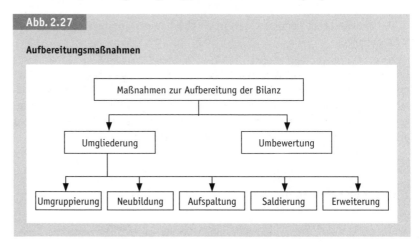

Abb. 2.27

Aufbereitungsmaßnahmen

Umwertungen. Die in der Bilanz ausgewiesenen Beträge entsprechen nicht immer den wirklichen Werten. Es sind Unterbewertungen (stille Reserven) und Überbewertungen denkbar.

Beispiel
Grundstücke müssen mit den Anschaffungskosten bewertet werden, haben aber oft einen höheren Marktwert.

Saldierungen. Aufrechnung von Bilanzpositionen oder Teilen davon mit Positionen auf der anderen Bilanzseite.

Beispiele
Firmenwert und Disagio werden mit dem Eigenkapital saldiert, weil sie keine Vermögensgegenstände sind.

Umgliederungen. Bereits vorhandene Positionen werden einer neuen Kategorie zugeordnet.

Beispiel
Bei Wertpapieren ist entscheidend, ob sie eine langfristige Anlage darstellen oder kurzfristig im Unternehmen verbleiben sollen.

2.4.1.1 Adressaten der Auswertungen

Die Interessenten an der Auswertung von betrieblichen Zahlen sind die Personen, Personengruppen und Institutionen, die zu dem Unternehmen in irgendeiner Weise in Beziehung stehen:

Auswertung erfolgt interessenbezogen

▸ Die **Anteilseigner** haben ein Interesse an der Rentabilität ihres investierten Kapitals und der langfristigen Wertsteigerung ihres Vermögens.

▸ Der **Aufsichtsrat** vertritt die Interessen der Eigentümer und kann die Auswertung als Grundlage für seine Beurteilungen und Entscheidungen nutzen.

▸ Die **Arbeitnehmer** interessieren die Sicherheit ihrer Arbeitsplätze und die abschätzbare Gehaltsentwicklung.

▸ Die **Gläubiger** sind interessiert an der jederzeitigen Zahlungsfähigkeit des Unternehmens.

▸ Die **Konkurrenten** werden ihre eigenen Strategien unter Berücksichtigung der Ertrags- und Finanzlage der Wettbewerber entwickeln.

▸ Die **Lieferanten** streben eine langfristige Geschäftsverbindung an.

▸ Die **Kunden** sind daran interessiert, dass das Unternehmen seinen Liefer- und Garantieverpflichtungen nachkommen kann.

▸ **Kontrollinstanzen** wie Abschlussprüfer, das Kartellamt, die Finanzverwaltung und andere informieren sich im Rahmen ihrer Aufgabenstellung.

▸ Die **Öffentlichkeit** verlangt eine korrekte und nachvollziehbare Rechenschaftslegung der Unternehmen.

Die interessenbezogene Art der Informationsverdichtung erhöht ihren Aussagegehalt, folglich ergeben sich daraus bei den verschiedenen Personenkreisen andere Schwerpunkte der Auswertung.

2.4.1.2 Betriebs- und Zeitvergleiche

Die Ergebnisse einer einzelnen isolierten Auswertung sind kaum aussagefähig, sie können nicht interpretiert werden, weil ein Vergleichs- und Bewertungsmaßstab fehlt.

Ein Vergleichsmaßstab ist zur Beurteilung erforderlich

Erst ein Vergleich ermöglicht eine Beurteilung.

Im **Betriebs- oder Branchenvergleich** werden die Jahresabschlüsse verschiedener ähnlich strukturierter Unternehmen miteinander verglichen. Der Branchenvergleich ist in der Regel die Analyseart, die Externen die besten Aufschlüsse bietet.

Im **Zeitvergleich** werden mehrere aufeinander folgende Jahresabschlüsse eines einzelnen Unternehmens analysiert. Gegenüber der Einzelanalyse wird dadurch ein erheblicher Erkenntnisgewinn möglich, denn die Veränderung von einzelnen Positionen und erst recht die Entwicklung von Kennzahlen im Zeitablauf ermöglichen eine bessere Beurteilung als die statische Einzelanalyse.

2.4.2 Rentabilitätsrechnungen

Die Kennzahlen zu den Rentabilitäten lassen erkennen, welcher Erfolg bzw. Misserfolg durch den Einsatz finanzieller Ressourcen erzielt worden ist. Sie sind eine wesentliche Grundlage für Entscheidungen der Unternehmensleitung, der Anteilseigner und der Gläubiger.

Rentabilitäten messen den finanziellen Erfolg

2.4.2.1 Eigenkapitalrentabilität

Die Eigenkapitalrentabilität misst den Erfolg des von den Eigentümern bereitgestellten Kapitals. Dazu wird als Ausgangsgröße der erzielte Jahresüberschuss einer Periode vor der Gewinnverwendung herangezogen.

$$R_{EK} = \frac{\text{Jahresüberschuss}}{\text{durchschnittliches Eigenkapital}} \times 100$$

Der **Jahresüberschuss** vor Abzug der Ertragsteuern ist zu bevorzugen, weil Ertragsteuern und vor allem ihre Beeinflussung durch die Gewinnverwendungspolitik keinen Einfluss auf die Rentabilität haben sollen.

$$R_{EK} = \frac{\text{Jahresüberschuss vor Ertragsteuern}}{\text{durchschnittlichs Eigenkapital}} \times 100$$

Bei Einzelunternehmen und Personengesellschaften ist der **Unternehmerlohn** vom Jahresüberschuss abzuziehen, weil der Personalaufwand für die Leitung des Unternehmens in diesen Abschlüssen – im Gegensatz zu den Abschlüssen von Kapitalgesellschaften – nicht berücksichtigt ist.

$$R_{EK} = \frac{\text{Jahresüberschuss vor Ertragsteuern . / . Unternehmerlohn}}{\text{durchschnittliches Eigenkapital}} \times 100$$

Die Eigenkapitalrentabilität ist eine wichtige Entscheidungsgrundlage für die Eigentümer. Je höher die Eigenkapitalrendite ist, desto positiver wird die Beurteilung des Unternehmens ausfallen.

Als Zielgröße für die Eigenkapitalrentabilität kann die Rendite gelten, die bei einer alternativen Anlage, etwa auf dem langfristigen Kapitalmarkt, erzielt werden könnte. Zusätzlich sollte aber ein **Risikozuschlag** erzielt werden können, der die Haftungsrisiken des Eigenkapitals berücksichtigt.

2.4.2.2 Gesamtkapitalrentabilität

Die Gesamtkapitalrentabilität ist für die Beurteilung eines Unternehmens von größerer Bedeutung, weil sie die Effizienz des gesamten eingesetzten Eigen- und Fremdkapitals misst und so Unternehmensvergleiche erst ermöglicht.

Da für das Fremdkapital Finanzierungskosten entstanden sind, die bei der Ermittlung des Jahresüberschusses berücksichtigt worden sind und zu einem niedrigeren Ausweis geführt haben, ist der Jahresüberschuss um die Fremdkapitalzinsen zu korrigieren. Die Art der – richtigen oder falschen – Finanzierung soll keinen Einfluss haben auf die Rentabilität.

$$R_{GK} = \frac{\text{JÜ vor Ertragsteuern . / . Unternehmerlohn + Fremdkapitalzinsen}}{\text{durchschnittliches Gesamtkapital}} \times 100$$

Als Maßstab für die Beurteilung der Gesamtkapitalrentabilität kann der Marktzins für Fremdkapital herangezogen werden. Liegt die Gesamtkapitalrentabilität höher, kann in dem Unternehmen wohl ein attraktiverer Gewinn erzielt werden als Zinsen für die Aufnahme von Fremdkapital zu zahlen sind.

2.4.2.3 Leverage-Effekt
Den Zusammenhang zwischen der Eigenkapitalquote und der Eigenkapitalrentabilität beschreibt der Leverage-Effekt:

> Wenn die Gesamtkapitalrentabilität höher ist als der Fremdkapitalzins, steigt die Eigenkapitalrentabilität mit sinkender Eigenkapitalquote.

Wird unter dieser Bedingung der Anteil des Fremdkapitals – unter sonst gleichen Bedingungen – erhöht, so erhöht sich gleichzeitig die Eigenkapitalrentabilität. Dieser Effekt ist umso höher, je größer die Differenz zwischen Gesamtkapitalrentabilität und Fremdkapitalzins ist.

Definition Leverage-Effekt

Beispiel

Bei der Rabau AG soll ein Erweiterungsbau errichtet werden. Die Gesamtinvestition beträgt 10 Mio. €, die Gesamtkapitalverzinsung 10 %. Bei Aufnahme von Fremdkapital ist ein Zins von 8 % zu zahlen.

Bei alternativen Finanzierungsmodellen ergibt sich:

Eigenkapitalanteil	Fremdkapitalanteil	FK-Zinsen	Eigenkapitalrentabilität
9.000.000	1.000.000	80.000	10,22 %
8.000.000	2.000.000	160.000	10,50 %
7.000.000	3.000.000	240.000	10,86 %
6.000.000	4.000.000	320.000	11,33 %
5.000.000	5.000.000	400.000	12,00 %
…..			
1.000.000	9.000.000	560.000	44,00 %

Aus diesem Zusammenhang darf nicht der Schluss gezogen werden, dass in jedem Falle eine niedrige Ausstattung mit Eigenkapital angestrebt werden sollte. Denn dann könnte das Eigenkapital seine
▸ Investitionsfunktion,
▸ Kreditfunktion sowie
▸ betriebspolitische Funktion
nicht mehr wahrnehmen.

2.4.2.4 Umsatzrentabilität

Die Umsatzrentabilität

$$\frac{\text{Jahresüberschuss}}{\text{Umsatzerlöse}} \times 100$$

zeigt, welcher prozentuale Anteil der Umsatzerlöse in der Organisation verbleibt. In manchen Fällen ist diese Kennzahl aussagefähiger als die Kapitalrentabilitäten.

2.5 Planungsrechnung

Analyse zukünftiger
Vorgänge

Während die traditionelle Kosten- und Leistungsrechnung vergangenheitsorientiert ist, befasst sich die Planungsrechnung mit der Analyse zukünftiger Vorgänge und der Ermittlung der zugehörigen Daten. Die Finanzbuchhaltung und die Betriebsbuchhaltung dokumentieren Vorgänge, die in der Vergangenheit stattgefunden haben. Sie beziehen sich auf tatsächlich eingetretene Sachverhalte und die damit zusammenhängenden Zahlen. Abbildung 2.28 verdeutlicht die unterschiedlichen Vorgehensweisen.

Die verschiedenen Ansätze der Planungsrechnung sind zukunftsorientiert, sie stellen Zahlen bereit, die als Entscheidungsgrundlage dienen sollen. Es handelt sich um eine mengen- und wertmäßige Schätzung unter Berücksichtigung von Prognosen und Trends.

Planung ist die systematische Prognose zukünftiger Ereignisse.

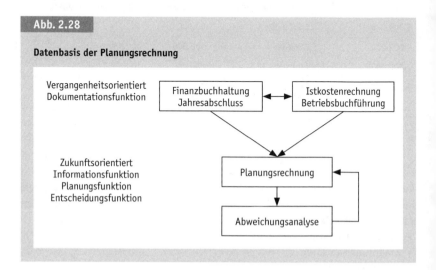

Abb. 2.28

Datenbasis der Planungsrechnung

Vergangenheitsorientiert
Dokumentationsfunktion

Finanzbuchhaltung
Jahresabschluss ⟷ Istkostenrechnung
Betriebsbuchführung

Zukunftsorientiert
Informationsfunktion
Planungsfunktion
Entscheidungsfunktion

Planungsrechnung

Abweichungsanalyse

Die Planungsrechnung strebt die Vernetzung der unterschiedlichen Betriebsbereiche an. Die Teilpläne werden zunächst isoliert entwickelt und anschließend aufeinander abgestimmt, damit eine einheitliche optimierte Planung für das gesamte Unternehmen möglich wird. Die Auswirkungen dezentraler Entscheidungen können so erkennbar werden.

▸ Das **abrechnungsorientierte Verfahren** beruht auf den Ist-Daten aus der Finanz- und Betriebsbuchhaltung.

▸ Das **entscheidungsorientierte Verfahren** nutzt Umsatz- und Investitionsprognosen, Produktions-, und Budgetplanungen.

Die Umsetzung erfolgt i. d. R. mit Methoden des **Operations Research**, insbesondere der linearen und nichtlinearen Programmierung.

Auf der Basis der vorhandenen Informationen aus der Buchhaltung, Kosten- und Leistungsrechnung und der Statistik sollen betriebliche Entscheidungen quantitativ vorbereitet werden. Sie sind u. a. Grundlage für:

▸ Planbilanzen,
▸ Plankosten,
▸ Investitionsplanung,
▸ Umsatzpläne,
▸ Liquiditätsplanung,
▸ Finanzplanung sowie
▸ Personalpläne.

Nach Vergleich der Plandaten mit den eingetretenen Istdaten werden gegebenenfalls Korrekturmaßnahmen vorgenommen.

gelernt & gewusst Kapitel 2

Aufgabe 2.1 (IHK H11)

Stellen Sie fest, ob die ... genannten Unternehmen buchführungspflichtig sind.
Kreuzen Sie hierfür alle möglichen Felder an. *(12 Punkte)*

	Buchführungs-pflicht nach Handelsrecht	Buchführungs-pflicht nach Steuerrecht	keine Buchführungs-pflicht
1. Frau Schmitz betreibt alleine eine Änderungs-schneiderei. Der Umsatz und der daraus resultier-ende Gewinn reichen gerade zum Lebensunterhalt.			
2. Frau Mayer ist Inhaberin eines Ladens für Schreib-waren und in das Handels-register mit dem Firmenzusatz e. K. einge-tragen. Im abgelaufenen Geschäftsjahr erzielte sie einen Umsatz von 450.000 € und einen Ge-winn von 25.000 €.			
3. Herr Müller führt in dritter Generation eine Forellenzucht. Sein Umsatz im abgelaufenen Geschäfts-jahr betrug 480.000 €, sein Gewinn 80.000 €. Der Ge-winn im Vorjahr lag bei 70.000 €. Er ist nicht in das Handelsregister eingetra-gen.			
4. Herr Lohmann führt eine Steuerberatung in der Rechtsform einer GmbH. Mit drei Angestellten erzielte er einen Umsatz in Höhe von 750.000 € und erwirtschaf-tete dabei einen Gewinn von 250.000 €.			

Aufgabe 2.2

Die Pico AG weist im 1. Quartal 01 für den Produktionsbereich »Kochtöpfe« folgende Daten auf:

	Herstell- und Absatzmenge	Gesamtkosten des Monats
Januar	7.200 Stück	1.922.400 €
Februar	7.050 Stück	1.887.600 €
März	7.125 Stück	1.905.000 €

a) Ermitteln Sie die fixen Kosten und die variablen Kosten je Stück für jeden Monat.
b) Berechnen Sie für jeden Monat die Gesamtkosten je Stück.

Aufgabe 2.3

Über eine Großküche, die »Essen auf Rädern« herstellt, liegen folgende Informationen vor:

▸ Im Monat Oktober werden 60.000 Essen produziert, die Gesamtkosten dafür belaufen sich auf 180.000 €.
▸ Im Monat November werden 70.000 Essen hergestellt, die Kosten betragen insgesamt 200.000 €.
▸ In beiden Monaten werden die Essen zu 3,50 € verkauft.

Aufgabe:
1. Berechnen Sie die variablen Kosten pro Essen.
2. Ermitteln Sie, wie hoch die gesamten Fixkosten sind.
3. Berechnen Sie, bei welcher Stückzahl der Break-even-Point erreicht wird.

Aufgabe 2.4 (IHK F11)

Eine Tochterunternehmung der Industrie AG produziert in großen Stückzahlen ein Spezialbauteil. Die Kapazitätsgrenze liegt bei 6.500 Einheiten pro Monat. Das Bauteil kann für 145 € am Markt abgesetzt werden.
Im Februar lagen die Gesamtkosten des Unternehmens bei einer Auslastung von 70 % bei 667.550 €. Im März stieg die Auslastung auf 80 %, die entsprechenden Gesamtkosten betrugen 722.800 €.
a) Berechnen Sie die Fixkosten pro Monat, die variablen Stückkosten und stellen Sie die entsprechende Kostenfunktion auf. *(8 Punkte)*
b) Führen Sie eine Break-even-Analyse durch und ermitteln Sie rechnerisch
    1. die Gewinnschwellenmenge und *(3 Punkte)*
    2. den Beschäftigungsgrad an der Gewinnschwelle. *(2 Punkte)*
c) Im April wird eine Auslastung des Betriebes von 90 % erwartet.
    Ermitteln Sie den Gesamtdeckungsbeitrag sowie das Betriebsergebnis. *(4 Punkte)*

Aufgabe 2.5 (IHK F12)

a) Als Kostenrechner haben Sie die Aufgabe, die Gemeinkosten für den Monat auf die Kostenstellen im Betriebsabrechnungsbogen zu verteilen. Ermitteln Sie anschließend die Summen der Gemeinkosten pro Kostenstelle. *(8 Punkte)*

Hierfür liegen Ihnen folgende Informationen vor:

▸ Die Energiekosten sollen im Verhältnis 2:7:3:1 auf die Kostenstellen verteilt werden.

▸ Die Abschreibungen sollen im Verhältnis 7:40:10:3 auf die Kostenstellen verteilt werden.

▸ Die Heizungskosten werden im Verhältnis der Fläche auf die Kostenstellen verteilt. Gehen Sie hier von folgenden Größen aus:

Kostenstelle	Fläche
Material	600 m²
Fertigung	1.500 m²
Verwaltung	700 m²
Vertrieb	200 m²

b) Ermitteln Sie die Gemeinkostenzuschlagssätze für die Kostenstellen, wenn die Materialeinzelkosten 79.000 € und die Fertigungseinzelkosten 40.000 € betragen. *(7 Punkte)*

Hinweis für den Prüfungsteilnehmer:

Ergänzen Sie für die Bearbeitung die folgende Tabelle. Runden Sie die Ergebnisse, falls notwendig, auf zwei Stellen nach dem Komma.

Kostenart	Summe Gemein-kosten	Hauptkostenstellen			
		Material	Fertigung	Verwaltung	Vertrieb
Gehälter	55.982 €	3.600 €	12.000 €	27.982 €	12.400 €
Hilfslöhne	13.000 €	5.000 €	8.000 €		
Heizungskosten	4.800 €				
Energiekosten	6.500 €				
Gaskosten	2.800 €				
Abschreibungen	14.400 €				
sonstige Gemeinkosten	25.898 €	3.560 €	11.700 €	5.998 €	4.640 €
Summe Gemeinkosten	123.380 €	15.800 €	50.000 €	39.000 €	18.580 €
Bezugsbasis/ Zuschlagsgrundlage				184.800 €	184.800 €
Gemeinkosten-zuschlagssatz					

Aufgabe 2.6

Aus der Bilanz der Pico AG auf dem 31.12.06 liegen folgende Daten vor:

a) Gezeichnetes Kapital   300.000
b) Gewinnrücklagen   100.000
c) Jahresüberschuss   104.000
d) Fremdkapital   500.000

Die Zinsaufwendungen betrugen für das abgelaufene Jahr laut GuV 40.000 €.
Die genannten Positionen a) und b) hatten zu Beginn des Jahres 06 den gleichen Wert wie am 31.12.06.
Anfang 07 wird der Jahresüberschuss 06 vollständig ausgeschüttet.
Für das Jahr 07 ist geplant, Investitionen von 500.000 € durchzuführen und vollständig mit fremdem Kapital zu finanzieren. Der Zinssatz für Fremdkapital ändert sich nicht. Die Rendite des Gesamtkapitals ändert sich nicht. Das EK ist konstant.
1. Ermitteln Sie für das Jahr 06
   a) die Rentabilität des Gesamtkapitals
   b) die Rentabilität des Eigenkapitals
2. Prüfen Sie rechnerisch, ob sich die Finanzierung der Investition im Jahre 07 durch Fremdkapital aus Sicht der Eigenkapitalgeber lohnen wird.

Aufgabe 2.7

In einem nicht vollständig ausgelasteten Betrieb betragen die Fixkosten 30.000 €.
Weiter gilt:

Produkte	A	B	C	D
Produktions- und Absatzmenge in Stück	400	200	50	40
Erlös je Stück in €	200	400	450	600
variable Kosten/Stück in €	160	220	240	380

Welches Produkt sollte gefördert werden?
Die Produkte müssen alle auf einer Maschine produziert werden, die eine Laufzeit von 2.250 Stunden hat. Dabei muss von unterschiedlichen Bearbeitungszeiten ausgegangen werden:

Produkte	A	B	C	D
Produktions- und Absatzmenge in Stück	400	200	50	40
Zeitbedarf je Stück in Stunden	1	6	21	11
Zeitbedarf je Sorte	400	1.200	1.050	440

Gesamtbedarf 3.090 Std. - 2.250 Stunden Kapazität = 840 Stunden Engpass.
Stellen Sie das optimale Produktionsprogramm zusammen.

3 Recht und Steuern

3.1 Rechtliche Zusammenhänge

3.1.1 BGB Allgemeiner Teil

Die §§ 1-240 des Bürgerlichen Gesetzbuches enthalten die Vorschriften über natürliche und juristische Personen, Sachen und Rechtsgeschäfte. Daran anschließend finden sich die Regelungen zu Fristen und Terminen, Anspruchsverjährung, Rechtsausübung und Sicherheitsleistungen.

Allgemeine Vorschriften des BGB

3.1.1.1 Rechtssubjekte

> Rechtssubjekte sind Träger von Rechten und Pflichten. Das Gesetz unterscheidet natürliche und juristische Personen.

▸ Natürliche Personen sind alle Menschen, die Rechtsfähigkeit beginnt mit der Geburt und endet mit dem Tod.
▸ Juristische Personen sind Personengemeinschaften oder Vermögensmassen, die eine eigene Rechtsfähigkeit besitzen. Abbildung 3.1 zeigt typische Beispiele.

Als **Sachen** werden körperliche Gegenstände bezeichnet (§ 90 BGB), die in bewegliche Sachen und Grundstücke unterteilt werden.

3.1.1.2 Rechts- und Geschäftsfähigkeit

Natürliche und juristische Personen gestalten die Rechtsbeziehungen untereinander durch **Rechtsgeschäfte**. Darunter versteht man jede Handlung, die eine Rechtsfolge herbeiführen soll. Sie kann eine (z. B. bei Kündigung) oder mehrere (z. B. Abschluss eines Mietvertrages) Willenserklärungen, aber auch weitere Elemente (z. B. Übereignung einer beweglichen Sache) enthalten.

Um wirksam Rechtsgeschäfte tätigen zu können, muss zur Rechtsfähigkeit die Geschäftsfähigkeit (§§ 104–113 BGB) hinzukommen. Grundsätzlich werden alle Menschen als geschäftsfähig angesehen, das Gesetz regelt lediglich die Ausnahmen:

Ausnahmeregelungen zur Geschäftsfähigkeit

▸ **Geschäftsunfähig** sind Minderjährige, die das 7. Lebensjahr nicht vollendet haben (§ 104 Nr. 1 BGB) und alle Personen, die sich in einem – nicht nur vorübergehenden – Zustand krankhafter Störung der Geistestätigkeit befinden, der die freie Willensbestimmung ausschließt (§ 104 Nr. 2 BGB).
▸ **Beschränkt geschäftsfähig** sind Personen vom vollendeten 7. bis zum vollendeten 18. Lebensjahr (§ 106 BGB). Ihre Rechtsgeschäfte sind schwebend unwirksam, wenn sie ohne Einwilligung des gesetzlichen Vertreters geschlossen werden. Davon sind nur ausgenommen

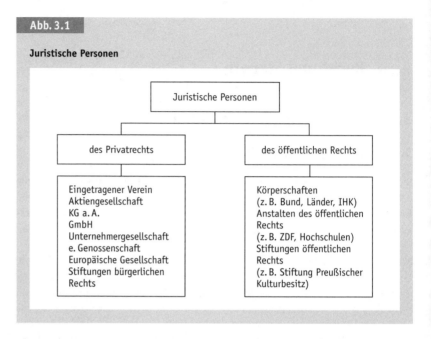

Abb. 3.1

Juristische Personen

Abb. 3.2

Rechts- und Geschäftsfähigkeit

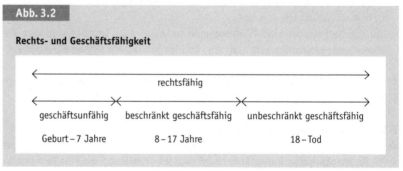

- Geschäfte, die rechtlich ausschließlich vorteilhaft sind. Beispiel: Tom ist 8 Jahre alt. Er bekommt von seiner Tante eine Playstation mit Spielen geschenkt.
- Geschäfte, die sie mit Mitteln bewirken, die ihnen zu diesem Zweck oder zur freien Verfügung vom gesetzlichen Vertreter oder mit dessen Zustimmung von Dritten überlassen worden sind (§ 110 BGB, »**Taschengeldparagraph**«). Beispiel: Die 10-jährige Vera erhält 5 € Taschengeld pro Woche. Sie kauft sich davon eine Tüte Gummibärchen.
▸ **Unbeschränkte Geschäftsfähigkeit** wird mit Vollendung des 18. Lebensjahres erreicht.

In Abbildung 3.2 sind die Regelungen zusammengefasst.

3.1.2 BGB Schuldrecht

3.1.2.1 Grundlagen

Ein **Schuldverhältnis** liegt vor, wenn durch eine Rechtsbeziehung eine Verpflichtung besteht:

> »Kraft des Schuldverhältnisses ist der Gläubiger berechtigt, vom Schuldner eine Leistung zu fordern. Die Leistung kann auch in einem Unterlassen bestehen.«
> (§ 241 Abs. 1 BGB)

▸ **Rechtsgeschäftliche Schuldverhältnisse** entstehen durch Vertrag (§ 311, Abs. 1 BGB). Beispiele: Kaufvertrag, Mietvertrag, Darlehensvertrag

▸ **Gesetzliche Schuldverhältnisse** liegen vor, wenn Ansprüche bestehen, weil die Beteiligten durch ihr Verhalten bestimmte gesetzliche Voraussetzungen erfüllen. (§§ 823 ff., 677 ff., 812 ff. BGB) Beispiel: Ein Brandstifter hat eine Scheune in Brand gesteckt. Die Feuerversicherung wird Regress nehmen.

▸ **Rechtsgeschäftsähnliche Schuldverhältnisse** sind Schuldverhältnisse, aus denen keine konkrete Leistungspflicht erwächst, wohl aber die Pflicht zur Rücksichtnahme. Beispiel: Nach Aufnahme von Vertragsverhandlungen muss bei Pflichtverletzung und Rechtswidrigkeit gegebenenfalls ein Vertrauensschaden ersetzt werden.

Unterschiedliche Schuldverhältnisse

Innerhalb einer Vertragsbeziehung begrenzt die Generalklausel »**Treu und Glauben**« die Vertragsfreiheit. Ihre Bedeutung ergibt sich aus der Tatsache, dass die Normen des Schuldrechts dispositiv sind, sich die Parteien also über abweichende Regelungen verständigen können. Dann muss die Regelung aber den Interessen beider Teile Rechnung tragen.

Beispiel

Die Leistung eines Schuldners kann unter Berücksichtigung der Verkehrssitte verlangt werden (culpa in contrahendo, § 242 BGB).

Eine Klage zur Durchsetzung von Interessen muss bei dem zuständigen Gericht eingereicht werden, andernfalls ist sie unzulässig. Soweit nicht im Einzelfall besondere Regeln gelten, wird der **Gerichtsstand** bei natürlichen Personen durch den Wohnsitz oder den Aufenthaltsort und bei juristischen Personen und Behörden durch ihren Sitz bestimmt (§§ 12 ff. ZPO). Bei Kaufleuten und juristischen Personen des öffentlichen Rechts kann in der ersten Instanz ein anderer Gerichtsstand vereinbart werden.

3.1.2.2 Produkthaftung

Die Produkthaftung ist als **Gefährdungshaftung** ausgestaltet. Sie regelt die Haftung für Schäden, die sich aus einer erlaubten Gefahr ergeben. Beispiele: Hundehaltung, Teilnahme am Straßenverkehr.

> »Wird durch den Fehler eines Produktes jemand getötet, sein Körper oder seine Gesundheit verletzt oder eine Sache beschädigt, so ist der Hersteller des Produkts verpflichtet, dem Geschädigten den daraus entstehenden Schaden zu ersetzen.« (§ 1 Abs. 1 ProdHaftG)

Haftung des Produzenten

Der Hersteller ist also für Schäden haftbar, die beim Endabnehmer infolge eines fehlerhaften Produkts entstanden sind. Weder ein Vertrag zwischen dem Hersteller und dem Endverbraucher noch ein Verschulden ist erforderlich. Auch Vorsatz oder Fahrlässigkeit sind nicht entscheidend, der Hersteller haftet sogar bei nicht vermeidbaren Fehlern an Einzelstücken.

Der Endabnehmer soll vor einem fehlerhaften Produkt auch dann geschützt werden, wenn sich Schäden erst nach der Nutzung des Produkts zeigen. Die Sache muss lediglich im privaten Bereich bestimmungsgemäß eingesetzt worden sein. Ansprüche bestehen direkt gegen den Hersteller oder Produzenten.

Die Haftung ist allerdings ausgeschlossen, wenn z. B.

▸ der Hersteller das Produkt nicht in den Verkehr gebracht hat (z. B. bei Diebstahl).
▸ der Fehler erst nach dem Inverkehrbringen entstanden ist (z. B. durch eine unsachgemäße Reparatur).
▸ das Produkt nur für den privaten Eigenbedarf hergestellt worden ist.
▸ der Fehler durch Beachtung von zwingendem Recht entstanden ist.
▸ der Fehler nach dem Stand von Wissenschaft und Technik nicht erkannt werden konnte.

Die Produkthaftung ist zu unterscheiden von der Produzentenhaftung (§ 823 ff. BGB), der Garantie und der Gewährleistung. Die Produkthaftung tritt neben die vertragliche Haftung des Verkäufers nach BGB.

3.1.2.3 Kaufvertrag
Durch einen Kaufvertrag wird ein **Eigentumswechsel** an einer Sache oder einem Recht vereinbart. Als Gegenleistung ist eine Geldzahlung erforderlich.

Pflichten beim Kaufvertrag

> (1) Durch den Kaufvertrag wird der Verkäufer einer Sache verpflichtet, dem Käufer die Sache zu übergeben und das Eigentum an der Sache zu verschaffen. Der Verkäufer hat dem Käufer die Sache frei von Sach- und Rechtsmängeln zu verschaffen.
> (2) Der Käufer ist verpflichtet, dem Verkäufer den vereinbarten Kaufpreis zu zahlen und die gekaufte Sache abzunehmen. (§ 433 BGB)

Beispiele

Kauf eines Pkw, Kauf einer Lizenz zur Nutzung von Software.

Wenn die Gegenleistung nicht in Geld besteht, handelt es sich um einen Tausch.

Für das Zustandekommen eines Kaufvertrages gibt es zwei Möglichkeiten:

▸ Der Verkäufer bereitet ein Angebot, das der Käufer annimmt, indem er zu den genannten Bedingungen bestellt.

▸ Der Käufer bestellt eine Ware, ohne ein Angebot vorliegen zu haben. Der Verkäufer muss die Bestellung entweder ausliefern oder bestätigen.

Der Kauf ist abgeschlossen, wenn sich die Parteien über den Kaufgegenstand und den Preis einig sind. Der Abschluss ist grundsätzlich formfrei, nur in Ausnahmefällen ist eine Beurkundung erforderlich. So ist etwa beim Kauf eines Grundstücks eine notarielle Beurkundung notwendig.

Der Kauf vollzieht sich dann rechtlich in mehreren Schritten:

▸ Der Verkäufer ist verpflichtet, die Sache dem Käufer zu übergeben und ihm das lastenfreie Eigentum daran zu verschaffen (§ 433 Abs. 1 Satz 1 BGB).

▸ Der Eigentumsübergang erfolgt erst durch Übergabe der verkauften Sache bzw. durch Eintragung des Käufers in das Grundbuch.

▸ Der Käufer verpflichtet sich, den Kaufpreis zu zahlen und die Sache abzunehmen (§ 433, Abs. 2).

3.1.2.4 Weitere Vertragsarten

Miet- und Pachtvertrag

Der Mietvertrag bezieht sich auf die zeitlich begrenzte Überlassung des Gebrauchs von Sachen gegen Entgelt. Er begründet seinem Wesen nach ein Dauerschuldverhältnis (§§ 535 ff. BGB).

Der Unterschied zu einem Pachtvertrag besteht darin, dass der auch die Möglichkeit der **Fruchtziehung** (Ertrag) beinhaltet (§§ 581 ff., BGB).

Beispiel

Ein Landwirt pachtet einen Acker, weil er die Erträge (z. B. Getreide) selbst verwerten möchte.

Ratenkauf und Leasing

Beim **Ratenkauf** wird zwischen Gläubiger und Schuldner eine Vereinbarung getroffen, nach der die Schuld durch ratenweise Zahlungen getilgt wird.

Der **Leasingvertrag** ist eine besondere Form des Mietvertrages. Aus steuer- oder betriebswirtschaftlichen Gründen werden Betriebsmittel oder Gebrauchsgegenstände vom Leasinggeber »gemietet«. Der bleibt rechtlicher Eigentümer.

Der Leasingnehmer zahlt für die Überlassung die Leasingraten. Dadurch entsteht kein Kapitalabfluss wie bei einer Investition.

Der Unterschied zum Mietvertrag liegt darin, dass der Leasingnehmer die Gefahr des Untergangs des Leasinggutes trägt. Oft übernimmt er auch die Kosten für Wartung und Erhaltung.

Darlehensvertrag

Ein Darlehen ist ein schuldrechtlicher Vertrag, bei dem der Darlehensgeber dem Darlehensnehmer Geld oder vertretbare Sachen zur vorübergehenden Nutzung überlässt. Der Darlehensnehmer kann mit den Gegenständen nach Belieben verfahren. Er ist verpflichtet, dem Darlehensgeber die Geldschuld bzw. eine gleichwertige Sache bei Fälligkeit zurückzuerstatten.

Beispiel

Thomas »leiht« sich bei seiner Nachbarin fünf Eier, weil er einen Kuchen backen will. Vereinbarungsgemäß bringt er ihr zwei Tage später fünf Eier zurück. Es handelt sich um einen Darlehensvertrag, weil er nicht genau die fünf Eier zurückbringt (die er verbraucht hat), sondern eine gleichwertige Sache.

Dienstvertrag

Durch einen Dienstvertrag (§§ 611 ff. BGB) verpflichtet sich eine Partei gegenüber der anderen zur persönlichen Leistung der versprochenen Dienste. Geschuldet wird die Leistung, nicht (wie beim Werkvertrag) der Erfolg.

In der Regel handelt es sich um ein Dauerschuldverhältnis. Wenn der Dienstvertrag vor Erbringung der Leistung beendet werden soll, ist eine Kündigung erforderlich. Die wichtigste Form des Dienstvertrages ist der Arbeitsvertrag, der allerdings durch Sondervorschriften des Arbeitsrechts bestimmt wird.

Beispiele

Verträge mit einem Arzt oder Krankenhaus, mit einem Rechtsanwalt, Unterrichtsverträge, Mobilfunk-Verträge und Versicherungsverträge.

Werkvertrag

Bei einem Werkvertrag (§§ 631 ff. BGB) verpflichtet sich eine Partei zur Herstellung eines Werkes. Geschuldet wird der Erfolg. Die Leistung muss nicht selbst erbracht werden, auch ein Gehilfe oder ein Beauftragter können das Werk erstellen. Die andere Partei muss die vereinbarte Vergütung zahlen. Die Fälligkeit tritt mit der Abnahme des Werkes ein.

Beispiele

Bau- und Reparaturarbeiten, handwerkliche Arbeiten (z. B. Tapezieren oder Anfertigen eines Maßanzuges), Transportleistungen und die Herstellung von künstlerischen Werken.

Die wesentlichen Unterschiede zwischen Dienst- und Werkvertrag sind in Abbildung 3.3 nochmals zusammengefasst.

Abb. 3.3

Dienstvertrag und Werkvertrag

	Abgrenzung	
	Dienstvertrag	**Werkvertrag**
Geschuldete Leistung	Tätigkeit	Erfolg
Leistungserbringung	persönlich	persönlich oder durch Beauftragte
Regelungen bei Mängeln	keine	Nacherfüllung Schadenersatz
Vorschriften	§§ 611–630 BGB	§§ 631–651 BGB

Der **Leistungsort** ist der Ort, an dem der Schuldner die versprochene Leistung zu erbringen hat (§ 269 BGB).

▶ Vertraglicher Erfüllungsort: Der Erfüllungsort wird von den Vertragspartnern vereinbart. Beispiel: »Der Erfüllungsort ist für beide Teile München.«

▶ Natürlicher Erfüllungsort: Der Erfüllungsort ergibt sich aus den jeweiligen Umständen. Beispiele: Heizöllieferung, Handwerkerleistung.

▶ Gesetzlicher Erfüllungsort. Erfüllungsort ist der Wohnsitz bzw. die gewerbliche Niederlassung des Schuldners.

3.1.2.5 Leistungsstörungen und Haftung

Wenn der Schuldner aus Vorsatz oder Fahrlässigkeit die vereinbarte Leistung nicht erbringen kann, haftet er für die Leistungsstörung. Abbildung 3.4 stellt die möglichen Fälle gegenüber.

Verzug

Ein Schuldner kommt in Verzug, wenn er nicht rechtzeitig leistet, obwohl die Leistung fällig und angemahnt ist. Er haftet für Fahrlässigkeit während der Verzugsdauer und muss den Verzögerungsschaden ersetzen.

Beispiel

Der Kaufpreis wird zu einem fest vereinbarten Zeitpunkt nicht gezahlt.

Unmöglichkeit der Leistung

Wenn dem Schuldner die versprochene Leistung unmöglich wird, kann der Gläubiger statt der Leistung Schadenersatz verlangen. Die drei Formen der Unmöglichkeit der Leistung zeigt Abbildung 3.5.

Abb. 3.4

Leistungsstörungen

	Beschreibung	Folge	Gesetzliche Regelung	Beispiel
Nicht-erfüllung	Die Leistungs-erbringung ist ganz oder teil-weise unmöglich	Keine Erfüllungs-pflicht (§ 275)	Rücktritt vom Vertrag (§ 326) Schadenersatz (§§ 280, 276, 278)	Ein bestimmtes Schmuckstück wird gestohlen
Verzug	Der Schuldner könnte noch leisten	Erfüllungspflicht besteht weiter	Rücktritt vom Vertrag, Schadenersatz (§§ 280, 281, 286, 323, 346 ff.)	Lieferung von Weihnachtsbäumen im Januar
Schlecht-erfüllung	Der Schuldner hat seine Leistung schlecht erbracht	Nacherfüllung Nachbesserung	Schadenersatz bei Verschul-den (§ 280)	Dach bleibt nach Reparatur undicht

Abb. 3.5

Fälle der Unmöglichkeit der Leistung

Fälle der Unmöglichkeit	Beschreibung	Beispiel
objektive	Weder der Schuldner noch ein anderer kann die Leistung erbringen	Ein vermietetes Haus ist durch Feuer zerstört
faktische	Leistung ist möglich, aber unzu-mutbar	Ein Koffer geht bei einem Kreuzfahrtschiff über Bord
persönliche	Leistung ist grundsätzlich möglich, aber nicht zumutbar	Tätlicher Übergriff durch einen Kunden

Schadenersatz durch Pflichtverletzung

Eine Pflichtverletzung liegt vor, wenn der Schuldner anders handelt als vereinbart,
▸ weil er seine Leistung nicht oder nicht rechtzeitig erbringt oder
▸ weil die Leistung in ihrer Menge, ihrer Qualität oder aus anderen Gründen hinter der geschuldeten Leistung zurückbleibt.

Der Gläubiger kann in diesen Fällen Schadensersatz verlangen.

Rücktritt

Bei einem Rücktritt werden alle Wirkungen des Geschäftes aufgehoben, eventuell bereits erbrachte Leistungen müssen zurückgewährt werden. Beispiele: Anzahlung, Teillieferung.

Die möglichen Gründe für einen Rücktritt sind in Abbildung 3.6 beschrieben.

Abb. 3.6

Rücktrittsgründe

Fälle	Beispiel	Regelung
Leistung wird nicht erbracht	Handwerker erscheinen auch nach Fristsetzung nicht	§ 323 Abs. 1
Offensichtliche Nichterbringung	Bauarbeiten, die 3 Monate in Anspruch nehmen, sind 2 Wochen vor vereinbarter Fertigstellung noch nicht begonnen worden.	§ 323 Abs. 4
Herausgabe ist nicht mehr möglich	Das gekaufte antike Möbel wird gestohlen.	§ 346 Abs. 2

Widerrufsrecht

Durch einen Widerruf kann ein Verbraucher – innerhalb der gesetzlichen Fristen – eine Erklärung zurücknehmen, die zu einem Schuldverhältnis geführt hatte. Die Widerrufsfrist beträgt bei Verbraucherverträgen zwei Wochen. Sie beginnt, wenn dem Verbraucher eine entsprechende Belehrung über sein Widerrufsrecht schriftlich mitgeteilt worden ist und erlischt spätestens sechs Monate nach Vertragsschluss.

Widerruf bei Verbraucherverträgen

Die Rechtsfolgen des Widerrufs sind in § 357 BGB geregelt: Es ist kein wirksamer Vertrag geschlossen worden, folglich muss die erhaltene Ware zurückgegeben werden.

3.1.3 BGB Sachenrecht

Im BGB Sachenrecht werden Begründung, Inhalt und Übertragung von Eigentum und Besitz geregelt. Diese dinglichen Rechte wirken gegenüber jedermann. Es herrscht keine Gestaltungsfreiheit, sondern Inhalts- und Formzwang.

Dingliche Rechte

3.1.3.1 Eigentum und Besitz

Der Eigentümer hat das umfassendste Herrschaftsrecht über eine Sache, während der Besitzer über die tatsächliche Gewaltausübung verfügt. Die wesentlichen Unterschiede sind in Abbildung 3.7 zusammengefasst.

3.1.3.2 Finanzierungssicherheiten

Durch die Instrumente zur Kreditsicherung erhalten die Kreditgeber die Möglichkeit, ihre Ansprüche auch dann durchzusetzen, wenn der Kreditnehmer seinen Verpflichtungen, Zins- und Tilgungsleistungen zu zahlen, nicht nachkommt.

Bürgschaft

Die Bürgschaft verpflichtet den Bürgen, gegebenenfalls für Schulden eines Dritten gegenüber dem Gläubiger aufzukommen. Sie entsteht durch einen Bürgschaftsvertrag, in dem sich der Bürge verpflichtet, für die Erfüllung der Verbindlichkeiten des

Abb. 3.7

Eigentum und Besitz

		Eigentum		Besitz	
Arten	Alleineigentum (§ 903 BGB)		Unmittelbarer (§ 854 BGB)	Tatsächliche Gewalt über eine Sache
	Miteigentum (§§ 1008 ff. BGB)	als Gesamteigentum (z. B. Erbengemeinschaft) oder nach Bruchteilen (z. B. Eigentümergemeinschaft)	Mittelbarer (§ 868 BGB)	Sache auf Zeit überlassen (z. B. Miete)
			Besitzdiener (§ 855 BGB)	Übt die tatsächliche Gewalt für einen anderen aus
Erwerb	an beweglichen Sachen	Einigung und Übergabe	Erlangung der tatsächlichen Gewalt	
	an Grundstücken	Auflassung und Eintragung im Grundbuch		
	an Rechten	Einigung und Zession (§§ 398, 413 BGB)		
	Besitzkonstitut	Ehemaliger Eigentümer bleibt Besitzer		
Verlust			Verlust der tatsächlichen Gewalt	freiwillig oder unfreiwillig

Abb. 3.8

Bürgschaftsvertrag

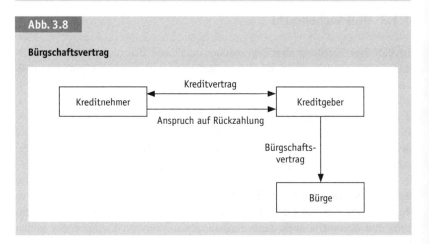

Schuldners einzustehen (§§ 765 ff. BGB). Abbildung 3.8 verdeutlicht, dass sie aus zwei Rechtsgeschäften besteht.

Eine Bürgschaft ist akzessorisch, d. h. sie hängt vom Bestehen der Forderung ab, die ihr zu Grunde liegt. Sie erlischt deshalb, wenn die Hauptforderung nicht mehr besteht.

Bei der **gewöhnlichen Bürgschaft** kann der Bürge verlangen, dass der Gläubiger zunächst alle zur Verfügung stehenden Möglichkeiten ausnutzt, seine Forderung durchzusetzen. Er hat das Recht auf Einrede der Vorausklage und kann die Befriedigung des Gläubigers verweigern, solange der nicht eine Zwangsvollstreckung gegen den Hauptschuldner ohne Erfolg versucht hat (§ 771 BGB).

Bei der **selbstschuldnerischen Bürgschaft** verzichtet der Bürge auf das Recht auf Einrede der Vorausklage. Der Gläubiger kann also den Bürgen direkt in Anspruch nehmen, wenn der Hauptschuldner die verbürgte Verbindlichkeit nicht rechtzeitig tilgt (§ 773 BGB).

Arten von Bürgschaften

Pfandrechte

Das Pfandrecht räumt einem Gläubiger die Befugnis ein, aufgrund einer bestehenden Forderung eine bewegliche Sache oder ein Recht zu verwerten.

▸ **Rechtsgeschäftliches Pfandrecht** (§§ 1204 ff. BGB)
  Ein rechtsgeschäftliches Pfandrecht erfordert die Einigung und Übergabe der Sache. Ohne unmittelbaren Besitz kann ein Pfandrecht an beweglichen Sachen auf diese Weise nicht begründet werden. Deshalb eignet es sich praktisch nur für die Sicherung von Kleinkrediten.

> **Beispiel**
> Klaus P. übergibt seinen Ferrari (beweglich) einem Pfandhaus, um ein kurzfristiges Darlehen zu erhalten.

▸ **Gesetzliches Pfandrecht**
  Gesetzliche Pfandrechte schützen die Gläubiger in Fällen von Vorleistungen, z. B.:
  - Vermieter und Verpächter (§ 562 BGB),
  - Gastwirte (§ 704 BGB),
  - Werkunternehmer (z. B. Reparaturwerkstätten) (§ 647 BGB,)
  - Kommissionäre (§ 397 HGB),
  - Spediteure (§ 464 HGB),
  - Lagerhalter (§ 475 b HGB),
  - Frachtführer (§ 441 HGB).
  Praktisch handelt es sich um ein Zurückbehaltungsrecht.

▸ **Pfändungspfandrecht**
  Das Pfändungspfandrecht entsteht bei der Zwangsvollstreckung (§ 804 Abs. 1 ZPO). Durch den staatlichen Akt der Pfändung wird die Einwilligung des Eigentümers der Sache ersetzt. Die Verwertung erfolgt durch öffentliche Versteigerung.

Grundpfandrechte

Grundpfandrechte sind Belastungen eines Grundstückes zur Sicherung einer bestimmten Geldsumme. Wenn der Schuldner seinen Verpflichtungen nicht nachkommt, kann der Gläubiger seine Ansprüche aus dem belasteten Grundstück bzw. Gebäude befriedigen. Grundpfandrechte werden im Grundbuch eingetragen.

Die **Hypothek** (§ 1113 ff. BGB) entsteht durch vertragliche Einigung und Eintrag in das Grundbuch. Sie ist untrennbar mit dem Bestehen der Forderung verbunden (Akzessorität).

Beispiel

Eine Bank gewährt A. einen Kredit i. H. v. 500.000 €. Vor Auszahlung wird im Grundbuch auf einem Grundstück des A. eine Hypothek von 500.000 € eingetragen.

▸ Vor Auszahlung des Kreditbetrages besteht keine Forderung der Bank, eine Hypothek steht ihr nicht zu.

▸ Bei Auszahlung entsteht eine Forderung der Bank, sie wird jetzt Inhaberin der Hypothek.

▸ Zahlt A. 200.000 € zurück, besteht nur noch eine Forderung der Bank von 300.000 €, ihr steht nur noch eine Hypothek in gleicher Höhe zu.

Im Gegensatz zur Hypothek ist die **Grundschuld** (§§ 1191 ff. BGB) nicht vom Bestehen einer Forderung abhängig (fiduziarisch). Sie muss ebenfalls ins Grundbuch eingetragen werden. Werden die Ansprüche des Gläubigers nicht befriedigt, kann er die Vollstreckung der Grundschuld durch die Zwangsvollstreckung oder Zwangsverwaltung des Grundstückes verlangen.

Da die Grundschuld auch nach Begleichung der Schuld weiter besteht, können z. B. die Kosten für eine erneute Eintragung in das Grundbuch – z. B. zur Sicherung einer neuen Forderung – gespart werden.

Beispiel

A. hat der Bank im Grundbuch eine Grundschuld über 500.000 € eingeräumt, die ein Darlehen sichert.

Wenn A. den Kredit zurückzahlt, erlischt zwar die Forderung der Bank, doch sie bleibt Inhaberin der Grundschuld. Nimmt A. zu einem späteren Zeitpunkt einen neuen Kredit auf, kann die – noch bestehende – Grundschuld zur Sicherung dieses neuen Kredits genutzt werden.

Die **Rentenschuld** (§§ 1199 ff. BGB) wird eingeräumt, wenn Gläubiger in regelmäßigen Abständen die Zahlung eines bestimmten Betrages aus dem Grundstück verlangen können.

Eigentumsvorbehalt

Bedingte Einigung

Ein Eigentumsvorbehalt (§ 449 BGB) kann bei Kaufverträgen über bewegliche Sachen als Sicherheit für den Verkäufer eingesetzt werden. Ihm liegt eine sogenannte bedingte Einigung über Eigentumsübertragung zu Grunde. Der Verkäufer behält dann die Eigentumsrechte an der Ware bis zu deren vollständiger Bezahlung.

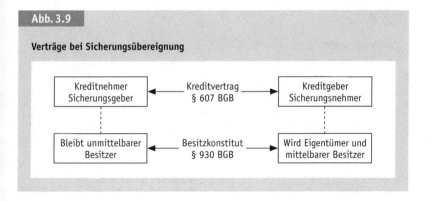

Abb. 3.9

Verträge bei Sicherungsübereignung

Kreditnehmer Sicherungsgeber	← Kreditvertrag § 607 BGB →	Kreditgeber Sicherungsnehmer
Bleibt unmittelbarer Besitzer	← Besitzkonstitut § 930 BGB →	Wird Eigentümer und mittelbarer Besitzer

Beispiel

Die Schreinerei S. hat eine Holzbearbeitungsmaschine zum Preis von 120.000 €
angeschafft. Weil es bisher keine Geschäftsbeziehungen gibt, liefert der Hersteller
die Maschine unter Eigentumsvorbehalt.

▸ S. zahlt wie vereinbart, die Maschine geht in ihr Eigentum über.

▸ S. gerät in Zahlungsschwierigkeiten, die 120.000 € können nicht gezahlt werden. S. gerät damit in Verzug, der Lieferant kann vom Vertrag zurücktreten und
– da er Eigentümer geblieben ist – die Herausgabe der Maschine verlangen (§ 985
BGB).

Bei dem sogenannten »verlängerten« Eigentumsvorbehalt mit Verarbeitungsklausel
vereinbaren Käufer und Verkäufer, dass der Eigentumsvorbehalt durch die Ver- oder
Bearbeitung der Ware nicht erlischt, sondern der Verkäufer auch Eigentümer der
ver-/bearbeiteten Ware wird, bis die Lieferung bezahlt ist.

*Verlängerter Eigentums-
vorbehalt*

Beispiel

Die Schreinerei S. bezieht Holz, das zu Kleinmöbeln verarbeitet wird. Auch diese
Rechnung kann nicht bezahlt werden.

▸ Bei einfachem Eigentumsvorbehalt ist S. Eigentümer an den Kleinmöbeln auch
dann, wenn ein Eigentumsvorbehalt vereinbart war (§ 950 BGB).

▸ Ist aber ausdrücklich ein verlängerter Eigentumsvorbehalt mit Verarbeitungsklausel vereinbart worden, wird der Holzlieferant bis zur vollständigen Kauf-
preiszahlung Eigentümer der Möbel.

Sicherungsübereignung

Bei der Sicherungsübereignung erfolgt die Übereignung von – ausschließlich beweglichen – Sachen durch den Kreditnehmer an den Kreditgeber, der bei Nichterfüllung seiner Forderungen über die Sache verfügen darf. Durch ein **Besitzkonstitut**
geht nur das Eigentum über, nicht der Besitz. Aus Abbildung 3.9 sind die beiden
notwendigen Vereinbarungen ersichtlich.

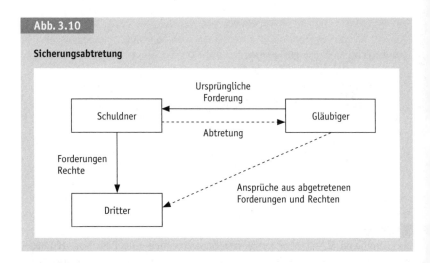

Abb. 3.10

Sicherungsabtretung

Beispiel

Bauunternehmer B. nimmt bei seiner Hausbank ein Darlehen auf, um einen neuen Bagger zu finanzieren. Es wird eine Sicherungsübereignung vereinbart, damit einerseits die Bank eine Sicherheit erhält und andererseits B. mit dem Bagger arbeiten und mit den Erträgen das Darlehen zurückzahlen kann.

Zession
Im Rahmen einer Sicherungsabtretung (Zession) werden einem Gläubiger (Zessionar) zur Sicherung seiner Forderungen von seinem Schuldner (Zedent) Forderungen oder Rechte übertragen, die der gegenüber einem Dritten besitzt. Abbildung 3.10 zeigt die Rechtsbeziehungen.

Unterschiedliche Arten der Zession

▸ Durch die **Globalzession** tritt der Zedent alle bestehenden und zukünftigen Forderungen aus bestimmten Geschäften ab. Abgelaufene Forderungen werden durch neue ersetzt.
▸ Bei der **Mantelzession** tritt der Zedent mehrere Einzelforderungen ab. Er verpflichtet sich, abgelaufene Forderungen durch neu entstandene Forderungen zu ersetzen. Der formale Übergang der Forderungen an den Zessionar erfolgt an Hand einer Debitorenliste, in der alle Forderungen aufgelistet sind.

3.1.3.3 Grundlagen Insolvenzrecht
Ist ein Schuldner nicht mehr in der Lage, seine Verbindlichkeiten zu begleichen, kann Insolvenzantrag gestellt werden. Das Insolvenzrecht hat zum Ziel, alle Gläubiger eines Schuldners gemeinschaftlich zu befriedigen. Die Insolvenzordnung kennt als Insolvenzgründe:

Insolvenzgründe

▸ **Zahlungsunfähigkeit.** Ein Schuldner kann seine Zahlungsverpflichtungen nicht erfüllen (§ 17 InsO).
▸ **Drohende Zahlungsunfähigkeit.** Zahlungsunfähigkeit droht, wenn nicht nur bereits bestehende, sondern auch noch nicht fällige Zahlungsverpflichtungen berücksichtigt werden. Eigenantrag erforderlich (§ 18 InsO).

▸ **Überschuldung**. Wenn das Vermögen des Schuldners die bestehenden Verbindlichkeiten nicht mehr deckt, liegt Überschuldung vor. § 19 InsO bezieht sich nur auf juristische Personen.

In der Insolvenzordnung werden verschiedene Gruppen von Gläubigern unterschieden:

▸ **Massegläubiger**, deren Ansprüche nach § 53 InsO vorweg aus der Insolvenzmasse zu befriedigen sind, weil sie erst nach der Eröffnung des Insolvenzverfahrens entstanden bzw. durch das Insolvenzverfahren selbst veranlasst worden sind.

Beispiel

Der Insolvenzverwalter lässt Reparaturen durchführen, damit eine Fortführung des Unternehmens möglich ist.

▸ Gläubiger mit Aus-, Absonderungs- und Aufrechnungsrechten.
  – Bei **Aussonderung** gehören die haftenden Gegenstände nicht zum Vermögen des Insolvenzschuldners (§ 47 InsO).
  – **Absonderung.** Hypothek- und Grundschulden, Pfandrechte und Ansprüche aus Sicherungsübereignungen und -abtretungen werden bevorzugt befriedigt.

▸ **Insolvenzgläubiger**, die eine (anteilige) Befriedigung ihrer Forderungen erst anschließend erwarten können. Die **Insolvenzquote** ist der prozentuale Anteil, den sie nach Abschluss des Insolvenzverfahrens aus der Insolvenzmasse erhalten. Sie errechnet sich aus dem Verhältnis der Insolvenzmasse zur Summe aller Verbindlichkeiten.

Insolvenzquote

Beispiel

Insolvenzmasse		620.000 €
Gerichts- und Verwalterkosten		20.000 €
		600.000 €
Verbindlichkeiten insgesamt		2.000.000 €
Insolvenzquote	$\dfrac{600.000}{2.000.000} \times 100$	30 %
Forderung A: 48.000 € Zahlung aus der Insolvenzmasse	$\dfrac{48.000 \times 30}{100}$	14.400 €
Forderung B: 124.000 € Zahlung aus der Insolvenzmasse	$\dfrac{124.000 \times 30}{100}$	37.200 €
Restliche Forderungen: 1.828.000 €	$\dfrac{1.828.000 \times 100}{100}$	548.400 €
		600.000 €

3.1.4 Handelsgesetzbuch

Das Handelsgesetzbuch enthält die Grundlagen der Buchführungsregeln und weitere spezielle Vorschriften. Es gilt für alle Personen, die juristisch als Kaufleute gelten. Es trat – zusammen mit dem BGB – erstmals am 01.01.1900 in Kraft.

3.1.4.1 Begriff des Kaufmanns

Kaufmann ist, wer ein Handelsgewerbe betreibt. (§ 1 Abs. 1 HGB)

Einen Überblick über die verschiedenen Arten der Kaufleute gibt Abbildung 3.11.

Der Kaufmannnsbegriff ist im Handelsrecht zentral, weil sich die Vorschriften des HGB nur an Kaufleute richten. Für einen Kaufmann ergeben sich daraus besondere Rechte und Pflichten.

Prokura

Die Prokura ist eine Vertretungsmacht, mit der ein Prokurist alle Geschäfte im Namen des Kaufmanns tätigen kann. Sie kann im Außenverhältnis nicht beschränkt werden, an die von einem Prokuristen abgeschlossenen Geschäfte ist der Kaufmann gebunden. Lediglich im Innenverhältnis kann sie auf bestimmte Geschäfte beschränkt werden.

Prokura kann nur von einem Kaufmann oder seinem gesetzlichen Vertreter erteilt werden, eine bestimmte Form ist nicht vorgeschrieben, sie ist aber vom Inhaber des Handelsgeschäftes zur Eintragung in das Handelsregister anzumelden (§ 53 Abs. 1 HGB).

Abb. 3.11

Kaufmannsbegriffe

Kaufmann ist,			
wer	ein Gewerbe betreibt, wenn ein in kaufmännischerweise eingerichteter Geschäftsbetrieb erforderlich ist.	§ 1 HGB	Istkaufman
oder	wenn die Firma (freiwillig) ins Handelsregister eingetragen ist	§ 2 HGB	Kannkaufman
oder	Land- und forstwirtschaftliche Unternehmen, die einen in kaufmännischerweise eingerichteten Geschäftsbetrieb erfordern, wenn sie (freiwillig) ins Handelsregister eingetragen sind	§ 3 HGB	Kannkaufman
oder	jeder Gewerbetreibende, der mit seiner Firma ins Handelsregister eingetragen ist	§ 5 HGB	Kaufmann kraft Eintragung
und	alle Handelsgesellschaften	§ 6 HGB	Formkaufmann
und	wer sich als Kaufmann ausgibt, muss sich auch als Kaufmann behandeln lassen	Rechtsprechung	Scheinkaufmann

Beispiel

Der Prokurist P. kauft eine Maschine zum Preis von 500.000 €, obwohl eine Beschränkung auf Geschäfte bis 100.000 € vereinbart ist. Das Geschäft ist wirksam.

Handlungsvollmacht

Die Handlungsvollmacht berechtigt zur Vertretung des Kaufmanns in konkret von ihm beschriebenen Fällen. Sie kann für alle Geschäfte (Generalhandlungsvollmacht) oder nur für bestimmte Geschäfte erteilt werden (Arthandlungsvollmacht oder Spezialhandlungsvollmacht).

3.1.4.2 Handelsregister

> Das Handelsregister ist ein öffentliches, elektronisch geführtes Verzeichnis, in dem die rechtlichen Verhältnisse aller Kaufleute eines Amtsgerichtsbezirks eingetragen sind (§§ 8 ff. HGB).

In Abteilung A werden Einzelkaufleute und Personengesellschaften eingetragen, in Abteilung B die Kapitalgesellschaften. Weil das Handelsregister öffentlich ist, kann jeder Einsicht nehmen und Abschriften verlangen.

Mögliche Informationen aus dem Handelsregister

Die Eintragung erfolgt durch Anmeldung. Sie bedarf der öffentlichen Beglaubigung durch einen Notar.

Zu den eintragungspflichtigen Tatsachen gehören u. a. in Abteilung A:

▸ Rechtsform und Sitz,
▸ Inhaber und Gesellschafter,
▸ Vertretungsbefugnis,
▸ Erlöschen der Firma,
▸ Insolvenzverfahren sowie
▸ bei Kommanditgesellschaften die Höhe der Kommanditeinlage.

In Abteilung B werden u. a. eingetragen:

▸ Rechtsform und Sitz,
▸ Bestellung und Abberufung von Prokuristen,
▸ Insolvenzverfahren,
▸ Erlöschen der Firma,
▸ Auflösung der Gesellschaft,
▸ bei Aktiengesellschaften
　– Vorstand,
　– Höhe des Grundkapitals,
▸ bei GmbHs
　– Geschäftsführer sowie
　– Höhe des Stammkapitals.

Wer eine falsche Eintragung veranlasst, muss sich so behandeln lassen, als sei die Eintragung korrekt. Umgekehrt gilt, dass nicht existiert, was nicht eingetragen ist.

Kaufmann A. widerruft gegenüber P. dessen Prokura. Solange das Erlöschen nicht eingetragen ist, darf ein Dritter darauf vertrauen, dass P. Vollmacht besitzt.

3.1.4.3 Vermittlergewerbe

Handelsvertreter

Ein Handelsvertreter (§ 84 Abs. 1 HGB) ist ein **selbstständiger** Gewerbetreibender, der ständig im Auftrag eines Dritten

▸ Geschäfte vermittelt oder
▸ in dessen Namen abschließt.

Beispiele: Versicherungsvertreter, Immobilienmakler.
Der Handelsvertreter arbeitet in fremdem Namen und für fremde Rechnung, hat aber das eigene Interesse, einen Kundenstamm für den oder die Auftraggeber aufzubauen und zu pflegen.

Handelsmakler

Der Handelsmakler (§ 93 Abs. 1 HGB) vermittelt ebenfalls Geschäfte für einen Dritten, ist aber nicht ständig damit beauftragt.
Beispiele: Kauf und Verkauf von Wertpapieren, Schiffsmakler.

3.1.5 Arbeitsrecht

3.1.5.1 Arbeitsvertragsrecht

Arbeitsvertrag

Ein Arbeitsverhältnis kommt durch Abschluss eines Arbeitsvertrages zustande.

Abschluss eines Arbeits-
vertrages

> Ein Arbeitsvertrag ist ein Dienstvertrag gem. § 611 ff. BGB, mit dem sich ein Partner verpflichtet, eine bestimmte Leistung zu erbringen, und der andere, dafür die vereinbarte Vergütung zu zahlen.

Ein Arbeitsvertrag kann formfrei, also auch mündlich oder stillschweigend geschlossen werden. Die inhaltliche Ausgestaltung von Arbeitsverträgen ist nicht an Vorgaben gebunden, der gesetzliche Mindeststandard darf aber nicht unterschritten werden. Lohn, Urlaubsregelungen, Arbeitszeit und Arbeitsort können grundsätzliche frei bestimmt werden, allerdings bestehen zahlreiche **Einschränkungen** durch Gesetze, Tarifverträge und Richterrecht.

Seit 1995 bestimmt das Nachweisgesetz (NachwG), dass der Arbeitgeber die wesentlichen Bedingungen schriftlich niederlegen, unterzeichnen und aushändigen muss. Bei einer Befristung eines Arbeitsvertrages ist die Schriftform im Teilzeit- und Befristungsgesetz (TzBfG § 14, Abs. 4) gesetzlich vorgeschrieben.

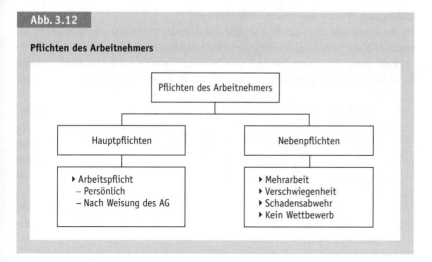

Abb. 3.12

Pflichten des Arbeitnehmers

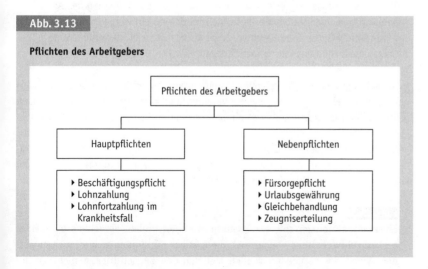

Abb. 3.13

Pflichten des Arbeitgebers

Rechte und Pflichten aus dem Arbeitsvertrag

Der Arbeitnehmer ist verpflichtet, die vereinbarte **Arbeitsleistung** persönlich zu erbringen. Seine Pflichten sind aus Abbildung 3.12 zu ersehen. Er ist in die Arbeitsorganisation eingegliedert und unterliegt bezüglich Arbeitsinhalt, Art der Durchführung, Zeit und Ort der Tätigkeit den Weisungen des Arbeitgebers.

Der Arbeitgeber ist verpflichtet, den Arbeitnehmer zu beschäftigen und ihm das vereinbarte Entgelt zu zahlen. Seine wesentlichen Pflichten zeigt Abbildung 3.13.

Kündigung, Kündigungsschutz, Abmahnung

Beendigung des Arbeits-
verhältnisses

In der Regel wird über die Beendigung des Arbeitsverhältnisses im Arbeitsvertrag keine Aussage getroffen. Die Beendigung kann erfolgen durch:

▸ **Befristung.** Bei einem befristeten Arbeitsvertrag wird i. d. R. die Vertragsdauer bereits im Voraus festgelegt. Die befristeten Arbeitsverhältnisse sind geregelt im Teilzeit- und Befristungsgesetz (TzBfG).

Ein Arbeitsvertrag darf befristet abgeschlossen werden, wenn ein sachlicher Grund vorliegt. Nur bis zu einer Dauer von maximal zwei Jahren sowie für Arbeitnehmer über 58 Jahren ist auch ein befristeter Arbeitsvertrag ohne Angabe einer sachlichen Begründung möglich. Ein Arbeitsvertrag, der kürzer als zwei Jahre befristetet ist, darf bis zu einer Höchstdauer von zwei Jahren maximal dreimal verlängert werden.

Befristete Beschäftigte sind grundsätzlich wie unbefristete Beschäftigte zu behandeln. Ausnahmen gelten aber z. B. in Einzelfällen für Aus- und Weiterbildungsmaßnahmen.

> Ein befristet beschäftigter Arbeitnehmer darf wegen der Befristung des Arbeitsvertrages nicht schlechter behandelt werden als ein vergleichbarer unbefristet beschäftigter Arbeitnehmer, es sei denn, dass sachliche Gründe eine unterschiedliche Behandlung rechtfertigen. (§ 4 Abs. 2 TzBfG)

▸ **Aufhebungsvertrag.** Mit einem Aufhebungsvertrag wird ein Arbeitsverhältnis beidseitig gekündigt. Eine solche Vereinbarung kann jederzeit vorgenommen werden und umgehend oder zu einem bestimmten Zeitpunkt in der Zukunft in Kraft treten.

Häufig wird ein Aufhebungsvertrag abgeschlossen, um eine Kündigung zu umgehen, denn für einen Aufhebungsvertrag gelten keine Kündigungsfristen oder Mitbestimmungsrechte des Betriebsrats.

Beispiel

Einem Arbeitnehmer soll – z. B. aufgrund eines groben Vergehens oder eines groben Fehlverhaltens – eigentlich die fristlose Kündigung ausgesprochen werden. Wenn das vermieden werden soll, um den Betriebsfrieden nicht zu gefährden oder um »keine schmutzige Wäsche zu waschen«, können beide Parteien einen Aufhebungsvertrag schließen.

Häufig ist ein Aufhebungsvertrag mit der Zahlung einer **Abfindung** verbunden. Ob und in welcher Höhe eine Abfindung an den Arbeitnehmer gezahlt wird, hängt von den Umständen des Einzelfalls ab.

▸ **Kündigung.** Im Gegensatz zum Aufhebungsvertrag ist die Kündigung eine einseitige empfangsbedürftige Willenserklärung des Arbeitgebers oder des Arbeitnehmers. Sie muss vom anderen Vertragspartner nicht angenommen werden, um wirksam zu sein. Der ordnungsgemäße und rechtzeitige Zugang der Kündigung reicht aus, um das Arbeitsverhältnis zu beenden.

▸ Eine Kündigung ist zwingend schriftlich vorzunehmen und wird rechtswirksam mit dem Zugang beim Kündigungsempfänger. Ist der abwesend, gilt die Kündigung als zugegangen, wenn sie in den Herrschaftsbereich des Adressaten gelangt und dieser unter regelmäßigen Verhältnissen von ihr Kenntnis nehmen kann.

> Die Beendigung von Arbeitsverhältnissen durch Kündigung oder Auflösungsvertrag bedürfen zu ihrer Wirksamkeit der Schriftform. (§ 623 BGB)

Der Arbeitsvertrag hat für die meisten Arbeitnehmer existentielle Bedeutung, da der Verlust des Arbeitsplatzes meist mit schwerwiegenden wirtschaftlichen und sozialen Folgen verbunden ist.

Deshalb schützen verschiedene Gesetze die Arbeitnehmer vor der Willkür des Arbeitgebers. Ein »Kündigungsverbot« gibt es in der sozialen Marktwirtschaft aber nicht. Die wichtigsten Gesetze mit allgemein gültigen Regeln sind:
▸ das Bürgerliche Gesetzbuch,
▸ das Kündigungsschutzgesetz bei mehr als 10 Arbeitnehmern,
▸ das Betriebsverfassungsgesetz,
▸ das Teilzeit- und Befristungsgesetz.

Darüber hinaus finden sich zahlreiche Bestimmungen zum Kündigungsschutz, die besondere Mitarbeitergruppen betreffen, z. B.:
▸ **Mutterschutzgesetz**. Die Kündigung einer Frau ist während der Schwangerschaft und bis zum Ablauf von vier Monaten nach der Entbindung unzulässig.
▸ **Bundeserziehungsgeldgesetz**. Der Arbeitgeber darf das Arbeitsverhältnis acht Wochen vor Beginn der Elternzeit und während der Elternzeit nicht kündigen.
▸ **Schwerbehindertengesetz**. Die Kündigung des Arbeitsverhältnisses eines schwerbehinderten Menschen durch den Arbeitgeber bedarf der vorherigen Zustimmung des Integrationsamtes. Die Kündigungsfrist beträgt mindestens vier Wochen.
▸ Mitglieder des **Betriebsrats** und der Jugend- und Auszubildendenvertretung. Ihre Kündigung ist unzulässig bis 1 Jahr nach Beendigung der Amtszeit. Möglich ist aber weiterhin eine außerordentliche Kündigung.
Eine Kündigung muss grundsätzlich nicht begründet werden. In Unternehmen mit Betriebsrat ist der Arbeitgeber verpflichtet, den Betriebsrat über die Kündigungsgründe zu informieren. Dies bedeutet in der Praxis fast zwangsläufig auch eine Begründung gegenüber dem Gekündigten.

Zur Kündigung muss ein sozial gerechtfertigter Grund vorliegen. Andernfalls ist die Kündigung unwirksam.

Kündigungsgründe

> Die Kündigung des Arbeitsverhältnisses gegenüber einem Arbeitnehmer, dessen Arbeitsverhältnis in demselben Betrieb oder Unternehmen ohne Unterbrechung länger als sechs Monate bestanden hat, ist rechtsunwirksam, wenn sie sozial ungerechtfertigt ist. (§ 1 KSchG)

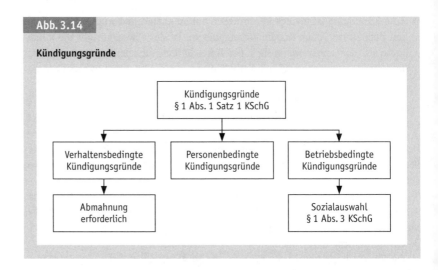

Abb. 3.14

Kündigungsgründe

Die Kündigungsfristen für eine ordentliche Kündigung sind festgelegt in § 622 BGB. Sie bezeichnen den Zeitraum zwischen dem Zugang der Kündigung und ihrem Wirksamwerden.

Beispiel
Katja L. arbeitet seit ihrem 28. Lebensjahr sechs Jahre lang ununterbrochen bei der Fex GmbH. Ihr Arbeitgeber kündigt ihr am 15. Mai. Die Kündigung wird wirksam am 31. Juli.

Ordentliche Kündigung. Die möglichen **Anlässe** für eine ordentliche Kündigung sind in Abbildung 3.14 dargestellt.

Verhaltensbedingte Kündigung. Verhaltensbedingte Gründe liegen vor, wenn der Arbeitnehmer gegen seine arbeitsvertraglichen Pflichten verstoßen hat.

Beispiele
Wiederholte Unpünktlichkeit oder unentschuldigtes Fehlen,
Beleidigungen von unterstellten Mitarbeitern, Kollegen oder Vorgesetzten,
dauerhafte Vernachlässigung der Arbeitsaufgaben,
bewusst nachlässige Ausführung von Arbeiten sowie
Verstöße gegen die Gehorsams- und Verschwiegenheitspflicht.

Da der Arbeitnehmer selbst sein Verhalten ändern kann, muss der Kündigung in aller Regel eine **Abmahnung** vorausgehen. Das bemängelte Verhalten muss konkret benannt werden, verbunden mit der Aufforderung, das Verhalten zu ändern. Zudem muss deutlich formuliert werden, dass bei wiederholtem Fehlverhalten die Kündigung droht.

Personenbedingte Kündigung. Eine personenbedingte Kündigung kommt in Betracht, wenn der Arbeitnehmer aus Gründen, die in seiner Person liegen, den Arbeitsvertrag künftig nicht mehr erfüllen kann. Darunter fallen fehlende Eignung bzw. Befähigung und Krankheit.

Beispiele

V. spielt Violine im städtischen Sinfonieorchester. Durch einen Motorradunfall hat sie einen Arm verloren.

S. kann die neue Software nicht bedienen, auch Schulungen führen nicht zum Erfolg.

Betriebsbedingte Kündigung. Aus betriebsbedingten Gründen kann gekündigt werden, wenn der Arbeitsplatz wegfällt und es im Unternehmen keine andere Beschäftigungsmöglichkeit gibt.

Beispiele

Absatzprobleme bzw. Auftragsmangel,
Rationalisierungsmaßnahmen,
Um- oder Einstellung der Produktion,
Stilllegung von Abteilungen.

Bei Kündigungen aufgrund betrieblicher Erfordernisse ist der Arbeitgeber verpflichtet, eine Sozialauswahl zu treffen. Kommen mehrere Arbeitnehmer in Betracht, erfolgt die Auswahl durch Vergleich von Sozialdaten wie z. B. Lebensalter, Dauer der Betriebszugehörigkeit und Unterhaltspflichten des Mitarbeiters.

Eine Ausnahme ist nur möglich, »wenn betriebstechnische, wirtschaftliche oder sonstige berechtigte betriebliche Bedürfnisse die Weiterbeschäftigung eines oder mehrerer bestimmter Arbeitnehmer bedingen« (§ 1 KSchG).

Außerordentliche Kündigung. Bei besonders schwerem Fehlverhalten kann eine außerordentliche Kündigung ausgesprochen werden. Sie erfolgt fristlos. Es geht also bei der außerordentlichen Kündigung in erster Linie nicht um die Frage, ob gekündigt wird, sondern ob Gründe vorliegen, die eine Beschäftigung – auch innerhalb der Kündigungsfrist – nicht weiter zumutbar erscheinen lassen.

> Das Dienstverhältnis kann von jedem Vertragsteil aus wichtigem Grund ohne Einhaltung einer Kündigungsfrist gekündigt werden, wenn Tatsachen vorliegen, auf Grund derer dem Kündigenden unter Berücksichtigung aller Umstände des Einzelfalles und unter Abwägung der Interessen beider Vertragsteile die Fortsetzung des Dienstverhältnisses bis zum Ablauf der Kündigungsfrist oder bis zu der vereinbarten Beendigung des Dienstverhältnisses nicht zugemutet werden kann. (§ 626 KSchG)

Beispiele

Vorlage gefälschter Zeugnisse,
bewusst falsche Angaben im Lebenslauf,
Diebstahl, Unterschlagung, Betrug,
grobe Beleidigungen oder Tätlichkeiten,
unberechtigte Arbeitsverweigerung.

Auch Arbeitnehmer haben das Recht, fristlos zu kündigen, z. B. wenn die Lohnzahlung ausbleibt, Leib und Leben durch die Ausführung der Arbeit bedroht sind, unzumutbare Tätigkeiten verlangt werden oder der Arbeitgeber bzw. Vorgesetzte grobe Beleidigungen oder Tätlichkeiten gegenüber dem Arbeitnehmer vornehmen. Eine außerordentliche Kündigung muss innerhalb von zwei Wochen erfolgen.

Änderungskündigung. Das Ziel einer Änderungskündigung ist, einen Mitarbeiter zwar im Unternehmen zu halten, allerdings verbunden mit einer Änderung der inhaltlichen Ausgestaltung des Arbeitsvertrages, z. B. bezogen auf seine Aufgabe oder auf die Höhe des Entgelts. Ihrem Charakter nach ist die Änderungskündigung somit eine normale, ordentliche Kündigung, die den bisher beschriebenen gesetzlichen Regelungen unterliegt. Der Unterschied besteht darin, dass dem Arbeitnehmer gleichzeitig mit der Kündigung ein neues Vertragsangebot unterbreitet wird.

Kündigungsschutzklage. Gegen eine Kündigung können sich Arbeitnehmer durch eine Kündigungsschutzklage wehren. Sie muss innerhalb von drei Wochen nach Zugang der schriftlichen Kündigung beim zuständigen Arbeitsgericht eingereicht werden. Durch die Klage soll festgestellt werden, »dass das Arbeitsverhältnis durch die Kündigung nicht aufgelöst ist«.

Klage beim Arbeitsgericht

3.1.5.2 Betriebsverfassungsgesetz

Zusammenarbeit im Unternehmen

> Das Betriebsverfassungsgesetz regelt die Zusammenarbeit zwischen Arbeitgebern und dem Betriebsrat.

In Unternehmen ohne Betriebsrat gilt das Gesetz deshalb nicht.

Rechtliche Grundlagen

In Unternehmen mit mindestens fünf ständigen Arbeitnehmern wird der Betriebsrat von allen Arbeitnehmern gewählt, die das 18. Lebensjahr vollendet haben. Die Zahl seiner Mitglieder ist abhängig von der Größe des Betriebes (vgl. § 9 BetrVG). Betriebsrat und Arbeitgeber haben vertrauensvoll zusammenzuarbeiten, in strittigen Fragen sollen sie ernsthaft eine Einigung anstreben.

Aufgaben des Betriebsrats

Die wichtigste Aufgabe des Betriebsrates besteht darin, die Einhaltung der zugunsten der Arbeitnehmer erlassenen Gesetze, Verordnungen, Unfallverhütungsvor-

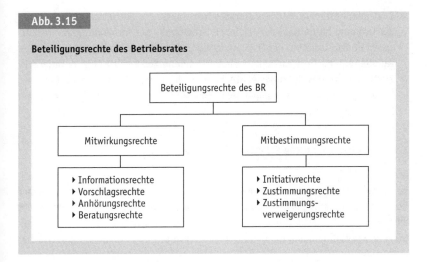

Abb. 3.15

Beteiligungsrechte des Betriebsrates

- Beteiligungsrechte des BR
  - Mitwirkungsrechte
    - ▸ Informationsrechte
    - ▸ Vorschlagsrechte
    - ▸ Anhörungsrechte
    - ▸ Beratungsrechte
  - Mitbestimmungsrechte
    - ▸ Initiativrechte
    - ▸ Zustimmungsrechte
    - ▸ Zustimmungs-
      verweigerungsrechte

schriften, Tarifverträge und Betriebsvereinbarungen sicherzustellen. Weitere Aufgaben sind:
- ▸ Durchsetzung der Gleichstellung von Frauen und Männern,
- ▸ Sicherung der Vereinbarkeit von Familie und Erwerbstätigkeit,
- ▸ Sicherung der Gleichbehandlung und Bekämpfung von Diskriminierung,
- ▸ Förderung von Maßnahmen zum Arbeitsschutz,
- ▸ Förderung von Maßnahmen zum Umweltschutz,
- ▸ Förderung der Eingliederung von Schwerbehinderten,
- ▸ Förderung der Beschäftigung älterer Arbeitnehmer,
- ▸ Förderung der Integration ausländischer Arbeitnehmer,
- ▸ Bekämpfung von Rassismus und Fremdenfeindlichkeit im Betrieb.

Mitwirkungsrechte des Betriebsrats

Die unterschiedlichen Rechte des Betriebsrates sind aus Abbildung 3.15 ersichtlich.
- ▸ **Informationsrechte** gewährleisten eine frühzeitige Unterrichtung über Vorhaben des Arbeitgebers. Daraus ergibt sich keine Beratungspflicht.
- ▸ **Vorschlagsrechte** sind auf wenige Bereiche beschränkt, z. B. Personalplanung, Förderung der Berufsbildung, Teilnahme an Weiterbildungsveranstaltungen.
- ▸ **Anhörungsrechte** können Entscheidungen des Arbeitgebers blockieren, wenn die Meinung des Betriebsrates nicht eingeholt wird.
- ▸ **Beratungsrechte** verpflichten den Arbeitgeber, die Meinung des Betriebsrates einzuholen und zu diskutieren. Dazu gehören z. B. Fragen der Arbeitsplatzgestaltung, Berufsbildung, Einführung neuer Techniken.
- ▸ **Initiativrechte** (Antragsrechte) gelten für alle sozialen, personellen und wirtschaftlichen Angelegenheiten, für die nach Meinung des Betriebsrates Handlungsbedarf besteht. Der Arbeitgeber ist verpflichtet, die Vorschläge zu prüfen und gegebenenfalls in seine Entscheidungen einfließen zu lassen.

▸ **Zustimmungsrechte** sind das stärkste Instrument des Betriebsrates. Bei Fragen der Ordnung im Betrieb, der täglichen Arbeitszeit, der Anwendung von technischen Kontrollgeräten, der Festlegung von Beurteilungsgrundsätzen und bei der Aufstellung des Urlaubsplans ist die Zustimmung des Betriebsrates erforderlich.

▸ **Zustimmungsverweigerungsrechte** können die Entscheidung des Arbeitgebers blockieren. Er kann gezwungen sein, seine Entscheidungen vor dem Arbeitsgericht durchzusetzen.

3.1.5.3 Arbeitsrechtliche Schutzbestimmungen

Arbeitsschutzgesetz

Das Arbeitsschutzgesetz setzt eine EU-Richtlinie zum Arbeitsschutz in deutsches Recht um. Es setzt an bei den **allgemeinen Arbeitsbedingungen**, nicht mehr bei der Situation eines einzelnen Mitarbeiters. Daraus ergibt sich die Notwendigkeit von präventiven Maßnahmen, um Gefahren an ihrer Quelle zu bekämpfen und nicht nur ihre Folgen.

Arbeitsbedingungen

> Eine Gefährdung kann sich insbesondere ergeben durch
> 1. die Gestaltung und die Einrichtung der Arbeitsstätte und des Arbeitsplatzes,
> 2. physikalische, chemische und biologische Einwirkungen,
> 3. die Gestaltung, die Auswahl und den Einsatz von Arbeitsmitteln, insbesondere von Arbeitsstoffen, Maschinen, Geräten und Anlagen sowie den Umgang damit,
> 4. die Gestaltung von Arbeits- und Fertigungsverfahren, Arbeitsabläufen und Arbeitszeit und deren Zusammenwirken,
> 5. unzureichende Qualifikation und Unterweisung der Beschäftigten.
> (§ 5 Abs. 3 ArbSchG)

Die Wirksamkeit der Präventionsmaßnahmen muss überprüft und dokumentiert werden. Die Mitarbeiter sind verpflichtet, dem Arbeitgeber festgestellte Mängel zu melden, wenn sie Auswirkungen auf Sicherheit und Gesundheit haben können.

Jugendarbeitsschutz

Das Jugendarbeitsschutzgesetz dient dem Schutz von arbeitenden Kindern und Jugendlichen vor Überlastung.

▸ **Kinderarbeit** ist grundsätzlich verboten. Für Kinder ab 13 Jahren ausnahmsweise zugelassene leichte und geeignete Arbeiten sind grundsätzlich auf zwei Stunden täglich bzw. zehn Stunden wöchentlich begrenzt.

▸ Das **Mindestalter** für eine Beschäftigung beträgt 15 Jahre. Für Arbeiten in der Landwirtschaft und als Zeitungsausträger gibt es aber Ausnahmen.

▸ Die **Arbeitszeit** darf nur zwischen 6 und 20 Uhr liegen. Ausnahmen gibt es z. B. für Bäckereien, Gaststätten und kulturelle Veranstaltungen.

▸ Die **Arbeit an Sonntagen** ist nur in genau definierten Bereichen (z. B. in Krankenhäusern, im Schaustellergewerbe und beim Sport) zulässig.

▸ Die Unterrichtszeit in der **Berufsschule** wird auf die Arbeitszeit angerechnet.

▸ **Akkordarbeiten** und gefährliche Arbeiten sind verboten. Enge Ausnahmen bestehen nur im Rahmen der Berufsausbildung.

▸ Die **Wochenarbeitszeit** ist auf 40 Stunden bei einer Fünf-Tage-Woche beschränkt.

▸ **Mehrarbeit** ist verboten.

▸ Der **Mindesturlaub** beträgt – je nach Alter – 25 bis 30 Werktage.

Mutterschutzgesetz

Der Mutterschutz soll die (werdende) Mutter und ihr Kind vor Gefährdungen, Überforderung und Gesundheitsschädigung am Arbeitsplatz schützen. Außerdem sollen finanzielle Einbußen und der Verlust des Arbeitsplatzes während der Schwangerschaft und nach der Geburt verhindert werden.

▸ Sechs Wochen vor der Geburt bis zum Ablauf von 8 Wochen nach der Geburt dürfen werdende Mütter nicht beschäftigt werden.

▸ Akkord-, Fließband, Mehr-, Sonntags- und Nachtarbeit sind verboten.

▸ Während der Schwangerschaft bis zum Ablauf von vier Monaten nach der Entbindung ist eine Kündigung durch den Arbeitgeber bis auf wenige Ausnahmen unzulässig.

▸ Eine Kürzung des Erholungsurlaubs ist nicht zulässig.

▸ Zum Schutz vor finanziellen Nachteilen wird gezahlt:
  - Mutterschaftsgeld,
  - das Arbeitsentgelt bei Beschäftigungsverboten außerhalb der Mutterschutzfristen (sogenannter Mutterschutzlohn),
  - ein Arbeitgeberzuschuss zum Mutterschaftsgeld während der Mutterschutzfristen.

▸ Über die Zeit des Mutterschutzes hinaus können die Eltern Elterngeld und Betreuungsgeld erhalten.

Schwerbehindertenschutz

Schwerbehinderte Menschen erhalten – unter anderem – besonderen Schutz und Förderung im Arbeitsleben. Teil 2 des SGB IX enthält »Besondere Regelungen zur Teilhabe schwerbehinderter Menschen (Schwerbehindertenrecht)«.

▸ **Besonderer Kündigungsschutz.** Schwerbehinderten Personen darf nur mit Zustimmung des Integrationsamtes gekündigt werden. Andernfalls ist die Kündigung unwirksam.

▸ **Zusatzurlaub.** Schwerbehinderte haben Anspruch auf bezahlten zusätzlichen Urlaub von einer Arbeitswoche im Kalenderjahr (§ 125 SGB IX).

▸ **Beschäftigungspflicht.** Arbeitgeber mit mindestens 20 Arbeitsplätzen müssen auf mindestens 5 % der Arbeitsplätze schwerbehinderte Menschen beschäftigen. Andernfalls muss für jeden unbesetzten Pflichtarbeitsplatz eine monatliche Ausgleichsabgabe gezahlt werden.

▸ **Anspruch auf behinderungsgerechte Beschäftigung.** Schwerbehinderte in einem bestehenden Arbeitsverhältnis haben Anspruch (§ 81 Abs. 4 SGB IX) auf:
  - Beschäftigung, bei der sie ihre Fähigkeiten und Kenntnisse möglichst voll verwerten und weiterentwickeln können.

- bevorzugte Berücksichtigung bei innerbetrieblichen Maßnahmen der beruflichen Bildung.
- Erleichterungen zur Teilnahme an außerbetrieblichen Maßnahmen der beruflichen Bildung.
- Anspruch auf bevorzugte Berücksichtigung bei innerbetrieblichen Bildungsmaßnahmen.
▶ **Diskriminierungsverbot.** Im Fall der Diskriminierung eines schwerbehinderten Menschen besteht eine erhebliche Beweiserleichterung. Die Beweislast wird zu Lasten des Arbeitgebers umgekehrt, wenn eine Benachteiligung des schwerbehinderten Menschen vermutet werden kann.

Arbeitszeitgesetz

Die Rahmenbedingungen für die Arbeitszeiten der Arbeitnehmer sollen die Sicherheit und den Gesundheitsschutz bei der Arbeitszeitgestaltung gewährleisten und die Einführung von flexiblen Arbeitszeiten erleichtern. Die Grundregeln, von denen es allerdings eine Reihe von Ausnahmen gibt, lauten:

▶ Die werktägliche Arbeitszeit darf acht Stunden nicht überschreiten (§ 3 ArbZG).
▶ Eine Verlängerung auf bis zu zehn Stunden ist nur möglich, wenn innerhalb von sechs Kalendermonaten oder innerhalb von 24 Wochen eine durchschnittliche Arbeitszeit von acht Stunden werktäglich nicht überschritten wird.
▶ Arbeitnehmer dürfen grundsätzlich an Sonn- und Feiertagen nicht beschäftigt werden (§ 9 ArbZG).
▶ Die Arbeit muss durch – im Voraus feststehende – Ruhepausen unterbrochen werden:
  - Bei einer Arbeitszeit von mehr als sechs bis zu neun Stunden mindestens 30 Minuten
  - Bei einer Arbeitszeit von mehr als neun Stunden 45 Minuten.
▶ Nach Beendigung der täglichen Arbeitszeit müssen Arbeitnehmer eine ununterbrochene Ruhezeit von mindestens elf Stunden haben.

Urlaubsgesetz

> Jeder Arbeitnehmer hat in jedem Kalenderjahr Anspruch auf bezahlten Erholungsurlaub. (§ 1 BUreG)

Der Mindesturlaub beträgt bei einer 6-Tage-Woche mindestens 24 Werktage, bei einer 5-Tage-Woche mindestens 20 Arbeitstage im Kalenderjahr. Der Anspruch beginnt, wenn das Arbeitsverhältnis sechs Monate ununterbrochen besteht. Für Jugendliche und Schwerbehinderte gelten Sondervorschriften.

Das Urlaubsentgelt richtet sich nach dem durchschnittlichen Arbeitsverdienst der letzten 13 Wochen vor dem Beginn des Urlaubs.

3.1.6 Grundsätze des Wettbewerbsrechts

Um einen funktionsfähigen Wettbewerb zu erhalten, kommt in einer Marktwirtschaft den Regelungen gegen **Wettbewerbsbeschränkungen** eine besondere Bedeutung zu. In Deutschland soll u. a. das Gesetz gegen Wettbewerbsbeschränkungen (**GWB**) wirtschaftliche Konzentration verhindern und das Gesetz gegen unlauteren Wettbewerb (**UWG**) Verbraucherschutz garantieren. **Europäische Regelungen** umfassen ein Kartellverbot, eine Missbrauchsaufsicht und eine Fusionskontrolle.

Marktwirtschaftliche
Rahmenbedingungen

Gesetz gegen unlauteren Wettbewerb
Konkurrenten, Verbraucher und sonstige Marktteilnehmer sollen vor unlauterem Wettbewerb geschützt werden.

Unlautere Wettbewerbshandlungen, die geeignet sind, den Wettbewerb zum Nachteil der Mitbewerber, der Verbraucher oder der sonstigen Marktteilnehmer nicht nur unerheblich zu beeinträchtigen, sind unzulässig. (§ 3 UWG)

Definition »Unlauterer Wettbewerb«

Das sind z. B.:
- Ausnutzung der geschäftlichen Unerfahrenheit von Konkurrenten und/oder Verbrauchern,
- Ausnutzung einer Zwangslage,
- sogenannte Schleichwerbung,
- Herabsetzung des Konkurrenten (z. B. durch Rufschädigung),
- irreführende Werbung,
- unzumutbare Belästigung (z. B. unaufgeforderte Telefonwerbung oder Spam-E-Mails),

Aufgeführt sind auch Straftatbestände wie:
- Irreführung durch unwahre Angaben,
- Schneeballsysteme,
- Geheimnisverrat.

Vergleichende Werbung ist ebenfalls im UWG geregelt und seit 2000 aufgrund einer EG-Richtlinie erlaubt. Die getroffenen Aussagen müssen der Wahrheit entsprechen und objektiv nachprüfbar sein. Sie dürfen nicht irreführend sein und Wettbewerber nicht verunglimpfen oder herabsetzen.

Gesetz gegen Wettbewerbsbeschränkungen
Das Gesetz gegen Wettbewerbsbeschränkungen (**Kartellgesetz**) regelt Kartellvereinbarungen, Vertikalvereinbarungen und Maßnahmen gegen Marktbeherrschung. Dadurch soll der funktionsfähige Wettbewerb gesichert werden, Beschränkungen jeder Art sollen so weit wie möglich verhindert werden.

Kartelle sind Vereinbarungen von rechtlich selbstständigen Unternehmen. Die Beteiligten verfolgen das Ziel, gemeinsam eine Marktbeeinflussung erreichen. Auf die Form kommt es dabei nicht an. Kartelle sind verboten.

Definition »Kartell«

Kartellverbot

> Vereinbarungen zwischen Unternehmen, Beschlüsse von Unternehmensvereini-
> gungen und aufeinander abgestimmte Verhaltensweisen, die eine Verhinderung,
> Einschränkung oder Verfälschung des Wettbewerbs bezwecken oder bewirken,
> sind verboten. (§ 1 GWB)

Ausnahmen bilden nur Mittelstandskartelle (§ 3 GWB) und die sogenannten Freigestellten Vereinbarungen (§ 2 GWB).

Mittelstandskartelle sind zulässig, wenn sie die Wettbewerbsfähigkeit kleiner und
mittlerer Unternehmen verbessern und den Wettbewerb nicht wesentlich beeinträchtigen. Beispiele sind Vereinbarungen über den gemeinsamen Einkauf oder
den gemeinsamen Vertrieb von Waren.

Eine **Freigestellte Vereinbarung** liegt vor, wenn eine wettbewerbsbeschränkende
Maßnahme

▸ zur Verbesserung der Warenerzeugung oder -verteilung beiträgt und
▸ die Verbraucher an den durch die Vereinbarung entstehenden Vorteilen angemessen beteiligt werden, und
▸ die Wettbewerbsbeschränkung unerlässlich ist, um die angestrebten Verbesserungen zu erreichen und
▸ der Wettbewerb nicht ausgeschaltet wird.

Beispiel

Die Hersteller von DVD-Recordern einigen sich auf einen einheitlichen technischen
Standard.

Stellung auf dem relevan-
ten Markt

Eine **marktbeherrschende Stellung** wird angenommen, wenn ein Unternehmen auf
dem relevanten Markt

▸ ohne Wettbewerber ist oder keinem wesentlichen Wettbewerb ausgesetzt ist oder
▸ eine im Verhältnis zu seinen Wettbewerbern überragende Marktstellung hat.

Nach dem GWB wird vermutet, dass eine marktbeherrschende Stellung in folgenden
Fällen vorliegt:

1 Unternehmen	$^1/_3$ Marktanteil
3 Unternehmen	$^1/_2$ Marktanteil
5 Unternehmen	$^2/_3$ Marktanteil

Kontrollpflichtige Fälle sind vorher anzumelden (§ 39 GWB). Das **Bundeskartellamt**
kann Zusammenschlüsse von Unternehmen verbieten, missbräuchliche Verhaltensweisen untersagen, Auflagen erteilen und bei Verstößen Geldbußen verhängen.

Wenn zu erwarten ist, dass durch einen Zusammenschluss eine marktbeherrschende Stellung begründet oder verstärkt wird, muss ihn das Bundeskartellamt
untersagen. Eine Ausnahme ist möglich, wenn die beteiligten Unternehmen nach-

weisen, dass eine Verbesserung der Wettbewerbsbedingungen eintritt und dadurch die Nachteile der Marktbeherrschung ausgeglichen werden.

Der Bundesminister für Wirtschaft kann auf Antrag einen bereits vom Bundeskartellamt untersagten Zusammenschluss erlauben, wenn im Einzelfall die Wettbewerbsbeschränkung von gesamtwirtschaftlichen Vorteilen aufgewogen wird oder wenn der Zusammenschluss durch ein überragendes Interesse der Allgemeinheit gerechtfertigt ist (»**Ministererlaubnis**«).

3.1.7 Gewerberecht und Gewerbeordnung

Das Gewerberecht ist Teil des Wirtschaftsverwaltungsrechts, das der Ordnung, Förderung, Lenkung und Überwachung der wirtschaftlichen Aktivitäten dient. Regelungen dazu finden sich in der Gewerbeordnung und zahlreichen Sondergesetzen. Wichtige Bestimmungen enthalten

Zahlreiche Regelungen

▸ die Handwerksordnung,
▸ das Gaststättengesetz,
▸ das Ladenschlussgesetz,
▸ das Personenbeförderungsgesetz,
▸ das Eichgesetz,
▸ die VO über das Schornsteinfegerwesen und
▸ zahlreiche arbeitsrechtliche Gesetze.

Gewerbefreiheit

Die Gewerbefreiheit ist im Grundgesetz verankert, sie ergibt sich aus Art. 2 Abs. 1 und Art. 12 Abs. 1 GG. Im Rahmen der gesetzlichen Bestimmungen ist es jedermann gestattet, einer wirtschaftlichen Betätigung nachzugehen.

> Der Betrieb eines Gewerbes ist jedermann gestattet, soweit nicht durch dieses Gesetz Ausnahmen oder Beschränkungen vorgeschrieben oder zugelassen sind. (§ 1 Abs. 1 GewO)

In der Regel ist für die Eröffnung eines Gewerbes lediglich die Anzeige bei der zuständigen Behörde erforderlich. Allerdings gibt es zahlreiche erlaubnispflichtige Gewerbe, bei denen eine behördliche Zulassung notwendig ist. Sie sollen der Gefahrenabwehr, der öffentlichen Sicherheit und der Gesundheit dienen.

Eröffnung eines Gewerbes

Beispiele

private Krankenpflege,
Handel mit Waffen,
Betrieb von Schank- und Speisewirtschaften,
Beförderung von Personen

Altenpflege,
Kinderbetreuung,
Finanzdienstleistungen,
Anlageberatung und -vermittlung.

Als Handwerker kann jedermann arbeiten, zur Ausübung des Gewerbes ist jedoch eine Meisterprüfung erforderlich.

Gewerbeaufsicht
Die Gewerbeordnung dient darüber hinaus auch der Gefahrenabwehr. Die Gewerbeaufsichtsämter überwachen die Einhaltung der Arbeitsschutzbestimmungen und die Betriebssicherheit. Wenn die Ausübung eines Gewerbes für die im Betrieb Beschäftigten oder für die Allgemeinheit eine Gefahr darstellt, kann sie ganz oder teilweise untersagt werden. Dieser Eingriff in die grundsätzlich bestehende Gewerbefreiheit wird in das Gewerbezentralregister eingetragen (§ 149 ff. GewO).

3.2 Steuerrechtliche Bestimmungen

Eine Definition von Steuern findet sich in § 3 der Abgabenordnung (AO):

Definition »Steuern«

> Steuern sind Geldleistungen, die nicht eine Gegenleistung für eine besondere Leistung darstellen und von einem öffentlich-rechtlichen Gemeinwesen zur Erzielung von Einnahmen allen auferlegt werden, bei denen der Tatbestand zutrifft, an den das Gesetz die Leistungspflicht knüpft; die Erzielung von Einnahmen kann Nebenzweck sein. (§ 3 Abs. 1 AO)

Die Einteilung der Steuern kann nach unterschiedlichen Gesichtspunkten erfolgen, Abbildung 3.16 zeigt eine Einteilung nach Steuerarten.
Die Abbildungen 3.17 und 3.18 verdeutlichen die Verteilung der Steuerarten auf die Gebietskörperschaften.

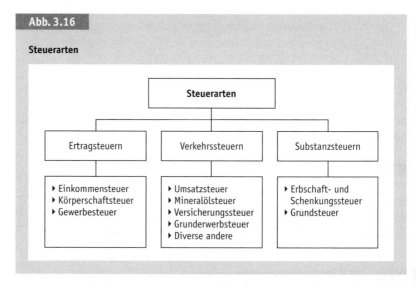

Abb. 3.16

Steuerarten

Steuerarten		
Ertragsteuern	Verkehrssteuern	Substanzsteuern
‣ Einkommensteuer ‣ Körperschaftsteuer ‣ Gewerbesteuer	‣ Umsatzsteuer ‣ Mineralölsteuer ‣ Versicherungssteuer ‣ Grunderwerbsteuer ‣ Diverse andere	‣ Erbschaft- und Schenkungsteuer ‣ Grundsteuer

Verteilung der Steuern auf die Gebietskörperschaften

Bundessteuern	Versicherungssteuer Mineralölsteuer Stromsteuer Tabaksteuer Kaffeesteuer Branntweinsteuer Schaumweinsteuer Alkopopsteuer Solidaritätszuschlag
Ländersteuern	Erbschaft- und Schenkungssteuer Grunderwerbsteuer Kraftfahrzeugsteuer Biersteuer Rennwettsteuer Lotteriesteuer Feuerschutzsteuer Spielbankabgabe
Gemeindesteuern	Gewerbesteuer Grundsteuer Vergnügungssteuer Schankerlaubnissteuer Jagd- und Fischereisteuer Hundesteuer Getränkesteuer

Steuerverteilung

Gemeinschaftliche Steuern	Bund	Länder	Gemeinden
Körperschaftsteuer	50 %	50 %	–
Einkommensteuer	42,5 %	42,5 %	15 %
Umsatzsteuer	51,4 %	46,5 %	2,1 %
Zinsabschlagsteuer	44 %	44 %	12 %

3.2.1 Abgabenordnung

Die Abgabenordnung ist ein Mantelgesetz, das Bestimmungen enthält, die grundsätzlich für alle Steuergesetze gelten und aus Zweckmäßigkeitsüberlegungen in einem Gesetz zusammengefasst sind. So müssen beispielsweise alle Steuerbescheide laut § 157 Abs. 1 AO schriftlich erlassen werden. Diese Regelung muss in den zahlreichen einzelnen Steuergesetzen nicht mehr enthalten sein.

▸ Das **materielle Recht** regelt, unter welchen Voraussetzungen ein Steueranspruch entsteht bzw. erlischt.

▸ Das **Verfahrensrecht** regelt, wie der Steueranspruch durchgesetzt werden kann und welche Rechte dem Steuerpflichtigen zustehen.

Die Einzelsteuergesetze begründen einen Anspruch, die AO regelt die Durchsetzung des Anspruchs.

Die Gliederung der AO folgt dem Besteuerungsverfahren:

▸ Entstehung des Steueranspruches,
▸ Steuerfestsetzung,
▸ Steuererhebung,
▸ Sanktionsvorschriften.

In Abbildung 3.19 sind wichtige Bestimmungen zusammengestellt.

3.2.2 Unternehmensbezogene Steuern

3.2.2.1 Einkommensteuer

Die Einkommensteuer (ESt) ist eine **Ertragsteuer.** Sie erfasst das Einkommen von natürlichen Personen, wobei sich die Höhe der Steuer nach der persönlichen Leistungsfähigkeit des Einzelnen richtet. Im Rahmen der Veranlagung wird die Einkommensteuer jeweils für ein Kalenderjahr (§ 25 Abs. 1 EStG) ermittelt und festgesetzt.

Abbildung 3.20 zeigt die Unterschiede zwischen unbeschränkter und beschränkter persönlicher Steuerpflicht.

Die **sachliche Steuerpflicht** bezieht sich auf den Umfang der Besteuerung. Die Ermittlung des zu versteuernden Einkommens ergibt sich aus dem (verkürzten) Schema in Abbildung 3.21.

Vermögensmehrungen, die nicht unter die sieben Einkunftsarten fallen, unterliegen nicht der Einkommensteuer.

Beispiele

Erbschaften, Schenkungen, Lotteriegewinne, Wett- und Spielgewinne, Veräußerung von Privatvermögen nach Ablauf der Spekulationsfrist (§ 23 EStG).

Die **Gewinnermittlung** ist grundsätzlich nach drei Verfahren möglich.

Abb. 3.19

Wichtige Regelungen der Abgabenordnung

Steuer	▸ Geldleistung, ▸ ohne Gegenleistung, ▸ erhoben von öffentlich-rechtlichen Gemeinwesen, ▸ zur Erzielung von Einnahmen (kann Nebenzweck sein), ▸ von allen zu zahlen, bei denen der Tatbestand vorliegt, an den die Leistungspflicht gesetzlich geknüpft ist.	§ 3 Abs. 1
Steuerliche Neben-leistungen	▸ Zwangsgelder, ▸ Verspätungszuschläge, ▸ Säumniszuschläge, ▸ Zinsen, ▸ Gebühren, ▸ Kosten.	§ 329 AO § 152 AO § 240 AO §§ 233–237 AO § 89 AO §§ 178, 178a, 337–345 AO
Steuer-schuldner	▸ wer zur Zahlung der Steuer verpflichtet ist, ▸ für dessen Rechnung ein anderer die Steuer zu zahlen hat.	in den Einzelsteuer-gesetzen geregelt
Steuerpflicht	Alle Pflichten und Rechte des Bürgers gegenüber der Finanz-verwaltung	§ 33 AO
Steuerbescheid	Verwaltungsakt, durch den ein Steuerbetrag bestimmt wird.	§ 155 Abs. 1 AO
Buchführungs-pflicht	Wer nach anderen Gesetzen zur Führung von Büchern verpflichtet ist, unterliegt auch der steuerlichen Buch-führungspflicht.	§ 140 AO
	Zusätzlich, wer mehr als 500 000 Euro Umsatz oder einen Gewinn aus Gewerbebetrieb von mehr als 50 000 Euro im Wirtschaftsjahr hat.	§ 141AO
Fristen	Fristen sind Zeiträume.	§§ 187–193 BGB, sofern § 108 AO nichts anderes bestimmt
Fristbeginn	Wenn ein Ereignis maßgebend ist, wird dieser Tag nicht mitgerechnet.	§ 187 BGB, § 108 Abs. 1 AO
	Wenn mit Beginn eines Tages Fristen anlaufen, wird dieser Tag mitgerechnet.	
Dauer der Frist	1 Monat bei Klage, Nichtzulassungsbeschwerde und Revision.	§ 355 AO
	1 Jahr bei Festsetzungsverjährung bei Verbrauchssteuern.	§ 169 AO
	4 Jahre bei Festsetzungsverjährung bei anderen Steuern.	
	10 Jahre bei Steuerhinterziehung.	
Ende der Frist	Ablauf des letzten Tages der Frist, Ablauf des nächsten Werktages, wenn das Fristende auf einen Samstag, Sonntag oder Feiertag fällt.	§§ 188 Abs. 1 AO 187 Abs. 2 BGB
Zugangs-vermutung	innerhalb von 3 Tagen.	§ 122 Abs. 2 AO
Termine	Termine sind feste Zeitpunkte	
Zinsen	werden nur erhoben, wenn gesetzlich vorgesehen, z. B.	§ 233 Satz 1
	Stundungszinsen für die Dauer der gewährten Stundung.	§ 234 i.V.m. § 220 AO
	Aussetzungszinsen während eines Rechtsbehelfsverfahrens.	§ 237 i.V.m. § 361 AO
	Hinterziehungszinsen als Vorteilsausgleich.	§ 235 i.V.m. § 370 AO

Abb. 3.20

Unbeschränkte und beschränkte persönliche Steuerpflicht

Persönliche Steuerpflicht	
unbeschränkt	**beschränkt**
Der unbeschränkten Steuerpflicht unterliegen natürliche Personen von der Geburt bis zum Tod, die im Inland einen Wohnsitz oder ihren gewöhnlichen Aufenthalt haben. § 1 Abs. 1 EStG	Die beschränkte Steuerpflicht gilt für natürliche Personen, die im Inland keinen Wohnsitz oder gewöhnlichen Aufenthalt haben, jedoch inländische Einkünfte i. S. d. § 49 EStG erzielen.
Ihre sämtlichen Einkünfte aus dem In- und Ausland (»Welteinkommensprinzip«) unterliegen der Einkommensteuerpflicht	Nur ihre inländischen Einkünfte unterliegen der Einkommensteuerpflicht
Beispiel: M. hat ihren Wohnsitz in Hamburg und erzielt u. a. Einkünfte aus der Vermietung einer Finca in Spanien.	**Beispiel:** M. hat ihren Wohnsitz in Spanien und erzielt Einkünfte aus der Vermietung von Wohnungen in Hamburg.

Gewinnermittlungs-
verfahren

▸ **Einnahmen-Überschuss-Rechnung.** Die zugeflossenen Betriebseinnahmen werden den Betriebsausgaben gegenübergestellt, eine Buchführung ist dazu nicht erforderlich. Eine periodengerechte Abgrenzung ist nicht möglich, weder Forderungen noch Schulden werden berücksichtigt.

▸ **Betriebsvermögensvergleich.** Die Betriebsvermögen zu Beginn eines Wirtschaftsjahres und am Ende des Wirtschaftsjahres werden miteinander verglichen. Dazu ist die Aufstellung einer Bilanz notwendig. Durch die Berücksichtigung von Entnahmen und Einlagen werden Vermögensänderungen aus privaten Gründen ausgeglichen.

▸ **Durchschnittssätze.** Land- und Forstwirte können ihren Gewinn nach Durchschnittssätzen ermitteln, wenn keine Buchführungspflicht besteht.

Lohnsteuer ist Erhebungs-
form der Einkommensteuer

Mit der **Lohnsteuer** wird die Einkommensteuer für Einkünfte aus nichtselbstständiger Arbeit an der Quelle erhoben. Der Arbeitgeber behält die Lohnsteuer ein und führt sie an das Finanzamt ab. Die persönlichen Besteuerungsmerkmale, die Grundlage für die Höhe der Steuer sind, werden auf der Lohnsteuerkarte eingetragen. Beim Lohnsteuerjahresausgleich wird die jährliche Lohnsteuer so berechnet, dass sie mit der Einkommensteuer vollständig übereinstimmt.

3.2.2.2 Körperschaftsteuer

Gegenstand der Körperschaftsteuer ist das Einkommen juristischer Personen.

▸ **Unbeschränkt steuerpflichtig** sind sämtliche in- und ausländischen Einkünfte (§ 1 Abs. 2 KStG = Welteinkommensprinzip) der in § 1 Abs. 1 KStG abschließend genannten Körperschaften, die ihre Geschäftsleitung oder ihren Sitz im Inland haben.

Abb. 3.21

Ermittlung des zu versteuernden Einkommens

Sachliche Steuerpflicht: Ermittlung des zu versteuernden Einkommens		Gesetzliche Regelung	Erläuterung
	Einkünfte aus Land- und Forstwirtschaft	§ 2 Abs. 1 EStG	Gewinneinkünfte
+	Einkünfte aus Gewerbebetrieb		
+	Einkünfte aus selbstständiger Arbeit		
+	Einkünfte aus nichtselbstständiger Arbeit		Außerbetriebliche Einkunftsarten
+	Einkünfte aus Kapitalvermögen		
+	Einkünfte aus Vermietung und Verpachtung		
+	sonstige Einkünfte	§ 22	
=	Summe der Einkünfte aus den Einkunftsarten		
./.	Altersentlastungsbetrag	§ 24a	
./.	Entlastungsbetrag für Alleinerziehende	§ 24 b	
./.	Freibetrag für Land- und Forstwirte	§ 13	
=	Gesamtbetrag der Einkünfte	§ 2 Abs. 3	
./.	Verlustabzug	§ 10 d	
./.	Sonderausgaben	§§ 10–10 c	
./.	außergewöhnliche Belastungen	§§ 33–33 c	
./	Steuerbegünstigungen der zu Wohnzwecken genutzten Wohnungen, Gebäude und Baudenkmale sowie der schutzwürdigen Kulturgüter	§§ 10e–10i § 52 Abs. 21 Satz 6 § 7 FördG	
+	zuzurechnendes Einkommen	§ 15 Abs. 1 AStG	
=	Einkommen	§ 2 Abs. 4	
./.	Freibeträge für Kinder	§§ 31, 32 Abs. 6	
./.	Härteausgleich	§ 46 Abs. 3 § 70 EStDV	
=	zu versteuerndes Einkommen	§ 2 Abs. 5	

Beispiel

Die Circo GmbH mit Sitz in Konstanz hat Betriebsstätten in Stuttgart und Zürich. Auch die Einkünfte aus der Schweiz unterliegen der Körperschaftsteuer.

▸ Einschränkungen ergeben sich nur durch Steuerbefreiungen oder Doppelbesteuerungsabkommen.

▸ Körperschaften, Personenvereinigungen und Vermögensmassen unterliegen der **beschränkten Steuerpflicht**, wenn sie weder ihren Sitz noch ihre Geschäftsleitung im Inland haben. Sie sind dann nur mit ihren inländischen Einkünften steuerpflichtig.

Beispiel

Die Darbe GmbH hat ihren Sitz in Zürich, von dort werden alle Geschäfte abgewickelt. Nur für ihre Betriebsstätte in Stuttgart ist sie körperschaftsteuerpflichtig.

Außer Einkünften aus nichtselbstständiger Arbeit können Körperschaften alle Einkunftsarten haben.

Beispiel

Der Erli e. V. vermietet Veranstaltungsräume in seinem Vereinsheim. Die flüssigen Mittel hat der Kassierer auf einem Festgeldkonto angelegt. Der Verein hat Einkünfte aus Vermietung und Verpachtung und aus Kapitalvermögen.

Die Ermittlung der Körperschaftsteuer ergibt sich nach dem in Abbildung 3.22 dargestellten (vereinfachten) Schema.

Die endgültige Höhe der Steuerschuld beeinflussen zudem zahlreiche Einzelregelungen.

3.2.2.3 Gewerbesteuer

Einnahmequelle der Gemeinden

Mit der Gewerbesteuer besteuert die Gemeinde die wirtschaftliche Ertragskraft eines Gewerbebetriebs.

> Eine selbstständige nachhaltige Betätigung, die mit der Absicht, Gewinn zu erzielen, unternommen wird und sich als Beteiligung am allgemeinen wirtschaftlichen Verkehr darstellt, ist Gewerbebetrieb, wenn die Betätigung weder als Ausübung von Land- und Forstwirtschaft noch als Ausübung eines freien Berufs noch als eine andere selbstständige Arbeit anzusehen ist. (§ 15 Abs. 2 EStG)

Die **sachliche Steuerpflicht** beginnt mit dem Vorhandensein eines Gewerbebetriebs und endet mit Einstellung der Tätigkeit. Bei Kapitalgesellschaften beginnt die Gewerbesteuerpflicht mit Eintragung in das Handelsregister und endet mit der Einstellung jeglicher Tätigkeit nach Abschluss der Liquidation.

Der Unternehmer ist Steuerschuldner und unterliegt der **persönlichen Steuerpflicht** (§ 5 Abs. 1 GewStG).

Abb. 3.22

Ermittlung der Körperschaftsteuer

		Gesetzliche Regelung	Erläuterung
	Handelsbilanzgewinn		
+/./.	Korrekturen wegen Anpassung an die Steuerbilanz	§ 60 Abs. 1 EStDV	
=	korrigierter Jahresüberschuss		
+	nicht abziehbare Aufwendungen	§ 4 Abs. 5 EStG § 10 KStG § 9 Abs. 1 Nr. 2 KStG §§ 8 Abs. 3, 8a KStG	Geschenke, Bewirtung Steuern, Geldstrafen Spenden, VGA
./.	steuerfreie Erträge	§ 3 EStG DBA § 8b KStG u.a.	Dividenden
=	Einkommen vor Verlustabzug		
./.	Verlustabzug	§ 10d EStG	
./.	Freibeträge	§§ 24 f. KStG	
=	zu versteuerndes Einkommen		

Die Höhe der Gewerbesteuer wird bestimmt vom Gewerbeertrag und dem individuellen Hebesatz der Gemeinde. Ihre Berechnung ergibt sich aus dem in Abbildung 3.23 dargestellten Schema.

3.2.2.4 Kapitalertragsteuer

Die Kapitalertragsteuer ist eine **Erhebungsform der Einkommensteuer**. Sie entsteht mit dem Zufluss der Kapitalerträge, die Regelungen finden sich in den §§ 43–45 e EStG. Um den Steueranspruch zu sichern, wird sie als Quellensteuer direkt von der auszahlenden Stelle für Rechnung des Gläubigers an die Finanzverwaltung abgeführt.

Quellensteuer

Die wichtigsten steuerpflichtigen Kapitalerträge sind:
▸ Dividenden aus Aktien,
▸ Gewinnanteile bei einer GmbH,
▸ Zinsen, die von Banken gezahlt werden,
▸ Zinsen aus festverzinslichen Wertpapieren,
▸ Ausschüttungen von Investmentgesellschaften,
▸ Gewinnanteile eines typischen stillen Gesellschafters.

Abb. 3.23

Ermittlung der Gewerbesteuer

		Gesetzliche Regelung des GewStG	Erläuterung
	Gewinn aus Gewerbebetrieb	§ 7	
+	Hinzurechnungen	§ 8	z. B. Schuldzinsen Renten und dauernde Lasten Miet- und Pachtzinsen
./.	Kürzungen	§ 9	z. B. Gewinnanteil an Mitunternehmerschaften Spenden (Höchstbetrag)
=	maßgebender Gewerbeertrag	§ 10	
./.	Gewerbeverlust	§ 10a	
=	verbleibender Gewerbeertrag		
	Abrundung	§ 11 Abs. 1	auf volle 100 €
./.	Freibetrag	§ 11 Abs. 1	24.500 € für Personengesellschaften
=	steuerpflichtiger Gewerbeertrag		
x	Steuermesszahl	§ 11 Abs. 2	3,5 %
=	Steuermessbetrag	§ 11 Abs. 1	
x	Hebesatz der Gemeinde	§ 16	z. B. 420%
=	Gewerbesteuer		

Der Steuersatz der Kapitalertragsteuer beträgt grundsätzlich 25 Prozent (§ 43 a I S. 1 Nr. 1 EStG) zuzüglich Solidaritätszuschlag und Kirchensteuer. Für Leistungen und Gewinne von Betrieben gewerblicher Art beträgt der Steuersatz 15 Prozent.

3.2.2.5 Umsatzsteuer

Der Umsatzsteuer unterliegen Umsätze aus Lieferungen und sonstige Leistungen, die ein Unternehmer im Inland gegen Entgelt im Rahmen seines Unternehmens – auch bei Einfuhr und innergemeinschaftlichem Erwerb – erbringt. Sie müssen mit dem Anspruch auf Gegenleistung erfolgen. Das Prinzip zeigt die Abbildung 3.24.

Umsätze sind nur **steuerbar** und dann steuerpflichtig, wenn alle Tatbestandsmerkmale des § 1 Abs. 1 UStG erfüllt sind:

▸ **Unternehmer** ist, wer einer nachhaltigen Betätigung zur Erzielung von Einnahmen nachgeht. Eine Gewinnerzielungsabsicht muss nicht vorliegen. Verkäufe zwischen Privatpersonen sind nicht steuerbar, weil sie keine Unternehmer sind.

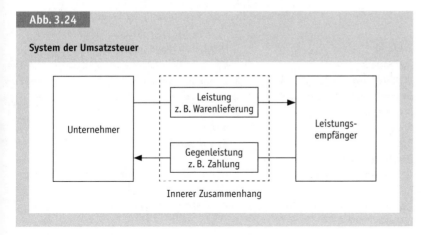

Abb. 3.24

System der Umsatzsteuer

- Durch eine **Lieferung** wird die Verfügungsmacht über einen Gegenstand verschafft.
- **Sonstige Leistungen** sind alle Leistungen, die keine Lieferungen sind. Sie können auch in einem Unterlassen oder einem Dulden einer Handlung bestehen.

Beispiel

Werkleistungen (Handwerker), Vermittlungsleistungen (Makler), Beförderungsleistungen (Spedition).

- Das **Entgelt** wendet der Leistungsempfänger auf, um die Leistung zu erhalten. Die Umsatzsteuer ist darin nicht enthalten.

Die Steuerschuld entsteht mit Ablauf des Voranmeldungszeitraums, in dem die steuerpflichtigen Umsätze ausgeführt worden sind (**Sollversteuerung**) oder mit Ablauf des Voranmeldungszeitraums, in dem die Entgelte vereinnahmt worden sind (**Istversteuerung**).

Erhebungsformen der Umsatzsteuer

In einer Unternehmerkette kann i. d. R. die in Rechnung gestellte Umsatzsteuer als Vorsteuer abgezogen werden. Dadurch wird der private Endverbraucher auf der letzten Stufe wirtschaftlich in voller Höhe mit der Umsatzsteuer belastet.

Beispiel

	Lieferung I	Lieferung II	Lieferung III
Nettoentgelt	200	400	600
USt	38	76	114
Verkaufpreis	238	476	714
USt-Schuld	38	76	114
Vorsteuerabzug	0	38	76
USt-Zahllast	38	38	38
USt gesamt	114		

Das Prüfschema zur Umsatzsteuer dient der Feststellung der Steuerpflicht:

Prüfung	Gesetzliche Regelung
Steuerbarkeit	§ 1
Steuerfreiheit/Steuerpflicht	§§ 4, 4 b, 5
Bemessungsgrundlage	§§ 10, 11
Steuersatz	§ 12
Sondertatbestände	§ 14 c
Entstehung	§§ 13, 13 b
Vorsteuerabzug	§ 15
Vorsteuerberichtigung	§ 15 a

Die Ermittlung der Höhe der Umsatzsteuer ergibt sich dann aus dem Berechnungsschema:

```
        steuerbare Umsätze
./.     steuerfreie Umsätze
=       steuerpflichtige Umsätze
        davon steuerpflichtige Umsätze 19 %
        davon steuerpflichtige Umsätze 7 %
=       Steuerschuld
./.     Vorsteuer
=       verbleibende Steuerschuld
```

In der Praxis sind zahlreiche Einzelbestimmungen zu beachten, z. B.
▸ Ort der Lieferung,
▸ Zeitpunkt und Ort der sonstigen Leistung,
▸ Gemischte Leistungen,
▸ Innergemeinschaftlicher Erwerb,
▸ Reihengeschäfte,
▸ Dreiecksgeschäfte,
▸ Steuerbefreiungen,
▸ Abzugsbeschränkungen,
▸ Kleinunternehmerregelung.

3.2.2.6 Grundsteuer

Die Grundsteuer wird auf das Eigentum an inländischen Grundstücken erhoben (§ 2 GrStG). Sie fließt den Gemeinden zu. Da der Hebesatz individuell festgelegt wird, fällt die Grundsteuerbelastung trotz gleicher Bedingungen unterschiedlich hoch aus.

Die **Berechnung** der Grundsteuer erfolgt in drei Schritten:
1. Festlegung des Einheitswertes durch das Finanzamt.
2. Auf den Einheitswert wird vom Finanzamt eine Steuermesszahl angewendet. Sie wird als Anteil des Einheitswertes ermittelt und dient zur Berechnung des Grundsteuermessbetrages. Ihre Höhe richtet sich nach der jeweiligen Grundstücksart.

Der Grundsteuermessbetrag wird den Steuerpflichtigen und den Gemeinden mitgeteilt.

> **Beispiele**

Die Grundsteuermesszahl beträgt in den alten Bundesländern
- 6 ‰ für Einfamilienhäuser für die ersten 38.346,89 Euro des Einheitswerts, 3,5 ‰ für den Rest des Einheitswerts,
- 3,1 ‰ für Zweifamilienhäuser,
- 6,0 ‰ für Betriebe der Land- und Forstwirtschaft,
- 3,5 ‰ für andere Grundstücke.

3. Die Grundsteuermesszahl wird mit dem Hebesatz multipliziert, der von der Gemeinde festgesetzt wird.

3.2.2.7 Grunderwerbsteuer

Die Grunderwerbsteuer ist eine Verkehrssteuer, die den Ländern zusteht. Sie wird auf Kaufverträge und andere Geschäfte erhoben, die zum Erwerb eines inländischen Grundstücks führen (§ 1 Abs. 1 Nr. 1-7 GrEStG). Sie beträgt je nach Bundesland zwischen 3,5 und 6,5 % der Gegenleistung (u.a. Kaufpreis, Übernahme von Belastungen, Gewährung von Wohn- oder Nutzungsrechten). Steuervergünstigungen werden z.B. gewährt bei Erwerb eines Grundstücks

`Verkehrssteuer`

- mit einem Wert bis 2.500 € (Freigrenze),
- durch Erbschaft oder Schenkung,
- durch Ehegatten oder Lebenspartner,
- durch Verwandte in gerader Linie.

Steuerpflichtig sind der Käufer und der Verkäufer des Grundstücks. In aller Regel wird aber im Kaufvertrag vereinbart, wer die Grunderwerbsteuer übernimmt. Erst wenn sie gezahlt ist, erteilt das Finanzamt die Unbedenklichkeitsbescheinigung und danach kann die Eintragung ins Grundbuch erfolgen.

3.2.2.8 Erbschaft- und Schenkungssteuer

Gegenstand der Erbschaftsteuer ist nicht allein der Erwerb von Todes wegen, sondern auch der unentgeltliche Übergang von Vermögenswerten auf eine andere Rechtspersönlichkeit. Der ErbSt unterliegen:

`Übergang von Vermögenswerten`

- der Erwerb von Todes wegen,
- die Schenkung unter Lebenden,
- die Zweckzuwendungen,
- das Vermögen einer Stiftung im Abstand von je 30 Jahren.

Sie wird auf das Vermögen erhoben, das beim Tod einer natürlichen Person oder durch Schenkung unter Lebenden auf einen Dritten übergeht. Abbildung 3.25 zeigt (verkürzt) den Unterschied zwischen der beschränkten und der unbeschränkten Steuerpflicht.

Abb. 3.25

Erbschaftsteuer

	Unbeschränkte Steuerpflicht	Beschränkte Steuerpflicht
Rechtsgrundlage	§ 2 Abs. 1 Nr. 1 und 2 ErbStG	§ 2 Abs. 1 Nr. 3 ErbStG
	Erblasser ist Inländer	Weder Erblasser bzw. Schenker noch Erwerber sind Inländer
Umfang	Gesamtes vererbtes Vermögen	nur inländisches Vermögen
Anrechnung ausländischer Erbschaftsteuer	Ja	Nein

Abb. 3.26

Erbschaftsteuerklassen

Steuerklasse	I	II	III
Wichtige Beispiele	▸ Ehegatten, Lebenspartner, ▸ Kinder und Stiefkinder, ▸ Abkömmlinge dieser Kinder und Stiefkinder, ▸ Eltern, Großeltern, Urgroßeltern usw.	▸ Geschwister, ▸ Neffen, Nichten, ▸ Schwiegerkinder, ▸ Stief- und Schwiegereltern, ▸ geschiedene Ehepartner, Lebenspartner einer aufgehobenen Lebenspartnerschaft.	alle übrigen Personen (Lebensgefährten, Freunde).
Steuersatz bei einem Vermögen bis ...			
75.000 €	7 %	30 %	30 %
300.000 €	11 %	30 %	30 %
600.000 €	15 %	30 %	30 %
6.000.000 €	19 %	30 %	30 %
13.000.000 €	23 %	50 %	50 %
26.000.000 €	27 %	50 %	50 %
über 26.000.000 €	30 %	30 %	50 %

Höhe der Erbschaftsteuer

Die Höhe der Erbschaftsteuer hängt ab vom Verhältnis des Erblassers bzw. Schenkenden zum Erben bzw. Beschenkten. Abbildung 3.26 zeigt die Einteilung in Steuerklassen.

Jeder unbeschränkt steuerpflichtige Erwerber kann einen persönlichen Freibetrag in Anspruch nehmen, z. B.

Ehegatten, Lebenspartner	500.000 €
jedes Kind, jedes Stiefkind	400.000 €
jedes Kind eines verstorbenen Kindes bzw. Stiefkindes	400.000 €
jedes Kind eines lebenden Kindes bzw. Stiefkindes	200.000 €
jede sonstige Person aus Steuerklasse I	100.000 €
jede Person aus Steuerklasse II oder III	20.000 €

Zusätzlich wird den überlebenden Ehegatten bzw. Lebenspartnern und den Kindern ein Versorgungsfreibetrag gewährt.

Hinweis:

Die Darstellung entspricht dem Rechtsstand 01.01.2017. Das Bundesverfassungsgericht hat 2014 eine Neuregelung der Privilegien von Unternehmenserben gefordert, weil Verschonungsregelungen von Betriebsvermögen mit der Verfassung unvereinbar seien. Eine Änderung wird deshalb notwendig.

gelernt & gewusst Kapitel 3

Aufgabe 3.1 (IHK F11)

Das Bürgerliche Gesetzbuch beschreibt eine Reihe von unterschiedlichen Vertragsarten
a) Beschreiben Sie die vertragstypischen Hauptleistungspflichten
- *des Miet- und des Pachtvertrages,*
- *des Darlehensvertrages,*
- *des Dienstvertrages,*
- *des Werkvertrages.* (16 Punkte)

b) Erläutern Sie, wie sich der Miet- und der Pachtvertrag voneinander
unterscheiden. (5 Punkte)

Aufgabe 3.2

Katja (16 Jahre alt) schließt mit Erlaubnis ihrer Eltern einen Arbeitsvertrag mit der Silber GmbH. Weil sie nach zwei Monaten feststellt, dass ihr das Arbeitsklima nicht gefällt, kündigt sie den Vertrag und arbeitet seitdem bei der Gold AG.
Erläutern Sie, ob die von Katja abgegebenen Willenserklärungen wirksam sind.

Aufgabe 3.3

Die G. GmbH hat bei ihrer Bank ein Darlehen i.H.v. 300.000 € aufgenommen. Als Sicherheit bietet sie ihr Betriebsgrundstück. Der Geschäftsführer hat die Wahl zwischen einer Hypothek und einer Grundschuld.
a) Erläutern Sie, wie sich Hypothek und Grundschuld unterscheiden.
b) Beschreiben Sie, wie Hypothek und Grundschuld bestellt werden.

Aufgabe 3.4 (IHK F12)

Udo Mayer arbeitet in einem großen Unternehmen, das Handys herstellt. Als er nach Feierabend beim Verlassen der Pforte kontrolliert wird, findet man in seinem Rucksack ein neues, noch unbenutztes Handy. Udo Mayer gibt zu, dieses Handy am selben Tag im Unternehmen gestohlen zu haben.

a) *Erläutern Sie, unter welchen Voraussetzungen im Allgemeinen einem Arbeitnehmer fristlos gekündigt werden kann.* (6 Punkte)

b) *Beschreiben Sie, was unter einer Abmahnung im arbeitsrechtlichen Sinne zu verstehen ist.* (4 Punkte)

c) *Erläutern Sie, ob im vorliegenden Fall das einmalige Fehlverhalten des Udo Mayer die fristlose Kündigung seines Arbeitsverhältnisses rechtfertigt.* (4 Punkte)

d) *Geben Sie an, wie lange der Arbeitgeber des Udo Mayer Zeit hätte, um die fristlose Kündigung auszusprechen.* (3 Punkte)

e) *Beschreiben Sie, was Udo Mayer unternehmen könnte, um gegen die Kündigung rechtlich vorzugehen, und innerhalb welcher Frist er dies tun müsste.* (4 Punkte)

Aufgabe 3.5 (IHK F11)

Großhändler Grundhoff liefert an Einzelhändler Eiletz Waren für 10.000 € zuzüglich dem Regelsteuersatz. Einzelhändler Eiletz veräußert die Waren später für 15.000 € zuzüglich dem Regelsteuersatz an den Verbraucher Voelkel.

Erläutern Sie anhand des geschilderten Sachverhaltes ausführlich das System der Umsatzsteuer. (12 Punkte)

Aufgabe 3.6 (IHK H10)

Unternehmer Hansen kauft für seinen Betrieb bei einem Autohändler einen Lkw, den er bar bezahlt.

a) *Geben Sie an, welche Rechtsgeschäfte vorliegen, bis der Vertrag abgewickelt ist.* (6 Punkte)

b) *Gehen Sie in Abwandlung zu der Situation in a) von Folgendem aus:*
Der Autohändler, der Hansen den Wagen verkaufen wollte, hat ihm zuvor schriftlich ein Vertragsangebot unterbreitet.
Vor dem Eintreffen des Angebotes bei Hansen verstirbt der Autohändler jedoch.
Kann Hansen das Angebot noch annehmen? Begründen Sie Ihre Auffassung. (6 Punkte)

c) *Geben Sie die Verpflichtungen an, die die Vertragsparteien bei Abschluss des Kaufvertrages übernehmen.* (5 Punkte)

4 Unternehmensführung

4.1 Betriebsorganisation

Der Begriff »Organisation« wird in drei verschiedenen Bedeutungen verwandt. Abbildung 4.1 enthält eine erläuternde Übersicht.

Organisationsbegriffe

▸ **Institutionaler** Organisationsbegriff: Die Gesamtaufgabe wird in koordinierte Teilbereiche aufgeteilt. Es muss Raum bleiben für ungeplante Prozesse und für die Veränderung von Strukturen.

▸ **Instrumentaler** Organisationsbegriff: Die Gesamtheit aller generell gültigen und auf Dauer angelegten Regelungen, die sich auf die Abwicklung von Arbeitsprozessen und damit auf die Verteilung von Aufgaben und Kompetenzen beziehen.

▸ **Funktionaler** Organisationsbegriff: Der Prozess der Gestaltung der Organisationsstruktur, durch den Aufgaben auf Organisationsmitglieder verteilt und zielgerichtet koordiniert werden.

4.1.1 Unternehmensleitbild, Unternehmenskultur

Unternehmenskultur
Die Unternehmenskultur zeigt das Selbstverständnis eines Unternehmens. Sie ergibt sich aus den Werten und Einstellungen, die von den Eigentümern, vom Management und von den Mitarbeitern gemeinsam umgesetzt werden.

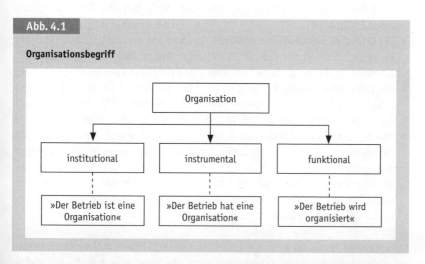

Abb. 4.1

Organisationsbegriff

Unternehmensphilosophie

Die Unternehmensphilosophie beschreibt die soziale Verantwortung, die ein Unternehmen für sich sieht. Der Nutzen seiner Leistungen wird für die Kunden und für die Allgemeinheit erkennbar. Sie definiert

▸ den **Sinn des Organisation:** Die Bedeutung für Mitarbeiter, Kunden, Lieferanten, Konkurrenten, Standort usw. soll deutlich werden.

▸ den **Sinn der Leistungen:** Ihr Nutzen für die Kunden und für die Allgemeinheit wird beschrieben. Eventuelle Probleme sollen dabei nicht verschwiegen werden.

▸ den **Sinn der Arbeit:** Neben der Existenzsicherung bietet die Tätigkeit auch Möglichkeiten der Selbstverwirklichung, der Übernahme von Verantwortung und der Identifikation mit den Leistungen.

Leitbild

Eigen- und Fremd-
wahrnehmung

Das Leitbild ist die schriftliche Formulierung des Selbstverständnisses einer Organisation: Es zeigt die gewünschte und angestrebte Eigen- und Fremdwahrnehmung, beschreibt also ein Idealbild. Die Entwicklung des Leitbildes ist eine Managementaufgabe, denn die beabsichtigte Entwicklungsrichtung wird für lange Zeit – in der idealen Vorstellung für mehrere Jahrzehnte – festgelegt. Daraus ergibt sich ein Perspektivenwechsel, denn der gegenwärtige Zustand kann dann nur verstanden werden als Basis für gezielte Entscheidungen und Aktivitäten, die zu dem gewünschten Zustand führen sollen.

> Das Leitbild zeigt als Vision die langfristigen Zielvorstellungen zur beabsichtigten zukünftigen Situation.

Das Leitbild verbindet die Unternehmensphilosophie mit der beabsichtigten betriebswirtschaftlichen Entwicklung. Wenn die Vision konsequent verfolgt wird, kann eine bessere Marktposition erreicht werden, die langfristig auch zu höherem Erfolg führen wird. Für das Management und die Mitarbeiter hat das Leitbild folgende Funktionen:

Funktionen des Unternehmensleitbildes

▸ Die **Orientierungsfunktion** ermöglicht die klare und eindeutige Anwendung der Werte und Normen zur Erreichung der formulierten Ziele. Es zeigt jedem Mitarbeiter, wie das persönliche Verhalten zum Erfolg beitragen kann.

▸ Die **Integrationsfunktion** ermöglicht die Entwicklung einer Identität mit dem Unternehmen und eines angemessenen Kommunikationsstils. Widerstände aufgrund mangelhafter Integration können dadurch verringert werden.

▸ Aus der **Entscheidungsfunktion** ergeben sich die Entscheidungsspielräume der Mitarbeiter und auch die Möglichkeiten eines eventuell notwendigen Krisenmanagements.

▸ Die **Koordinierungsfunktion** sorgt für eine möglichst konfliktfreie Zusammenarbeit über verschiedene Hierarchieebenen hinweg. Das Verhalten der Mitarbeiter wird vereinheitlicht und nachprüfbar.

Um eine enge Verbindung jedes Mitarbeiters mit dem Leitbild zu erreichen, werden oft schlagwortartige Kurzfassungen erarbeitet, die jederzeit zur Verfügung stehen und aus denen sofort notwendige Entscheidungen abgeleitet werden können. Letztlich ist entscheidend, dass es nicht nur aufgeschrieben, sondern von allen Mitarbeitern akzeptiert und beachtet und besonders von den Führungskräften vorgelebt wird.

Corporate Identity

Die Corporate Identity bestimmt die Profilierung des Unternehmens, das dadurch unverwechselbar werden soll. Sie erstreckt sich auf sämtliche Bereiche des Unternehmens. Wichtige Elemente sind:

Profilierung des Unternehmens

▸ **Corporate Vision.** Bezeichnet das Leitbild des Unternehmens.
▸ **Corporate Mission.** Festlegung des Unternehmenszwecks, durch den die Handlungsrichtung bestimmt wird.
▸ **Corporate Communication.** Beschreibt die Unternehmenskommunikation nach innen und nach außen. Dazu gehören auch die Werbung und andere Maßnahmen der Öffentlichkeitsarbeit.
▸ **Corporate Image.** Prägt das Bild des Unternehmens, wie es von Externen wahrgenommen werden soll.
▸ **Corporate Design.** Umfasst die Gestaltung von Logo, Arbeitskleidung, Fuhrpark, Briefbögen usw. durch Farben, Formen u. Ä.
▸ **Corporate Governance.** Legt fest, wie die Einhaltung von Gesetzen, Richtlinien, Absichtserklärungen usw. durch die Unternehmensführung sichergestellt wird.
▸ **Corporate Complaints.** Regelt den Umgang mit Beschwerden und Klagen von Kunden, Beschwerdemanagement.
▸ **Corporate Behavior.** Beschreibung des Verhaltens gegenüber der Öffentlichkeit, Kunden, Lieferanten und Mitarbeitern.

4.1.2 Strategische und operative Planung

Die Planung als – notwendig unsichere – systematische Vorwegnahme zukünftiger Ereignisse beruht auf den Unternehmenszielen bzw. dem Zielsystem. Ausgehend von einem Gesamtplan werden verbindliche Teilpläne für einzelne Funktionsbereiche im Unternehmen entwickelt. Man unterscheidet drei **Planungszeiträume**:

Unternehmensziele bzw. Zielsystem

▸ **langfristige/strategische** Planung (mehr als 5 Jahre): Grobplanung unter erheblicher Ungewissheit, z. B. Steigerung des Umsatzes um »ein Drittel«.
▸ **mittelfristige/taktische** Planung (1 bis 5 Jahre): Überschaubarer Zeitraum mit Nennung der verantwortlichen Bereiche, z. B. Vertrieb: Aufbau eines Internet-Vertriebes.
▸ **kurzfristige/operative** Planung (bis zu einem Jahr): Detaillierte Zeit- und Kostenpläne, Ressourcenpläne, Kontroll- und Korrekturpläne für jeden einzelnen Funktionsbereich.

Abbildung 4.2 bietet eine Übersicht über die Planungszeiträume.

	Abb. 4.2		

Planungszeiträume

	Strategische Planung	Taktische Planung	Operative Planung
Betroffene Organisations-einheiten	Gesamtunternehmen	Funktionsbereiche (z. B. Marketing)	Abteilungen/ Stellen
Planungsträger	Top-Management	Mittleres Management	Unteres Management
Zeithorizont	langfristig	mittelfristig	kurzfristig
Planungsergebnis	strategische Ziele	Bereichsziele	operative Ziele
Umfang und Vollständigkeit	gering	mittel	sehr groß
Flexibilität	groß	mittel	klein

Planung kann in der Hierarchie verschiedene Ausgangspunkte haben:

Planungsverfahren

▸ Im **Top-down-Verfahren** (von oben nach unten) liegt die Initiative bei der obersten Hierarchieebene. Die Unternehmensleitung legt die Ziele und damit die Planungsvorgaben fest, die sich dann nach unten hin weiter detaillieren. Die jeweils nachgelagerten Ebenen müssen die Vorgaben so hinnehmen und ihre Maßnahmen dementsprechend planen.

▸ Im **Bottom-up-Verfahren** (von unten nach oben) wird die Planung durch eine untere Hierarchieebene angestoßen, also durch die operativ tätigen Organisationseinheiten, deren operative Ziel- und Maßnahmenpläne an die vorgelagerten Ebenen bis zur Geschäftsleitung weitergeleitet werden.

▸ Das **Gegenstromverfahren** (zirkuläre Planung) ist eine Mischform aus den beiden beschriebenen Verfahren. Der Anstoß der Planung kommt von der Unternehmensleitung, aber im Unterschied zum Top-down-Verfahren werden die Pläne der obersten Führung als »vorläufig« betrachtet und lediglich als Planrahmen verstanden. Die nächste hierarchische Ebene hat die Möglichkeit, Alternativpläne zu entwickeln. Dies setzt sich bis in die unteren Ebenen fort, wo geprüft wird, ob die einzelnen Teilpläne realisierbar sind. Es handelt sich also um ein System ständiger Rückkopplungen.

Die Unterschiede der Planungsrichtungen verdeutlicht Abbildung 4.3.

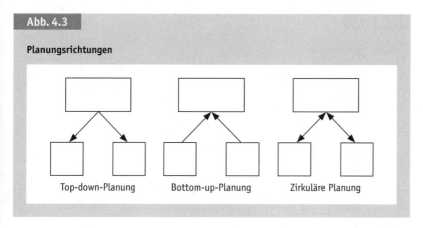

Abb. 4.3

Planungsrichtungen

Top-down-Planung   Bottom-up-Planung   Zirkuläre Planung

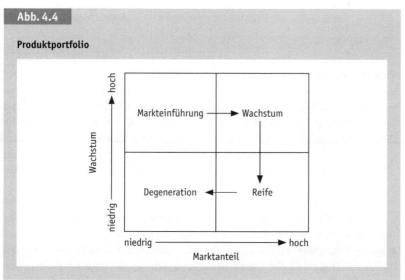

Abb. 4.4

Produktportfolio

4.1.2.1 Instrumente strategischer Planung

Portfolioanalyse

Bei der Portfolioanalyse wird davon ausgegangen, dass die Profitabilität eines Produktes bestimmt wird von seinem Marktanteil und dem Marktwachstum. Der Grundgedanke ist die Ermittlung ihres Einflusses auf strategische Erfolgsgrößen wie Cashflow und RoI.

Die Darstellung der aktuellen Position einzelner Produkte ist in einer Vier-Felder-Matrix möglich. Abbildung 4.4 stellt ein typisches Produktportfolio dar.

Die Portfolioanalyse dient vor allem dazu, die Gesamtheit der strategischen Geschäftseinheiten durch eine entsprechende Ressourcenzuteilung zu steuern.

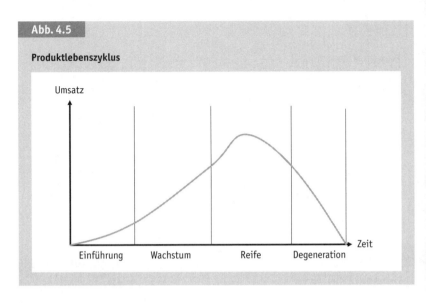

Abb. 4.5

Produktlebenszyklus

Umsatz

Zeit

Einführung Wachstum Reife Degeneration

Produktlebenszyklus

Produktentwicklung im
Zeitablauf

Das Modell des Produktlebenszyklus geht davon aus, dass alle Produkte nur eine begrenzte Zeit nachgefragt werden und beschreibt die Entwicklung von Absatz und Erfolg eines Produktes im Zeitablauf. Aus Abbildung 4.5 ist ersichtlich, wie die »Lebensdauer« eines Produktes in mehrere Phasen unterteilt wird.

▸ Nachwuchsprodukte befinden sich in der **Einführungsphase**. Sie verzeichnen ein hohes Marktwachstum, aber nur einen niedrigen Marktanteil. Sie besitzen zwar ein großes Wachstumspotenzial, binden aber auch Investitionen.

▸ In der **Wachstumsphase** besteht trotz des hohen Marktanteils noch Wachstumspotenzial. Diese Produkte werden in Zukunft wesentlich zur Verbesserung des Cashflows beitragen. Weitere Investitionen sind sinnvoll.

▸ In der **Reifephase** werden keine oder nur noch geringe Investitionen getätigt, aber die Produkte liefern noch immer gute Erträge. Sie tragen erheblich zum aktuellen Cashflow bei und übernehmen eine wichtige Finanzierungsfunktion.

▸ Die **Degenerationsphase** eines Produktes ist gekennzeichnet durch abnehmende Marktanteile ohne wesentliches Wachstum. Trotz eines möglicherweise noch erheblichen Umsatzanteils ergibt sich nur noch ein geringer Cashflow.

Diese Analyse ist für strategische Managemententscheidungen von zentraler Bedeutung, denn stets ist dafür Sorge zu tragen, dass genügend Produkte zur Verfügung stehen, die eine dauerhafte Existenz des Unternehmens sichern. Die Abbildung 4.6 zeigt das Prinzip.

Benchmarking

Unter Benchmarking versteht man einen Vergleich von Arbeits- und Produktionsprozessen, Produkten und Bereichen. So können eigene Schwächen erkannt und konsequent und zielorientiert Verbesserungspotenziale identifiziert werden. Aus

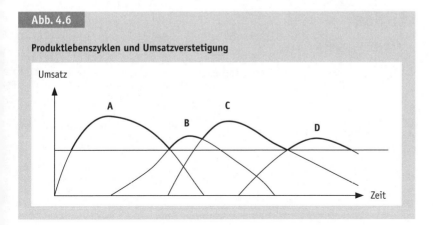

Abb. 4.6

Produktlebenszyklen und Umsatzverstetigung

den Erkenntnissen werden Verfahren oder Eigenschaften entwickelt und eingeführt mit dem Ziel, die eigene Situation zu verbessern und zu sichern.

Als Vergleichswerte kommen Daten aus dem eigenen Haus, aber auch von Wettbewerbern in Frage. Bei der Auswahl kommt es darauf an, Vergleichsobjekte zu identifizieren, die tatsächlich so viel Ähnlichkeit aufweisen, dass aus dem Vergleich tragfähige Schlüsse gezogen werden können.

Vergleichswerte

Grundsätzlich werden zwei Formen unterschieden:

▸ **Benchmarking der Organisation.** Durch Analyse der besten Vergleichsobjekte wird angestrebt, die beste Kombination aus Qualität und Kosten zu definieren, um dadurch die Anforderungen besser erfüllen zu können und so wettbewerbsfähiger zu werden.

▸ **Prozess-Benchmarking.** Ziel ist die Optimierung der Ablaufprozesse, um aussagefähige Informationen zu erhalten über Zeiten, Qualitäten, Ressourcen und Kosten.

Benchmarking zielt – neben wenigen Sofortmaßnahmen – auf langfristige Veränderungen ab. Der prinzipielle Ablauf des Benchmarking wird in Abbildung 4.7 dargestellt.

Langfristige
Veränderungen

Wichtigster Teil des Benchmarking ist das **Cost Benchmarking,** das eine Kostenreduktion ermöglichen soll. Zunächst werden dazu die Kostentreiber identifiziert, die anschließend verglichen werden mit den entsprechenden Kostentreibern von Wettbewerbern.

Um eigene Vorteile aus dem Benchmarking ziehen zu können, werden die Ursachen für die Abweichungen von der besten Situation ermittelt. Diese Informationen führen zur Einleitung entsprechender Maßnahmen und gegebenenfalls zu veränderten strategischen Entscheidungen.

4.1.2.2 Instrumente operativer Planung

Die operative Planung befasst sich mit der Anpassung und der Optimierung der Geschäftsprozesse an die identifizierten Anforderungen. Aus der geltenden Strategie werden die operativen Ziele abgeleitet und durch die Planung konkretisiert. Die

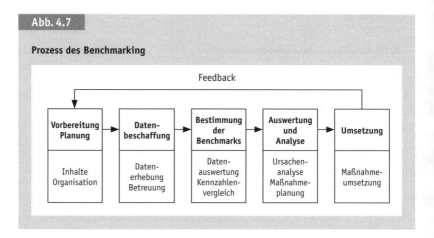

Abb. 4.7

Prozess des Benchmarking

Feedback

Vorbereitung Planung	Daten- beschaffung	Bestimmung der Benchmarks	Auswertung und Analyse	Umsetzung
Inhalte Organisation	Daten- erhebung Betreuung	Daten- auswertung Kennzahlen- vergleich	Ursachen- analyse Maßnahme- planung	Maßnahme- umsetzung

Abb. 4.8

Strategische und operative Planung

	strategisch	operativ
Zeithorizont	langfristig	kurz-/mittelfristig
Planungsumfang	Gesamtplan	Teilpläne
Differenzierungsgrad	Gesamtsicht	Teilaspekte
Präzisionsgrad	grob formuliert	detailliert formuliert

grundlegenden Unterschiede zur strategischen Planung liegen im Zeithorizont, im Planungsumfang, im Differenzierungs- und im Präzisionsgrad. Abbildung 4.8 fasst die Unterschiede zusammen.

Operative Ziele und Entscheidungen

Operative Ziele sind kurz- oder mittelfristig orientiert oder beziehen sich meistens auf einzelne Abteilungen. Sie benennen klar und eindeutig das gewünschte Ergebnis und können deshalb die Grundlage für das Controlling sein.

Operative Entscheidungen müssen nicht in der obersten Unternehmensführung gefällt werden. Sie können delegiert werden, wenn die sachlichen und personellen Voraussetzungen dazu gegeben sind. Beispiele: Lieferpläne, Maschinenbelegungspläne, Versandpläne, Vorgabe und Kontrolle operativer Budgets.

Zu den wichtigsten Instrumenten operativer Planung zählen die Deckungsbeitragsrechnung und die Break-even-Analyse.

4.1.2.3 Integrative Managementsysteme

In einem integrierten Managementsystem werden ursprünglich getrennten Bereiche verbunden, um alle Aspekte und Aufgaben ganzheitlich zu erfassen und möglichst konfliktfrei verfolgen zu können. Entscheidend für die Umsetzung ist weniger die formale Implementierung als die Einstellung der Führungsebene dazu.

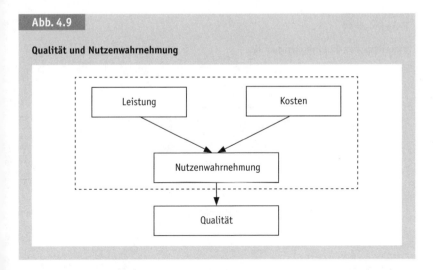

Abb. 4.9

Qualität und Nutzenwahrnehmung

Qualitätsmanagement

> Qualität ist die Summe aller Merkmalsausprägungen einer Leistung bezüglich ihrer Eignung, festgelegte oder erwartete Anforderungen zu erfüllen.

Qualität ist eine subjektive Größe. Sie soll so gut wie nötig, aber nicht unbedingt so gut wie möglich sein. Eine Leistung wird auch dann als qualitativ hochwertig wahrgenommen, wenn sie zwar noch besser möglich wäre, aber das Preis-Leistungs-verhältnis stimmt. Der Zusammenhang ist in Abbildung 4.9 dargestellt.

Qualitätsmanagement überträgt die Verantwortung für die Qualität aller Leistungen sowohl den Führungskräften als auch allen Mitarbeitern. Es kann nicht auf einzelne Bereiche beschränkt werden, sondern stellt eine funktionsübergreifende Verpflich-tung dar.

▸ **Konzeptqualität** beschreibt das Ausmaß und die Möglichkeiten, die Leistungen den Anforderungen anzupassen und den Kunden in angemessener Form zur Verfügung zu stellen. Sie ist die **geplante Qualität** eines Produktes und bildet damit die Basis für die übrigen Qualitätsbereiche.

Formen von Qualität

▸ Die **Orientierungsqualität** wird von den handelnden Personen bestimmt. Die Kunden fällen ihr Qualitätsurteil aufgrund des fachlichen Wissens und Könnens der Mitarbeiter. Deren Identifikation mit den Unternehmenszielen ist ein wesent-licher Erfolgsfaktor. Orientierungsqualität entsteht durch die Vorstellungen der Mitarbeiter über die Bedeutung und die Ziele ihrer Arbeit. Die relevanten Ele-mente zeigt Abbildung 4.10.

Die Überzeugungen, Meinungen und Vorstellungen der Mitarbeiter sind leichter und schneller veränderlich als die Rahmenbedingungen und die Ausstattung. Die Orientierungsqualität verändert sich damit kurzfristiger als die Strukturqualität.

▸ Die materielle und personelle Ausstattung und die organisatorischen Bedingun-gen sind für die **Strukturqualität** verantwortlich. Sie ist unabhängig von den

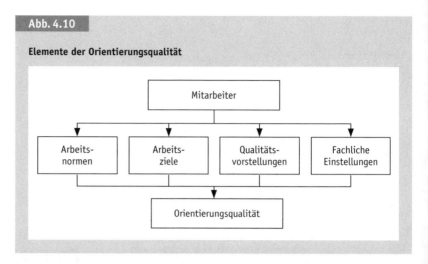

Abb. 4.10

Elemente der Orientierungsqualität

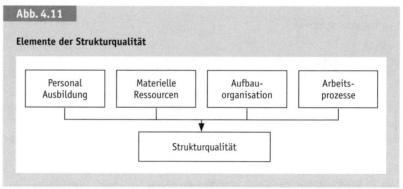

Abb. 4.11

Elemente der Strukturqualität

handelnden Personen. Abbildung 4.11 fasst zusammen, welche Rahmenbedingungen, unter denen die Mitarbeiter arbeiten, die Qualität ihrer Handlungsmöglichkeiten bestimmen.

Beispiel

In einer Autowerkstatt bestimmen der Standort, der Einzugsbereich, die Ausstattung mit Werkzeugen und Geräten, die Organisationsstruktur, die Zahl und Qualifikation der Betreuer die Strukturqualität.

▸ Die **Prozessqualität** beurteilt Art, Maß und Umfang des Prozesses der Leistungserbringung sowie die damit verbundenen Verfahren und Abläufe. Sie ist durch subjektive und selektive Sicht- und Handlungsweisen begrenzt. Abbildung 4.12 zeigt, dass die Art der Kommunikation und Interaktion mit den Kunden die Prozessqualität bestimmen.

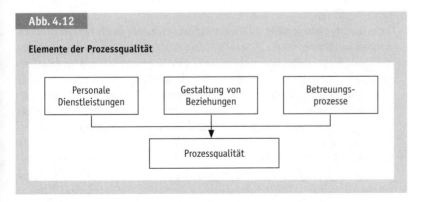

Abb. 4.12

Elemente der Prozessqualität

Abb. 4.13

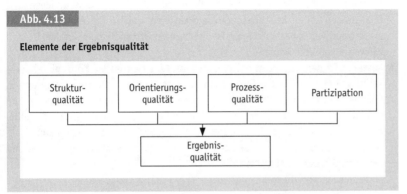

Elemente der Ergebnisqualität

▸ Die **Ergebnisqualität** ist der endgültige Maßstab für die Qualität der erbrachten Leistung. Ihre Ergebnisse lassen sich auf der Ebene der finanzieller Veränderungen, konkreter Leistungen und manifester oder latenter Wirkungen beschreiben. Abbildung 4.13 zeigt, dass erst Strukturqualität, Orientierungsqualität und Prozessqualität gemeinsam zu dem gewünschten Resultat führen.

Beispiel

In einer Autowerkstatt ist die Ergebnisqualität abhängig von der
▸ Zufriedenheit der Kunden,
▸ Zufriedenheit der Mitarbeiter und
▸ technischen Ausstattung.

Die notwendige ständige Sicherung und Verbesserung macht ein systematisches Vorgehen im Qualitätsmanagement notwendig:

Qualitätsmanagement

▸ Analyse der Ausgangssituation.
▸ Definition realistischer Ziele für die wichtigsten Aspekte der Kundenzufriedenheit.
▸ Festlegung geeigneter Maßnahmen zur Erreichung der definierten Ziele.
▸ Durchführung der Maßnahmen.
▸ Kontrolle durch Soll-Ist-Abgleich.

Folgende Verfahren sind von allgemeiner Bedeutung:

▶ **Total Quality Management.** TQM will langfristigen Erfolg durch Zufriedenheit der Kunden und Nutzen für die Mitarbeiter und das Unternehmen erreichen. Es macht die Qualität zu einer zentralen Aufgabe des Managements und umfasst den gesamten Leistungsprozess. TQM setzt auf die Stärkung der individuellen Qualitätsverantwortung. Vorrangig soll die angemessene und fachlich korrekte Erfüllung der Kundenwünsche gewährleistet werden. TQM muss ganzheitlich gelebt werden, durch das neue Qualitätsverständnis wird die gesamte Organisationskultur beeinflusst.

▶ **Qualitätszirkel.** Qualitätszirkel sind auf unbestimmte Dauer angelegte innerbetriebliche Arbeitskreise, in denen Mitarbeiter der gleichen Hierarchieebene regelmäßig auf freiwilliger Basis zusammenkommen, um Lösungsvorschläge zu speziellen Problemen zu erarbeiten. Durch Austausch von Wissen, Ideen und Erfahrungen sollen Leistungspotenziale aktiviert und so die Angebotsqualität erhöht werden. Die Arbeitsergebnisse können selbstständig oder auf dem Instanzenweg umgesetzt werden.

▶ **Kaizen.** Mit dem in Japan entwickelten prozessorientierten Konzept (»Kai« = Veränderung, »Zen« = das Gute) soll eine permanente Qualitätsverbesserung in kleinen Schritten erreicht werden. Fehler werden als Chance zur Verbesserung verstanden. Alle Mitarbeiter werden eingebunden, Fehler und Missstände sollen nicht vertuscht werden, damit Gutes durch Besseres ersetzt werden kann.
Die zentrale Forderung von Kaizen lautet: »Just do it.« Voraussetzungen für den Erfolg sind, dass die Mitarbeiter
  – Fehler machen dürfen,
  – zu Verbesserungsvorschlägen ermutigt werden,
  – funktionsübergreifend im Team arbeiten und
  – prozessorientiert denken.

▶ **Zertifizierung.** Durch eine Zertifizierung wird die Einhaltung von definierten Standards durch ein externes Gutachten bestätigt. Im Allgemeinen wird ein zeitlich befristetes Zertifikat ausgestellt.
  – DIN EN ISO 9000:2000. Die Umsetzung erfolgt durch das Unternehmen selbst. Ein Qualitätsbeauftragter initiiert und begleitet den Prozess. Die gesamte Organisation soll so entwickelt werden, dass sie den Bedürfnissen und Erwartungen der Kunden entspricht. Alle Maßnahmen werden in einem Qualitätsmanagementhandbuch dokumentiert.
  – DIN EN ISO 9000 ff. In Qualitätszirkeln wird der Ist-Zustand mit dem angestrebten Soll-Zustand verglichen. Die Qualität soll in allen Bereichen und auf allen Ebenen optimiert werden. Entscheidender Maßstab ist die Kundenzufriedenheit. Die Überprüfung erfolgt durch eine externe Zertifizierungsstelle, die ein Prüfsiegel erteilt.
  – European Foundation for Quality Management. EFQM ist eine gemeinnützige Organisation, die 1988 mit Unterstützung der Europäischen Kommission ins Leben gerufen wurde, um ein europäisches Rahmenwerk für das Qualitätsmanagement zu entwickeln. Fünf Voraussetzungen (enablers) und vier Erfolgskriterien (results) werden unterschieden, die in mehrere Unterkriterien aufgeschlüsselt werden.

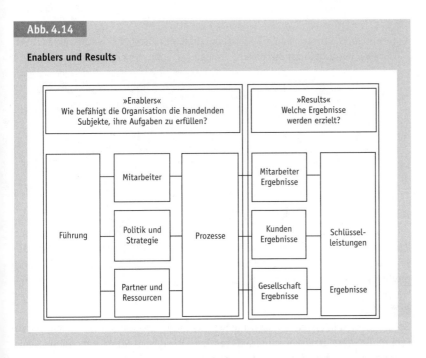

Abb. 4.14

Enablers und Results

> **Qualitätshandbuch.** In einem Qualitätshandbuch werden alle Prozesse und Arbeitsabläufe dokumentiert. Es ist damit im Tagesgeschäft ein Hilfsmittel, um alle wiederkehrenden Prozesse nach den festgelegten Regeln durchführen zu können. Es bildet zudem die Grundlage für die Weiterentwicklung des Qualitätsmanagements.

Umweltmanagement

In Unternehmen hat Umweltschutz die Aufgabe, ökologisch wünschenswerte Ergebnisse mit den Unternehmenszielen in Übereinstimmung zu bringen. Diesen Gegensatz aufzulösen ist die Führungsaufgabe des betrieblichen Umweltmanagements. Es

> identifiziert die gleichzeitig ökonomisch und ökologisch vorteilhaften Aktivitäten,

> veranlasst technische Maßnahmen zur Verringerung der Umwelteinwirkungen,

> minimiert mögliche Umweltschädigungen,

> erfasst und bewertet die tatsächlichen Auswirkungen auf die Umwelt,

> sichert die Einhaltung von Auflagen und Grenzwerten,

> unterstützt das umweltschonende Verhalten aller Beteiligten.

Aufgaben des betrieblichen Umweltmanagements

Um wirksamen Umweltschutz praktizieren zu können, werden nicht nur innovative Technologien benötigt, sondern auch ein effizientes Umweltmanagementsystem. Abbildung 4.15 stellt die wichtigsten Elemente dar. Notwendig sind regelmäßige interne und externe Überprüfungen aller umweltrelevanten Strukturen und Pro-

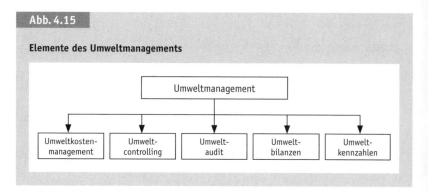

Abb. 4.15

Elemente des Umweltmanagements

zesse. Darüber hinaus schafft das Umweltmanagement die strukturellen Voraussetzungen für eine aktive Umweltpolitik durch die organisatorische und personelle Verankerung der umweltschutzbezogenen Aufgaben. Unternehmen mit Umweltschutzaktivitäten haben durchschnittlich eine höhere Produktivität und Umsatzrendite als weniger engagierte.

Beispiel

Bei einem Schuhhersteller steigern umweltfreundliche Verfahren die Produktivität. Drei große Wärmekraftkopplungsanlagen liefern zugleich Strom und Wärme, neue Lederstanzen verbrauchen nur etwa zehn Prozent des elektrischen Stroms im Vergleich zu den alten.

Die Vorgaben werden mithilfe eines Umweltmanagementsystems umgesetzt, das frei oder nach einer Vorgabe wie der Umweltmanagementnorm ISO 14001 oder der EMAS-Verordnung aufgebaut sein kann. In Abbildung 4.16 werden die beiden Systeme verglichen.

Arbeitsschutzsysteme

> Arbeitsschutzsysteme sollen sicherstellen, dass die Anforderungen des Arbeits- und Gesundheitsschutzes bei allen unternehmerischen Entscheidungen systematisch berücksichtigt werden.

Dadurch werden die Voraussetzungen dafür geschaffen, dass der Arbeitsschutz ein selbstverständlicher Bestandteil aller betrieblichen Arbeitsabläufe wird. Vielfach wird der Arbeitsschutz allein dem Zuständigkeitsbereich von betrieblichen Arbeitsschutzexperten überlassen, er ist jedoch effizienter, wenn er als allgemeine Aufgabe der Linienhierarchie verstanden wird.

Die Aspekte des Arbeitsschutzes können effektiv nur berücksichtigt werden, wenn auf ein funktionierendes Arbeitsschutzsystem zurückgegriffen werden kann. Deshalb legt das **Arbeitssicherheitsgesetz** fest, dass die Wahrnehmung der Arbeitsschutzaufgaben durch Betriebsärzte und Fachkräfte für Arbeitssicherheit sichergestellt werden muss. Kleine und mittlere Betriebe können auf überbetriebliche Experten und Einrichtungen zurückgreifen.

Abb. 4.16		

Umweltmanagementsysteme EMAS und ISO 14001

Umweltmanagementsysteme		
	EMAS	ISO 14001
Ziel	Angebot eines marktwirtschaftlichen Ansatzes, eigenverantwortlich den Umweltschutz zu verbessern und zu steuern.	
Umwelterklärung	Verpflichtung, eine Umwelterklärung zu erstellen	keine Umwelterklärung zur Information der Öffentlichkeit erforderlich
Umweltmanagementsystem	Implementierung eines Umweltmanagementsystems erforderlich zur Kontrolle und Sicherung der Umsetzung der Umweltpolitik und des Umweltprogramms	
Umweltbetriebsprüfungen	Durchführung von Umweltbetriebsprüfungen erforderlich.	
Genauigkeit	detailliert	weniger detailliert, aber übersichtlicher strukturiert, kostengünstiger
Geltungsbereich	standortspezifisch, jeder einzelne Standort führt ein Audit durch	gilt für die gesamte Organisation
Anforderungen	hoch	niedrig
Bekanntheit	gering, aber in Deutschland als das bessere System angesehen	hoch, deshalb in Europa eher bevorzugt

4.1.3 Aufbauorganisation

4.1.3.1 Bildung von Organisationseinheiten

Zur sinnvollen Bildung von organisatorischen Einheiten wird die Gesamtaufgabe in Teilaufgaben zerlegt und beschrieben, um sie dann Stellen zuzuordnen, die selbst wieder zu komplexen höheren Ordnungen (Teams, Abteilungen) zusammengefasst werden. Abbildung 4.17 zeigt das Prinzip.

Eine Aufgabe ist die Verpflichtung zur Übernahme bestimmter Tätigkeiten zur Erreichung eines festgelegten Ziels. Unter der **Aufgabenanalyse** wird die gedankliche Aufgliederung einer Gesamtaufgabe in analytische Teilaufgaben verstanden. Menschen, Sachmittel und Informationen werden erfasst und ihre Verbindungen zueinander bestimmt. Diese Teilaufgaben werden so lange weiter untergliedert, bis ein Aufgabenbereich einer Person zugeordnet werden kann. Es entsteht eine Hierarchie von Teilaufgaben, deren niedrigste Ordnung Elementaraufgaben genannt wird. Zwischen der Gesamtaufgabe und den Elementaraufgaben liegt eine abgestufte Folge von Teilaufgaben, deren Zahl und Inhalt vom Umfang der vorgesehenen Aufgabenteilung bestimmt wird. Abbildung 4.18 verdeutlicht, dass jede Aufgabe fünf Elemente enthält.

Zerlegung in Teilaufgaben

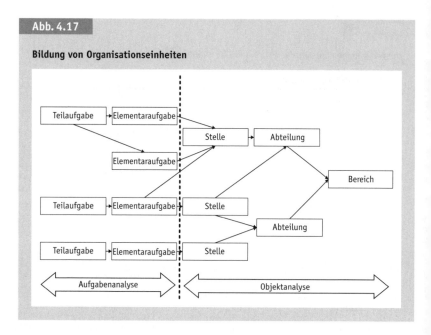

Abb. 4.17

Bildung von Organisationseinheiten

Abb. 4.18

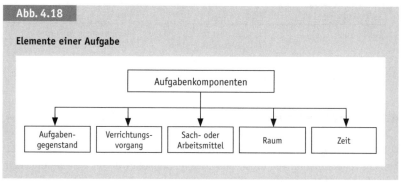

Elemente einer Aufgabe

Die Erfüllung einer Aufgabe wird durch Personen und Sachmittel erreicht, wobei der Mensch als aktiv Handelnder das Erfüllungssubjekt ist, während die Sachmittel lediglich als Arbeitsmittel fungieren. Ergebnis der Aufgabenanalyse ist ein **Aufgabengliederungsplan**.

Die **Arbeitsanalyse** ergänzt die Aufgabenanalyse. Sie identifiziert einzelne Arbeitsschritte und fügt sie in eine inhaltliche, räumliche, zeitliche und personelle Abfolge. Im Mittelpunkt der Überlegungen stehen Objekt und Verrichtung, der Arbeitsgegenstand und die zugeordnete Tätigkeit, die gleichzeitig und mit ihren gegenseitigen Beeinflussungen (»Interdependenz«) erfasst werden müssen. Eine Elementaraufgabe entspricht dann einem Arbeitsgang, der weiter in Gangelemente (»Handgriffe«) zerlegt werden kann.

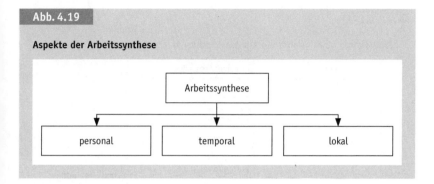

Abb. 4.19

Aspekte der Arbeitssynthese

Diese Teilaufgaben werden im Zuge der **Aufgabensynthese** als Vorstufe der Aufbauorganisation wieder zusammengefügt und zu einer strukturierten Gliederung zusammengefasst. Die Kombination der Elementaraufgaben ergibt sinnvoll vertei-
lungsfähige Aufgabenfelder, so dass **Stellen** als kleinste organisatorische Einheit
gebildet werden können. Stellen mit Weisungsbefugnis werden **Instanz** genannt. Die
so entstehende Organisation beschreibt sowohl die Struktur (Aufbauorganisation)
als auch den Prozess (Ablauforganisation).

Kombination von Elemen-
taraufgaben

Die Stellenzuordnung als Ergebnis der Aufgabensynthese kann zu einer Auf-
gabenzentralisation oder zu einer Aufgabendezentralisation führen. Bei der **Zentralisation** werden gleichartige Aufgaben in einer Stelle zusammengefasst, wenn der
Stelleninhaber den Bereich erfolgreich ausfüllen kann. Bei der **Dezentralisation**
werden auch gleichartige Bereiche bewusst getrennt.

Beispiel

Kreditoren- und Debitorenbuchhaltung werden in einem kleineren Unternehmen
von derselben Person durchgeführt. Die fachlichen und persönlichen Anforderungen
sind für beide Teilbereiche sehr ähnlich.

Kreditoren- und Debitorenbuchhaltung bleiben getrennt und eigenständig, wenn
der Arbeitsumfang für eine Person zu groß wäre.

In enger Wechselbeziehung mit der Aufgabensynthese steht die **Arbeitssynthese**.
Sie beschäftigt sich mit der Aufgabenbildung und -verteilung und der anschließenden Frage der Aufgabenerfüllung. Abbildung 4.19 zeigt, dass die Arbeitssynthese je nach Erkenntnisziel unter verschiedenen Aspekten durchgeführt werden
kann, die sich meistens gegenseitig beeinflussen:

▸ **Personale Synthese**. Aus einzelnen Arbeitsteilen werden Arbeitsgänge so zusammengefasst, dass sie einer einzelnen Person übertragen werden können.
▸ **Zeitliche Synthese**. Abstimmung der zeitlichen Reihenfolge der Arbeitsschritte
der verschiedenen Mitarbeiter, um eine möglichst kurze Bearbeitungszeit zu
erreichen.
▸ **Räumliche Synthese**. Festlegung der kürzesten innerbetrieblichen Wege durch
optimale Anordnung, Ausstattung und Gestaltung der Arbeitsplätze.

Abb. 4.20

Informationsbeschaffung für ein Analyse-Synthese-Konzept

Erhebungsmethoden			
	Auswertung von Informationsbeständen	Dokumentenanalyse	
		IT-Auswertungen	
		Sonstige Auswertungen	
	Befragungen	Interview	
		schriftliche Befragung	Fragebogen
			Selbstaufschreibung Arbeitsaufzeichnungen Laufzettelverfahren
	Beobachtung	Freie Beobachtung	
		Strukturierte Beobachtung	Dauerbeobachtung
			Multimoment-aufnahmen

Umsetzung des Analyse-
Synthese-Konzepts

Zur Umsetzung des Analyse-Synthese-Konzeptes stehen sehr unterschiedliche Methoden zur Verfügung, die in Abhängigkeit von den konkreten Rahmenbedingungen im Unternehmen, den vorhandenen Ressourcen und der Zielstellung ausgewählt und eingesetzt werden. Abbildung 4.20 ermöglicht einen Überblick.

Erhebungstechniken zur Auswertung von Informationsbeständen orientieren sich an der Art der Informationsquellen. Das können bereits vorhandene, insbesondere schriftliche Unterlagen sein, aber auch Auskünfte oder Hinweise von Personen und eigene Beobachtungen.

4.1.3.2 Instrumente der Aufbauorganisation

Organigramm

Die Aufbauorganisation regelt die Verknüpfung von Stellen durch Leitungsbeziehungen. Sie legt die Weisungsbefugnisse der jeweils übergeordneten Instanz gegenüber untergeordneten organisatorischen Einheiten fest. Das entsprechende Schaubild wird als **Organigramm** bezeichnet.

Stellenbeschreibung

Eine Stellenbeschreibung ist eine ausführliche, systematische, schriftlich abgefasste personenneutrale Beschreibung einer Arbeitsstelle.

Ihre regelmäßigen Inhalte sind in Abbildung 4.21 zusammengestellt.

Elemente einer Stellenbeschreibung

Einordnung der Stelle in der Organisation	▶ Bezeichnung der Stelle ▶ Über- und Unterordnungen ▶ Stellvertretung ▶ Verantwortlichkeiten ▶ Vollmachten
Kommunikationsbeziehungen	▶ Mitarbeit in Ausschüssen ▶ Mitwirkung in Verbänden
Aufgaben	▶ Zielsetzung der Stelle ▶ Beschreibung der Tätigkeiten ▶ Kompetenzen und Pflichten ▶ Führungsaufgaben ▶ Fachaufgaben ▶ Personenbezogene Aufgaben
Leistungsanforderungen	▶ Ausbildung ▶ Weiterbildung ▶ Abschlüsse ▶ Notwendige Fachkenntnisse ▶ Personale Kompetenz

4.1.3.3 Organisationsformen

Um ein einheitlich zielgerichtetes Handeln aller Organisationseinheiten eines Unternehmens gewährleisten zu können, müssen über die Hierarchieebenen hinweg stabile Kommunikations- und Weisungsstränge festgelegt und auch tatsächlich genutzt werden. Die Organisation dieses Leitungssystems, das durch die **Aufbauorganisation** beschrieben wird, kann nach verschiedenen Gesichtspunkten erfolgen und wird zu unterschiedlichen Lösungen führen.

Aufbauorganisation beschreibt das Leitungssystem

Einlinien-Organisation

Abbildung 4.22 zeigt die Weisungsstränge in einer Einlinien-Organisation. Sie stellt die straffste Gliederungsform dar. Jede Organisationseinheit darf nur von einer übergeordneten Anweisungen erhalten. Die Weisungs- und Berichtswege sind eindeutig geregelt.

Die Einlinien-Organisation überzeugt durch ihre Klarheit und die daraus abgeleiteten Kontrollmöglichkeiten. Die einfache Gliederung erleichtert die Leitungsaufgaben, Missverständnisse werden vermieden. Allerdings bleibt wenig Raum für die Kreativität auf den nachgeordneten Hierarchieebenen, durch die starren Regelungen kann das Potenzial der Beschäftigten kaum ausgeschöpft werden.

Eine Variation der strengen Einlinien-Organisation stellt die sogenannte **Fayolsche Brücke** dar. Aus Abbildung 4.23 ist ersichtlich, dass Organisationseinheiten der gleichen Hierarchiestufe in Ausnahmefällen auch direkt miteinander kommunizieren dürfen.

Variation der Einlinien-Organisation

Wenn Informationen fehlen oder weil die Beschaffungswege zu lang und zu kompliziert sind, werden Fayolsche Brücken nicht selten von Mitarbeitern selbst

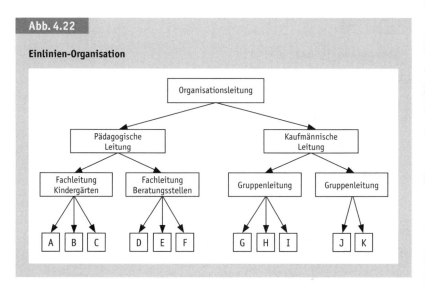

Abb. 4.22

Einlinien-Organisation

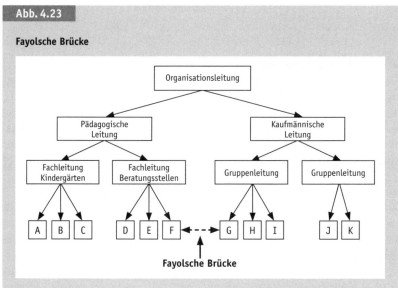

Abb. 4.23

Fayolsche Brücke

installiert. Das kann darauf hindeuten, dass die Organisationsstruktur den tatsächlichen Arbeitsabläufen nicht entspricht.

Mehrlinien-Organisation

Beim Mehrlinien-System gibt es für bestimmte Organisationseinheiten mehrere
Fachvorgesetzte, die auch gegenüber Stellen Weisungsbefugnis besitzen, die ihnen
nicht direkt unterstellt sind. Es ermöglicht die Festlegung sachorientierter Weisungsbefugnisse.

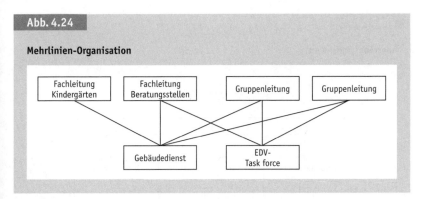

Abb. 4.24

Mehrlinien-Organisation

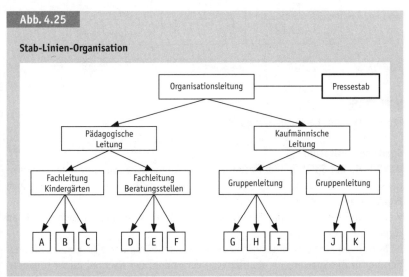

Abb. 4.25

Stab-Linien-Organisation

Die Vorteile dieser Organisationsform liegen in den kürzeren Weisungswegen und der **Spezialisierungsmöglichkeit** mit entsprechender Fachkompetenz. Dabei wird aber den nachgeordneten Einheiten die Entscheidung über die Dringlichkeit der Aufträge und die Reihenfolge ihrer Bearbeitung überlassen.

Stab-Linien-Organisation

Das Stab-Linien-System stellt eine Variante des Einlinien-Systems dar. Aus Abbildung 4.25 ist ersichtlich, dass dabei bestimmte Aufgaben ausgegliedert und Stabsstellen zugeordnet werden. Diese bereiten die Entscheidungen in der Lienienhierarchie vor und unterstützen die Entscheidungsträger. Sie haben keine Weisungsbefugnisse, sondern lediglich beratende Funktion.

Variante des Einlinien-Systems

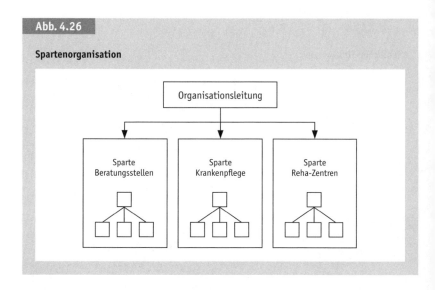

Abb. 4.26

Spartenorganisation

Beispiele
Presseabteilung, Rechtsabteilung, Marktforschung

Spartenorganisation
Das Prinzip der Spartenorganisation zeigt Abbildung 4.26. Sparten (auch »Divisionen«) sind homogene überschaubare Geschäftsbereiche, die in der Regel auch **Ergebnisverantwortung** haben. Die Bildung von Sparten erscheint besonders sinnvoll, wenn sehr unterschiedliche Geschäftsbereiche existieren, die sich jeweils an eigene Zielgruppen richten.

Notwendig sind eine eindeutige Kompetenzzuordnung und eine klare Zielformulierung für die Sparten, um Konflikte zu vermeiden. Der Nachteil dieser Organisationsform besteht vor allem darin, dass bestimmte Verwaltungseinheiten, z. B. Einkauf und Personalabteilung, gesondert für jede Sparte eingerichtet werden müssen.

Die Sparten können als **Profit-Center** geführt werden, für die ein eigener Periodenerfolg festgestellt wird, um die Aktivitäten besser erfolgsorientiert steuern zu können.

Cost-Center verfügen normalerweise über ein eigenes Budget. Eine verbesserte Kostentransparenz ermöglicht eine dezentrale Kostenverantwortung, die zu einer allgemeinen Kostenminimierung führen soll.

Matrixorganisation

Verzicht auf hierarchische Gliederung

Bei der Matrixorganisation wird auf eine hierarchische Gliederung weitgehend verzichtet. Abbildung 4.27 verdeutlicht das Prinzip.

Die zielgruppenorientierten Organisationseinheiten müssen direkt mit den Funktionsbereichen in Kontakt treten, um gemeinsam Entscheidungen treffen zu können.

Abb. 4.27

Matrixorganisation

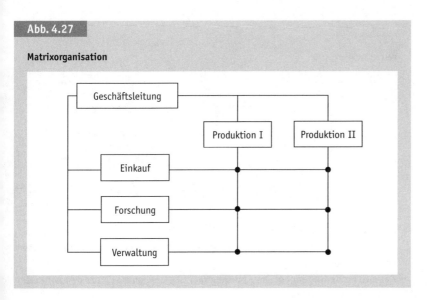

Beispiel

In der Produktion wird eine neue Presse benötigt, die durch die Einkaufsabteilung beschafft werden muss. Die Produktionsleitung möchte aus ihrer Interessenlage heraus eine Anlage auf möglichst hohem technischen Stand anschaffen, die entsprechend teuer ist. Die Einkaufsabteilung wird eher versuchen, eine preisgünstige Alternative zu finden. Beide Abteilungen müssen sich einigen.

Da alle beteiligten Abteilungen ihre eigenen Ziele verfolgen, wird es an den Schnittstellen zu **Konflikten** kommen, die im Interesse des gemeinsamen Organisationszieles gelöst werden müssen. Voraussetzung für das Funktionieren dieses Organisationssystems ist eine vertrauensvolle Zusammenarbeit, die persönliches Streben nach Einfluss begrenzt. Die Mitarbeiter benötigen daher hohe kommunikative und soziale Kompetenz.

Vertrauensvolle Zusammenarbeit

4.1.4 Ablauforganisation

Aufbauorganisation und Ablauforganisation stehen in einem engen Abhängigkeitsverhältnis zueinander, sie beschreiben gleiche Sachverhalte unter verschiedenen Aspekten: Die Aufbauorganisation regelt die sinnvolle Bildung von organisatorischen Einheiten, die Ablauforganisation beschreibt die betrieblichen Prozesse. Dabei sind folgende Probleme zu lösen:

Abhängigkeit zwischen Aufbau- und Ablauforganisation

▸ **Betriebsmittel:** Die zur Verfügung stehende Ausstattung muss von ihrer Art und von ihrer Leistungsfähigkeit her – auch im Zusammenwirken – mit dem vorgesehenen Ablauf abgestimmt sein.

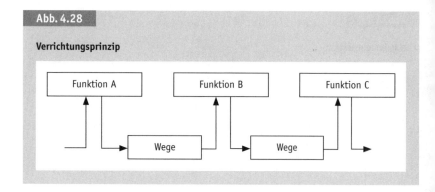

Abb. 4.28

Verrichtungsprinzip

▸ **Personalausstattung:** Zwischen den Qualifikationen der Mitarbeiter und den Anforderungen, die in einem bestimmten Arbeitsgang gefordert werden, dürfen keine Differenzen bestehen.
▸ **Räumliche Bedingungen:** Die Anordnung der Betriebsmittel muss den konkreten Abläufen entsprechen.
▸ **Reihenfolge:** Die zeitliche und die räumliche Abfolge von Bearbeitungsschritten müssen festgelegt werden.
▸ **Synchronisation:** Personal und Betriebsmittel müssen in ihrer quantitativen und qualitativen Leistungsfähigkeit aufeinander abgestimmt werden, sonst entstehen Über- oder Unterkapazitäten.
▸ **Transport:** Transportkosten und Transportzeiten müssen berücksichtigt werden.

4.1.4.1 Gliederung und Prinzipien

Verrichtungsprinzip
Bei der Anwendung des Verrichtungsprinzips werden gleiche Funktionen an einer Stelle räumlich zusammengefasst. Abbildung 4.28 lässt erkennen, dass dazu nacheinander mehrere unterschiedliche Bereiche an der Erarbeitung des gewünschten Ergebnisses beteiligt sind.

Objektprinzip
Bei der Organisation nach dem Objektprinzip werden die notwendigen Arbeitsschritte so angeordnet, dass eine kontinuierliche Weitergabe der Objekte möglich wird. Aus Abbildung 4.29 ist zu ersehen, dass die Kapazitäten dazu so aufeinander abgestimmt sein müssen, dass eine Bearbeitung in einem gleichmäßigen Rhythmus erfolgen kann und weder ein Stau noch ein Leerlauf durch unterschiedliche quantitative oder qualitative Kapazitäten entsteht.

Lokalprinzip
Die Leistungen werden an dem Ort erbracht, an dem sich der Kunde oder die Arbeitsstätte befindet (vgl. Abbildung 4.30). Beispiele: Bau eines großen Containerschiffes, Beratung, Schulung der Mitarbeiter.

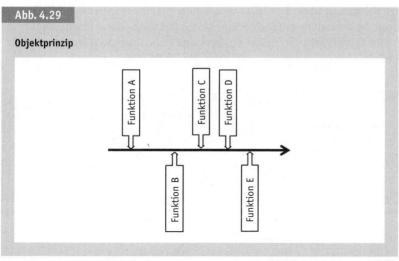

Abb. 4.29

Objektprinzip

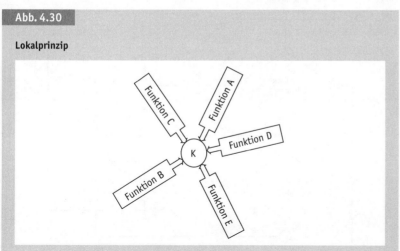

Abb. 4.30

Lokalprinzip

4.1.4.2 Darstellungs- und Durchführungsformen

Zur Planung von Arbeitsabläufen, aber auch zur übersichtlichen Verdeutlichung ihrer Ergebnisse, werden grafische Hilfsmittel eingesetzt. Welches Instrument genutzt wird, hängt von der konkreten Fragestellung ab.

Visualisierung von
Arbeitsabläufen

Arbeitsablaufplan

Der Arbeitsablaufplan, auch **Flussdiagramm** genannt, zeigt in übersichtlicher Form, welche Arbeitsschritte aufeinander folgen und eventuell auch wiederholt werden müssen. DIN 66001 regelt, welche Symbole für die verschiedenen Arten von Operationen zu nutzen sind. Sie sind durch Ablauflinien miteinander verbunden. Durch die Normierung ist der Plan leicht verständlich und allgemein lesbar. Abbildung 4.31 zeigt die Verbindung von Rechtecken, Rauten und Konnektoren durch Ablauflinien.

Die Ersatzteilabgabe in einer Kfz-Werkstatt ist im folgenden Flussdiagramm dargestellt.

Abb. 4.31

Flussdiagramm

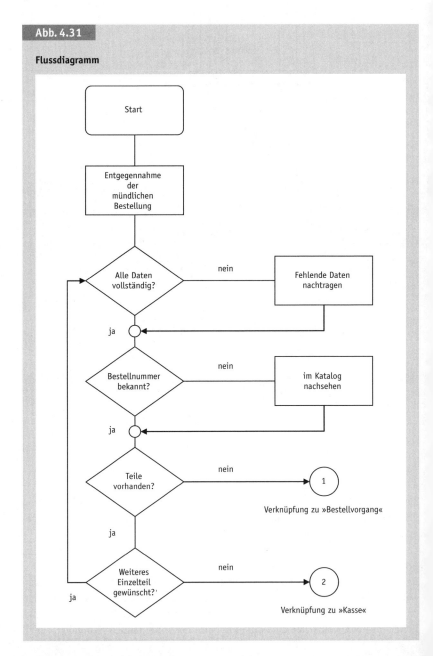

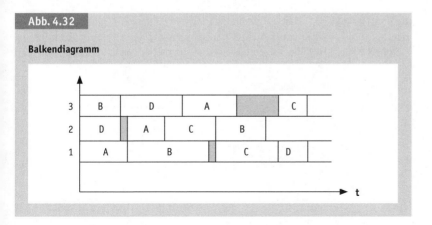

Abb. 4.32

Balkendiagramm

Balkendiagramm

Das Balkendiagramm (**Gantt-Diagramm**) dient der grafischen Darstellung von Reihenfolgeplanungen. Vor allem ist erkennbar, wie aufeinanderfolgende Arbeitsgänge zeitlich verschachtelt werden können. Die Durchlauf- und Wartezeiten von Aufträgen bzw. die Belegungs- und Leerzeiten von Maschinen lassen sich so übersichtlich darstellen.

Beispiel

Bei drei Aufträgen (1, 2, 3), die jeweils von vier Maschinen (A, B, C, D) bearbeitet werden, ergibt sich z. B. die Übersicht in Abbildung 4.32. Dabei ist unterstellt, dass die Reihenfolge der Bearbeitung nicht gleich sein muss und dass auch die jeweiligen Bearbeitungszeiten unterschiedlich sind. Die Zeiten, in denen die Maschinen nicht genutzt werden, sind grau gekennzeichnet.

Da ein Balkendiagramm nur jeweils eine Alternative beschreiben kann, müssen mehrere angefertigt werden, um im Vergleich die günstigste Abfolge ermitteln zu können.

Netzplan

Wenn zahlreiche Arbeitsschritte zeitlich aufeinander abgestimmt werden müssen, kann ein Netzplan die sinnvolle Reihenfolge zeigen. So wird ersichtlich, ob Arbeitsschritte abgeschlossen sein müssen, bevor mit einem anderen begonnen wird. Bevor ein Netzplan angelegt wird, muss deshalb eine **Strukturanalyse** stattfinden, um die Abhängigkeiten erkennen zu können.

Visualisierung von umfangreichen Aufgaben

Die Anwendungsgebiete sind außerordentlich vielfältig. Bei großen Bauvorhaben, der Einrichtung von EDV-Anlagen, der Wartung von komplizierten Anlagen, der Markteinführung von neuen Produkten und anderen Projekten mit hohem zeitlichen Abstimmungsbedarf werden Netzpläne eingesetzt, um einerseits Wartezeiten zu vermeiden und um andererseits eine möglichst schnelle Abwicklung zu ermöglichen.

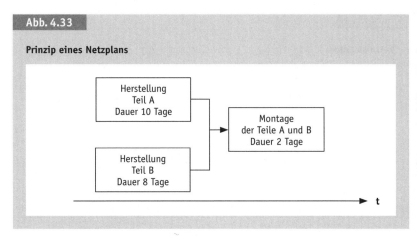

Abb. 4.33

Prinzip eines Netzplans

Abb. 4.34

Vorgang mit Informationen

PERT-Methode

Die Darstellung eines Netzplans kann sehr unterschiedlich sein, die Abbildungen 4.33 ff. beruhen auf der verbreiteten PERT-Methode (Program Evaluation and Review Technique). Die Zeitachse bildet immer die Grundlage, darauf können dann die einzelnen Arbeitsvorgänge und ihre Abhängigkeiten abgetragen werden.

Beschrieben werden die Arbeitsschritte, die in der Netzplantechnik »Vorgänge« genannt werden, und die Beziehungen zwischen ihnen. Die Vorgänge werden oft wie in Abbildung 4.34 dargestellt, um möglichst viele Informationen unterbringen zu können.

Dabei bedeuten:

D = Geplante Dauer des Vorgangs

FAZ = Frühestmöglicher Anfangszeitpunkt

FEZ = Frühestmöglicher Endzeitpunkt

P = Pufferzeit. Um diese Zeitspanne kann sich der Vorgang verlängern, ohne dass der Projektendtermin überschritten werden muss.

SAZ = Spätester Zeitpunkt, zu dem der Vorgang begonnen werden muss, um den Projektendtermin einhalten zu können

SEZ = Spätester Zeitpunkt, zu dem der Vorgang beendet sein muss, um den Projektendtermin einzuhalten.

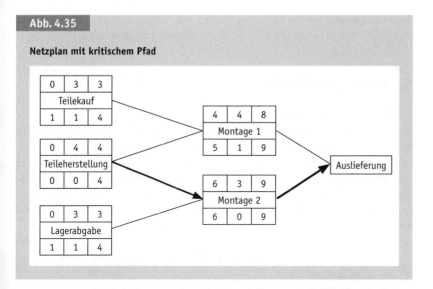

Abb. 4.35

Netzplan mit kritischem Pfad

Zwischen den Vorgängen können bei der unmittelbaren Aufeinanderfolge vier Fälle unterschieden werden:

- Ende – Start. B kann begonnen werden, wenn A beendet worden ist. Beispiel: Eine Montage kann begonnen werden, wenn alle benötigten Teile beschafft sind.
- Start – Start. B kann begonnen werden, wenn A begonnen worden ist. Beispiel: Nach Produktionsbeginn kann die Marketingplanung anlaufen.
- Start – Ende. B kann beendet werden, wenn A begonnen worden ist.
- Ende – Ende. B kann beendet werden, wenn A beendet worden ist. Beispiel: Wenn ein Gebäude fertiggestellt ist, kann die Bauaufsicht beendet werden.

Reihenfolgeplanung
in Netzwerken

Beispiel

In Abbildung 4.35 benötigt die Montageabteilung 1 Teile aus eigener Herstellung und zusätzlich zugekaufte. Da zum Zeitpunkt 4 mit der Montage begonnen werden soll und die Herstellung 4 Zeiteinheiten beansprucht, muss sofort (SAZ = 0) begonnen werden und es gibt auch keinerlei Pufferzeiten (P = 0). Die Einkaufsabteilung benötigt zur Beschaffung der Teile nur 3 Zeiteinheiten. Deshalb kann sie, da erst zum Zeitpunkt 4 montiert wird, erst in 1 mit dem Einkauf beginnen. Wenn sie sofort (FAZ = 0) beginnt, entsteht ein Puffer von 1.

Die Auslieferung ist zum Zeitpunkt 9 vorgesehen. Für die Montage 2, die erst spät beginnen kann (FAZ = 6), bleibt bei einer Bearbeitungszeit von 3 keine Pufferzeit. Die Montage 1 könnte dagegen ihre Pufferzeit (P = 1) nutzen.

Aus Abbildung 4.35 sind zwei kritische Stellen zu erkennen: Bei der Teileherstellung und bei der Montage 2 sind keine **Pufferzeiten** vorhanden, der frühestmögliche Anfangszeitpunkt und der späteste Zeitpunkt, zu dem der Vorgang begonnen sein muss, sind identisch. Diese Vorgänge dürfen sich also nicht verzögern, wenn der

Auslieferungszeitpunkt eingehalten werden soll. Die Verbindung der kritischen Vorgänge heißt »**Kritischer Pfad**«, der durch stärkere Linien gekennzeichnet ist.

4.1.5 Analysemethoden

4.1.5.1 Messung der Kundenzufriedenheit

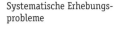
Definition Kundenzufriedenheit

Die Kundenzufriedenheit ist ein wichtiges Element der Kundenbindung. Sie ergibt sich aus dem Verhältnis zwischen den erwarteten und den tatsächlich wahrgenommenen Leistungen. Übertrifft die Leistung die Erwartungen, ist der Kunde zufrieden. Wenn seine Erwartungen nicht erfüllt werden, ist er unzufrieden. Die Analyse wird folglich mit dem Ziel durchgeführt, eventuelle Defizite zu identifizieren. Abbildung 4.36 zeigt die Methoden zu Messung der Kundenzufriedenheit. Sie erfolgt mit:

▸ **objektiven Messmethoden:** Diese ermitteln die Kundenzufriedenheit anhand beobachtbarer Größen, die nicht der subjektiven Wahrnehmung unterliegen, z. B. Umsatz, Marktanteil

▸ **subjektiven Verfahren:** Sie ermitteln die Wahrnehmung der Kunden.
  – **ereignisorientiert:** Zufriedenheit mit einem Kontaktereignis, z. B. einem Telefonat
  – **merkmalsorientiert:** Beurteilung von Produkt-, Service- oder Interaktionsmerkmalen, z. B. Reaktion der Mitarbeiter
  – **problemorientiert:** Identifikation von relevanten Schwierigkeiten, z. B. Beschwerden.

Systematische Erhebungsprobleme

Die wesentliche Schwierigkeit bei der Messung der Kundenzufriedenheit liegt darin, dass eine Meinung erfragt wird, aber ein Verhalten prognostiziert werden soll. Dabei sind zufriedene Kunden aber nicht zwingend auch treue Kunden. Zudem ist es sinnvoll, auch Nichtkunden zu befragen, um zu erkennen, wie neue Kunden gewonnen bzw. von der Konkurrenz abgeworben werden können.

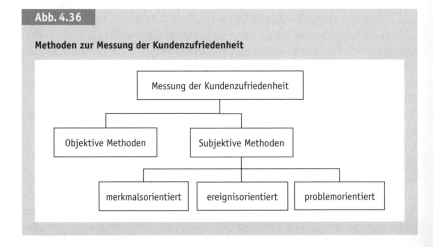

Abb. 4.36

Methoden zur Messung der Kundenzufriedenheit

Basis eines effizienten **Kundenbeziehungsmanagements** sind Kundenzufriedenheitsanalysen. Kundenbefragungen können die Gründe für Unzufriedenheit identifizieren helfen. Mögliche Methoden sind

Methoden für Kundenzufriedenheitsanalysen

▸ **Usability-Tests.** Bereits vorhandene und potenzielle Nutzer überprüfen die Produkte und berichten ihre Einschätzungen.
▸ **Fragebögen.** Dieses kostengünstige Instrument kann genutzt werden bei einfachen Fragen, die an eine große Zahl von Personen gerichtet werden sollen. Die Aussagekraft ist meistens begrenzt, weil die Rücklaufquoten niedrig sind.
▸ **Telefoninterviews.** Sie ermöglichen speziellere Fragen und auch Rückfragen, wenn weiterer Informationsbedarf besteht.
▸ **Persönliche Interviews.** Diese zeitaufwändige und teure Methode eignet sich bei umfangreichen und komplexen Fragestellungen.
▸ **Kundengespräche.** Sie geben eher eine allgemeine Stimmung wieder, ergeben aber oft Verbesserungsvorschläge.
▸ **Besuchsberichte.** Die Außendienstmitarbeiter können aufgrund ihrer Kontakte und Erfahrungen Informationen von hoher Relevanz liefern.
▸ **Feedback-Systeme.** Bei Preisausschreiben, Verlosungen u. Ä. können wertvolle Informationen gewonnen werden.

4.1.5.2 Wertanalyse

Die Wertanalyse zielt darauf ab, die notwendigen Funktionen eines Produktes mit den niedrigsten möglichen Kosten zu erreichen. Alle nicht notwendigen Kosten sollen identifiziert und eliminiert werden, ohne dass

▸ Qualität,
▸ Zuverlässigkeit,
▸ Marktfähigkeit,
▸ Image,
▸ Verkaufschancen

darunter leiden. Erreicht werden soll das optimale Verhältnis zwischen der Bedeutung der Funktion und den dafür anfallenden Kosten. Abbildung 4.37 verdeutlicht den Ansatz.

Kennzeichnend für die Methode ist die systematische funktionsbezogene Vorgehensweise in einzelnen Arbeitsschritten. Dazu ist in der Regel eine bereichsübergreifende Teamarbeit erforderlich, die sich möglichen Lösungen schrittweise durch kreative Ideensuche nähert. Abbildung 4.38 zeigt die Vorgehensweise.

Durch diese Methode können Verbesserungen und Wertsteigerungen der Produkte bei gleichzeitiger Reduzierung der Kosten erreicht werden.

4.1.5.3 Betriebsstatistiken als Entscheidungshilfe

Die Betriebsstatistik ist die Erhebung, Zusammenstellung und Auswertung von betrieblichen Daten. Die Unternehmensleitung wird damit in ihren Entscheidungen unterstützt. Je mehr und je genauer Daten erfasst werden, desto aussagefähigere statistische Auswertungen sind möglich.

Unterstützung der Unternehmensleitung

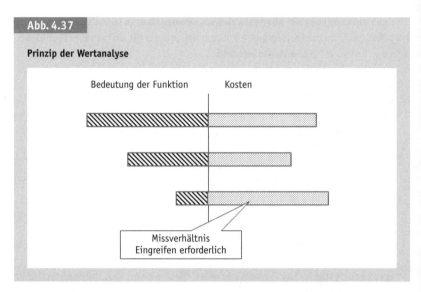

Abb. 4.37

Prinzip der Wertanalyse

Bedeutung der Funktion   Kosten

Missverhältnis
Eingreifen erforderlich

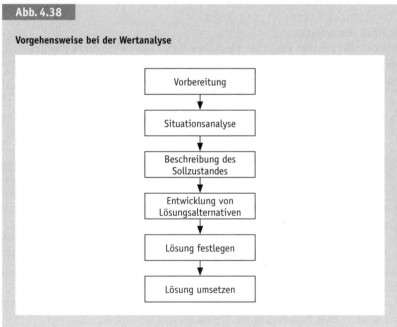

Abb. 4.38

Vorgehensweise bei der Wertanalyse

Vorbereitung

Situationsanalyse

Beschreibung des
Sollzustandes

Entwicklung von
Lösungsalternativen

Lösung festlegen

Lösung umsetzen

Komprimierung mit Kenn-
zahlen

Durch Bildung von Kennzahlen können die Informationen komprimiert und er-
kenntniszielorientiert **aufbereitet** werden. Allerdings sind weder Einzeldaten
noch Kennzahlen für sich genommen aussagefähig, erst ein Vergleich mit früheren
Erhebungen oder anderen, vergleichbaren Organisationseinheiten ermöglicht, die
Unterschiede zu bewerten und notwendige Maßnahmen einzuleiten.

▸ Die **Beschaffungsstatistik** stellt die Daten von früheren Beschaffungsvorgängen zur Verfügung. Sie bilden die Grundlage für Entscheidungen zu Menge, Qualität, Preis und Bestellrhythmus.

▸ Die **Lagerstatistik** erfasst die Bestände sowie die Zu- und Abgänge. Sie liefert u. a. die Basis für Entscheidungen zur Beschaffung, Produktionsplanung und Finanzierung.

▸ Die **Produktionsstatistik** dient der Prozessoptimierung. Sie dokumentiert den Materialverbrauch, die Fertigungsabläufe und die Fertigungszeiten.

▸ Die **Finanzstatistik** informiert über die notwendige Kapitalbeschaffung, die Dauer der Kapitalbindung und die Kapitalverwendung.

▸ Die **Personalstatistik** erfasst die objektiven Daten im Personalbereich. Sie ist Entscheidungsgrundlage für die Personalbeschaffung und -auswahl, die Aus- und Weiterbildungsmaßnahmen, Laufbahnplanungen und die Lohn- und Gehaltspolitik.

Je nach speziellem **Erkenntnisinteresse** erfolgt individuell die statistische Auswertung von weiteren Unternehmensdaten.

4.2 Personalführung

Wie andere Teilbereiche der Unternehmenspolitik muss sich auch die Personalpolitik an den Unternehmenszielen und dem entwickelten Leitbild orientieren. Sie bedarf jedoch einer besonderen Aufmerksamkeit, weil der Faktor Arbeit eben nicht mit anderen vergleichbar ist. Die Mitarbeiter werden nicht nur verwaltet, sondern über die Führung erfolgt auch eine Beeinflussung ihres persönlichen Verhaltens.

Orientierung am Unternehmensziel

4.2.1 Arten von Führung

Weil Führung zielgerichtete soziale Einflussnahme ist, setzt sie verantwortungsvolle Ausübung von Macht voraus.

Macht bezeichnet die Fähigkeit, auf das Verhalten und Denken sozialer Gruppen oder Personen einzuwirken.

Vier Machtgrundlagen werden als Voraussetzungen für erfolgreiche Personalführung unterschieden:

▸ **Bestrafungs- oder Zwangsmacht.** Durchsetzung durch Zwang bzw. Androhung von Strafen aufgrund von formalen Kompetenzen.

▸ **Experten- oder Informationsmacht.** Einfluss durch spezifisches Wissen oder besondere Fähigkeiten und Erfahrungen.

▸ **Identifikations- oder Referenzmacht.** Besondere Fähigkeiten, Überzeugungskraft, Glaubwürdigkeit, Charisma.

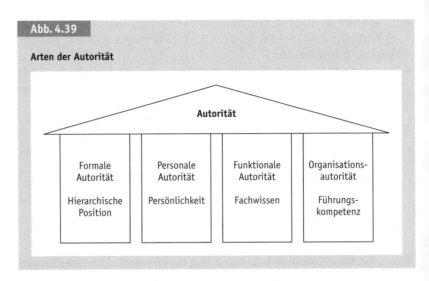

Abb. 4.39

Arten der Autorität

Autorität

| Formale Autorität | Personale Autorität | Funktionale Autorität | Organisations- autorität |
| Hierarchische Position | Persönlichkeit | Fachwissen | Führungs- kompetenz |

▸ **Belohnungsmacht.** Möglichkeit, Leistung oder Verhalten durch materielle und finanzielle Einflussmöglichkeiten zu belohnen.

Definition Autorität

> Im Gegensatz zu Macht ist **Autorität** eine Einflussbeziehung, die auf Ansehen, Anerkennung und Freiwilligkeit beruht.

Führung setzt Autorität voraus. Abbildung 4.39 zeigt die vier Säulen.

▸ Die **formale Autorität** (Amtsautorität) beruht auf der Anerkennung hierarchischer Ordnungen.

▸ **Personale Autorität** entsteht durch die Anerkennung und Wertschätzung von sozialen Eigenschaften. Die emotionalen Aspekte der Beziehung zwischen Vorgesetzten und Mitarbeitern spielen dabei eine wichtige Rolle.

▸ Die **funktionale Autorität** wird durch die Anerkennung von Fachwissen und Fertigkeiten einer Person begründet.

▸ **Organisationsautorität** entsteht durch Kompetenz bei der Lenkung sozialer Prozesse.

Die unterschiedlichen Formen der Machtausübung schlagen sich im **Führungsstil** nieder.

4.2.1.1 Führung durch Motivation

Die Personalführung hat zum Ziel, die Mitarbeiter entsprechend ihren Fähigkeiten und möglichst auch nach ihren Neigungen und Wünschen einzusetzen. Sie sollen sich mit ihrer Aufgabe und mit den normativen Zielen der Organisation identifizieren können.

Abb. 4.40

Motivationspyramide nach Maslow

Stufe	Beispiele
Transzendenz	Suche nach Gott
Selbstverwirklichung	Individualität
Individualbedürfnisse	Status, Erfolge, Anerkennung, Wohlstand
Sozialbedürfnisse	Familie, Freundschaften, Kommunikation
Sicherheit	Schutz vor Gefahren, festes Einkommen
Existenzbedürfnisse	Nahrung, Wohnraum, Kleidung, Sexualität, Schlaf

Grundlagen der Motivation

Motivation ist die Begründung für ein bestimmtes Verhalten, in Organisationen also für konkretes, zielgerichtetes Handeln.

Motivation ist die soziale Einflussnahme auf die Entscheidung zwischen verschiedenen Handlungsalternativen. Sie bestimmt die Aktivierung, Ausdauer und Richtung des Handelns.

Definition Motivation

Die Anreize für menschliches Verhalten können in einer Handlung selbst (Primärmotivation) oder in der Belohnung des Handlungsergebnisses (Sekundärmotivation) bestehen. Darauf bezieht sich die Unterscheidung in intrinsische und extrinsische Motivation:

▸ **Intrinsische Motivation** ergibt sich aus den Grundbedürfnissen des Menschen, Handeln und Auffassung stimmen überein. Sie benötigen keine externen Anstöße wie Belohnungen, Bestrafungen, Versprechen oder Drohungen. Beispiele: Neugier, Spontaneität, politisches Gestaltungsinteresse.

▸ **Extrinsische Motivation** entsteht durch äußere Anreize, insbesondere durch positive Bekräftigungen. Sie tritt in der Regel nicht spontan auf und führt zu gezielten Handlungen, um Lob und Anerkennung zu erreichen bzw. Kritik und Sanktionen zu vermeiden. Beispiele: Noten, Beurteilungen, Gehaltserhöhungen.

Maslow

Nach Abraham Maslow bauen die menschlichen Bedürfnisse wie die »Stufen« einer Pyramide aufeinander auf. Zuerst müssen die Bedürfnisse der unteren Stufen befriedigt sein, ehe eine Motivation besteht, die höheren Stufen erreichen zu wollen. In Abbildung 4.40 werden die Bedürfnisstufen erläutert.

Bedürfnispyramide nach Maslow

Die Kritik an der Bedürfnishierarchie nach Maslow bezieht sich vor allem auf das Menschenbild einer von Statusdenken und Individualismus geprägten Gesellschaft.

Abb. 4.41

Motivationsfaktoren nach Herzberg

Hygienefaktoren	Motivatoren
Eine ausreichende Berücksichtigung dieser Einflussfaktoren vermeidet Unzufriedenheit, führt aber nicht zu Zufriedenheit. Sie werden oft gar nicht wahrgenommen oder als selbstverständlich betrachtet. Positive Hygienefaktoren machen also nicht glücklich, aber auch nicht unglücklich. Sie beziehen sich auf interpersonelle Beziehungen, die äußeren Rahmenbedingungen und die Folgen der eigentlichen Arbeitstätigkeit.	Sie begründen die Motivation zur Arbeitsleistung aus dem Arbeitsinhalt und tragen zur Persönlichkeitsentfaltung bei. Die Beschäftigten werden motiviert, weil die Arbeit selbst als zufriedenstellend empfunden wird. Ihr Fehlen führt aber nicht notwendig zu Unzufriedenheit.
Beispiele	
‣ Entlohnung und Gehalt ‣ Personalpolitik ‣ Beziehungen zu Mitarbeitern und Vorgesetzten ‣ Führungsstil ‣ Arbeitsbedingungen ‣ Sicherheit des Arbeitsplatzes	‣ Leistung und Erfolg ‣ Anerkennung ‣ Arbeitsinhalte ‣ Verantwortung ‣ Aufstieg und Beförderung ‣ Wachstum

Herzberg

Zufriedenheit und Unzufriedenheit

Frederick Herzberg kommt aufgrund von empirischen Studien zu dem Schluss, dass es zwei Faktoren gibt, die Menschen bei der Arbeit zufrieden machen. Zufriedenheit und Unzufriedenheit werden dabei als zwei unabhängige Dimensionen verstanden, nicht als extreme Ausprägungen derselben Eigenschaft. In Abbildung 4.41 werden die **Hygienefaktoren** mit den **Motivatoren** verglichen.

Nach Herzberg können nur solche Faktoren zu einer höheren Motivation führen, die sich auf die Arbeitsinhalte und auf die Befriedigung persönlicher Motive beziehen. Einfach konzipierte Motivationsprogramme wie Incentivereisen, Prämien, Aktionspläne usw. müssen danach im Hinblick auf eine Verbesserung der Arbeitsmotivation wirkungslos bleiben.

Zielsetzungstheorie

Die zentrale Annahme der Zielsetzungstheorie von Locke und Latham (goal-setting-theory) bezieht sich auf die extrinsische Arbeitsmotivation. Bewusstes Verhalten soll danach einen konkreten Zweck erfüllen und ist deshalb von individuellen Zielen abhängig. Abbildung 4.42 zeigt den Einfluss der Persönlichkeitsmerkmale auf die Arbeitsleistung. Unterschiedliche Handlungsweisen beruhen folglich auf verschiedenen Zielsetzungen. Ziele sind in diesem Sinne gewünschte zukünftige Zustände, die durch eigene Aktivitäten erreicht werden sollen. Dann hängt aber die Motivation unmittelbar von der Art der Ziele ab.

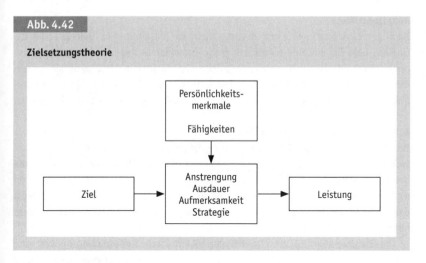

Abb. 4.42

Zielsetzungstheorie

Das Ausmaß, in dem sich Mitarbeiter verpflichtet fühlen, ein Ziel auch gegen Widerstände zu verfolgen, wird Zielbindung (**Commitment**) genannt. Je höher das Commitment ist, desto besser wird die Leistung sein. Sie kann zusätzlich erhöht werden, wenn Rückmeldungen über das Ausmaß der Zielerreichung vorliegen.

Gleichheitstheorie

Die Gleichheitstheorie von Adams (Equity-Theory) geht davon aus, dass Mitarbeiter sich permanent mit ihren Kollegen vergleichen. Sie stellen die eigenen Leistungen den erhaltenen Äquivalenten (z. B. Gehalt, Sozialleistungen, Status) gegenüber und vergleichen sie mit den entsprechenden Werten anderer Mitarbeiter.

Vergleich mit Kollegen

> Die Arbeitsmotivation der Mitarbeiter wird ausgeprägt sein, wenn sie sich im Vergleich mit Kollegen gerecht behandelt fühlen.

Eine faire Behandlung unter Berücksichtigung individueller Besonderheiten wird als gerecht empfunden, eine unbedingt absolute Gleichbehandlung ist dazu nicht erforderlich. Wenn sich aber dauerhaft die subjektive Wahrnehmung von Ungerechtigkeit einstellt, wird zum Nachteil des Unternehmens durch Verringerung der eigenen Leistung eine Situation herbeigeführt werden, die als gerecht empfunden wird.

Erwartungstheorie

Nach Vroom wird Motivation nur dann erreicht, wenn zwischen der eigenen Leistung und ihrem Ergebnis eine eindeutige Beziehung besteht. Die Einschätzung ergibt sich aus früheren Erfahrungen.

Beispiel

Ein höheres Gehalt wird nur dann zu höherer Motivation führen, wenn eine eindeutige Beziehung zwischen Leistung und Entgelt besteht.

Reaktionstheorie

Nach der Reaktionstheorie von Brehm wollen die Mitarbeiter ihr Umfeld so beeinflussen, dass für sie eine möglichst große individuelle Bedürfnisbefriedigung erreicht wird. Alle Motivationsanstrengungen bleiben wirkungslos, wenn sie keinen Zusammenhang herstellen zwischen den Aufgaben und den eigenen Zielen. Konsequent sollen die Freiheiten der Mitarbeiter möglichst wenig eingeschränkt werden.

4.2.1.2 Führung über Zielvereinbarung

Die Führung erfolgt beim **Management by Objectives** über eine gemeinsame Zielvereinbarung zwischen Vorgesetztem und Mitarbeiter. Abbildung 4.43 stellt die Vorgehensweise dar. Der Aufgabenbereich des Mitarbeiters, seine Kompetenzen und seine Verantwortung werden anhand des angestrebten Ergebnisses festgelegt; der Mitarbeiter kann – innerhalb eines festgelegten Rahmens – selbst entscheiden, auf welchem Wege er das gesetzte Ziel am besten erreicht.

Beschreibung Zielverein-
barung

Die Zielvereinbarung besteht aus der eigentlichen Zielformulierung und den Schritten, die zur Zielerreichung erforderlich sind. In der Zielvereinbarung wird festgelegt, dass der Mitarbeiter sich bemühen soll, ein definiertes Arbeitsergebnis innerhalb einer bestimmten Zeit zu erreichen. Nach Ablauf des vorgesehenen Zeitraums kann dann festgestellt werden, ob das Ziel erreicht worden ist. Die Ziele orientieren sich an den Organisationszielen, die auf einzelne Mitarbeiter heruntergebrochen werden.

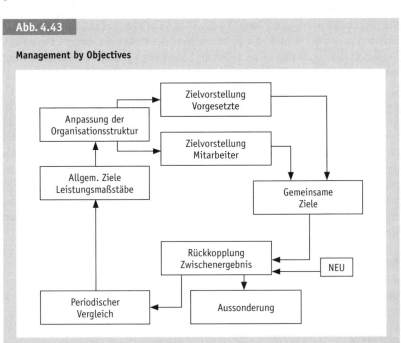

Abb. 4.43

Management by Objectives

Die vereinbarten Leistungs- und Verhaltensziele müssen **SMART** sein:

S	spezifisch	Ziele müssen präzise formuliert sein.
M	messbar	Ziele müssen nach klaren Kriterien überprüfbar sein.
A	angemessen	Ziele müssen herausfordernd und akzeptabel sein.
R	realistisch	Ziele müssen erreichbar sein.
T	terminiert	Ziele müssen bis zu einem bestimmten Zeitpunkt erreichbar sein.

Die quantitativen Leistungsziele definieren das Arbeitsergebnis und lassen sich durch Kennzahlen messen. Beispiele: Umsatz, Deckungsbeiträge, Zahl der Auftragseingänge, Zahl der Reklamationen.

MbO ermöglicht eine objektive Beurteilung und eine leistungsgerechte Vergütung der Mitarbeiter unter der Voraussetzung, dass die Zurechenbarkeit des Ergebnisses auf einzelne Personen möglich ist.

4.2.1.3 Aufgabenbezogenes Führen

Nach den Vorstellungen des **Management by Delegation** werden Aufgaben so weit wie möglich an nachgeordnete Hierarchieebenen delegiert. Bei zunehmender Arbeitsteilung und Spezialisierung dient die Delegation von Verantwortlichkeiten und Kompetenzen der Entlastung der Führungsebenen.

Die entsprechenden Festlegungen erfolgen in den Stellenbeschreibungen. Selbstständige Arbeit ist in diesem vorgegebenen Rahmen möglich und wird auch erwartet. Entscheidend für ein erfolgreiches MbD ist, dass zusammen mit der Aufgabe die entsprechenden Kompetenzen und Verantwortlichkeiten delegiert werden.

Ein Vorteil des MbD ist die hohe Akzeptanz der Unternehmensziele durch die Mitarbeiter, weil sie bei der Gestaltung ihrer Arbeit große Freiheiten genießen. Zudem erhöht sich die Transparenz der Unternehmensprozesse.

Die Führung durch Delegation bringt kaum Nachteile, birgt aber die Gefahr, dass ausschließlich Routineaufgaben delegiert werden und so doch die Motivation beeinträchtigt wird.

4.2.2 Führungsstile

> Unter Führungsstil versteht man ein über einen längeren Zeitraum stabiles Verhaltensmuster eines Vorgesetzten gegenüber den Mitarbeitern, das die persönliche Grundhaltung eines Vorgesetzten ausdrückt.

Definition Führungsstil

Häufig herrscht in einer Organisation ein bestimmter Führungsstil vor, der von der Organisationsleitung vorgelebt und auch auf den nachgeordneten Ebenen umgesetzt wird. In den Abbildungen 4.44, 4.45 und 4.48 sind die unterschiedlichen Ansätze skizziert.

Eigenschaftsansätze

Nach diesen Ansätzen liegt die Ursache für den Erfolg eines Vorgesetzten in seiner Person. Eigenschaften sind Persönlichkeitsmerkmale, die allgemein gelten, also

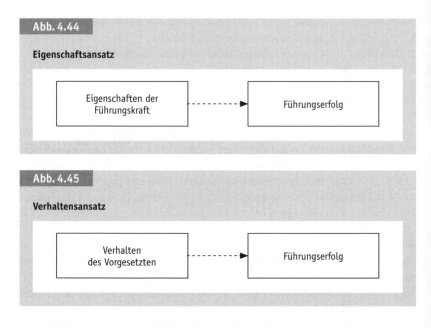

Abb. 4.44

Eigenschaftsansatz

Eigenschaften der Führungskraft ┈┈┈┈▶ Führungserfolg

Abb. 4.45

Verhaltensansatz

Verhalten des Vorgesetzten ┈┈┈┈▶ Führungserfolg

unabhängig von der konkreten Situation. Häufig werden auch soziodemografische Merkmale wie Alter, Geschlecht, Größe, sozialer Status oder Erziehung einbezogen. Die Persönlichkeiten und das Verhalten der Mitarbeiter bleiben unberücksichtigt.

Empirische Untersuchungen zeigen aber, dass der Zusammenhang zwischen persönlichen Eigenschaften und Führungserfolg eher gering ist.

Verhaltensansätze

Klassische Führungsstile

Das Verhalten der Vorgesetzten steht als Erfolgsfaktor im Vordergrund. Die klassische Einteilung der Führungsstile beruht auf dieser Überlegung.

Beim **aufgabenorientierten Führungsstil** steht die Aufgabe im Mittelpunkt. Die Führungskraft will die Erreichung der vorgegebenen Ziele sicherstellen. Die Mitarbeiter werden dabei als Aufgabenträger gesehen.

Beim **personenorientierten Führungsstil** steht der Mitarbeiter mit seinen Bedürfnissen und Erwartungen im Mittelpunkt. Der Vorgesetzte fördert seine Motivation und bemüht sich, gute menschliche Beziehungen aufzubauen. Abbildung 4.46 verdeutlicht, dass die Führungsstile nach dem Umfang der Teilnahme der Vorgesetzten und der Mitarbeiter an Entscheidungsprozessen unterschieden werden.

Weder in einem Unternehmen noch durch eine Person lässt sich in allen Situationen derselbe Führungsstil vorstellen. Er wird im Einzelfall abhängig sein von der Persönlichkeit des Vorgesetzten, den Persönlichkeiten der Mitarbeiter und nicht zuletzt dem Entscheidungsgegenstand. Im Idealfall vereint eine Führungskraft die Orientierung an der Aufgabe mit der Orientierung an den unterstellten Personen.

Blake/Mouton haben die beiden Dimensionen »aufgabenorientiert« und »mitarbeiterorientiert« in neuer Form zusammengeführt. Abbildung 4.47 zeigt das soge-

Abb. 4.46

Verhaltensorientierte Führungsstile

Autoritär	Vorgesetzter entscheidet allein, setzt seine Vorstellungen notfalls mit Zwang durch.
Patriarchalisch	Vorgesetzter entscheidet und setzt seine Interessen mit Manipulation durch.
Informierend	Vorgesetzter entscheidet und setzt sich durch Überzeugung durch.
Beratend	Vorgesetzter informiert und erwartet Meinungsäußerungen der Mitarbeiter.
Kooperativ	Vorgesetzter wählt aus Vorschlägen aus, die von den Mitarbeitern gemacht werden.
Partizipativ	Mitarbeiter entscheiden selbstständig im vereinbarten Rahmen.
Demokratisch	Mitarbeiter entscheiden autonom, Vorgesetzter fungiert lediglich als Koordinator.

Abb. 4.47

Managerial Grid nach Blake/Mouton

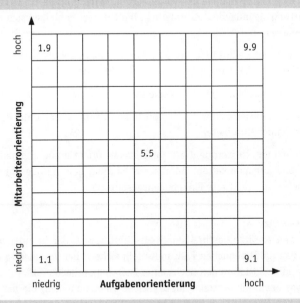

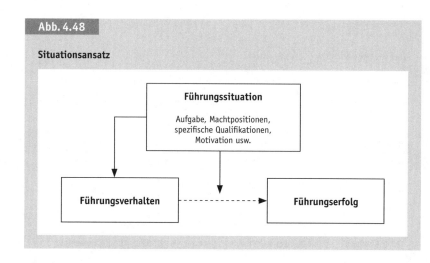

nannte **Verhaltensgitter** (»Managerial Grid«), das die beiden Führungsdimensionen verbindet. So lassen sich theoretisch 81 verschiedene Führungsstile beschreiben.

Beispiele

1.1: Schwache Einflussnahme des Vorgesetzten, keine größere Einwirkung auf die Arbeitsleistung als unbedingt erforderlich. Die Mitarbeiter bleiben sich weitgehend selbst überlassen.

1.9: Betonung der Bedürfnisse der Mitarbeiter. Pflege der zwischenmenschlichen Beziehungen steht im Vordergrund, auch auf Kosten der Ergebniserzielung.

5.5: Mittelweg zwischen Sach- und Personenorientierung.

9.1: Aufgabenorientierte Führung, fordert hohe Arbeitsleistung ohne Rücksicht auf die Interessen der Mitarbeiter.

9.9: Sach- und mitarbeiterorientiert. Gemeinsame Orientierung an übergeordneten Zielen, offene Kommunikation, Aufgabendelegation, gemeinsame Entscheidungsfindung, leistungsorientierte Einkommensgestaltung.

Situationsansätze

Die situativen Ansätze beschreiben einen Führungsstil, der in einer bestimmten Situation den größtmöglichen Führungserfolg sichert. Der Vorgesetzte übernimmt für die jeweilige Situation den nach seiner Meinung optimalen Stil.

Größtmöglicher Erfolg in einer bestimmten Situation

McGregor beschreibt extreme idealtypische Menschenbilder, die das natürliche Verhältnis von Menschen zu ihrer Arbeit darstellen sollen und die konsequent zu unterschiedlichem Führungsverhalten führen müssen. Mit Abbildung 4.49 wird die Typologie dargestellt.

Hersey/Blanchard schlagen vor, den Führungsstil am Entwicklungsstand der Mitarbeiter zu orientieren, der »**Reifegrad**« genannt wird.

Abb. 4.49

Die Führungstheorien von Douglas Murray McGregor

Typologie		
Theorie X	**Theorie Y**	**Theorie Z**
Einstellung		
Menschen haben eine Abneigung gegen Arbeit.	Menschen sind ehrgeizig und bereit, Leistung zu erbringen.	Menschen streben danach, aktiv am Management mitzuwirken.
Auswirkungen		
▸ Wenig Ehrgeiz. ▸ Leistung nur bei Kontrolle und Sanktionen.	▸ Streben nach Selbstverwirklichung und Selbstkontrolle. ▸ Kreative Initiativen. ▸ Eigenverantwortung. ▸ Identifikation.	▸ Teamarbeit. ▸ Übernahme von Verant-wortung.

Der Reifegrad beschreibt die Fähigkeit und Motivation zur Realisierung der übertragenen Aufgabe, also Fachwissen, Fertigkeiten und Erfahrung.

Reifegrad-Modell

Bei geringen Fähigkeiten und geringer Motivation soll der Führungsstil anweisend sein. Wenn sich die Kompetenzen des Mitarbeiters erhöhen, sollen mehr Verant-wortung und mehr Entscheidungskompetenz eingeräumt werden. Entsprechend muss der Führungsstil angepasst werden. Die Entwicklung der Führungsstile in Abhängigkeit vom Reifegrad eines Mitarbeiters kann dann wie in Abbildung 4.50 als Kurve dargestellt werden:

Abb. 4.50

Reifegradmodell nach Hersey/Blanchard

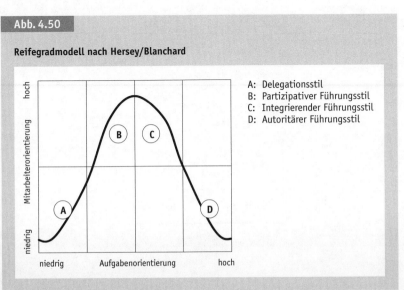

A: Delegationsstil
B: Partizipativer Führungsstil
C: Integrierender Führungsstil
D: Autoritärer Führungsstil

4.2.3 Führen von Gruppen

Als soziale Wesen benötigen Menschen Umgang miteinander und schließen sich zu Gruppen zusammen.

Definition Gruppe

> Eine Soziale Gruppe besteht aus mindestens drei Personen, die in einer unmittelbaren dauerhaften Beziehung zueinander stehen, zwischen denen Interaktion möglich ist und die sich auch ihrer Gruppenzugehörigkeit bewusst sind.

Als soziales System existiert die Gruppe nicht einfach als Summe ihrer Teilnehmer, sondern entwickelt eine eigene interne Dynamik und eigene externe Beziehungen.

Jeder Mitarbeiter in einem Unternehmen ist Mitglied in mehreren Gruppen, er steht sowohl beruflich wie privat in Kontakt zu anderen Personen. Beispiele: Kollegen, Vorgesetzte, unterstellte Mitarbeiter, Kantinen- und Zufallsbekanntschaften. Die Abbildung 4.51 zeigt den Einfluss der Gruppe auf Ziele und Leistung.

Formelle Gruppen ergeben sich aus dem organisatorischen Aufbau eines Unternehmens. Sie sind bewusst geplant und werden als »Abteilung«, »Stab« o. Ä. bezeichnet.

Informelle Gruppen sind dagegen in der formalen Struktur eines Unternehmens nicht vorgesehen. Sie entstehen durch gemeinsame Sympathien, Wünsche und Interessen. Beispiele: Rauchercliquen, Kegelfreunde, Ausbildungsgruppe.

Informelle Gruppen sind in einem Unternehmen problematisch, wenn der Grund ihrer Existenz darin liegt, dass ihre Mitglieder ihre Aufgaben dann besser wahrnehmen können. Sie entstehen z. B., wenn notwendige Informationen nicht, nicht in ausreichender Qualität oder nicht rechtzeitig vorliegen und deshalb außerhalb der vorgesehenen Informationsstränge »besorgt« werden. Dann ist die Organisationsstruktur zu hinterfragen.

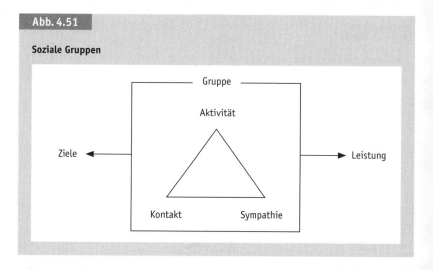

Abb. 4.51

Soziale Gruppen

4.2.3.1 Gruppenstrukturen

Da eine Gruppe ein soziales System ist, treffen verschiedene Normen, Regeln und Werte der Gruppenmitglieder aufeinander. Auf Dauer bildet sich aber häufig ein bestimmtes Wertesystem der Gruppe heraus, das von der Mehrzahl der Mitglieder getragen wird. Die anderen können dadurch leicht zu Außenseitern werden.

Als **Rolle** bezeichnet man die tatsächlichen oder gedachten Anforderungen, die an Gruppenmitglieder gestellt werden oder die sie tatsächlich erfüllen. Wenn nach **Funktionen** der Teilnehmer in der Gruppe unterschieden wird, kann eine Einteilung wie in Abbildung 4.52 erfolgen.

Funktionen und Rollen in einer Gruppe

Abb. 4.52	
Funktionen in einer Gruppe	
Koordinator	Der Koordinator stellt die Ziele dar, kann Aufgaben delegieren und fördert die Entscheidungsfindung durch seine Persönlichkeit und seine Leitungskompetenz.
Shaper	Shaper verfügen über eine starke Selbstdisziplin und üben eine Kontrollfunktion aus, weil sie konsequent die Arbeit an den Sachzielen fordern. Sie können ihre Stärken besonders einbringen, wenn die Gruppe homogen zusammengesetzt ist.
Plants	Diese Mitglieder sind innovativ und aufgeschlossen gegenüber Neuerungen. Ihre Ideen und Ansichten sind oft unkonventionell, aber sie bringen »frischen Wind« in die Gruppe und eröffnen so die Entwicklung einfallsreicher Lösungen.
Monitor-Evaluator	Diese Gruppenmitglieder zeichnet eine kritische Einstellung aus, sie bleiben aber fair gegenüber den Ansichten anderer. Sie können durch ihre Direktheit trotzdem leicht dominierend wirken.
Implementor	Er fordert klare Zielsetzungen und legt Wert auf eine strukturierte Arbeitsweise, um praktikable Lösungsansätze erarbeiten zu können.
Teamworker	Teamworker wirken vordergründig zurückhaltend, sie unterstützen andere und sind eher Helfer im Hintergrund.
Resource Investigator	Der Resource Investigator sichert die Einbettung der Gruppe in den Gesamtzusammenhang der Aufgabenstellung. Er stellt die notwendigen Kontakte her und vermittelt die externen Bedürfnisse und Erwartungen.
Completer	Sie achten auf eine gute Zusammenarbeit und auf eine angemessene Aufgabenverteilung.

Wenn in einer Gruppe unterschiedliche Persönlichkeiten zusammenkommen, wird es zu einer gegenseitigen Beeinflussung kommen, bei der jeder – bewusst oder unbewusst – seine Stärken und Schwächen einbringen wird. Zur Sicherung eines zielorientierten Arbeitsprozesses müssen die Charaktere der Gruppenmitglieder berücksichtigt werden, um einerseits Störungen zu vermeiden und andererseits die vorhandenen Potenziale optimal ausnutzen zu können. Welche Beziehungen die Gruppenmitglieder untereinander haben, kann mithilfe von Soziogrammen in Abbildung 4.53 veranschaulicht werden.

Beziehungen der Gruppenmitglieder untereinander

Abb. 4.53

Beziehungen von Gruppenmitgliedern

Bei einem Kreis ist keine zentrale Position erkennbar:

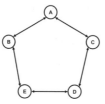

Ein Stern deutet auf eine starke Zentralisation mit einer autoritären Position hin:

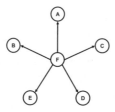

Eine Kette zeigt ebenfalls eine Tendenz zur Zentralisierung:

Rangordnung von Individuen in sozialen Systemen

Der **Status** beschreibt die Rangordnung von Individuen in sozialen Systemen, also ihre sozial bewertete Stellung. In Gruppen kristallisieren sich im Laufe der Zeit bestimmte Positionen heraus, die von einzelnen Gruppenmitgliedern eingenommen werden.

▸ Der **Gruppenführer** (Alpha) legt die Gruppenziele fest und koordiniert den Zusammenhalt der Gruppe. Wenn es keinen offiziellen Gruppenleiter gibt, wird informell jemand diese Funktion übernehmen.

▸ **Mitläufer** orientieren sich ohne eigene Meinung an der Mehrheit oder am Gruppenleiter.

▸ Die **Arbeiter** (Gamma) leisten den quantitativ umfänglichsten Teil der Arbeit.

▸ **Spezialisten** (Beta) bringen ihre Fachkenntnisse ein, ohne ihr Wissen und Können würde das Gruppenergebnis später oder minderwertiger zur Verfügung stehen.

▸ Der **Opponent** versucht, dem Gruppenführer seine Position streitig zu machen. Dieser Status ist ausgesprochen konfliktträchtig.

▸ Der **Sündenbock** (Omega) wird verantwortlich gemacht, wenn die Gruppe ein Ziel nicht erreichen konnte. Er ist meistens das schwächste Gruppenmitglied.

Abb. 4.54

Soziale Rollen in einer Gruppe

Star	Spielt sich in den Vordergrund, stellt sich als Alleskönner und Alleswisser dar. Wirkt leicht arrogant und provoziert selbst bei erheblicher Fachkompetenz Ablehnung.
Küken	Versteckt sich, wirkt leise, unsicher und unbedeutend. Solche Teilnehmer können trotz vorhandener Fachkompetenz ihre Beiträge allenfalls durch Unterstützung anderer einbringen.
Clown	Findet alles witzig und lustig, bringt andere ständig zum Lachen. Wirkt belebend und sorgt vordergründig für eine angenehme Atmosphäre. Er erreicht so Aufmerksamkeit und Zuwendung, die aus seiner Sicht sonst schwer zu erlangen sind.
Außenseiter	Wirkt nicht zur Gruppe gehörig, hält sich abseits und wird nicht integriert.
Mitläufer	Bringt keine eigenen Ideen und Vorschläge ein, redet anderen nach dem Mund. Wirkt zur Zielerreichung überflüssig.
Kritiker	Hat an allem etwas auszusetzen, weiß alles besser, bringt aber keine eigenen Ideen und Impulse.
Schwätzer	Redet um des Redens willen, nicht an der Sache orientiert. Typisch sind Koreferate, Beispiele und »Geschichten aus dem Leben«. Wird als störend erlebt, weil er den Arbeitsprozess nicht unterstützt.
Schweiger	Nimmt aufmerksam teil, redet aber nur, wenn aus seiner Sicht noch Aspekte nachgetragen werden müssen oder wenn er ausdrücklich gefragt wird. Wirkt unnahbar und damit auf manche auch bedrohlich.

4.2.3.2 Gruppenverhalten

Die **soziale Rolle**, die einzelne Teilnehmer in einer Gruppe einnehmen, kann sich von der funktionalen unterscheiden und sie verstärken, aber auch entwerten.

In einem Gruppensoziogramm wie in Abbildung 4.55 können die Beziehungen der Gruppenmitglieder zueinander dargestellt werden.

Die Abbildung zeigt die Gruppenstars, den Außenseiter, sowie die isolierte Clique. Für die dargestellte Gruppe ist besonders bedeutsam, dass zwei Gruppenstars existieren, die ein Paar bilden und damit gemeinsam das Zentrum der Gruppe markieren.

Obwohl Teilnehmer auch permanent eine einzige Rolle verkörpern können, sind Überschneidungen in Abhängigkeit von der aktuellen Diskussionslage, der Gruppenatmosphäre, den anderen Teilnehmern u. v. a. m. eher typisch.

In einer Gruppe verhalten sich Menschen anders als allein. Die Muster, nach denen die Vorgänge und Abläufe in der Gruppe erfolgen, werden als **Gruppendynamik** bezeichnet. Sie machen das Zusammenwirken und die Beziehungen von Mitgliedern einer Gruppe deutlich und beschreiben, wie sich die Einzelpersonen in der Gruppe verhalten, wie sich die Gruppe formiert, wie sie funktioniert und wie sie sich gegebenenfalls wieder auflöst.

Abbildung 4.56 zeigt die Entwicklung einer Gruppe in typischen Phasen.

Zusammenwirken und Beziehungen der Gruppenmitglieder

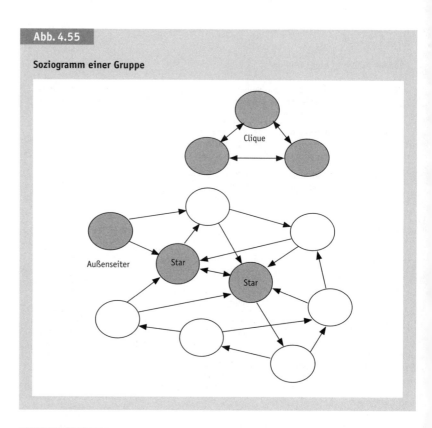

Abb. 4.55

Soziogramm einer Gruppe

Abb. 4.56

Entwicklungsphasen in einer Gruppe

Dependenz	Flucht	Die Gruppe sucht ein gemeinsames Ziel, die Erwartungen des Gruppenführers sollen erfüllt werden.
	Trotz	Der Gruppenführer wird infrage gestellt, Diskussion über die Gruppenstruktur. Einige versuchen Ordnung zu schaffen, die anderen widersetzen sich.
	Lösung	Inhalte und Beziehungen werden geklärt, Regeln aufgestellt und die Gruppe einigt sich auf ein Ziel.
Interdependenz	Harmonie	Intensive Arbeit am gemeinsam gewählten Programm, Einigkeit über Rollen und Aufgaben.
	Entzauberung	Konflikt zwischen persönlichen Interessen und vereinbarten Zielen und Regeln, Misstrauen, Störungen.
	Konsensbildung	Arbeitsfähige Gruppe, gemeinsame Entscheidungen

Bei **Gruppenleistungen** werden drei Arten unterscheiden:

Arten von Gruppen-
leistungen

▸ Typus des Hebens und Tragens (**Kräfte-Addition**): Die Gruppenleistung entspricht nicht der Summe der Einzelleistungen. Sie ist niedriger, weil die Koordination aller Kräfte schwierig ist.

▸ Typus des Suchens und Beurteilens (**Fehlerausgleich**): Das Urteil der Gruppe ist genauer als die einzelnen Urteile. Die Bildung von Mittelwerten führt statistisch zu einem Fehlerausgleich.

▸ Typus des Bestimmens (**Setzung von Normen**): In der Gruppe übernehmen die Mitglieder Normen und Rollen, sind sich dessen aber nur selten bewusst. Die Festlegung von Normen durch die Gruppe entlastet den Einzelnen, der sich nach den Gruppennormen, -erwartungen und Rollenvorgaben richten kann.

4.2.4 Personalplanung

Beschaffungsplanung
Die verschiedenen Methoden zur Ermittlung des quantitativen Bedarfs an Mitarbeitern werden in Abbildung 4.57 verglichen.

Stellenplan
Alle Soll-Stellen eines Unternehmens, die laut Plan benötigt werden, sind in einem Stellenplan zusammengefasst. Er ergibt sich aus einer Zusammenfassung aller Stellenbeschreibungen und hat einen Soll-Charakter. Da Stellen personenunabhängig sind, werden sie auch dann im Stellenplan aufgeführt, wenn sie momentan nicht besetzt sind.

Soll-Stellen

Abb. 4.57

Verfahren der Personalplanung

	Methode	Beispiele
Schätzverfahren	Erfahrungswerte	Ein Baumarkt mit weniger als drei Mitarbeitern ist nicht funktionsfähig.
Globale Bedarfs-prognose	Ableitung aus Größen aus der Vergangenheit	Umsatz, Besucherzahl, Zahl der Betten
Kennzahlenmethode	Gesucht werden Verhältniszahlen, die sich in der Vergangenheit stabil gezeigt haben.	Ein Sachbearbeiter kann 16 Kunden betreuen. $$\frac{\text{Umsatz p. a.}}{\text{Anzahl der Mitarbeiter}}$$
Arbeitswissenschaftliche Verfahren	Ermittelt wird der Zeitbedarf pro Arbeitseinheit.	▸ Arbeitsanalysen ▸ Zeitmessungen ▸ Tätigkeitsvergleiche ▸ Quervergleiche (MTM, REFA)

Ein Nachteil der Stellenplanmethode ist der hohe Aufwand, nicht nur für die Erstellung von Stellenbeschreibungen, sondern auch für die regelmäßige Überprüfung und Fortschreibung. Zudem können Stellenbeschreibungen in der Praxis lediglich Anhaltspunkte bieten, insbesondere hinsichtlich der zu erfüllenden Aufgaben.

Stellenbesetzungsplan

Der Stellenbesetzungsplan zeigt die tatsächlich besetzten Stellen an. Er enthält den Namen des Stelleninhabers und meistens weitere Informationen wie Eintrittsjahr, Gehaltsgruppe, Geburtsjahr und Vollmachten. Eine Differenz zwischen Stellenplan und Stellenbesetzungsplan zeigt einen Personalunter- oder -überhang und gegebenenfalls den Nettopersonalbedarf.

Personalüberhang und -defizite

Beispiel **Stellenbesetzungsplan einer Marketingabteilung**

Stellenart	Tarifgruppe	Personalbestand	Stellenbestand	Differenz
Abteilungsleiter	außertariflich	1 Mitarbeiter	1 Stelle	
Gruppenleiter	T 9	4 Mitarbeiter	5 Stellen	./. 1 Mitarbeiter
Sachbearbeiter	T 6 - 8	15 Mitarbeiter	13 Stellen	+ 2 Mitarbeiter
Sekretariate	T 4 - 5	5 Mitarbeiter	6 Stellen	./. 1 Mitarbeiter
Aushilfen	T 2 - 3	10 Mitarbeiter	5 Stellen	+ 5 Mitarbeiter
Summe		35 Mitarbeiter	30 Stellen	+ 5 Mitarbeiter

Laufbahnplanung

Durch eine strategische, also unter Berücksichtigung langfristiger **Perspektiven** vorgenommene Besetzung von Stellen werden Karrieren im eigenen Unternehmen gefördert. Den Mitarbeitern können so Entwicklungsmöglichkeiten aufgezeigt werden. In der Regel wird dabei unterschieden zwischen Führungs- und Fachlaufbahn. Wenn qualifizierten Mitarbeitern ein attraktives Aufgabenfeld geboten werden kann, haben sowohl das Unternehmen als auch die Mitarbeiter Vorteile davon:

Bindung der Mitarbeiter

▸ Die langfristige Bindung der Mitarbeiter wird gefördert.
▸ Die Mitarbeiter fühlen sich dem Unternehmen verbunden, das führt zu einer höheren Identifikation und Motivation.
▸ Das Betriebsklima wird verbessert.
▸ Den Mitarbeitern ist die langfristige Entwicklung für ihre berufliche und private Planung transparent.
▸ Die Investitionen in Mitarbeiterqualifikationen zahlen sich langfristig aus.
▸ Bei einer internen Stellenbesetzung ist der Kandidat bekannt, das verringert die Gefahr von Fehlbesetzungen.
▸ Die interne Personalbeschaffung ist kostengünstiger.

Nachfolgeplanung

Die Nachfolgeplanung soll die Kontinuität in Führungspositionen sicherstellen. Durch eine funktionierende und akzeptierte Möglichkeit, im Unternehmen aufzusteigen, wird Mitarbeitern eine berufliche Perspektive geboten.

Eine erfolgreiche Nachfolgeplanung setzt zunächst die **Identifikation** von Schlüsselpositionen voraus. Wenn bekannt ist (z. B. bei Pensionierung) oder abgeschätzt werden kann, wann Stellen neu besetzt werden müssen, können Mitarbeiter benannt werden, denen langfristig das **Potenzial** zugetraut wird, diese Positionen erfolgreich ausfüllen zu können. Sie können dann mit perspektivischen Personalentwicklungsmaßnahmen auf die vorgesehenen Herausforderungen vorbereitet werden. Die Abbildung 4.58 zeigt ein Beispiel:

Kontinuität in Führungspositionen

Abb. 4.58

Nachfolgeplanung

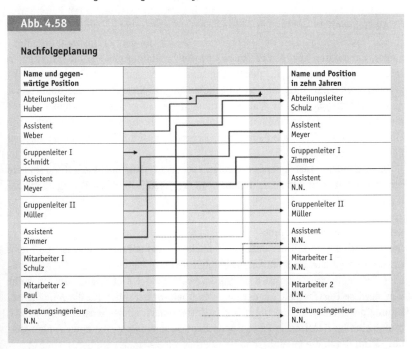

Beispiel Nachfolgeplanung

Im Planungszeitraum pensioniert werden der Abteilungsleiter (Huber) sowie der Gruppenleiter I (Schmidt). Zudem liegt die Kündigung des Mitarbeiters 2 (Paul) vor. Im Rahmen der internen Karriereplanung rücken verschiedene Mitarbeiter auf, deren Stellen wiederum neu besetzt werden müssen.

4.2.5 Personalbeschaffung

Ziel der Personalbeschaffung ist die inner- und außerbetriebliche Gewinnung von Mitarbeitern, die für die zu besetzenden Stellen qualifiziert sind. Es ist nicht nur eine Unterqualifikation zu vermeiden, eine Überqualifikation kann ebenso demotivierend sein.

Interne Personalbeschaffung

Bei langfristigem Personalbedarf kann auf bereits vorhandene Mitarbeiter zurückgegriffen werden. Diese Mitarbeiter kennen das Unternehmen mit seinen Strukturen und Abläufen bereits, ihre in der Vergangenheit erbrachten Leistungen und ihr Verhalten lassen sich besser beurteilen als bei unternehmensexternen Bewerbern.

Schnelle Stellenbesetzung

Als Nebeneffekt ergibt sich eine relativ schnelle Stellenbesetzung, die mit geringen Kosten verbunden ist. Nachteilig wirkt sich die geringe Auswahl an potenziellen Kandidaten aus. Außerdem schafft die Besetzung einer Stelle durch einen internen Mitarbeiter i. d. R. gleichzeitig eine Vakanz auf der Stelle, die der Mitarbeiter vorher im Unternehmen eingenommen hat. Es entsteht also unmittelbar neuer Handlungsbedarf, diese andere offene Stelle neu zu besetzen. Zudem besteht die Gefahr der Betriebsblindheit. Ein Unternehmen braucht regelmäßig auch neue Mitarbeiter von außen, die neue Ideen, Sichtweisen und Erfahrungen aus anderen Bereichen einbringen.

Die wichtigsten **Instrumente** der innerbetrieblichen Personalbeschaffung sind die innerbetriebliche Stellenausschreibung, die Versetzung und die Personalentwicklung.

Externe Personalbeschaffung

Breite Auswahl an Kandidaten

Der wesentliche Vorteil der außerbetrieblichen Personalbeschaffung ist die breite Auswahl an möglichen Kandidaten. Problematisch im Vergleich zur innerbetrieblichen Personalbeschaffung ist der hohe Aufwand an Zeit und Kosten. Auch besteht eine gewisse Unsicherheit, ob der neue Mitarbeiter tatsächlich für die Aufgabenerfüllung geeignet ist und sich gut in das Unternehmen eingegliedert. Im Gegenzug bringt eine betriebsfremde Person neue Impulse mit. Das Risiko einer Fehleinstellung kann durch die Vereinbarung einer Probezeit verringert werden.

In der Praxis gibt es eine Reihe von Beschaffungswegen, die unterschiedlich stark genutzt werden, wenn eine innerbetriebliche Personalbeschaffung nicht möglich oder unzweckmäßig ist:

▸ Stellenanzeigen,
▸ Stellensuchanzeigen,
▸ Blindbewerbungen,
▸ Personalleasing,
▸ Agentur für Arbeit,
▸ Fachvermittlungsdienste,
▸ Schulen oder Universitäten (Campus Recruiting).

Abb. 4.59

Vor- und Nachteile der internen und externen Personalbeschaffung

	innerbetrieblich	außerbetrieblich	
Vorteile	Motivationswirkung durch Aufstiegschancen, Bindung an das Unternehmen	Keine internen Aufstiegschancen, Demotivation	**Nachteile**
	Geringe Beschaffungskosten	Hohe Beschaffungskosten	
	Kennen des Mitarbeiters, seiner Fähigkeiten und seines Verhaltens.	Bewerber unbekannt, gewisses Risiko.	
	▸ Betriebskenntnis, dadurch geringeres Risiko, ▸ Einhalten des betrieblichen Entgeltniveaus, ▸ relativ schnelles Verfahren.	▸ »Einlernen« des neuen Mitarbeiters notwendig, ▸ ggf. hohe Gehaltsvorstellungen, ▸ zeitaufwendig.	
Nachteile	Geringe Auswahl	Breite Auswahl	**Vorteile**
	Betriebsblindheit, Gefahr der Beförderungsautomatik.	Neue Impulse durch neue Ideen.	
	Verlagerung des Personalbedarfes: freigewordene Stelle ist anschließend zu besetzen.	Personalbedarf wird quantitativ direkt gelöst.	
	Fortbildungsnotwendigkeit zur Lösung des qualitativen Bedarfs.	Qualitativer Bedarf wird direkt gelöst.	

Abbildung 4.59 stellt die Vor- und Nachteile der internen und externen Beschaffung gegenüber.

4.2.6 Entgeltformen

Das Entgelt ist die Gegenleistung, die der Arbeitgeber dem Arbeitnehmer für dessen geleistete Arbeit zahlt.

Definition Entgelt

Höhe, Form und Berechnung des Entgelts sind meist vertraglich geregelt. Rechtsgrundlagen sind Tarifverträge, Betriebsvereinbarungen und Einzelarbeitsverträge.

Mitarbeiter erhalten zusätzlich zum normalen Entgelt auch nach Grund und Höhe arbeitsvertraglich vereinbarte oder tarifvertraglich garantierte Zuschläge wie z. B. Nacht-, Sonntags-, Feiertags-, Gefahren-, Schmutz- oder Erschwerniszuschläge. Die wohl wichtigsten sind die Überstundenzuschläge.

Kausale Entgeltfindung

Das Ziel der kausalen Entgeltfindung ist ein möglichst enger Zusammenhang zwischen der Entgelthöhe und den Anforderungen, Qualifikationen und Leistungen des Arbeitnehmers.

▸ Beim **Zeitlohn** erhält der Arbeitnehmer ein pauschales Entgelt für die in einem bestimmten Zeitraum (z. B. Stunde, Woche, Monat) geleistete Arbeit, unabhängig vom Ergebnis. Der Zeitlohn muss mindestens dem tarifvertraglich festgelegten **Mindestlohn** entsprechen. Der Arbeitgeber kann freiwillig einen höheren Lohn bezahlen. Der Zeitlohn ist gut geeignet, wenn

  – keine messbaren Leistungseinheiten produziert bzw. bearbeitet werden,
  – kein Einfluss auf die Produktionsmenge besteht,
  – kein Einfluss auf die benötigte Arbeitszeit besteht,
  – große Sorgfalt erforderlich ist,
  – Arbeiten besonders gefährlich sind.

  Ein großer Vorteil des Zeitlohns ist die leichte Ermittlung und die unkomplizierte Abrechnung. Der Nachteil liegt in dem fehlenden Zusammenhang zwischen Leistung und Entgelt.

▸ Im Gegensatz zum Zeitlohn ergibt sich das Entgelt beim **Akkordlohn** nach Feststellung der erbrachten mengenmäßigen Leistung. Wichtige Voraussetzungen sind die genaue Messbarkeit des Arbeitsergebnisses sowie die Möglichkeit des Arbeitnehmers, durch seine Leistungsbereitschaft die Output-Menge individuell zu beeinflussen.

▸ Arbeitnehmer haben nicht immer die Möglichkeit, ihren Output direkt zu beeinflussen. Zudem sind viele Tätigkeiten, gerade in kaufmännischen und kreativen Berufen, nicht mengenmäßig erfassbar. Um trotzdem einen finanziellen Anreiz zu geben, mehr als die Normalleistung zu erbringen, bietet sich der **Prämienlohn** an. Eine Prämie ist ein leistungsabhängiges Entgelt, das zusätzlich zum Zeit- oder Akkordlohn bei präzise definierten Voraussetzungen gezahlt wird.

Soziale Entgeltfindung

Existenzminimum

Die soziale Entgeltfindung berücksichtigt soziale Gesichtspunkte, meist das Alter, den Familienstand und die Kinderzahl. Mit der sozialen Entgeltfindung soll mindestens das Existenzminimum des Arbeitnehmers und ggf. seiner Familie gesichert werden. Dadurch soll ein Ausgleich zwischen den Belastungen durch die unterschiedlichen sozialen Lebensumstände der Mitarbeiter erreicht werden.

Die soziale Entgeltfindung geschieht insbesondere durch **staatliches Handeln**, insbesondere durch die Steuergesetzgebung und durch Transferzahlungen wie z. B. das Eltern- oder Kindergeld.

Finale Entgeltfindung

Periodenbezogenes
Ergebnis

Die finale Entgeltfindung basiert auf dem periodenbezogenen Ergebnis der betrieblichen Tätigkeit. Ihr Ziel ist, das Interesse der Mitarbeiter an einem möglichst guten Gesamtergebnis für das Unternehmen zu erhöhen. Meist wird Bezug genommen auf Kennziffern der betrieblichen Wertschöpfung wie Umsatz oder Gewinn. Diese Beteiligung der Mitarbeiter durch das Unternehmen erfolgt freiwillig und zusätzlich zum normalen Entgelt. Sie kann ohne Ankündigung erfolgen, aber auch vorab vereinbart werden, z. B. im Rahmen einer Betriebsvereinbarung oder in Einzelarbeitsverträgen.

4.3 Personalentwicklung

Personalentwicklung umfasst alle Maßnahmen, die der individuellen beruflichen Entwicklung der Mitarbeiter dienen und ihnen die für ihre aktuellen und künftigen Aufgaben erforderlichen Qualifikationen vermitteln.

Definition Personalentwicklung

Menschen, Teams und Organisationen sollen befähigt werden, ihre Aufgaben erfolgreich und effizient zu bewältigen und sich auch neuen Anforderungen selbstbewusst und motiviert zu stellen. Sie sollen so auf die aktuellen und künftigen Anforderungen des Unternehmens vorbereitet werden.

Dazu gehören alle Maßnahmen, die auf den Beruf vorbereiten oder die erforderlichen Qualifikationen erhalten, anpassen oder erweitern sollen. Abbildung 4.60 bietet eine Übersicht. Das vorhandene Mitarbeiter-Potenzial zu erkennen und zu entwickeln, sichert langfristig die erreichte strategische Position Die Personalentwicklung ist konsequent vom Management zu initiieren, zu fördern und zu überwachen.

Durch **Fortbildung** soll die vorhandene berufliche Bildung entweder erhalten, angepasst, erweitert oder für einen beruflichen Aufstieg ausgebaut werden. **Weiterbildung** bezieht sich dagegen auf zusätzliche Qualifikationen zur beruflichen Neuorientierung oder zur Erlangung eines bestimmten Abschlusses.

Beide können sich beziehen auf die Entwicklung von
▸ Können (fachlichen Fähigkeiten),
▸ Wissen (gespeicherte und abrufbare Informationen),
▸ Verhalten (soziale und psychologische Aspekte der Zusammenarbeit).

Abb. 4.60

Zweige der Personalentwicklung

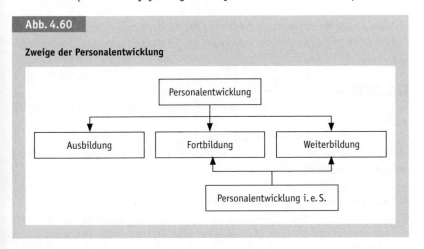

4.3.1 Arten der Personalentwicklung

4.3.1.1 Ziele der Personalentwicklung

Ziel der Personalentwicklung ist der Erhalt bzw. die Schaffung eines Leistungspotenzials der Mitarbeiter, das Voraussetzung ist für langfristige Wettbewerbsfähigkeit und den Erhalt bzw. die Verbesserung der Marktposition. Die Gründe für eine aktive Personalentwicklung liegen sowohl in den Beziehungen des Unternehmens zu seiner Umwelt als auch in seiner internen Entwicklung.

Typische Ziele sind:

- Bewältigung der Herausforderungen durch den technischen Wandel,
- Vermittlung zusätzlicher Fachkenntnisse bei neuen Produkten oder Produktionsverfahren,
- Nutzung des Wissenszuwachses für das Unternehmen,
- Vermittlung vertiefter und aktueller Kenntnisse aufgrund von Spezialisierung,
- Anpassung an ein verändertes Führungsverhalten.

Voraussetzungen
für erfolgreiche Personalentwicklung

In einer konkreten Situation kann der Anstoß zu einer Maßnahme von den Interessen des Unternehmens oder des Mitarbeiters ausgehen.

Der Maßnahmenplanung geht eine **Bedarfsanalyse** voraus. Die geforderten Qualifikationen und Kompetenzen werden den bereits vorhandenen gegenübergestellt und auf diese Weise der Schulungs- und Entwicklungsbedarf ermittelt. Berücksichtigt werden die fachliche Qualifikation und die Entwicklungschancen.

Grundlage für die Durchführung von Personalentwicklungsmaßnahmen in Unternehmen sind Laufbahn- und Nachfolgeplanungen, Beurteilungen, Wünsche und Interessen. Hinweise erhält die zuständige Abteilung durch eigene Recherchen, Hinweise von Vorgesetzten und Kollegen, Trainern, Kunden und den Mitarbeitern selbst.

Während die Maßnahmen zur Erreichung der Unternehmensziele sich unmittelbar daraus ableiten lassen, sind die Interessen der Mitarbeiter individuell unterschiedlich.

Beispiele **Unterschiedliche Mitarbeiterinteressen**

Frau A. erkennt, dass ihr nur Aufstiegsmöglichkeiten geboten werden, wenn sie sich zusätzliche Fachkenntnisse aneignet.

Herr B. sucht eine neue Herausforderung in einem anderen Arbeitsgebiet.

Frau C. möchte ihre Sprachkenntnisse erweitern, weil sie eine Chance im Ausland wahrnehmen möchte.

4.3.1.2 Verantwortlichkeit für die Personalentwicklung

Wegen ihrer umfassenden Bedeutung ist die Unternehmensführung für das Personalmanagement und die strategischen Aspekte der Personalpolitik zuständig, sie ist Auslöser für die Maßnahmen der Personalentwicklung. Abbildung 4.61 stellt die Personalentwicklung als Teil der Personalpolitik dar.

Weil die Personalstrategie nur so erfolgreich sein kann wie ihre Umsetzung, werden alle Führungskräfte eingebunden. Die Vorgesetzten kennen die Gründe für

Abb. 4.61

Personalentwicklung als Teil der Personalpolitik

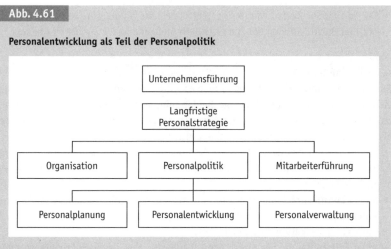

Abb. 4.62

Abgrenzung zwischen Fort- und Weiterbildung

Fortbildung		Weiterbildung	
Erweiterung und Ergänzung von Qualifikationen, die schon in einem Ausbildungsberuf erworben wurden (§ 1 BBilG)		Erwerb zusätzlicher, bisher nicht oder nicht in ausreichendem Maße vorhandener Fähigkeiten	
Fort- und Weiterbildung beziehen sich auf die Entwicklung von			
Können	Wissen		Verhalten
Bezeichnet die fachlichen Fähigkeiten	Bezeichnet gespeicherte und abrufbare Informationen		Beschreibt den sozialen und psychologischen Bereich der Zusammenarbeit

notwendige Personalentwicklungsmaßnahmen bei ihren Mitarbeitern und müssen die Anstöße dazu geben. Sie diagnostizieren die fachbezogenen Fähigkeiten und verantworten die Beseitigung von Defiziten und die Entwicklung von Stärken.

Die Umsetzung erfolgt dann durch die Personalabteilung. Bei ihr laufen die Informationen aus dem gesamten Unternehmen zusammen, deshalb werden hier die geeigneten Maßnahmen ausgewählt.

4.3.1.3 Fortbildung

Die Qualifizierung der vorhandenen Mitarbeiter gehört zu den Aufgaben des Personalmanagements. Sie leistet einen wichtigen Beitrag zur Motivation der Mitarbeiter und damit auch zur Entwicklung der Organisationskultur. Die Abgrenzung zwischen Fort- und Weiterbildung zeigt Abbildung 4.62.

Qualifizierung

> Der Fortbildungsbedarf wird festgestellt, indem die Anforderungen einer Stelle mit den Qualifikationen des (potenziellen) Stelleninhabers verglichen werden.

Angebote zur Qualifizierung

4.3.1.4 Maßnahmen

Zur Durchführung der Maßnahmen gibt es zahlreiche Angebote. Unter Kostengesichtspunkten wird zunächst zu entscheiden sein, ob eine interne **Schulung** sinnvoll ist oder ob ein externes Angebot berücksichtigt werden soll. Je nach Ziel der Maßnahme kann dann gewählt werden zwischen

▸ einem **Vortrag**, bei dem relativ kostengünstig eine große Zahl von Teilnehmern erreicht werden kann. In der Regel sind aber Rückfragen oder gar Diskussionen nicht möglich.

▸ einem **Lehrgespräch**, bei dem die Teilnehmer in die Erarbeitung der Inhalte aktiv einbezogen werden. Dazu müssen die Gruppen klein genug sein, um eine effiziente Kommunikation zu ermöglichen.

▸ einer **Fallstudie**, die mit einem überschaubaren, aber dennoch komplexen branchentypischen Problem konfrontiert, das von den Teilnehmern bearbeitet werden muss.

▸ einem **Rollenspiel**, in dem die Teilnehmer für begrenzte Zeit fiktive Rollen übernehmen und dadurch deren Denk- und Handlungsmuster kennenlernen.

▸ **CBT**, bei dem Lernsoftware eingesetzt wird. So kann – sehr kostengünstig – praktisch an jedem Ort und zu jeder gewünschten Zeit gelernt werden. Der soziale Aspekt des Lernens fehlt allerdings, es gibt keine Mitstreiter und Rückfragen sind nicht möglich.

▸ **WBT**, bei dem die Möglichkeiten des Internet genutzt werden. Die Lerneinheiten werden von einem Webserver abgerufen. Dadurch entstehen zahlreiche Kommunikationsmöglichkeiten mit den Mitlernern. WBT wird meistens von einem Tutor moderiert, der die Lernenden motiviert und Fragen beantworten kann.

▸ **Business-TV**, einem unternehmensinternen Fernsehprogramm. Über große Entfernungen und trotzdem gleichzeitig können Mitarbeiter, Partner und Kunden schnell und umfassend informiert, motiviert und geschult werden. Weil dieses Verfahren sehr kostenintensiv ist, wird es nur von großen Unternehmen gezielt eingesetzt.

Formen der Personalförderung

4.3.1.5 Innerbetriebliche Förderung

Durch die Personalförderung soll die Qualifizierung der vorhandenen Mitarbeiter erweitert werden, um die optimale Bewältigung der aktuellen und zukünftigen Aufgaben sicherzustellen. Individuelle Maßnahmen sollen gleichzeitig die Motivation fördern und zur Erreichung der wirtschaftlichen und sozialen Ziele beitragen.

▸ **Training into the Job**: Hinführung zu einer neuen Tätigkeit, meistens durch Ausbildung, aber auch durch eine gezielte Einarbeitung und Trainee-Programme.

▸ **Training on the Job**: Übernahme zusätzlicher qualifikationsfördernder Aufgaben. Das kann durch direkte Unterweisung am Arbeitsplatz geschehen oder durch Übernahme entsprechender Aufgaben, Projektarbeit und den Einsatz als Stellvertreter.

▸ **Training along the Job**: Dazu gehören Laufbahnpläne und Karrierepläne, in der Regel verbunden mit systematischem Wechsel des Arbeitsplatzes.

▸ **Training near the Job:** Arbeitsplatznahes Training wie Lernwerkstatt, Qualitätszirkel, Gremienarbeit.

▸ **Training off the Job**: Weiterbildung im engeren Sinne in einem bisher nicht bekannten Arbeitsbereich.

▸ **Training out of the Job**: Vorbereitung auf den Ruhestand.

▸ **Job-Rotation.** Systematischer Stellenwechsel, um Kenntnisse zu erweitern und zu vertiefen.

▸ **Job-Sharing.** Teilung einer Vollzeitstelle, die von zwei oder mehreren Teilzeitarbeitskräften ausgefüllt wird. Die Teilzeitkräfte stimmen meistens ihre Arbeitszeit nach ihren eigenen Wünschen ab.

▸ **Job-Enlargement**. Die Aufgaben der Mitarbeiter werden um zusätzliche Arbeitsbereiche erweitert. Dadurch können neue Qualifikationen erworben werden.

▸ **Job-Enrichment.** Entscheidungskompetenzen werden mit oder ohne Übertragung zusätzlicher vor- oder nachgelagerter Aufgaben erweitert.

4.3.2 Potenzialanalyse

Potenzialanalyse ist die strukturierte Untersuchung bestimmter Fähigkeiten. Sie kann zu Mitarbeitern, Ereignissen, Mitteln und Organisationen durchgeführt werden. Mit Potenzialanalysen wird im Personalbereich das Karrierepotenzial ermittelt.

Strukturierte Untersuchung bestimmter Fähigkeiten

▸ Die sequenzielle Analyse bestimmt das Potenzial in Bezug auf die nächste Karrierestufe.

▸ Die absolute Analyse bezieht sich auf die allgemeine prognostizierte Entwicklung.

Dazu wird ein Potenzialprofil erstellt, das mit den betrieblichen Anforderungen verglichen wird. Die festgestellten Defizite können durch gezielte Maßnahmen beseitigt und die Stärken gefördert werden. Zum Potenzial der Mitarbeiter gehören unter anderem

Potenzialprofil

▸ **Methodenkompetenz:** Fähigkeit, Probleme zu erkennen und geeignete Lösungsvorschläge zu erarbeiten,

▸ **Sozialkompetenz:** Fähigkeit zur Interaktion mit anderen Mitarbeitern,

▸ **Fachkompetenz:** Fähigkeit, Fachwissen anzuwenden,

▸ **Reflexionskompetenz:** Fähigkeit, das eigene Handeln kritisch zu bewerten,

▸ **Veränderungskompetenz:** Fähigkeit und Bereitschaft zu lebenslangem Lernen.

Die Qualität der Personalanalyse ist entscheidend davon abhängig, nach welchen Kriterien das Potenzial erfasst wird.

4.3.3 Kosten- und Nutzenanalyse

Schwierige Erfolgs-
ermittlung

Während die Kosten der Personalentwicklung relativ leicht und genau festzustellen sind, kann ihr Nutzen weit weniger exakt ermittelt werden. Die Beurteilung einer Maßnahme ist aber unter engen betriebswirtschaftlichen Aspekten nur möglich, wenn die erzielten Wirkungen in Beziehung gesetzt werden zu den entstandenen Kosten. Die Verantwortlichen müssen eine geplante und als wünschenswert erachtete Wirkung einer Bildungsmaßnahme und ihren Nutzen mit hinreichender Genauigkeit auf die Maßnahme beziehen können.

Die Erfassung und Bewertung des Nutzens setzt eine systematische Erfassung der Kosten voraus. Sie dient darüber hinaus dazu, Transparenz der eingesetzten Mittel herzustellen. Auf dieser Basis kann dann geklärt werden:

▸ Welche Mitarbeiter können zu welchen Kosten geschult werden?
▸ Welche Inhalte sollen vermittelt werden?
▸ Wer wird von den Ergebnissen profitieren?

Gerade bei Bildungsmaßnahmen, deren Erfolg von einer Vielzahl von sehr unterschiedlichen Faktoren abhängt, ist die **Identifikation der Erfolgsfaktoren** ein erhebliches Problem. Es muss nachvollziehbar ein eindeutiger, von anderen Einflussfaktoren getrennter betriebswirtschaftlicher Nutzen nachweisbar sein. Die für typische betriebswirtschaftliche Erfolgsmessungen entwickelten Kennzahlen sind dazu aber in der Regel ungeeignet, eigene Beurteilungskriterien müssen entwickelt werden.

Bewertung durch Teilnehmer

Methode des Bildungs-
controllings

Die Bewertung der Schulungsergebnisse durch die Teilnehmer ist eine nahe liegende, einfache und deshalb weit verbreitete Methode des Bildungscontrollings. Sie beruht auf der Annahme, dass die Teilnehmer in der Lage seien, ihren Lernerfolg zu quantifizieren und zusätzlich ihren subjektiven Eindruck zu der Veranstaltung nachvollziehbar zu formulieren. Die Zufriedenheit der Teilnehmer ist zwar wichtig, aber die anschließende Umsetzung des Gelernten im Unternehmen muss ebenfalls messbar sein.

Die Teilnehmer haben meist eine genaue Vorstellung von dem erzielten Lernerfolg. Für den externen Beobachter ergibt sich aber die Frage, inwieweit die Angaben interpersonell vergleichbar sind und ob die Bewertungsangaben mit den Bewertungskriterien des Auftraggebers und des Bildungscontrollings korrespondieren.

Kennzahlen

Die Bildung geeigneter Kennzahlen zur Messung des Erfolges von Maßnahmen der Personalentwicklung erscheint wegen der ungenauen Daten problematisch, Anhaltspunkte für ihren Erfolg können aber gefunden werden.

▸ Aussagen zum Potenzial der Mitarbeiter lassen sich über Produktivitätskennziffern treffen. Der Umsatz pro Mitarbeiter könnte einen sinnvollen Anhaltspunkt bieten. Allerdings ist die Umsatzentwicklung nur zu einem Teil auf das Können und Wissen der Mitarbeiter zurückzuführen. Andere Einflüsse sind z. B. die Führungsstruktur, das Marketing und die Marktsituation.

▸ Mit dem Abgleich von Anforderungsprofilen und Eignungsprofilen der Mitarbeiter lassen sich Lücken feststellen und damit Ansatzpunkte für gezielte Weiterbildungsmaßnahmen finden. Auch hier wird man die Unschärfe besonders des Eignungsprofils als Problem berücksichtigen müssen.

▸ Mit der Fluktuationsrate lässt sich die Bedeutung des Verlustes an Know-how messen.

▸ Mitarbeiterzufriedenheit und Motivation lassen sich weitaus schwieriger feststellen. Eine mögliche Kennziffer kann die Zahl der Verbesserungsvorschläge sein. Ansonsten sind die Befragung der Mitarbeiter und die Auswertung weicher Informationen, z. B. in Form von Indizes, erforderlich.

gelernt & gewusst Kapitel 4

Aufgabe 4.1 (IHK H11)

Im Rahmen einer Neupositionierung am Markt·überarbeitet ein Unternehmen seine Corporate Identity. Als Abteilungsleiter beantworten Sie Ihren Mitarbeitern folgende Fragen.

a) Erläutern Sie den Begriff Corporate Behaviour. (3 Punkte)

b) Nennen Sie vier weitere Elemente der Corporate Identity. (4 Punkte)

Aufgabe 4.2 (IHK F11)

Eine wichtige Grundlage von unternehmerischen Entscheidungen stellen die zu erreichenden Ziele dar.

Ein Unternehmen verfolgt in der Praxis oft mehrere Ziele nebeneinander. Hierbei sind verschiedene Zielbeziehungen zu beachten.

Unterscheiden Sie zwischen

▸ komplementären Zielbeziehungen und

▸ konkurrierenden Zielbeziehungen

anhand jeweils eines Beispiels. (8 Punkte)

Aufgabe 4.3 (IHK F11)

Der Führungserfolg Ihres Unternehmens hängt maßgeblich von der Motivation der Mitarbeiter ab.

a) Erklären Sie den Unterschied zwischen (6 Punkte)

▸ extrinsischer Motivation und

▸ intrinsischer Motivation.

b) Erläutern Sie jeweils zwei Faktoren, die zur extrinsischen Motivation beitragen und intrinsische Motivation aufrechterhalten. (12 Punkte)

Aufgabe 4.4 (IHK H10)

Die Entlohnung in Unternehmen kann nach unterschiedlichen Entgeltformen erfolgen. Zeitlohn und Leistungslohn sind zwei mögliche Entgeltformen.

a) *Grenzen Sie die beiden Entgeltformen*   *(8 Punkte)*
   ‣ *Zeitlohn und*
   ‣ *Leistungslohn*
   voneinander ab.

b) *Nennen Sie zu jeder obigen Entgeltform zwei Vorteile.*   *(4 Punkte)*

c) *Geben Sie zu jeder der beiden obigen Entgeltformen ein praxisgerechtes Beispiel.*   *(4 Punkte)*

Aufgabe 4.5

Der 40-jährige Verwaltungsangestellte Lutz Renner arbeitet seit 34 Monaten bei der Autovermietung »Unfallfrei«. Nehmen Sie bei den folgenden Fallvarianten jeweils kurz Stellung

1. zur Art der Kündigung

2. zur Wirksamkeit der Kündigung

und begründen Sie Ihre Angaben.

a) *Die Geschäftsleitung schickt ihm am 1. März mit der Post eine Kündigung zum 31. Mai, »weil in diesen schwierigen Zeiten keine Autos mehr gemietet werden«.*

b) *Die Geschäftsleitung schreibt am 1. März eine E-Mail: »Wir bedauern, Ihnen zum 31. Mai kündigen zu müssen, weil Ihnen nach zahlreichen Geschwindigkeitsüber-tretungen der Führerschein entzogen worden ist.«*

c) *Die Geschäftsleitung übergibt ihm am 1. März einen Brief. »Am 2. Januar diesen Jahres haben Sie aus Wut über eine – berechtigte oder unberechtigte – Kritik einem Kunden das Warndreieck an den Kopf geworfen. Bereits am 1. Februar habe ich Ihnen mitgeteilt, dass ich mir überlege, mich deshalb von Ihnen zu trennen. Nunmehr spreche ich die angedrohte sofortige Entlassung aus.«*

d) *Die Geschäftsleitung legt am 2. März einen Brief in sein dienstliches Postfach. »Sie haben gestern auf unserem PC private E-Mails empfangen und auch gelesen. Wir kündigen Ihnen nach dem Sommergeschäft zum 1. Oktober.«*

e) *Die Geschäftsleitung bringt persönlich (unter Zeugen) einen Brief in den Haus-briefkasten. »Sie haben gestern aus dem Papierkorb einen noch benutzbaren Bleistift mit Firmenlogo entnommen und Ihrem Sohn geschenkt mit der Bemer-kung »Damit Du immer siehst, in welch toller Firma Dein Vater arbeitet.«*

Aufgabe 4.6

Monika Blank leitet einen Laden für Modeschmuck. Sie beschäftigt eine fest angestellte Verkäuferin (35 Stunden/Woche) und kann je nach Arbeitsanfall auch kurzfristig auf zwei studentische Aushilfen zurückgreifen. Eine von ihr befragte Controllerin hat ihr geraten, in einem neu erbauten Einkaufszentrum eine Filiale einzurichten. M.B. bittet Sie um Rat bei der notwendigen Personalbeschaffung.

a) Nennen und erläutern kurz Sie drei Methoden der Personalbedarfsermittlung.

b) Raten Sie M.B., ob sie eine interne oder externe Personalbeschaffung vorziehen soll.

c) Um welche Art von Personalbedarf handelt es sich dabei?

d) Zur Personalbeschaffung stehen M.B. mehrere Möglichkeiten zur Verfügung. Nennen Sie fünf und geben Sie jeweils an, ob sie im beschriebenen Fall sinnvoll eingesetzt werden können.

Aufgabe 4.7

Welche Entlohnungsformen eignen sich für die folgenden Tätigkeiten? Kreuzen Sie bitte an.

Tätigkeit	Zeitlohn	Akkordlohn	Gruppenakkord
Verpackung von Äpfeln in Transportkisten			
Einzelanfertigung von Schmuckstücken			
Kassieren im Supermarkt			
Verkauf von modischen Kleidungsstücken			
Reinigung von Fußböden			
Reinigung von Schornsteinen			
Entwurf von Plakaten			

5 Betriebliches Management

5.1 Betriebliche Planungsprozesse

5.1.1 Betriebliches Zielsystem

Alles wirtschaftliche Handeln dient der Erreichung eines bestimmten Zwecks, ist also auf ein Ziel gerichtet. Die Formulierung dieses Zieles unternehmerischer Tätigkeit ist Aufgabe der Unternehmensleitung.

Die konkreten Ziele eines Unternehmens werden bestimmt durch ein komplexes System, dessen Elemente auf sehr unterschiedliche Arten miteinander verbunden sind. Erst wenn die Basis für dieses Zielsystem klar und präzise definiert ist, können Maßnahmen auf der operativen Ebene effizient sein. Die Einflüsse auf die Zielbildung verdeutlicht Abbildung 5.1.

> Das Zielsystem eines Unternehmens umfasst alle Ziele und Teilziele, deren Realisierung angestrebt wird. In der betrieblichen Praxis wird in der Regel ein Zielbündel verfolgt.

Definition Zielsystem

Unterschiedliche Ziele ergeben sich oft schon dadurch, dass Personen mit unterschiedlichen Interessen an der Zielformulierung beteiligt sind. In jedem Einzelfall müssen die Interessen der Beteiligten gegeneinander abgewogen und zu einem tragbaren Kompromiss geführt werden.

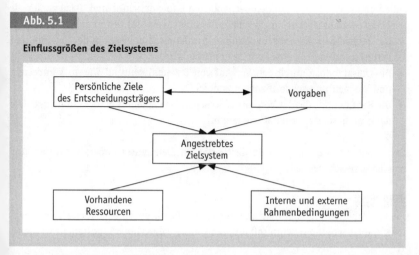

Abb. 5.1

Einflussgrößen des Zielsystems

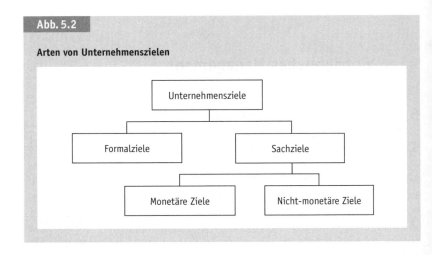

Abb. 5.2

Arten von Unternehmenszielen

Beispiel **Zielkonflikte**

Die Eigentümer eines Unternehmens werden die Lohnkosten tendenziell niedrig halten wollen, während die Mitarbeiter ihren Einfluss dahingehend geltend machen werden, dass die Löhne möglichst hoch sind.

Zielarten

Die unterschiedlichen Ziele, die ein Unternehmen verfolgt, lassen sich in Kategorien zusammenfassen. Abbildung 5.2 gibt eine Übersicht.

Formalziele

Definiertes ökonomisches Ergebnis

Formalziele sind Vorgaben, die ein definiertes ökonomisches Ergebnis herbeiführen sollen und insbesondere auf den betrieblichen Erfolg gerichtet sind. Dazu zählen als wichtigste Voraussetzung für das dauerhafte Bestehen des Unternehmens:

▸ Der Jahresüberschuss, der im Rahmen des Jahresabschlusses in der Gewinn- und Verlustrechnung für eine Periode ermittelt wird.
▸ Die Umsatzerlöse durch den Verkauf von Erzeugnissen und Waren, Vermietung und Verpachtung sowie Dienstleistungen.
▸ Die Rentabilität, die das Verhältnis zwischen dem Ergebnis einer Periode und dem dabei eingesetzten Kapital wiedergibt.

Der Inhalt, das Ausmaß und der Zeitbezug der Ziele müssen operationalisiert und messbar gemacht werden.

Beispiel

Die Zielformulierung »Der Gewinn soll steigen« ist diffus, eine mögliche Operationalisierung lautet »Der Gewinn soll innerhalb eines Jahres um 6 % gesteigert werden«.

Systematisiert man nach dem angestrebten Ausmaß der Zielerreichung, ist zwischen begrenzten und unbegrenzten Zielen zu unterscheiden. Bei begrenzten Zielen soll ein vorgegebener Wert erreicht werden, z. B. Vergrößerung des Marktanteils auf 30 %. Im Falle unbegrenzter Ziele wird eine möglichst maximale Zielerreichung angestrebt, z. B. Kostenminimierung. In der Regel kann bei unbegrenzten Zielen nicht festgestellt werden, ob tatsächlich der bestmögliche Erfolg erreicht worden ist.

Ausmaß der Zielerreichung

Sachziele

Während bei den Formalzielen finanzwirtschaftliche Größen angestrebt werden, geht es bei den Sachzielen um das konkrete Handlungsprogramm, um die Art, Menge und den Zeitpunkt der Produkterstellung. Sie bestimmen die Steuerung des güter- und finanzwirtschaftlichen Prozesses.

Beispiele

Sicherung der Befriedigung der Nachfrage,
Produktion von Erzeugnissen in einer bestimmten Qualität,
Nutzung eines bestimmten Fertigungsverfahrens,
Ausbringung einer vorgegebenen Menge.

Die Gliederung der Sachziele zeigt Abbildung 5.3.

Abb. 5.3

Elemente von Sachzielen

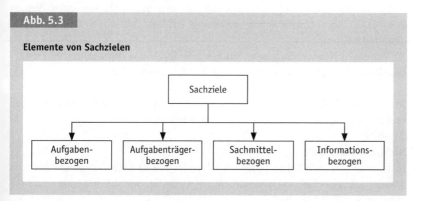

Beispiele

Aufgabenbezogene Sachziele: Eine Apotheke hat die Aufgabe, Arzneimittel herzustellen und zu vertreiben.

   Aufgabenträgerbezogene Sachziele: Die kommunale Stadtreinigung muss dafür sorgen, dass die Straßen regelmäßig und gründlich gesäubert und die Papierkörbe geleert werden.

   Sachmittelbezogene Sachziele: Die Kapazitätsauslastung soll möglichst hoch und gleichmäßig sein.

   Informationsbezogene Sachziele: Die notwendigen Informationen sollen rechtzeitig und vollständig vorliegen.

Zu den Organisationen, die vornehmlich Sachziele verfolgen, gehören öffentliche Betriebe, bei denen die Leistungserstellung im Vordergrund steht.

Beispiele

Personentransport bei den regionalen Verkehrsbetrieben
Informationsversorgung beim öffentlich-rechtlichen Fernsehen

Monetäre Ziele

Gewinnmaximierung/
Umsatzmaximierung

Monetäre Ziele lassen sich in Geldeinheiten ausdrücken wie z. B. Gewinnmaximierung oder Umsatzmaximierung. Das setzt jedoch voraus, dass dieses Ziel auch quantitativ benannt werden kann und dass alle Alternativen bekannt sind, die der Zielerreichung dienen können. Dies ist aber eine theoretische Forderung, denn in der betrieblichen Praxis sind in der Regel eben nicht alle möglichen Handlungsalternativen bekannt. Tatsächlich wird deshalb eine subjektive Bestlösung angestrebt.

Um eine technisch realisierbare und wirtschaftlich sinnvolle Entscheidung treffen zu können, sind Nebenbedingungen zu beachten, die in jedem Unternehmen festzulegen sind.

Beispiele

Das Ziel »maximaler Gewinn« ist unzureichend, wenn alle Alternativen zu einem Verlust führen, denn dann würde diejenige mit dem geringsten erwarteten Verlust ausgewählt. Sinnvoll wäre, einen bestimmten Mindestgewinn in einer Nebenbedingung festzulegen.

Technische Nebenbedingungen können z. B. durch eine Begrenzung der Produktionskapazität, Lager- und Finanzierungsmöglichkeiten auftreten.

In jedem Einzelfall müssen die Interessen der Beteiligten gegeneinander abgewogen und zu einem tragbaren Kompromiss geführt werden.

Nicht-monetäre Ziele

Nicht-monetäre Ziele können ökonomisch bedingt, aber auch z. B. politischer oder sozialer Art sein. Sie sind außerordentlich vielfältig, wie die folgende – unvollständige – Auflistung zeigt:
▸ Fortführung von Traditionen,
▸ Vergrößerung des Marktanteils,
▸ Schaffung von neuen Arbeitsplätzen,
▸ Versorgung der Bevölkerung,
▸ geringe Belastung der Umwelt,
▸ Sicherung des Standortes,
▸ Unabhängigkeit,
▸ persönliches Ansehen und
▸ politischer Einfluss.

Zielbeziehungen

Wenn aus dem Unternehmensziel in der Zielhierarchie verschiedene Ziele abgeleitet werden können, so muss darauf geachtet werden, dass sie konsistent sind mit dem

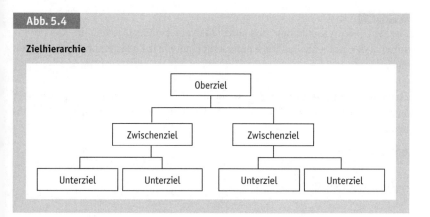

Abb. 5.4

Zielhierarchie

Gesamtziel. Auf den nachgeordneten Ebenen können verschiedene Arten von Zielbeziehungen auftreten.

Arten von
Zielbeziehungen

▸ **Zielhierarchie.** Bei der Orientierung an der Rangordnung werden zur Erreichung
des Oberziels (z. B. Zielsetzung des Gesamtunternehmens) Zwischen- und Unterziele gebildet (z. B. Zielsetzungen für einzelne Abteilungen). Da Zielsetzungen
für kleinere Einheiten konkreter definiert werden können, sind sie einfacher zu
formulieren und zu kontrollieren. In der Praxis besteht die Problematik darin, die
Unterziele so abgestimmt vorzugeben, dass das Oberziel tatsächlich erreicht wird.
Die hierarchische Ordnung ist aus Abbildung 5.4 erkennbar.

▸ Bei **Zielkonkurrenz** geht die Verfolgung eines Zieles immer **zu Lasten eines
anderen Zieles**. Beide Ziele können nicht gleichzeitig im gleichen Ausmaß
erreicht werden. Die Erhöhung des Zielerreichungsgrades des einen führt zu einer
Senkung des Zielerreichungsgrades des anderen. Abbildung 5.5 stellt den Zusammenhang grafisch dar.

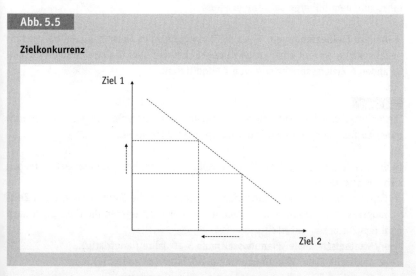

Abb. 5.5

Zielkonkurrenz

Beispiel

Die Ziele »Kostensenkung« und »Qualitätsverbesserung« stehen in Konkurrenz miteinander, weil eine Qualitätsverbesserung mit einer Kostenerhöhung verbunden ist.

Zielkomplementarität ergibt sich, wenn die Erfüllung des einen Zieles gleichzeitig auch zu einer **Förderung des anderen Zieles** führt. Den Zusammenhang zeigt Abbildung 5.6.

Abb. 5.6

Zielkomplementarität

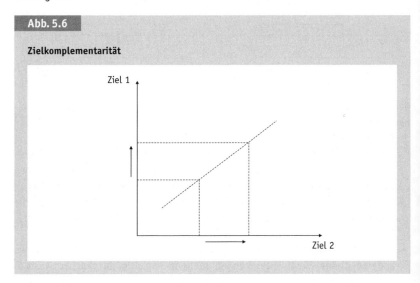

Beispiel

Eine verkürzte Bearbeitungszeit steigert die Produktivität, sie senkt die Kosten und führt zu einem höheren Jahresüberschuss.

▸ **Andere Zielbeziehungen.** Wenn die Verfolgung eines Zieles keinerlei oder jedenfalls keine wesentlichen Auswirkungen hat auf den Zielerreichungsgrad von anderen Zielen, spricht man von Zielindifferenz.

Beispiel

Die Verbesserung des Kantinenessens wird keinen positiven oder negativen erkennbaren Einfluss auf die Qualität der Kundenbetreuung haben.

In der Abbildung 5.7 wird das Ziel 1 verfolgt, Auswirkungen auf das Ziel 2 ergeben sich dadurch nicht.

▸ Für eine sinnvolle und eindeutige Zielbildung ist die Formulierung eines **Zeitrahmens** von entscheidender Bedeutung. Demnach werden die Ziele auch nach ihrem Zeitbezug unterteilt:
   - Strategische Ziele: Planungszeitraum 5-10 Jahre (langfristig).
   - Taktische Ziele: Planungszeitraum 1-5 Jahre (mittelfristig).
   - Operative Ziele: Planungsdauer bis 1 Jahr (kurzfristig).

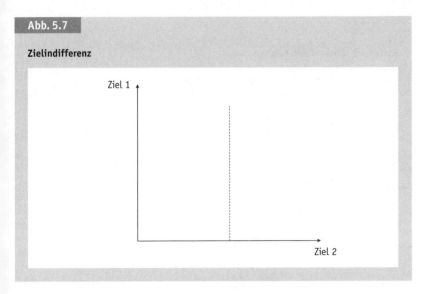

Abb. 5.7

Zielindifferenz

Die breite Spanne bei den Zeitangaben resultiert daraus, dass der Planungszeit-raum beeinflusst wird von der Art der Entscheidung in einer konkreten Situation.

Statische und Dynamische Zielformulierung
Die Zielformulierung kann sich auf einen festen Zeitpunkt oder Zeitraum beziehen oder sie kann relativ formuliert werden und eine beabsichtigte Entwicklung im Zeitablauf beschreiben.

Beispiele
Der Umsatz soll im Jahr 2014 auf 2.500.000 € steigen.
Der Umsatz soll 2014 um 10 % höher sein als 2013.
Die Menge der abgesetzten Produkte soll 250.000 Stück im Jahr 2014 betragen.
Im Marktsegment »Kaffeemaschinen« sollen 2014 5 % mehr Geräte verkauft werden als 2013.

5.1.2 Strategische und operative Planung

Als Strategie wird ein zielgerichtetes Vorgehen nach einem langfristigen Plan bezeichnet.

Definition Strategie

Strategien sind also Maßnahmen zur Sicherung des langfristigen Erfolgs eines Unternehmens. Im Gegensatz dazu ist Taktik ein eher kurzfristiges Vorgehen, das aber dennoch Teil strategischer Überlegungen ist. Eine **strategische Analyse** schafft

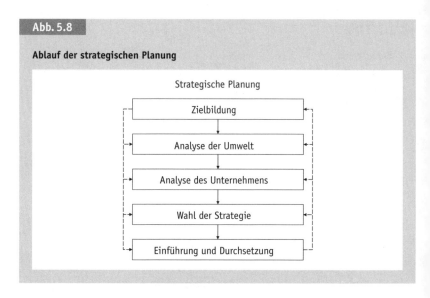

Abb. 5.8

Ablauf der strategischen Planung

Strategische Planung
- Zielbildung
- Analyse der Umwelt
- Analyse des Unternehmens
- Wahl der Strategie
- Einführung und Durchsetzung

die Grundlage für Planungen. Sie beschreibt die aktuelle Situation mithilfe geeigneter Methoden und Werkzeuge. Wichtige mögliche Ansätze bilden die

▶ **Geschäftsstrukturanalyse:** Produkte und Marktsegmente werden in einer Geschäftsstrukturmatrix gegenübergestellt. Daraus können die unternehmerischen Schwerpunkte in Form von Hauptgeschäftsfeldern abgelesen werden.

▶ **Portfolioanalyse:** Produktgruppen, Marktsegmente und Hauptgeschäftsfelder werden anhand von unternehmensspezifischen Kriterien miteinander verglichen.

▶ **Erfolgsfaktorenanalyse:** Die im Wettbewerb relevanten Faktoren werden identifiziert und bewertet. Die Auswertung zeigt strategische Erfolgsfaktoren und kritische Bereiche mit unmittelbarem Handlungsbedarf.

▶ **Wettbewerberanalyse:** Die wichtigsten Wettbewerber werden unter dem Aspekt der zentralen Erfolgsfaktoren bewertet.

Der Katalog möglicher Strategien ist kaum überschaubar. Noch schwieriger ist eine Klassifizierung, die auch nur annähernd den Anspruch der Vollständigkeit erheben kann. Die – im Prinzip immer gleiche – Vorgehensweise zeigt Abbildung 5.8.

Funktionen der
strategischen Planung

Die Formulierung der strategischen Ziele ist Aufgabe des Managements. Ihre Bedeutung für die Planung zeigt die Zusammenstellung der Funktionen in Abbildung 5.9.

▶ **Entscheidungsfunktion.** Wenn Entscheidung die Auswahl bewerteter Alternativen ist, dann liefert die Benennung der strategischen Ziele Kriterien für die Bewertung von Planungsalternativen. Die Existenz eines strategischen Zielsystems ist die Voraussetzung für die Auswahl von Strategien.

▶ **Koordinationsfunktion.** Durch die Festlegung der strategischen Ziele wird gesichert, dass die Planungen von Teilaktivitäten auf die formulierten Ziele bezogen werden können. Besonders in Organisationsformen, bei denen nachgeordneten Ebenen eigenständige Entscheidungsspielräume eingeräumt werden, kommt die Koordinierungsfunktion zum Tragen.

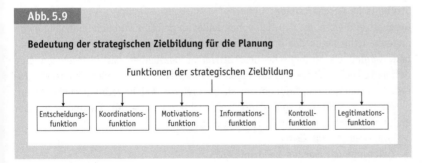

Abb. 5.9

Bedeutung der strategischen Zielbildung für die Planung

Funktionen der strategischen Zielbildung

| Entscheidungs-funktion | Koordinations-funktion | Motivations-funktion | Informations-funktion | Kontroll-funktion | Legitimations-funktion |

▸ **Motivationsfunktion.** Die strategischen Ziele sollen die Mitarbeiter veranlassen, diese Ziele anzustreben und zu erreichen. Sie können dadurch eine Identifikation mit »ihrem« Unternehmen erzeugen. Voraussetzung ist eine Unternehmenskultur, die ermöglicht, die Mitarbeiter von den enthaltenen Visionen zu überzeugen.

▸ **Informationsfunktion.** Aus den strategischen Zielen können die Mitarbeiter ersehen, welche Planungen notwendig sind. Sie erhalten damit auch Hinweise, wie sie sich auf der operationalen Ebene zu verhalten haben.

Potenzielle Investoren können durch schlüssig formulierte und kommunizierte Planung zu einer verstärkten Bereitschaft für ein finanzielles Engagement motiviert werden.

▸ **Kontrollfunktion.** Nur wenn aufgrund der Planung eindeutige und überprüfbare Ziele existieren, ist auch eine Messung und Kontrolle des Zielerreichungsgrades möglich. Ohne Zielformulierung fehlt für eine Überprüfung die Vergleichsgröße. Die Kontrollfunktion kann insofern problematisch werden, als weniger souveräne Unternehmensleitungen versuchen könnten, die Kontrollmöglichkeiten durch unscharfe Formulierungen der Ziele zu umgehen oder zumindest zu erschweren.

▸ **Legitimationsfunktion.** Die Planungsziele dienen auch als Rechtfertigung für Entscheidungen. Auf diese Weise gehen auch Überlegungen zum unternehmerischen Umfeld in den Planungsprozess ein. Das ist ein Grund dafür, dass Ziele wie »Erhaltung der Arbeitsplätze« und »Umweltschutz« verstärkt als strategische Ziele verfolgt werden.

Analyse von Erfolgspotenzialen

Erfolgspotenziale sind die produkt- bzw. marktspezifischen Voraussetzungen für die Realisierung des Unternehmenserfolges, weil sie die Stärken des Unternehmens ausmachen. Sie sind entscheidend für die Umsetzung der Strategie und deshalb besonders kritisch.

Ihre Identifizierung und langfristige Sicherung ist Aufgabe der strategischen Führung, denn nur sie gewährleisten die langfristige Existenzsicherung des Unternehmens. Dazu können Marktstudien, Kundenbefragungen, Datenbanken u. a. genutzt werden. Die Erfolgspotenziale müssen:

▸ strategisch wertvoll sein,
▸ schutzfähig sein,
▸ schwer substituierbar sein und
▸ schwer imitierbar sein.

Strategische Geschäftsfelder

Geschäftseinheiten, die deutlich voneinander abgrenzbar sind und unabhängig von anderen Teilgebieten des Unternehmens **eigenständige Aufgaben** zu erfüllen haben, werden als strategische Geschäftsfelder bezeichnet. Sie übernehmen eine definierte Marktaufgabe und verlangen entsprechende differenzierte Marktaktivitäten. Als Voraussetzung dafür müssen sie über relative Wettbewerbsvorteile verfügen.

Zur Bildung von strategischen Geschäftsfeldern und zur Abgrenzung gegenüber anderen können z. B. folgende Merkmale dienen:

Abgrenzung strategischer
Geschäftsfelder

▸ homogene Erfolgsfaktoren,
▸ Zielgruppe mit eigenen Bedürfnissen,
▸ eigenständige Marktbearbeitung,
▸ autonome Planung und Umsetzung von Wettbewerbsstrategien,
▸ organisatorisch eigenständig,
▸ Organisation als Profit- oder Costcenter,
▸ klare Unterscheidung von den Konkurrenten.

Ein komplexes Gesamtunternehmen wird so in überschaubare und weniger heterogene Teilbereiche untergliedert, die jeweils eine bedeutende Marktstellung repräsentieren oder zumindest dahin entwickelt werden können. Entscheidungen können weitgehend unabhängig von anderen Aktivitäten des Unternehmens getroffen werden. Ausgangspunkt ist der Gesamtmarkt, die Abgrenzung kann z. B. erfolgen nach:

▸ Kundengruppen,
▸ Produktgruppen,
▸ Wettbewerbern,
▸ Ressourcen,
▸ Technologien sowie
▸ geografischen Gesichtspunkten.

5.1.3 Statistik, Vergleichsrechnung, Planungsrechnung

Kennzahlen

Kennzahlen geben in konzentrierter Form Auskunft über **quantitativ erfassbare betriebliche Sachverhalte.** Es handelt sich um Managementinstrumente, die – mit unterschiedlicher Zielrichtung und Detaillierungstiefe – grundsätzlich in allen Organisationsformen eingesetzt werden können.

Kennzahlen sind Managementinstrumente

Komplexe Zusammenhänge sollen so auf relativ einfache Weise dargestellt werden, um einen möglichst schnellen und doch umfassenden Überblick zu erhalten. Kennzahlen liefern Informationen über die technische, organisatorische und wirtschaftliche Leistungsfähigkeit der Organisationseinheit.

Da Kennzahlen isoliert betrachtet nur eine sehr begrenzte Aussagefähigkeit haben, können Schlüsse und Bewertungen in der Regel nur durch einen chronologischen oder branchenbezogenen Vergleich erfolgen. Die verschiedenen Typen der Kennzahlen sind aus Abbildung 5.10 zu erkennen.

Abb. 5.10

Einteilung der Kennzahlen

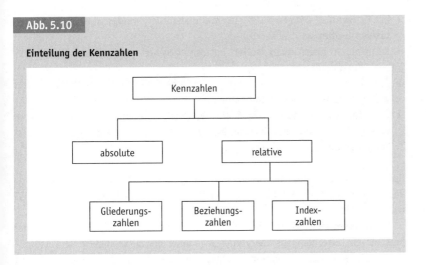

> **Absolutzahlen** werden direkt aus dem Rechnungswesen übernommen. Sie können auf Mengen- oder Wertangaben basieren. Ihre Aussagekraft ist gering und nur durch Vergleiche zu erlangen. Beispiele: Bilanzsumme und Jahresüberschuss.

Typen von Kennzahlen

> **Gliederungszahlen** geben den Anteil einer Teilgröße an der zugehörigen Gesamtgröße an. Sie zeigen das relative Gewicht einzelner Größen als Teil einer Gesamtheit an. Beispiel: Die Eigenkapitalquote gibt den Anteil des Eigenkapitals am Gesamtkapital an.

> Bei **Beziehungszahlen** werden zwei logisch zusammenhängende Größen zueinander in Beziehung gesetzt, zwischen denen eine Ursache-Wirkungs-Beziehung vermutet wird. Bei Veränderungen können allerdings die Ursachen dafür allein mit der Beziehungszahl nicht festgestellt werden. Beispiel: Die Umsatzrentabilität zeigt die Beziehung zwischen Jahresüberschuss und Umsatzerlösen.

> Mithilfe von **Indexzahlen** können Veränderungen im Zeitablauf dargestellt werden. Die Anfangswerte zum Beginn des Betrachtungszeitraums erhalten dazu den Basiswert 100. Die Werte zu späteren Zeitpunkten werden dann im Verhältnis zu diesem Basiswert ermittelt und zeigen die prozentuale Veränderung. Beispiele: Aktien- und Preisindizes.

Welche Art von Kennzahl gewählt wird, ist im Einzelfall abhängig von den **Informationszielen**, die erreicht werden sollen. Kritisch ist jedoch anzumerken, dass die Aussagekraft von Kennzahlen nicht überschätzt werden darf:

Kritik an Kennzahlen

> Ihre **Zuverlässigkeit** und besonders ihre Eignung zu Prognosen sind im Einzelfall zu prüfen.

> Kennzahlen stellen immer nur eine **Momentaufnahme** dar, sie beziehen sich auf die Situation an einem Stichtag.

> Welche der zahlreichen Kennzahlen und gegebenenfalls -kombinationen zur fundierten Urteilsbildung beitragen können, hängt von dem jeweils **unterschiedlichen Erkenntnisinteresse** ab.

▸ Mit Kennzahlen können nur Sachverhalte analysiert werden, die sich in **quantitativen Größen** ausdrücken lassen.

▸ Kennzahlen dürfen **nicht isoliert** betrachtet werden, weil sie sich gegenseitig beeinflussen können.

▸ Für die entscheidende Frage, nämlich ob eine Gefährdung des Unternehmens vorliegt, steht ein **Gesamtindikator** nicht zur Verfügung.

▸ Der **Kennzahlenvergleich** ermöglicht Vergleiche innerhalb eines Unternehmens oder zwischen ähnlichen Unternehmen. Er dient als Standortbestimmung und ist Voraussetzung für das Benchmarking.

Nur Vergleiche sinnvoll

Bei einer **Einzelanalyse** sind die Erkenntnismöglichkeiten äußerst gering, weil jede Vergleichsmöglichkeit mit Daten aus der Vergangenheit oder von anderen Unternehmen fehlt.

Im **Zeitvergleich** werden deshalb mehrere aufeinander folgende Daten eines bestimmten Unternehmens analysiert. Gegenüber der Einzelanalyse wird dadurch ein erheblicher Erkenntnisgewinn möglich, denn allein die Veränderung und erst recht die Entwicklung von Kennzahlen im Zeitablauf ermöglichen eine bessere Beurteilung als die statische Einzelanalyse. Allerdings besteht bei einem ausschließlichen Zeitvergleich die Gefahr, dass »Schlendrian mit Schlendrian« verglichen wird. Dieses Problem kann teilweise umgangen werden, wenn als Vergleichsmaßstab andere Unternehmen der gleichen Branche, der Branchendurchschnitt oder der Branchenprimus gewählt werden.

Im **Betriebs- oder Branchenvergleich** werden die Daten verschiedener Unternehmen miteinander verglichen. Er bietet in der Regel die besten Aufschlüsse, aber die wichtigste und zugleich schwierigste Voraussetzung dafür ist, dass die Unternehmen genügend ähnlich sind. Dabei müssen die Branche, die Größe, die Rechtsform, das Produktionsprogramm, die Finanzierungssituation und viele weitere Einflüsse berücksichtigt werden, um eine Fehleinschätzung zu vermeiden. Dann aber ist durch einen Vergleich mit dem stärksten Wettbewerber ein Benchmarking möglich.

Es erscheint zunächst wünschenswert, einzelnen Kennzahlen Sollwerte gegenüberstellen zu können. Ihre Ermittlung ist jedoch schwierig, denn es gibt keine empirisch haltbaren Vorgaben, auf deren Grundlage bestimmte Kennzahlen ein Urteil über die wirtschaftliche Lage ermöglichen würden.

Verfahrensvergleich

Wenn in der Produktion mehrere Verfahren alternativ eingesetzt werden können, ist – unter Berücksichtigung von technischen, qualitativen und wirtschaftlichen Gesichtspunkten – das kostengünstigste auszuwählen. Eine sinnvolle Vorgehensweise ist der Vergleich der alternativen Herstellkosten, wobei zu berücksichtigen ist, dass die kostenoptimale Ausbringungsmenge bei unterschiedlichen Verfahren verschieden sein kann.

Eine Entscheidung auf Teilkostenbasis erscheint sinnvoll, weil das Ergebnis des Stückkostenvergleichs bei Vollkosten von der zu Grunde gelegten Kapazitätsauslastung beeinflusst wird.

Abb. 5.11

Prinzip der Abweichungsanalyse

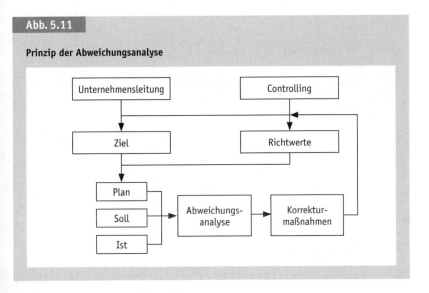

Soll-Ist-Vergleich

Eine wesentliche Grundlage für betriebliche Planungen ist der Vergleich der ange-strebten Soll-Werte mit den tatsächlich erreichten Ist-Zahlen zu einem bestimmten Termin. Aus dem Rechnungswesen werden die Ist-Ergebnisse übernommen und mit der ursprünglichen Planung verglichen. Planungsfehler oder Probleme bei der Durchführung können so rechtzeitig erkannt werden.

Die **Abweichungsanalyse** (vgl. Abbildung 5.11) zeigt, welche Steuerungsmaß-nahmen ergriffen werden müssen, um solche Abweichungen in Zukunft zu ver-meiden. Diese Korrekturmaßnahmen sollen zur Realisierung des ursprünglichen Zieles führen. Allerdings kann sich auch zeigen, dass die Planung auf nicht erreich-baren Annahmen beruhte, dann müssen die Zielvorgaben überdacht werden.

Der Soll-Ist-Vergleich kann sich auf das gesamte Unternehmen, Betriebsbereiche oder auf einzelne Kostenstellen beziehen. Die Analyse der Kostenabweichungen dient der Kontrolle ihrer Wirtschaftlichkeit.

Benchmarking

Benchmarking ist eine kontinuierliche vergleichende Analyse von Produkten, Pro-zessen und Methoden mit einem **Referenzwert**. Die Leistungslücke zum führenden Unternehmen in der Branche soll systematisch geschlossen werden, um eine Ver-besserung der Leistungsfähigkeit und eine Steigerung der Wettbewerbsfähigkeit zu erreichen.

Entscheidend sind dabei offenbar die Wahl der Benchmarkingobjekte und der Benchmarkingpartner. Abbildung 5.12 zeigt die verschiedenen Formen des Bench-marking, Abbildung 5.13 zeigt die typische Vorgehensweise.

Abb. 5.12

Formen des Benchmarking

Vergleichspartner	Benchmarkingform
Organisationseinheiten des eigenen Unternehmens	Internes Benchmarking
Konkurrenten	Wettbewerbs-Benchmarking
Branche	Branchenbezogenes Benchmarking
»Best of Practice«	Funktionales Benchmarking Suche nach innovativen Lösungen

Abb. 5.13

Die fünf Schritte des Benchmarking

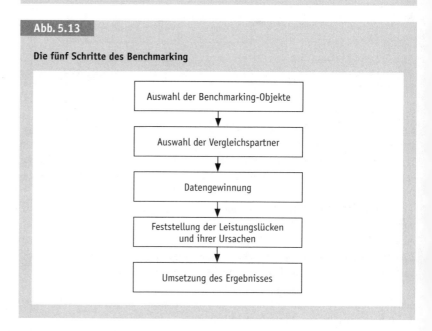

Operations Research

Entscheidungsvorbereitung durch Einsatz mathematischer Methoden

Operations Research dient der Entscheidungsvorbereitung durch Einsatz mathematischer Methoden. Es ist ein Teilgebiet der angewandten Mathematik in Verbindung mit Wirtschaftswissenschaften und Informatik.

Ihr Ziel ist die Optimierung von Prozessen und Verfahren. Die Schwierigkeit bei ihrem Einsatz liegt in der Abbildung eines realen Problems in einem mathematischen Modell. Entscheidungen müssen in einem komplexen Umfeld getroffen werden, das oft nicht mit allen relevanten Aspekten mathematisch erfasst werden kann. Deshalb müssen Entscheidungsträger die Möglichkeit haben, die Entscheidungsvorschläge, die durch den Einsatz entsprechender Software von einem Computer generiert worden sind, zu bearbeiten und zu ändern.

Abb. 5.14

Schritte im Entscheidungsprozess

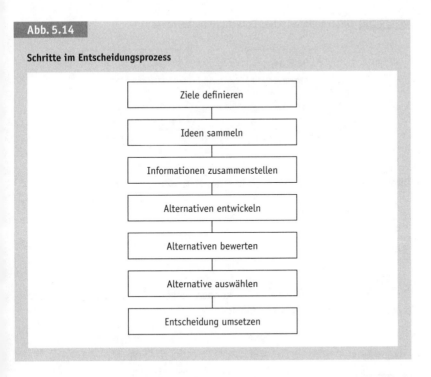

5.1.4 Entscheidungsprozesse

Entscheiden heißt, zwischen zwei oder mehr Alternativen auszuwählen.
Aus Abbildung 5.14 ist erkennbar, dass ein Entscheidungsprozess aus mehreren
Schritten besteht.

Voraussetzung für eine optimale Entscheidung wäre offenbar, alle relevanten Informationen zur Verfügung zu haben. Da das in der Regel nicht der Fall ist, werden
Instrumente der Informationsbeschaffung und -bewertung eingesetzt, um die einzelnen Schritte möglichst zielführend umsetzen zu können.

Empfehlungen zu unternehmerischen Entscheidungen sind immer zukunftsbezogen und erfolgen deshalb immer unter Unsicherheit. Wegen möglicher Veränderungen des unternehmerischen Umfeldes müssen verschiedene denkbare Szenarien
berücksichtigt werden und im Rahmen dieser unterschiedlichen Bedingungen sind
dann die Entscheidungsalternativen einzuordnen. Dann kann aber der Anspruch nur
noch sein, die wahrscheinlich beste Alternative auszuwählen.

Auswahl aus Alternativen

Beispiel Unternehmerischer Entscheidungsprozess

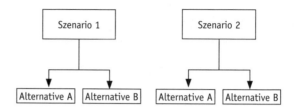

Diese Möglichkeiten können auch in einer Matrix erfasst werden:

	Szenario 1	Szenario 2
Alternative A		
Alternative B		

Um mit dieser Übersicht arbeiten zu können, müssen die Ergebnisse der Entscheidungsalternativen angegeben werden:

	Szenario 1	Szenario 2
Alternative A	100	80
Alternative B	90	120

Obwohl die Kombination Alternative B/Szenario 2 das höchste Ergebnis liefert, kann nicht daraus gefolgert werden, dass zur Auswahl der Alternative B zu raten ist. Dazu muss ergänzend angenommen werden, mit welcher Wahrscheinlichkeit Szenario 1 oder Szenario 2 eintritt:

	Szenario 1	Szenario 2
Wahrscheinlichkeit	60 %	40 %
Alternative A	100	80
Alternative B	90	120

Daraus ergibt sich die Entscheidungsmatrix:

	Szenario 1	Szenario 2
Alternative A	100 × 60 % **60**	80 × 40 % **32**
Alternative B	90 × 60 % **54**	120 × 40 % **48**

Um unter den gegeben Bedingungen ein möglichst hohes Ergebnis zu erzielen, sollte die Alternative A (Ergebnis 100) gewählt werden. Zwar könnte Alternative B zu einem noch höheren Ergebnis (120) führen, aber weil Szenario 2 mit geringer Wahrscheinlichkeit eintreten wird, ist Alternative A die bessere Lösung.

Erkennbar liegt die Problematik in der Annahme über die Wahrscheinlichkeiten zukünftiger Entwicklungen. Sowohl die angenommenen Ergebnisse als auch die Eintrittswahrscheinlichkeiten beruhen auf mehr oder weniger fundierten, auf jeden Fall aber unsicheren Annahmen. Konsequent sind Entscheidungen aufgrund solcher Überlegungen immer richtig. Wenn sie sich nachträglich als unrichtig erweisen, liegt das an den falschen Annahmen.

5.2 Organisationsentwicklung

> Als Organisationsentwicklung wird der geplante systematische Prozess zur Veränderung einer Organisation verstanden.

Definition Organisationsentwicklung

Es handelt sich um einen geplanten Wandel, der von der Organisation selbst eingeleitet und unter Einbeziehung aller Beteiligten durchgeführt wird. Das kann sich auf die Organisationsstruktur, die Arbeitsprozesse, das Verhalten der Mitarbeiter oder auf die gesamte Organisation beziehen. Die Merkmale der Organisationsentwicklung sind:

▸ Veränderung ist aktuell vorgesehen,
▸ umfassend, nicht nur Detailänderungen,
▸ Veränderung von Gruppen, nicht allein von Individuen,
▸ langfristig, kein kurzfristiges Krisenmanagement,
▸ externe Beratung,
▸ Begleitung durch Schulungen sowie
▸ Erfolgskontrolle.

5.2.1 Konzept der Organisationsentwicklung

Die bewusste Steuerung eines solchen Veränderungsprozesses wird **Change Management** genannt.

> Change Management umfasst alle geplanten, gesteuerten, organisierten und kontrollierten Maßnahmen zur Organisationsentwicklung, um eine dauerhafte Effizienzsteigerung zu erreichen.

Die moderne Unternehmensorganisation stellt nicht nur eine sinnvoll geplante Zuordnung verschiedener Organisationseinheiten dar, sondern versteht sich auch als soziales System mit persönlichen und fachlichen Netzwerken, Beziehungs- und

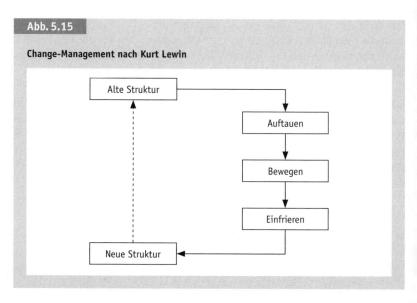

Abb. 5.15

Change-Management nach Kurt Lewin

Alte Struktur

Auftauen

Bewegen

Einfrieren

Neue Struktur

Kommunikationsprozessen, Interessenverflechtungen und wenig beeinflussbaren externen dynamischen Beziehungen.

Abbildung 5.15 zeigt die Phasen bei der Veränderung in Organisationen nach einem einfachen Grundmodell von Lewin.

Phasen des Change-Mangagements nach Kurt Lewin

Auftauen

Diese Phase (»**Unfreezing**«) dient der Vorbereitung der beabsichtigten Veränderung von verhärteten Organisationsstrukturen. Die Gründe können durch externe Faktoren wie Marktveränderungen oder Globalisierungsdruck bedingt sein, aber auch durch interne Gründe wie strategische Neuausrichtung oder Veränderung des Produktportfolios. Die Pläne werden öffentlich gemacht und die Betroffenen werden in den Diskussionsprozess einbezogen, um trotz des Wandels ein Sicherheitsgefühl zu schaffen.

Die zu erwartenden Widerstände können rational begründet sein, aber auch politische und emotionale Widerstände müssen überwunden werden. Insgesamt soll genügend Zeit eingeräumt werden, damit sich alle auf die Veränderungen vorbereiten können.

Bewegen

In der zweiten Phase (»**Moving**«) werden die Veränderungen in der beabsichtigten Weise umgesetzt. Die Einführung erfordert das unmittelbare Engagement aller Verantwortlichen. Gleichzeitig werden Schulungen durchgeführt, die eine Anpassung an die veränderten Gegebenheiten erleichtern und manchmal erst ermöglichen. Diese Phase bedarf einer ständigen Überwachung, um den langfristigen Erfolg zu sichern. Hilfreich bei der Umsetzung des organisationalen Wandels sind Lenkungsausschüsse und externe Berater, die mit ihrer Erfahrung, vor allem aber aufgrund ihrer objektiven Analysemöglichkeiten den Transformationsprozess begleiten.

Einfrieren

Die abschließende Phase (»**Refreezing**«) dient der Verfestigung der Neuerungen. Nach der Umsetzung müssen alle Beteiligten die neue Situation akzeptieren und ihre veränderte Rolle finden. Durch weitere Beobachtung wird sichergestellt, dass die Veränderungen dauerhaft umgesetzt und aufrechterhalten bleiben.

Kontrolle

Die Messung des Erfolges von Maßnahmen zu organisatorischen Veränderungen ist schwierig, weil ein **Vergleichsmaßstab fehlt.** Deshalb ist bei ihrer Beurteilung die Feststellbarkeit der Messbarkeit vorzuziehen. Durch Evaluation des Prozesses und der Ergebnisse kann der Erfolg belegt werden.

Ziel ist die Schaffung von Transparenz über die Wirksamkeit der Umsetzungsmaßnahmen und die Feststellung weiterer Verbesserungspotenziale. Auf dieser Basis kann entschieden werden, ob die aktuelle Organisationsentwicklung abgeschlossen werden kann oder fortgesetzt werden muss.

5.2.2 Ziele der Organisationsentwicklung

Erfolgreiche Veränderungen setzen eine Innovationskraft der Organisationen voraus, die wiederum entsprechend kompetente Mitarbeiter verlangt. Das unterscheidet Organisationsentwicklung von der klassischen Organisationsuntersuchung, bei der Veränderungsvorschläge von Fachleuten entwickelt werden, die oft auf wenig Akzeptanz stoßen und deren Erfolg deshalb oft hinter den Erwartungen zurückbleibt.

Anlässe für eine gezielte Organisationsentwicklung können sein:

Anlässe für Organisationsentwicklung

▸ Krisensituationen,
▸ Wachstum,
▸ externe Anforderungen verändern sich,
▸ Änderung der Aufgaben,
▸ Änderungen der wirtschaftlichen, rechtlichen oder politischen Rahmenbedingungen,
▸ Zunahme der Komplexität der Organisation,
▸ Änderungen der Eigentumsverhältnisse,
▸ Neugestaltung der Informations- und Weisungswege,
▸ bessere Motivation der Mitarbeiter,
▸ Erhöhung der Flexibilität und Innovationsfähigkeit,
▸ Optimierung von Arbeitsabläufen,
▸ Verbesserung der Identifikation der Mitarbeiter mit dem Unternehmen,
▸ Änderungen der Eigentums- oder Machtverhältnisse.

In jedem Fall setzt eine erfolgversprechende Organisationsentwicklung die Mitwirkung aller Beteiligten voraus.

Bei einem **kontinuierlichen Verbesserungsprozess** wird die Organisation in kleinen, aufeinander aufbauenden Schritten planvoll von einem bestehenden Zustand in eine angestrebte neue Situation überführt. Dabei muss auf die Belastungsfähigkeit der Mitarbeiter Rücksicht genommen werden, damit alle den Prozess rational und emotional positiv erleben können.

Organisationsentwicklung versus Business Reengineering

Beim **Business-Reengineering** werden zwar die Erfahrungen der bisherigen Organisation berücksichtigt, aber eine vollständige Neugestaltung eines Unternehmens durchgeführt. Dadurch soll – ohne Rücksicht auf bestehende Strukturen – eine neue Organisation erreicht werden, wie sie nach aktuellem Erkenntnisstand notwendig erscheint. Dieser Prozess muss entsprechend kurz sein und führt in der Regel zu schmerzhaften Einschnitten.

Auch eine Verbindung der beiden Grundprinzipien für operationale Veränderungen ist möglich. Dann wird das radikale Business-Reengineering genutzt, um eine chancenreichere Aufstellung zu erreichen, die kontinuierliche Verbesserung dient der weiteren Optimierung.

5.2.3 Lernende Organisation

Das Bewusstsein für die ständige Notwendigkeit von Veränderungs- und Anpassungsprozessen führt zu der Vorstellung von einer Lernenden Organisation, die einen ständigen Verbesserungsprozess bei der Struktur, den Steuerungspotenzialen, der Umfeldwahrnehmung, des Wissensbestandes und des Verhaltens bewirken soll. Sie ist als aktive Auseinandersetzung mit ihrem spezifischen Umfeld darauf ausgerichtet, eine ständige Steigerung der Effizienz durch organisatorische Maßnahmen zu bewirken.

Organisationales Lernen

Die dauerhafte Fähigkeit, Veränderungen zu antizipieren und die Entwicklung der Organisation danach auszurichten wird auch »organisationales Lernen« genannt.

5.3 Informationstechnologie und Wissensmanagement

5.3.1 Wissensmanagement

> Wissen bezeichnet die Gesamtheit der Kenntnisse und Fähigkeiten, die zur Lösung von Problemen eingesetzt werden.

Dazu gehören sowohl theoretische Kenntnisse wie auch praktische Alltagsregeln und Handlungsanweisungen. Wissen dient letztlich der Sicherung materieller und immaterieller Unternehmenswerte. Es ist zugleich Bestand und Prozess.

Wissen entsteht erst durch Kombination mit und Anbindung an bestehende Erfahrungsmuster. Es ist damit individuell, jeder akkumuliert sein ganz spezielles Wissen. Ein 100 %iger Wissensaustausch zwischen Individuen ist unmöglich.

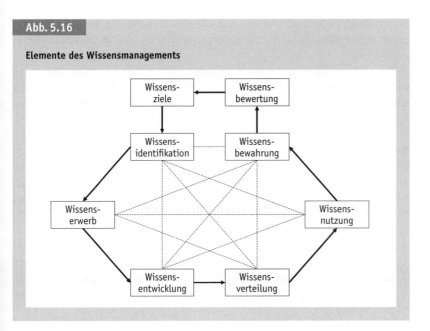

Abb. 5.16

Elemente des Wissensmanagements

Beim Wissensmanagement handelt es sich um einen Prozess, der die Erzeugung, Verteilung und Nutzung des Wissens regelt. Den komplexen Zusammenhang zwischen den Elementen eines aktiven Wissensmanagements zeigt Abbildung 5.16.

Erzeugung, Verteilung und Nutzung des Wissens

In einer Organisation können die Aufgaben einer Stelle nur erfüllt werden, wenn der Stelleninhaber auch mit den erforderlichen Kompetenzen ausgestattet ist. Kompetenzen setzen Wissen voraus, das dann mit anderen Fähigkeiten kombiniert wird und dazu in konkreten Situationen zielgerichtet zur Erreichung des beabsichtigten Erfolges eingesetzt wird. Es gehört zu den strategischen Aufgaben des Managements, das Wissen der Mitarbeiter systematisch zu erfassen und weiterzuentwickeln. Die Vorteile eines funktionierenden Wissensmanagements sind insbesondere:

▸ schneller Zugriff auf interne und externe Informations- und Wissensspeicher,
▸ geringerer Zeitaufwand bei der Recherche nach Informationen,
▸ Produktivitätssteigerung, weil die Mitarbeiter direkten Zugriff auf die notwendigen Informationen haben,
▸ schnellere Arbeitsabläufe,
▸ Förderung der Kooperationsbereitschaft,
▸ bessere Kundenbindung,
▸ leichterer Innovationszuwachs, dadurch gesteigerte Wettbewerbsfähigkeit,
▸ schnellere und dadurch kostengünstigere Entscheidungsfindung,
▸ Erfassung und Nutzung der Fähigkeiten der Mitarbeiter für das Unternehmen.

5.3.1.1 Wissenstransfer

Ein intensiver persönlicher Wissensaustausch ist notwendig, wenn Wissen an Personen gebunden und nicht schriftlich fixiert und verteilt ist. Diese Strategie wird von

Unternehmen angewandt, die über individuelles Spezialwissen verfügen, das aufgrund seiner Komplexität sehr erklärungsbedürftig ist und kaum systematisiert werden kann.

Wenn Wissen nicht an Personen gebunden ist, sondern schriftlich erfasst und verteilt wird, spielt der Computer eine entscheidende Rolle. Das dort gespeicherte Wissen kann beliebig wiederverwendet werden. Beide Formen der Wissensspeicherung schließen sich nicht aus und können kombiniert werden.

5.3.1.2 Individuelles und strukturelles Wissen

Um allen Mitarbeitern einen Zugang zu dem Wissen anbieten zu können, das für ihre Arbeit von Bedeutung ist, muss es entsprechend modelliert, strukturiert und vernetzt werden. Das Wissensmanagement ermöglicht, dass eine gemeinsame Nutzung des vorhandenen Wissens durch alle Mitarbeiter möglich ist, deren Arbeitsfeld davon berührt wird. Dieser Vorgang wird »**information engeneering**« genannt.

▸ **Individuelles Wissen** bezieht sich auf die Kenntnisse und Fähigkeiten von einzelnen Personen, andere haben keinen Zugriff darauf.
▸ **Kollektives Wissen** bezeichnet das Wissen einer Gruppe oder einer Organisation. Es steht personenunabhängig zur Verfügung, kann weitergegeben und reproduziert werden.

5.3.1.3 Explizites und implizites Wissen

Das Wissen einer Organisation kann an unterschiedlichen Stellen gespeichert werden. Die wichtigsten Wissensträger sind die Mitarbeiter, die technischen Speichermedien sind ein Instrument zur Unterstützung der beteiligten Personen. Ein wirksames Wissensmanagement entsteht aber erst durch eine wissensorientierte Organisationsstruktur und angepasste Geschäftsprozesse. Abbildung 5.17 zeigt die Arten von Wissen und ihre möglichen Kombinationen.

5.3.1.4 Bildung von Netzwerken

Netzwerke im Wissensmanagement

Netzwerke verlangen das Zusammenwirken von Akteuren, die in der Regel ihre eigenen Interessen vertreten. Sie verfolgen also einerseits eigene Zielsetzungen und vertreten andererseits das gemeinsame Interesse des Netzwerks. Die Grundlage der Zusammenarbeit bilden gemeinsame Ziele, mit denen sich alle Netzwerkmitglieder identifizieren können. Netzwerkarbeit zeichnet sich durch flache Hierarchien und ein gemeinsames Leitungsgremium aus.

Workshops

Eine zentrale Aufgabe unternehmerischen Wissensmanagements besteht darin, das personengebundene Wissen zusammenzuführen, das durch die beruflichen oder thematischen Erfahrungen und Kenntnisse zwangsläufig begrenzt ist. In Expertenrunden kann dieses Wissen aus verschiedenen Disziplinen gebündelt werden, denn gute Lösungsansätze bedingen die umfassende Kenntnis möglichst aller Optionen.

In Form eines »**Runden Tisches**« können Fachleute aus möglichst unterschiedlichen Perspektiven einen Themenkomplex bearbeiten und so aus dem Einzelwissen eine solide Basis schaffen für weiterführende Maßnahmen. Mit Unterstützung durch

Abb. 5.17

Einteilung der möglichen Wissensträger

		Internes Wissen	Externes Wissen
Implizites Wissen	‣ Subjektives Können ‣ Fähigkeit und Kompetenz bei der Handhabung einer Aufgabe ‣ Nicht vollständig beschreib- und formalisierbar	‣ Wissen in Organisationen	‣ Geschäftspartner ‣ Bildungseinrichtungen ‣ Berater
Explizites Wissen	‣ Standardisiert, methodisch und systematisch ‣ Strukturen, Prozesse, Dokumente ‣ formalisier- und beschreibbar ‣ allgemein verfügbar und zeitlos	‣ Dokumentationen ‣ Datenbanken ‣ Methodenbank ‣ Modellbank ‣ Berichte	‣ Publikationen ‣ Bibliotheken ‣ Externe Datenbanken

eine Moderation können die Argumente und Vorschläge der Beteiligten zusammengetragen, ausgetauscht, diskutiert, bewertet und zielführend zusammengefasst werden. Expertenrunden eignen sich daher besonders, komplexe, arbeitsbereichsübergreifende und besonders relevante Fragestellungen kritisch zu beleuchten und die Handlungsspielräume und Lösungsansätze auszuloten.

Kommunikationsforen

Kommunikationsforen im Internet dienen dem organisationsüberschreitenden Informationsaustausch. Mitarbeiter, Kunden und andere Interessenten können Nachrichten, Fragen, Diskussionsbeiträge und anderes einstellen (»posten«). Die veröffentlichten Beiträge können gelesen, beantwortet, diskutiert und je nach technischen Bedingungen auch verändert werden.

Informationsaustausch

Durch diese Kommunikationsforen wird die Kommunikationsreichweite der Mitarbeiter in den Unternehmen erheblich erweitert. Die Beziehungen zwischen den Teilnehmern können so deutlich intensiviert und verbessert werden.

Mentorenprogramme

Mentoren sind Personen, die sich bereit erklären, eine andere Person zu fördern und zu unterstützen. Im Arbeitsumfeld wird als Mentor eine einflussreiche Person bezeichnet, die über viel Erfahrung und Wissen verfügt, das sie zur persönlichen oder beruflichen Entwicklung und Unterstützung zur Verfügung stellt. Der Mentor muss nicht Unternehmensangehöriger sein und er muss auch nicht notwendig der unmittelbare Vorgesetzte sein.

Zur gezielten Förderung der Weitergabe personalen Wissens haben Unternehmen – unter sehr unterschiedlichen Namen – Programme eingerichtet, die Mentoren und

Wissensempfänger zusammenbringen sollen. Dabei können die Mentoren entweder direkt zugewiesen werden oder die Unternehmen bieten lediglich Hilfestellungen an, damit sich zwischen einem Mentor und der betreuten Person eine positive Beziehung entwickeln kann.

5.3.2 Informationstechnologie

Informationstechnologie bezeichnet die Informations- und Datenverarbeitung einschließlich der notwendigen Hard- und Software. Sie ermöglicht, Informationen schnell und über beliebige Entfernungen zu übermitteln und stellt eine wichtige Basis für die Organisationsentwicklung dar.

5.3.2.1 Einsatzmöglichkeiten
Praktisch alle Prozesse in einem Unternehmen werden durch die Informationstechnologie beeinflusst. Sie wird z. B. eingesetzt

▸ zur Kostensenkung,
▸ zur Prozessoptimierung,
▸ zur Qualitätsverbesserung,
▸ zur Vorbereitung von Managemententscheidungen und
▸ in der Forschung und Entwicklung.

5.3.2.2 Quellen

Expertenverzeichnisse
Expertenverzeichnisse erfassen Personen mit speziellen Kenntnissen, die dann in Problemsituationen über eine Stichwortsuche leicht auffindbar sind. Ein solches Verzeichnis erweist sich besonders bei Unternehmen mit mehreren Standorten als sinnvoll, um Spezialisten schnell lokalisieren zu können und eine Wissensdiffusion zu verhindern. Notwendiges Wissen kann so kurzfristig verfügbar gemacht werden.

Globales Adressbuch

Technisch handelt es sich um Links, die direkt zu den gewünschten Informationen führen. Mitarbeiter und Externe können sich eintragen und angeben, über welches Wissen sie verfügen. Die Verzeichnisse haben dann die Funktion eines globalen Adressbuches des Unternehmens.

Experten-Newsgroups
Newsgroups sind computerbasierte Wissensverzeichnisse, in denen Dokumente und Nachrichten abgelegt und anderen zugänglich gemacht werden. Sie können von den Zugriffsberechtigten jederzeit gelesen, beantwortet und kommentiert werden. Da die Mitteilungen von mehreren Personen gelesen werden können, lässt sich eine wiederholte Beantwortung gleicher Fragen vermeiden.

Wissenskarten
Wissenskarten verdeutlichen mithilfe von Symbolen, Farben, Formen, Texten und Bildern abstrakte Konzepte, Ideen und Assoziationen. Der Zugriff auf benötigtes

Wissen soll dadurch erleichtert und beschleunigt werden. Besonders komplexe Zusammenhänge und große Datenmengen können so schneller und exakter erfasst werden.

Integrationskarten

Mit Integrationskarten soll relevantes Wissen im notwendigen Umfang, aber doch möglichst kompakt dokumentiert werden. So soll verhindert werden, dass Wissen verloren geht, wenn wichtige Wissensträger ausscheiden.

Konzeptkarten

Konzeptkarten dokumentieren explizites und implizites Wissen über und in Prozessen. Dadurch wird erkennbar, auf welcher Basis ein bestimmtes Ergebnis erreicht worden ist. Wenn bei ähnlichen Aufgabenstellungen darauf zurückgegriffen wird, kann die Wiederholung von Fehlern vermieden werden.

Groupware

Groupware wird eingesetzt, wenn Akteure, die räumlich und zeitlich getrennt arbeiten, Informationen austauschen müssen. Dadurch soll eine Verbesserung der Kommunikationsflüsse erreicht werden. Instrumente sind z. B.:

▸ E-Mail,
▸ Videokonferenzen,
▸ elektronische Schwarze Bretter,
▸ gemeinsame Kalender,
▸ kooperative Planungssysteme,
▸ Gruppeneditoren für die gemeinsame Dokumentenerstellung,
▸ Hypertextsysteme und
▸ Datenbanken.

Durch diese technische Unterstützung kann dezentral abgelegtes Wissen durch alle Zugriffsberechtigten genutzt und erweitert werden.

Computerunterstütztes kooperatives Lernen

Computer Supported Cooperative Learning (CSCL) stellt eine Erweiterung des Computer Based Trainings (CBT) dar. Es unterstützt den Lernfortschritt in einer Gruppe durch aktive und wechselseitige soziale Motivation. Der Austausch in Newsgroups und das wechselseitige Kommentieren von Lösungsvorschlägen zu den angesprochenen Problemen können den persönlichen Lernfortschritt positiv beeinflussen. Die gemeinsame Wissensgewinnung und -übertragung nutzt gezielt die Vorteile des Lernens in Gruppen. Trotzdem können die Teilnehmer einer Lerngruppe räumlich und zeitlich verteilt nach ihren individuellen Vorlieben und Lernniveaus an dem gemeinsamen Stoff arbeiten.

Gemeinsames Lernen

5.3.3 Auswertung von Informationsbeständen

Erhebungstechniken

Erhebungstechniken zur Auswertung von Informationsbeständen orientieren sich an der Art der Informationsquellen. Das können bereits vorhandene, insbesondere schriftliche Unterlagen sein, aber auch Auskünfte oder Hinweise von Personen und eigene Beobachtungen.

Dokumentenanalyse
In jedem Unternehmen werden zahlreiche Schriftstücke eingesetzt – und abgelegt –, die der internen und externen Kommunikation dienen sollen. Sie werden erzeugt, gespeichert, verteilt, ausgedruckt und versandt. Dokumente sind sämtliche **gegenständlichen Zeugnisse**, z. B.

▸ Berichte,
▸ Statistiken,
▸ Protokolle,
▸ Projektdokumentationen,
▸ Arbeitsanweisungen,
▸ Stellenbeschreibungen,
▸ Organigramme,
▸ Untersuchungsberichte,
▸ Memos,
▸ E-Mails.

Sie alle dokumentieren **bereits vorhandene Daten**, die nicht mehr zusätzlich erhoben werden müssen. Das macht sie zu wichtigen manifesten Informationsträgern und daher zu bedeutenden Informationsquellen.

Die inhaltliche Erschließung von Dokumenten ist eng verbunden mit dem Wissensmanagement, denn dokumentiertes Wissen kann nur nutzbringend angewendet werden, wenn es strukturiert und organisiert wurde. Aufgrund der Fülle von Dokumenten, die eine manuelle Selektion in vielen Fällen ausschließt, werden vielfach automatisierte Verfahren eingesetzt.

Suchmaschinen
Suchmaschinen sind Programme zur Suche von gespeicherten Dokumenten. Durch Aufruf eines Begriffes wird eine Liste von Dokumenten erstellt, die in dem erkannten Kontext relevant sein könnten.

Die häufigste Form sind **indexbasierte Suchmaschinen**. Sie verfügen über eine Datenstruktur, wie sie auch bei einer Suchanfrage verwendet wird. Ihr Vorteil liegt in einer kurzen Zugriffszeit. Pflege und Speicherung sind aber aufwändig.

Metasuchmaschinen verteilen Anfragen gleichzeitig an mehrere indexbasierte Suchmaschinen und kombinieren die erhaltenen Einzelergebnisse. Sie liefern umfangreichere Ergebnisse, die Zugriffszeit ist aber länger.

Dokumentenmanagementsysteme

Dokumentenmanagementsysteme (DMS) bestehen aus:
‣ Datenbankservern mit den Dokumentendaten und
‣ Dateiservern zur Bearbeitung der Dokumente.

Sie werden eingesetzt, um Datenbestände zu strukturieren und dadurch leichter nutzbar zu machen. Ursprünglich papiergebundene Dokumente werden in diesen Systemen erfasst, zur Auswertung stehen die Verwaltungsfunktionen einer Datenbank zur Verfügung.

In einem Archivierungssystem werden die Dokumente im ursprünglichen Zustand gespeichert, ein Konvertierungsserver stellt den Endzustand der Dokumente in einem Langzeitdateiformat her und ein Kommunikationsserver verwaltet die Transaktionen.

Der wesentliche Vorteil eines DMS zeigt sich, wenn nach längerer Zeit wieder auf ein Dokument zugegriffen werden soll. Gegebenenfalls können kostenintensive Parallelentwicklungen vermieden werden.

Voraussetzung ist eine intensive Vorbereitung, Klassifizierung und Verschlagwortung der Dokumente und die permanente, sorgfältige und an den Erkenntnisinteressen orientierte Pflege.

Data-Mining-Systeme

Data-Mining-Systeme sollen aus großen Mengen unbekannter Informationen systematisch die relevanten entdecken und zur Verfügung stellen. Mithilfe von

‣ statistischen Verfahren,
‣ genetischen Algorithmen,
‣ künstlichen neuronalen Netzen und
‣ Clustering-Verfahren

werden sie aus den Informations- und Datenbeständen automatisch herausgefiltert, analysiert, ausgewertet und zu Kennzahlen aufbereitet. Gegenüber traditionellen Verfahren der Informationsgewinnung bieten Data-Mining-Systeme und andere Verfahren der »**Künstlichen Intelligenz**« eine neue Qualität, weil auch komplexe Zusammenhänge zwischen Datenbeständen gefunden werden können.

Beispiel **Analyse des Kundenverhaltens mit der RFID-Technologie**
Durch den Einsatz der RFID-Technologie mit der Möglichkeit der berührungslosen Erfassung der Einkäufe im Supermarkt können zu jedem Kunden detaillierte Information zur Verfügung gestellt werden, die zukünftig eine gezielte Ansprache ermöglichen: Einkaufsrhythmus, Einkaufszeit, bevorzugte Produkte, Markentreue, sogar den üblichen Weg durch den Markt.

Andere Auswertungen

Je nach Erkenntnisinteresse können auch weitere Informationsbestände des Unternehmens ausgewertet werden, z. B.

▸ Fotografien,
▸ Filme,
▸ Baupläne u. Ä.

5.4 Managementtechniken

5.4.1 Zeit- und Selbstmanagement

Zeit- und Selbstmanagement sind eng zusammenhängende Aspekte der persönlichen **Arbeitsorganisation**. Sie sollen eine Balance herstellen zwischen den Anforderungen des Arbeitsplatzes und den individuellen Möglichkeiten, Befindlichkeiten, Zielen und Interessen. So soll eine Arbeitsentlastung bewirkt und gleichzeitig das Erreichen von realistischen Zielen ermöglicht werden.

> Selbstmanagement soll ermöglichen, die verfügbare Zeit besser zu nutzen und so die Effizienz der eigenen Tätigkeit zu erhöhen und gleichzeitig Überforderung und Stress zu vermeiden.

Allgemeine Vorgehensweise

So können notwendige **Prioritäten** gesetzt und die Arbeitsorganisation systematisch gestaltet werden. Um die persönliche Leistungsfähigkeit zu steigern, aber auch um eine höhere persönliche Zufriedenheit zu erreichen, sind für das Selbstmanagement verschiedene Methoden und Techniken entwickelt worden.

Dazu müssen erlernte Verhaltensmuster hinterfragt, bisher verwendete Zeitplanungsinstrumente überprüft und erlernte Einstellungen schrittweise überwunden werden. Die notwendigen Schritte sind:

▸ **Diagnose:** Feststellung, wo bisher wertvolle Zeit verlorengegangen ist.
▸ **Prognose:** Vorstellung, wohin der aktuelle Weg führen kann.
▸ **Zielsetzung:** Beschreibung, wohin der Weg tatsächlich führen soll.
▸ **Planung:** Systematische Festlegung der notwendigen Schritte.
▸ **Realisation:** Umsetzung der geplanten Maßnahmen.
▸ **Kontrolle:** Überprüfung, ob sich Erfolge einstellen oder ob Korrekturen erfolgen müssen.

Das Selbstmanagement ist weit umfassender als das reine Zeitmanagement, basiert aber auf den gleichen Überlegungen und nutzt grundsätzlich die gleichen Methoden. Zusätzlich zu der beruflichen wird auch die persönliche Lebensplanung einschließlich der privaten Perspektiven berücksichtigt.

Abb. 5.18

Eisenhower-Prinzip

		Dringlichkeit	
		nicht dringend	dringend
Wichtigkeit	wichtig	Priorität B Aufgabe in die Zeitplanung aufnehmen und persönlich erledigen (Strategie, Innovationen, eigene Weiterbildung)	Priorität A Sofort selbst erledigen (Krise, Notfall)
	nicht wichtig	Priorität P Nicht bearbeiten, Papierkorb (Gefälligkeiten, Triviales)	Priorität C An Mitarbeiter delegieren (Tagesgeschäft)

Eisenhower-Prinzip

Bei dieser Methode, die angeblich von dem früheren amerikanischen Präsidenten angewandt worden ist, werden Aufgaben nach den Kriterien »wichtig« und »dringend« klassifiziert (vgl. Abbildung 5.18).

▸ Priorität A umfasst alle dringenden Probleme. Sie fallen typisch an bei Abgabeterminen und plötzlichen Notfällen. Das eigene Engagement ist unerlässlich.

▸ Zu Priorität B zählen die wichtigen, aber langfristig planbaren Tätigkeiten wie Investitionen, eigene Weiterbildung, der Aufbau und die Pflege von persönlichen Beziehungen.

▸ Priorität C beschreibt unmittelbare, dringende Tätigkeiten wie Anrufe, routinemäßige Erledigung der Post, Teilnahme an regelmäßigen Sitzungen.

▸ P steht für Pseudo-Priorität oder Papierkorb. Hier werden Tätigkeiten zugeordnet, die objektiv zu Zeitverschwendung führen.

Pareto-Prinzip

Das Pareto-Prinzip besagt, dass eine kleine Anzahl von hohen Werten mehr zu einem Gesamtergebnis beiträgt als die große Anzahl von kleinen Werten derselben Menge. Daraus lässt sich eine 80/20-Regel bzw. 20/80-Verteilung ableiten. Viele Aufgaben lassen sich zu 80 % mit einem Mitteleinsatz von 20 % erledigen.

Für das Zeitmanagement lässt sich daraus ableiten, dass in 20 % der zur Verfügung stehenden Zeit 80 % der Aufgaben erledigt werden können. Für die verbleibenden 20 % der Aufgaben sind die restlichen 80 % der zur Verfügung stehenden Zeit erforderlich.

Es ist also notwendig, bei der Bearbeitung von Aufgaben Prioritäten zu setzen. Bei einer zielorientierten Vorgehensweise sollen zunächst die Arbeiten erledigt werden, die nur 20 % des Zeitaufwandes erfordern. Das bedeutet einen Verzicht auf Perfektionismus, der Zeit kostet und zu vergleichsweise geringen Ergebnissen führt.

Bei Besprechungen werden 80 % der Ergebnisse in nur 1/5 der Besprechungszeit erarbeitet. ◀◀

ABC-Analyse

Dieses betriebswirtschaftliche Verfahren wählt einen ähnlichen Ansatz wie das Pareto-Prinzip. Eine Menge – hier von Aufgaben – wird in die drei Klassen

A = sehr wichtig, hohe Priorität
B = mittlere Priorität
C = geringe Priorität

nach absteigender Bedeutung eingeteilt. Dies ist eine einfache Vorgehensweise zur Gewichtung und zur Prioritätensetzung. So können wichtige Aufgaben in einfacher Weise von weniger wichtigen oder nicht notwendigen separiert werden.

5.4.2 Kreativitäts- und Entscheidungstechniken

5.4.2.1 Problemdiagnosetechniken

Zu den wichtigsten Problemdiagnosetechniken zählen das Ursache-Wirkungs-Diagramm und die Fehler-Möglichkeiten-Einfluss-Analyse.

Ursache-Wirkungs-Diagramm

Ishikawa-Diagramm

Das Ursache-Wirkungs-Diagramm – auch **Ishikawa- oder Fischgrät-Diagramm** genannt – ermöglicht eine strukturierte Vorgehensweise zur systematischen Analyse der Ursachen eines Problems. Dabei erfolgt eine Visualisierung, indem die Grobstruktur eines Flussdiagramms in Form eines Fischgrätmusters gezeichnet wird. Das Problem (Thema) wird an das »Kopfende« geschrieben und die vier Hauptarme werden mit den Begriffen »Mensch«, »Maschine«, »Methode« und »Material« be-

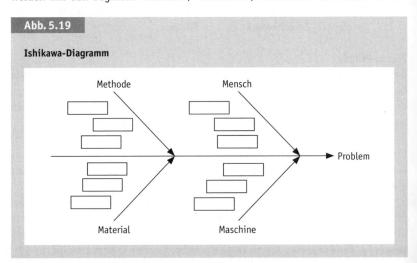

Abb. 5.19

Ishikawa-Diagramm

schriftet. Dann werden mögliche Problemursachen den Kategorien zugeordnet. Durch diese Form der Vorstrukturierung wird für die Gruppe deutlich, dass ein Problem mehrere verschiedene Ursachen haben kann und die Lösung dann alle Einflussfaktoren berücksichtigen muss.

Fehler-Möglichkeiten-Einfluss-Analyse

Die Fehler-Möglichkeiten-Einfluss-Analyse soll potenzielle Schwachstellen feststellen, deren Bedeutung erkennen, sie bewerten und geeignete Maßnahmen zu ihrer Vermeidung bzw. rechtzeitigen Entdeckung einleiten. Sie ist universell auf alle Prozesse anwendbar und hat sich mittlerweile in vielen Branchen etabliert.

Potenzielle Schwachstellen

Die FMEA folgt dem Grundgedanken der vorsorgenden Fehlervermeidung anstelle einer nachsorgenden Fehlererkennung und -korrektur durch frühzeitige Identifikation potenzieller Fehlerursachen bereits in der Entwurfs- bzw. Planungsphase. Auf diese Weise werden ansonsten anfallende Kontroll- und Fehlerfolgekosten in der Produktionsphase oder beim Kunden vermieden und die Kosten insgesamt gesenkt. Je später ein Fehler entdeckt wird, desto schwieriger und kostenintensiver wird seine Korrektur sein. Aus der Wahrscheinlichkeit des Auftretens eines Fehlers (A), der Bedeutung der Folgen (B) und der Chance seiner Entdeckung (E) wird eine Risikoprioritätszahl (RPZ)

$$A \times B \times E = RPZ$$

gebildet, mit deren Hilfe auf einer Skala die Bedeutung eines Problems ermittelt werden kann (vgl. Abbildung 5.20). Anschließend wird festgelegt, bei welcher RPZ Maßnahmen zur Behebung des Problems eingeleitet werden müssen. Nach Verbesserung der Situation wird erneut eine RPZ ermittelt, um festzustellen, ob die Maßnahmen erfolgreich waren. Durch die systematische Vorgehensweise und die dabei gewonnenen Erkenntnisse wird eine Wiederholung der Mängel bei neuen Produkten und Prozessen vermieden.

5.4.2.2 Kreativitätstechniken

> Als Kreativität wird die Fähigkeit bezeichnet, neue sinnvolle Ideen zu entwickeln oder bereits vorhandenes Wissen in neuer Weise zu kombinieren.

Definition Kreativität

Dieser Prozess lässt sich durch einen gezielten Einsatz spezieller Problemlösungsverfahren unterstützen. Kreativitätstechniken sollen das Finden von Ideen durch einzelne Personen oder in Gruppen unterstützen und dazu beitragen, Gedankenblockaden zu umgehen.

Brainstorming

Bei dem sogenannte »Gedanken-Gewitter« oder »Denk-Sturm« werden Ideen, Anregungen und Lösungsvorschläge zu einer vorgegebenen Problemstellung in **freier Assoziation** ohne Diskussion, Erläuterungen oder Kommentierungen gesammelt. Die Teilnehmer bringen ihr Wissen ein, das Ergebnis wird aber stets durch die Gruppe erarbeitet.

Abb. 5.20

Bewertung des Problems mit RPZ

Bedeutung (B)	Auftretens-wahrscheinlichkeit (A)	Entdeckungs-wahrscheinlichkeit (E)	Bewertung
	Beschreibung		
Gefährdung, Verstoß gegen Gesetze	Fehler nahezu sicher	Keine	10
Gefährdung, Verstoß gegen Gesetze möglich	Sehr viele Fehler wahr-scheinlich	Unwahrscheinlich	9
Totaler Funktionsausfall	Große Zahl von Fehlern wahrscheinlich	Sehr gering	8
Funktion stark einge-schränkt	Mäßige Zahl von Fehlern wahrscheinlich	Gering	7
Einzelne Hauptfunktio-nen eingeschränkt	Mittlere Zahl von Fehlern wahrscheinlich	Mittel	6
Mäßige Nutzen-einschränkung	Gelegentliche Fehler wahrscheinlich	Mittel	5
Geringe Nutzenein-schränkung	Wenige Fehler wahr-scheinlich	Mäßig hoch	4
Geringfügige Nutzen-einschränkung	Sehr wenige Fehler wahrscheinlich	Hoch	3
Sehr geringe Auswirkung	Fehler selten	Sehr hoch	2
Keine merkbaren Aus-wirkungen	Fehler unwahrschein-lich	Fast sicher	1

In der unternehmerischen Praxis besteht die Gruppe meistens aus fünf bis sieben Teilnehmern, die spontan und frei ihre Lösungsvorschläge äußern können. Ihre kreative Kommunikation soll durch eine anregende Atmosphäre unterstützt werden. Der wesentliche Vorteil des Brainstormings liegt in der **schnellen Ideenfindung**, weil keine größeren Vorbereitungen erforderlich sind.

Während des Brainstormings gelten folgende Regeln:

▸ Vorschläge werden lediglich zur Kenntnis genommen, Kritik und Zustimmung sind nicht erlaubt. Eine Bewertung erfolgt später.

▸ Jeder Teilnehmer soll seine Gedanken ohne Einschränkungen einbringen und seiner Phantasie freien Lauf lassen.

▸ Im vorgesehenen Zeitraum soll eine möglichst große Menge an Ideen gesammelt werden.

▸ Alle Beiträge sind kurz, um die notwendige Spontaneität zu gewährleisten.

▸ Die Vorschläge sollen von anderen Teilnehmern aufgegriffen und ergänzt werden. Dadurch soll ihre Qualität verbessert werden.

Durch das Brainstorming werden noch keine fertigen Lösungen entwickelt. Erst nach dem eigentlichen Prozess der Ideenfindung werden die Beiträge ausgewertet und auf ihre Verwertbarkeit hin geprüft. Erst während dieser Phase fließen Kritik und persönliche Beurteilungen ein. Abschließend werden die Vorschläge in gewerteter Reihenfolge kommuniziert. Dieses Ergebnis kann als Entscheidungsgrundlage für weitere Diskussionen dienen oder direkt Grundlage für Unternehmensentscheidungen sein.

Keine fertigen Lösungen

Brainwriting

Beim Brainwriting handelt es sich um eine Abwandlung des Brainstormings. Es gelten dieselben Regeln, der wesentliche Unterschied besteht darin, dass die Ideen ohne Zeitdruck gesammelt und **schriftlich** festgehalten werden. Die Teilnehmer schreiben je eine Idee auf eine Moderationskarte, die dann für alle sichtbar an eine Pinnwand geheftet werden. Die Karten können dann gruppiert bzw. geclustert werden.

Schriftliche Ideen-sammlung

Wie beim Brainstorming wird darauf geachtet, dass die Produktion neuer Ideen durch keinerlei äußere Einflüsse gehemmt wird, aber alle Faktoren gestärkt werden, die die Kombination der Ideen fördern können. Die Teilnehmer sollen sich während des Schreibprozesses gegenseitig unterstützen und inspirieren, damit die Vorschläge insgesamt zu einem optimalen Ergebnis führen können.

Als Vorteile des Brainwriting können genannt werden:

▸ Alle Ideen stehen dauerhaft zur Verfügung. Durch die schriftliche Formulierung können sie nicht untergehen.

▸ Durch verdecktes Einsammeln der Ideen können ihre Urheber anonym bleiben.

▸ Dadurch kann sich jeder Teilnehmer gleichberechtigt fühlen.

▸ Die Mitarbeit ist intensiver, weil auffallen würde, wenn jemand nicht mitarbeiten würde.

▸ Auch eher zurückhaltende Teilnehmer, die ihre Vorschläge für entbehrlich halten, werden zur Mitarbeit motiviert.

▸ Auch bei Teilnehmern verschiedener Hierarchieebenen müssen keine Sanktionen befürchtet werden.

Mind-Mapping

Die Mind-Mapping-Methode ermöglicht ebenfalls, Gedanken zunächst ungeordnet zu sammeln. Sie versucht, durch Ansprache beider Gehirnhälften Synergie-Effekte zu nutzen und dadurch die Leistung deutlich zu verbessern. Informationen werden nicht mehr geradlinig in Listen oder Fließtext zusammengestellt, sondern in einer Art Landkarte. Es handelt sich also um eine visuelle Darstellung von miteinander verbundenen Ideen.

Ansprache beider Gehirn-hälften

Auf einem Blatt wird das Thema aufgeschrieben, und zwar genau in die Mitte. So ist ausreichend Platz, um Gedanken in alle Richtungen zu entwickeln. Die Gedanken werden als Äste dem zentralen Thema angefügt. Details werden als Zweige den jeweiligen Ästen zugeordnet. Bei der Erstellung von Mind-Maps können Farben und Bilder benutzt werden, um die Ideen schneller lesen und überblicken zu können.

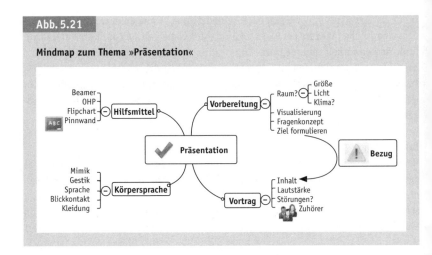

Abb. 5.21

Mindmap zum Thema »Präsentation«

Bilder lösen Assoziationsketten aus und verstärken dadurch nochmals das kreative Denken. Durch den strahlenförmigen Aufbau kann eine Mind-Map prinzipiell unendlich ausgebaut werden. Die Abbildung 5.21 bietet ein Beispiel zum Thema »Präsentation«.

Grundregeln für Aufbau und Strukturierung des Mind-Maping

Das Mind-Mapping verlangt die Berücksichtigung von nur wenigen Grundregeln bei der Gestaltung des Aufbaus und der Strukturierung:

▸ Das Papier wird grundsätzlich im Querformat genutzt. In der Mitte steht ein Schlüsselwort, ein Bild oder eine Skizze.

▸ Vom Zentrum ausgehend wird für jeden Gedanken bzw. jede Assoziation eine Linie gezeichnet. Auf diese Linien werden die Schlüsselwörter zu den Unterpunkten geschrieben. Großbuchstaben und Farben verstärken den Visualisierungseffekt.

▸ Von diesen Linien können wiederum weitere ausgehen, auf denen die Gedanken weiter untergliedert werden. Von diesen weiterführenden Linien können wieder andere abzweigen usw.

▸ Verschiedene Schriftarten und Farben erhöhen die Übersichtlichkeit. Gleichzeitig können Assoziationsketten, die sich erst mit dem »zweiten Gedanken« eröffnen, durch Verwendung der gleichen Farbe verdeutlicht werden.

▸ Symbole wie Pfeile, Ausrufe- oder Fragezeichen und selbst definierte Sinnbilder heben einzelne Gedanken hervor.

▸ Umstrukturierungen und Kategorisierungen können während des gesamten Prozesses vorgenommen werden. Es besteht dann die Chance, dass die entscheidende Idee gerade bei der Neugestaltung kommt.

Abb. 5.22

Formular zur 6-3-5-Methode

	Lösungsidee 1	Lösungsidee 1	Lösungsidee 1
Runde 1			
Runde 2			
Runde 3			
Runde 4			
Runde 5			
Runde 6			

6-3-5-Methode

Die Anwendung dieser Technik empfiehlt sich, wenn zu Problemen, die exakt formuliert sein müssen, mehrere Lösungsansätze gefunden werden sollen. Sie liefert in kurzer Zeit eine große Zahl schriftlich fixierter Lösungsvorschläge.

Der erste von sechs Teilnehmern trägt in ein Formular (vgl. Abbildung 5.22) innerhalb von fünf Minuten drei Lösungsvorschläge zu einem exakt definierten Problem ein.

Das Blatt wandert im Uhrzeigersinn zu dem nächsten Teilnehmer, der die Vorschläge aufnimmt und sie weiterentwickelt, indem er drei neue Ideen einträgt. Auch diese gehen im Uhrzeigersinn und im gleichen Zeitrhythmus weiter, bis sich alle beteiligt haben. Bei sechs Teilnehmern sind insgesamt fünf Weitergaben erforderlich.

Diese Form der Erarbeitung von Problemlösungen erfordert hohe Konzentration. Ein heterogener Teilnehmerkreis wirkt sich meistens kreativitätsfördernd aus. Als wertvoller Nebeneffekt ergibt sich oftmals die Förderung von Teamgeist durch die Auseinandersetzung mit den Ideen der Vorgänger.

Liefert mehrere konkrete Lösungsvorschläge

Bionik

Für technische Probleme werden bei dieser Methode analoge **Vorbilder aus der Natur** gesucht, z. B. die Klette als Vorbild für den Klettverschluss. Die Bionik ist eine Methode, die sowohl für Team- wie auch für die Einzelarbeit geeignet ist. Man geht in vier Schritten vor:

1. Problemdefinition,
2. Analogiebildung,
3. Analyse der »natürlichen« Vorbilder sowie
4. Übertragen der Erkenntnisse.

Die Methode zeigt oft verblüffende Zusammenhänge zwischen Mensch und Natur. Manchmal kann ein schwerwiegendes Problem plötzlich ohne großen Aufwand gelöst werden.

Lösungsalternativen
bei durchdachten
Themengebieten

Morphologischer Kasten

Der Morphologische Kasten (auch Morphologische Box oder Zwicky-Box) dient in erster Linie der Detailfestlegung bereits durchdachter Themengebiete. Es handelt sich um eine systematisch-analytische Kreativitätstechnik, bei der eine Matrix das Kernstück der Analyse bildet. Sie dient der umfassenden Ideensuche und der Entwicklung von Lösungsalternativen.

Der Morphologische Kasten setzt gut strukturiertes Arbeiten voraus. Daher eignet sich die Methode nicht zu einer ersten Ideensammlung, sondern kommt erst zum Einsatz, wenn ein Problem schon recht gut durchdacht ist und nur noch Details festgelegt werden müssen.

Durch Zerlegung des Problems in abgegrenzte Teilaspekte und die systematische **Variation möglicher Merkmalsausprägungen** soll das Lösungsoptimum erreicht werden. Die Schwachstellen anderer Lösungen können leicht erkannt und gegebenenfalls beseitigt werden.

Beispiel **Merkmalsausprägungen bei einem Fahrrad**

Es soll ein Fahrrad hergestellt werden. Die Matrix (Tabelle) zeigt, welche Variationen für die Herstellung eines Fahrrades möglich sind und lässt auch erkennen, welche weiteren Alternativen ergänzt werden können.

Merkmal / Ausprägung				
Rahmen	Herren	Damen	Mixed	Anglais
Gänge	3 Gänge	7 Gänge	21 Gänge	27 Gänge
Schaltungsart	Nabe	Kette	Automatik	
Bremsen	Rücktritt	Felge	Scheibe	
Farbe	schwarz	rot	grün	silbern
Lenker	Holland	Renn	Multifunktion	Sport

Obwohl die Methode auch von nur einer Person angewendet werden kann, wird ihr Potenzial erst in einer Gruppe voll ausgeschöpft.

5.4.3 Projektmanagement

Als Projekt wird ein Vorhaben bezeichnet, bei dem in vorgegebener Zeit und mit festgelegtem Aufwand ein eindeutig definiertes Ziel erreichen soll. Der genaue Arbeitsablauf ist dabei weder vorgegeben noch bekannt.

Definition Projekt

»Ein Projekt ist ein Vorhaben, das im Wesentlichen durch Einmaligkeit der Bedingungen in ihrer Gesamtheit gekennzeichnet ist, wie z. B.: Zielvorgabe, zeitliche, finanzielle, personelle oder andere Bedingungen, Abgrenzungen gegenüber anderen Vorhaben und projektspezifische Organisation.« (DIN 69901)

Ein Projekt verfügt damit über folgende Merkmale:

▸ **Zielorientierung:** Das Projektziel ist die Ausgangsbasis für alle weiteren Aktivitäten, es muss exakt definiert sein. Aus dem Projektziel werden operationalisierte Unterziele abgeleitet, die der Steuerung dienen und den Projektfortschritt überprüfbar machen.

▸ **Zeitliche Begrenzung:** Der vorgegebene Zeitraum ist bestimmt und begrenzt. Start- und Endzeitpunkt sind festgelegt. Die Definition und die zeitliche Festlegung von Zwischenzielen erleichtern den zeitlichen Ablauf.

▸ **Einmaligkeit:** In Projekten werden keine wiederkehrenden Routinearbeiten erledigt. Die Aufgabenstellung ist einmalig und neuartig.

▸ **Komplexität:** Mithilfe eines Projektes sollen komplexe Aufgaben gelöst werden, die mehrere Bereiche betreffen.

▸ **Zusammenarbeit:** Die Bearbeitung erfolgt in einer Projektgruppe mit einer Projektleitung. Spezialisten verschiedener Organisationseinheiten arbeiten gemeinsam an der Erreichung des Projektzieles.

▸ **Organisatorische Zuordnung:** Es besteht eine projektspezifische, auf das Projektziel abgestimmte Organisation. Sie bezieht sich auf die Anbindung im Unternehmen, aber auch auf die Binnenorganisation des Projektes.

▸ Das zur Verfügung stehende **Budget** ist festgelegt.

▸ **Bedeutung:** Die Aufgabenstellung eines Projekts ist herausgehoben, sie hat eine erhebliche Relevanz.

▸ Eine **Auswertung** nach Abschluss des Projektes stellt das Projektergebnis den Projektzielen gegenüber. Eine Dokumentation ermöglicht Schlüsse für die Konzeption und Durchführung zukünftiger Projekte.

> »Projektmanagement ist die Gesamtheit der Organisationseinheiten und der aufbau- und ablauforganisatorischen Regelungen zur Abwicklung eines bestimmten Projektes« (DIN EN 69901).

Das Management bezieht sich auf vier Bereiche:

▸ **Idee und Aufgabe.**

▸ **Projektmitglieder.** Der Erfolg hängt von den Personen ab, die ihre Einstellungen, Fachkenntnisse, ihre sozialen Kompetenzen, Fähigkeiten und ihr persönliches Engagement einbringen.

▸ **Organisation.** Die Aufbau- und Ablauforganisation bestimmt die genaue Vorgehensweise und beeinflusst die Steuerung von Projekten.

▸ **Arbeitsmethoden.** Sie umfassen den regelmäßigen Informationsaustausch, Terminplanungstechniken, Schätztechniken, Kreativitätstechniken und die Dokumentation.

Projektmanagement

Der Erfolg eines Projektes wird davon abhängen, wie die vier Arbeitsfelder in ein möglichst optimales Verhältnis zueinander gebracht werden können. Projektmanagement ist also eine **Koordinations- und Integrationsaufgabe.** Die Berücksichtigung der Grundsätze zur Kommunikation, Teamführung und Motivation ist dabei eine unverzichtbare Voraussetzung.

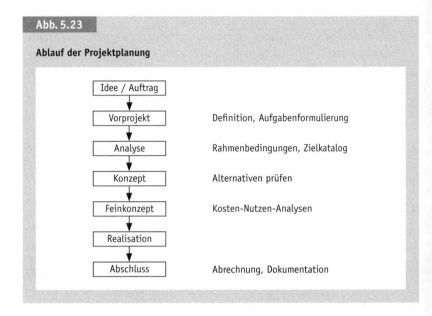

Abb. 5.23

Ablauf der Projektplanung

Idee / Auftrag

Vorprojekt — Definition, Aufgabenformulierung

Analyse — Rahmenbedingungen, Zielkatalog

Konzept — Alternativen prüfen

Feinkonzept — Kosten-Nutzen-Analysen

Realisation

Abschluss — Abrechnung, Dokumentation

5.4.3.1 Projektplanung

Von der sorgfältigen Planung eines Projektes und seiner Durchführung hängt letztlich sein Erfolg ab. Sie wird immer auf den konkreten Fall bezogen sein müssen, grundsätzlich hat sie aber den Ablauf, der in Abbildung 5.23 dargestellt ist.

Bei der Projektplanung erfolgt die Koordination aller Variablen für den Ablauf eines Projektes. Die Teilbereiche werden aufeinander abgestimmt und realistische Vorgaben für die zur Verfügung stehende Zeit, die Kosten und andere Ressourcen entwickelt.

5.4.3.2 Projektorganisation

Projekte können auf sehr verschiedene Weise organisiert sein, meistens wird unterschieden nach dem Kriterium der Kompetenzaufteilung zwischen der Projektleitung und den Linieninstanzen. Die Abbildung 5.24 verdeutlicht die vier Grundformen, die sich in der Praxis entwickelt haben.

Eigenständige Projekte

Bei der eigenständigen Projektorganisation arbeiten Mitarbeiter aus verschiedenen Fachabteilungen im Projekt. Sie werden aus ihren bisherigen Organisationszusammenhängen ausgegliedert und unter der Leitung eines Projektmanagers in einem Projektteam zusammengefasst. Die Abbildungen 5.25 und 5.26 erläutern diese Projektorganisation.

Abb. 5.24

Projektorganisation

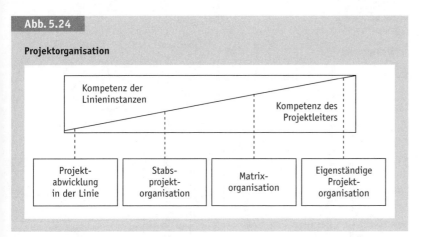

Abb. 5.25

Eigenständiges Projekt

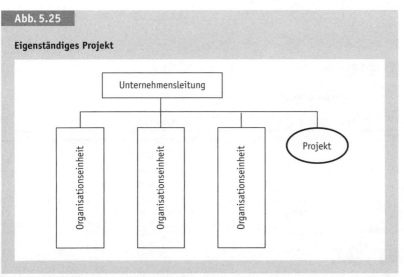

Abb. 5.26

Vor- und Nachteile von eigenständigen Projekten

Vorteile der eigenständigen Projekte	Nachteile der eigenständigen Projekte
Klare Weisungsbefugnisse und Kompetenzen	Hohe Anforderungen an den Projektleiter.
Hohe Motivation und Identifikation mit der Projektaufgabe	Durch die Entsendung der Projektmitarbeiter aus bestehenden Organisationseinheiten werden dort Lücken entstehen.
Geringer Koordinationsaufwand	Tendenz zur Verselbstständigung von der Linienorganisation.
Kurze Informations- und Entscheidungswege	Die Wiedereingliederung der Projektmitarbeiter kann Probleme bereiten.

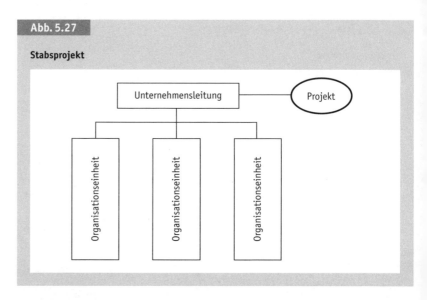

Abb. 5.27

Stabsprojekt

Abb. 5.28

Vor- und Nachteile von Stabsprojekten

Vorteile von Stabsprojekten	Nachteile von Stabsprojekten
Die Organisationsstruktur bleibt unverändert.	Hohe Führungs- und Durchsetzungsanforderungen an die Projektleitung.
Hohe Flexibilität	Mögliche Interessenkonflikte zwischen Stab und Linie.
Mitarbeiter können nach Bedarf in das Projekt integriert werden.	Verantwortlichkeiten können nicht eindeutig zugeordnet werden.

Stabsprojekte

Bei der Stabsprojektorganisation bleibt die hierarchische Organisationsstruktur praktisch unverändert, da lediglich eine Stabsstelle durch die Einbindung einer koordinierenden und lenkenden Projektstelle erweitert wird. Die Projektstelle plant, betreut und überwacht den sachlichen, zeitlichen und finanziellen Projektablauf und hat deshalb Zugang zu allen relevanten Informationen. Sie hat aber gegenüber den Fachabteilungen kein Weisungs-, Entscheidungs- oder Mitspracherecht. Die Durchsetzung der Arbeitsergebnisse erfolgt durch die Unternehmensleitung. Die Abbildungen 5.27 und 5.28 erläutern diese Projektorganisation.

Matrixprojektorganisation

Die Matrixprojektorganisation kombiniert die Stabsprojektorganisation mit der eigenständigen Projektorganisation. Die Linienorganisation wird für die Projektdauer durch eine Überlagerung von zwei prinzipiell gleichwertigen Leitungssystemen um eine zusätzliche Dimension erweitert.

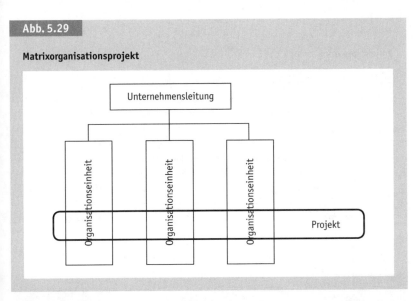

Abb. 5.29

Matrixorganisationsprojekt

Abb. 5.30

Vor- und Nachteile von Matrixorganisationsprojekten

Vorteile der Projektmatrixorganisation	Nachteile der Projektmatrixorganisation
Spezialisten aus der Hierarchie können gezielt und effizient eingesetzt werden.	Zwischen Projekt und Linie können Konflikte schwer überbrückt werden.
Interessen der Fachabteilungen können einfließen.	Die Kompetenzregelung ist unklar.
Einfacher Informationsaustausch zwischen der Projektgruppe und den Fachabteilungen.	Für die Mitarbeiter kann eine Doppelbelastung entstehen.
Keine Reorganisation nach Beendigung des Projektes erforderlich.	Es entsteht ein umfangreicher Koordinationsaufwand.

Die Projektmitarbeiter stammen aus unterschiedlichen Organisationseinheiten und werden temporär zu einer Projektgruppe zusammengefasst. Sie unterstehen ihren ursprünglichen Bereichen ebenso wie dem Projektleiter. Die Abbildungen 5.29 und 5.30 erläutern diese Projektorganisation.

Projekte in Linienverantwortung

Bei dieser Organisationsform von Projekten wird die bestehende Organisation nicht an die Gegebenheiten des Projekts angepasst, sondern bereits bestehende Stellen werden mit den Projektaufgaben betraut.

Diese Organisationsform stellt eine Möglichkeit zur Projektabwicklung dar, es handelt sich aber nicht um eine »echte« Projektorganisation.

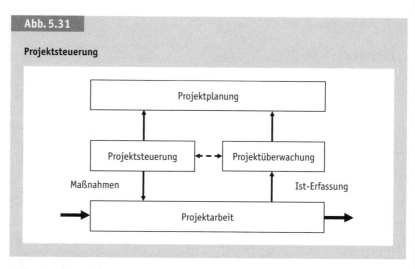

Abb. 5.31

Projektsteuerung

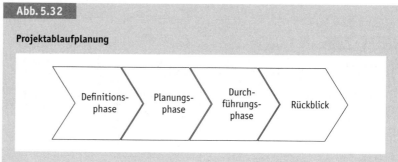

Abb. 5.32

Projektablaufplanung

5.4.3.3 Projektsteuerung

Die Aufgaben Projektplanung, -steuerung und -kontrolle werden zu einem Regelkreis zusammengefasst, um eine ganzheitliche, integrative Betrachtungsweise zu erreichen. Für den erfolgreichen Ablauf eines Projektes müssen allen Beteiligten die erforderlichen Daten und Fakten zur Verfügung stehen. Deshalb müssen schon beim Projektstart die **Informationswege** festgelegt werden. Zusätzlich muss geklärt werden, wem zu welchem Zeitpunkt welche Informationen zugänglich sein müssen. Abbildung 5.31 zeigt das Beziehungsgeflecht.

Projektablauf

Die vier Schritte der **Projektablaufplanung** sind in Abbildung 5.32 dargestellt.

Definitionsphase

Das Projektziel muss so genau wie möglich definiert werden, dabei soll schon auf eine Überprüfungsmöglichkeit geachtet werden. Deshalb soll das Ziel möglichst **operational beschrieben** sein. Dazu wird es in Unterziele aufgeschlüsselt, die jeweils einzeln überprüfbar sind. Von der Projektdefinition hängt ab, ob nach der Beendi-

Abb. 5.33

Projektentwurf

Arbeitstitel	
Projektziel	
Projektmitglieder	
Leitung	
Zeitplan	Beginn: Ende:
Ressourcen	
Aufgaben	
Meilensteine	
Projektergebnis	
:	
Das Projekt war erfolgreich, wenn...	

gung des Projektes eine realistische Erfolgsbeurteilung erfolgen kann. Die Projekt-definition enthält Angaben über

▸ das Problem, das Anlass zur Einrichtung des Projektes war,
▸ die Bedeutung des Projektes für das Unternehmen insgesamt,
▸ die Einbettung des Projektes in das Umfeld mit den erwarteten positiven und negativen Einflüssen,
▸ die wesentlichen Rahmenbedingungen wie Finanzierung, Personalausstattung u. Ä.,
▸ Vorstellungen zu den erwarteten Ergebnissen, gegebenenfalls mit der Definition von Teilzielen,
▸ den Kostenrahmen,
▸ die erwarteten Lösungsvorschläge.

Am Ende der Definitionsphase soll ein **Projektentwurf** vorliegen. Er wird im Einzel-fall jeweils sehr unterschiedlich aussehen, muss aber allen Beteiligten eine verbind-liche und zuverlässige Grundlage für ihr Engagement bieten. Eine mögliche Variante mit den wesentlichen Punkten zeigt Abbildung 5.33.

Planungsphase
Die Festlegung des Projektablaufes ist der wichtigste Teil der Projektplanung. Durch die ausführliche und konkrete Bestimmung der Zeitpläne und die Zuweisung der

Abb. 5.34

Projektstrukturplan

Informationen				
von an	Projektleiter	Projektteam	Auftraggeber	andere
Projektleiter		wöchentlich Ist-Daten	Änderungs-wünsche	
Projektteam	jour fixe			
Auftraggeber	monatlicher Statusbericht			
andere	nach Bedarf		nach Bedarf	

Instrumente für den
Projektplan

Verantwortlichkeiten, aber auch durch die realistische Berücksichtigung bevorstehender Schwierigkeiten wird der Erfolg eines Projektes maßgeblich bestimmt. Für die Planung stehen zwei wesentliche Instrumente zur Verfügung:

Projektstrukturplan. Im Projektstrukturplan werden die Aufgaben systematisiert und daraus folgend **Arbeitspakete** zusammengestellt. Er gliedert alle im Projekt auszuführenden Tätigkeiten zeitlich und sachlich nach verschiedenen projektabhängigen Kriterien in Haupt- und Teilaufgaben. So wird die Vorgehensweise für alle Beteiligten deutlich, Missverständnisse werden vermieden und gleichzeitig werden die unterschiedlichen Fähigkeiten der Projektmitarbeiter eingebunden und aufeinander abgestimmt.

Aus Abbildung 5.34 wird am Beispiel für die Festlegung und Strukturierung des Informationsflusses die Vorgehensweise deutlich.

Abbildung 5.35 zeigt, dass die Aufgabengliederung dem klassischen Muster folgt.

Der Projektablaufplan. Der Projektablaufplan beschreibt die Anordnung der einzelnen **Projektaufgaben im Zeitablauf.** Die gegenseitige Abhängigkeit der Arbeitsschritte wird in Terminplänen verdeutlicht, die Beziehungen der Teilaufgaben zu Personal-, Material- und Raumplanung müssen ebenso berücksichtigt werden wie externe Bedingungen wie Ferien- und Urlaubszeit.

Kritisch sind die markanten Zeitpunkte im Projektablauf (»**Meilensteine**«), zu denen einzelne Arbeitsstufen abgeschlossen sein müssen. Sie sollen so vorgesehen und gestaffelt werden, dass einerseits eine Kumulation von Terminen vermieden wird und gleichzeitig eine Einbindung in andere betriebliche Planungen möglich ist. Weil Meilensteine auch Kontrollmöglichkeiten bieten, sind sie in vielen Fällen auch die Zeitpunkte, an denen über die weitere Entwicklung des Projektes entschieden werden muss.

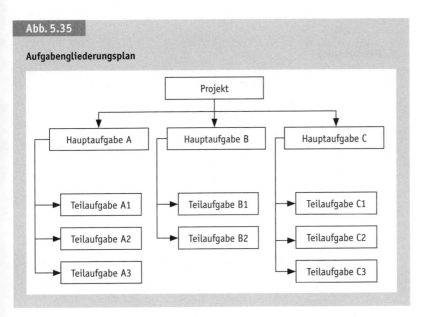

Abb. 5.35

Aufgabengliederungsplan

Projekt

Hauptaufgabe A — Hauptaufgabe B — Hauptaufgabe C

Teilaufgabe A1 — Teilaufgabe B1 — Teilaufgabe C1

Teilaufgabe A2 — Teilaufgabe B2 — Teilaufgabe C2

Teilaufgabe A3 — Teilaufgabe C3

Bei der Erarbeitung der Aufgabenpläne werden bereits Vorschläge und Ideen entwickelt über die Strukturierung der eigentlichen Projektarbeit und über die Rollen, die bestimmte Personen dabei übernehmen könnten. Deshalb sollte der Projektablaufplan auch schon die personelle Zusammensetzung berücksichtigen, damit das Projekt von einem arbeitsfähigen und motivierten Team durchgeführt werden kann.

Erst die sorgfältige und realistische Aufstellung des Projektablaufplanes sichert die fristgerechte Abwicklung des Projektes und die Einhaltung der gesetzten Fristen, insbesondere das Projektende mit der Feststellung der Ergebnisse.

Durchführungsphase

Die Realisierungsphase kann nach den sorgfältigen Vorüberlegungen ergebnisorientiert im vorgesehenen Rahmen ablaufen. In der Regel erfolgt die Durchführung eines Projektes arbeitsteilig, die festgelegten Arbeitseinheiten werden von den jeweils zuständigen Projektmitgliedern bearbeitet.

Sie stimmen ihre Anstrengungen inhaltlich und zeitlich mit den anderen ab. Dazu nutzen sie die festgelegten Informationskanäle, vor allem regelmäßig stattfindende Besprechungen. So bleibt einerseits der Projektfortschritt für alle transparent, andererseits können eventuell auftretende Probleme gemeinsam gelöst bzw. in den verschiedenen Arbeitsbereichen und bei der Gesamtkonzeption berücksichtigt werden.

Der Fortschritt des Projektes wird durch das Projektcontrolling überwacht, seine wesentlichen Ziele sind Kosten- und Zeitersparnis. Den typischen Ablauf des Projektcontrollings zeigt Abbildung 5.36.

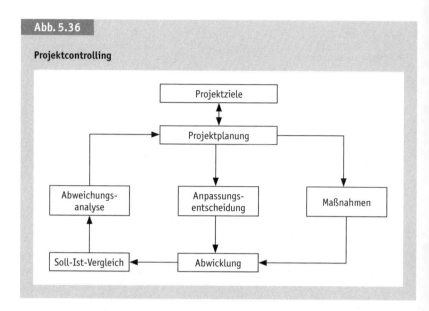

Abb. 5.36

Projektcontrolling

Die Kosten sind teilweise mit den bewährten Methoden der Kosten- und Leistungs-rechnung zu ermitteln, zum Teil ergeben sich aber Besonderheiten. Schwierigkeiten machen insbesondere die zeitliche Abgrenzung und die Verrechnung der Gemein-kosten.

Eine effiziente **Projektkontrolle** ist notwendig für eine erfolgreiche Projektdurch-führung. So können Abweichungen bei der

▸ Finanzausstattung,
▸ Personalausstattung und
▸ Sachmittelausstattung

festgestellt und nötigenfalls rechtzeitig Gegenmaßnahmen eingeleitet werden. Tre-ten unerwünschte Abweichungen auf, können sie durch eine sorgfältige **Abwei-chungsanalyse** mit anschließender Korrektur ihrer Ursachen beseitigt werden. Je häufiger und intensiver die Kontrollen durchgeführt werden, desto früher und genauer können die Ursachen für die unerwünschten Entwicklungen festgestellt werden.

Unvorhersehbare Ereignisse können den Projektverlauf trotz sorgfältiger Planung stören und so das Ergebnis des Projektes insgesamt gefährden. Regelmäßig statt-findende Teamsitzungen können genutzt werden, diese Schwierigkeiten auszuräu-men. Dadurch sollen der erarbeitete Zeitplan eingehalten und die Ziele trotzdem bestmöglich erreicht werden. Die Meilensteine bieten dabei Möglichkeiten der Be-standsaufnahme und der gemeinsamen Überprüfung des Arbeitsstandes.

Rückblick

Nach Abschluss des Projekts wird ein abschließendes **Fazit** gezogen und analysiert, was an dem abgeschlossenen Projekt positiv oder negativ zu bewerten ist. Anhand der in der Definitionsphase festgelegten Projektziele lässt sich ermitteln, ob das Projekt bezüglich seiner Ergebnisse, aber auch im Hinblick auf die Kosten und den Zeitplan zufriedenstellend durchgeführt worden ist.

Das Projekt findet seinen Abschluss im Projektbericht, der sich selbstverständlich (vgl. Abbildung 5.37) anlehnt an die Formulierungen im Projektentwurf.

Abb. 5.37

Projektbericht

Titel des Projekts:	
Projektleitung:	
Projektbeschreibung:	
Zwischenergebnis:	
Projektbeurteilung:	
Probleme:	
Konsequenzen:	

5.4.3.4 Projektdokumentation

Der Projektabschluss ist das formale Ende eines Projekts, alle Tätigkeiten, die mit dem Projekt in Zusammenhang stehen, werden beendet. Die Projektgremien werden aufgelöst, die Dokumente werden archiviert, die Kostenstelle wird abgeschlossen und die Projektergebnisse können übergeben und abgenommen werden.

Projektabschluss

Ob ein Projekt erfolgreich war, kann aus verschiedenen Perspektiven beurteilt werden.

▸ Aus Unternehmenssicht ist festzustellen, ob das Projektziel innerhalb des vorgegebenen zeitlichen und finanziellen Rahmens erreicht worden ist.

▸ Der Auftraggeber beurteilt, ob das Projekt beigetragen hat zur Beantwortung einer konkreten Fragestellung. Ein aus Unternehmenssicht erfolgreiches Projekt muss nicht auch aus der Sicht des Auftraggebers erfolgreich sein.

▸ Die Projektbeteiligten beurteilen den Projekterfolg nach ihrer persönlichen Interessenlage. Die Mitarbeit kann – unabhängig vom Erreichen des Projektzieles – den persönlichen und beruflichen Zielen dienlich oder hinderlich gewesen sein.

Lessons learned bezeichnet die systematische Dokumentation von Erfahrungen, die in einem abgeschlossenen Projekt gemacht worden sind und deren Kenntnis für zukünftige Projekte hilfreich sein könnte. Die Projektbeteiligten verfügen über neue

Dokumentation sichert Erkenntnisse

Erkenntnisse, die anderen zugänglich gemacht werden, damit sie von positiven Erfahrungen profitieren können und Fehler nicht wiederholt werden. Bei späteren Projekten wird so die Wahrscheinlichkeit von Misserfolgen verringert.

Auch wenn eine einfache Übertragbarkeit auf andere Situationen in der Regel nicht möglich ist, kann die Beachtung von Lessons learned zu Vorstellungen führen, wie das Projektmanagement zukünftig verbessert werden kann. Idealerweise stehen die Learned lessons recherchierbar für zukünftige Projekte zur Verfügung.

In der **Projektdokumentation** werden die wesentlichen Daten über Konfiguration, Organisation, Mitteleinsatz, Lösungswege, Ablauf und erreichte Ziele des Projektes zusammengestellt. Sie zeigt den Projektverlauf und die Projektergebnisse, in der Regel enthält sie auch die Nachkalkulation.

So wird erkennbar, aus welchen Gründen ein bestimmter Lösungsweg gewählt worden ist, ob das angestrebte Ergebnis erreicht werden konnte und welche Gründe gegebenenfalls ein besseres Ergebnis nicht zugelassen haben. Schließlich enthält die Projektdokumentation auch Hinweise, ob Anschlussprojekte möglich und sinnvoll sind.

5.4.4 Gesprächs- und Kooperationstechniken

5.4.4.1 Grundlagen der Kommunikation

Definition Kommunikation

> Kommunikation bezeichnet die Übertragung von Informationen. Zwischen einem Produzenten (z. B. Sprecher, Schreiber) und einem Rezipienten (z. B. Hörer, Leser) werden Wissen, Erkenntnisse oder Erfahrungen übermittelt.

Erfolgsorientierte Kommunikation will zu einem bestimmten Verhalten, Denken oder Handeln veranlassen. Ihre Ziele reichen von der Koordination über die Vermittlung relevanter Informationen bis zur Förderung von Engagement und Leistungsbereitschaft.

Vier-Seiten-Modell

Die Abbildungen 5.38 und 5.39 beschreiben die vier Aspekte jeder Nachricht, die nach Friedemann Schulz von Thun Einfluss auf die Verständigung haben.

Grundzüge der Transaktionsanalyse

Die Transaktionsanalyse stellt ein umfassendes Konzept dar, mit dem die erlebte Wirklichkeit reflektiert und analysiert werden kann. Ein Teilaspekt beschäftigt sich mit der Beschreibung, Erklärung und Gestaltung zwischenmenschlicher Kommunikation. Als Transaktion wird der verbale und nonverbale Austausch zwischen Personen und ihrer Umwelt bezeichnet.

> Was man sagt und wie man es sagt, ist ausschlaggebend für das Handeln.

Abb. 5.38

Kommunikationsmodell nach Schulz von Thun

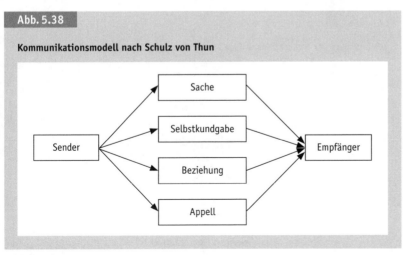

Abb. 5.39

Die vier Seiten einer Nachricht

Sachebene	Daten und Fakten stehen im Vordergrund.	Was ist wahr, was unwahr? Was ist wichtig, was unwichtig?
Selbstkundgabe	Die Nachricht enthält Hinweise auf die Persönlichkeit.	Wie ist die Stimmung? Was geht in ihm vor?
Beziehungsseite	Hinweis auf die Beziehung durch Formulierung, Tonfall, Begleitmimik	Wie fühle ich mich behandelt? Was hält der Sender von mir?
Appellseite	Angestrebte Wirkung steht im Vordergrund: Wünsche, Ratschläge, Anweisungen.	Was soll ich machen? Was soll ich denken?

Zur Erklärung werden drei Ich-Zustände (vgl. Abbildung 5.40) unterschieden, die letztlich eine Einteilung der vorhandenen Erinnerungen in verschiedene Kategorien sind.

Abbildung 5.41 erläutert die drei Kombinationen zur Erklärung von Kommunikationsarten, die daraus abgeleitet werden können.

Die Verständigung ist nach diesem Modell gestört, wenn verschiedene Ich-Zustände miteinander kommunizieren.

Beispiel

A: »Sollen wir heute im »Grünen Krug« essen gehen?« (Erwachsenen-Ich stellt eine Frage an das Erwachsenen-Ich des anderen)

B: »Immer willst du entscheiden, was wir abends machen!« (Kind-Ich antwortet)

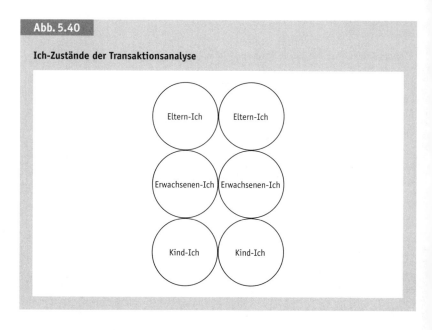

Abb. 5.40

Ich-Zustände der Transaktionsanalyse

Eltern-Ich   Eltern-Ich

Erwachsenen-Ich   Erwachsenen-Ich

Kind-Ich   Kind-Ich

5.4.4.2 Moderation

Durch eine Moderation werden Besprechungen in Projektteams, Diskussionen, Workshops usw. strukturiert und visualisiert. Der Moderationsprozess soll unter Leitung eines Moderators die Meinungs- bzw. Willensbildung in einer Gruppe ermöglichen und erleichtern, wobei der Moderator keinen inhaltlichen Einfluss nimmt.

Die Moderation dient der Themenbearbeitung und Problemlösung, um die gestellten Ziele möglichst optimal erreichen zu können. Sie stellt die Balance her zwischen den Bedürfnissen der Teilnehmenden, den Gruppenbedürfnissen und den inhaltlichen Zielen. Wenn es gelingt, eine sachgerechte und lösungsorientierte Arbeitsatmosphäre herzustellen, trägt die Moderation entscheidend zur Arbeitsfähigkeit eines Teams bei. Sie wird eingesetzt, wenn sich eine Gruppe bemüht, zu einem tragfähigen Konsens zu gelangen.

Die Moderation folgt immer einem bestimmten »Fahrplan«, dem sogenannten **Moderationszyklus**, der sich in verschiedene Phasen gliedert. Je nach Ziel- und Zusammensetzung der Gruppe können die einzelnen Moderationsabschnitte dabei sehr unterschiedlich ablaufen. Vergleiche dazu Kap. 9.5.2.

Kreativitätstechniken

Die Kreativitätstechniken werden eingesetzt, um Ideen oder Handlungsmöglichkeiten aufzuspüren. Die Hauptschwierigkeit bei ihrem Einsatz besteht darin, einen **bewertungsfreien Raum** zu schaffen. Die Teilnehmenden müssen ihren eigenen Ideen und den Ideen der anderen freien Lauf lassen können, ohne sie zu bewerten. Das ist in der Regel die größte Hürde, aber zugleich auch die wichtigste Voraus-

Moderation ist kein
»Luxus«

Abb. 5.41

Kommunikationsarten der Transaktionsanalyse

1	Stimmige/ komplementäre Transaktionen	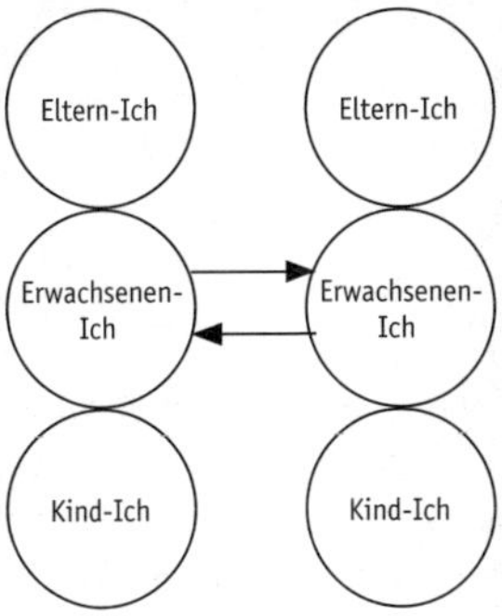 Eltern-Ich · Eltern-Ich · Erwachsenen-Ich ↔ Erwachsenen-Ich · Kind-Ich · Kind-Ich	Keine Kommunikations-probleme
2	Unstimmige/ disparate Transaktionen	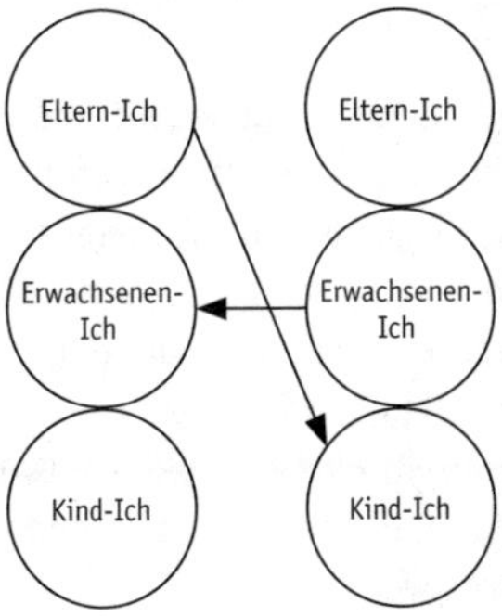 Eltern-Ich · Eltern-Ich · Erwachsenen-Ich ← Erwachsenen-Ich · Kind-Ich ← Kind-Ich	Unterbrechung der Kommunikation
3	Doppelbödige Transaktionen	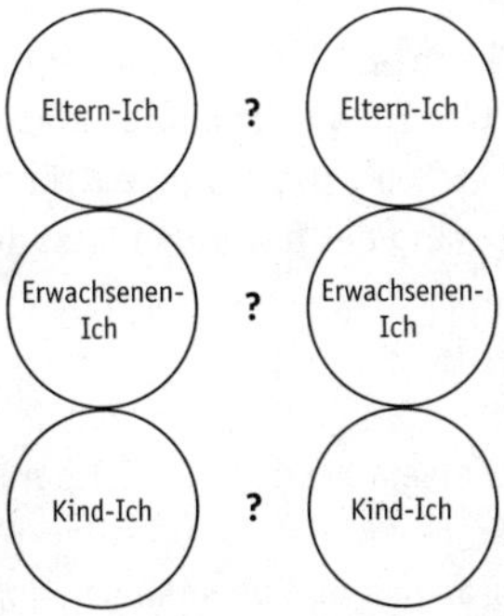 Eltern-Ich ? Eltern-Ich · Erwachsenen-Ich ? Erwachsenen-Ich · Kind-Ich ? Kind-Ich	Reaktion auf unterschwellige Botschaften

setzung für den Einsatz von Kreativitätstechniken. In der Praxis haben sich folgende Verfahren bewährt:

▸ Brainstorming,
▸ Brainwriting,
▸ Mind-Mapping,
▸ 6-3-5-Methode,
▸ Bionik und
▸ Morphologischer Kasten.

Nachbereitung der Moderation

Grundsätzlich gehört zu jeder Nachbereitung einer Moderation ein Protokoll, das die Verbindlichkeit der Ergebnisse sichert. Wenn kein konkretes Ergebnis erreicht worden ist, muss der Stand der Diskussion festgehalten werden. Egal, ob der Moderator selbst oder ein Teilnehmer das Protokoll erstellt, muss sichergestellt werden, dass es alle Teilnehmer erreicht und sie auch die Möglichkeit erhalten, Änderungen vorzunehmen.

Der Zweck des Protokolls bestimmt sowohl seine Form wie seine Ausführlichkeit. Häufig reicht ein knappes Ergebnisprotokoll, das die Teilnehmer an die verabredeten Termine erinnern soll und bereits gezielt zur Vorbereitung des nächsten Treffens auffordert. Ein Ergebnisprotokoll kann kurz und knapp formuliert werden, muss dabei jedoch noch so ausführlich sein, dass die Teilnehmer auch noch nach längerer Zeit die einzelnen Punkte nachvollziehen können.

Auch die Visualisierung lässt sich einfach dokumentieren. Mit einer Digitalkamera können Flipcharts und Pinnwände fotografiert und die Darstellungen per E-Mail an die Teilnehmer verschickt werden.

Zusätzlich sollte der Moderator auch eine persönliche Nachbereitung durchführen. Mithilfe seiner Notizen kann er den Arbeitsprozess reflektieren und eine Erfolgskontrolle durchführen. Was ist gut gelaufen? Was weniger? Was muss verbessert werden? Daraus kann er Schlussfolgerungen für die weitere gemeinsame Arbeit ziehen und sie in die Planung der folgenden Sitzungen einbeziehen.

5.4.4.3 Konfliktmanagement

> Bei einem Konflikt stoßen zu einem bestimmten Zeitpunkt mindestens zwei verschiedene Interessen, Ziele, Ansichten, Gefühle oder Wahrnehmungen aufeinander, die zugleich gegensätzlich und unvereinbar sind.

In Organisationen entsteht dadurch ein **Handlungs- und Lösungsdruck.** Konfliktmanagement verhindert eine weitere Eskalation und eine Ausbreitung eines bestehenden Konfliktes.

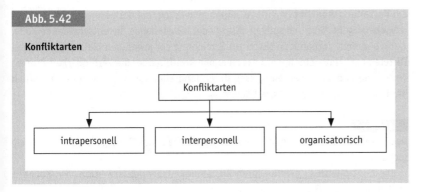

Abb. 5.42

Konfliktarten

Konfliktarten → intrapersonell, interpersonell, organisatorisch

Konfliktarten

Drei grundsätzliche Arten von Konflikten werden unterschieden. Abbildung 5.42 verdeutlicht, dass sich ein Konflikt auf einzelne Personen beschränken oder auf mehrere Personen beziehen oder ganze Organisationssysteme umfassen kann.

Der **intrapersonelle Konflikt** beschreibt gegensätzliche Bestrebungen bei einer einzelnen Person.

Beispiel

Der Arbeitsdirektor möchte Arbeitsplätze erhalten, muss aber als Vorstandsmitglied auch ein Programm zur Personalkostensenkung mittragen. Dies kann zu einer Entscheidungshemmung führen, die sich negativ auf das Unternehmen auswirkt.

Beim **interpersonellen Konflikt** liegt der Streitpunkt zwischen handelnden Personen oder Gruppen. Deren Interaktion ist durch einen Konflikt gestört.

Beispiel

Herr A. möchte rauchen, um sich bei seiner Arbeit konzentrieren zu können, Frau B sitzt im selben Büro und will das auf keinen Fall zulassen.

Organisatorische Konflikte ergeben sich aus den Abläufen in einem Unternehmen. Solche Konflikte können durch einen engen Kontakt zu Beratern oder sachkundigen Mitarbeitern gelöst werden.

Beispiel

Die Unternehmensleitung strebt aus Kostengründen eine Personalreduzierung an, der Vertrieb verlangt mehr Außendienstmitarbeiter, um seine Ziele erreichen zu können.

Konfliktursachen

Um mit Konflikten konstruktiv umgehen zu können, müssen die Konfliktarten bekannt und bewusst sein. Gleichzeitig wird dadurch der Anlass des Konfliktes identifiziert.

Verteilungskonflikt

Ein **Verteilungskonflikt** ist eine Auseinandersetzung, bei der es um »erringen« oder »abgeben« geht, letztlich spielen »Sieg« oder »Niederlage« die entscheidende Rolle. Wenn begrenzt vorhandene Mittel zur Erreichung der jeweiligen Ziele von mehreren Parteien benötigt werden, wird das zu einem Konflikt über die Verfügbarkeit führen. Verteilungskonflikte werden typisch durch Eingreifen des Vorgesetzten oder durch »Aufgabe« eines der Beteiligten gelöst.

Beispiele

Der Bilanzbuchhalter B. verlangt ein höheres Gehalt, das Unternehmen stimmt dem nicht zu.

Die Controllerin C. möchte ihren Zuständigkeitsbereich erweitern, die Kollegen wollen aber keine Kompetenzen abtreten.

In beiden Beispielen wird die Nichterfüllung des Bedürfnisses als persönliche Niederlage erlebt werden und führt so zu Frustration und Demotivation.

Zielkonflikt

Ein **Zielkonflikt** entsteht, wenn einzelne Personen oder Gruppen unterschiedliche Zielvorstellungen verfolgen oder wenn Ziele angestrebt werden, die sich widersprechen. Wenn die Interessen der Beteiligten gegensätzlich sind, kann der Konflikt nur durch einen Kompromiss beseitigt werden. Wenn Ziele formuliert werden, die unmöglich gleichzeitig erreicht werden können, wird der Konflikt nicht lösbar sein.

Beispiel

Mitarbeiter sollen ganz im Sinne der Unternehmensleitung innovativ und kreativ arbeiten, gleichzeitig aber sollen alle eingefahrenen Abläufe nicht verändert werden. Dieser Zielkonflikt muss durch die Führungskraft gelöst werden.

Mit der Übernahme einer Rolle werden Aufgaben und Zuständigkeiten übertragen, gleichzeitig sind damit Erwartungen, Rechte und Pflichten verbunden. Ein **Rollenkonflikt** entsteht, wenn die Anforderungen mit den Kompetenzen nicht übereinstimmen. Wichtige Ausprägungen sind:

Rollenkonflikt

▶ Ein Mitarbeiter wird in seiner Rolle nicht anerkannt. Beispiel: Eine Kollegin wird befördert und als Vorgesetzte von ihrem bisherigen Kollegenkreis nicht akzeptiert.

▶ Ein Mitarbeiter kann sich mit der zugedachten Rolle nicht identifizieren. Beispiel: Ein anerkannter Experte wird aufgrund seiner überragenden Kenntnisse zum Vorgesetzten befördert, will aber diese Aufgabe nicht wahrnehmen, weil er seine Stärken an anderer Stelle sieht.

▶ Negative Rollenzuschreibung. Beispiel: Ein Controller wird als Kontrolleur erlebt. Zunächst wird er sich gegen dieses Image wehren, wächst aber dann schleichend in diese Rolle hinein.

Wahrnehmungskonflikt

Verschiedene Personen können von einem Sachverhalt oder einem Vorgang eine unterschiedliche Wahrnehmung haben. Ursache für einen **Wahrnehmungskonflikt** können unterschiedliche Charaktere, Erfahrungen, Kenntnisse, Interessen oder auch emotionale Verbindungen sein. Solche Konflikte können durch eine offene Kommunikation erkannt und dann auch gelöst werden.

Auf der Beziehungsebene werden Emotionen transportiert, die von den Beteiligten oft unterschätzt werden. Der **Beziehungskonflikt** ist nicht sachlich begründet, sondern liegt in den beteiligten Personen, die sich mehr oder weniger sympathisch sind und dadurch Zustimmung oder Ablehnung provozieren. Zur Klärung müssen beide Seiten bereit sein, ihre negativen Gefühle gegenüber der anderen Person offen zu legen. Häufig spielen in einem Beziehungskonflikt Vermeidungsstrategien aus Angst-, Schuld- oder Minderwertigkeitsgefühlen eine bedeutende Rolle.

Beziehungskonflikt

Beispiel

Bei der Konstituierung von Projekten, wo sich die Projektteilnehmer erstmals treffen, hängt die schnelle Arbeitsfähigkeit auch davon ab, dass »die Chemie untereinander stimmt«.

Jede wahrgenommene **Verletzung** von tatsächlichem oder ideellem Territorium wird als Konflikt erlebt.

Territoriumsverletzung

Beispiel

Die Verkaufsabteilung »Inland« kümmert sich um den Absatz in den USA, für den eigentliche eine andere Abteilung zuständig ist. Dies wird als Verletzung »ihres« Territoriums erlebt werden und zu einer entsprechenden Reaktion führen. Dabei kann es sich einerseits um einen »Gegenschlag« handeln, anderseits kann es auch zur Resignation der zuständigen Abteilung führen.

Veränderungen der Umwelt führen zu Veränderungen in der Organisation. Dadurch wird die Wahrscheinlichkeit von Konflikten erhöht.

Organisations-veränderungen

Beispiel

Wenn durch eine Wirtschaftskrise Arbeitsplätze bedroht sind, wird es Konflikte zwischen Abteilungen und Einzelpersonen geben.

Die Konfliktarten sind nicht in jedem Falle unabhängig voneinander, sie können sich gegenseitig bedingen und verstärken. Selten gibt es einen einzigen Grund für einen Konflikt. So kann ein Rollenkonflikt gleichzeitig ein Beziehungskonflikt sein. Umgekehrt hängt die Intensität eines Konfliktes auch ab von der Art der Zusammenarbeit der Konfliktbeteiligten.

Strategien zur Konfliktvermeidung

Strategie	Beispiele
Organisatorische Strategien	▸ Klare Abgrenzung von Aufgabengebieten ▸ Entflechtung von Nutzungsbereichen
Appellstrategien	▸ Vereinbarungen mit Betroffenen ▸ Information und Aufklärung
Normenstrategien	▸ Verbote und Gebote ▸ Durchsetzung mit Sanktionen

Maßnahmen zur Vermeidung von Konflikten

Die einfachste und sicherste Maßnahme zum Umgang mit Konflikten ist ihre Vermeidung. Dazu können Richtlinien, Arbeitsanweisungen und Schulungen beitragen. Wichtigste Methode ist aber ein frühzeitiges beratendes Gespräch mit dem Ziel, eine Leistungs- oder Verhaltensänderung zu erreichen.

Unter Führungsaspekten stehen drei grundsätzliche Strategien zur Vermeidung oder Minimierung von Konflikten zur Verfügung (vgl. Abbildung 5.43):
▸ Bei den organisatorischen Strategien werden vorwegnehmende, zukunftsorientierte koordinierende Maßnahmen getroffen.
▸ Bei den persuasiven Strategien steht der Appell an die Vernunft im Vordergrund.
▸ Bei den Normenstrategien handelt es sich um verbindliche Regelungen.

Maßnahmen zum Umgang mit Konflikten

Konfliktbewältigung

Die Konfliktbewältigung umfasst alle Konzeptionen und Methoden, die von den Beteiligten selbst oder von Dritten angewandt werden, um dem Lösungsdruck zu entsprechen und eine Konfliktlösung zu erreichen:
▸ **Entscheidung:** Verzicht durch Ausschluss einer Alternative.
▸ **Priorität:** Unterordnung der einen unter die andere Alternative.
▸ **Einigung:** Echter Kompromiss durch Verzicht auf die volle Realisierung der jeweiligen eigenen Vorstellungen.
▸ **Synthese:** Widersprüchliche Alternativen werden in einer Lösung zusammengeführt.
▸ **Hinnahme:** Die Betroffenen finden sich mit der Situation ab.
▸ **Annahme:** Die Konfliktsituation wird als Chance und Aufgabe angesehen.
▸ **Abwendung:** Der Konflikt wird verdrängt.
▸ **Umrichtung:** Fokussierung auf ein Ersatzobjekt.

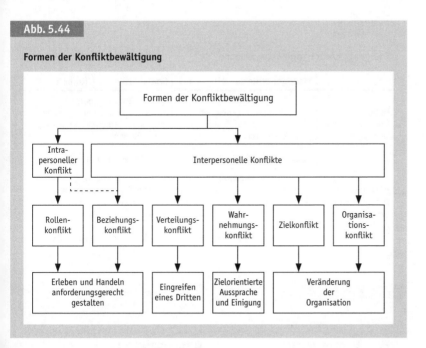

Abb. 5.44

Formen der Konfliktbewältigung

Der **Konfliktmoderator** versucht aus einer neutralen Position heraus, die Kommunikation zu lenken und einen gemeinsamen Lernprozess zu initiieren. Er soll dann folgende Aufgaben übernehmen:

▸ die Konfliktsituation analysieren,
▸ die Rahmenbedingungen für die Aussprache festlegen,
▸ in der Aussprache als unparteiische Person fungieren,
▸ die Vereinbarung verbindlich machen.

Konfliktbewältigung
Der Versuch einer Konfliktbewältigung ist nur sinnvoll, wenn beide Parteien ein Interesse daran haben. Wenn kein weiterer Kontakt gewünscht ist, können alle Anstrengungen unterbleiben und das Fortbestehen des Konfliktes muss akzeptiert werden. Aus Abbildung 5.44 ist ersichtlich, dass sich je nach Art des Konfliktes verschiedene Lösungsansätze ergeben.

Nicht alle Konflikte
sind lösbar

Abb. 5.45

Lösungsansätze zur Konfliktbewältigung

	Niedriger Wille zur Mitarbeit	Großer Wille zur Mitarbeit
Hohes Durchsetzungs-vermögen	**Zwang** Die Position wird gegen den Widerstand und auf Kosten anderer durchgesetzt.	**Zusammenarbeit** Beide Seiten machen Zugeständnisse und erarbeiten ein gemeinsames Ergebnis.
	Gewinner-Verlierer-Strategie	**Gewinner-Gewinner-Strategie**
Niedriges Durchsetzungs-vermögen	**Vermeidung** Der Konflikt wird ignoriert und besteht weiter.	**Nachgeben** Der Konflikt wird gelöst, aber einer muss seine Position aufgeben.
	Verlierer-Verlierer-Strategie	**Konflikt schwelt weiter**

Abb. 5.46

Strategien zur Konfliktbewältigung

Wenig Erfolg versprechend	Erfolg versprechend
Druck ausüben	Überzeugung anstreben
Keine Rückzugsmöglichkeit eröffnen	Gesichtswahrung ermöglichen
Persönlicher Angriff	Problem in den Mittelpunkt stellen
Festgelegte Meinung	Offen für Argumente
Einseitigen Erfolg anstreben	Gemeinsame Lösung suchen
Festlegung auf »Entweder-Oder«	Mehrere Lösungsmöglichkeiten denkbar

Die Abbildung 5.45 verdeutlicht, dass sich je nach Stärke der Kooperationsbereitschaft verschiedene Lösungsansätze ergeben.

Die sinnvollen und Erfolg versprechenden Strategien zur Konfliktbewältigung werden in Abbildung 5.46 den wenig sinnvollen gegenübergestellt.

Welche Verhaltensweisen durch die Konfliktparteien verfolgt werden, hängt von ihren vorherrschenden Einstellungsmustern ab. Die aber können sich im Laufe des Konflikts ändern, deshalb ist auch das Konfliktverhalten nicht unveränderbar.

Die Auswahl der Strategien hängt ab von der grundlegenden Einstellung, die gegenüber dem Problem und dem Konfliktpartner eingenommen wird.

5.4.4.4 Mediation

Mediation ist ein freiwilliges, außergerichtliches und nicht öffentliches Verfahren, das zur Beilegung oder Vermeidung eines Konfliktes geführt wird. Durch Unterstützung einer dritten Person soll eine einvernehmliche Regelung erreicht werden, die den Bedürfnissen und Interessen beider Konfliktparteien entspricht.

Der Mediator moderiert lediglich das Verfahren, er trifft keine Entscheidungen und macht keine Vorschläge zur Beilegung des Konfliktes.

5.4.4.5 Bewerbungsgespräch

Die Personalauswahl ist das Ergebnis der Auswertung ganz unterschiedlicher Informationen über eine Person. Sie richtet sich nach den Anforderungen der Stelle und nach den Interessen und Erfahrungen der Entscheider. Ein **Anforderungsprofil** bestimmt die Erwartungen an Bewerber bezüglich der vorgesehenen Arbeitsbereiche.

Bewerbungsverfahren

Analyse von Bewerbungsunterlagen

Die eingereichten **Bewerbungsunterlagen** sind das wichtigste Element bei einer Bewerbung, weil sie einen ersten Eindruck von der Arbeitsweise und der Persönlichkeit des Bewerbers vermitteln. Sie sollen das Interesse der Personalverantwortlichen wecken und sie von den persönlichen und fachlichen Eignungen überzeugen. Für unterschiedliche Berufsfelder bestehen unterschiedliche Erwartungen, üblicherweise werden aber vorgelegt:

- Bewerbungsanschreiben,
- Lebenslauf,
- Bewerbungsfoto,
- Zeugniskopien,
- Nachweise über Weiterbildungen und besondere Qualifikationen.

Zur Unterstützung der Entscheidung über die Einstellung eines Bewerbers können **weitere Beurteilungsinstrumente** herangezogen werden, z. B.:

- Arbeitsproben,
- Referenzen,
- Schriftanalysen und
- Tests.

Ein informatives, aber teures Testverfahren ist das **Assessment-Center**, mit dem Sozialkompetenz, systematisches Denken und Handeln, Aktivität und Ausdrucksmöglichkeiten festgestellt werden sollen.

Assessment-Center

Mehrere Bewerber (i. d. R. zwischen acht und zwölf) werden – meist für ein oder zwei Tage – dazu eingeladen. In realitätsnahen Simulationen konfrontiert man sie mit Situationen und Problemen, die sie allein oder in Gruppenarbeit bewältigen müssen. Weil die Kandidaten dabei unter Zeitdruck stehen, können sich die Beobachter ein Bild davon machen, wie die potenziellen Mitarbeiter unter Stress agieren. Aus der Arbeit in Gruppen ist neben der Problemlösungs- und Entscheidungsfähigkeit insbesondere das Führungs- und Sozialverhalten der Bewerber erkennbar.

Vorstellungsgespräch

Nach der Analyse der Bewerbungsunterlagen bietet das **Bewerbungsgespräch** die Möglichkeit, einen persönlichen Eindruck von den Interessenten zu gewinnen. Teilnehmer sind auf Arbeitgeberseite im Regelfall entweder der Personalleiter oder ein Mitarbeiter der Personalabteilung sowie der zukünftige unmittelbare Vorgesetzte.

Im Vorstellungsgespräch wird nochmals die fachliche Eignung des Bewerbers geprüft. Wichtiger ist aber, seine Persönlichkeit kennen zu lernen. Im Gespräch sollen die Einstellungen, Motive und Verhaltensweisen sowie die Interessen, Erwartungen, Ziele und Wünsche der Bewerber festgestellt werden.

Aufbau des Interviews

Ablauf eines Bewerbungsgespräches

Die Durchführung des Bewerbungsgespräches ist nicht festgelegt, die Planung sieht aber einen typischen Ablauf vor:

Aufwärmphase

▸ Small Talk zur Anreise und zum persönlichen Befinden,
▸ Hinweise über Ablauf und vorgesehene Dauer des Gesprächs,
▸ Vertraulichkeit zusichern.

Eröffnungsphase

▸ Begrüßung,
▸ Vorstellung der beteiligten Gesprächspartner.

Motivationsphase

▸ Information über das Unternehmen und die vakante Stelle,
▸ der Bewerber stellt kurz seinen Lebenslauf dar,
▸ der Bewerber informiert über seine Motivation, persönlichen Ziele, Qualifikationen und Erwartungen,
▸ Motivation für die Bewerbung auf genau diese Stelle,
▸ gezielte Fragen an den Kandidaten,
▸ Fragen des Bewerbers.

Abschlussphase

▸ Information über arbeitsvertragliche Regelungen,
▸ Klärung der weiteren Vorgehensweise,
▸ Hinweis, wann mit einer Entscheidung zu rechnen ist,
▸ Dank und Verabschiedung.

Interviewtechniken

Zur Durchführung des Gespräches werden unterschiedliche Methoden eingesetzt:

▸ **»Frei«**, ohne Gesprächsleitfaden. Diese Form wirkt persönlich und entspannt, birgt aber die Gefahr, dass nicht alle Themen vergleichbar mit allen Bewerbern besprochen werden.

▸ **»Strukturiert«**. Die Mindeststandards bezüglich Form und Themen sind festgelegt. Ein Leitfaden dient als Erinnerungsstütze, für Nachfragen bleibt genügend Raum.

▸ **»Standardisiert«**. Das Gespräch folgt einem vorgegebenen Schema. Das wirkt steif und wenig flexibel, sichert aber die beste Vergleichbarkeit.

▸ **»Situativ«**. Durch die Simulation von Arbeitssituationen kann ein vertiefter Eindruck erreicht werden.

> Nach dem Allgemeinen Gleichbehandlungsgesetz sind Benachteiligungen »wegen der ethnischen Herkunft, des Geschlechts, der Religion oder Weltanschauung, einer Behinderung, des Alters oder der sexuellen Identität zu verhindern oder zu beseitigen«. (§ 1 AAG)

Der Bewerber darf nicht alles gefragt werden, was gegebenenfalls für das Unternehmen von Interesse ist. Die Abbildung 5.47 zeigt wichtige Einschränkungen.

Auf zulässige Fragen muss der Bewerber wahrheitsgemäß antworten. Falsche Antworten gelten als arglistige Täuschung und der Vertrag kann fristlos gekündigt werden. In bestimmten Fragen hat der Bewerber eine Offenbarungspflicht: Er muss auch selbst darauf aufmerksam machen, wenn er die vereinbarte Arbeitsleistung nicht oder nicht zum vereinbarten Zeitpunkt erbringen kann.

Abb. 5.47

Erlaubte Fragen im Vorstellungsgespräch

Frage nach...	Erlaubt, wenn...
... früherer Gehaltshöhe	... das frühere Gehalt eine Bedeutung für die künftige Bezahlung hat.
... chronischen Krankheiten	... an der Kenntnis ein Interesse besteht, – weil die vorgesehene Tätigkeit eingeschränkt wird. – weil eine Gefährdung von Kollegen oder Geschäftspartnern besteht.
... Schwangerschaft	... eine Schwangere die vereinbarte Tätigkeit nicht erbringen kann, z. B. als Sportlehrerin oder Mannequin.
... Vermögensverhältnissen	... ein besonderes Vertrauensverhältnis zum Arbeitgeber besteht.
... Vorstrafen	... sie etwas mit der künftigen Arbeit zu tun haben und wenn ein berechtigtes Interesse des Arbeitgebers vorliegt.
... politischer Zugehörigkeit	... der Arbeitgeber politisch gebunden ist.
... religiöser Zugehörigkeit	... der Arbeitgeber konfessionell gebunden ist.

Nachbereitung des Gespräches

Schriftliches Protokoll

Der Ablauf und die Inhalte des Bewerbungsgespräches werden schriftlich protokolliert. Neben den formalen Aspekten wie Ort, Termin und Dauer werden die persönlichen Eindrücke und die emotionalen Befindlichkeiten festgehalten. Eine spätere Rekonstruktion soll dadurch möglich werden.

5.4.4.6 Mitarbeitergespräche

Für eine erfolgreiche Zusammenarbeit ist es notwendig, dass Vorgesetzter und Mitarbeiter regelmäßig und bei Bedarf über die Ziele, Beurteilungen, Entwicklungsmöglichkeiten und Formen der gemeinsamen Arbeit sprechen.

> Das Mitarbeitergespräch stellt eines der wichtigsten Führungsinstrumente dar.

Mitarbeitergespräche werden genutzt, um die Zufriedenheit und Motivation der Mitarbeiter zu erhöhen. Sie sollen ein offener Dialog sein, in dem sich Vorgesetzte und Mitarbeiter über den Stand der Zusammenarbeit in fachlicher und zwischenmenschlicher Hinsicht austauschen. Sie verständigen sich über die Stärken und Schwächen der Zusammenarbeit, die Arbeitsbedingungen und die Perspektiven für die weitere Zusammenarbeit.

Das Mitarbeitergespräch findet unter vier Augen statt. Wenn die Mitarbeiter es wünschen, sollte aber die Teilnahme von Vertrauenspersonen, z. B. ein Betriebsratsmitglied, ermöglicht werden.

Zielvereinbarung

Arbeitsziele und persönliche Ziele

Mitarbeitergespräche enthalten auch Vereinbarungen zu Arbeitszielen und zu persönlichen Zielen. Die Mitarbeiter sollten die Möglichkeit haben, sich aktiv an der Erarbeitung detaillierter Vorstellungen zu ihrem Aufgabenbereich zu beteiligen. Zusammen mit dem Vorgesetzten werden bindende Regelungen getroffen, die eigenverantwortliches Handeln im jeweiligen Zuständigkeitsbereich erleichtern sollen.

Voraussetzung für eine Zielvereinbarung ist eine eindeutige Zielformulierung und gegebenenfalls die Festlegung von Zwischenzielen. Wie das Ziel erreicht werden soll, ist in der Regel nicht Gegenstand einer Zielvereinbarung, die Umsetzung bleibt dem Mitarbeiter überlassen.

> Zielvereinbarungen umfassen Leistungsziele und Verhaltensziele, die SMART sein müssen:
>
> | | | |
> |---|---|---|
> | S | spezifisch | Ziele müssen präzise formuliert sein. |
> | M | messbar | Ziele müssen nach klaren Kriterien überprüfbar sein. |
> | A | angemessen | Ziele müssen herausfordernd und akzeptabel sein. |
> | R | realistisch | Ziele müssen erreichbar sein. |
> | T | terminiert | Ziele müssen bis zu einem bestimmten Zeitpunkt erreichbar sein. |

Beurteilung

In regelmäßigen Abständen müssen Vorgesetzte die Leistung und das Verhalten ihrer Mitarbeiter bewerten. In einem persönlichen Gespräch werden die Stärken und Schwächen angesprochen und die Ziele für die weitere Zusammenarbeit vereinbart. Der Mitarbeiter erfährt, wie seine Arbeitsleistung und seine Position eingeschätzt werden. Seine Qualifikationen sollen so erweitert und sein Potenzial für weitere Aufgaben nutzbar gemacht werden.

Die Beurteilung muss so transparent wie möglich sein. Dazu gehört, dass sie gut vorbereitet und gut verständlich sein muss. Sie bezieht sich in der Regel auf drei Bereiche:

Beurteilungsbereiche

▸ Die Leistungsziele werden überprüft und kontrolliert.
▸ Zu der Leistung und dem Verhalten wird ein Gesamtbild erarbeitet.
▸ Maßnahmen zur Erreichung neuer Ziele werden vereinbart. Dazu zählen auch die Fort- und Weiterbildung.

> Nach § 82 Abs. 2 BetrVG kann jeder Arbeitnehmer eine Bewertung seiner Leistungen verlangen.

Eine ausführliche Mitarbeiterbeurteilung erfordert fest definierte Leistungsstandards. Die Aufstellung dieser allgemeinen Beurteilungsgrundsätze bedarf nach § 94 Abs. 2 BetrVG der Zustimmung des Betriebsrates.

Verlauf

Jedes Mitarbeitergespräch wird einen anderen Verlauf nehmen, ein starres Schema kann den Anforderungen nicht gerecht werden. Trotzdem kann ein grundsätzliches Vorgehen skizziert werden.

1. Verständigung über die Kernaufgaben des Mitarbeiters:
   - Rückblick auf das letzte Gespräch.
   - Welche Aufgaben konnten erledigt werden?
   - Welche Qualifizierungsmaßnahmen wurden wahrgenommen?
2. Feststellung der Zielerreichung:
   - Was war erfolgreich? Welche Gründe gibt es dafür?
   - Was ist nicht gelungen? Warum nicht?
3. Feedback des Vorgesetzten an den Mitarbeiter:
   - Wo liegen die besonderen Stärken des Mitarbeiters?
   - Wo liegen die besonderen Schwächen des Mitarbeiters?
     - Fachkompetenz
     - Persönliche Kompetenz
     - Sozialkompetenz
     - Führungskompetenz
4. Feedback des Mitarbeiters an den Vorgesetzten:
   - Hat der Mitarbeiter alle Informationen, die er benötigt?
   - Waren Lob und Kritik konstruktiv?
   - Sind Absprachen und Termine eingehalten worden?
   - Wünsche und Anregungen.

5. Ausblick:
   - Ziele und Aufgaben in den nächsten zwölf Monaten,
   - Notwendige Unterstützung.
6. Einschätzung der beruflichen Perspektiven:
   - Berufliche Vorstellungen des Mitarbeiters,
   - Fördermöglichkeiten durch den Vorgesetzten.

Vgl. dazu auch Kapitel 9.2.2.

5.4.4.7 Verkaufsgespräche

Ziel ist ein Vertragsabschluss

Verkaufsgespräche unterscheiden sich von anderen Gesprächen dadurch, dass sie auf einen Vertragsabschluss mit einem potenziellen Kunden gerichtet sind. Jede Gesprächssituation ist anders, deshalb sind die erforderlichen Kompetenzen und Vorgehensweisen entweder nur allgemein anzugeben oder auf eine genau beschriebene Situation zutreffend. Die einfache Gliederung eines Verkaufsgesprächs folgt dem AIDA-Schema:

A   attention   Aufmerksamkeit erzielen

I   interest   Interesse wecken

D   desire   Wunsch des Kunden wecken

A   action   Abschluss herbeiführen

Eine stärkere Berücksichtigung psychologischer Aspekte führt zu einer detaillierteren Vorgehensweise. Bei den potenziellen Käufern werden dabei vier Grundtypen unterschieden:

D   Dominant

I   Initiativ

S   Stetig

G   Gewissenhaft

Gesprächsstruktur

Der Verkäufer wird sein Gespräch an der Einstellung und Haltung seines Kunden orientieren, aber immer eine Strukturierung anstreben:

▸ **Gesprächseröffnung**. Der Verkäufer zeigt sein Interesse, indem er die Wünsche des Kunden und seine Kaufmotive durch situationsgerechte Ansprache erfragt.

▸ **Bedarfsermittlung.** Der Verkäufer vergleicht die Kundenwünsche mit seinen möglichen Angeboten. Seine Kompetenz wird durch das Eingehen auf die Kundenwünsche unterstrichen.

▸ **Angebot.** Der Verkäufer spricht die Sinne des Kunden an und stellt den Kundenvorteil dar. Er zeigt, wie sein Produkt die aktuelle Situation des Kunden verbessert bzw. einen Mangel behebt.

▸ **Abschluss.** Wenn der Käufer seine Kaufbereitschaft signalisiert, wird das Gespräch zusammengefasst, eventuell müssen noch offene Fragen geklärt werden. Danach kann der Abschluss getätigt werden.

gelernt & gewusst Kapitel 5

Aufgabe 5.1
Ergänzen Sie das folgende Schema (Schulz von Thun 1981). Formulieren Sie die Botschaft, die der Empfänger auf den vier Ebenen erhält.

»Ich habe fünfmal bei dir angerufen!«	
Sachinhaltebene	
Selbstoffenbarungsebene	
Beziehungsebene	
Appellebene	

Aufgabe 5.2 (IHK H11)
Im Zuge einer anstehenden Unternehmensübernahme sollen in der PrimeOffice GmbH schnellstmöglich Organisationsrichtlinien etabliert werden. Dafür ist eine Organisationsentwicklung Voraussetzung.
Nennen Sie drei Phasen des Organisationsentwicklungsprozesses und
erläutern Sie deren Umsetzung   (9 Punkte)

Aufgabe 5.3 (IHK F11)
Frau Wiesel möchte die Geschäftsstellenleiter der Niederlassungen und den Verkaufsleiter der PrimeOffice GmbH zu einer Verkaufsschulung schicken. Sie denkt an ein externes Seminar von ca. zwei bis vier Tagen Dauer.
a) Beschreiben Sie je ein Ziel der Personalentwicklung   (2 Punkte)
  ‣ aus der Sicht des Unternehmens und
  ‣ aus der Sicht des Mitarbeiters.
b) Erläutern Sie drei Kriterien, nach denen Sie einen externen
  Seminaranbieter auswählen würden.   (3 Punkte)
c) Beschreiben Sie jeweils zwei Vorteile
  ‣ interner Bildungsmaßnahmen und
  ‣ externer Bildungsmaßnahmen   (4 Punkte)

Aufgabe 5.4 (IHK F 12)
Die Huber AG beabsichtigt, einen Entwicklungsprozess im Unternehmen in Gang zu setzen. Sie hat sich für das nächste Jahr folgende Ziele gesetzt:
‣ Umsatzplus von 6,5 %,
‣ Senkung der Personalkosten in allen Betrieben,
‣ Reduzierung der Fehlerkosten um mindestens 7,5 %.

Aus diesem Grund soll der Fokus zunächst auf die Zielformulierung sowie auf die strategische Planung gesetzt werden.

a) Beschreiben Sie ausgehend von den Zielen der Ausgangssituation
vier Unterziele (Sachziele), die in der Praxis umgesetzt werden können.   (4 Punkte)

b) In einem Meeting fordert die Geschäftsleitung die Abteilungsleiter auf,
mögliche Ansatzpunkte zur Optimierung der strategischen und operativen
Planung zu benennen.
Stellen Sie jeweils drei Planungsinhalte dar, die aus Ihrer Sicht für
die Huber AG notwendig sind.   *(6 Punkte)*

Aufgabe 5.5
Der Leiter der Personalabteilung der Schwarz AG plant einen Workshop, um Möglich-keiten zu entwickeln, der zunehmenden Unzufriedenheit der Mitarbeiter entgegenzu-wirken.

a) Beschreiben Sie
*   1. zwei Aufgaben eines Moderators bei diesem Workshop*
*   2. vier Kompetenzen/Fähigkeiten, die bei einem Moderator vorausgesetzt werden.*

b) Beschreiben Sie eine sinnvolle Vorgehensweise in dem Workshop in sechs Schritten.

Aufgabe 5.6 (IHK H10)
Einige Führungskräfte der Eurosound OHG haben offensichtliche Probleme mit ihrer Zeiteinteilung.
Erläutern Sie anhand jeweils eines Beispiels aus der betrieblichen Praxis
zwei Methoden des Zeit- und Selbstmanagements.   *(6 Punkte)*

Aufgabe 5.7
Beim Mittagessen bemängelt Sie, dass ein Haar in der Suppe schwimmt, die Er gekocht hat.
Beschreiben Sie die vier Aspekte der Kommunikation an diesem Beispiel.

6 Investition, Finanzierung und Controlling

6.1 Investitionsplanung und -rechnung

6.1.1 Investition

Investition ist die Verwendung finanzieller Mittel zum Erwerb von Gütern.

6.1.1.1 Zusammenhang von Investition und Finanzierung

Der Investitionsrechnung kommt in der Praxis eine große Bedeutung zu, weil über hohe Kapitalbeträge mit langfristiger Bindung und weit reichenden Wirkungen entschieden wird. Es handelt sich um Rechenverfahren, um bei mehreren Alternativen diejenige aussuchen zu können, die bei gegebenen unternehmerischen Zielen die beste ist. Die Finanzierung muss vor der Investition gesichert sein, denn sie ermöglicht erst die Bereitstellung des notwendigen Kapitals.

Auch nach der Investitionsentscheidung ist zu beobachten, ob die Einnahmen und Ausgaben mit den Prognosen übereinstimmen, die zu der gewählten Investitionsalternative geführt haben. Bei Abweichungen müssen die Ursachen ermittelt und bei negativer Entwicklung mögliche Gegenmaßnahmen eingeleitet werden.

6.1.1.2 Investitionsarten

Die finanziellen Mittel, die durch Investitionen gebunden werden, müssen i. d. R. langfristig zur Verfügung stehen, weil die materiellen und immateriellen Investitionsgüter dem Unternehmen dauerhaft zur Verfügung stehen sollen. Abbildung 6.1 gibt einen Überblick über die Investitionsarten. In Abbildung 6.2 sind die Investitionen nach ihrem Zweck gegliedert.

Abb. 6.1

Investitionsarten

	Beispiele
Sachinvestitionen	Grundstücke, Maschinen, Vorräte
Finanzinvestitionen	Beteiligungen, Wertpapiere des AV
immaterielle Investitionen	Patente, Werbung, Forschung und Entwicklung

Abb. 6.2

Investitionszwecke

	Beispiele
Neuinvestitionen	Erste Anschaffung einer Maschine
Erweiterungsinvestitionen	Erhöhung der Kapazität, zusätzliche Produktionsstätten
Ersatzinvestitionen	Vorhandene Vermögensgenstände werden (ohne Kapazitätserhöhung) durch neue mit gleicher Funktion ersetzt
Gründungsinvestitionen	Gründung oder Kauf
Rationalisierungsinvestitionen	Vorhandene Anlagen werden durch technisch leistungsfähigere ersetzt
Sicherungsinvestitionen	Forschung und Entwicklung, Beteiligung an vor- oder nachgelagerten Produktionsstufen

6.1.1.3 Investitionsentscheidungen

Vor der Investitionsentscheidung muss die Vorteilhaftigkeit einer Investition anhand quantitativer und/oder qualitativer Beurteilungsmerkmale festgestellt werden. Die Entscheidung hängt also ab von den möglichen Beurteilungskriterien, z. B.:

▸ erreichbare Rentabilität,
▸ prognostizierter Gewinn,
▸ Amortisationszeit,
▸ mögliche Kostendeckung.

Entscheidung unter
Unsicherheit

Da die Investitionsplanungen zukunftsbezogen sind, erfolgen sie notwendig unter Unsicherheit. Die jeweilige Risikoeinschätzung ist Bestandteil der Investitionsentscheidung.

6.1.2 Investitionsrechnungsverfahren

Mit den Investitionsrechnungsverfahren soll unter mehreren Alternativen diejenige festgestellt werden, die bei gegebenen unternehmerischen Zielen den höchsten Zielerreichungsgrad verspricht.

6.1.2.1 Arten der Investitionsrechnung

Man unterscheidet bei den Verfahren der Investitionsrechnung zwei wesentliche Gruppen:

▸ **Statische Verfahren** lassen Veränderungen im Verlauf der Investitionszeit weitgehend unberücksichtigt. Sie beziehen sich auf eine repräsentative durchschnittliche Periode und projizieren diese Werte auf die gesamte Investitionsdauer. Zins- und Zinseszinseffekte bleiben unberücksichtigt.

Abb. 6.3

Kostenvergleichsrechnung

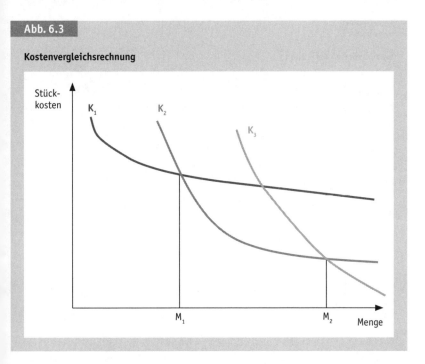

▸ **Dynamische Verfahren** untersuchen jede Periode gesondert. Um eine Vergleich-barkeit herstellen zu können, werden die voraussichtlichen Einnahmeüber-schüsse zukünftiger Perioden mit einem vom Investor gewünschten Zinssatz auf den Investitionszeitpunkt abgezinst.

6.1.2.2 Statische Investitionsrechnung

Statische Investitionsrechnungsverfahren sind aufgrund ihrer einfachen Annah-men, die sich nur auf eine repräsentative Periode beziehen, für kleinere Vorhaben geeignet und in der Praxis verbreitet.

Kostenvergleichsrechnung

Bei der Kostenvergleichsrechnung werden mehrere alternative Investitionsmöglich-keiten danach beurteilt, welche Stückkosten in Abhängigkeit von der Ausbrin-gungsmenge entstehen. Gewählt wird die Alternative mit den niedrigsten Stück-kosten. Abbildung 6.3 zeigt die Stückkostenverläufe bei drei Alternativen.

Weil das Ziel verfolgt wird, die Stückkosten möglichst niedrig zu halten, ergibt sich für das Beispiel in Abbildung 6.3, dass die Entscheidung fällt

▸ für Alternative 1, wenn die voraussichtliche Menge kleiner M_1 ist,
▸ für Alternative 2, wenn die erwartete Menge größer M_1 und kleiner M_2 ist,
▸ für Alternative 3, wenn die Menge voraussichtlich größer als M_2 ist.

Entscheidungskriterium
Stückkosten

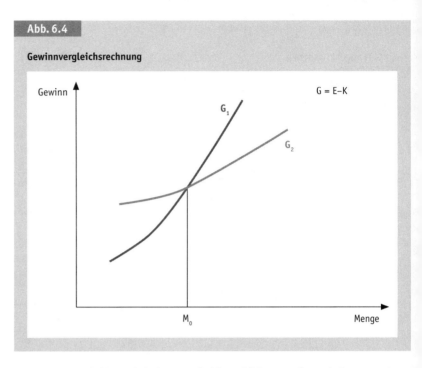

Abb. 6.4

Gewinnvergleichsrechnung

So überzeugend diese einfache Entscheidungshilfe zunächst scheint, so schwer wiegt die Tatsache, dass die Entwicklung der Verkaufserlöse und die Rentabilität des eingesetzten Kapitals unberücksichtigt bleiben.

Gewinnvergleichsrechnung

Entscheidungskriterium
Gewinn

Bei der Gewinnvergleichsrechnung werden die Gewinne von mehreren alternativen Investitionen gegenübergestellt. Der Vorteil ist darin zu sehen, dass die Kosten nicht isoliert betrachtet werden, sondern dass – weil der Gewinn als Differenz zwischen Erlösen und Kosten verstanden wird ($G = E-K$) – die Erlöse mit berücksichtigt werden. Dadurch wird die Gewinnvergleichsrechnung in den meisten Fällen die Situation erkenntniszielbezogener abbilden können.

Im Beispiel in Abbildung 6.4 wird man sich für die Alternative 1 entscheiden, wenn die erwartete Menge größer als M_0 ist und andernfalls für die Alternative 2. Vorausgesetzt wird, dass die Alternativen G_1 und G_2 die gleiche Nutzungsdauer haben.

Die Rentabilität des eingesetzten Kapitals wird auch hier nicht berücksichtigt.

Amortisationsvergleichsrechnung

Entscheidungskriterium
Umsatzerlöse höher als
Anfangsauszahlung

Der Amortisationsvergleichsrechnung (**Pay-off-Methode**) liegt ein anderes Prinzip zu Grunde: Es wird ermittelt, ob eine Entscheidung für oder gegen eine einzelne ganz bestimmte Investition ausfallen muss. Die Entscheidung hängt davon ab, nach wie vielen Perioden die Auszahlungen für die Investition über ihre Umsatzerlöse wieder zurückgeflossen sein werden und wie im Vergleich dazu die Erwartungen sind.

Beispiel

Die Anschaffungskosten einer Fräsmaschine betragen 3.600 € (Auszahlungen A). Die zukünftig erwarteten induzierten Überschüsse (Ü) betragen jährlich 600 €. Die Amortisationsdauer errechnet sich dann

$$\frac{A}{\ddot{U}} = \frac{3.600}{600} = 6 \text{ Jahre}$$

Wenn die gewünschte Amortisationsdauer kürzer als 6 Jahre ist, wird die Berechnung zur Ablehnung der Investition führen.

Diese Methode führt zu einem gravierenden Problem, weil das Ergebnis der Berechnungen von der zu Grunde gelegten Amortisationsdauer abhängig ist. Wird die gewünschte Amortisationsdauer zu niedrig angesetzt, muss die Investition abgelehnt werden, obwohl sie möglicherweise wirtschaftlicher wäre als z. B. eine noch genutzte ältere Anlage. Ausgesprochen vorsichtige Entscheidungen führen also bei diesem Verfahren tendenziell dazu, dass Neuerungen und Modernisierungen unterbleiben.

6.1.2.3 Dynamische Investitionsrechnung

Die dynamischen Investitionsrechnungsverfahren nutzen finanzmathematische Methoden, um alle einer Investition zurechenbaren Einzahlungen und Auszahlungen periodengerecht für die erwartete Investitionsdauer zu erfassen. Dazu erfolgt eine Abzinsung auf den Investitionszeitpunkt A_0. So kann festgestellt werden, ob eine Investition unter den gegebenen Annahmen sinnvoll ist. Auch ein Vergleich bei mehreren Alternativen ist möglich. Die Investition, die zum Planungszeitpunkt den günstigsten Wert aus den abgezinsten Ein- und Auszahlungen aufweist, ist die vorteilhafteste.

Periodengerechte
Erfassung

Kapitalwertmethode

Der Kapitalwert einer Investition ist die Summe aller durch diese Investition verursachten Ein- und Auszahlungen, abgezinst auf den Zeitpunkt der Investition. Dazu wird zunächst ein Kalkulationszinssatz »i« festgelegt. Er kann grundsätzlich frei bestimmt werden, etwa orientiert

▸ an dem Zinssatz, zu dem Fremdkapital aufgenommen werden kann,
▸ an dem Zinssatz, der für alternative Anlagen mit gleichem Risiko erzielt werden könnte,
▸ an der angestrebten Mindestverzinsung.

Mit dem Zinssatz i werden dann die Kapitalwerte möglicher Investitionen errechnet. Alle zukünftigen Auszahlungen (A_1, A_2...A_n) und die Einzahlungen (E_1, E_2...E_n) werden mit dem Abzinsungsfaktor auf den Zeitpunkt der Investition A_0 bezogen. Der Kapitalwert ist abhängig von dem Zins, der bei den Berechnungen zu Grunde gelegt wird.

$$K = -A_0 + \sum_{t=1}^{n} (E_t - A_t) \times (1 + i)^{-t} + L_n (1 + i)^{-n}$$

wobei

K	= Kapitalwert
A_0	= Anschaffungsauszahlung
Σ	= Summe
$(E_t - A_t)$	= Einzahlungen minus Auszahlungen der Periode t
$(1 + i)^{-t}$	= Abzinsungsfaktor
L_n	= Liquidationserlös am Ende der Nutzungsdauer
n	= Zahl der Nutzungsperioden
i	= Kalkulationszinssatz

Abbildung 6.5 verdeutlicht das Prinzip.

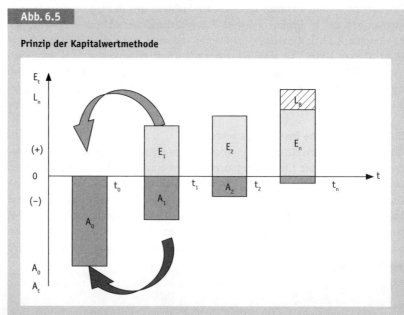

Abb. 6.5

Prinzip der Kapitalwertmethode

Ergibt sich ein Kapitalwert

▸ größer 0, ist die Investition vorteilhaft. Die tatsächliche Verzinsung ist höher als i.
▸ genau 0, verzinst sich die Investition genau zum Kalkulationszinssatz.
▸ kleiner 0, ist die Investition abzulehnen. Die tatsächliche Verzinsung ist niedriger als i.

Bei einem Vergleich mit alternativen Investitionen fällt die Entscheidung für die Investition mit dem höchsten – positiven – Kapitalwert.

Beispiel

Die Nutzungsdauer einer Investition in Höhe von 10.000 soll fünf Jahre betragen, der Zinssatz beträgt 10 %. Der Kapitalwertberechnung liegen folgende Annahmen zu Grunde:

Zeitpunkt	t_0	t_1	t_2	t_3	t_4	t_5
Einzahlungen	-	4.000	3.800	3.500	3.500	3.500
Auszahlungen	10.000	1.500	800	700	800	600
Überschuss	- 10.000	2.500	3.000	2.800	2.700	2.900

Daraus errechnet sich:

$$\text{Kapitelwert} = -\ 10.000 + \frac{2500}{1{,}1^1} + \frac{3.000}{1{,}1^2} + \frac{2.800}{1{,}1^3} + \frac{2.700}{1{,}1^4} + \frac{2.900}{1{,}1^5}$$

Kapitalwert = – 10.000 + 2.273 + 2.479 + 2.104 + 1.844 + 1.801
Kapitalwert = 501

Diese Investition ist lohnend, weil der Kapitalwert positiv ist, die tatsächliche Verzinsung ist höher als 10 %.

Die technisch mögliche Nutzungsdauer eines Investitionsobjektes muss mit der wirtschaftlich sinnvollen Nutzungsdauer nicht übereinstimmen. Deshalb muss entschieden werden,   Technisch mögliche Nutzungsdauer

▸ wann eine Anlage – unter Berücksichtigung eines erzielbaren Restwertes – nicht weiter betrieben werden soll.
▸ wann eine Anlage durch eine gleichartige ersetzt werden soll.

Die optimale Nutzungsdauer zeigt, wann eine technisch noch nutzbare Anlage nicht weiter eingesetzt werden sollte.   Optimale Nutzungsdauer

Für jede Periode wird der Kapitalwert errechnet, der erreicht würde, wenn die Nutzungsdauer am Ende dieser Periode beendet sein würde und die Anlage zum Restwert veräußert würde.

Die Periode mit dem höchsten Kapitalwert zeigt die optimale Nutzungsdauer.

Beispiel

Die Pelikan AG schafft eine neue Presse an. Die technische Nutzungsdauer beträgt 6 Jahre.

Die Einnahmeüberschüsse der Perioden und den jeweiligen Restwert zeigt die Tabelle:

Periode	t	0	1	2	3	4	5	6
Anfangsinvestition		- 800						
Einnahmeüberschüsse	$E_t - A_t$		200	180	160	140	120	100
Restwert	R_t	800	680	580	480	400	320	240

Die Pelikan AG kalkuliert mit 8 %.

Lösungstabelle:

t	$E_t - A_t$	R_t	Abzinsungs-faktor	Barwert $E_t - A_t$	$\sum_0^t$ Barwerte		Barwert R_t		Kapitalwert am Ende der Periode t
0	- 800	800	1	- 800,00	- 800,00	+	800,00	=	0,00
1	200	680	0,925926	185,19	- 614,81	+	629,63	=	14,82
2	180	580	0,857339	154,32	- 460,49	+	497,26	=	36,77
3	160	480	0,793832	127,01	- 333,48	+	381,04	=	47,56
4	140	400	0,735030	102,90	- 230,58	+	294,01	=	63,43
5	120	320	0,680583	81,67	- 148,91	+	217,79	=	**68,88**
6	100	240	0,630170	63,02	- 85,89	+	151,24	=	65,35

Die optimale wirtschaftliche Nutzungsdauer beträgt 5 Jahre.

Mängel der Kapitalwert-methode

Auch diese zunächst überzeugende Methode verfügt jedoch über Mängel, ihre Ergebnisse müssen vorsichtig interpretiert werden:

▸ Die berücksichtigten Zahlenreihen sind Erwartungs- bzw. Erfahrungswerte, die mit Unsicherheiten behaftet sind.

▸ In komplexen Organisationen kann es schwierig sein, Veränderungen einer einzelnen Investition zuzuordnen.

▸ Alternativen, die möglicherweise noch bessere Ergebnisse ergäben, bleiben außer Betracht.

Annuitätenmethode

Die Annuitätenmethode stellt eine Abwandlung der Kapitalwertmethode dar. Sie ermittelt, wie hoch voraussichtlich die durch diese Investition verursachten Gewinne je Periode durchschnittlich sein werden. Ausgangspunkt ist der Kapitalwert. Er wird für die Nutzungsdauer in gleiche Jahreswerte (Annuitäten) umgerechnet:

Annuität =

$$\frac{\text{Kapitalwert} \times \text{Kalkulationszinsfuß} \, (1 + \text{Kalkulationszinsfuß})^{\text{Nutzungsdauer}}}{(1 - \text{Kalkulationszinsfuß})^{\text{Nutzungsdauer}} - 1}$$

oder

$$A_n = K_0 \, \frac{i(1+i)^n}{(1+i)^n - 1}$$

Eine Investition ist vorteilhaft, wenn die Annuität A_n größer 0 ist. Wird die Annuitätenmethode benutzt, um alternative Investitionen zu vergleichen, so ist diejenige mit der höchsten Annuität zu wählen.

Methode des internen Zinsfußes

Mit dieser Methode wird berechnet, wie hoch der tatsächliche prozentuale Erfolg einer Investition ist. Mit der Kapitalwertmethode wird ja nur festgestellt, ob sie höher oder niedriger als der Zinsfuß »i« ist, mit dem der Kapitalwert ermittelt worden ist. Es ist offensichtlich, dass bei dem gesuchten Zinssatz der Kapitalwert genau 0 ist: Dann entspricht die tatsächliche Verzinsung genau »i«.

Prozentualer Erfolg einer Investition

Die Berechnung erfolgt nach der Formel $r = i_1 - K_{01} \times \dfrac{i_2 - i_1}{K_{02} - K_{01}}$

wobei

r	= interner Zinssatz
i_1	= Zinssatz 1
i_2	= Zinssatz 2
K_{01}	= Kapitalwert bei i_1
K_{02}	= Kapitalwert bei i_2

Beispiel

Ergibt die Berechnung mit dem Zinsfuß 8 % einen Kapitalwert von 8.000 und die Berechnung mit 10 % einen Kapitalwert von – 4.000, so liegt die tatsächliche Verzinsung zwischen 8 % und 10 %.

Kapitalwert	8.000	0	–4.000
bei einem Zinssatz von	8%	9,33 %	10%

$$r = 8 - 8.000 \times \frac{10 - 8}{-4.000 - 8.000} = 9,33\,\%$$

6.1.2.4 Wirtschaftliche Nutzungsdauer

Bei einer Investition sind die Barwerte (Abgezinste Überschüsse je Periode) in der Regel nicht gleich. Durch steigende Instandhaltungskosten und Reparaturen nehmen sie ab, wodurch zwar der Kapitalwert insgesamt noch steigt, der durchschnittliche Barwert aber sinkt. Bei einmaliger Investition ist die Dauer der Nutzung optimal, wenn der durchschnittliche Überschuss je Periode sein Maximum erreicht hat.

Optimale Nutzungsdauer

Beispiel

Eine Investition ergibt für sechs Jahre die folgenden Werte. Der Berechnungszinsfuß beträgt 6 %.

Jahr	1	2	3	4	5
Einnahmeüberschüsse	30.000	40.000	50.000	45.000	40.000
Barwerte	28.302	35.600	41.981	35.644	29.890
Ø Barwert	28.302	31.951	35.994	35.382	34.283

Bei unveränderten Rahmenbedingungen (keine Preisveränderungen, kein technischer Fortschritt) beträgt die wirtschaftlich sinnvolle Nutzungsdauer 3 Jahre.

Wird die Anlage ersetzt, müssen die – abgezinsten – Einnahmeüberschüsse der Ersatzinvestition bei der Entscheidung berücksichtigt werden.

6.2 Ermittlung des Finanzbedarfs

6.2.1 Finanzierungsarten

Außen- und
Innenfinanzierung

Bei den Finanzierungsarten wird zwischen Außen- und Innenfinanzierung unterschieden, die beide wiederum weiter unterteilt werden können. Abbildung 6.6 gibt einen Überblick.

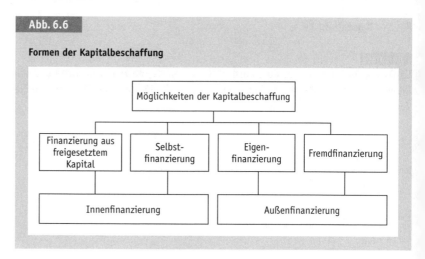

Abb. 6.6

Formen der Kapitalbeschaffung

> Eine **Außenfinanzierung** liegt vor, wenn die Beschaffung der Mittel über den Geld- oder Kapitalmarkt erfolgt, während die Mittel im Rahmen der **Innenfinanzierung** aus dem Geschäftsprozess des Unternehmens selbst erwirtschaftet worden sind. Bei Eigenfinanzierung wird neues Eigenkaptal bereitgestellt, bei der Fremdfinanzierung wird dagegen Fremdkapital genutzt.

6.2.2 Kapitalbedarfsplanung

Damit frühzeitig Maßnahmen zur Finanzierung eingeleitet werden können, muss der Kapitalbedarf möglichst genau ermittelt werden. Er ist abhängig von der Höhe der Ausgaben und Einnahmen und ihrem jeweiligen Zeitpunkt. Der Kapitalbedarf steht also nicht dauerhaft fest, sondern unterliegt permanenten Änderungen.

Kapitalbedarf schwankt

Der Kapitalbedarf für das **Anlagevermögen** entspricht den Anschaffungskosten:

Listenpreis
./. Anschaffungspreisminderungen (Rabatte, Skonti usw.)
+ Anschaffungsnebenkosten (Transportkosten, Zölle usw.)
= Anschaffungskosten

Für das **Umlaufvermögen**, das nicht dauerhaft im Unternehmen verbleibt, muss die Kapitalbindung in Tagen gemessen werden.

Kapitalbindung in Tagen

Beispiel

Täglicher Kapitalbedarf

RHB	2.500 €
Löhne und Gehälter	3.000 €
Sonstige laufende Kosten	1.000 €
	6.500 €

Durchschnittliche Kapitalbindung in Tagen

Rohstofflagerdauer	15 Tage
Lieferantenziel	10 Tage
Produktionsdauer	20 Tage
Lagerdauer der Fertigprodukte	5 Tage
Kundenziel	10 Tage

Notwendiger Kapitalbedarf

Rohstoffe	(15 -10) + 20 + 5 + 10	× 2.500 € =	100.000 €
Löhne und Gehälter	20 + 5 + 10	× 3.000 € =	105.000 €
Sonstige laufende Kosten	15 + 20 + 5 + 10	× 1.000 € =	50.000 €
			255.000 €

Zusätzlich kann in besonderen Fällen weiter Kapitalbedarf bestehen:

▸ **Markteinführungskosten** fallen nur für einen begrenzten Zeitraum an.
▸ Vor der Aufnahme der Geschäftstätigkeit sind die **Gründungskosten** zu finanzieren. Dazu zählen z. B. die Gewerbeanmeldung, Maklerkosten und Beratungskosten.

6.2.3 Finanzierungsplanung

Finanzplanung sichert
die Zahlungsfähigkeit

Im Rahmen der Finanzplanung werden die Verwendung und der Rückfluss der finanziellen Mittel geplant, gesteuert und kontrolliert. Sie ist die Grundlage für die Entscheidungen über alle Maßnahmen, die zur Realisierung der finanzwirtschaftlichen Ziele erforderlich sind. An erster Stelle steht die Sicherung der Zahlungsfähigkeit, weil die Existenz der Organisation unmittelbar davon abhängt. Als Entscheidungskriterien werden angesehen:

▸ die Rentabilität,
▸ die Liquidität,
▸ die Sicherheit,
▸ die Unabhängigkeit,
▸ niedrige Finanzierungskosten sowie
▸ der Shareholder Value.

Diese Entscheidungskriterien sind nicht unabhängig voneinander, ihre Verfolgung kann durchaus konkurrierend sein. Eine »optimale« Alternative kann sich nur auf eines der Kriterien beziehen.

Beispiele

Ein selbstständiger Berater möchte 5.000 € anlegen. Er kennt zwei alternative Möglichkeiten:

a) Festgeld   1 Jahr festgelegt   4,0 % Zinsen
b) Girokonto   jederzeit verfügbar   1,0 % Zinsen

Wenn sein Ziel ist, einen maximalen Zinsertrag zu erzielen, wird er sich für Variante a) entscheiden.
Wenn es sein Ziel ist, ständige Verfügbarkeit zu sichern, wird er Variante b) wählen.

Ein Zahnarzt will 5.000 € anlegen. Sein Bankberater bietet ihm an:

a) Bundesanleihe   3,5 %
b) Anleihe Argentinien   14,0 %

In diesem Fall konkurrieren maximaler Zinsertrag und Sicherheit, weil bei der Anleihe Argentinien ein höheres Ausfallrisiko besteht.

6.2.4 Liquiditätsplanung

6.2.4.1 Definition der Liquidität

> Liquidität bezeichnet die Fähigkeit und Bereitschaft, bestehende Zahlungsverpflichtungen jederzeit der Höhe nach und fristgerecht erfüllen zu können.

Die dazu notwendigen »liquiden Mittel« sind Kassenbestände und Guthaben auf Girokonten. Andere Vermögensgegenstände können in kürzerer oder längerer Frist in liquide Mittel umgewandelt werden.

Wenn Zahlungen durch eine zu niedrige Liquidität nicht oder nur verspätet geleistet werden können, wirkt sich das negativ auf die Reputation aus. Dauerhaft fehlende Liquidität hat Zahlungsunfähigkeit zur Folge. Andererseits ist eine hohe Liquiditätsreserve unproduktiv angelegtes Vermögen.

6.2.4.2 Statische Liquiditätskennzahlen

Mit den statischen Liquiditätskennzahlen wird beschrieben, in welchem Verhältnis die liquiden bzw. liquidierbaren Mittel zu den kurzfristigen Verbindlichkeiten stehen. Um die Liquidität differenziert beurteilen zu können, werden dazu Kennziffern gebildet:

Verhältnis liquide/ liquidierbare Mittel zu kurzfristigen Verbindlichkeiten

▸ Liquidität 1. Grades (**Barliquidität**): Die kurzfristigen liquiden Mittel (Kasse, Bank, Schecks, diskontierbare Wechsel, u. Ä.) werden zu den kurzfristigen Verbindlichkeiten (z. B. fällig in den nächsten drei Monaten) ins Verhältnis gesetzt.

$$\frac{\text{kurzfristige liquide Mittel}}{\text{kurzfristige Verbindlichkeiten}}$$

▸ Liquidität 2. Grades (**einzugsbedingte Liquidität**): Die liquiden Mittel zuzüglich der kurzfristigen Forderungen (fällig innerhalb der nächsten 3 Monate) werden zu den kurzfristigen Verbindlichkeiten ins Verhältnis gesetzt.

$$\frac{\text{kurzfristige liquide Mittel} + \text{kurzfristige Forderungen}}{\text{kurzfristige Verbindlichkeiten}}$$

▸ Liquidität 3. Grades (**umsatzbedingte Liquidität**): Dazu wird das gesamte Umlaufvermögen zu den kurzfristigen Verbindlichkeiten ins Verhältnis gesetzt.

$$\frac{\text{Umlaufvermögen}}{\text{kurzfristige Verbindlichkeiten}}$$

Als Variante der Liquidität 3. Grades wird als Bezugsgröße die Summe aus den kurz- und mittelfristigen Verbindlichkeiten gewählt:

$$\frac{\text{Umlaufvermögen}}{\text{kurzfristige} + \text{mittelfristige Verbindlichkeiten}}$$

Die Liquiditätskennzahlen werden als zufriedenstellend beurteilt, wenn ihr Wert > 1 ist. Diese Ansicht ist aber sicher zu einfach und kann zu falschen Einschätzungen führen. Bei der Barliquidität kann im Einzelfall ein Wert > 0,5 schon zu einer

Zielgrößen der Kennzahlen

Überliquidität führen. Bei der Liquidität 3. Grades sollte dagegen ein Wert deutlich > 1 angestrebt werden, damit auch noch Teile des Umlaufvermögens den langfristigen Verbindlichkeiten gegenüber stehen.

Beispiel

Die Blau-AG stellt zum Ende des Geschäftsjahres folgende Bilanz auf:

Aktiva		Passiva	
Anlagevermögen	1.500	Eigenkapital	1.000
Vorräte	200	Rücklagen	200
Forderungen aus LuL	1.700	Darlehen 5 Jahre	1.000
Kasse und Bank	100	kurzfr. Verbindlichkeiten	1.300
	3.500		3.500

Die Ermittlung der Liquiditätskennzahlen ergibt:

Liquidität 1. Grades: $\dfrac{\text{kurzfristige liquide Mittel}}{\text{kurzfristige Verbindlichkeiten}} \rightarrow \dfrac{100}{1.300} = 0{,}077$

Das Ziel ist deutlich verfehlt, die Liquidität 1. Grades muss als schlecht bezeichnet werden.

Liquidität 2. Grades:

$\dfrac{\text{kurzfristige liquide Mittel} + \text{kurzfristige Forderungen}}{\text{kurzfristige Verbindlichkeiten}} \rightarrow \dfrac{100 + 1.700}{1.300} = \dfrac{1.800}{1.300} = 1{,}38$

Die Liquidität 2. Grades ist zufriedenstellend.

Liquidität 3. Grades: $\dfrac{\text{Umlaufvermögen}}{\text{kurzfristige Verbindlichkeiten}} \rightarrow \dfrac{2.000}{1.300} = 1{,}54$

Formal ist die Liquidität 3. Grades ebenfalls zufriedenstellend, aber ihre Aussagefähigkeit muss kritisch gesehen werden: Ob z. B. die Vorräte kurzfristig verkauft werden können, damit die Erlöse zur Bedienung der kurzfristigen Verbindlichkeiten zur Verfügung stehen, wird im Einzelfall festzustellen sein.

Die Liquidität dritten Grades kann auch als **Working Capital** dargestellt werden, das Aussagen zum Überschuss des kurzfristig gebundenen Umlaufvermögens über das kurzfristige Fremdkapital macht. Aus Abbildung 6.7 ist ersichtlich, dass damit Liquiditätsveränderungen und Liquiditätsrisiken festgestellt und künftige Finanzierungspotenziale ermittelt werden können.

	Umlaufvermögen
./.	kurzfristige Verbindlichkeiten
=	Working Capital

Abb. 6.7

Working Capital

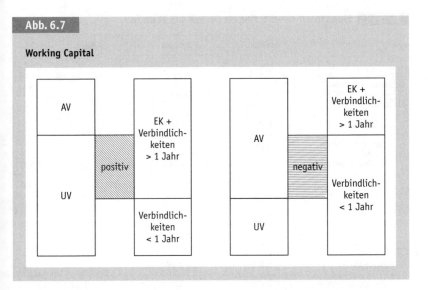

6.2.4.3 Dynamischer Liquiditätsplan

Die statischen Liquiditätskennzahlen sind **zeitpunktbezogen** (Bilanzstichtag) und ermöglichen deshalb keine Aussage über die Zahlungsfähigkeit während einer gesamten Periode. Zu diesem Zweck werden die erwarteten Zahlungsausgänge und -eingänge für einen bestimmten Zeitraum in einem **Finanzplan** gegenübergestellt. Der Finanzplan hat also die Hauptaufgabe, jederzeit ausreichende Liquidität zu gewährleisten, damit die finanziellen Verpflichtungen jeweils zum richtigen Zeitpunkt erfüllt werden können. Er enthält ausschließlich die erwarteten tatsächlichen Einnahmen und Ausgaben für die betrachtete Periode, die in der Regel keine Informationen über Kosten, Aufwand und Mengen beinhalten. Das ist auch der wesentliche Unterschied zum »**Budget**«.

Der Finanzplan ermöglicht, die verschiedenen Teilpläne wie Investitionsplan, Beschaffungsplan, Produktionsplan, Absatzplan usw. so miteinander zu verzahnen, dass die Finanzierung insgesamt sichergestellt ist. Der Finanzplan ist also selbst Ergebnis eines weit umfangreicheren Planungsprozesses.

Wenn die vorhandenen liquiden Mittel zu Beginn der Planungsperiode berücksichtigt werden, ergibt sich ein Finanzmittelüberschuss oder ein Finanzmittelbedarf:

	Vorhandene liquide Mittel
+	Summe Einzahlungen
./.	Summe Auszahlungen
=	Liquiditätsüberschuss oder Deckungslücke (Finanzmittelbedarf)

Liquiditätsplanung für einen Zeitraum

Beispiel **Finanzplan für die Monate Januar bis März in €**

	Januar		Februar		März	
Bestand 1. Januar		2.000		./. 4.000		0
Einnahmen						
Umsatzerlöse	20.000		2.000		24.000	
Finanzeinnahmen	4.000					
Sonstige Einnahmen		24.000	20.000	22.000	4.000	28.000
		26.000		18.000		28.000
Ausgaben						
Materialbeschaffung	22.000		12.000		24.000	
Investitionen	4.000				8.000	
Finanzerlöse	2.000		2.400		400	
sonstige Ausgaben	2.000		3.600		3.600	
		30.000		18.000		36.000
Finanzüberschuss/ Finanzbedarf		./. 4.000		0		./. 8.000

Obwohl in zwei von drei Monaten die Einnahmen geringer sind als die Ausgaben, muss die Situation nicht unbedingt problematisch sein. Für den Monat Januar ergibt sich ein Finanzmittelbedarf i. H. v. 4.000 €. Er ist allerdings kurzfristig, denn im Februar erfolgt ein Ausgleich. Zu denken wäre an die Inanspruchnahme eines Kontokorrentkredites, was allerdings zu weiteren Ausgaben für Zinsen führen würde.

Interpretation Finanzplan

Problematischer scheint das Defizit i. H. v. 8.000 € im März, weil ein Ausgleich nicht festgestellt werden kann. Hier könnten unterschiedliche Maßnahmen erfolgreich sein:

▸ Verschiebung der Investition auf einen späteren Zeitpunkt,
▸ Aufnahme eines mittelfristigen Darlehens,
▸ Reduzierung der (im Vergleich hohen) Materialbeschaffung.

Die Gegenüberstellung der Zahlungsausgänge und -eingänge wird als **Periodenliquidität** bezeichnet:

$$\text{Periodenliquidität} = \frac{\text{Zahlungsausgänge}}{\text{Zahlungseingänge}}$$

Mit der Kennzahl »**Dynamische Liquidität**« kann abgeschätzt werden, in welchem Ausmaß die Zahlungsverpflichtungen bedient werden können.

$$\text{Dynamische Liquidität} = \frac{\text{Zahlungsmittel + Forderungen + Umsatzerlöse}}{\text{kurzfristige Verbindlichkeiten}}$$

Abb. 6.8

Finanzierungsarten mit Beispielen

		Finanzierungsquellen	
		Außenfinanzierung	Innenfinanzierung
Finanzierungsart	Eigenfinanzierung	Beteiligung	Gewinnthesaurierung
	Fremdfinanzierung	Darlehen	Rückstellungen

6.3 Finanzierungsarten

> Die Außen- und Innenfinanzierung beschreiben die verschiedenen Finanzierungsarten nach der Herkunft des Kapitals.

Während unter Innenfinanzierung diejenigen Finanzierungsarten zusammengefasst werden, bei denen die finanziellen Mittel selbst erwirtschaftet werden, umfasst die Außenfinanzierung die Finanzierungsformen, bei denen das Kapital extern bereitgestellt wird. Abbildung 6.8 zeigt den Zusammenhang.

6.3.1 Eigen- und Fremdfinanzierung

Die Eigen- oder Fremdfinanzierung ergibt sich aus der Rechtsstellung der Kapitalgeber. Bei der Eigenfinanzierung wird dem Unternehmen zusätzliches Eigenkapital zur Verfügung gestellt. Fremdfinanzierung bezeichnet die Mittel, die nicht vom Unternehmen oder den Inhabern bereitgestellt, sondern über den Kapitalmarkt als Fremdkapital aufgenommen werden. Aus Abbildung 6.9 sind die Vor- und Nachteile ersichtlich.

Abgrenzung

Abb. 6.9

Vor- und Nachteile der Eigen- und Fremdfinanzierung

	Vorteile	Nachteile
Eigenkapital	EK steht unbefristet zur Verfügung	Kapitalkraft der Unternehmer ist begrenzt
	Es werden keine Sicherheiten benötigt	Beschaffung nicht immer möglich
	Keine Zinszahlungen	Leverage-Effekt
	Beliebige Verwendung möglich	Keine externe Kontrolle
	Finanzierung ist risikosicher	
	Erhöht Kreditwürdigkeit	
Fremdkapital	Flexible Anpassung an Finanzierungsbedarf	Zeitlich begrenzte Einsetzbarkeit
	Kapitalgeber haben formal keinen Einfluss	Faktische Informations-, Kontroll- und Mitspracherechte
	Kapitalgeber sind nicht gewinnbeteiligt	Feste Zins- und Tilgungsverpflichtungen
	Zinsen sind als BA absetzbar	Zinsbelastung ist unabhängig von der Ertragslage der Unternehmung
	Leverage-Effekt	Abhängigkeit von der Eigenkapitalausstattung
	Abwälzung des Kapitalrisikos auf die Gläubiger	Unabhängigkeit ist nicht mehr gegeben

6.3.2 Innenfinanzierung

Bei der Innenfinanzierung werden Finanzmittel aus dem eigenen Betriebs- und Umsatzprozess beschafft.

Es gibt keine externen Kapitalgeber mit der Folge, dass für Externe keinerlei Ansprüche begründet werden. Wie Abbildung 6.10 zeigt, ist Innenfinanzierung auf verschiedene Weisen möglich.

Das Potenzial für eine Innenfinanzierung wird häufig als Maßstab verwandt für die Beurteilung der finanziellen Leistungsfähigkeit insgesamt. Besonders im Hinblick auf die Einschätzung der Kreditfähigkeit ist es eine wesentliche Schlüsselgröße bei der Beurteilung durch die potenziellen Gläubiger.

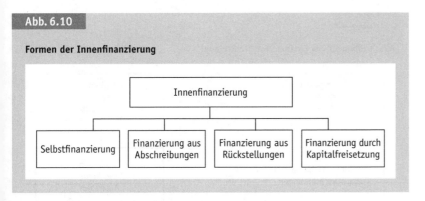

Abb. 6.10

Formen der Innenfinanzierung

Abb. 6.11

Umsatzerlöse und Selbstfinanzierung

6.3.2.1 Selbstfinanzierung

Selbstfinanzierung liegt vor, wenn Teile des erwirtschafteten Jahresüberschusses nicht an die Eigentümer ausgeschüttet, sondern einbehalten werden. Diese finanziellen Mittel stehen dann für beliebige Verwendungen, besonders für Investitionen, zur Verfügung.

Finanzierung
durch Thesaurierung

Beispiel

Ein Fitness-Center, das in der Rechtsform einer GmbH geführt wird, ermittelt einen Jahresüberschuss i. H. v. 30.000 €. Die Gesellschafterversammlung, die über die Gewinnverwendung beschließt, entscheidet, nur 10.000 € davon an die Gesellschafter auszuschütten. 20.000 € verbleiben in dem Unternehmen und stehen für Investitionen, z. B. für die Anschaffung neuer Übungsgeräte, zur Verfügung.

Als Vorteile der Selbstfinanzierung sind zu sehen:

▸ Es entstehen keine Abhängigkeiten von Gläubigern.
▸ Die Eigenkapitalbasis wird gestärkt, die Kreditwürdigkeit wird dadurch verbessert.

Vorteile der
Selbstfinanzierung

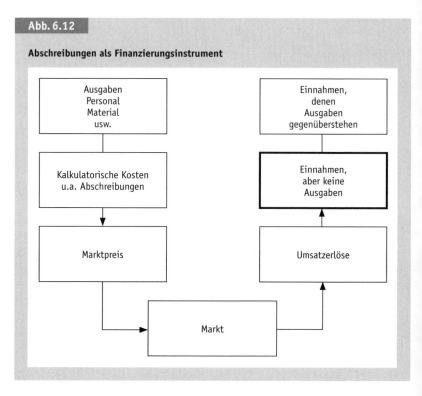

Abb. 6.12

Abschreibungen als Finanzierungsinstrument

▸ Es fallen keine Zins- und Tilgungszahlungen an, dadurch entsteht keine Liquiditätsbelastung.
▸ Es sind keine Kreditsicherungen erforderlich.

6.3.2.2 Finanzierung aus Abschreibungen

Weil der Wertverzehr in die Kalkulation einfließt, werden über den Verkaufspreis wieder Mittel für die Ersatzbeschaffung zur Verfügung gestellt. Da die Abschreibungen bei ihrer Berücksichtigung nicht zu Ausgaben führen, beim Verkauf aber als liquide Mittel oder Forderungen zurückfließen, ist ein echter Finanzierungseffekt gegeben. Abbildung 6.12 verdeutlicht den Effekt.

Beispiel

In der Kantine der Mange AG wird ein neuer Herd angeschafft. Der Kaufpreis beträgt 15.000 €, die erwartete Nutzungsdauer 5 Jahre. Die bisher ermittelten Kosten betragen pro Essen 5 € bei 30.000 Einheiten pro Jahr.

Kalkulatorische Abschreibungen	$\dfrac{\text{Anschaffungspreis } 15.000\ \euro}{30.000\ \text{Essen} \times 5\ \text{Jahre}}$	0,10 €
Preis pro Essen		5,10 €

Über den Preis fließen die Anschaffungskosten zurück:
30.000 Essen × 5 Jahre × 0,10 € = 15.000 €

Um der Tatsache Rechnung zu tragen, dass für die Ersatzinvestition voraussichtlich ein höherer Preis gezahlt werden muss als die aktuellen Anschaffungskosten, können Preissteigerungen in die Rechnung einbezogen werden, indem ein **Wiederbeschaffungspreis** prognostiziert und bei der Ermittlung der Abschreibungen zugrunde gelegt wird.

Berechnung mit Wiederbeschaffungspreisen

Lohmann-Ruchti-Effekt

Eine besondere Form der Finanzierung aus Abschreibungen beschreibt der Lohmann-Ruchti-Effekt. Unter bestimmten – sehr engen und zum Teil unrealistischen – Annahmen können mit den freigesetzten Mittelwerten nicht nur Ersatz, sondern auch Erweiterungsinvestitionen finanziert werden.

Kapitalfreisetzungseffekt. Die Mittel, die durch die am Markt verdienten Abschreibungen freigesetzt werden, stehen für beliebige Zwecke zur Verfügung, bis eine Ersatzinvestition getätigt werden muss.

Beispiel

Bei der Mobi GmbH wird in jedem Jahr ein Pkw für die Mitarbeiter im Außendienst angeschafft. Die Autos kosten jeweils 20.000 €, die Nutzungsdauer wird mit 4 Jahren angenommen. Bei gleichmäßiger Verteilung der Abschreibungen über die Nutzungsdauer ergibt sich ein jährlicher Abschreibungsbetrag je Pkw i. H.v. 5.000 €.

Am Ende des jeweils 4. Nutzungsjahres scheidet das bisherige Fahrzeug aus und ein gleichartiges, neues wird angeschafft. Die Tabelle zeigt die Entwicklung:

Abschreibungen →	1. Jahr	2. Jahr	3. Jahr	4 Jahr	5. Jahr	6. Jahr	7. Jahr	8. Jahr	Jahr 9	usw.
Pkw 1	5.000	5.000	5.000	5.000						
Pkw 2		5.000	5.000	5.000	5.000	nicht mehr im Bestand				
Pkw 3			5.000	5.000	5.000	5.000				
Pkw 4				5.000	5.000	5.000	5.000			
Pkw 5					5.000	5.000	5.000	5.000		
Pkw 6						5.000	5.000	5.000	5.000	
Pkw 7							5.000	5.000	5.000	
Pkw 8								5.000	5.000	
Pkw 9									5.000	
usw.										
Jährliche Abschreibung insgesamt	5.000	10.000	15.000	20.000	20.000	20.000	20.000	20.000	20.000	20.000
liquide Mittel	5.000	15.000	30.000	50.000	40.000	40.000	40.000	40.000	40.000	40.000
Neuinvestition				20.000	20.000	20.000	20.000	20.000	20.000	20.000
freigesetzte Mittel	5.000	15.000	30.000	30.000	30.000	30.000	30.000	30.000	30.000	30.000

Vom Ende des 4. Jahres an entspricht die Summe aller Abschreibungsbeträge eines Jahres (20.000 €) genau dem Kapitalbedarf für die Ersatzinvestition (20.000 €). Die freigesetzten Mittel betragen dauerhaft 30.000 €.

Kapazitätserweiterungseffekt. Da die Abschreibungsgegenwerte dem Unternehmen bereits zur Verfügung stehen, bevor eine Ausgabe für eine Ersatzinvestition nötig ist, können sie auch für Neu- oder Erweiterungsinvestitionen verwendet werden, die dann ebenfalls abgeschrieben werden. Wird dieser Prozess dauerhaft fortgesetzt, ist die Kapazitätserhöhung ebenfalls dauerhaft.

Dem Lohmann-Ruchti-Effekt liegen sehr enge Annahmen zu Grunde:

Einschränkungen durch enge Annahmen

▸ Die Reinvestitionen der Abschreibungsgegenwerte erfolgen in gleichartige Anlagen. Es wird also kein technischer Fortschritt berücksichtigt.
▸ Es herrscht Preisstabilität, die neuen Anlagen können zum selben Preis beschafft werden wie die abgeschriebenen.
▸ Sukzessive Erweiterungen sind technisch möglich. Bei Großanlagen ist das nicht denkbar.
▸ Es stehen genügend Mittel zur Verfügung, um die notwendigen höheren Lagerbestände und -kapazitäten finanzieren zu können.
▸ Die Angebotserhöhungen werden vom Markt akzeptiert und zu konstanten Preisen aufgenommen.

6.3.2.3 Finanzierung aus Rückstellungen

Rückstellungen werden für Verpflichtungen gebildet, von denen noch unbekannt ist, wann und in welcher Höhe sie zu leisten sind. Sie sind zum Zeitpunkt ihrer Bildung Gewinn mindernder Aufwand, führen aber nicht zu einer Auszahlung. Vorhandene liquide Mittel können daher bis zur Auflösung der Rückstellung anderweitig eingesetzt werden und haben insofern einen Finanzierungseffekt.

Beispiel Pensionsrückstellungen

Von besonderer Bedeutung sind in diesem Zusammenhang die Pensionsrückstellungen. Abbildung 6.13 zeigt modellhaft, dass für zahlreiche Mitarbeiter und für einen langen Zeitraum besonders in der Konsolidierungsphase mit Zu- und

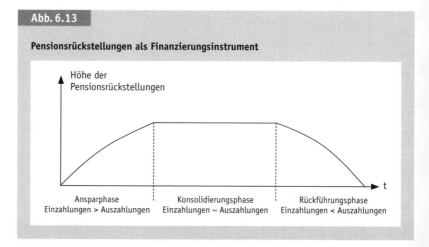

Abb. 6.13

Pensionsrückstellungen als Finanzierungsinstrument

Höhe der Pensionsrückstellungen

t

Ansparphase
Einzahlungen > Auszahlungen

Konsolidierungsphase
Einzahlungen ~ Auszahlungen

Rückführungsphase
Einzahlungen < Auszahlungen

Abflüssen in etwa gleicher Höhe finanzielle Mittel dauerhaft zur Verfügung stehen. Obwohl sie ursprünglich zur Erfüllung der Pensionszusagen gedacht waren, können sie für andere Finanzierungszwecke eingesetzt werden.

6.3.2.4 Finanzierung aus Kapitalfreisetzung

Wenn Vermögensgegenstände **veräußert** werden, stehen die zusätzlichen finanziellen Mittel für andere Zwecke zur Verfügung. Als Möglichkeiten kommen in Betracht:

Möglichkeiten der Veräußerung

▸ Verkauf von Gegenständen des Sachanlagevermögens, die nicht – mehr – betriebsnotwendig sind,
▸ Verkauf von Teilen des Finanzvermögens,
▸ Verringerung der Kapitalbindung im Umlaufvermögen,
▸ Verringerung der Kapitalbindung im Anlagevermögen,
▸ Verringerung der Liquiditätsreserven,
▸ Abbau von Forderungen.

6.3.3 Außenfinanzierung

Außenfinanzierung liegt vor, wenn Finanzierungsmittel von **außerhalb des Unternehmens** zugeführt werden. Das kann durch die Eigentümer oder durch Externe geschehen. Die Kapitalbeschaffung wird nach der Rechtsstellung der Kapitalgeber und der Kapitalhaftung in Eigenfinanzierung und Fremdfinanzierung unterteilt. Abbildung 6.14 zeigt die grundsätzlichen Möglichkeiten der Außenfinanzierung.

Definition Außenfinanzierung

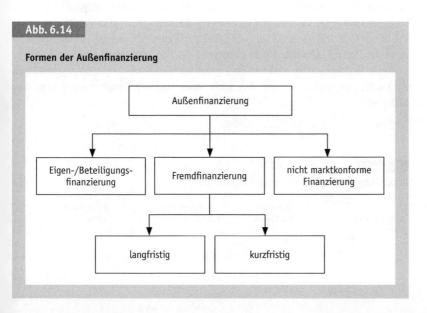

Abb. 6.14

Formen der Außenfinanzierung

6.3.3.1 Beteiligungsfinanzierung

> Als Beteiligungsfinanzierung wird die Bereitstellung von allen Formen von
> Eigenkapital durch bisherige oder neue Anteilsinhaber bezeichnet.

Eigen- oder Beteiligungsfinanzierung liegt vor, wenn von den Eigentümern Eigenkapital in Form von Geldeinlagen, Sacheinlagen oder Rechten von außen zugeführt
wird.

▸ Bei **nicht börsennotierten** Unternehmen (z. B. GmbH, KG, OHG) erfolgt die
Beteiligungsfinanzierung in Form von zusätzlichen Einlagen bisheriger Gesellschafter oder durch Aufnahme neuer Eigentümer.
▸ Bei **börsennotierten** Unternehmen (z. B. AG, KG a.A.) kann zusätzliches Eigenkapital auch über die Börse beschafft werden.

6.3.3.2 Kurzfristige Kredite

Kreditlaufzeit weniger
als 1 Jahr

Das Darlehen (§§ 607 ff. BGB) ist die Grundform aller Kreditgeschäfte. Eine genaue
Definition für Kurzfristigkeit gibt es in diesem Zusammenhang nicht, meistens wird
eine Laufzeit von unter einem Jahr als kurzfristig bezeichnet.

Kontokorrent

Bei einem Kontokorrentkredit (§§ 355 ff. HGB) wird bei einem Kreditinstitut ein
Konto unterhalten, über das Forderungen und Verbindlichkeiten abgewickelt werden. Kennzeichnend ist, dass das Kreditinstitut gestattet, das Konto bis zu einer
bestimmten Grenze zu »überziehen«, also im Soll zu führen. Der Kreditnehmer kann
im Rahmen der getroffenen Vereinbarungen die Höhe und den Zeitpunkt der Inanspruchnahme eines Kredites frei bestimmen. Der Kontokorrentkredit ist also variabel einsetzbar und kann genauso variabel zurückgezahlt werden. Abbildung 6.15
zeigt das Prinzip, Abbildung 6.16 beschreibt die Vor- und Nachteile.

Beide Vertragspartner rechnen ihre gegenseitigen Forderungen in regelmäßigen
Abständen gegeneinander auf. Die (Soll- oder Haben-) Zinsen werden taggenau
ermittelt:

$$\text{Zinsen} = \frac{\text{Betrag} \times \text{Zinssatz} \times \text{Tage}}{100 \times 360}$$

Beispiel

Ermittlung der Kosten eines Kontokorrentkontos:

Kontostand	Dauer in Tagen	Habenzinsen 2 %	Sollzinsen 12 %
– 12.000 €	16		64 €
7.200 €	5	2 €	
4.500 €	8	2 €	
– 2.250 €	12		9 €
			69 €

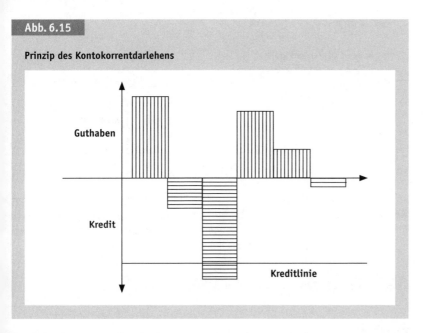

Abb. 6.15

Prinzip des Kontokorrentdarlehens

Abb. 6.16

Vor- und Nachteile des Kontokorrentkredits

Vorteile	Nachteile
Die Liquidität kann auch sehr kurzfristig erhöht werden.	Die Bank kann kurzfristig eine Kündigung aussprechen.
Die Höhe des Kredits entspricht genau dem aktuellen Finanzbedarf.	Die Kosten sind erheblich.
Zinsaufwand entsteht nur für den tatsächlich in Anspruch genommenen Kredit.	Wegen der hohen Kosten ungeeignet für langfristige Finanzierungen.
Es besteht keine Zweckbindung.	Eine Erhöhung der Kreditlinie wird schwierig, wenn sie in Krisenzeiten besonders benötigt würde.

Lieferantenkredit

Der Lieferantenkredit entsteht, wenn ein Lieferant seinen Kunden ein Zahlungsziel (z. B. »zahlbar innerhalb von 30 Tagen netto«) einräumt. Es handelt sich also um eine Stundung des Kaufpreises (vgl. Abbildung 6.17). Er stellt vielfach ein wesentliches Marketinginstrument dar, weil der Lieferantenkredit ein zentrales Instrument der Konditionenpolitik ist.

Einräumung eines
Zahlungszieles

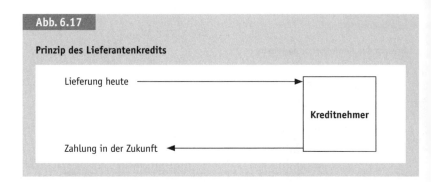

Abb. 6.17

Prinzip des Lieferantenkredits

Lieferung heute ⟶ **Kreditnehmer**

Zahlung in der Zukunft ⟵

Häufig wird von den Lieferanten bei vorfristiger Begleichung der Rechnung (z. B. innerhalb von 10 Tagen) ein Skonto eingeräumt. Der prozentuale Nachlass ist dabei meistens sehr hoch. Er ergibt sich nach der Formel

$$\frac{\text{Skontosatz} \times 360 \text{ Tage}}{\text{Zahlungsziel in Tagen} - \text{Skontofrist in Tagen}}$$

Beispiel

Ein Lieferant von Büromaterial stellt der Grau AG eine Rechnung aus über 3.000 €. Sie enthält den Zusatz »Zahlbar rein netto innerhalb von 30 Tagen oder innerhalb von 10 Tagen mit 2 % Skonto.« Aus der oben angegebenen Formel errechnet sich

$$\frac{2 \times 360 \text{ Tage}}{30 \text{ Tage} - 10 \text{ Tage}} = 36\%$$

Skonto wird also gewährt mit einem Jahressatz von 36 %. Die Grau AG sollte dieses Angebot nutzen und den Skonto in Anspruch nehmen. Die Rechnung kann dann um 2 % = 60 € gekürzt werden.

Kundenkredit

Ein Kundenkredit kommt zustande, wenn ein Abnehmer für eine Leistung bezahlt oder eine Teilzahlung (»Anzahlung«) leistet, obwohl die vereinbarte Lieferung oder Leistung erst später erfolgt. Abbildung 6.18 zeigt das Prinzip, Abbildung 6.19 verdeutlicht die Vor- und Nachteile.

Es handelt sich um einen kurzfristigen Handelskredit, dem eine vertragliche Vereinbarung zwischen einem Kunden als Kreditgeber und einem Lieferanten als Kreditnehmer zu Grunde liegt.

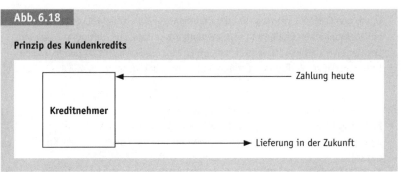

Abb. 6.18

Prinzip des Kundenkredits

- Kreditnehmer
- Zahlung heute
- Lieferung in der Zukunft

Abb. 6.19

Vor- und Nachteile eines Kundenkredits

Vorteile	Nachteile
Die Inanspruchnahme des Kontokorrentkredits kann vermindert werden.	Dem Kunden muss meistens ein günstigerer Preis eingeräumt werden. Die Vorteile verringern sich dadurch.
Der Zinsaufwand verringert sich.	Wenn der Kunde eine Sicherheitsleistung erwartet, muss eine Provision an die Bank gezahlt werden.
Die Liquidität steigt, weil sich der Kunde an der Deckung des Kapitalbedarfs beteiligt.	
Nachweis (insbesondere bei Ratenzahlungen) der Zahlungsfähigkeit des Kunden.	
Sicherheit, dass der Kunde weiterhin an der Leistung interessiert ist und sie auf alle Fälle abnimmt.	

Beispiele

▸ Eine Wohnungsbaugesellschaft verlangt grundsätzlich Mietvorauszahlungen. Dieser Betrag steht kostenlos vorzeitig zur Verfügung.
▸ Ein Küchenstudio verlangt eine Anzahlung für eine maßgefertigte Einbauküche.

6.3.3.3 Langfristige Kredite

Langfristig werden vor allem langlebige Wirtschaftsgüter und Immobilien finanziert. Langfristiges Fremdkapital kann bei Kreditinstituten, Versicherungen oder anderen Kapitalsammelstellen oder über den freien Kapitalmarkt – auch von Privatpersonen – aufgenommen werden.

Langlebige Wirtschaftsgüter und Immobilien

Darlehen

Die Laufzeit von langfristigen Darlehen beträgt im Allgemeinen mindestens vier und bis zu 30 Jahre. Sie werden in der Regel nur gegen dingliche Sicherheiten, insbesondere Grundpfandrechte, gewährt.

Durch den Darlehensvertrag wird der Darlehensgeber verpflichtet, dem Darlehensnehmer einen Geldbetrag in der vereinbarten Höhe zur Verfügung zu stellen. Der Darlehensnehmer ist verpflichtet, einen geschuldeten Zins zu zahlen und bei Fälligkeit das zur Verfügung gestellte Darlehen zurückzuzahlen. (§ 488 Abs. 1 BGB)

Bei den Darlehensformen werden unterschieden:

Rückzahlung in einer Summe

▸ **Endfällige Darlehen.** Die Rückzahlung erfolgt einmalig am Ende der Laufzeit in einem Betrag. Während der Laufzeit werden nur die Zinsen für den Kreditbetrag gezahlt.

▸ **Annuitätendarlehen.** Der je Periode (Jahr/Monat) zu zahlende Betrag aus der Summe von Tilgung und Zinsen ist immer gleich hoch. Dadurch steigt der Tilgungsanteil während der Laufzeit, der Zinsanteil sinkt entsprechend.

Summe aus Tilgung und Zinsen immer gleich hoch

Das Verhältnis zwischen Zinsen und Tilgung wird bestimmt durch den vereinbarten Zins. Die Höhe der gesamten Annuität kann mithilfe des Annuitätenfaktors ermittelt werden, der aus einer Tabelle entnommen werden kann. Dabei gilt

$$A = \frac{q^n (q-1)}{q^n - 1} \text{ wobei } q = 1 + \frac{\text{Zinssatz}}{100} \quad n = \text{Nutzungsdauer}$$

Ein Annuitätendarlehen ist insgesamt günstiger als ein Tilgungsdarlehen, in der Summe müssen weniger Zinsen gezahlt werden.

Beispiel

Die Holl AG möchte eine Lagerhalle erweitern. Die Finanzierung erfolgt mithilfe eines Annuitätendarlehens.

Darlehenshöhe	2.000.000 €
Zinssatz	10 %
Zahl der Raten	5
Annuitätenfaktor	0,2637975

$$\frac{1,1^5 (1,1-1)}{1,1^5 - 1} = \frac{1,61051 \times 0,1}{1,61051 - 1} = \frac{0,161051}{0,61051}$$

1	2	3	4	5
Jahr	Restschuld	Zinsen	Tilgung	Rate
1	2.000.000	200.000	327.595	527.595
2	1.672.405	167.241	360.354	527.595
3	1.312.051	131.205	396.390	527.595
4	915.661	91.566	436.029	527.595
5	479.636	47.964	479.631	527.595
Σ	0	637.976	2.000.000	

Die Holl AG muss unter diesen Voraussetzungen jährliche Raten i. H.v. 527.595 € zahlen. An Zinsen fallen in den 5 Jahren insgesamt 637.976 € an.

- **Tilgungsdarlehen.** Die Tilgung bleibt während der gesamten Laufzeit konstant, die Zinsen werden aus der Restschuld berechnet. Dadurch sinken die Raten während der Laufzeit.

  Restschuld nimmt ab

- **Partiarisches Darlehen.** Der Darlehensgeber erhält statt oder zusätzlich zu den Zinsen eine Gewinnbeteiligung.
- **Darlehen mit tilgungsfreier Zeit.** Die Tilgung beginnt erst nach einer vorher festgelegten Zeit.

Anleihen

Anleihen (auch **Obligationen** oder **Bonds** genannt) sind Schuldverschreibungen über einen festen Gesamtbetrag. Die Käufer von Anleihen stellen Fremdkapital zur Verfügung. Wenn die Ausgabe durch die Stückelung in einer definierten Anzahl von Teilen erfolgt, heißen sie **Teilschuldverschreibungen.** Anleihen unterscheiden sich nach

- **Konditionen.** Anleihen verfügen in der Regel über einen festen, selten über einen variablen Zins. Die Rückzahlung erfolgt entweder in einer Summe nach Ende der Laufzeit oder zeitlich gestreckt in mehreren Beträgen.
- **Laufzeit.** Anleihen besitzen meistens eine Laufzeit von drei bis fünfzehn Jahren. Öffentliche Anleihen werden aber oft für deutlich längere Zeiträume ausgegeben.
- **Währungen.** Anleihen, die auf dem internationalen Kapitalmarkt begeben werden, lauten meistens auf Euro, britische Pfund oder US-Dollar.
- **Emittenten**
  - Öffentliche Anleihen werden z. B. vom Bund, den Ländern und Kommunen ausgegeben.
  - Pfandbriefe geben z. B. die Hypothekenbanken und die Landesbanken aus.
  - Industrieobligationen werden von der gewerblichen Wirtschaft ausgegeben.

Anleihen werden an der Börse gehandelt. Auch vor Fälligkeit können sie verkauft, übertragen, abgetreten oder verpfändet werden.

Unterschied zu Darlehen

Schuldscheindarlehen

Schuldscheindarlehen sind verbriefte Kreditforderungen. Sie sind nicht börsenfähig, können aber außerbörslich gehandelt werden. Allerdings eignen sie sich vornehmlich für Finanzierungen zwischen 10 und 100 Mio. € mit einer Laufzeit von meist vier bis sieben Jahren. Sie sind daher nur bei hohem Kapitalbedarf interessant.

6.3.3.4 Subventionsfinanzierung

Unter dem Begriff »**Subventionsfinanzierung**« werden Finanzierungsformen zusammengefasst, die nicht über die Finanzmärkte abgewickelt werden. Hauptkriterium ist damit, dass bei einer Subvention der Leistung des Subventionsgebers keine entsprechende unmittelbare ökonomische Gegenleistung gegenübersteht (vgl. Abbildung 6.20). Dabei kann es sich um materielle (z. B. Nutzung eines Kopierers oder Schenkung eines Gerätes) oder immaterielle (z. B. Beratung, Vermittlung) oder finanzielle Subventionsleistungen handeln.

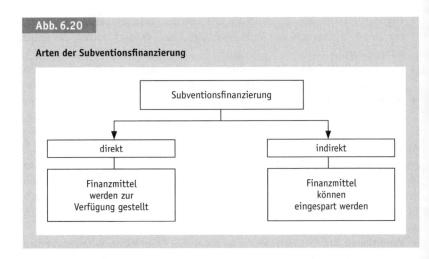

Abb. 6.20

Arten der Subventionsfinanzierung

Subventionsfinanzierung

direkt — Finanzmittel werden zur Verfügung gestellt

indirekt — Finanzmittel können eingespart werden

Bei der **direkten Subventionsfinanzierung** werden dem Subventionsnehmer unmittelbar Finanzmittel zur Verfügung gestellt. In der einfachsten Form werden finanzielle Ressourcen überlassen. Sie sind oft zweckgebunden und werden nur unter genau definierten Bedingungen gewährt.

Im Gegensatz dazu ist die **indirekte Subventionsfinanzierung** durch eine Ersparnis an Finanzmitteln gekennzeichnet. Sie führt zu einem geringeren Abfluss von Finanzmitteln, z. B. durch zinsgünstige Kredite. Die ersparten Mittel können alternativ eingesetzt werden.

Staatliche Unterstützung

Öffentliche Fördermittel sind Zuwendungen des Staates, um bestimmte politische oder wirtschaftliche Ziele zu erreichen. Es handelt sich nicht um finanzielle Geschenke, sondern der Empfänger hat vorgegebene Kriterien zu erfüllen. Der Staat formuliert die Bedingungen und nur wenn diese erfüllt werden, kann der Empfänger Fördermittel in Anspruch nehmen.

Ziele von Subventionsgebern

Zu den **Zielen**, die von den Subventionsgebern verfolgt werden, gehören als wichtigste:

▸ Sicherung von Arbeitsplätzen. Vorrangiges Ziel der Förderung ist die Erhaltung und die Schaffung von neuen Arbeitsplätzen.
▸ Förderung bestimmter Regionen. Insbesondere durch Investitionszuschüsse sollen neue Arbeitsplätze entstehen und eine moderne Infrastruktur geschaffen werden.
▸ Förderung von kleineren Unternehmen. Die Förderprogramme sind oft genau auf die Bedürfnisse kleinerer und mittlerer Unternehmen abgestimmt. Durch ihre Nutzung können – insbesondere bei Neugründungen – die Aussichten auf den Zugang zu Krediten verbessert werden.
▸ Unternehmensnachfolge. Förderprogramme helfen bei der Finanzierung im Rahmen der Unternehmensnachfolge. In den meisten Fällen ist die Schaffung von neuen Arbeitsplätzen oder zumindest die Sicherung der bestehenden Arbeitsplätze eine Voraussetzung für die Gewährung der Mittel.
▸ Umstellung auf umweltfreundliche Verfahren.

Folgende Formen der Förderung sind am wichtigsten:

▸ **Zuschüsse** sind nicht rückzahlbare Zuwendungen des Staates. Sie sind gebräuchlich für angebotsorientierte Leistungen. Richtlinien definieren die förderungsfähigen Kosten und legen hierzu einen prozentualen Anteil als öffentliche Förderung fest.

▸ Bei der **Kofinanzierung** werden nur dann Mittel zur Verfügung gestellt, wenn der Zuwendungsempfänger selbst einen bestimmten Finanzierungsanteil übernimmt.

▸ Durch Vertrag wird für eine konkrete zu erbringende Leistung eine Kostenerstattung oder **Kostenbeteiligung** vereinbart.

▸ Zinsgünstige Kredite sind mit einem Zinssatz ausgestattet, der **unter dem üblichen Marktzinssatz** liegt. Die Differenz wird von dem Förderungsgeber getragen. So kann sehr günstiges Fremdkapital zur Finanzierung unterschiedlichster Vorhaben aufgenommen werden.

▸ Bereitstellung von **Risikokapital**. Damit die Kreditzusage nicht an fehlenden Sicherheiten scheitert, können zinsgünstige Kredite mit einer Haftungsfreistellung ausgestattet sein. Dann wird die durchleitende Geschäftsbank teilweise von der Haftung für den Kredit freigestellt und die öffentliche Hand trägt insoweit das Haftungsrisiko.

▸ Übernahme von **Bürgschaften.**

▸ **Steuererleichterungen.**

6.3.3.5 Mezzanines Kapital

Finanzierungsarten, die weder dem Eigen- noch dem Fremdkapital eindeutig zugeordnet werden können, werden als Mezzanines Kapital bezeichnet.

Genussscheine

Ein Genussschein ist ein Wertpapier, das Vermögens-, aber keine Mitgliedschaftsrechte verbrieft. Es kommen Rechte verschiedener Art in Frage, insbesondere jedoch Rechte am Gewinn, am Liquidationserlös oder auf den Bezug neuer Aktien.

Im Unterschied zu Aktien oder Anleihen ist die Ausgestaltung von Genussscheinen gesetzlich nicht geregelt. Deshalb können Genussscheine sehr vielfältig eingesetzt werden.

Wandelanleihen

Wandelanleihen sind Anleihen, die mit dem zusätzlichen Recht ausgestattet sind, die Anleihe in Aktien umzutauschen.

Mit dem Umtausch der Wandelanleihen in Aktien wird aus der Kreditbeziehung (Die Anleihe stellt Fremdkapital dar.) eine Beteiligungsbeziehung (Aktien sind Eigenkapital.). Nach der Wandelung existiert die Anleihe nicht mehr. Die Bedingungen und Möglichkeiten für den Umtausch können sehr unterschiedlich sein und werden in jedem Einzelfall festgelegt.

Optionsanleihen

Optionsanleihen sind Anleihen, bei denen über die Rechte auf Rückzahlung und Verzinsung hinaus ein zusätzliches Recht auf den Bezug von Aktien des Anleiheschuldners eingeräumt wird. Die Anleihe existiert dabei weiter. Das verbriefte Optionsrecht kann von der eigentlichen Anleihe getrennt und isoliert an der Börse gehandelt werden. Für die Ausgestaltung von Optionsanleihen gibt es zahlreiche Varianten.

6.3.4 Sonderformen der Finanzierung

6.3.4.1 Leasing

Mietkauf

Leasing ist ein Mietkauf, dem Grunde nach eine spezielle Form eines Kredits. Während der Laufzeit des Leasingvertrages ist eine feste monatliche Leasinggebühr zu zahlen, am Ende der Grundmietzeit wird das Leasingobjekt an den Leasinggeber zurückgegeben oder vom Leasingnehmer gekauft. Alternativ kann der Leasingvertrag verlängert werden.

Das Grundprinzip zeigt Abbildung 6.21, die Vor- und Nachteile Abbildung 6.22. Der Leasingnehmer

▸ erhält das Nutzungsrecht an dem geleasten Gegenstand,
▸ ist Besitzer, aber Eigentümer bleibt der Leasinggeber,
▸ zahlt die Leasingraten.

Der Leasinggeber

▸ erwirbt den Leasinggegenstand und wird Eigentümer,
▸ überlässt dem Leasingnehmer das Nutzungsrecht daran,
▸ erhält die Leasingraten.

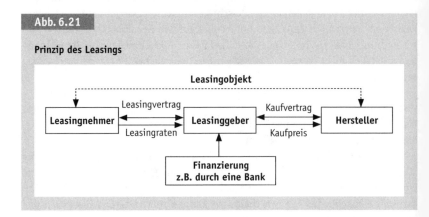

Abb. 6.21

Prinzip des Leasings

Abb. 6.22

Vor- und Nachteile des Leasings

Vorteile für den Leasingnehmer	Nachteile für den Leasingnehmer
Für Anschaffungen muss kein Eigenkapital herangezogen werden.	Die Leasingraten stellen Fixkosten dar.
Die Anschaffung ist bilanzneutral, Kennzahlen werden nicht beeinflusst.	Während der Vertragslaufzeit sind Kostenanpassungen nicht möglich.
Die Leasingraten werden unter bestimmten Bedingungen steuerlich als Betriebsausgaben behandelt.	Leasing ist teuer. Je nach Vertragsgestaltung können die Leasingraten 120 bis 140% des Kaufpreises ausmachen.
Der Leasingnehmer muss i.d.R. keine Sicherheiten stellen.	
Leasingverträge sind flexibel gestaltbar.	

6.3.4.2 Factoring

Factoring ist der Verkauf von Geldforderungen aus Waren- und Dienstleistungsgeschäften im Rahmen eines Vertrages. Der Factor (z. B. eine Bank) übernimmt die Forderungen und überweist den Gegenwert – abzüglich einer Factoringgebühr – an den Forderungsverkäufer (vgl. Abbildung 6.23).

Verkauf von Forderungen

So lassen sich Außenstände sofort – also noch vor ihrer Fälligkeit – in Liquidität umwandeln. Die Kosten für das Factoring hängen von den in Anspruch genommenen Serviceleistungen, von der Bonität der Abnehmer und dem vereinbarten Diskontierungszinssatz ab. Die Höhe der Factoringgebühr beträgt meist zwischen 0,5 und 2,5 %.

Je nach konkreter Ausgestaltung des Factorings werden unterschieden:

Formen des Factorings

▸ **Echtes Factoring.** Finanzierungsfunktion, Dienstleistungsfunktion und Delkrederefunktion werden durch den Faktor übernommen.

▸ **Unechtes Factoring.** Der Factor übernimmt nur die Finanzierungsfunktion und die Dienstleistungsfunktion.

▸ **Offenes Factoring.** Der Schuldner wird über das Factoring informiert und zahlt mit befreiender Wirkung an den Factor.

▸ **Stilles Factoring.** Der Schuldner wird über das Factoring nicht informiert und zahlt weiter wie bisher.

▸ **Halboffenes Factoring.** Mit einem Vermerk auf den Rechnungen wird die Zusammenarbeit mit dem Factor angezeigt, aber auf eine ausdrückliche Abtretungserklärung verzichtet.

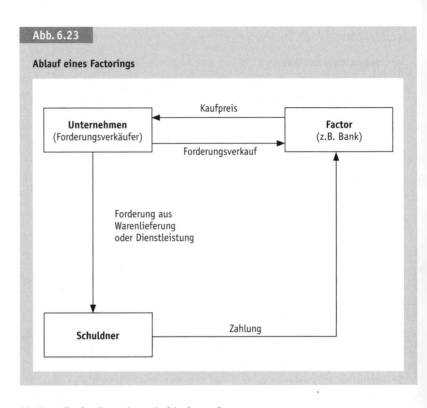

Abb. 6.23

Ablauf eines Factorings

Die Vorteile des Factorings sind insbesondere:

Vorteile des Factorings

▸ Durch den schnellen und sicheren Erhalt der Forderungsgegenwerte ergibt sich eine Verbesserung der Liquiditätslage.
▸ Das Ausfallrisiko wird – bei entsprechender Vertragsgestaltung – auf den Factor übertragen.
▸ Durch Verlagerung des Inkassos und des Mahnwesens an den Factor werden Kosten im Bereich der Kundenbuchhaltung eingespart.
▸ Durch die Möglichkeit, längere Zahlungsziele zu gewähren, ergeben sich Wettbewerbsvorteile.
▸ Wenn die bereitstehenden Geldmittel zum Ausgleich kurzfristiger Verbindlichkeiten genutzt werden, verbessert sich die wichtige Kennzahl »Eigenkapitalquote«.

6.4 Controlling

Controlling unterstützt den Managementprozess bei der Zielfindung, Planung und Steuerung. Dazu werden Informationen aus allen Unternehmensbereichen gesammelt, analysiert, aufbereitet. Durch Präsentationen der Ergebnisse werden zieladäquate Entscheidungen vorbereitet.

Controlling ist mehr als Kontrolle

Die Übersicht 6.24 zeigt die wesentlichen Unterschiede zwischen strategischem und operativem Controlling.

Abb. 6.24

Strategisches und operatives Controlling

	Strategisches Controlling	Operatives Controlling
Zeitraum	zukunftsorientiert, i.d.R. > 5 Jahre	gegenwartsorientiert, i.d.R. ≤ 1 Jahr
Orientierung	extern Chancen und Risiken	intern Kosten und Leistungen
Ziele	Langfristige Existenzsicherung Erfüllung der strategischen Vorgaben	Kurz- und mittelfristige Unternehmensziele Abgleich der operativen Ergebnisse mit den strategischen Zielen

6.4.1 Notwendigkeit und Aufgaben des Controlling

Die wichtigsten Gründe für den Einsatz des Controllings sind:

Ziele des Controlling

▸ Veränderungen der **Unternehmensumwelt**. Die schneller werdenden Veränderungen der Umwelt durch rechtliche Vorschriften, Wettbewerb, technischen Fortschritt und Ansprüche der Nachfrager verlangen detailliertere und häufigere Planungen.

▸ Ausweitung des **Wettbewerbs**. Durch verbesserte Kommunikationsmöglichkeiten stehen Unternehmen zunehmend in weltweitem Wettbewerb.

▸ Unternehmen als **Black Box**. Das Controlling analysiert die internen Geschäftsprozesse, bietet Planungsunterstützung und macht die Folgen von Unternehmensentscheidungen transparent.

▸ Steigende **Fixkostenanteile**. Das Controlling schafft die notwendigen Instrumente und zeigt die Möglichkeiten, trotz zunehmender Fixkosten flexibel auf Marktänderungen zu reagieren.

▸ Zunehmende **Unsicherheit** bei Entscheidungen. Weil sich die Märkte immer schneller verändern und die Produktlebenszyklen kürzer werden, benötigt die Unternehmensleitung kurzfristig komprimierte Informationen von hoher Genauigkeit.

▸ Notwendigkeit von **Innovationen**. Weil Produkte in immer kürzeren Abständen auf den Markt gebracht werden, ist eine laufende Informationsversorgung notwendig für die permanente Produktentwicklung.

Daraus lassen sich die klassischen Aufgaben des Controllings ableiten:

▸ **Planungsunterstützung**. Entwicklung und Umsetzung eines zeitlich gestaffelten koordinierten Planungssystems.

▸ **Informationsversorgung**. Aufbereitung und Koordination von Informationen in einem umfassenden Berichtswesen.

▸ **Analyse und Beratung**. Beratung der Entscheidungsträger auf der Basis von Vergleichen und Analysen.

▸ Schaffung einer **Controlling-Infrastruktur**. Entwicklung und Umsetzung von Methoden und Instrumenten zur Beschaffung der notwendigen Informationen.

6.4.2 Organisatorische Eingliederung des Controllings

Weil die Unternehmensentscheidungen auf verschiedenen Hierarchieebenen getroffen werden, muss Controlling als funktionsübergreifende **Querschnittsfunktion** verstanden werden. Konsequent muss die Eingliederung in die Aufbauorganisation unternehmensspezifisch erfolgen. Dabei müssen drei Mindestanforderungen erfüllt sein:

▸ **Unabhängigkeit**. Die Interessen anderer Organisationseinheiten dürfen die Erkenntnisse und Entscheidungen des Controllings nicht beeinflussen.

▸ **Informationszugang**. Der Zugang zu allen relevanten Daten aus allen Unternehmensbereichen muss gesichert sein.

▸ **Autorität**. Nur fachliche und persönliche Überzeugungskraft sichert den Zugang zu den notwendigen Informationen, die aus unterschiedlichen Quellen zusammengetragen werden müssen.

Die Abbildungen 6.25 bis 6.27 zeigen die möglichen organisatorischen Lösungen und die Vor- und Nachteile.

6.4.3 Controllinginstrumente

Für das Controlling existieren typische Instrumente, mit denen regelmäßig die wichtigsten Daten erhoben werden.

6.4.3.1 Strategische Controllinginstrumente

Da sich das strategische Controlling vor allem auf langfristige Planungen bezieht, müssen die eingesetzten Instrumente Aussagen über den potenziellen Erfolg bzw. das Erfolgspotenzial ermöglichen.

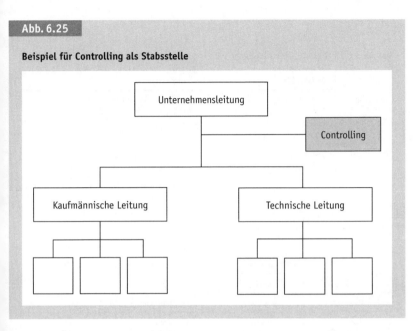

Abb. 6.25

Beispiel für Controlling als Stabsstelle

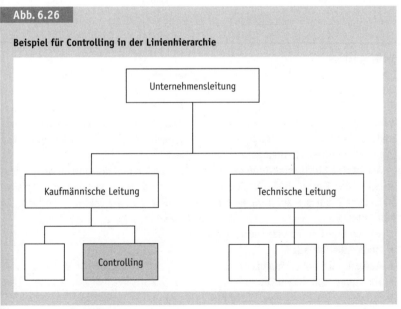

Abb. 6.26

Beispiel für Controlling in der Linienhierarchie

Abb. 6.27

Vor- und Nachteile der organisatorischen Einbindung des Controlling

	Stabsstelle	**Linienstelle**
Vorteile	▸ Hohe Objektivität ▸ Keine konkurrierenden Interessen ▸ Von Führungsaufgaben entlastet	▸ Höhere Akzeptanz in der Linie ▸ Besserer Einblick in Abläufe ▸ Umsetzung leichter zu beeinflussen
Nachteile	▸ Keine Weisungsrechte ▸ Abhängigkeit von Vorgesetzten	▸ Konkurrierende Interessen ▸ Weisungsbefugnis durch Vorgesetzte

Abb. 6.28

SWOT-Analyse

Interne Einflussfaktoren		**Externe Einflussfaktoren**	
S	W	O	T
Strength	Weakness	Opportunities	Threats
Stärken Stabilität	Schwächen	Gelegenheiten Chancen	Bedrohungen Gefahr

SWOT-Analyse

Situationsanalyse

Die SWOT-Analyse (vgl. Abbildung 6.28) untersucht, ob sich die spezifischen Stärken und Schwächen eines Unternehmens so in der Unternehmensstrategie wiederfinden, dass angemessen auf Veränderungen der Unternehmensumwelt reagiert werden kann. Es handelt sich um ein weit verbreitetes Instrument der Situationsanalyse, das sowohl zur strategischen Unternehmensplanung als auch in einzelnen Unternehmensbereichen eingesetzt wird.

Als **interne Einflussfaktoren** werden die Fähigkeiten und Ressourcen verstanden, über die das Unternehmen verfügen kann. Anhand der entscheidenden Erfolgsfaktoren werden sie auf ihre Relevanz hin überprüft. SW-Faktoren können auf sehr unterschiedlichen Gebieten identifiziert werden, z. B.

▸ Wissen und Können der Mitarbeiter,
▸ finanzielle Situation,
▸ Aufbau- und Ablauforganisation,
▸ Forschung und Entwicklung,
▸ Kunden,
▸ Lieferanten,
▸ Unternehmenskultur.

Alle diese Faktoren sind von internen Entscheidungen abhängig und deshalb beeinflussbar.

Auf **externe Einflussfaktoren** hat das Unternehmen dagegen keinen direkten Einfluss. Sie ergeben sich aus den Trends und Veränderungen der unternehmerischen Umgebung, z. B.:

▸ Kundenverhalten,
▸ Wertvorstellungen,
▸ konjunkturelle Situation,
▸ technische Veränderungen,
▸ gesetzliche Vorschriften,
▸ politische Rahmenbedingungen und
▸ Umwelteinflüsse.

Als Chancen dürfen dabei nur die Faktoren Berücksichtigung finden, die aufgrund der vorhandenen oder strategischen Ressourcen auch tatsächlich genutzt und zudem in die Unternehmenspolitik integriert werden können. Risiken stellen dagegen die Bereiche dar, in denen das Unternehmen nicht gut aufgestellt erscheint und in denen deshalb dringend Maßnahmen zur Gegensteuerung ergriffen werden müssen.

Beispiel

Ein Steuerberater schätzt seine Situation so ein:

Interne Einflussfaktoren		Externe Einflussfaktoren	
S	W	O	T
Stärken	Schwächen	Chancen	Bedrohungen
Stabiler Mandantenstamm, starke örtliche Vernetzung	Keine Fachkenntnisse zu IFRS und US-GAAP	Neues Gewerbegebiet in der Nähe	Erweiterung der Befugnisse von Bilanzbuchhaltern

Die SWOT-Analyse kann nicht darstellen, welche Maßnahmen gegebenenfalls zu ergreifen sind, sondern es lassen sich lediglich Hinweise ablesen, ob und an welchen Stellen präventiv Reaktionen erforderlich sind.

GAP-Analyse

Die GAP-Analyse (vgl Abbildung 6.29) identifiziert strategische und operative Lücken durch den Vergleich einer Sollvorgabe mit der voraussichtlichen Entwicklung. Sie verbindet eine Unternehmens- mit einer Umweltanalyse.

Messgrößen bei Anwendung der GAP-Analyse können z. B. Umsatz, Absatzmenge, Anzahl der Kunden, geografische Verbreitung u. Ä. sein. Ausgehend von der geplanten Entwicklung kann im Vergleich festgestellt werden, ob sich Abweichungen davon ergeben. Erkennbar wird also, wie sich die Situation entwickelt, wenn keine Gegenmaßnahmen vorgenommen werden.

Die **strategische Lücke** kann nur durch zusätzliche strategische Maßnahmen geschlossen werden, im Vertrieb z. B. durch neue Produkte, die Erschließung neuer Zielgruppen oder eine veränderte Konditionenpolitik.

Strategische und operative Lücken

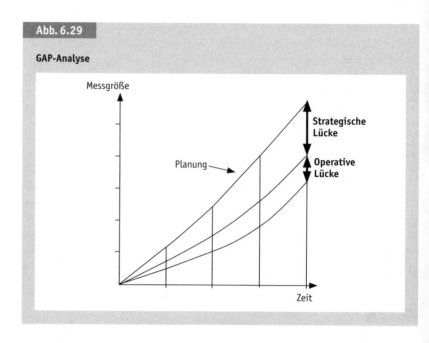

Abb. 6.29

GAP-Analyse

Die **operative Lücke** lässt sich durch Optimierung der aktuellen Maßnahmen schließen. Rationalisierungspotenziale können dazu genutzt und weitere Erfolgspotenziale identifiziert werden.

Die Gefahr bei Anwendung der GAP-Analyse liegt darin, dass strategische Überlegungen nur innerhalb bestehender Geschäftsbereiche durchgeführt werden und eine Gesamtbetrachtung unterbleibt. Auch Einflussfaktoren, die sich nicht quantitativ darstellen lassen, bleiben unberücksichtigt.

Produktlebenszykluskonzept

Phasen im Produktlebens-
zyklus

Der Lebenszyklus eines Produktes durchläuft sechs typische Phasen, die in Abbildung 6.30 dargestellt sind.

▸ Die **Einführungsphase** beginnt, sobald das Produkt auf dem Markt erhältlich ist. Die entstandenen Kosten sind noch nicht gedeckt. Je unbekannter das Produkt ist, desto länger ist die Einführungsphase, weil die Kunden seinen Nutzen erst kennen lernen müssen.

▸ Das Produkt wird bekannt. Wenn es die Ansprüche der Nachfrager erfüllt, führen die Wiederholungskäufe während der **Wachstumsphase** zu höheren Umsätzen, die Gewinnschwelle wird überschritten. Zu diesem Zeitpunkt treten meist neue Konkurrenten auf.

▸ Die **Reifephase** tritt ein, wenn sich das Umsatzwachstum verlangsamt. Der Markt ist gesättigt.

▸ In der **Sättigungsphase** findet kein Umsatzwachstum mehr statt. Durch Veränderungen im Design, beim Preis u. Ä. kann die Sättigungsphase zeitlich gestreckt werden.

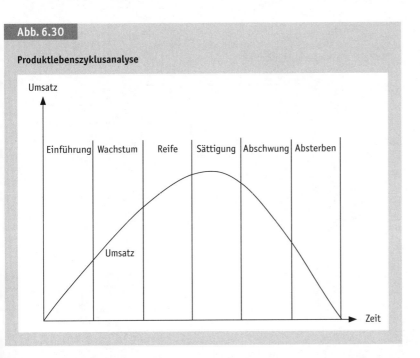

Abb. 6.30

Produktlebenszyklusanalyse

- In der **Abschwungphase** geht der Umsatz zurück, die Kunden wenden sich anderen Produkten zu. Diese Phase ist gekennzeichnet durch niedrige Gewinne und zunehmend weniger Wettbewerber. Relaunches versprechen keinen Erfolg mehr.
- **Absterbephase.** Das Produkt scheidet vollständig aus dem Markt aus oder es sind nur noch geringe Umsätze möglich.

Durch entsprechend zeitliche Staffelungen (vgl. Abbildung 4.6) können die Lebenszyklen verschiedener Produkte desselben Anbieters so gestaltet werden, dass der Gesamtumsatz relativ konstant gehalten werden kann.

Portfolioanalyse

Bei der Portfolioanalyse, die für sehr unterschiedliche betriebswirtschaftliche Zwecke zur Verfügung steht, werden **strategische Geschäftsfelder** gebildet, bewertet und ihre voraussichtliche Entwicklung prognostiziert.

Bildung, Bewertung und voraussichtliche Entwicklung von strategischen Geschäftsfeldern

So wird eine einfache und übersichtliche grafische Darstellung komplexer Zusammenhänge ermöglicht, die z. B. das unternehmerische Potenzial der Geschäftsfelder eines Unternehmens veranschaulicht.

In typischen Portfolio-Analysen (vgl. Abbildung 6.31) wird eine Achse durch interne Faktoren und die andere durch externe Faktoren bestimmt. Dazu können auf den Achsen eines zweidimensionalen Koordinatensystems die bestimmenden Faktoren des Marktes und der Erfolgsgrößen abgetragen werden. Die entstandene Diagrammfläche wird in vier Quadranten aufgeteilt, aus den entstehenden vier Matrix-

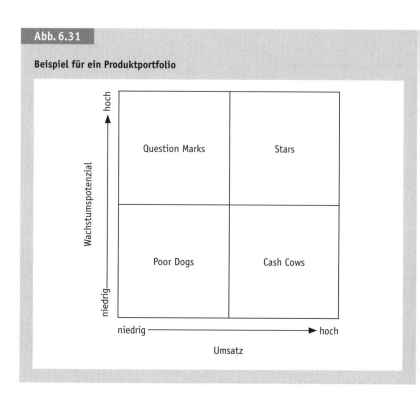

Abb. 6.31

Beispiel für ein Produktportfolio

feldern sind die unterschiedlichen Perspektiven der Geschäftsfelder ablesbar. Die Matrixfelder werden gerne mit – nicht immer einheitlichen – einprägsamen Bezeichnungen versehen.

▸ **Fragezeichen:** Produkte, deren Potenzial hoch eingeschätzt wird, aber noch nicht feststeht, bezeichnet man als Question Marks. Der Erfolg kann durch den Einsatz zusätzlicher Marketinginstrumente erreicht werden.

▸ **Arme Hunde:** Produkte, die keinen oder nur geringen weiteren Umsatz versprechen, bezeichnet man als Poor Dogs.

▸ **Sterne:** Produkte, mit denen bereits ein hoher Umsatz erreicht wird, die aber durch zusätzliche Anstrengungen noch ausgebaut werden können, sind die Stars.

▸ **Milchkühe:** Produkte, mit denen ein hoher Umsatz erzielt wird, bei denen aber kein weiteres Entwicklungspotenzial zu erwarten ist, bezeichnet man als Cash Cows.

Balanced Scorecard

Permanenter ganzheitlicher Überblick

Die Balanced Scorecard verfolgt das Ziel, der Unternehmensleitung einen permanenten ganzheitlichen Überblick über die Entwicklung des Unternehmens und der jeweiligen Verantwortungsbereiche zu geben.

Sie führt quantitative Kennzahlen zusammen, die unter vier verschiedenen Gesichtspunkten (vgl. Abbildungen 6.32 und 6.33) die Leistungen eines Unternehmens beschreiben. Sie zeigt, wie der **Erfolg der Unternehmensstrategie**, gemessen in

Abb. 6.32

Balanced Scorecard

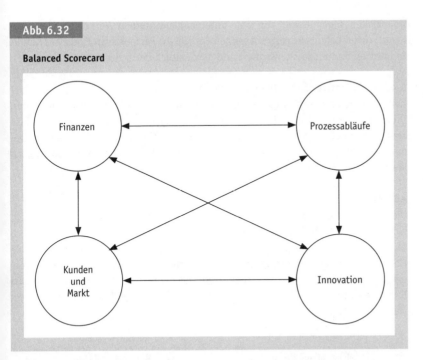

Abb. 6.33

Überblick über die Balanced Scorecard

Bereich	Inhalt	Typische Kennzahlen
Finanzen	Klassische finanzielle Kennzahlen	Umsatz, Auftragseingang, Lagerbestände, Forderungen
Markt und Kunden	Kundeneinstellungen, Kundenbeurteilungen	Kundenzufriedenheitsindex, Kundenneugewinnungsrate, Kundenrentabilität
Prozesse	Beschreibung der internen Abläufe in Bezug auf Zeit, Qualität und Kosten	Durchlaufzeiten, Lieferzeiten, Erreichbarkeit der Servicemitarbeiter, Prozessinnovationen
Innovation	Offenheit gegenüber zukünftigen Entwicklungen, Reaktionen auf Neuerungen, Vorbereitung der Mitarbeiter auf neue Herausforderungen	Mitarbeiterzufriedenheit, Mitarbeiterqualifizierung

finanziellen Ergebnissen, von den unternehmensinternen Voraussetzungen abhängt. In der Balanced Scorecard werden deshalb die Perspektiven Finanzen, Kunde, Innovation und Prozesse integriert und ganzheitlich betrachtet.

6.4.3.2 Operative Controllinginstrumente

Steigerung der Effizienz

Beim operativen Controlling steht die Ausnutzung der Erfolgspotenziale im Fokus. Durch möglichst optimale Koordination der Managementaktivitäten soll ihre Effizienz gesteigert werden. In den verschiedenen Funktionsbereichen stehen – neben den allgemeingültigen Instrumenten – dazu zusätzliche spezifische Instrumente zur Verfügung.

ABC-Analyse

Die ABC-Analyse ist ein sehr einfaches betriebswirtschaftliches Analyseverfahren, bei dem Daten (z. B. Kunden, Produkte, Lieferanten, Umsatz) in drei Klassen A, B und C mit absteigender Bedeutung eingeteilt werden. Sie ist angelehnt an die 80/ 20-Regel (Paretoprinzip), wonach 20 % des Aufwandes (z. B. Zeit, Kundenbetreuung) zu 80 % des Erfolges beitragen, während die restlichen 80 % nur 20 % zum Erfolg beitragen (vgl. Abbildung 6.34). Dabei wird das gegenläufige Verhalten von Menge und Bedeutung deutlich.

A	Mengenanteil ca. 10 %	Wertanteil ca. 80 %
B	Mengenanteil ca. 20 %	Wertanteil ca. 15 %
C	Mengenanteil ca. 70 %	Wertanteil ca. 5 %

Abbildung 6.34 stellt die Zusammenhänge mit einer Lorenzkurve dar.

So können wesentliche von unwesentlichen Informationen unterschieden und gezielt festgestellt werden, wann es sich lohnt, eine weitere Optimierung anzustreben. Da die Informationsbeschaffung Kosten verursacht, kann auch eine höhere Wirtschaftlichkeit erreicht werden.

Die ABC-Analyse ermöglicht es,

▸ »wesentliche« von »unwesentlichen« Daten zu unterscheiden,
▸ Rationalisierungsmöglichkeiten zu erkennen,
▸ unwirtschaftliche Maßnahmen zu vermeiden.

Break-even-Analyse

Gewinnschwelle

Die Break-even-Analyse zeigt den Einfluss von Änderungen der Kostenstruktur und die Anforderungen an die Absatzmenge. Abbildung 6.35 verdeutlicht, dass der Break-even-Point die Gewinnschwelle zeigt, bei der gilt

Kosten = Erlöse

und somit Kostendeckung erreicht wird. Die Break-even-Analyse zeigt also die Absatzmenge, bei der die Gewinnzone beginnt.

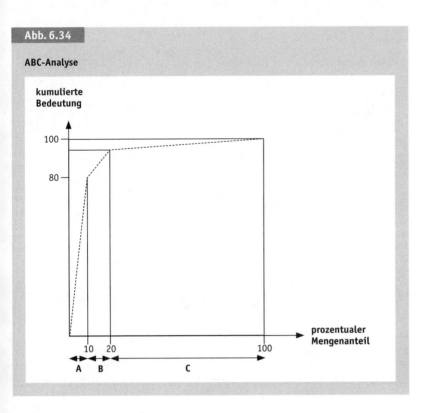

Abb. 6.34

ABC-Analyse

Folgende Zusammenhänge sind zu erkennen:

▸ Steigen die Fixkosten oder die variablen Kosten je Stück, wird der Break-even-Point erst bei einer größeren Menge erreicht.
▸ Bei einem höheren erzielbaren Preis sinkt die zum Erreichen der Gewinnschwelle notwendige Absatzmenge.

Wenn ein neues Produkt geplant ist, dessen künftige Absatzmenge nicht genau vorhersehbar ist, gibt der Break-even-Point an, wie hoch die Absatzmenge mindestens sein muss, um Kostendeckung zu erreichen.

Beispiel

In einer Schreinerwerkstatt wird überlegt, zukünftig einen modernen Schreibtisch herzustellen und auf dem Markt anzubieten. Folgende Kosten sind bekannt:

Werkstattmiete pro Jahr	24.000,00 €
Herstellkosten pro Tisch	500,00 €
geplanter Verkaufspreis pro Tisch	800,00 €

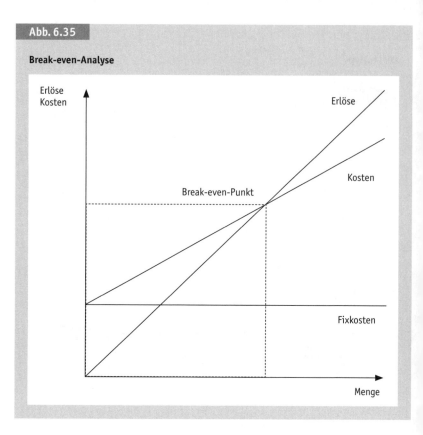

Abb. 6.35

Break-even-Analyse

Hieraus ergibt sich folgende Tabelle:

Produzierte Tische	Fixkosten	variable Kosten	Gesamtkosten	Verkaufserlös	Gewinn/Verlust
0	24.000	0	24.000	0	-24.000
1	24.000	500	24.500	800	-23.700
10	24.000	5.000	29.000	8.000	-21.000
80	**24.000**	**40.000**	**64.000**	**64.000**	**0**
100	24.000	50.000	74.000	80.000	6.000
1.000	24.000	500.000	524.000	800.000	276.000

Unter der Annahme, dass die produzierten Schreibtische tatsächlich verkauft werden können, wird der Break-even-Point bei einer Menge von 80 Tischen erreicht. Ab 81 Tischen würde die Schreinerwerkstatt Gewinn erzielen.

Nutzwertanalyse

Ordnung nach Präferenzen

Die Nutzwertanalyse ist ein **Entscheidungsverfahren**, das Handlungsalternativen nach den Präferenzen der Entscheidungsträger ordnet. Die Entwicklung von Lösungen kann übersichtlich, nachvollziehbar und trotzdem eindeutig erfolgen. Die möglichen Alternativen werden verglichen, der Nutzwert ergibt sich dann als ein relativer Wert.

Die Berechnung der Nutzwerte erfolgt durch Multiplikation der Kriterienbewertung mit der entsprechenden Gewichtung. Die Alternative mit dem höchsten Nutzwert wird präferiert.

▸ Zunächst werden die **Kriterien** formuliert, die für die Entscheidung wesentlich sind. Jedes Kriterium muss positiv ausgedrückt sein (»Je mehr, desto besser«).
▸ Die Kriterien werden entsprechend ihrer Bedeutung gewichtet.
▸ Die Entscheidungsalternativen werden festgelegt.
▸ Mithilfe einer **Entscheidungsmatrix** werden Alternativen nach vereinbarten Beurteilungskriterien bewertet. Sie macht unterschiedliche Einflussgrößen transparent und gibt einen Zielerfüllungsgrad an.
▸ Dazu werden für jede Alternative und jedes Kriterium Gewichte (»Punkte«) vergeben.
▸ Die Summe der Bewertungen bestimmt das Ergebnis und damit die Entscheidung. Die Alternative mit den meisten Punkten wird gewählt.

Beispiel

Die Pico AG beabsichtigt, ein neues EDV-System einzuführen. Drei Alternativen A, B und C stehen zur Auswahl. Um eine Entscheidung treffen zu können, werden zunächst die Entscheidungskriterien festgelegt:

	Preis		30 %
	Bedienung		15 %
Kriterium	Kompatibilität	Danach erfolgt eine relative Gewichtung:	15 %
	Service		5 %
	Leistungsfähigkeit		35 %

Anschließend werden die Alternativen nach den Kriterien bewertet und entsprechend der vorgenommenen Gewichtung ein Ergebnis ermittelt:

Kriterium	Gewicht	Alternative A		Alternative B		Alternative C	
		Wert		Wert		Wert	
Preis	30	10	300	6	180	8	240
Bedienung	15	5	75	8	120	8	120
Kompatibilität	15	4	60	10	150	10	150
Service	5	6	30	8	40	6	30
Leistungsfähigkeit	35	10	350	10	350	8	280
			815		840		820

Die Pico AG sollte sich für die Alternative B entscheiden.

Der große Vorteil dieses Verfahrens liegt in seiner hohen Flexibilität, es kann für unterschiedlichste Entscheidungssituationen eingesetzt werden.

Kennzahlen und Kennzahlensysteme

> Kennzahlen verdichten Unternehmensinformationen zu sinnvollen und aussagefähigen Größen.

Sie dienen als Basis für die Unternehmenssteuerung, ihre wichtigsten Funktionen sind:

Funktionen von Kennzahlen

- ▸ **Wahrnehmungsfunktion.** Kennzahlen machen komplexe Zusammenhänge transparent und bewusst. Sie ersetzen intuitive und undifferenzierte Urteile durch nachprüfbare Daten und stellen sie komprimiert dar.
- ▸ **Kommunikationsfunktion.** Kennzahlen ermöglichen eine sachliche Diskussion und kritische Auseinandersetzung mit den beschriebenen Entwicklungen.
- ▸ **Anreizfunktion.** Kennzahlen erlauben präzise und herausfordernde Zielsetzungen.
- ▸ **Controllingfunktion.** Kennzahlen erlauben objektive und nachprüfbare Vergleiche. Sie ermöglichen, Fehlentwicklungen entgegenzuwirken.

Bei der Interpretation von Kennzahlen können sich verschiedenartige Probleme ergeben, die ihre Aussagefähigkeit beeinträchtigen können.

- ▸ Kennzahlen können nicht die Fakten selbst beschreiben, sondern verbinden verfügbare Daten zu Indikatoren.
- ▸ Eine Kennzahl allein kann keine Konsequenzen auslösen, weil immer mehrere Ziele verfolgt werden.
- ▸ Probleme können miteinander verbunden sein. Einzelne Kennzahlen bilden diese Vernetzung nicht ab.
- ▸ Die Verwendung und Interpretation von Kennzahlen erfordert besondere Kompetenzen, um Fehleinschätzungen zu vermeiden.

Es erscheint vordergründig sinnvoll, für die Kennzahlen **Sollwerte** vorzugeben. Eine Bestimmung ist jedoch schwierig, denn es gibt keine empirisch haltbaren Vorgaben, auf deren Grundlage bestimmte Kennzahlen ein Urteil über die künftige wirtschaftliche Lage ermöglichen würden.

Wie die Kennzahlen genau gestaltet werden, ist abhängig vom Erkenntnisinteresse und von den Daten, die zur Verfügung stehen.

gelernt & gewusst Kapitel 6

Aufgabe 6.1 (IHK F11)

Die Frisch & Fit GmbH legt zum Ende des Geschäftsjahres 2010 folgende Bilanz vor:

A. Anlagevermögen	1.020.000 €	A. Eigenkapital	400.000 €
B. Umlaufvermögen		B. Fremdkapital	
1. Vorräte	2.940.000 €	1. langfristige Schulden	2.520.000 €
2. Forderungen	850.000 €	2. kurzfristige Schulden	2.080.000 €
3. liquide Mittel	190.000 €		
Bilanzsumme	5.000.000 €	Bilanzsumme	5.000.000 €

a) Berechnen Sie   (1 Punkt)
   ▸ die Liquidität I und
   ▸ die Liquidität II.

b) Unterbreiten Sie drei Vorschläge zur Verbesserung der finanziellen
   Situation in Bezug auf die Liquidität.   (3 Punkte)

c) Das Unternehmen wird im Jahr 2011 voraussichtlich 8 Mio. € an
   Lieferantenzahlungen zu leisten haben, davon ist die Hälfte skontier-
   fähig mit folgender Kondition: zahlbar unter Abzug von 3 % Skonto
   innerhalb von 14 Tagen oder innerhalb von 60 Tagen netto. Ein Mitarbeiter ist der Meinung, man solle das Zahlungsziel generell ausnutzen, um sich finanziell Luft zu verschaffen.
   Ermitteln Sie als Gegenargument den Finanzierungsgewinn in Euro, der
   entsteht, wenn das Skonto in Anspruch genommen wird. Berücksichtigen
   Sie dabei, dass die banküblichen Konditionen für kurzfristige Kredite
   gegenwärtig bei 12 % liegen.   (4 Punkte)

Aufgabe 6.2

Die Pico AG erwägt, eine Gewerbeimmobilie zu erwerben. Die Nettomietzahlungen
sollen in den ersten 5 Jahren pro Jahr 340.000 € betragen, in den folgenden Jahren
jeweils 400.000 €. Nach zehn Jahren wäre ein Verkaufspreis von 3,4 Mio. zu erzielen.

a) Ermitteln Sie, welchen Kaufpreis die Pico AG maximal bezahlen kann, wenn sie eine
   Mindestverzinsung von 8 % anstrebt.

b) Erläutern Sie zwei Risiken, die in dieser Rechnung enthalten sein können.

Aufgabe 6.3 (IHK F12)

Im Jahr 2011 hat die Huber AG 50.000 € in vier Entgratungsmaschinen investiert, die alle eine Nutzungsdauer von fünf Jahren aufweisen. Die Abschreibung erfolgt linear. Die Geschäftsleitung plant, die Abschreibungsgegenwerte sofort zu reinvestieren, verbleibende Restbeträge in der Folgeperiode.

Erläutern Sie in diesem Zusammenhang den Kapazitätserweiterungseffekt bei der Finanzierung aus Abschreibungsgegenwerten (Lohmann-Ruchti-Effekt) und beschreiben Sie drei Kritikpunkte. (6 Punkte)

Aufgabe 6.4

Die Pico AG beabsichtigt, eine neue Maschine zur Produktion von Brotmaschinen zu kaufen. Die Anschaffungskosten betragen 100.000 €, sie ist 5 Jahre nutzbar. Die jährlichen Rückflüsse betragen

Jahr 1	18.000 €
Jahr 2	20.000 €
Jahr 3	22.000 €
Jahr 4	20.000 €
Jahr 5	25.000 €
Liquidationserlös	5.000 €

Ermitteln Sie den internen Zinsfuß durch Approximation (Näherungslösung).

Aufgabe 6.5

Die Pico AG möchte ein neues Produkt »Stabmixer« in ihr Produktionsprogramm aufnehmen. Die Marktforschung hat folgende Absatzprognosen ermittelt:

1. Jahr	100.000 Stück
2. Jahr	150.000 Stück
3. Jahr	200.000 Stück
4. Jahr	200.000 Stück
5. Jahr	150.000 Stück

Zur Produktion stehen zwei Anlagen zur Wahl. Dazu sind folgende Daten bekannt:

	Anlage A	Anlage B
Anschaffungskosten	1.000.000	1.500.000
Restwert nach 5 Jahren	250.000	300.000
Sonstige Fixe Kosten pro Jahr (ohne Zinsen)	300.000	200.000
Variable Kosten pro Stück	3 €	2 €
Erlös pro Stück	8 €	
kalkulatorischer Zinssatz	10 %	

a) *Führen Sie einen Gewinnvergleich durch auf der Grundlage der durchschnittlichen Absatzmenge.*

b) *Bei welcher durchschnittlichen Absatzmenge liegt die kritische Grenze?*

7 Logistik

Die Logistik beschäftigt sich allgemein mit der Planung, Steuerung und Kontrolle des Flusses von Material, Personen, Energie und Informationen, im engeren Sinne mit dem Materialfluss einschließlich der Lagerung.

Definition Logistik

Abbildung 7.1 zeigt, dass die Logistik die Verbindung herstellt zwischen der Fertigung und den Beschaffungs- und Absatzmärkten. Die konkreten Elemente sind dabei unterschiedlich.

Abb. 7.1

Elemente der Logistik

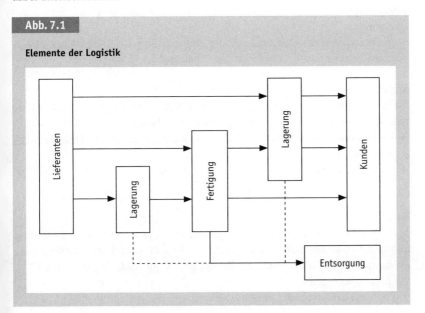

7.1 Einkauf und Beschaffung

Die zentrale Aufgabe der Beschaffung ist die Sicherstellung der notwendigen Materialien und Waren.

Aufgabe der Beschaffung

▸ Die Materialien müssen zum richtigen Zeitpunkt, in der richtigen Art, Menge und Qualität am richtigen Ort zur Verfügung stehen.
▸ Die Beschaffung soll kostenoptimal erfolgen.

7.1.1 Einkaufsprozess

Voraussetzung für die konkreten Beschaffungsvorgänge ist eine sorgfältige Beschaffungsplanung, die nach jeweils spezifisch definierten Kriterien und mit unterschiedlichen Methoden erfolgen kann.

7.1.1.1 Ablauf

Anfrage

Die Auswahl von Lieferanten, mit denen oft über längere Zeit zusammengearbeitet werden soll, erfordert Sorgfalt und methodisches Vorgehen. Ausgehend von einem konkreten Bedarf müssen zunächst Hersteller gefunden werden, die das benötigte Beschaffungsobjekt anbieten. Die Abbildung 7.3 zeigt die Vielzahl unterschiedlicher Kriterien. Eine Eingrenzung kann mithilfe von Ausschlusskriterien, Lieferantenfragebögen oder Zertifikaten (z. B. ISO 9000-Zertifizierung) und Auszeichnungen erfolgen.

In der Regel werden mehrere Angebote eingeholt. Ihre Zahl hängt vom Auftragsvolumen ab, aber auch von vorliegenden Erfahrungen.

Angebot

Die potenziellen Lieferanten werden – schriftlich oder mündlich – erklären, zu welchen Konditionen sie die angefragte Leistung erbringen können.

▸ Ein **verbindliches Angebot** enthält die Verpflichtung, die angebotene Leistung innerhalb der vereinbarten Frist zu erbringen.

▸ Bei einem **unverbindlichen Angebot** (z. B. »Solange Vorrat reicht«, »Preis freibleibend«) ist die Bindung an das Angebot eingeschränkt.

Bestellung

Nach einer formellen und materiellen Prüfung der Angebote erfolgt die Bestellung. Sie kann formlos erfolgen, wenn sie mit dem Angebot übereinstimmt. Bei Abweichungen vom Angebot entsteht der Vertrag erst, wenn der Lieferant zustimmt. Die Bestellung enthält

▸ Preis und Zahlungsbedingungen,

▸ Mengen,

▸ Liefertermin und Lieferbedingungen,

▸ Lieferort.

7.1.1.2 Sourcingkonzepte

Die möglichen Ausprägungen der Beschaffungsdimensionen werden als Sourcing-Konzepte bezeichnet. Sie werden von den Unternehmen zu einer Sourcing-Strategie kombiniert, um eine optimale Beschaffungssicherheit zu erreichen. Die Übersicht 7.2 zeigt mögliche Ausprägungen.

Abb. 7.2

Dimensionen und Ausprägungen von Sourcing-Konzepten

Dimension	Ausprägungen	
Wertschöpfung	Insourcing	Eigenerstellung bisher fremdbezogener Leistungen
	Joint Venture	Gemeinschaftsunternehmen
	Outsourcing	Auslagerung bisher eigengefertigter Leistungen
Lieferant	Single Sourcing	Eine Bezugsquelle
	Sole Sourcing	Eine Bezugsquelle mit Monopolstellung
	Dual Sourcing	Zwei Bezugsquellen
	Multiple Sourcing	Mehrere Bezugsquellen
Beschaffungsobjekt	Unit Sourcing	Bezogene Güter werden selbst montiert
	Modular Sourcing	Einkauf kompletter Module
	System Sourcing	Einkauf zusammenhängender Komponenten
Beschaffungssubjekt	Individual Sourcing	Eigenständige Beschaffung
	Collective Sourcing	Mehrere Nachfrager treten als Einheit auf
Beschaffungszeit	Sourcing to Stock	Vorsorgliche Lagerhaltung
	Demand Sourcing	Beschaffung auf Anforderung
	Just-in-time	Lieferung direkt in die Produktion
Prozess	Operative Sourcing	Ohne Einbindung der Lieferanten
	Advanced Sourcing	Lieferanten werden in die Produktentwicklung eingebunden
Beschaffungsgebiet	Local Sourcing	Lokale Beschaffung
	Domestic Sourcing	Inländische Beschaffung
	Euro Sourcing	Internationale Beschaffung in Europa
	Global Sourcing	Internationale globale Beschaffung

7.1.1.3 Lieferantenmanagement

Die Lieferantenbeurteilung soll ein Bild von den zu erwartenden Stärken und Schwächen des Lieferanten ermöglichen. Unter strategischen Gesichtspunkten wird der Lieferant ausgewählt, der über die größten Erfolgspotenziale verfügt (vgl. Abbildung 7.3). Kostenoptimierung, Risikominimierung und die Qualitätssicherung zur Verbesserung der Kostensituation und der Versorgungssicherheit stehen im Vordergrund.

Stärken und Schwächen des Lieferanten

Kriterien für die Lieferantenauswahl

Lieferantenauswahl nach		
Leistung	**Unternehmen**	**Rahmenbedingungen**
▸ Preis	▸ Marktanteil	▸ Rechtssystem
▸ Konditionen	▸ Rechtsform	▸ Wirtschaftssystem
▸ Qualität	▸ Mitgliedschaften	▸ Technologischer Standard
▸ Zuverlässigkeit	▸ Forschung und Entwick-	▸ Region
▸ Nebenleistungen	lung	▸ Branche
▸ Gesetzliche Bestimmungen	▸ Finanzlage	▸ Umweltengagement
▸ Erfahrungen		

Lieferantenanalyse

Die permanente Messung der Leistung eines Lieferanten ergibt Hinweise auf notwendige Veränderungen und Verbesserungen. Dabei kann sich ergeben, dass ein teurerer Lieferant besser geeignet ist, weil er bessere Qualität liefert.

Wichtige Kriterien bei der Lieferantenanalyse sind:

▸ Art der Beschaffungsgüter. Bei strategischen und komplexen Materialien wird die Analyse sorgfältiger sein müssen als bei geringwertigen oder standardisierten Materialien.
▸ Anzahl der möglichen Bezugsquellen,
▸ Liefertreue. Ein Maß für die Mengen- und Termintreue eines Lieferanten ist der Lieferservicegrad.
▸ Grund der Analyse
  – Routinebeschaffung (Produkt und Lieferant bekannt),
  – Lieferantenwechsel (Produkt bekannt, Lieferant neu),
  – Sortimentswechsel (Produkt neu, Lieferant bekannt),
  – Neuprodukteinführung (Produkt und Lieferant neu).
▸ Gewünschter Leistungsumfang,
▸ Geografischer Ort der Bezugsquellen,
▸ Ort der Leistungserbringung,
▸ Gewünschte Art der Bereitstellung der Materialien,
▸ Lieferzeit,
▸ Marktbedeutung von Anbieter und Abnehmer,
▸ Finanzierungsmöglichkeiten (z. B. Lieferantenkredit).

Nach der Lieferantenauswahl können Lieferantenverhandlungen aufgenommen werden.

7.1.2 Beschaffungsprozess

7.1.2.1 Beschaffungsstrategien

Um eine kontinuierliche Produktion zu sichern, ist eine effiziente Beschaffungsplanung notwendig.

> Die Bedarfsplanung stellt in dem Prozess die optimale Kombination von bestmöglicher Lieferbereitschaft und Minimierung der Kosten und der Kapitalbindung her.

Wichtige Elemente sind die Beschaffungsperiode und der Beschaffungshorizont. Je länger die **Beschaffungsperiode** ist, desto höher ist die Unsicherheit der Planungsentscheidungen. Je kleiner das Absatz- und Produktionsprogramm ist, desto niedriger ist in der Regel die Zahl der unterschiedlichen Beschaffungsgüter und desto besser ist der Informationsstand.

Auftragsorientierte Beschaffungsplanung
Wenn die Zusammensetzung des Produktions- und Absatzprogramms bekannt ist, können die Kunden- oder Lageraufträge die Grundlage für die Beschaffungsplanung bieten. Nach Menge und Termin der Aufträge für die Fertigerzeugnisse lassen sich der Primär- und Sekundärbedarf ermitteln, und so die notwendigen Bestellmengen festlegen. Die Abbildungen 7.4 und 7.5 erläutern das Vorgehen.

Prognosebasierte Beschaffungsplanung
Der Materialbedarf für eine Planungsperiode wird bei diesem Verfahren (vgl. Abbildung 7.6) mithilfe des Verbrauchs in der Vergangenheit prognostiziert. Gesetzmäßigkeiten werden analysiert und mithilfe von statistischen Verfahren ausgewertet und fortgeschrieben. Das ist insbesondere dann sinnvoll, wenn die Bedarfsermittlung für einzelne Aufträge nicht möglich oder zu kostenintensiv ist. Abbildung 7.7 verdeutlicht die Vor- und Nachteile.

Erfahrungsbasierte Beschaffungsplanung
Bei geringwertigen Produkten, für die keine ausreichende Datenbasis für prognosebasierte Beschaffung vorhanden ist, können die ermittelten Bedarfe auf subjekti-

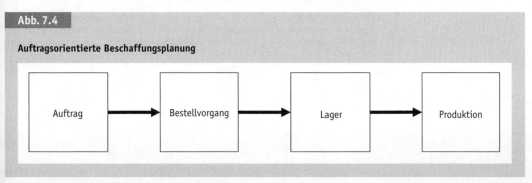

Abb. 7.4

Auftragsorientierte Beschaffungsplanung

| Auftrag | → | Bestellvorgang | → | Lager | → | Produktion |

Abb. 7.5

Vor- und Nachteile der auftragsorientierten Beschaffung

Vorteile	Nachteile	Typische Einsatzbereiche
▸ Der Lagerbestand kann niedrig gehalten werden.	▸ Bei Kundenaufträgen muss die erforderliche Beschaffungs- und Durchlaufzeit kürzer sein als die geforderte Lieferzeit.	▸ Bei hochwertigen Materialien. ▸ Bei kundenspezifischen Aufträgen.
▸ Produktionsplanungs- und -steuerungssysteme können die Bestellvorgänge automatisieren.	▸ Kostenintensiv, weil jeder Auftrag einen oder mehrere Bestellvorgänge auslöst	▸ Bei starken zeitlichen Bedarfsschwankungen. ▸ Bei Erwartung schneller technischer Änderungen.

Abb. 7.6

Prognosebasierte Beschaffungsplanung

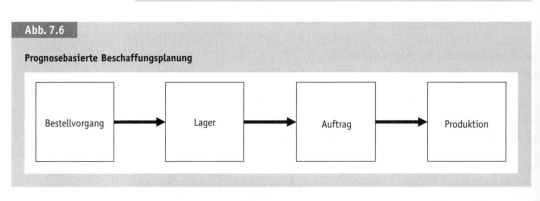

Abb. 7.7

Vor- und Nachteile der prognosebasierten Beschaffungsplanung

Vorteile	Nachteile	Typische Einsatzbereiche
▸ Routinearbeiten werden reduziert. ▸ Konzentration auf problematische Beschaffungsvorgänge möglich.	▸ Ausreichende Datenbasis erforderlich. ▸ Abhängigkeit von mathematischstatistischen Verfahren.	▸ Bei geringwertigen Materialien.
▸ Die erforderliche Beschaffungszeit kann länger sein als die geforderte Lieferzeit.	▸ Nicht anwendbar bei neuen Produkten und geänderten Produktionsverfahren.	▸ Bei Materialien für den tertiären Bedarf.
▸ Kostengünstig	▸ Lagerkosten entstehen.	

Abb. 7.8

Vor- und Nachteile der erfahrungsbasierten Beschaffungsplanung

Vorteile	Nachteile	Typische Einsatzbereiche
▸ Aktuelle Änderungen können berücksichtigt werden.	▸ Für eine gute Schätzung muss jeder Artikel individuell betrachtet werden.	▸ Geringwertige Materialien, die selten bestellt werden
▸ Hohe Flexibilität	▸ Bei einer großen Zahl von Bestellvorgängen sind nur Schätzungen möglich.	▸ Höherwertige Materialien, wenn die erforderliche Beschaffungs- und Durchlaufzeit typischerweise länger ist als die geforderte Lieferzeit
▸ Kostengünstig, wenn Mengenrabatte optimiert werden können	▸ Wegen wahrscheinlicher Prognosefehler sind Sicherheitsbestände erforderlich.	

Abb. 7.9

Vor- und Nachteile der Vorratsbeschaffung

Vorratsbeschaffung	
Vorteile	Nachteile
Kostengünstiger Einkauf durch größere Mengen möglich	Hohe Kapitalbindung
Es kann ein günstiger Einkaufszeitpunkt gewählt werden.	Hohe Lagerkosten
Ein hoher Lagerbestand mindert das Risiko der Produktionsunterbrechung.	Hohe Zinskosten
Jederzeitige Lieferbereitschaft	Gefahr von Überalterung bzw. Qualitätsverlust durch Lagerung

ven Schätzungen von erfahrenen Experten beruhen. Abbildung 7.8 verdeutlicht die Vor- und Nachteile.

Vorratsbeschaffung

Wenn die Zeitpunkte der Beschaffung und des Verbrauchs auseinanderliegen oder wenn die Beschaffungs- und Verbrauchsmengen nicht übereinstimmen, entstehen Vorräte. Sie stehen kurzfristig für die Produktion zur Verfügung, was dem Unternehmen eine relative Unabhängigkeit verschafft. Die Vor- und Nachteile zeigt Abbildung 7.9.

Abb. 7.10

Vor- und Nachteile der Einzelbeschaffung

Einzelbeschaffung	
Vorteile	**Nachteile**
Kurze Lagerzeit	Keine sofortige Produktionsmöglichkeit
Geringe Kapitalbindung	Keine sofortige Liefermöglichkeit
Niedrige Lagerkosten	Es kann kein günstiger Einkaufszeitpunkt gewählt werden.

Abb. 7.11

Vor- und Nachteile der fertigungssynchronen Beschaffung

Fertigungssynchrone Beschaffung	
Vorteile	**Nachteile**
Nur geringe Sicherheitslagerbestände	Risiko der jederzeitigen Produktionsbereitschaft
Niedrige Lagerhaltungskosten	Risiko der jederzeitigen Lieferbereitschaft
Absicherung durch Rahmenverträge möglich	

Einzelbeschaffung
Bei Einzelbeschaffung werden Materialien jeweils zum Zeitpunkt der beabsichtigten
Verwendung beschafft. Dadurch verringert sich zwar die Kapitalbindung, aber es
besteht das Risiko, dass die Lieferung

▸ nicht eintrifft,
▸ nicht rechtzeitig eintrifft,
▸ eine zu geringe Menge umfasst,
▸ fehlerhaft ist.

Die Vor- und Nachteile zeigt Abbildung 7.10.

Fertigungssynchrone Beschaffung

Just-in-time-Beschaffung

Wenn ein Unternehmen über eine starke Marktposition verfügt, besteht die Möglichkeit, Vorrats- und Einzelbeschaffung zu kombinieren. Abbildung 7.11 nennt die
Vor- und Nachteile.

Die **Just-in-time-Beschaffung** ist eine konsequente Variante der fertigungssynchronen Beschaffung. Um teure Läger zu vermeiden bzw. weitgehend zu reduzieren,
ist mit dem Just-in-time-System ein logistikorientiertes dezentrales Organisations-
und Steuerungskonzept entwickelt worden, in dem die Zulieferunternehmen direkt
und zum vereinbarten Zeitpunkt die benötigten Teile an die Produktion liefern.

Auf Lagerhaltung wird soweit wie möglich verzichtet und nur so viel Material gelagert, wie unbedingt nötig ist, um die Produktion zu sichern. Güter und Materialien werden in der richtigen Menge und in der richtigen Qualität genau zu dem Zeitpunkt, zu dem sie benötigt werden, an den Ort der Verarbeitung angeliefert. Abbildung 7.12 verdeutlicht die Vor- und Nachteile.

Dazu ist eine ganzheitliche Betrachtung der logistischen Kette notwendig, bei der die Lieferanten in den Informations- und Steuerungsprozess einbezogen werden. Mit einem gewissen – möglichst kurzen – zeitlichen Vorlauf wird die benötigte Menge gemeldet und bestellt. So ist eine flexible Anpassung der kurzfristigen Kapazitäts- und Materialbedarfsplanung an die aktuelle Fertigungs- und Auftragssituation möglich. Die Zulieferer müssen sich verpflichten, innerhalb der vereinbarten Vorlaufzeit zu liefern. Um die Transportrisiken (Unfall, Stau usw.) zu verringern, errichten die Zulieferunternehmen ihre Produktionsstätten häufig in der Nähe der Auftraggeber.

Beispiel **Produktion des Kleinwagens Smart**

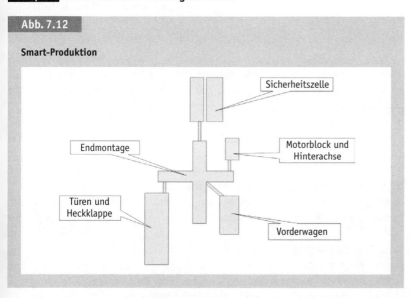

Abb. 7.12

Smart-Produktion

Sicherheitszelle

Endmontage

Motorblock und Hinterachse

Türen und Heckklappe

Vorderwagen

Das Just-in-time-Konzept ist allerdings nicht bei allen Produktionsverfahren einsetzbar. Damit es seine Vorteile entfalten kann, müssen folgende Bedingungen gegeben sein:

Bedingungen für Just-in-time-Beschaffung

▸ Das Produktionsprogramm erfordert einen gleichartigen kontinuierlichen Bedarf. Der Produktionsfluss muss entsprechend verstetigt werden.

▸ Innerbetrieblich dürfen keine längeren Transportwege erforderlich sein. Lange Durchlaufzeiten erschweren flexible Reaktionen auf Änderungen.

▸ Durch eine gleichmäßige Kapazitätsauslastung müssen Warteschlangen an den Bearbeitungsstationen vermieden werden.

Abb. 7.13

Vor- und Nachteile des Just-in-time-Konzeptes

Just-in-time-Konzept		
Bereich	**Vorteile**	**Nachteile**
Allgemein	‣ Zulieferunternehmen siedeln sich bevorzugt in der Nähe der Großkunden an.	‣ Erhöhtes Verkehrsaufkommen.
Auftraggeber	‣ Geringere Lagerkosten, ‣ niedrige Durchlaufzeiten.	‣ Abhängigkeit von Zulieferern, ‣ Risiken durch Unterbrechung der Lieferkette, ‣ ständiger Informationsaustausch erforderlich, ‣ Offenlegung von Betriebsgeheimnissen notwendig.
Auftragnehmer	‣ Langfristige Verträge üblich, ‣ Rationalisierung durch Spezialisierung möglich.	‣ Abhängigkeit vom Auftraggeber, ‣ Kosten der Qualitätskontrolle, ‣ eigene Läger erforderlich.

‣ Die Mitarbeiter an einer Bearbeitungsstation erhalten einen hohen Entscheidungsspielraum. Sie können längere Zeit ohne externe Steuerung und Kontrolle arbeiten.

‣ Es sind keine wesentlichen Rüstzeiten zum Umbau und zur Einstellung der Maschinen erforderlich. Die Maschinen und Anlagen müssen permanent einsatzfähig sein.

‣ Die Materialdisposition muss verbrauchsgesteuert organisiert sein.

‣ Die Lieferungen müssen zeitlich sehr genau eintreffen.

‣ Ein sensibles System zur Fehlererkennung muss sicherstellen, dass ausschließlich einwandfreie Teile übergeben werden.

7.1.2.2 Bedarfsrechnung

Ermittlung der notwendigen Bestellmengen

Mit der Bestandsführung werden die tatsächlichen Materialabgänge mengen- und wertmäßig erfasst. Daraus ergibt sich die notwendige Bestellmenge. Abbildung 7.14 gibt einen Überblick über die unterschiedlichen Methoden.

Skontrationsmethode

Bei der Skontrationsmethode erfolgt die Fortschreibung der Zu- und Abgänge im Lager anhand von Belegen. Die Zugänge werden direkt mithilfe der Lieferscheine ermittelt, die Abgänge mithilfe von Materialentnahmescheinen. Da aus den Materialbewegungen allein der Endbestand nicht ermittelt werden kann, müssen die Anfangsbestände durch eine körperliche Inventur ermittelt werden.

Abb. 7.14

Möglichkeiten der Mengenerfassung

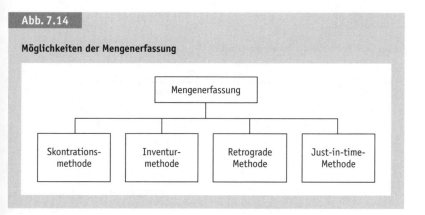

Abb. 7.15

Vor- und Nachteile der Skontrationsmethode

Skontrationsmethode	
Vorteile	**Nachteile**
Verwendungsort genau feststellbar	Hoher Verwaltungsaufwand
Verwendungszweck genau feststellbar	
Bestandsminderungen werden erfasst	
Zurechnung zu Kostenstellen und -trägern möglich	

Anfangsbestand
+ Zugang
− Abgang
− Abgang
+ Zugang

...
= rechnerischer Soll-Endbestand

Durch den Vergleich der Bestände, die mit der Lagerkartei ermittelt worden sind, mit dem Inventurbestand ergibt sich der nicht zweckgerichtete Verbrauch, z. B durch Diebstahl oder Verderb. Da die Belege bearbeitet und verwaltet werden müssen, bietet dieses Verfahren zwar eine große Genauigkeit, erfordert aber hohen organisatorischen Aufwand. Die Vor- und Nachteile stellt Abbildung 7.15 gegenüber.

Inventurmethode
Bei der Inventurmethode oder **Befundrechnung** wird der Materialverbrauch nicht laufend, sondern erst am Ende einer Abrechnungsperiode festgestellt. Er wird

Vor- und Nachteile der Inventurmethode

Inventurmethode	
Vorteile	**Nachteile**
Wenig Verwaltungsaufwand, da keine spezielle Lagerbuchhaltung erforderlich ist.	Nicht feststellbar, welche Kostenstelle den Verbrauch verursacht hat.
Einmalige Verbuchung des Verbrauches am Periodenende.	Bestandsminderungen durch Schwund, Diebstahl usw. sind nicht feststellbar.
	Aktueller Lagerbestand unbekannt.
	Hoher Arbeitsaufwand.

ermittelt, indem der durch Inventur erfasste Endbestand vom Anfangsbestand und den Zugängen abgezogen wird.

Anfangsbestand
+ alle Zugänge
− Endbestand
= Verbrauch

Kostenstelle und Kostenträger des Verbrauchs können so nicht zugeordnet werden. Da auch ein eventueller Schwund nicht festgestellt werden kann, lässt sich auch der tatsächlich erforderliche Materialverbrauch nicht berechnen. Schließlich kann nicht angegeben werden, wie hoch die aktuellen Lagerbestände tatsächlich sind. Die Abbildung 7.16 zeigt die Vor- und Nachteile.

Retrograde Methode
Bei der retrograden Erfassung wird der Verbrauch aus der Anzahl der produzierten Halb- und Fertigerzeugnisse abgeleitet. Wenn die Zahl dieser Produkte bekannt ist und ihre Zusammensetzung aufgrund von Stücklisten nachvollzogen werden kann, lassen sich auch die Mengen der verbrauchten Materialien ermitteln. Abfälle und Ausschuss können berücksichtigt werden, wenn ihr typischer Anteil bekannt ist. Das Ergebnis ist ein Soll-Materialverbrauch.

Anfangsbestand
+ Zugänge
− Sollverbrauchsmenge pro Stück × produzierte Menge
= Endbestand

Die Methode (vgl. Abbildung 7.17) kann nur bei einfachen Fertigungsverfahren genutzt werden, die Rechnung ist meistens bereits dann sehr komplex.

Abb. 7.17

Vor- und Nachteile der retrograden Methode

Retrograde Methode	
Vorteile	Nachteile
Sehr einfache Handhabung.	Der tatsächliche Materialverbrauch wird nicht ermittelt.
Ermittlung von Abweichungen möglich, wenn mit den Ergebnissen der Skontrationsmethode verglichen wird.	Fehlmengenanalyse arbeitsaufwändig.
	Benötigte Materialarten und -mengen müssen sehr genau bekannt sein.
	Hoher Arbeitsaufwand.

Abb. 7.18

Folgen suboptimaler Lagerbestände

Auswirkungen suboptimaler Lagerbestände	
Zu niedrige Lagerbestände	Zu hohe Lagerbestände
Mangelnde Lieferbereitschaft.	Kapitalbindung führt zu niedriger Liquidität.
Ausnutzung von Mengenrabatten nicht möglich.	Hohe Lagerkosten.
	Hohes Risiko durch Diebstahl, Schwund usw.
	Wertverlust durch Veralterung, Modeeinflüsse usw.

Just-in-time-Methode
Wenn das Material ohne Läger direkt in den Produktionsprozess eingebracht wird, entspricht der Verbrauch der Summe der Zugänge.

7.1.2.3 Liefermengen
Anzustreben ist grundsätzlich ein **Lagerbestand**, der einerseits einen störungsfreien Produktionsablauf gewährleistet und bei dem die Summe aus Beschaffungskosten, Zins-, Handling- und Lagerkosten am niedrigsten ist. Die Auswirkungen von nicht optimierten Lagerbeständen sind in Abbildung 7.18 zusammengestellt.

Optimaler Lagerbestand

Nach dem sogenannten **Bottom-up-Ansatz** umfasst der optimale Lagerbestand den Sicherheitsbestand zuzüglich der halben Menge, die für einen typischen Auftrag erforderlich ist.

$$\text{Optimaler Lagerbestand} = (\frac{\text{Losgröße}}{2} + \text{Sicherheitsbestand}) \times \frac{\text{Preis}}{\text{Stück}}$$

Eine andere Möglichkeit zur Ermittlung des optimalen Lagerbestandes ist die **Bottom-down-Methode**, die auch als Niederstwertprinzip bezeichnet wird:

$$\text{Optimaler Lagerbestand} = \text{niedrigster Vorrat einer Periode} \times \frac{\text{Preis}}{\text{Stück}}$$

Mit der **Bestellmengenrechnung** wird ein optimaler Ausgleich zwischen Beschaffungskosten, Bedarfsvorhersage, Fehlmengenkosten, mittelbaren Beschaffungskosten und Lagerkosten hergestellt. Dies gilt für die Eigenfertigung wie für den Fremdbezug.

Bestellmenge und Bestellzeitpunkt müssen so abgestimmt werden, dass die Gesamtkosten des Bestellvorgangs minimiert werden. Einflussgrößen sind:

▸ Materialbedarf,
▸ Materialkosten,
▸ Kosten je Bestellvorgang,
▸ Lagerkosten sowie
▸ Zinskosten.

Theoretisch wird die optimale Bestellmenge ermittelt als:

$$x_{opt} = \sqrt{\frac{200 \times M \times K_B}{E \times (i + L)}}$$

wobei

x_{opt} = optimale Bestellmenge
M = Bedarf pro Jahr
E = Einstandspreis pro Mengeneinheit
K_B = Kosten je Bestellvorgang
i = Kalkulationszinssatz
L = Lagerkostensatz

Diese sogenannte Andler´sche Formel kann in der Praxis nur ein Anhaltspunkt sein, denn sie geht von engen Voraussetzungen aus.

Beispiel **Optimale Bestellmenge**

Die Plug AG ermittelt für die Beschaffung von speziellen Steckern für ihre Küchengeräte:

Monatsbedarf	500 Stecker (Jahresbedarf 6000)
Kosten je Bestellung	40 €
Preis je Stecker	1 €
Kalkulationszins	6 %
Lagerkostensatz	12 %

$$x_{opt} = \sqrt{\frac{200 \times 6.000 \times 40\,€}{1 \times (6 + 12)}} = 1.633 \ \text{Stück}$$

Würden die Spezialstecker 10 € kosten, ergäbe sich

$$x_{opt} = \sqrt{\frac{200 \times 6.000 \times 40\,€}{10 \times (6 + 12)}} = 516 \ \text{Stück}$$

Sicherheitsbestand

> Der Sicherheitsbestand (»Eiserner Bestand«) ist der Bestand an Materialien, der unter normalen Umständen zur Produktion nicht benötigt wird.

Eiserner Bestand

Der Sicherheitsbestand (B_S) stellt einen Puffer dar, um die Produktion auch bei Lieferschwierigkeiten aufrechterhalten zu können. Seine optimale Höhe lässt sich nur näherungsweise aufgrund von Erfahrungen oder mithilfe der Formel

B_S = Durchschnittlicher Verbrauch pro Periode × Beschaffungsdauer

bestimmen. Bei Unterschreiten des Sicherheitsbestandes ist eine Bestellung erforderlich.

7.1.2.4 Lieferzeitpunkt

Der Lieferzeitpunkt wird in einfachen Fällen mit der Bestellung vereinbart. Bei Liefervereinbarungen über einen längeren Zeitraum können aber zwischen Kunde und Lieferant **Rahmenvereinbarungen** getroffen werden, nach denen der Abnehmer den Lieferzeitpunkt seinen Bedürfnissen entsprechend bestimmt. Auftragsbestätigungen sind dann überflüssig. Mit einem Lieferabruf informiert der Kunde dann den Lieferanten darüber, zu welchem Zeitpunkt welche Menge geliefert werden soll.

Die Risiken von Nachfrageschwankungen werden so auf die Lieferanten übertragen. Sie müssen die Lagerhaltung übernehmen, die dadurch beim Kunden entfällt oder wenigstens reduziert wird. Der Lieferabruf dient der **längerfristigen** Information des Lieferanten. Die Angaben sind i. d. R. wochen- oder monatsbezogen.

Lieferabruf

Neben dem Lieferabruf werden durch **Feinabrufe** die nächsten Lieferungen bestimmt. Diese zeitnahen, manchmal minutengenauen Bestellungen dienen der kurzfristigen Information des Lieferanten. Sie sind bindend und können üblicherweise nicht mehr geändert werden.

7.2 Materialwirtschaft und Lagerhaltung

7.2.1 Materialwirtschaft

7.2.1.1 Wareneingang

Gestaltung des Wareneingangs

Der Wareneingang muss technisch und organisatorisch gestaltet werden.
Zu den **technischen** Ausstattungen gehören:

▸ Anlieferungsstellen, z. B. Rampen,
▸ Einrichtungen zur Zwischenlagerung,
▸ Förder- und Transportsysteme, z. B. Krane und Gabelstapler,
▸ Prüf- und Messgeräte, z. B. Waagen und Labors,
▸ Möglichkeiten zur Abfallbeseitigung, z. B. Papiercontainer.

Die **organisatorischen** Maßnahmen umfassen:

▸ Integration in die Ablauforganisation, z. B. Festlegung der Transportwege,
▸ Aufgabenbeschreibungen und Kontrolle,
▸ Bearbeitung der Belege,
▸ Festlegung und Überwachung der Lagerzeiten.

Eingangsprüfung

Die Eingangsprüfung folgt grundsätzlich dem in Abbildung 7.19 dargestellten Ablauf.

Durch die Wareneingangsprüfung wird sichergestellt, dass die beschafften Produkte die festgelegten Anforderungen erfüllen. Sie gehört zu den Sorgfaltspflichten des Kaufmanns.

Untersuchungspflicht
bei Handelskauf

> Ist der Kauf für beide Teile ein Handelsgeschäft, so hat der Käufer die Ware unverzüglich ... zu untersuchen und, wenn sich ein Mangel zeigt, dem Verkäufer unverzüglich Anzeige zu machen. (§ 377 Abs. 1 HGB)

7.2.1.2 Beschaffungscontrolling

Das Beschaffungscontrolling soll sicherstellen, dass die wirtschaftlichen Beschaffungsziele erreicht werden. Es soll die

▸ Beschaffungskosten senken,
▸ Beschaffungsqualität erhöhen,
▸ Beschaffungszeit senken,
▸ Beschaffungsrisiken senken,
▸ Entscheidungsspielräume erhöhen,
▸ Abhängigkeit von den Lieferanten verringern.

Abb. 7.19

Wareneingangsprüfung

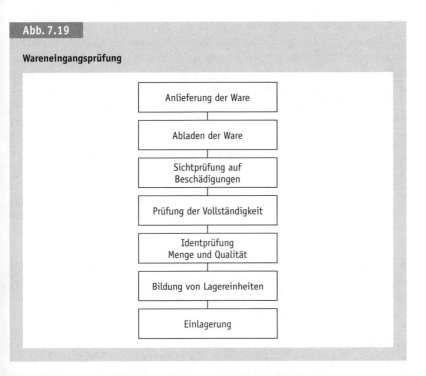

Anlieferung der Ware

Abladen der Ware

Sichtprüfung auf
Beschädigungen

Prüfung der Vollständigkeit

Identprüfung
Menge und Qualität

Bildung von Lagereinheiten

Einlagerung

Unmittelbar nach dem Materialeingang erfolgt eine **Belegprüfung**. Packlisten, Warenbegleitscheine, Lieferscheine und andere Papiere werden mit den Bestellunterlagen verglichen, um mögliche Fehler zu erkennen.

Prüfung der Liefer-
konditionen

An die Belegprüfung schließt sich die **Mengenprüfung** an. Durch Vergleich der gelieferten Mengen mit den Angaben in den Begleitpapieren und den bestellten Mengen zeigt sich, ob Über- oder Mindermengen geliefert worden sind.

Bei der **Zeitprüfung** erfolgt ein Abgleich zwischen dem bei der Bestellung vereinbarten Liefertermin und dem tatsächlichen Eingang. Die richtige Angabe und die Einhaltung des Liefertermins sind Voraussetzung für den reibungslosen Materialfluss im Unternehmen. Lieferungen vor dem Fälligkeitstermin führen zu überhöhten Lagerbeständen, spätere Lieferungen können zu Problemen bei der Produktion führen.

Durch die **Identprüfung** wird sichergestellt, dass die Lieferung mit dem Lieferschein und der Bestellung übereinstimmt. Ihre Gestaltung ist abhängig von der Art der Waren und ihrem Verwendungszweck. Typische Prüfkriterien sind:

▸ **Menge.** Gewicht, Anzahl, Sortierung.
▸ **Beschaffenheit.** Werkstoff, Farbe, Oberfläche.
▸ **Maßgenauigkeit.** Länge, Stärke, Einhaltung von Toleranzen.
▸ **Eigenschaften.** Chemische, physikalische, Altersbeständigkeit.
▸ **Einhaltung von Normen und Vorschriften.** DIN, VDI, VDE, TÜV.
▸ **Funktionsfähigkeit.**

Durch eine **Qualitätsprüfung** wird sichergestellt, dass nur solche Materialien eingelagert werden, die den spezifischen Qualitätsanforderungen entsprechen. Qualitativ ungeeignete Materialien können zu Schwierigkeiten bei der Produktion und zu Reklamationen der Kunden führen. Wenn eine lückenlose Qualitätsprüfung nicht möglich ist, kann sie durch eine Stichprobenuntersuchung ersetzt werden.

Prüfung der Lieferantenrechnung

Bei der **Rechnungsprüfung** erfolgt ein Vergleich der Lieferantenrechnung mit der Bestellung, der Auftragsbestätigung und dem Ergebnis der Eingangsprüfung unter sachlichen, preislichen und rechnerischen Aspekten.

Eine Rechnung muss folgende **Angaben** enthalten (vgl. § 14 Abs. 4 UStG):

1. den vollständigen Namen und die vollständige Anschrift des leistenden Unternehmers und des Leistungsempfängers,
2. die dem leistenden Unternehmer vom Finanzamt erteilte Steuernummer oder die ihm vom Bundeszentralamt für Steuern erteilte Umsatzsteuer-Identifikationsnummer,
3. das Ausstellungsdatum,
4. eine fortlaufende Nummer, die zur Identifizierung der Rechnung vom Rechnungsaussteller einmalig vergeben wird (Rechnungsnummer),
5. die Menge und die Art (handelsübliche Bezeichnung) der gelieferten Gegenstände oder den Umfang und die Art der sonstigen Leistung,
6. den Zeitpunkt der Lieferung oder sonstigen Leistung,
7. das Entgelt für die Lieferung oder sonstige Leistung,
8. den anzuwendenden Steuersatz sowie den auf das Entgelt entfallenden Steuerbetrag oder im Fall einer Steuerbefreiung einen Hinweis darauf, dass für die Lieferung oder sonstige Leistung eine Steuerbefreiung gilt und
9. in den Fällen des § 14 b Abs. 1 Satz 5 einen Hinweis auf die Aufbewahrungspflicht des Leistungsempfängers.

7.2.2 Lagerhaltung

> Läger sind Einrichtungen unterschiedlichster Art, in denen die Materialien aufbewahrt und verfügbar gehalten werden.

Eine optimale Lagerwirtschaft in einem Unternehmen setzt voraus, dass sie in den Produktionsprozess integriert ist. Läger entstehen durch eine gewollte oder ungewollte Unterbrechung des betrieblichen Materialflusses. Die Gründe dafür sind sehr unterschiedlich:

Lagerfunktionen

▸ Die **Ausgleichsfunktion** tritt ein, wenn die beschaffte Menge größer ist als die in der Produktion benötigte Menge. Solche Läger übernehmen eine Pufferfunktion und können damit Schwankungen des Marktes kompensieren.
▸ Die Ausgleichsfunktion wird durch die **Bereitstellungs-** oder **Sortimentsfunktion** ergänzt. Die Lagerhaltung trägt zu einer jederzeitigen Verfügbarkeit des Sortiments bei, weil eine eventuelle Differenz zwischen Beschaffung und Verkauf überbrückt wird.

▸ Die **Sicherungsfunktion** trägt zur Aufrechterhaltung der Produktion bei. Wenn die Informationen über zukünftige Bedarfe unsicher sind, sorgen Läger dafür, dass die notwendigen Materialien trotzdem zur Verfügung stehen. Das ist besonders dann wichtig, wenn Lieferengpässe oder saisonale Schwankungen eine kontinuierliche Beschaffung erschweren.

▸ Die **Größendegressionsfunktion** übernimmt das Lager, weil es größere Bestellmengen ermöglicht und durch Mengenrabatte die Kosten pro Einheit gesenkt werden können.

▸ Die **Veredelungsfunktion** übernimmt das Lager, wenn die Lagerung eine positive Veränderung des Produktes bewirkt und zu einem Teil des Produktionsprozesses wird. Beispiele: Wein, Käse, Schinken, Holz, Whisky.

▸ Die **Spekulationsfunktion** wird genutzt, wenn Preisschwankungen erwartet werden. Bei besonders niedrigen Preisen auf dem Beschaffungsmarkt kann der Aufbau eines Vorrates trotz der damit verbunden Kosten sinnvoll sein. Andererseits kann der Auf- oder Ausbau eines Lagers für Fertigprodukte infrage kommen, wenn mit steigenden Verkaufspreisen gerechnet wird.

▸ Lager übernehmen auch eine **Umweltschutzfunktion**. Beispiele: Rücknahme und Lagerung von Mehrwegverpackungen und Wertstoffen, Lagerung von Altprodukten zur Wieder- oder Weiterverwendung sowie sichere Lagerung von Gefahrstoffen.

Die unterschiedlichen Funktionen führen zu **Zielkonflikten** bei der Lagerhaltung. Die erwarteten Lieferzeiten werden tendenziell kürzer, die Anforderungen an die Lieferbereitschaft und die Flexibilisierung immer höher. Der Aufbau von Lägern erhöht aber zwangsläufig die Kapitalbindung der Unternehmen und führt zu sinkender Liquidität. Weitere Nachteile größerer Läger bestehen in dem Änderungsrisiko für Produkte, dem möglichen Verderb der Produkte und weiteren Kosten für die Lagerung und Verwaltung der Vorräte.

7.2.2.1 Lagerung

Lagerorganisation

Die Lagerhaltung erfordert einen Raum, ein Gebäude oder ein Areal, in dem Waren oder Güter aufbewahrt werden können. Abbildung 7.20 zeigt, dass Läger nach unterschiedlichen Kriterien organisiert werden können.

Für den täglichen Betriebsablauf ist die Ordnung im Lager entscheidend. Dem Lagergut kann ein fester Platz zugewiesen werden oder die Lagergüter können jeweils an einem gerade freien Platz untergebracht werden (vgl. Abbildung 7.21):

Lagerplatz

▸ Bei der **festen Lagerplatzzuordnung** werden die Materialien immer an einem bestimmten, dafür reservierten Platz gelagert. Der Vorteil liegt in der einfachen Einlagerung, dem leichten Überblick und dem sicheren Zugriff. Allerdings wird bei schwankenden Lagerbeständen ein Teil der Lagerkapazität nicht genutzt. Die schlechtere Auslastung verteuert die Lagerhaltung.

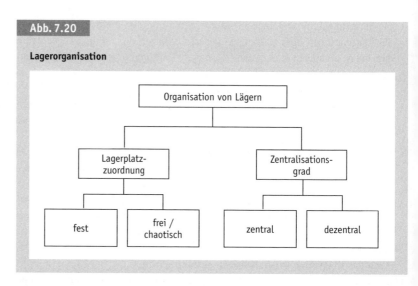

Abb. 7.20

Lagerorganisation

Organisation von Lägern
- Lagerplatzzuordnung
  - fest
  - frei / chaotisch
- Zentralisationsgrad
  - zentral
  - dezentral

Abb. 7.21

Vor- und Nachteile der Lagerplatzsysteme

Festplatzsystem		Freiplatzsystem	
Vorteile	**Nachteile**	**Vorteile**	**Nachteile**
Fester Lagerplatz.	Schlechte Nutzung der Lagerfläche.	Gute Ausnutzung der Lagerfläche.	
Kein Lagerplatz-Verwaltungssystem erforderlich.		Umschlagshäufigkeit kann berücksichtigt werden.	Lagerplatz-Verwaltungssystem erforderlich.
	Transportwege können nicht an die Umschlagshäufigkeit angepasst werden.	Kürzere Transportwege.	

▸ Bei der **freien Lagerplatzzuordnung** werden die Materialien an einem gerade freien Lagerplatz gelagert. Auf diese Weise ist eine sehr hohe Auslastung der Lagerkapazität möglich. Außerdem können Störungen leichter kompensiert werden, wenn gleichartige Materialien an verschiedenen Plätzen gelagert werden. Um den späteren sichern Zugriff auf die Lagerartikel zu gewährleisten, müssen jedoch die Lagerplätze genau dokumentiert werden.

Waren, die häufig umgeschlagen werden, sollten einen Lagerplatz mit kurzem Transportweg zugewiesen bekommen.

Die **zentrale Lagerhaltung** fasst alle Lagerhaltungsfunktionen und alle Lagergüter an einem Ort zusammen. Die Vorteile eines zentralen Lagers liegen in einer einfachen Organisation bei der Warenannahme, der Bestandsüberwachung und der

Abb. 7.22

Lagerarten

Lager	Beispiele für das Lagergut
Gasspeicher	Erdgas
Druckbehälter	Druckluft
Silo	Zement, Mehl, Futtermittel
Blocklager	Container
Hochregallager	Ersatzteile
Freilager	Yachten
Etagenlager	Gemälde, Mobiliar
Bodenlager	Stückgut in Behältern und Gitterboxen
Paternosterlager	Arzneimittel
Kühllager	Lebensmittel

Auslieferung. Andererseits werden die Transportwege länger, was zu Kosten und Risiken führt.

Bei einer **dezentralen Lagerhaltung** werden die Materialien auf verschiedene, oft regional diversifizierte Läger verteilt. Zwischenläger und Pufferläger in der Nähe der Kunden ermöglichen eine hohe Flexibilität bei gleichzeitig verbesserter Liefersicherheit. Die Dispositionen können spezifischer sein und die Transportwege werden verkürzt.

Die **Ausführung** der Läger (vgl. Abbildung 7.22) richtet sich nach den zu lagernden Materialien.

Lagertypen

Die zahlreichen Lagertypen können nach unterschiedlichen Gesichtspunkten eingeteilt werden. Kombinationen der jeweiligen Merkmale sind möglich und üblich.

▸ **Umfeldbezogene Läger** (vgl. Abbildung 7.23). Hauptläger beziehen die Lagergüter von Lieferanten außerhalb des Unternehmens oder geben die Lagergüter an Abnehmer außerhalb des Unternehmens ab. Nebenläger haben dagegen keine Kontakte zu externen Geschäftspartnern. Hilfsläger werden eingerichtet, wenn aus technischen Gründen (z. B. Brandgefahr) Güter nicht in den Haupt- oder Nebenlägern aufgenommen werden können.

▸ **Stufenbezogene Läger** (vgl. Abbildung 7.24). Während des Produktionsprozesses kann es notwendig werden, die Materialien mehrfach zu lagern.

– **Eingangsläger** dienen der Versorgung der Produktion. Sie stellen einen Puffer dar zwischen dem Beschaffungsrhythmus und dem Fertigungsrhythmus.

– **Werkstattläger** sind Läger zwischen verschiedenen Fertigungsstufen.

– Um Schwankungen beim Absatz aufzufangen, werden **Erzeugnisläger** eingerichtet.

Abb. 7.23

Umfeldbezogene Läger

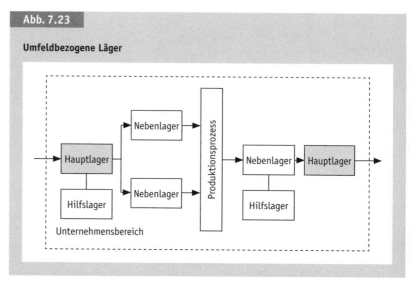

Abb. 7.24

Stufenbezogene Läger

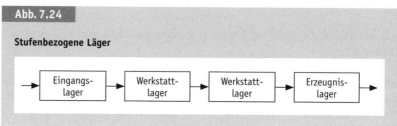

▸ **Standortbezogene Läger** (vgl. Abbildungen 7.25 bis 7.27) beeinflussen die Transportwege und den Grad der Lieferbereitschaft.
  – Aus einem **Zentrallager** werden mehrere Produktions- bzw. Verkaufsstellen bedient.
  – Bei **dezentralen Lagern** verfügt jede Produktions- bzw. Verkaufsstelle über ihr eigenes Lager.

▸ Ein sogenanntes **Eigenlager** wird vollständig von einem einzelnen Eigentümer betrieben, der es mit eigenen Angestellten verwaltet. So ist ein Zugriff jederzeit gewährleistet.

▸ Bei einem **Fremdlager** befindet sich nur das Lagergut im Eigentum des Einlagerers, das Lager selbst gehört einem logistischen Dienstleister. Die Lagerkosten können dadurch niedriger sein, weil nur die tatsächlich genutzte Fläche bezahlt werden muss. Eine Fremdlagerung ist oft sinnvoll, wenn die Güter eine spezielle Art der Lagerung erfordern.

▸ Ein **Konsignationslager** (vgl. Abbildung 7.28) befindet sich im Unternehmen des Abnehmers, die Ware verbleibt aber im Eigentum des Lieferanten, bis der Kunde sie aus dem Lager entnimmt. Erst dann findet die Lieferung statt.

Abb. 7.25

Zentrallager

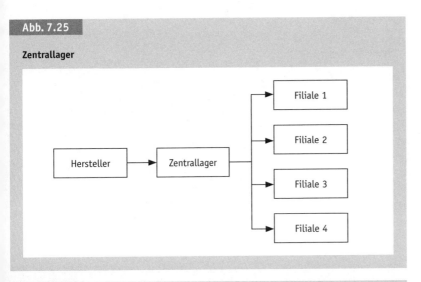

Abb. 7.26

Vor- und Nachteile von Zentrallagern

Vorteile	Nachteile
In Summe geringere Lagermindestbestände.	Längere Zustellwege.
Günstigere Raumausnutzung.	Längere Zeiten zwischen Bedarfs-anforderung und Zustellung.
Geringerer Verwaltungsaufwand.	Höherer Bestellaufwand.
Bessere Nutzung der Lagereinrichtung.	
Einfachere Inventur.	
Besondere technische und organisatorische Anforderungen können berücksichtigt werden.	

▸ Bei einem **Kommissionslager** ist der Lagerhalter Kommissionär. Die Ware wird ihm vom Eigentümer für den Verkauf zur Verfügung gestellt. Der Kommissionär erhält von dem Eigentümer der Waren eine Provision, wenn er sie verkauft hat.

Lagereinrichtungen

Wenn die eingelagerten Güter in besonderer Weise oder unter besonderen Bedingungen gelagert werden müssen, sind die Läger entsprechend einzurichten und auszustatten.

▸ **Geschlossene Läger** innerhalb eines Gebäudes werden eingerichtet:
- für besonders empfindliche Lagergüter, z. B. Lagerung von Explosionsstoffen,
- wenn das Lagergut besonders wertvoll ist, z. B. Edelsteine,
- bei temperaturempfindlichen Gütern, z. B. Frischfleisch,
- wenn eine Gefahr von dem Lagergut ausgeht, z. B. bei lebenden Tieren.

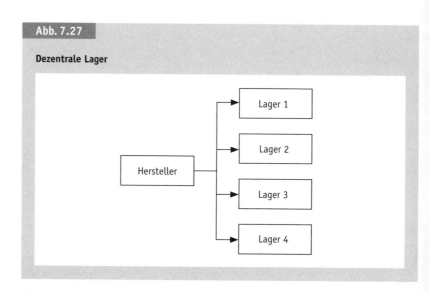

Abb. 7.27

Dezentrale Lager

Abb. 7.28

Vor- und Nachteile von Konsignationslagern

Konsignationslager	
Vorteile für den Abnehmer	**Nachteile für den Abnehmer**
Höchste Lieferbereitschaft	Zusätzlicher Raumbedarf
Geringer Abwicklungsaufwand	Bindung an einen Lieferanten
Geringe Kapitalbindung	

▸ **Offene Läger** unter freiem Himmel eignen sich nur für wetterunempfindliches Lagergut. Beispiele: Steine, Bodenplatten, Gerüstelemente, Autos, einheimische Pflanzen.

Lagerverwaltung und -steuerung

Lagerkennzahlen

Die Lagerverwaltung soll zuverlässig und kostengünstig die Einlagerung und die Entnahme bewältigen. Um die jederzeitige Kontrolle zu gewährleisten, müssen die Lagerbewegungen dazu lückenlos erfasst werden. **Lagerkennzahlen** unterstützen die notwendigen Entscheidungen:

$$\text{Durchschnittlicher Lagerbestand} = \frac{\text{Anfangsbestand} + 12 \text{ Monatsbestände}}{13}$$

$$\text{Durchschnittliche Lagerdauer} = \frac{360 \times \text{durchschnittlicher Lagerbestand}}{\text{Jahresverbrauch}}$$

$$\text{Lagerumschlaghäufigkeit} = \frac{\text{Periodenverbrauch}}{\text{durchschnittlicher Lagerbestand}}$$

Wird die Umschlagshäufigkeit erhöht, verkürzt sich die Lagerdauer. Dadurch sinken die Lagerkosten und die Kapitalbindung.

$$\text{Lieferservicegrad} = \frac{\text{sofort ausgelieferte Menge}}{\text{insgesamt nachgefragte Menge}}$$

Ein hoher Lieferservicegrad führt zu hohen Lagerkosten, sichert aber die Lieferbereitschaft.

Sicherheitsbestand = Durchschnittlicher Verbrauch je Periode × Beschaffungsdauer

Der Sicherheitsbestand soll die Lieferbereitschaft auch bei Störungen garantieren.

7.2.2.2 Kommissionierung

Die Kommissionierung ist das Zusammenstellen von verschiedenen Lagerartikeln aufgrund einer Bestellung. Zwei Formen sind möglich:

Mann zu Ware	Die Zusammenstellung des Auftrags erfolgt an den Lagerplätzen. Die Mitarbeiter holen die Waren an den verschiedenen Lagerplätzen ab. Aufträge mit hoher Priorität können vorgezogen werden.
Ware zum Mann	Die Waren zu einem Auftrag werden automatisch zu einem Entnahmepunkt gebracht. Die Aufträge werden in einer Warteschlange abgearbeitet.

Zur rationellen Durchführung einer Kommissionierung können Maschinen eingesetzt werden.

7.3 Wertschöpfungskette

Die Wertschöpfungskette (Value Chain) umfasst die zusammenhängenden und geordneten Stufen der Produktion von der Rohstoffgewinnung über die Produktion bis zum Absatz. Sie beschreibt den Prozess, den ein Produkt oder eine Dienstleistung vom Ausgangsmaterial bis zur Verwendung durch den Verbraucher durchläuft.

Verbindung der Produktionsstufen

7.3.1 Fertigungsprinzipien

7.3.1.1 Werkstattfertigung

Bei der Werkstattfertigung (vgl. Abbildungen 7.29 und 7.30) werden gleichartige Tätigkeiten nach dem Verrichtungsprinzip an einem gemeinsamen Ort zusammengefasst, der »Werkstatt« genannt wird. Der Weg der Produkte im Produktionsprozess durchläuft in sinnvoller Reihenfolge die Werkstätten, was zu einem komplexen Materialfluss führt. Die Bearbeitung ist unabhängig davon, für welche Produkte

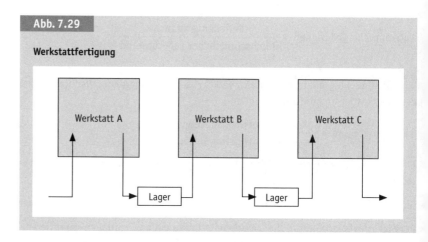

Abb. 7.29

Werkstattfertigung

Abb. 7.30

Vor- und Nachteile der Werkstattfertigung

Vorteile	Nachteile
Hohe Auslastung der Maschinen.	Hohe Materialflusskosten.
Gleichzeitige Bearbeitung von Teilmengen möglich.	Lange Wartezeiten.
Hohe Flexibilität.	Ungleichmäßige Kapazitätsauslastung der Bearbeitungsplätze führt zu geringer Produktivität.
Niedrige Fixkosten.	Hoher Planungs- und Kontrollaufwand.
Kleine Losgrößen möglich.	

oder an welcher Stelle im Produktentstehungsprozess die Tätigkeit benötigt wird. Beispiele dafür: Schreinerei, Lackiererei, Schlosserei, Dreherei.

7.3.1.2 Fertigungsinseln

Kombination von Werkstatt- und Fließfertigung

Die Kombination von Werkstatt- und Fließfertigung ist die **Gruppenfertigung** in einer Produktionsinsel. Wie in einer Werkstatt werden die Betriebsmittel, die zur Fertigung ähnlicher Produkte benötigt werden, räumlich zusammengefasst. Ein Produkt oder eine Baugruppe werden innerhalb der Produktionsinsel selbstständig und autonom angefertigt.

Nach dem Prinzip der Gruppenarbeit erfolgt in den Fertigungsinseln eine dezentrale, eigenständige Steuerung des Produktionsprozesses, die auch Arbeits- und Terminplanung, Qualitätskontrolle sowie Instandhaltung der Maschinen und Anlagen einschließt. Innerhalb der Vorgaben bestimmt die Gruppe selbst das Tempo der Arbeit, ihre Arbeitsteilung und manchmal auch die Entlohnung. Auf diese Weise

Abb. 7.31

Fließfertigung

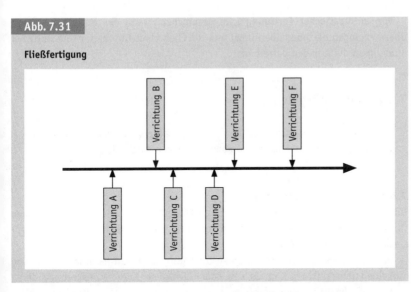

Abb. 7.32

Vor- und Nachteile der Fließfertigung

Vorteile	Nachteile
Kurze Durchlaufzeiten	Hoher Kapitalbedarf
Keine Zwischenläger	Hohe Fixkosten
Einfache Terminplanung	Geringe Flexibilität
Einfache Bedarfsermittlung	Sehr langfristige Investitionen

sollen die Kosten- und Produktivitätsvorteile der Fließfertigung mit der hohen Flexibilität der Werkstattfertigung verbunden werden.

7.3.1.3 Fließfertigung

Bei der Fließfertigung (vgl. Abbildungen 7.31 und 7.32) sind die Betriebsmittel nach dem technisch vorgegebenen Produktionsablauf angeordnet. Die Arbeitsgänge sind zeitlich vorbestimmt, ein vorgeschriebener Takt muss eingehalten werden. Ein kontinuierlicher Produktionsprozess wird erreicht, wenn das Produkt von Arbeitsgang zu Arbeitsgang automatisch weiterbefördert wird. Die Bearbeitungsstellen sind hoch spezialisiert, die Arbeitskräfte führen in der Regel nur wenige Handgriffe durch und überwachen die Maschinen.

Die **verfahrenstechnische Fließfertigung** ist eine Sonderform der Fließfertigung. In einem automatischen und kontinuierlichen Arbeitsprozess werden dabei flüssige Werkstoffe verarbeitet. Beispiel: Chemieindustrie, Papierherstellung.

Betriebsmittel nach technisch vorgegebenem Produktionsablauf angeordnet

Von **automatischer Fertigung** wird gesprochen, wenn der Mensch nur noch Überwachungsfunktionen übernimmt und von Fließarbeitstätigkeiten und zeitlicher Bindung an die Anlagen befreit ist.

7.3.2 Transportsysteme

Transportmittel sind technische Einrichtungen, mit denen das Transportieren, Umschlagen, Stapeln, Lagern und Kommissionieren durchgeführt werden kann.

7.3.2.1 Interne Transportmittel

Fördermittel

Innerbetriebliche Transportmittel werden als **Fördermittel** bezeichnet. Dabei werden flurfreie und flurgebundene Stetigförderer sowie flurfreie und flurgebundene Unstetigförderer unterschieden:

▸ Bei **flurfreien** Fördermitteln werden Stückgüter hängend befördert, sie haben keinen unmittelbaren Kontakt zum Boden. Beispiele: Krane, Kreiskettenförderer, Elektrohängebahn, Hängeförderer.

▸ **Flurgebundene** Fördermittel stützen sich auf dem Boden ab. Sie benötigen keine tragfähige Deckenkonstruktion, aber Hallen- oder Freiflächen. Beispiele: Schlepper, Rollenbahn, Laufkran, Gabelstapler.

▸ **Stetigförderer** ermöglichen einen kontinuierlichen Materialfluss und arbeiten während eines längeren Zeitraumes. Die Be- und Entladung erfolgt während des Betriebes, deshalb sind sie mit ortsfesten Einrichtungen wie Schienen, Ständern usw. verbunden. Diese Fördertechnik wird bei einer großen Transportmenge und bei festgelegten Wegen eingesetzt. Beispiele: Angetriebene Rollenbahn, Rutsche, Förderband, Schwerkraftförderer, Paternoster.

▸ Bei **Unstetigförderern** wird der Fördergutstrom unterbrochen. Kleine bis mittlere Mengen können auf unterschiedlichen Wegstrecken transportiert werden. Typisch ist ein Wechsel von Last- und Leerfahrten. Die Be- und Entladung erfolgt während des Stillstandes. Beispiele: Regalbediengerät, Gabelstapler, Portalkran, Hängebahn.

7.3.2.2 Externe Transportmittel

Fünf Verkehrsträger

Bei der Wahl des Verkehrsträgers für Transporte außerhalb des Unternehmens (vgl. Abbildung 7.33) sind nicht allein Kostengesichtspunkte entscheidend, in vielen Fällen sind Restriktionen unterschiedlicher Art zu berücksichtigen. Grundsätzlich lassen sich im Transportbereich fünf Verkehrsträger unterscheiden. Im Einzelfall können bei einem kombinierten Verkehr die jeweiligen Vorteile genutzt und die Nachteile vermieden werden.

Abb. 7.33

Verkehrsträger

	Vorteile	Nachteile
Straßenverkehr	▸ Tür-zu-Tür-Lieferungen möglich, ▸ für Nahverkehr geeignet, ▸ Freiheit bei der Routenwahl, ▸ einfache logistische Handhabung, ▸ Anpassung der Fahrzeuge an die speziellen Bedürfnisse möglich, ▸ schonende Behandlung der Transportgüter, ▸ hohe Flexibilität, ▸ kostengünstig.	▸ Anfällig bei Verkehrsbehinderungen, ▸ trägt zur Verkehrsüberlastung bei ▸ hohe Unfallgefahr, ▸ hohe Umweltbelastung, ▸ beschränktes Transportvolumen, ▸ Einschränkung durch Sperrzeiten.
Schienenverkehr	▸ Sicher, ▸ zuverlässig, ▸ umweltschonend, ▸ hohe Beförderungskapazität, ▸ für Güter jeder Art geeignet.	▸ teuer, ▸ hohe Lärmbelastung, ▸ Netzanschluss erforderlich.
Binnenwasserstraßen	▸ hohe Transportkapazität, ▸ kostengünstig, ▸ umweltschonend, ▸ sicher, ▸ niedriger Energieverbrauch, ▸ prädestiniert für Container und Schüttgut, ▸ entlastet den Straßenverkehr.	▸ lange Transportdauer, ▸ Manövrierfähigkeit beschränkt, ▸ auf Flüsse oder Kanäle beschränkt.
Seeschifffahrt	▸ sehr hohes Transportvolumen, ▸ kostengünstig, ▸ umweltfreundlich, ▸ sicher.	▸ lange Transportdauer, ▸ keine exakten Zeitpläne, ▸ hohe Kapitalbindung, ▸ an entsprechend ausgerüstete Häfen gebunden.
Luftverkehr	▸ kurze Beförderungszeiten, ▸ flexibel, ▸ Streckennetz und Kapazität können einfach angepasst werden, ▸ geringe Wartezeiten, ▸ Lieferung termingerecht.	▸ hohe Kosten, ▸ hohe Schadstoffemissionen, ▸ Lärmbelastung, ▸ Zubringerverkehr erforderlich, ▸ nicht für alle Güter geeignet.

7.3.3 Verpackung

> Eine Verpackung ist die Umhüllung eines Produktes, die möglichst ohne größeren Aufwand wieder entfernt werden kann.

Im Rahmen der Logistik übernimmt die Verpackung folgende Funktionen:

Funktionen von
Verpackung

- **Schutzfunktion.** Die Verpackung schützt vor Umwelteinflüssen, Beschädigungen und Verunreinigung. Bei manchen Produkten dient die Verpackung auch zur Konservierung, andere, z. B. Lebensmittel, können ohne Verpackung nicht gelagert oder verteilt werden. Umgekehrt schützt sie auch die Transporteure vor Verletzungen bei scharfkantigen oder spitzen Gegenständen und vor anderen Gefahren, die von dem Transportgut ausgehen können. Durch Schlösser, Versiegelung und ähnliche Maßnahmen kann ein Schutz vor Manipulation und Diebstahl erreicht werden.
- **Lagerfunktion.** Die Verpackung erleichtert die Lagerung, wenn sie stapelfähig ist und den Beanspruchungen durch die technischen Hilfsmittel (z. B. Gabelstapler, Rollenbahnen) widerstehen kann. Die Maße der Verpackung und der Läger sollen aufeinander abgestimmt sein. Genormte Verpackungen führen in der Regel zu einem geringeren Raumbedarf auf den Transportmitteln. Durch Normung können die Maße der Kartons, Paletten, Boxen usw. auf die Maße der Transportmittel abgestimmt werden.
- **Transportfunktion.** Die Verpackung macht ein Gut erst transportfähig oder vereinfacht seinen Transport. Die Form der Verpackung unterstützt die Ausnutzung des Lagerraumes.
- **Manipulationsfunktion.** Die Verpackung unterstützt die Ein- und Umlagerung und die Auslieferung. Mithilfe einer geeigneten Verpackung lässt sich Ware leichter, sicherer und schneller bewegen. Umverpackungen erleichtern die manuelle Handhabung oder den Einsatz von Transportmitteln durch Grifflöcher, Schnüre o. Ä.
- **Informationsfunktion.** Die Verpackungen sollen so gekennzeichnet sein, dass ihr Inhalt leicht zu identifizieren ist. Bilder und Zeichen können auf besonders empfindliche, zerbrechliche und verderbliche Inhalte hinweisen. Barcodes oder RIFID-Etiketten ermöglichen eine weitgehende Automatisierung des Lagerprozesses.

7.3.4 Warenausgang

In der Auftragsbearbeitung werden die Auftragsdaten vom Eingang bis zur fertigen Auslieferung verwaltet. Die Aufträge sollen fehlerfrei und pünktlich ausgeführt werden. Abbildung 7.34 zeigt die notwendigen Arbeitsschritte.

Aufträge, die abschließend bearbeitet sind, werden zur Auslieferung bereitgestellt. Die Versandkapazitäten müssen auf den vorgesehenen Liefertermin disponiert werden, damit die erforderlichen Transportmittel zur Verfügung stehen. Gegebenenfalls sind Lieferanweisungen und Wünsche des Kunden zu berücksichtigen.

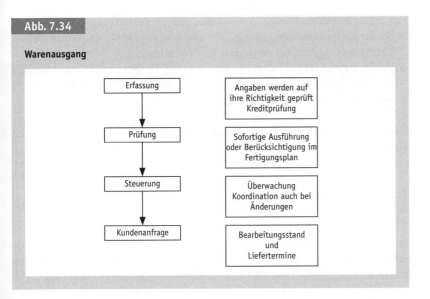

Abb. 7.34

Warenausgang

Durch die Freigabe zum Versand werden Lageraktivitäten ausgelöst. Freigewordene Lagerplätze können neu disponiert werden, gegebenenfalls müssen bei Erreichen von Bestellpunkten fehlende Mengen ergänzt werden.

7.3.5 Verladung

Zum Auf-, Ab-, Um- oder Entladen von Gütern auf oder von Transportmitteln stehen Einrichtungen wie Rampen, Kaianlagen, Verladebrücken und andere z. T. spezielle Einrichtungen zur Verfügung. Eine besondere Bedeutung kommt dabei der Sicherung der Ladung zu.

▸ Durch mangelhafte Ladungssicherung kann es beim Transport zu Beschädigungen kommen.
▸ Die Verteilung der Lasten wirkt sich auf das Fahr- bzw. Flugverhalten aus.
▸ Eine Bewegung der Lasten während des Transportes kann zu Unfällen führen.

Gesetzliche Bestimmungen, VDI-Richtlinien, DIN EN-Normen und Berufsgenossenschaftliche Regelungen bestimmen, welche Maßnahmen zur Ladungssicherung durchgeführt werden müssen.

Maßnahmen zur Ladungssicherung

Soweit sich aus den Umständen oder der Verkehrssitte nicht etwas anderes ergibt, hat der Absender das Gut beförderungssicher zu laden, zu stauen und zu befestigen (verladen) sowie zu entladen. Der Frachtführer hat für die betriebssichere Verladung zu sorgen. (§ 412 Abs. 1 HGB)

Ladensicherung

Man unterscheidet grundlegend zwei unterschiedliche Arten der Ladungssicherung:

▸ Bei der **kraftschlüssigen Ladungssicherung** wird die Ladung mit Gurten auf der Ladefläche befestigt, um ein Verrutschen zu verhindern.

▸ Bei der **formschlüssigen Ladungssicherung** wird die Ladung möglichst lückenlos und bündig verladen. Voraussetzung ist ein stabiler Fahrzeugaufbau, der die auftretenden Kräfte aufnehmen kann.

Diese beiden Arten der Ladungssicherung können auch miteinander kombiniert werden.

7.3.6 Entsorgung

Notwendigkeit der Entsorgung

Da in der Regel nicht alle eingesetzten Roh-, Hilfs- und Betriebsstoffe vollständig verbraucht werden, wird der materialwirtschaftliche Prozess durch die Materialentsorgung abgeschlossen (vgl. Abbildung 7.35). Dazu gehören alle Maßnahmen zur Vermeidung, Verwertung oder Beseitigung des überschüssigen Materials.

Abbildung 7.36 gibt einen Überblick über typische Maßnahmen zur Materialentsorgung.

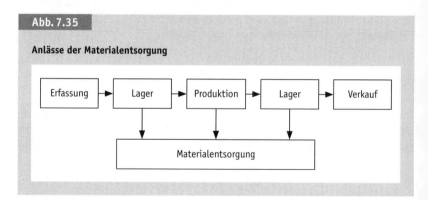

Abb. 7.35

Anlässe der Materialentsorgung

Erfassung → Lager → Produktion → Lager → Verkauf

Materialentsorgung

Abb. 7.36

Maßnahmen der Materialentsorgung

Erfassen	Bearbeiten	Verwerten
Sammeln	Aufbereiten	Wiederverwendung
Transportieren	Sichern	Verkauf
Aussortieren	Umformen	Beseitigung
Gefährlichkeit prüfen	Regenerieren	
Umweltverträglichkeit feststellen		

Abb. 7.37

Abfallwirtschaft

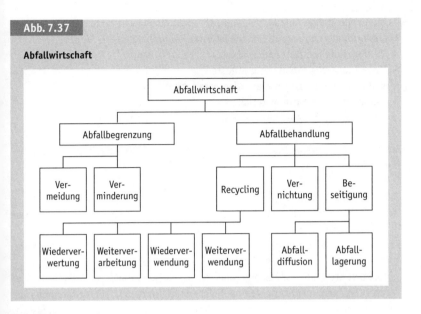

Beispiel

Zur Isolierung in Autotüren werden Naturprodukte wie Hanf und Flachs eingesetzt, die nach Gebrauch problemlos entsorgt werden können. In der Automobilindustrie werden nach dem Recycling der Altfahrzeuge einzelne Komponenten an die Zulieferer zurückgegeben, damit sie wiederverwertet oder fachgerecht entsorgt werden können.

Die Abfallwirtschaft (vgl. Abbildung 7.37) beschäftigt sich mit der Abfallbegrenzung und der Abfallbehandlung. Das gesteigerte Bewusstsein über den Wert begrenzt vorhandener Rohstoffe führt zu der Notwendigkeit, möglichst schadstoffarme und umweltschonende Materialien einzusetzen.

7.3.6.1 Abfallvermeidung

Abfallvermeidung ist die konsequenteste Art der Ressourcenschonung. Dazu muss dieses Ziel in die Unternehmenskultur integriert werden und schon bei den Planungen auf jeder Stufe des Produktionsprozesses berücksichtigt werden. Eine umweltorientierte Materialwirtschaft wird bestrebt sein, möglichst schadstoffarme und umweltschonende Werkstoffe zu verwenden und die Fertigungsverfahren und die Distributionsprozesse entsprechend auszurichten:

Ziel: Ressourcenschonung

▸ Materialauswahl unter den Aspekten von Recyclingfähigkeit und Umweltverträglichkeit,
▸ Zusammenarbeit mit den Lieferanten, um die Menge der Abfallstoffe zu verringern,
▸ Vermeidung von Materialmischungen bei der Konstruktion,
▸ Wahl abfallarmer Produktionsverfahren,
▸ umweltfreundliche Transportlösungen.

Da eine vollständige Abfallvermeidung oft nicht möglich ist, wird mindestens eine **Abfallverminderung** angestrebt. Sie ist erreichbar durch:

▸ Verringerung des Materialeinsatzes,
▸ Vermeidung von Produktionsverlusten,
▸ Verlängerung der Lebensdauer der Materialien,
▸ Mehrfachnutzung von Materialien,
▸ Verbesserung der Wartungsfreundlichkeit.

Zusätzlich sollen die – wenigen – Abfälle über ein hohes Recyclingpotenzial verfügen.

7.3.6.2 Abfallbehandlung

Recycling

Wenn Abfallstoffe nach einer Aufbereitung dem ursprünglichen oder einem neuen Produktionsprozess als Rohstoff wieder zugeführt werden können, entsteht ein Kreislauf, der **Recycling** genannt wird. Dadurch werden nicht nur Beschaffungskosten gespart, sondern auch Entsorgungskosten vermieden.

Nicht verwertbare Abfallstoffe und eventuelle Rückstände aus der teilweisen Verwertung müssen entsorgt werden. Solche Stoffe werden in Müllverbrennungsanlagen vernichtet. Bei der **thermischen Verwertung** wird ein Teil der Abfallstoffe durch Verbrennung in Energie umgewandelt, die wieder für den Produktionsprozess genutzt werden kann.

Die Unternehmen sind bei der Wahl der Entsorgungsmethoden nicht frei, sie müssen zahlreiche Gesetze und Vorschriften beachten. Wichtige sind

▸ das Bundesimmissionsschutzgesetz (BImSchG),
▸ die Technische Anleitung zur Reinhaltung der Luft (TA Luft),
▸ das Gesetz zur Förderung der Kreislaufwirtschaft und Sicherung der umweltverträglichen Beseitigung von Abfällen (KrW/AbfG),
▸ die Verpackungsverordnung (VerpackV).

Bei der **Wiederverwertung** wird ein Stoff in dem gleichen, bereits einmal durchlaufenen Produktionsprozess mehrfach eingesetzt. Dazwischen kann eine Aufbereitung notwendig sein. Die Kreislaufwirtschaft versucht, durch intelligente Nutzungen Stoffe und Energie möglichst lange sinnvoll zu verwenden.

Beispiele

Durch Aufbereitung kann Wasser im gleichen Produktionsprozess mehrfach eingesetzt werden.
Einschmelzen von Schrott zur Stahlproduktion.
Verwendung von Altpapier bei der Papiererzeugung.

Bei der **Weiterverarbeitung** werden Produktionsrückstände in einem anderen Produktionsprozess eingesetzt, für den sie ursprünglich nicht vorgesehen waren. Rest- und Abfallstoffe stellen eine wichtige Rohstoffbasis dar.

Beispiele

In der Automobilindustrie werden Reste aus der Gestaltung des Innenraumes an Mode- und Möbelunternehmen verkauft.

Abfälle können als Brennstoff bei der energieintensiven Zementherstellung genutzt werden.

Einsatz von Altglas im Straßenbau.

Verarbeitung von Fischabfällen zu Tiernahrung.

Bei der **Wiederverwendung** wird ein bereits eingesetztes Produkt für einen gleichen oder ähnlichen Zweck wiederholt benutzt. Gegebenenfalls ist dazu vorher eine Zwischenbehandlung notwendig.

Beispiele

Mehrwegflaschen sparen Abfall und Energie.

Asphalt kann vollständig wiederverwendet werden.

Ein Pkw-Motor kann durch einen Austauschmotor ersetzt werden.

Als **Weiterverwendung** wird die Verwendung eines Produktes für einen anderen als den ursprünglichen Zweck bezeichnet. Der Einsatz entspricht also nicht der Erstverwendung.

Beispiele

Altreifen werden eingesetzt als Fender in Häfen, als Schaukeln auf Spielplätzen, zu Hangbefestigungen, zur Untergrundstabilisierung im Wegebau, als Drainageschicht und im Küstenschutz.

Ein altes T-Shirt wird als Putzlappen benutzt.

Ein Motor aus einem Schrottauto wird in ein Boot eingebaut.

Wenn Abfall weder recycling- noch deponiefähig ist, muss eine **Abfallvernichtung** erfolgen. Je nach Ausgangsstoff kommen chemische, physikalische, biologische oder thermische Verfahren infrage.

Fehlende Möglichkeiten für Recycling

Die geordnete **Abfalllagerung** erfolgt auf einer Deponie. Aufgrund des Kreislaufwirtschafts- und Abfallgesetzes darf es sich dabei ausschließlich um Abfälle handeln, die nicht vermeidbar und nicht weiter verwertbar sind. Die Deponien müssen nach dem neuesten technischen Standard errichtet und betrieben werden.

Als **Abfalldiffusion** wird die Verteilung von Abfallstoffen in der Natur bezeichnet. Beispiel: CO_2-Ausstoß bei Kraftfahrzeugen.

7.4 Aspekte der Rationalisierung

Bei Rationalisierung werden eingeführte Verfahren verändert, um durch bessere Nutzung vorhandener Möglichkeiten oder Substitution menschlicher Arbeitskraft durch Maschinen eine Effizienzsteigerung zu erreichen.

Ziele der Rationalisierung

Die Maßnahmen sollen:
▸ einen höheren Output mit demselben Input erreichen oder
▸ den gleichen Output mit geringerem Input erzielen.

Die Rationalisierung umfasst also die Gesamtheit aller Maßnahmen, die zu einer kostengünstigeren Produktion führen. Sie führt vielfach zur Mechanisierung und Automatisierung des Produktionsprozesses, ist aber oft auch mit dem Verlust von Arbeitsplätzen verbunden.

7.4.1 Optimierung des Produktportfolios

Die Gesamtheit aller von einem Unternehmen angebotenen Produkte wird als Sortiment oder Produktportfolio bezeichnet.

Entscheidungen und Maßnahmen, die sich auf eine Zusammensetzung des Leistungsprogramms beziehen, werden als Produktpolitik bezeichnet. In einer dynamischen Umwelt soll das Verhältnis zu Verbrauchern, Lieferanten und Mitbewerbern so beeinflusst werden, dass der Absatz gesichert oder gesteigert werden kann. Bei der Zusammensetzung des Angebotes spielen dann die Ausstattung mit Betriebsmitteln und die erwartete Marktentwicklung die wesentliche Rolle.

Abbildung 7.38 zeigt eine Boston-Box, mit der die erwartete Entwicklung und die aktuelle Marktsituation für ein Produktportfolio dargestellt werden kann.

Marktanteil und Marktwachstum

Die Profitabilität eines Produktes wird bestimmt von seinem Marktanteil und dem Marktwachstum. Beide können sich im Laufe des Produktlebenszyklus ändern.
▸ **Nachwuchsprodukte** verzeichnen ein hohes Wachstum, aber nur einen niedrigen Marktanteil. Sie besitzen zwar ein großes Wachstumspotenzial, binden aber auch Investitionen. Typisch handelt es sich dabei um Produktneueinführungen. Über die weitere Entwicklung dieser Produkte muss noch entschieden werden.
▸ Erfolgreich entwickelte Nachwuchsprodukte werden zu **Stars**. In der Wachstumsphase besteht trotz des hohen Marktanteils noch ein erhebliches Potenzial. Produkte in dieser Kategorie werden in Zukunft wesentlich zur Erwirtschaftung des Cashflows beitragen. Weitere Investitionen sind erforderlich.
▸ In der Reifephase sind keine oder nur geringe Investitionen erforderlich, aber die Produkte liefern noch immer gute Erträge. Diese **Cash Cows** tragen wesentlich zum aktuellen Cashflow bei und übernehmen dadurch eine wichtige Finanzierungsfunktion. Wegen des niedrigen Wachstums sind nur noch geringe Investitionen erforderlich.

Abb. 7.38

Boston-Box

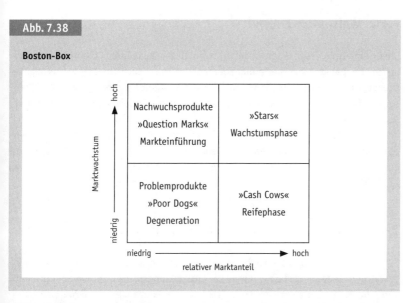

Abb. 7.39

Maßnahmen zur Optimierung des Produktportfolios

Produktpolitische Maßnahme	Beschreibung
Produktinnovation	Einführung eines neuen Produktes.
Produktvariation	Modifikation eines bereits angebotenen Produktes.
Produktdifferenzierung	Ein bereits angebotenes Produkt wird durch eine neue Variante ergänzt.
Produkteliminierung	Ein Produkt wird vom Markt genommen.
Diversifikation	Aufnahme neuer Produkte, die mit dem bisherigen in Beziehung stehen.

▶ Die Degenerationsphase eines Produktes ist gekennzeichnet durch abnehmende Marktanteile. Trotz eines möglicherweise noch erheblichen Umsatzanteils ergibt sich nur noch ein geringer Cashflow. Grundsätzlich können sich alle Produkte zu **Dogs** entwickeln. Oft besteht nach ehemaligen Cash Cows noch eine stabile Nachfrage über einen längeren Zeitraum.

Die Abbildung 7.39 zeigt die grundsätzlich möglichen produktpolitischen Maßnahmen.

7.4.2 Weltweiter Einkauf

Die Optimierung des Einkaufs bedeutet mehr als das Aushandeln niedriger Einkaufspreise. Im Rahmen des **Liefermanagements** müssen auch Qualitätssicherung betrieben und Liefersicherheit garantiert werden. Global Sourcing kann ein Wettbewerbsfaktor sein, weil erhebliche Einspareffekte erzielt werden können (vgl. Abbildung 7.40).

Interessante ausländische Lieferanten bieten zum Teil signifikante Kostenvorteile, denen allerdings Risiken besonders bei der Produktqualität und der Versorgungssicherheit gegenüberstehen. Die geographischen Distanzen und die erhöhten Anforderungen an die Logistik stellen Herausforderungen dar.

7.4.3 Prozesse auf Verschwendung überprüfen

Produktplanung vermeidet
Materialverschwendung

Ein wesentlicher Teil des Ausschusses an Material entsteht aufgrund der Produktgestaltung. Deshalb wird sie während der Entwicklungsphasen permanent optimiert. Typische Methoden dazu sind QFD, FMEA, Fehlerbaumanalyse und Wertstromanalyse.

Quality Function Deployment

Die Methode des **Quality Function Deployment** (QFD) soll vor allem sicherstellen, dass Produkte und Dienstleistungen hergestellt und verkauft werden, die der Kunde wirklich wünscht. Die Festlegung der angestrebten Produktmerkmale durch die Entwicklung und die anschließende Auswahl der Produktionsmittel, -methoden und der Kontrollmechanismen soll ausschließlich von den Anforderungen der zukünftigen Kunden bestimmt werden.

Abb. 7.40

Vor- und Nachteile des Global Sourcing

Vorteile	Nachteile
Abhängigkeiten werden geringer.	Hoher Informationsbedarf.
Bezug von Ressourcen, die sonst nicht verfügbar wären.	Hoher Koordinations- und Logistikaufwand.
Bezug von Ressourcen, die sonst sehr teuer wären.	Risiken durch Wechselkursschwankungen und Handelshemmnisse.
Nutzen von Spezialisierungen einzelner Anbieter.	Transportkosten, Zölle und andere Kosten verteuern den Einkauf.
Ausnutzung von Konjunktur-, Wachstums- und Inflationsunterschieden.	Mögliche lange Lieferzeiten.
Wettbewerb im Inland steigt, dadurch tendenziell günstigere Preise.	Unklare Rechtslagen in anderen Rechtssystemen.

Dadurch entsteht eine nach Kundenprioritäten ermittelte Produktplanung. Zur Auswertung und Dokumentation dient das »**House of Quality**«, in dem verschiedene Bewertungstabellen und Listen zu einer QFD-Matrix (vgl. Abbildungen 7.41 und 7.42) zusammenfasst werden. So werden Wechselwirkungen auch bei komplexen Zusammenhängen erkennbar.

Abb. 7.41

House of Quality (vereinfachtes Beispiel)

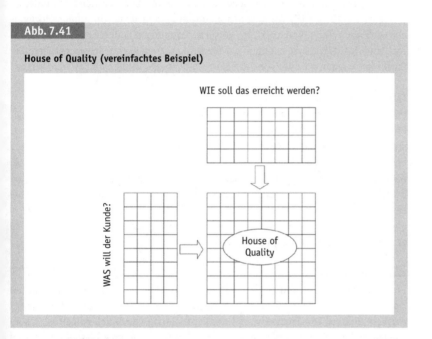

Abb. 7.42

Vor- und Nachteile von QFD

Vorteile	Nachteile
Ergebnisse von hoher Qualität.	Methode muss erst erlernt werden.
Zielkonflikte werden frühzeitig identifiziert.	Projekt- und Teamleiter müssen über hohe Kompetenz verfügen.
Optimale Abdeckung der Kundenanforderungen.	Konkurrierende Abteilungsinteressen möglich.
Wegen der hohen Qualität können spätere Änderungen vermieden werden.	Sehr hoher Arbeitsaufwand.
Integration aller beteiligten Bereiche, Verbesserung der Zusammenarbeit.	Qualitätstabelle kann unübersichtlich groß werden.
Zusammenhänge werden dokumentiert.	Abhängigkeit von Kunden- und Anwenderinformationen.
Entscheidungen sind nachvollziehbar.	

Failure Mode and Effects Analysis

Kritische Punkte bei Produktenwicklung

Die Failure Mode and Effects Analysis (FMEA) soll möglichst frühzeitig kritische Punkte bei der Entwicklung neuer Produkte identifizieren. In der Design- bzw. Entwicklungsphase wird die FMEA zur Fehlervermeidung und Erhöhung der technischen Zuverlässigkeit vorbeugend eingesetzt. Aufgrund einer ermittelten Fehlerquelle können Hinweise auf mögliche Materialverschwendung abgeleitet werden.

Praktisch arbeitet ein Team aus Mitarbeitern verschiedener Unternehmensbereiche wie Entwicklung, Konstruktion, Versuch, Fertigungsplanung, Fertigungsausführung und Qualitätsmanagement an der Identifikation möglicher Schwachstellen. Die Ergebnisse werden mithilfe von Formblättern oder entsprechender Software erfasst.

Fehlerbaumanalyse

Produkt-/Prozessverhalten bei Fehlerereignis

Mit der Fehlerbaumanalyse wird untersucht, welches Verhalten eines Produktes oder Prozesses bei einem Fehlerereignis auftritt. Während die FMEA induktiv arbeitet, stellt die Fehlerbaumanalyse ein deduktives Verfahren dar. Man geht also von einem bestimmten möglichen Fehler aus (z. B. »Ventil schließt nicht«), sucht »rückwärts« nach den kritischen Pfaden, die Ursache sein können, und verfolgt, welche Folgen daraus entstehen. Die Ereignisse werden unter Berücksichtigung der Eintrittswahrscheinlichkeiten durch logische Verknüpfungen miteinander verbunden. Bei konsequenter Durchführung werden alle Kombinationsmöglichkeiten erkennbar, die zu einem unerwünschten Ereignis führen können.

Wertstromanalyse

Material- und Informationsfluss vom Lieferanten zum Kunden

Die Wertstromanalyse wird zur Darstellung und Analyse der Material- und Informationsflüsse vom Lieferanten bis zum Kunden eingesetzt. Ihr Schwerpunkt liegt auf der Verknüpfung von Prozessen und der Verringerung von Durchlaufzeiten. Insbesondere sollen Verschwendungen durch hohe Bestände und überflüssige Tätigkeiten minimiert werden. So können die Durchlaufzeit und die Kosten reduziert, die Qualität verbessert und letztlich die Effizienz des Unternehmens gesteigert werden.

Beispiel

Bei einer gesamten Durchlaufzeit von 14 Tagen kann die reine Bearbeitungszeit lediglich 15 Minuten betragen. Eine Wertschöpfung findet dann nur in diesen 15 Minuten statt.

Abbildung 7.43 zeigt Beispiele für unnötige Leerzeiten, die möglichst vermieden werden sollen, und notwendigen Leerzeiten, die möglichst kurz sein sollen.

Abb. 7.43

Reduzierung von Durchlaufzeiten

Verschwendung, vermeiden	Notwendig, reduzieren
Produktion von Ausschuss	Rüstzeiten
Unnötige Zwischenlagerung	Inspektionen
Zu hohe Kapazitäten	Mehrfaches Handhaben von Teilen
Stillstandszeiten aufgrund von Störungen	Qualitätsprüfungen
Lange Anlaufzeiten	Arbeitsunterlagen studieren
Unnötige Transportwege	Notwendige Transportwege

7.5 Spezielle Rechtsaspekte

7.5.1 Einkaufsverträge, Bestellung, Verkaufsverträge

Einkaufsverträge

Einkaufsverträge unterliegen grundsätzlich keinen Vorschriften, sie werden geschlossen durch übereinstimmende Willenserklärungen der Partner. Es haben sich aber spezielle Formen entwickelt, die den Einkauf kostengünstiger und sicherer machen sollen. Abbildung 7.44 gibt eine Übersicht.

Bestellung

Als **Bestellung** wird die Annahme eines Angebots durch den Kunden oder der Antrag an einen Lieferanten bezeichnet, der kein verbindliches Angebot gemacht hat.

Im Kaufvertrag werden u. a. die **Lieferbedingungen** festgelegt. Sie regeln die Art, den Zeitpunkt und den Preis der Lieferung, auch Umtausch- und Rückgabemöglichkeiten sowie die Vereinbarungen zu Verpackung, Frachtkosten, Versicherung und Gefahrübergang.

Eine Standardisierung bieten die **Incoterms** (vgl. Abbildung 7.45), die festlegen, wie die Transportkosten zwischen Verkäufer und Käufer geregelt sind und wer bei Verlust oder Beschädigung das Risiko trägt.

Sind keine besonderen Lieferbedingungen vereinbart, gilt: Der Käufer muss die Ware beim Verkäufer abholen (**Holschuld**) oder die Versand- und Verpackungskosten tragen.

Verkaufsverträge

Mit einem Verkaufsvertrag verpflichtet sich der Verkäufer, eine Sache zu liefern, und der Käufer verpflichtet sich, dafür einen Preis zu zahlen. Der Vertrag ist abgeschlossen, wenn der Verkäufer einen Antrag zur Annahme des Vertrages macht

Abb. 7.44

Einkaufsverträge

Rahmenvertrag	Grundsätzliche Aspekte der Zusammenarbeit werden geregelt, lassen aber Freiraum für konkrete Einzelfälle. Beispielsweise können die Menge und der Zeitraum für die Abnahme eines Produktes festgelegt werden.
Abrufvertrag	Regelt den bedarfsorientierten Abruf während der Laufzeit, i.d.R. aufgrund eines Rahmenvertrages.
Konsignationslager-vertrag	Vereinbarung über ein Warenlager im Unternehmen des Abnehmers. Die Ware verbleibt im Eigentum des Lieferanten, bis der Kunde sie aus dem Lager entnimmt.
Gattungskauf	Vertrag über den Kauf von Waren, die nur der Gattung nach (z. B. Maß, Zahl oder Gewicht) bestimmt und austauschbar sind.
Spezifikationskauf Bestimmungskauf	Der Käufer kann die Einzelheiten der Leistung (Formen, Maße, Sorten) selbst bestimmen. Gerät er in Verzug, kann der Verkäufer Ansprüche aus Leistungsverzögerung geltend machen.
Streckengeschäft	Die von einem Händler erworbene Ware wird direkt vom Lieferanten an seinen Kunden geliefert. Der Händler hat keinen physischen Kontakt.
Option	Recht (keine Pflicht), in der Zukunft ein Geschäft ausüben zu dürfen.

Abb. 7.45

Incoterms 2010

EXW	EX Works	ab Werk
FCA	Free Carrier	frei Frachtführer
FAS	Free Alongside Ship	frei längsseits Schiff
FOB	Free On Board	frei an Bord
CFR	Cost And Freight	Kosten und Fracht
CIF	Cost Insurance Freight	Kosten, Versicherung und Fracht bis zum Bestimmungshafen
DAT	Delivered At Terminal)	Geliefert bis Terminal
DAP	Delivered At Place	Geliefert benannter Ort
CPT	Carriage Paid To	Fracht bezahlt bis
CIP	Carriage Insurance Paid	Fracht und Versicherung bezahlt
DDP	Delivered Duty Paid	Geliefert, Zoll bezahlt

und der Käufer ihn annimmt. Für die meisten Verkaufsverträge ist keine Form vorgeschrieben.

7.5.2 Kaufvertrag, Werkvertrag, Werklieferungsvertrag, AGB

Kaufvertrag

Der Kaufvertrag regelt den Eigentumswechsel an einer Sache oder einem Recht.

> (1) Durch den Kaufvertrag wird der Verkäufer einer Sache verpflichtet, dem Käufer die Sache zu übergeben und das Eigentum an der Sache zu verschaffen. Der Verkäufer hat dem Käufer die Sache frei von Sach- und Rechtsmängeln zu verschaffen.
> (2) Der Käufer ist verpflichtet, dem Verkäufer den vereinbarten Kaufpreis zu zahlen und die gekaufte Sache anzunehmen. (§ 433 BGB)

Die Kaufsache ist frei von Sachmängeln (§ 434 BGB), wenn die Sache
- die vereinbarte Beschaffenheit hat,
- sich für die vorausgesetzte Verwendung eignet,
- sich für die gewöhnliche Verwendung eignet und beschaffen ist wie bei Sachen der gleichen Art üblich.

Werkvertrag

Der Werkvertrag bestimmt, dass ein Werk, also ein bestimmtes Arbeitsergebnis, geliefert werden muss.

> (1) Durch den Werkvertrag wird der Unternehmer zur Herstellung des versprochenen Werkes, der Besteller zur Entrichtung der vereinbarten Vergütung verpflichtet.
> (2) Gegenstand des Werkvertrags kann sowohl die Herstellung oder Veränderung einer Sache als auch ein anderer durch Arbeit oder Dienstleistung herbeizuführender Erfolg sein. (§ 631 BGB)

Der Werkunternehmer schuldet dem Besteller die Herstellung, also die Herbeiführung eines bestimmten Erfolges. Als Gegenleistung steht dem Werkunternehmer der vereinbarte Werklohn zu. Der Begriff »Werk« umfasst materielle und immaterielle Sachen, aber auch das Ergebnis einer Dienstleistung. Beispiele: Herstellung von Bauten, Reparaturverträge, Herstellung von Software, Pläne, Gutachten.

Werklieferungsvertrag

Ein Werklieferungsvertrag hat die Lieferung herzustellender oder zu erzeugender beweglicher Sachen zum Gegenstand. Anders als beim Werkvertrag stellt der Unternehmer das Werk nicht nur her, sondern er verwendet dazu auch eigenes Material, das er dem Auftraggeber übereignet. Wesentlich ist also, dass an die Stelle der Abnahme die **Lieferung der Sache** tritt. Der Werklieferungsvertrag ist eine Sonderform des Liefervertrages, deshalb kommen Vorschriften des Kaufrechts und des Werkvertragsrechtes zur Anwendung. Beispiele: Ein Schreiner stellt einen Einbauschrank her. Ein Schneider näht einen Anzug aus einem Stoff, den er für den Auftraggeber bestellt hat.

Allgemeine Geschäftsbedingungen

Ergänzend können vorformulierte Klauseln in den Vertrag einbezogen werden. Diese AGB gelten aber nur, wenn der Käufer:

▸ ausdrücklich darauf hingewiesen wurde,
▸ in zumutbarer Weise von ihrem Inhalt Kenntnis nehmen kann,
▸ sie normal lesen und verstehen kann,
▸ damit einverstanden ist.

7.5.3 Zollrecht bei Im- und Export

Zölle bei Ein- und Ausfuhr

Zölle sind Abgaben, die vom Staat bei der Ein- oder Ausfuhr erhoben werden. Sie entstehen bei Überschreitung der Zollgrenze und dienen

▸ finanzpolitischen (Erzielung von Einnahmen) oder
▸ wirtschaftspolitischen (Schutz inländischer Wirtschaftszweige)

Zwecken. In Abbildung 7.46 sind die unterschiedlichen Arten von Zöllen aufgeführt. In Deutschland gilt das europäische Zollrecht, gegenüber Drittländern gilt ein gemeinsamer einheitlicher EU-Außenzoll. Weil dieser Zollkodex aber nicht alle Aspekte regelt, existiert daneben weiter ein nationales Zollrecht. Bestimmungen dazu finden sich:

▸ in der Abgabenordnung,
▸ im Umsatzsteuergesetz,
▸ im Zollverwaltungsgesetz,
▸ in der Zollverordnung.

Abb. 7.46

Arten von Zöllen

Kriterium	Beispiele
Verkehrsrichtung	Einfuhrzölle
	Ausfuhrzölle
	Transitzölle
Zweck	Finanzzölle
	Schutzzölle
Bemessungsgrundlage	Wertzölle
	Spezifische Zölle
	Gemischte Zölle

7.5.4 Abfallwirtschaft

Das Abfallrecht ist die Gesamtheit aller Rechtsnormen, die die Behandlung, den Transport und die Entsorgung von Abfällen regeln. Das Abfallrecht ist stark von europäischem Normen beeinflusst, die unmittelbar verbindliches Recht setzen (z. B. die Abfallverbringungsverordnung) oder mittelbar deutsches Recht beeinflussen (z. B. die Abfallrahmenrichtlinie).

Abfallrecht

> Die Grundlagen der Abfallwirtschaft sind im **Kreislaufwirtschafts- und Abfallgesetz** (KrW-/AbfG) geregelt.

Es wird durch verschiedene Verordnungen zu Einzelheiten der Überwachung der Abfallentsorgung ergänzt. Für die im KrW-/AbfG und in ausführenden Verordnungen nicht geregelten Bereiche der Abfallwirtschaft haben die Länder eigene Abfallgesetze erlassen. Im konkreten Einzelfall sind darüber hinaus die Abfallwirtschaftssatzungen und die Abfallgebührensatzungen von Gemeinden und Kreisen für die Durchführung der Abfallentsorgung einschlägig. Wichtigstes Ziel aller Abfallgesetze ist, Abfälle zu vermeiden. Sie sind erst in zweiter Linie stofflich zu verwerten oder zur Gewinnung von Energie zu nutzen. Erst wenn dazu keine Möglichkeiten bestehen, können die Abfälle umweltverträglich beseitigt werden.

Das Abfallrecht ist ein Kernbereich des Umweltrechtes und hat Bezüge zu fast allen anderen Gebieten des Umwelt- und Naturschutzes. Nur bestimmte Stoffe sind ausgenommen, deren Behandlung und Verbleib durch Spezialvorschriften geregelt ist. Wichtig sind:

▸ das Tierkörperbeseitigungsgesetz für die Beseitigung von Tierkörpern und tierischen Erzeugnissen,
▸ das Atomrecht für Kernbrennstoffe und radioaktive Stoffe,
▸ das Bundes- bzw. Landeswasserrecht für Abwasser.

Dem Abfallrecht unterliegen auch abfallrechtliche Planfeststellungs- und Plangenehmigungsverfahren für Deponien und Genehmigungen und Zustimmungen bei grenzüberschreitender Verbringung von Abfällen.

Das **Bundesimmissionsschutzgesetz** ergänzt das Abfallrecht durch bundeseinheitliche Regelungen zur Luftreinhaltung und Lärmbekämpfung. Dadurch sollen Menschen, Tiere und Pflanzen vor schädlichen Einflüssen geschützt werden.

gelernt & gewusst Kapitel 7

Aufgabe 7.1 (IHK H11)

Die PrimeOffice GmbH mit Sitz in Karlsruhe plant die Ausdehnung des Versandes in das europäische Ausland.

a) *Nennen sie zwei Incoterms® und beschreiben Sie die darin getroffenen Vereinbarungen.* (4 Punkte)

b) *Die PrimeOffice GmbH liefert auf dem Schiffsweg an einen Kunden in der Nähe von Dublin (Irland) eine Containerladung mit PCs. Schildern Sie den Transportweg von Karlsruhe nach Dublin und die dabei eingesetzten Verkehrsmittel.* (4 Punkte)

c) *Erläutern Sie zwei Risiken, die beim Transport von der PrimeOffice GmbH bis zum Kunden auftreten können.* (2 Punkte)

Aufgabe 7.2 (IHK F10)

Die Quickbau GmbH möchte für ein neu zu errichtendes Werk für Solaranlagen in Sachsen-Anhalt frühzeitig ein Entsorgungskonzept erstellen.

a) *Erläutern Sie kurz die Vorgaben des Kreislaufwirtschaftsgesetzes hinsichtlich der Prioritäten, die bei der Entstehung und Behandlung von Abfällen eingehalten werden sollten. (Die Nennung der Paragrafen ist nicht erforderlich.)* (2 Punkte)

b) *Zu den Vorüberlegungen für das Konzept gehört eine sinnvolle Unterscheidung der möglichen Objekte der Entsorgungslogistik. Klassifizieren Sie drei mögliche Abfallobjekte und nennen Sie jeweils zwei Entstehungsgründe für diese Abfälle.* (6 Punkte)

c) *Eine der Vorgaben der Geschäftsführung für das neue Werk in Sachsen-Anhalt besteht darin, Abfälle möglichst gar nicht entstehen zu lassen. Beschreiben Sie zu den in b) von Ihnen genannten möglichen Abfallobjekten jeweils eine denkbare Strategie zur Abfallvermeidung.* (3 Punkte)

Aufgabe 7.3

Der Bruttobedarf für die zu beschaffenden Materialien ergibt sich letztlich aus den im Unternehmen festgelegten Beschaffungsstrategien.

a) *Erläutern Sie ausführlich drei mögliche Beschaffungsstrategien im Baubereich und deren Anwendung.*

b) *Beurteilen Sie die konkrete Anwendung der von Ihnen genannten Strategien vor dem Hintergrund der aktuellen gesamtwirtschaftlichen Lage.* (4 Punkte)

Aufgabe 7.4

Bei der Gold AG soll das Beschaffungscontrolling ausgebaut werden. Dabei wird auch die Neuorganisation der Rechnungsprüfung erwogen.

a) Eine Rechnungsprüfung findet nach folgenden Kriterien statt:
   ▸ sachlich,
   ▸ preislich,
   ▸ rechnerisch.
   Erläutern Sie diese Teilaufgaben mit jeweils zwei Beispielen.

b) Die Rechnungsprüfung kann dem Einkauf oder dem Rechnungswesen zugeordnet werden. Beschreiben Sie jeweils einen Vorteil für die beiden Alternativen.

Aufgabe 7.5 (IHK F11)

Zur Kostensenkung in der Beschaffungslogistik wird vom Lagerleiter der Frisch & Fit GmbH darauf hingewiesen, dass er immer häufiger feststellen muss, dass die ursprünglich festgelegten optimalen Bestellmengen für Zukaufteile vom Einkauf offenbar ignoriert werden.

a) Beschreiben Sie die grundsätzliche Zielsetzung für die Berechnung der optimalen Bestellmenge. *(2 Punkte)*

b) Begründen Sie anhand von drei möglichen betrieblichen Situationen, warum von der optimalen Bestellmenge (ANDLER-Formel) immer wieder abgewichen wird. *(6 Punkte)*

c) Erläutern Sie jeweils den Einfluss
   ▸ eines sinkenden Einstandspreises und
   ▸ eines steigenden Lagerhaltungskostensatzes
   auf die optimale Bestellmenge. *(4 Punkte)*

8 Marketing und Vertrieb

Unternehmen benötigen einen systematischen Ansatz, um Entscheidungen markt- und kundenorientiert zu treffen. Alle Maßnahmen, die diesem Ziel untergeordnet sind, werden unter dem Begriff Marketing zusammengefasst. Dadurch sollen neue Märkte erschlossen und vorhandene erweitert werden.

8.1 Marketingplanung

8.1.1 Marketingprozess

Der Marketingprozess umfasst die Schritte, die zur Durchführung von erfolgreichen Marketingmaßnahmen erforderlich sind. Typisch erfordert er fünf aufeinander folgende Elemente:
1. Marktforschung,
2. Formulierung der Marketingziele,
3. Bestimmung der Strategie,
4. Festlegung des Marketing-Mix,
5. Marketingcontrolling.

8.1.2 Marketingziele

Die hinsichtlich der Marketingpolitik festgelegten Ziele müssen mit den Oberzielen des Unternehmens kompatibel sein, sie dürfen ihnen nicht entgegenstehen und müssen mit den Zielen anderer Unternehmensbereiche abgestimmt sein. Die Marketingziele stellen insgesamt die zentralen Ansatzpunkte für die schlüssige Ableitung von Marketingstrategien und den Marketing-Mix dar. Die Formulierung von Marketingzielen kann sehr unterschiedlich sein, sie müssen aber quantifizierbar und erreichbar sein. Mögliche Einteilungen zeigt die Abbildung 8.1.

Besonders im Handel und bei Dienstleistungen wird versucht, Stammkunden langfristig zu binden. Dazu steht ein Katalog von Instrumenten zur Verfügung, die Anreize für die weitere Geschäftsbeziehung bieten sollen.

Kompatibilität mit anderen Unternehmenszielen

Abb. 8.1

Marketingziele

Allgemeine Marketingziele	Relative Marketingziele
‣ Absatz ‣ Umsatz ‣ Gewinn	‣ Marktanteil ‣ Rentabilität
Quantitative Marketingziele	**Qualitative Marketingziele**
‣ Umsatz ‣ Gewinn ‣ Wachstum ‣ Marktanteil ‣ Kostenziele ‣ Marktführerschaft	‣ Bekanntheitsgrad ‣ Image ‣ Corporate Identity ‣ Vertrauen ‣ Qualität ‣ Zuverlässigkeit ‣ Kundenbindung
Marktdurchdringung	**Markterschließung**
‣ Erhöhung der Markentreue bei vorhandenen Kunden ‣ Gewinnung neuer Kunden von Mitbewerbern ‣ Gewinnung neuer Kunden, die bisher das Produkt nicht genutzt haben	‣ Erschließung zusätzlicher, räumlicher Absatzgebiete ‣ Orientierung an neuen Zielgruppen ‣ Eindringen in neue Verwendungsbereiche
Extremwertorientierte Marketingziele	**Anspruchsniveauorientierte Ziele**
‣ Gewinnmaximierung ‣ Umsatzmaximierung ‣ Rentabilitätsmaximierung	‣ Erreichen eines Mindestumsatzes ‣ Erreichen einer Mindestabsatzmenge ‣ Erreichen eines bestimmten Marktanteils ‣ Erreichen eines Mindestgewinns

Beispiele **Instrumente für Stammkundenbildung**

Belohnungen (z. B. Geschenke, exklusive Sonderangebote, exklusive Nutzungsrechte)

Rabatte (z. B. traditionell Rabattmarken, Vergünstigungen bei Freigepäck, Vielfliegerprogramme)

Bevorzugte Behandlung (z. B. Nutzung von Sonderschaltern, kostenlose Getränke in Warteräumen)

Programme zur **Kundenbindung** sind häufig mit einer Kundenkarte verbunden. Dadurch können Name und Adresse des Kunden zuverlässig ermittelt werden. Im Rahmen des **Kundenbeziehungsmanagements** wird der gezielte Einsatz von Werbung und anderen Marketingmaßnahmen möglich. Die Maßnahmen zur Kundenbindung bieten für das Marketing weitere Vorteile:

▸ Es können Informationen über das Kaufverhalten gesammelt werden.
▸ Von einzelnen Kunden können Profile erstellt werden.
▸ Die Programme bieten einen Anreiz für Neukunden.

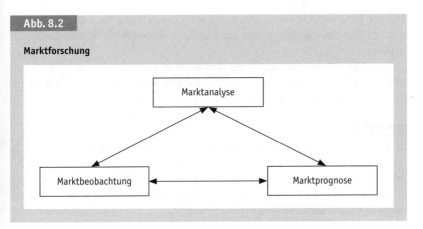

Abb. 8.2

Marktforschung

Da in der Regel mehrere Marketingziele gleichzeitig verfolgt werden, ist darauf zu achten, dass die unterschiedlichen Ziele miteinander **kompatibel** sind, sich also nicht gegenseitig ausschließen. Sonst kann es zu Zielkonflikten kommen.

Beispiele **Inkompatible Marktziele**
Ein hoher Marktanteil und ein besonders exklusives Image schließen sich in der Regel aus.

Ein möglichst hoher Jahresüberschuss kann inkompatibel sein zu dem Ziel, eine möglichst hohe Bekanntheit zu erreichen, weil der Aufbau eines hohen Bekanntheitsgrades teuer sein kann.

In einem permanenten Abstimmungsprozess müssen mögliche Zielkonflikte vermieden werden. Es bietet sich daher an, eine Gesamtübersicht der Marketingziele zusammenzustellen, die eine konfliktfreie Marketingpolitik sicherstellt.

8.1.3 Marketingstrategien

Marktforschung
Marktforschung ist die systematische Gewinnung und Analyse von Daten, die als Grundlage für Marketingentscheidungen dienen sollen. Sie ist Voraussetzung für ein effizientes Marketing. Die Daten können aus der Vergangenheit stammen, angestrebt werden aber Prognosen, denn die Entscheidungen betreffen zukünftiges Vorgehen. Aus Abbildung 8.2 sind die Zusammenhänge erkennbar.

Gewinnung und Analyse von Daten

Die Marktforschung berücksichtigt dabei
▸ rechtliche Rahmenbedingungen,
▸ politische Rahmenbedingungen,
▸ ökonomische Rahmenbedingungen,
▸ technologische Rahmenbedingungen,
▸ sozio-kulturelle Rahmenbedingungen und
▸ ökologische Rahmenbedingungen.

Aus der Fülle der erhobenen Daten müssen für eine konkrete Entscheidung die wesentlichen herausgefiltert und zu praktisch verwertbarem Wissen verdichtet werden.

In der Marktforschung wird unter **Primärforschung** eine eigenständige Untersuchung verstanden, die spezielle Fragen zu einem bestimmten Produkt beantworten soll. Sie wird meistens von Marktforschungsinstituten durchgeführt.

Beispiele

Im Konsumgüterbereich soll die Akzeptanz einer neuen Marke getestet werden.

Ein Automobilkonzern lässt untersuchen, welche Farben für ein neues Modell präferiert werden.

Ein Hersteller von Parfums möchte wissen, welche Assoziationen sich bei einer neuen Form und Farbe der Verpackung einstellen.

Wegen der genau auf eine sehr präzise Fragestellung abgestimmten Untersuchung, deren Vorgehen auch nicht auf andere übertragen werden kann, ist diese Form der Marktforschung zeitaufwändig und teuer. Dafür können die Ergebnisse sehr genau und zuverlässig sein und dadurch Fehlentscheidungen vermeiden helfen.

Bei der **Sekundärforschung** werden keine neuen Daten erhoben, sondern bereits vorhandene Dateien und Statistiken gezielt ausgewertet. Diese Daten können aus dem Unternehmen selbst stammen oder aus öffentlichen Angeboten (z. B. Statistisches Bundesamt, Veröffentlichungen von Verbänden, Archiven) destilliert werden.

Beispiele

Ein Nahverkehrsunternehmen untersucht die Fahrstrecken seiner Kunden mit Einstiegs-, Umsteige- und Zielhaltestellen.

Ein Unternehmen für Backzutaten wertet die Reklamationsstatistik aus mit dem Ziel, die Verpackungen kundenfreundlich zu optimieren.

Ein Anbieter von Lehrgängen analysiert die Reichweite seiner Werbung, indem die Wohnorte der Teilnehmer mit der Anzeigenschaltung korreliert werden.

Marktsegmentierung

Bildung von Teilmärkten

Die Auswahl von **Zielmärkten** ist der entscheidende Schritt bei der Erstellung einer Marketingstrategie. Um Marketinginstrumente überhaupt sinnvoll konzipieren und einsetzen zu können, muss der potenzielle Markt analysiert und gegebenenfalls gedanklich in Teilmärkte gegliedert werden, die von anderen klar abgegrenzt und in sich möglichst homogen sind. Diese Bildung von Teilmärkten heißt Marktsegmentierung.

> Ziel der Marktsegmentierung ist die Ausrichtung der eigenen Marketingmaßnahmen an den unterschiedlichen Bedürfnissen der Nachfrager auf den gebildeten Teilmärkten.

Sie setzt also nicht – wie die Produktvariation – an den Produktkriterien an, sondern an den Bedürfnis- oder Verhaltensmerkmalen der Käufer.

Abb. 8.3

Bildung von Teilmärkten

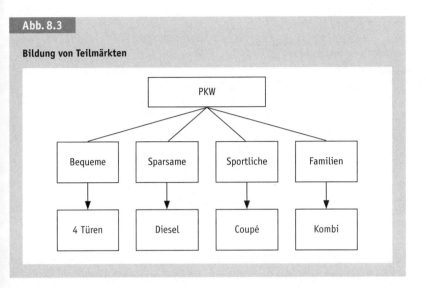

Ein Hersteller von Pkws wird seinen Markt entsprechend den unterschiedlichen Bedürfnissen seiner potenziellen Kunden segmentieren. Der Gesamtmarkt für Pkws wird – orientiert an den unterschiedlichen Bedürfnissen der Verbraucher – in Teilmärkte zerlegt.

In der Praxis müssen Überschneidungen in Kauf genommen werden. Die Käufer werden sich entweder selbst entsprechend ihren Präferenzen den Segmenten zuordnen, oder man bietet ihnen Produkte an, die Interessen unterschiedlicher Zielgruppen abdecken können. **Entscheidungskriterien** bei einer Marktsegmentierung können sein:

▸ geografische Überlegungen,
▸ demografische Gegebenheiten,
▸ Kaufkraft,
▸ Beschaffungskonzepte der Kunden,
▸ personenbezogene Kriterien,
▸ gruppenbezogene Kriterien,
▸ psychografische Kriterien,
▸ erwartete Preisreaktionen,
▸ Mediennutzung der Nachfrager und
▸ Wettbewerbsbedingungen.

Die Größe eines Marktsegmentes und die Einschätzung über seine zukünftige Entwicklung werden die Marketingaktivitäten in den gebildeten Marktsegmenten bestimmen. Das entspricht einer Analyse des Marktpotenzials. Ein Unternehmen wird lieber in einem Segment mit hohen Wachstumsaussichten als in einem gesättigten Markt tätig sein.

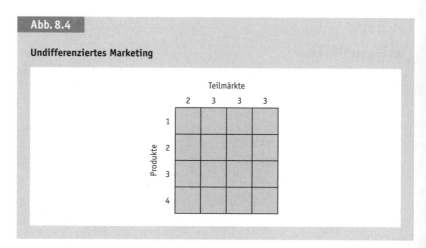

Abb. 8.4

Undifferenziertes Marketing

Selbstverständlich müssen Unternehmen ihre Zielsetzungen und Ressourcen im Hinblick auf eine mögliche Segmentbearbeitung überprüfen. Dabei kann sich auch ergeben, dass segmentspezifisches Know-how fehlt und daher eine Bearbeitung eher nicht in Betracht kommt.

Marktstrategien

Anschließend können die möglichen **Marktbearbeitungsstrategien** bestimmt werden:

▶ Bearbeitung eines Gesamtmarktes mit einer einheitlichen Strategie. Abbildung 8.4 verdeutlicht eine solche undifferenzierte Vorgehensweise.

▶ Bearbeitung der identifizierten Teilmärkte mit jeweils spezifischen Strategien (Differenziertes Marketing). Abbildung 8.5 verdeutlicht verschiedene mögliche Strategien.

▶ Bearbeitung nur eines Teilmarktes. Abbildung 8.6 zeigt das Vorgehen bei konzentriertem Marketing.

Konsequentestes Ziel einer Marktsegmentierung ist die USP (**Unique Selling Position**), also die Positionierung als alleiniger Anbieter. Sie bietet die Chance, nicht allein über den Preis verkaufen zu müssen. Eine konsequent behauptete USP führt dazu, dass die Nachfrager den spezifischen Vorteil eines Herstellers, Anbieters oder Produktes akzeptieren und bereit sind, dafür einen angemessenen Preis zu zahlen.

▶ Bei der **Passivitätsstrategie** erfolgt keine Marktbearbeitung. Veränderte Interessen der Kunden werden nicht erkannt oder als irrelevant eingeschätzt.

▶ Bei einer **Widerstandsstrategie** wird die bestehende Situation aktiv verteidigt. Durch Lobbyarbeit soll den Interessen der Kunden entgegengetreten werden.

▶ Ein erkanntes Problem wird bei einer **Ausweichstrategie** verlagert und so der Aufmerksamkeit der Kunden entzogen. Beispiel: Verlagerung von Genforschung ins Ausland.

▶ Alternativ kann ein Geschäftsfeld aufgegeben und den Konkurrenten überlassen werden.

Abb. 8.5

Bildung von Teilmärkten

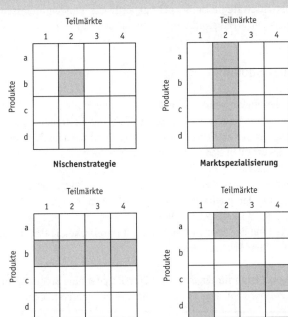

Nischenstrategie

Marktspezialisierung

Produktspezialisierung

Selektive Spezialisierung

Abb. 8.6

Konzentriertes Marketing

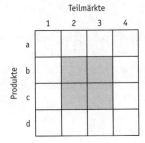

▸ Bei einer **Anpassungsstrategie** wird eine abwartende Haltung eingenommen, bis sich die Interessen der Kunden konkretisieren und öffentlich werden. Beispiele: Reaktion auf Bürgerinitiativen oder Verbraucherkampagnen.

▸ Die **Innovationsstrategie** berücksichtigt aktiv die Kundeninteressen, um Umwelt-, Sozial- und Wettbewerbsvorteile zu erreichen.

8.1.4 Marketingplan

In einem Marketingplan werden alle Aktionen und Maßnahmen erfasst, die zur Erreichung der Marketingziele beitragen sollen. Der **Leitfaden** für das gesamte Marketing baut auf der aktuellen Marktsituation und der Einschätzung ihrer Entwicklung auf. Kennzahlen sichern die Erfolgskontrolle, indem sie Abweichungen von der geplanten Entwicklung dokumentieren. Ein Marketingplan enthält:

▸ eine strategische Vorgabe zum Marktvolumen und Marktpotenzial,
▸ die Bestimmung der qualitativen und quantitativen Marketingziele,
▸ die Auswahl der Marketingstrategien,
▸ die Bereitstellung der finanziellen und organisatorischen Mittel zur Umsetzung,
▸ die Festlegung der Erfolgskontrollen.

Der Marketingplan kann für ein einzelnes Produkt oder eine Produktgruppe erstellt werden. Sein Zeithorizont liegt zwischen einem und mehreren Jahren.

8.2 Marketinginstrumente

Das gesamte Bündel der Marketinginstrumente zeigt Abbildung 8.7.

8.2.1 Produktpolitik

Zentrales Marketinginstrument

Das wichtigste Instrument des Marketings ist die Produktpolitik. Sie beinhaltet alle Entscheidungen und Maßnahmen, die sich auf eine kundenorientierte Zusammensetzung des **Leistungsprogramms** beziehen. Ziel der Produktpolitik ist, ein Angebot machen zu können, das sich von Konkurrenzangeboten deutlich und positiv absetzt.

Programmpolitik
Die Programmpolitik bestimmt das Produktprogramm, die Programmbreite und die Programmtiefe. Als Programmtiefe bezeichnet man die Anzahl der einzelnen Produkte je Produktlinie bzw. Warengruppe. Typische Entscheidungen im Rahmen der Programmpolitik betreffen

▸ den Aufbau neuer Produktlinien,
▸ Produktinnovationen,

Abb. 8.7

Marketinginstrumente nach Meffert

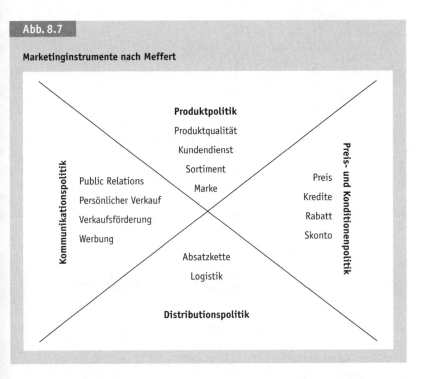

Produktpolitik

Produktqualität

Kundendienst

Sortiment

Marke

Public Relations

Persönlicher Verkauf

Verkaufsförderung

Werbung

Kommunikationspolitik

Preis

Kredite

Rabatt

Skonto

Preis- und Konditionenpolitik

Absatzkette

Logistik

Distributionspolitik

▸ Produktänderungen und
▸ die Eliminierung von Produktlinien.

Diese Entscheidungen werden in Abhängigkeit von Umsatzentwicklung, Gewinnerwartungen und Marktposition getroffen.

Produktpolitik i. e. S.

Die Produktpolitik i. e. S. betrifft die **Produktgestaltung** und reicht von der Markenpolitik und Verpackungsgestaltung bis hin zu den Serviceleistungen. Sie umfasst Qualität, Zusatzfunktionen und Design der einzelnen Produkte.

Gestaltung einzelner Produkte

Produktpolitik umfasst alle Maßnahmen, die in Zusammenhang mit der Auswahl und der Weiterentwicklung eines Produktes sowie seiner Vermarktung stehen. In einer dynamischen Umwelt soll das Verhältnis zu Verbrauchern, Lieferanten und Mitbewerbern so beeinflusst werden, dass der Absatz gesichert oder gesteigert werden kann. Die Abbildung 8.8 zeigt die wesentlichen Einflussfaktoren.

Nachfrager sehen ein Produkt nicht nur funktional, sondern es bietet ihnen darüber hinaus zusätzlichen Nutzen wie Prestige, Sicherheit, Komfort u. v. m. Produktpolitik orientiert sich an dem gesamten Bündel ihrer Erwartungen. Sie verfolgt unter Berücksichtigung dieser unterschiedlichen Faktoren das Ziel, die angebotenen Leistungen marktgerecht zu gestalten:

▸ exklusives Spitzenprodukt,
▸ intelligentes Spitzenprodukt,

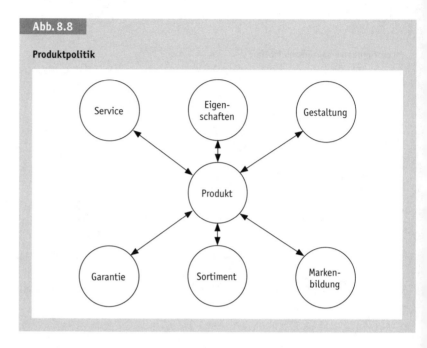

Abb. 8.8

Produktpolitik

▸ billiges Massenprodukt,
▸ gängiges Standardprodukt,
▸ solides Produkt,
▸ Pionierprodukt,
▸ Me-too-Produkt (Kopie eines bereits im Markt befindlichen Produkts, »Trittbrett-fahrer«),
▸ designorientiertes Produkt,
▸ Spezialprodukt,
▸ Qualitätsverbesserung.

Die Bedeutung der Produktpolitik ergibt sich einerseits daraus, dass auf zahlreichen Märkten eine immer schnellere technisch-funktionale Angleichung von Produkten unterschiedlicher Hersteller festzustellen ist, zum anderen wird sie genutzt, um die Preispolitik und Kommunikationspolitik zu unterstützen.

8.2.1.1 Produktgestaltung
Die Entscheidungen über die Produktpolitik fallen je nach Branche, Größe des Unternehmens und der internen Organisation in den Unternehmen an unterschied-lichen Stellen. Sie können in der Linie, in einer Stabsstelle oder in den Funktions-bereichen wie Einkauf, Produktion oder Marketing getroffen werden. Die Abbildung 8.9 zeigt die grundsätzlich möglichen produktpolitischen Maßnahmen.

Abb. 8.9

Produktgestaltung

Produktpolitische Maßnahme	Beschreibung
Produktinnovation	Einführung eines neuen Produktes.
Produktvariation	Modifikation eines bereits angebotenen Produktes.
Produktdifferenzierung	Ein bereits angebotenes Produkt wird durch eine neue Variante ergänzt.
Produkteliminierung	Ein Produkt wird vom Markt genommen.
Diversifikation	Aufnahme neuer Produkte, die mit dem bisherigen in Beziehung stehen.

Produktinnovation

Die Innovationspolitik ist Ausdruck der in den meisten Fällen unverzichtbaren Dynamik der Produktpolitik eines Unternehmens. Neue Produkte sollen nicht nur dem kurzfristigen Erfolg dienen, sondern zur langfristigen Absicherung der Marktposition beitragen.

Sicherung der Marktposition

> Mit Produktinnovation bezeichnet man die technisch-ökonomische Realisierung von Neuerungen in Form von Gütern bzw. Leistungen.

Eine Produktinnovation liegt vor, wenn ein **völlig neues Produkt** angeboten werden kann. Sie kann durch Kundenwünsche initiiert sein oder auf einer eigenen technologischen Entwicklung beruhen. Entscheidend für den Erfolg ist der Vorteil eines Produktes, wie er vom Kunden wahrgenommen wird. Die Kundenorientierung ist folglich der entscheidende Einflussfaktor, um den ökonomischen Erfolg einer Innovation sicherzustellen.

Im Wesentlichen wird damit versucht, das Angebot den gewandelten Kundenanforderungen anzupassen. Der schnelle technische Fortschritt und die Veränderung der **Konsumentenbedürfnisse** erfordern ständige Innovationen, um letztlich den Bestand des Unternehmens zu sichern. Dabei können drei Strategien verfolgt werden:

▸ Ein Produkt kann eigenständig – typisch in einer eigenen Entwicklungsabteilung – selbst entwickelt werden. Das schafft einen Vorsprung gegenüber den Konkurrenten und ein positives Image, erfordert aber hohe Entwicklungskosten.

▸ Ideen von Konkurrenten werden aufgenommen. Das spart Entwicklungskosten und birgt ein geringeres Risiko, ermöglicht aber erst einen späten Markteintritt und führt zu einem negativen Image als innovationsfeindliches Unternehmen.

▸ Wenn auf eigene Forschung und Entwicklung ganz verzichtet werden soll, besteht die Möglichkeit, neue Produkte durch Zukauf in die eigene Angebotspalette aufzunehmen. Dem geringen Risiko steht dabei ein hoher Kapitalbedarf gegenüber.

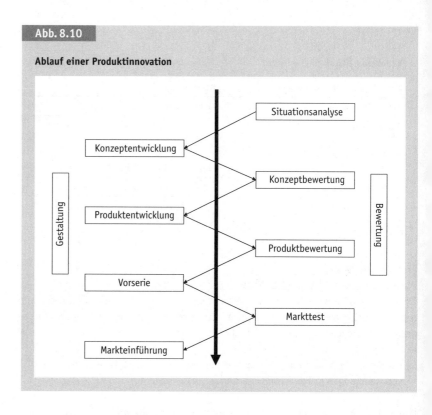

Abb. 8.10

Ablauf einer Produktinnovation

Da die Entwicklung teuer ist, werden nur große Unternehmen Neuentwicklungen für Massenmärkte vornehmen können, andere werden sich eher Nischenmärkte suchen. Bevor die Produktentwicklung beginnt, werden die Produktideen einer Bewertung hinsichtlich Zielmarkt, Konkurrenzsituation, Preisklasse u. a. unterzogen. Sobald ein Prototyp oder ein Geschmacksmuster vorliegt, kann eine Marketingkonzeption entwickelt werden. Erste Markttests zeigen dann, ob das neue Produkt eine Durchsetzungschance hat. Erst danach wird die eigentliche **Markteinführung** stattfinden und laufende Kontrollen werden zeigen, ob Änderungen erforderlich sind. Den Ablauf einer Produktinnovation zeigt Abbildung 8.10.

Produktvariation
Veränderungen am Produkt, die nicht den Umfang einer Innovation besitzen, aber trotzdem eine Produktverbesserung darstellen, bezeichnet man als Variation. Bestimmte Eigenschaften werden verändert mit dem Ziel, eine Abgrenzung vom bisherigen Produkt und von Konkurrenzprodukten zu erreichen und damit die Absatzmöglichkeiten auf dem Markt zu bewahren oder zu verbessern. Sie tragen zu einer Verlängerung des Produktlebenszyklus bei. Produktvariationen werden auch als Produkt Revival oder **Produktrelaunch** bezeichnet.

Arten von Produkt-
variationen

▸ **Physikalisch-funktionelle Variationen** beziehen sich auf technische Veränderungen. Beispiele: Pkw mit unterschiedlich starken Motoren, alkoholarmes Bier und alkoholfreies Bier, Schokolade mit unterschiedlichen Kakaoanteilen, Softgetränke mit oder ohne Zuckerzusatz.

▸ **Ästhetische Variationen** verändern das äußere Erscheinungsbild. Beispiele: Fernseher in verschiedenen Farben, Möbel mit unterschiedlichem Furnier.

▸ **Imagevariationen** positionieren ein eingeführtes Produkt neu, um andere Käuferschichten anzusprechen. Beispiele: Getränke in Kunststoff-, statt in Glasflaschen.

▸ **Namensvariationen** machen im Grunde gleiche Leistungen unterscheidbar. Beispiel: Girokonto, Extra-Konto, Plus-Konto.

▸ **Zusatzleistungen** verändern nicht das Produkt selbst, sondern das Gesamtpaket. Beispiel: Ein Fernseher wird geliefert, angeschlossen und eingestellt.

Produktdifferenzierung

Bei einer Produktdifferenzierung werden bei einem eingeführten Produkt einzelne oder mehrere Merkmale verändert, um die Angebotspalette zu erweitern. Ein Produkt wird in verschiedenen **Ausführungsvarianten** angeboten, um die Marktsegmente mit unterschiedlichen Zielgruppen besser bedienen zu können.

Beispiele

Ein Fahrradhersteller bietet neben einem Rad mit Nabenschaltung eine Variante mit Kettenschaltung an, um damit eher technisch oder sportlich orientierte Käufer zu bedienen.
Waschmittel werden in Körnerform oder als Flüssigkeit angeboten.

Produkteliminierung

Wenn ein Produkt im Produktlebenszyklus die Degenerationsphase erreicht hat oder wenn neue Produkte die Erwartungen nicht erfüllen und keine Möglichkeit besteht, die Situation zu verbessern, wird ein Produkt vom Markt genommen. Die Angebotspalette würde ansonsten stetig wachsen – mit negativen Folgen für die Kostenstruktur.

Gründe für einen Verzicht auf die Herstellung und Distribution bisheriger Produkte oder Produktlinien können z. B. sein:

Gründe für Produkteinstellung

▸ Änderung der Kundenwünsche,
▸ veränderte gesetzliche Vorschriften, z. B. Umweltschutzbestimmungen,
▸ negativer Einfluss des Produktes auf das Image des Unternehmens,
▸ wirtschaftlicher Misserfolg des Produktes.

Allerdings ist auch vorstellbar, dass Produkte, bei denen das rechnerische Ergebnis nicht zufriedenstellend ist, aus Imagegründen weiter angeboten werden.

Beispiel

Wenn ein Automobilhersteller der Meinung ist, dass zur Abrundung der Angebotspalette unbedingt ein Sportwagen erforderlich ist, wird er in diesem Fall auf eine Produkteliminierung auch dann verzichten, wenn das angestrebte wirtschaftliche Ergebnis dieses Produktes nicht erreicht wird.

Abb. 8.11

Markenbildende Zeichen

	Beispiel
Namen	Marlboro
Schrifttypen	Spiegel-Schriftzug
Farben	Orange bei OBI
Formen	Kühler bei BMW
Logos	Bayerkreuz
Charaktere	Frau Antje, Herr Kaiser
Slogans	»Da weiß man, was man hat«, »Geiz ist geil«
Jingles	Klingel-Töne der Deutschen Telekom
Verpackungen	Quadrat bei Ritter-Sport
Schlüsselbilder	Cowboy bei Zigaretten
Symbole	Biber bei OBI

Markenstrategie

Unterscheidbarkeit
sichern

Die Markenpolitik hat die Aufgabe, eine Unterscheidbarkeit zu vergleichbaren Produkten herzustellen. Sie sollen dem Verwender Sicherheit beim Einkauf geben, weil er die wesentlichen Eigenschaften und Aufgaben einer Marke kennt.

Marken vermitteln einen ideellen Nutzen, reduzieren den Suchaufwand des Kunden, steigern das Vertrauen in die konstante Qualität des Markenprodukts und bilden die Basis für eine dauerhafte Kundenbeziehung. Marken unterscheiden die Waren und Dienstleistungen von den Angeboten der Wettbewerber.

Das Image eines Produktes ist oft ganz wesentlich von der Art der Verpackung abhängig. Beispiele: Pralinen, Kosmetika.

Durch die Kennzeichnung eines Produktes mit einem unverwechselbaren Namen oder einem Markenzeichen wird es zu einer Marke, die sich durch ihre Einzigartigkeit und ihre Bekanntheit auszeichnet:

▸ gleichbleibende Aufmachung (Verpackung),
▸ gleichbleibende oder verbesserte Qualität,
▸ gleichbleibende Menge,
▸ hoher Bekanntheitsgrad
▸ weite Verbreitung im Absatzmarkt,
▸ relative Preiskonstanz.

Marken werden durch eines oder mehrere Zeichen (Abbildung 8.11) geschaffen. Die Leistung wird dadurch gekennzeichnet und gleichzeitig von anderen Angeboten abgegrenzt.

Als **Dachmarke** wird die übergeordnete Marke einer sogenannten Markenfamilie bezeichnet, die sich durch einen besonders hohen Wiedererkennungswert auszeich-

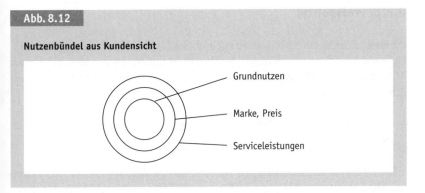

Abb. 8.12

Nutzenbündel aus Kundensicht

- Grundnutzen
- Marke, Preis
- Serviceleistungen

net. Sie kommt hauptsächlich vor in konzerngebunden Markenstrategien und verbindet eine bestimmte Anzahl von Einzelmarken.

Beispiel

Nivea gilt mit 12 Produktfamilien als klassisches Beispiel einer Dachmarke, z. B. für Creme, Gesichtspflege, Sonnenpflege, Männerpflege, Deo.

Bei einer erfolgreichen Marke besteht die Möglichkeit, einen **Markentransfer** durchzuführen. Dabei wird die Botschaft der bekannten Marke auf bisher nicht angebotene Produkte übertragen. Durch die Übertragung von Bekanntheit und Vertrauenskapital lässt sich schnell und mit niedrigen Einführungskosten ein hoher Marktanteil erzielen.

8.2.1.2 Servicepolitik

Der Service oder Kundendienst ist Bestandteil der Produktpolitik. Um die Kundenerwartungen zu erfüllen, müssen Produkte um zusätzliche Merkmale wie Service- und Garantieleistungen erweitert werden. Abbildung 8.12 zeigt, dass Produkte und Zusatzleistungen als gemeinsames Nutzenbündel erfahren werden. Verschiedene Varianten sind möglich:

Service- und Garantieleistungen

▸ Ein Produkt kann ohne Service angeboten werden.
▸ Der Service kann als Zusatzleistung zum Produkt gehören.
▸ Die Dienstleistung kann als eigenes Produkt angeboten werden.

Aus Sicht der Kunden bietet die Serviceleistung die Abrundung eines Angebotes.

Beispiel

Die Entscheidung für den Kauf eines Pkw ist auch davon abhängig, ob erweiterte Serviceleistungen wie Pannendienst und Mobilitätsgarantie angeboten werden.

8.2.2 Preispolitik

Die Preispolitik ist ein wichtiges und zugleich flexibles Instrument der Absatzpolitik. Sie kann kurzfristig den Marktgegebenheiten angepasst werden und hat für die Abnehmer Signalwirkung. Der Preis ist auf vielen Märkten entscheidend für den Erfolg eines Produktes.

> Die Preispolitik umfasst sämtliche Maßnahmen zur Festlegung und gegebenenfalls Änderung der Preise und Konditionen.

Während die klassische Preistheorie mit Modellen arbeitet, um den gewinnmaximalen Absatzpreis auf vollkommenen Märkten ermitteln zu können, bezieht sich die praktische Preispolitik auf unvollkommene Märkte zur Erreichung des optimalen Absatzpreises.

Mithilfe der Preisgestaltung werden Kaufanreize gesetzt. Grundvoraussetzung ist die Fähigkeit des Anbieters, die Preishöhe, Preisdifferenz, Rabatte und Konditionen als Aktionsparameter einsetzen zu können. Ziele der Preispolitik können sein:

- Preisstabilisierung,
- Preisanhebung,
- Preiskontrolle,
- Preisimage-Änderung,
- Rabatt-Veränderung,
- kürzere Zahlungsfristen,
- Senkung des Forderungsausfalls,
- Sicherung der Rentabilität,
- Gewinnmaximierung,
- Umsatzmaximierung,
- Erhöhung/Stabilisierung von Marktanteilen,
- Stimulierung des Handels und der Verbraucher,
- Entschärfung/Verschärfung des Wettbewerbs,
- Selektion von Absatzmittlern und Konsumenten,
- Preisausgleich bei verschiedenen Produkten.

8.2.2.1 Kostenorientierte Preisgestaltung

Bei dieser Vorgehensweise wird direkt an die Kostenrechnung angeknüpft. Basis sind die ermittelten Kosten, zu denen der angestrebte Gewinnaufschlag hinzugerechnet wird. Das Prinzip ist einfach, wie die Beispielrechnung zeigt:

			Beispiel
	Kosten pro Stück		120 €
+	Gewinnzuschlag	40 %	48 €
=	ermittelter Preis		168 €

Das Beispiel zeigt, dass diese Methode zwar zu einem nachvollziehbaren Preis führt, unter betriebswirtschaftlichen Aspekten hat sie jedoch deutliche Nachteile:

- Der Gewinnzuschlag ist willkürlich in dem Sinne, dass er sich nicht mit Berechnungen ermitteln lässt, sondern eine Einschätzung oder einen Wunsch ausdrückt.
- Der ermittelte Preis ist allenfalls zufällig der Preis, zu dem das Gewinnmaximierungsziel erreicht wird.

▸ Die Konkurrenzpreise bleiben unberücksichtigt. Sie müssen aber immer beachtet werden, um die Durchsetzungsmöglichkeit des ermittelten Preises am Markt beurteilen zu können.

▸ Die Zahlungsbereitschaft der Nachfrager wird nicht in die Überlegungen einbezogen. Sie könnten den geforderten Preis nicht akzeptieren oder umgekehrt bereit sein, auch mehr zu bezahlen.

Diesen Bedenken steht der eindeutige Vorteil gegenüber, dass dieses Verfahren sehr einfach zu handhaben ist.

8.2.2.2 Konkurrenzorientierte Preisgestaltung

Der Preis, der für die Produkte am Markt erzielbar ist, hängt ab von qualitativ vergleichbaren Angeboten der Konkurrenten. Bei der konkurrenzorientierten Preisgestaltung orientiert sich die Preissetzung am Marktpreis, wobei unterschiedliche Strategien möglich sind:

▸ Orientierung am Marktführer oder Anpassung an den gängigen Marktpreis. Adaptive Preispolitik bedeutet den Verzicht auf eigene Gestaltungsoptionen.

▸ Konsequente Preisunterbietung. Ein aggressiver Preiskampf ist erfolgversprechend, wenn deutliche Kostenvorteile vorhanden sind.

▸ Konsequente Preisüberbietung. Bei einer überragenden Marktstellung müssen sich die Konkurrenten unterordnen.

Die konkreten Gestaltungsmöglichkeiten sind abhängig von der Beschaffenheit des Marktes, der Marktmacht der Konkurrenten und der Art der Produkte.

8.2.2.3 Nachfrageorientierte Preisgestaltung

Diese Methode orientiert sich an der Zahlungsbereitschaft der Nachfrager. Dazu muss der Nutzen eines Produktes für die Nachfrager abgeschätzt werden, denn sie werden nicht bereit sein, einen höheren Preis zu zahlen als ihren Nutzenzuwachs.

Beispiel

In einer Schreinerei sind folgende Daten bekannt:

Personalkosten	120.000 €
Materialkosten	840.000 €
Kapitalkosten	60.000 €

Durch Einsatz einer neuartigen Hobelmaschine werden sich folgende prozentuale Änderungen bei den Kostenarten ergeben:

Personalkosten	- 15 %
Materialkosten	- 8 %
Kapitalkosten	+ 10 %

Die Nutzenüberlegung ergibt:

Personalkosten	120.000 €	– 15 %	– 18.000 €
Materialkosten	840.000 €	– 8 %	– 67.200 €
Kapitalkosten	60.000 €	+ 10 %	+ 6.000 €
			– 79.200 €

Die Schreinerei wird die neue Maschine nur dann anschaffen, wenn ihr Preis niedriger ist als 79.200 €.

Der Nutzen kann selbstverständlich nicht in jedem Falle eindeutig ermittelt werden. Eventuell muss er geschätzt werden. Neben der Kostenersparnis kommt dazu gegebenenfalls auch ein Zusatznutzen wie Imagegewinn o. Ä. in Betracht.

8.2.2.4 Preisdifferenzierung
Preisdifferenzierungen können nur gelingen, wenn ein Markt in mehrere klar abgegrenzte Segmente aufgeteilt werden kann. Eine gleichartige Leistung kann dann zu unterschiedlichen Preisen angeboten werden (vgl. Abbildung 8.13).

8.2.2.5 Preisvariation
Bei Preisvariationen werden die Preise aus psychologischen Gründen zu einem bestimmten Anlass oder für einen bestimmten Zeitraum gesenkt. Beispiele: Rabatte, Boni, Preisabschriften (Der alte Preis ist durchgestrichen, aber noch erkennbar.), Preisbündelung (Mehrere Produkte werden gemeinsam zu einem Preis angeboten.) und saisonale Preise.

Ziele

Durch Preisvariationen können unterschiedliche Ziele verfolgt werden:
- **Unternehmensbezogene Ziele.** Glättung von Absatzschwankungen, Abbau überhöhter Lagerbestände.
- **Handelsbezogene Ziele.** Lagererhöhung im Handel, Preissenkung ohne Diskriminierung anderer Abnehmer.
- **Verbraucherbezogene Ziele.** Kaufanreize durch Sonderpreise, Anregung von Impulskäufen.

Abb. 8.13

Preisdifferenzierungen in unterschiedlichen Marktsegmenten

Zeitliche Preis-differenzierung	Zu unterschiedlichen Zeitpunkten werden für gleiche Leistungen verschiedene Preise verlangt.	‣ 9-Uhr-Ticket im öffentlichen Nahverkehr, ‣ Familientag in Kinos.
Regionale Preis-differenzierung	Eine gleiche Leistung wird an verschiedenen Orten zu anderen Preisen angeboten.	‣ Kfz-Versicherungen, ‣ Wohngebäudeversicherungen.
Personen-bezogene Preis-differenzierung	Der Preis einer definierten Leistung ist abhängig von persönlichen Kriterien.	‣ Studentenpreise, ‣ Seniorenpreise.

Abb. 8.14

Ausprägungen der Konditionenpolitik

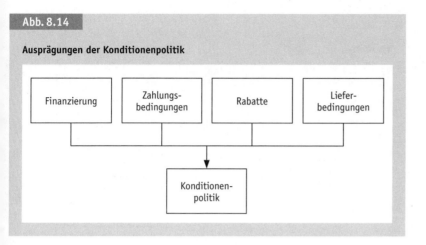

8.2.2.6 Konditionenpolitik

Neben dem Preis eines Gutes oder einer Dienstleistung spielen aus Kundensicht weitere Faktoren eine Rolle, die die Anschaffungskosten beeinflussen und die deshalb für die Kaufentscheidung ebenfalls wesentlich sind. Dies sind die Konditionen, die durch den Anbieter eingeräumt werden bzw. eingeräumt werden können (vgl. Abbildung 8.14).

Wichtig für Kaufentscheidung

Rabattpolitik

Rabatte sind prozentuale Abschläge auf einen Rechnungsbetrag, die dem Abnehmer unter bestimmten Bedingungen eingeräumt werden. Dafür werden von den Kunden Gegenleistungen erwartet, die auch zeitlich begrenzt sein können. Rabatte sollen die Kunden motivieren, sich so zu verhalten, wie es im Interesse der Anbieter liegt. Durch die Gewährung von Rabatten soll/sollen

▸ die Absatzmengen erhöht werden,
▸ die Auftragsabwicklung vereinfacht werden,
▸ die Kundenbindung – insbesondere bei Stammkunden – erhöht werden,
▸ die zeitliche Verteilung der Aufträge beeinflusst werden,
▸ bei optisch teuren Gütern das Image sichern, obwohl faktisch ein niedrigerer Preis eingeräumt wird,
▸ ein hohes Qualitätsniveau anzeigen, das durch Rabatte weniger als durch eine Preisreduktion beeinträchtigt wird.

Rabatte ermöglichen die gewünschte Differenzierung der Kundengruppen. Sie erlauben, trotzdem mit einheitlichen Listenpreisen für alle Abnehmer zu arbeiten und vermeiden Probleme, die mit verschiedenen Preislisten verbunden sein können. Die Werbung kann dabei weiterhin einheitlich sein. Rabatte stellen in den seltensten Fällen eine wirkliche Härte für den Verkäufer dar, sie sind in der Regel in seiner Kalkulation berücksichtigt.

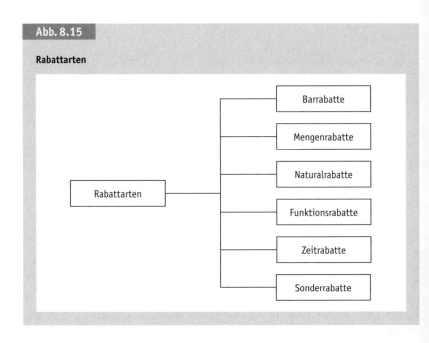

Abb. 8.15

Rabattarten

- Rabattarten
  - Barrabatte
  - Mengenrabatte
  - Naturalrabatte
  - Funktionsrabatte
  - Zeitrabatte
  - Sonderrabatte

Arten von Rabatten

Die Gewährung von Rabatten ist nicht unproblematisch, weil sie von den Abnehmern bald als Selbstverständlichkeit empfunden werden und dann auch nur noch schwer zurückgenommen werden können. Abbildung 8.15 zeigt unterschiedliche Arten von Rabatten.

Bei einem **Barzahlungsrabatt** gewährt der Anbieter dem Abnehmer einen **Skonto**, wenn er sich verpflichtet, den Preis innerhalb einer festgelegten kurzen Zahlungsfrist zu begleichen. Es handelt sich um einen Lieferantenkredit, der entsteht, wenn eine Ware oder eine Dienstleistung nicht sofort, sondern erst später bezahlt wird.

Ein **Mengenrabatt** wird gewährt, wenn ein Abnehmer bei einer einzelnen Bestellung oder innerhalb eines bestimmten Zeitraumes eine festgelegte Mindestmenge abnimmt. Aus Sicht des Anbieters werden die Kosten für die Bestellabwicklung und die Vertriebskosten gesenkt, je nach Produktionsweise können auch die Stückkosten durch den Mengendegressionseffekt sinken. Je größer die Menge ist, die ein Kunde abnimmt, desto kostengünstiger kann in den gegebenen Strukturen der Auftrag abgewickelt werden.

Beispiele

Bei der mehrfachen Schaltung von Anzeigen in Zeitungen oder Zeitschriften gelten Mal- und Mengenstaffeln. Beim Einkauf von Konsumgütern durch den Handel sind Rabattstaffeln üblich.

Wird ein Mengenrabatt im Nachhinein auf eine bestimmte Periode bezogen gewährt, spricht man auch von einem **Bonus**. Er wird bei Erreichen bzw. Überschreiten eines vereinbarten Mindestumsatzes gewährt. Kunden sollen so veranlasst werden, ein möglichst großes Volumen bei einem Unternehmen einzukaufen.

Bei einem **Naturalrabatt** wird kein Preisnachlass gewährt, sondern die Menge ohne Berechnung erhöht.

Funktionsrabatte werden typischerweise an Händler gewährt. Damit wird die Funktion vergütet, die sie in der Lieferkette erfüllen. Das betrifft in der Praxis vor allem die Lagerleistung.

Zeitrabatte werden in zwei unterschiedlichen Formen gewährt.

▸ Zum einen werden Preisnachlässe eingeräumt, wenn sehr frühzeitig oder sehr kurzfristig eine Leistung bezogen wird. Beispiel: Frühbucherrabatte bei Reisen.
▸ Zum andern werden Zeitrabatte für Saisonprodukte gewährt. Beispiele: Skier und Snowboards sind zum Ende der Wintersportsaison deutlich preiswerter.

Als **Sonderrabatte** werden alle sonstigen Arten von Preisnachlässen bezeichnet, z. B.:

▸ Jubiläumsrabatte werden zu Werbezwecken an wichtigen Jahrestagen o. Ä. eingeräumt.
▸ Bei Sonderaktionsverkäufen des Handels werden Restbestände außerhalb der Saison verkauft. Dazu wird vielfach ein Sonderrabatt eingeräumt.
▸ Die eigenen Betriebsangehörigen erhalten Preisnachlässe bei Käufen im eigenen Haus (Personalrabatt).
▸ Treuerabatt kann gewährt werden, wenn Kunden eine Leistung immer wieder in Anspruch nehmen. Viele Hotels räumen einen Treuerabatt ein.
▸ Der Kunde, der sein Geschäft erstmals mit den Produkten des Unternehmens ausstattet, bekommt oft einen Erstausstattungsrabatt. Dafür wird ein Neukunde gewonnen, der auch in Zukunft Waren vom Unternehmen beziehen wird.

8.2.3 Distributionspolitik

Der Erfolg eines Unternehmens hängt nicht nur ab von marktgerechten Produkten und einer überzeugenden Kommunikationspolitik, die Produkte müssen auch
▸ in der richtigen Menge,
▸ zur richtigen Zeit,
▸ am richtigen Ort,
▸ in der gewünschten Qualität,
▸ in bedarfsgerechter Form
möglichst nahe an die Kunden herangebracht werden.

> Die Distributionspolitik umfasst alle Maßnahmen, die den Weg der Produkte vom Hersteller zum Endabnehmer bestimmen.

Absatzwege

Zu entscheiden ist über die Transportmittel, die Transportwege und – falls notwendig – die Lagerorganisation. Abbildung 8.16 verdeutlicht, dass je nach Art des

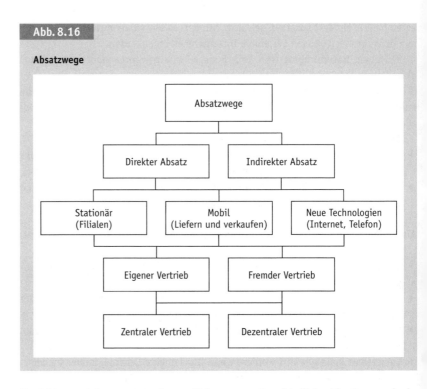

Abb. 8.16

Absatzwege

Produktes und der angesprochenen Zielgruppe unterschiedliche **Absatzwege** denkbar sind.

Im Rahmen der Distributionswirtschaft unterscheidet man zwischen betriebseigenen direkten und betriebsfremden indirekten **Vertriebsorganen**. Nicht in jedem Falle ist der Aufbau einer eigenen Vertriebsstruktur erforderlich, man kann sich auch betriebsfremder Einrichtungen und Personen bedienen und auf deren Know-how zurückgreifen. Bei direkten Absatzwegen ist der Vertrieb in den laufenden Betrieb eingegliedert. Man kann ihn besser kontrollieren und beeinflussen, muss aber die Strukturen selbst aufbauen.

Direkter und indirekter Absatz

Die Distributionspolitik bestimmt, welche **Vertriebswege** genutzt werden sollen. Die Entscheidungen werden abhängig sein vom Unternehmensziel, von der jeweiligen Phase des Produktlebenszyklus und von dem Markt, auf dem die Leistung erbracht werden soll. Ziele der **Distributionspolitik** können sein:

Ziele der Distributionspolitik

▸ Diversifizierung der Absatzkanäle,
▸ Konzentration auf wenige Absatzkanäle,
▸ Verdichtung des Verbreitungsgebietes,
▸ Beschleunigung der Verteilung,
▸ Senkung der Verteilungskosten,
▸ Verbesserung der Lieferbereitschaft.

In Abbildung 8.17 werden die Absatzwege nach unterschiedlichen Kriterien kategorisiert.

Abb. 8.17

Distributionskonzepte

Indirekter Verkauf	Direktverkauf	Sonderformen
▸ Handelsverkauf, ▸ Sammelgroßhandel, ▸ Marktveranstaltungen, ▸ Verteilergroßhandel, ▸ Einzelhandel, ▸ Kommissionsverkauf.	▸ Eigene Verkaufsstellen, ▸ persönlicher Direkt- verkauf, ▸ Telefonverkauf, ▸ E-Commerce, ▸ Franchising.	▸ Maklerverkauf, ▸ Kommissionsverkauf.
Exklusive Distribution	**Intensive Distribution**	**Selektive Distribution**
Der Absatz erfolgt über wenige Händler, dadurch bleibt eine hohe Kontroll-möglichkeit gesichert.	Der Absatz über viele Händler gewährleistet eine weite Verbreitung des Produktes.	Je nach Markt wird exklusive oder intensive Distribution betrieben.

Akquisitorische Distribution	Physische Distribution
Alle Maßnahmen, die dem Bestreben der Anbahnung oder der Festigung von Abnehmerkontakten dienen.	Körperlicher Transfer von Gütern vom Anbieter zum Nachfrager (Logistik).

8.2.3.1 Direkter Absatz

Im Direktvertrieb werden Produkte ohne Zwischenschritte vom Produzenten zum Verbraucher gebracht. Der Hersteller hat großen Einfluss auf die Absatzgestaltung und einen unmittelbaren Einfluss auf die Kundeninformation. Das ist vor allem vorteilhaft bei erklärungsbedürftigen Produkten.

Keine Zwischenebenen

Der Vertrieb kann über eigene Verkaufsniederlassungen oder durch Handelsvertreter und Reisende auf Provisionsbasis erfolgen. Allerdings ist der Aufbau eines eigenen Vertriebsnetzes oft teurer als die Einschaltung eines Vermittlers. Neben der Wahl des **Absatzkanals** muss eine Distributionsstrategie festlegen, mit wie vielen Partnern man auf jeder Distributionsstufe zusammenarbeiten will.

Zu den direkten Vertriebswegen zählt auch der Verkauf über Online-Shops und im Fernsehen.

▸ Als Internet-Marketing oder **E-Commerce** werden Distributionsmaßnahmen bezeichnet, die unter Verwendung elektronischer Datennetze geplant und realisiert werden.

▸ **E-Business** ist dagegen ein Oberbegriff, der neben dem Marketing u. a. auch die Beschaffung über das Internet und die Abwicklung weiterer unternehmensinterner und -externer Maßnahmen umfasst.

Die Regeln sind grundsätzlich dieselben wie im traditionellen Marketing, die Herausforderung liegt in der angemessenen Präsentation. Es wird eine attraktive Zielgruppe angesprochen, deren Mitglieder tendenziell fortschrittlich, gut ausgebildet und relativ wohlhabend sind. Diesen interessanten Kunden könne die Produkte weltweit und rund um die Uhr angeboten werden. Als Vorteile des Internet-Marketings gelten:

▸ Interaktivität, die Kunden können sich aktiv beteiligen.
▸ Individualisierung, die Maßnahmen können auf einzelne Kunden zugeschnitten werden.
▸ Flexibilisierung und Aktualität, Veränderungen sind kurzfristig und kostengünstig möglich.
▸ Ständige Verfügbarkeit,
▸ weltweite Abrufbarkeit.

8.2.3.2 Indirekter Absatz

Einschaltung von Absatz-
mittlern

Beim indirekten Vertrieb gelangt das Produkt über eine oder mehrere zwischengeschaltete Stufen, durch den sogenannten **Absatzkanal**, zum Endkunden. Durch die Einschaltung von Absatzmittlern besteht kein direkter Kontakt mehr zwischen dem Produzenten und den Verbrauchern.

▸ Der indirekte Absatz führt zu einer geringeren Kapitalbindung.
▸ Der Handel, der die Kundenwünsche am besten kennt, übernimmt die Zusammenstellung des Sortiments.
▸ Durch die Länge des Vertriebsweges steigen aber in der Regel die Vertriebskosten.

8.2.4 Kommunikationspolitik

Die Kommunikationspolitik dient dazu, die **Aufmerksamkeit** des Kunden zu gewinnen. Vor dem Kauf muss Interesse für das Produkt entwickelt werden, daraus entsteht das Verlangen, das Produkt zu besitzen. Kommunikationspolitik ist das Bindeglied zwischen der unternehmerischen Initiative und ihrer verkäuferischen Umsetzung im Markt.

> Die Kommunikationspolitik umfasst alle zielgerichteten Maßnahmen, die bei der Zielgruppe zur Beeinflussung der Meinungen, Einstellungen, Erwartungen und Verhaltensweisen eingesetzt werden können.

Der Bekanntheitsgrad oder das Produktwissen soll bei den Kunden verbessert, ihr Empfinden gegenüber dem Produkt positiv beeinflusst werden. Die Ziele werden mit der sogenannten AIDA-Formel zusammengefasst:

	englisch	deutsch
A	Attention	Aufmerksamkeit erregen
I	Interest	Interesse erwecken
D	Desire	Drang verstärken, sich zu orientieren
A	Action	Aktion herbeiführen

8.2.4.1 Werbung

Alle Formen der Marketingkommunikation wollen ihre Adressaten für ihr Unternehmen und die Produkte einnehmen, sie tragen eine Werbebotschaft.

> Werbung ist die bezahlte, nicht persönliche Präsentation und Förderung eines Produktes für ein großes Publikum.

Definition Werbung

Menschen sollen durch den Einsatz spezifischer Kommunikationsinstrumente zu einem bestimmten Verhalten veranlasst werden, das mit den absatzwirtschaftlichen Zwecken übereinstimmt.

Werbeziele

Werbung ist der eindeutige Schwerpunkt der Kommunikationspolitik. Ihre Ziele zeigt Abbildung 8.18.

Abb. 8.18

Werbeziele

Ziele und Funktionen der Werbung	Beispiele
Bekanntmachung	Hinweis auf Produkte und Dienstleistungen.
Information	Information über Eigenschaften von Produkten, z. B. Qualität, Einsatzmöglichkeiten, Preis.
Suggestion	Die Umworbenen sollen den Eindruck gewinnen, mit dem Produkt ihre Wünsche, Sehnsüchte, Träume usw. erfüllen zu können.
Imageverbesserung	Der Werbegegenstand soll sich positiv von Konkurrenzangeboten abheben.
Erinnerung	Wiederholung soll das Gedächtnis beeinflussen und Lernprozesse bewirken.

Werbeplanung

Die Werbeplanung bestimmt das systematische Vorgehen, um die Werbewirkung zu optimieren, den Erfolg zu sichern und die finanziellen Mittel wirtschaftlich einzusetzen. Die Werbeplanung umfasst als wesentliche Elemente:

▸ Auswahl des Werbeträgers,
▸ Festlegung des Zeitpunktes,
▸ Erscheinungsfrequenz,
▸ Werbebudget.

Abb. 8.19

Werbeträger

Werbeträger	Beispiele
Gedruckte Anzeigen	Tages- und Wochenzeitungen, Zeitungsbeilagen, Magazine und Illustrierte, Fachmagazine u.a.
Digitale Anzeigen	Websites, E-Mails.
Filme und Spots	Fernsehen, Rundfunk, Kino, Internet u. a.
Plakate	Plakatsäulen, Öffentliche Verkehrsmittel, Banden in Stadien u. a.
Objekte	Kugelschreiber, Schreibblocks, Schlüsselanhänger u. a.

Werbeträger

Die Medien, durch die eine Werbebotschaft an die Umworbenen herangetragen wird sind die Werbeträger (vgl. Abbildung 8.19). Sie sind verbal und/oder visuell gestaltet.

Das Image eines Werbeträgers spielt für den Erfolg der Werbebotschaft eine entscheidende Rolle, es muss zu dem beworbenen Produkt »passen«. So gelten Tageszeitungen als seriös, die Information wird als glaubwürdig eingestuft, Fernsehwerbung dagegen gilt als langweilig. Als **Gestaltungselemente** für die Werbeträger stehen zur Verfügung:

▶ Schriften,
▶ Bilder,
▶ Musik,
▶ Grafik,
▶ Farbe.

Sie sollen in einer sinnvollen Auswahl, Gestaltung und Kombination dazu beitragen, die Aufmerksamkeit der Zielgruppe zu wecken und so Interesse für das beworbene Produkt zu erzielen. Selbstverständlich spielt dabei die Art der Beschaffungsentscheidung (vgl. Abbildung 8.20) eine wichtige Rolle.

Werbeerfolgskontrolle

Durch die Werbeerfolgskontrolle soll festgestellt werden, wie erfolgreich einzelne Werbemaßnahmen waren und ob das Kaufverhalten der Umworbenen beeinflusst worden ist. Dazu müssten die Werbeaufwendungen den dadurch generierten Mehreinnahmen gegenübergestellt werden. Das bereitet in der Praxis Probleme, weil die Dauer der Werbewirkung kaum festzustellen ist und gleichzeitig die Zuordnung der Mehreinnahmen zu einer einzelnen Werbemaßnahme nicht möglich ist.

Trotzdem werden Untersuchungen dazu angestellt, wie sich eine **Zielgröße** wie Umsatz, Marktanteil o. Ä. durch eine Werbemaßnahme verändert hat. Abbildung 8.21 zeigt Beispiele. Das genaueste und gleichzeitig teuerste Verfahren der Werbeerfolgskontrolle ist die Beobachtung eines Testmarktes.

Abb. 8.20

Beschaffungsentscheidung

	Rationale Beschaffungs-entscheidung	Emotionale Beschaffungs-entscheidung
Botschaft	▸ Informativ ▸ Technische Daten ▸ Bezugsquellen ▸ Preis	▸ Bilder ▸ Melodien ▸ Farben usw.
Frequenz	Einmalige Information ausreichend.	Wiederholungen notwendig.
Beispiele	Heizkessel, Darlehen.	Süßigkeiten, modische Kleidung.

Abb. 8.21

Werbeerfolgskontrolle

Maßgrößen	▸ Umsatz, ▸ Gewinn, ▸ Marktanteil,	▸ Reichweite, ▸ kognitive Wirkungen, ▸ emotionale Wirkungen.
Messverfahren	▸ Zeitreihenanalyse, ▸ Querschnittanalyse,	▸ Befragungen, ▸ Tests.

8.2.4.2 Verkaufsförderung

Unter Verkaufsförderung (**Sales Promotion**) versteht man kurzfristige Anreize zum Kauf eines Produktes. Mit begrenztem Aufwand sollen schnelle Absatzerfolge erzielt werden. Die Maßnahmen werden zeitlich begrenzt eingesetzt und beziehen sich auf ein exakt eingegrenztes Marktsegment. Diese Marketingmaßnahme entwickelt sich immer stärker von einem begleitenden und unterstützenden Element zu einem eigenständigen Kommunikationsinstrument. Je nach Adressatenkreis unterscheidet man zwischen Verbraucher-, Außendienst- und Händler-Promotions. Abbildung 8.22 zeigt Beispiele.

Die Gründe für diese verkaufsfördernden Maßnahmen sind vielfältig, z. B.
▸ Wirksamkeitsverlust der klassischen Werbung,
▸ geringere Streuverluste durch gezieltere Ansprache auf segmentierten Märkten,
▸ Unterstützung des Handels am POS,
▸ Kaufentscheidungen für bestimmte Produkte fallen oft spontan,
▸ Unterstützung bei der Markteinführung,
▸ Voraussetzung für die Listung im Handel.

8.2.4.3 Public Relations

Wenn ein Anbieter in der Öffentlichkeit ein schlechtes **Image** hat, werden dadurch die absatzpolitischen Bemühungen in ihrer Effizienz beeinträchtigt. Eine Werbebotschaft muss glaubwürdig sein und mit den Erfahrungen und Meinungen der Nach-

Abb. 8.22

Sales Promotion

Verbraucher-Promotions	Handels-Promotions	Außendienst-Promotions
‣ Wettbewerbe, ‣ Preisausschreiben, ‣ Sonderangebote, ‣ persönlicher Verkauf in temporären Verkaufsstellen, ‣ Verkaufspräsentationen, ‣ Treuerabatte, ‣ Einführungspreise, ‣ Produktproben, ‣ Gutscheine.	‣ Naturalrabatte, ‣ Einsatz von Propagandisten, ‣ Produktdemonstration, ‣ Verteilung von Proben, ‣ Displays, ‣ Unterstützung durch andere Werbemaßnahmen.	‣ Incentives, ‣ Schulungen, ‣ Informationsveranstaltungen, ‣ Verkaufshilfen.

Positives Image erreichen

frager übereinstimmen. Das Ziel der **Öffentlichkeitsarbeit** (PR) besteht deshalb vor allem darin, ein positives Bild des Unternehmens zu vermitteln und eine Atmosphäre des Verständnisses und des Vertrauens zu schaffen. Dazu gehört auch die Kontaktpflege mit Behörden, Kunden, Presse und Meinungsbildnern. Öffentlichkeitsarbeit schafft das Klima, damit die Botschaften der Werbung ihr Ziel erreichen können.

Um auf indirektem Wege das Image des Unternehmens und seiner Produkte im Bewusstsein der Öffentlichkeit zu fördern, stehen zahlreiche Instrumente zur Verfügung:

‣ Verbreitung von Nachrichten im redaktionellen Stil,
‣ redaktionelle Beiträge z. B. in Fachzeitschriften,
‣ Informationen für Journalisten,
‣ Reden,
‣ Seminare,
‣ Jahresberichte,
‣ Image-Anzeigen,
‣ Image-Zeitschriften (Werkzeitschriften, Kundenzeitschriften),
‣ Vortragsveranstaltungen,
‣ Tage der offenen Tür,
‣ Vorträge,
‣ Stiftungen (für Forschungen, Wissenschaft, Sport).

8.2.4.4 Customer-Relationship

Kundenansprache und **Kundenpflege** sind ein wichtiger Teil der Kommunikationspolitik, weil die Gewinnung von Neukunden wesentlich teurer ist als die Kundenbindung. Der Service am Kunden rückt gerade bei zunehmender Konkurrenz immer mehr in den Vordergrund.

Abb. 8.23

Instrumente des Customer Relationship

schriftlich	mündlich	elektronisch
▸ Direktmarketing, ▸ Post, ▸ E-Mail, ▸ SMS, ▸ Fax.	▸ Telefon, ▸ Callcenter, ▸ VoIP, ▸ Face-to-Face-Kommuni- kation.	▸ Internet, ▸ E-Commerce, ▸ E-Business.

Customer-Relationship bezeichnet die Verwaltung von Kundenbeziehungen, die langfristig ausgerichtet sind, um den Erfolg des Unternehmens dauerhaft zu steigern.

Kundenbeziehungen sichern

Möglichst alle Daten von Kunden und alle Transaktionen mit ihnen werden gespeichert, um die Aufmerksamkeit auf besonders wichtige Nachfrager konzentrieren zu können und eventuelle Defizite im Dialog identifizieren zu können. Die konkreten Ziele müssen sich aus den allgemeinen Marketingzielen ergeben:

▸ Verbesserung der Orientierung an den Kundenwünschen, um möglichst maßgeschneiderte Angebote machen zu können,
▸ Analyse des Kaufverhaltens, um andere Kommunikationsinstrumente gezielt einsetzen und die Kauffrequenz steigern zu können,
▸ Ausschöpfung des Kundenpotenzials, auch durch Möglichkeiten des Upselling und Crossselling,
▸ Kostensenkung durch zentrale Erfassung und Bereitstellung der Kundendaten.

Die Kommunikation mit den Kunden erfolgt danach auf vielfältigen, individuell ausgerichteten Kanälen. Bedeutende zeigt Abbildung 8.23.

8.2.4.5 Sponsoring

Sponsoring sind Zuwendungen, für die ein mittelbarer oder unmittelbarer Nutzen bzw. eine Gegenleistung erwartet wird.

Definition Sponsoring

Die Werbewirkung, die durch das Sponsoring entsteht, stellt den Hauptanreiz für die Zuwendungen dar (vgl. Abbildung 8.24). Die erkennbare Übernahme von gesellschaftlicher Verantwortung soll das eigene Profil schärfen und das Image verbessern.

Unternehmen setzen Sponsoring ein, um Zielgruppen zu erreichen, die sich über andere, traditionelle Werbeformen nicht erreichen lassen, oder um durch die Sponsoringaktivitäten ein Absatz förderndes Image aufzubauen und zu verstärken. Die inhaltliche Anbindung muss stets beachtet werden und deutlich erkennbar sein. Diese Kriterien erfüllt Sponsoring immer dann, wenn die Vereinbarungen einen möglichst direkten Bezug zu dem Empfänger der Leistungen aufweist.

Abb. 8.24

Sponsoringziele

Ziele des Sponsors	Ziele des Empfängers
‣ Imageverbesserung, ‣ Stärkung der Corporate Identity, ‣ Erreichung von Gruppen und Personen, die durch Werbung angesprochen werden können, ‣ öffentlichkeitswirksame Veranstaltungen.	‣ Erschließung neuer Geldquellen, ‣ Erschließung von Sachleistungsquellen, ‣ Inanspruchnahme organisatorischer Unterstützung, ‣ Nutzung von Kontakten des Sponsors.

Unterstützt werden Sport, Kunst-, Kultur- und Sozialeinrichtungen, aber auch Personen oder Veranstaltungen. Im Gegenzug wird das Engagement publikumswirksam öffentlich gemacht. Der Sponsoringauftritt soll ein Bild prägen, das positiv und langfristig in Erinnerung bleibt. Deshalb sollen Sponsoringaktivitäten die Gemeinsamkeiten der Beteiligten erkennbar machen und idealerweise in längerfristige Partnerschaften münden.

Beispiel **Sponsoringaktivitäten**
Ein Sonnenstudio stattet die örtliche Frauenfußballmannschaft mit zwei Sätzen Trikots aus mit der Folge, dass sie nicht vom Verein beschafft werden müssen. Vertraglich wird festgelegt, welche Gegenleistung das Sonnenstudio erhält. Denkbar sind z. B. ein Logo auf den Trikots, Bandenwerbung, Hinweise in den Veröffentlichungen des Vereins u. Ä.

Geld-, Sach- oder Dienst-
leistungen

Sponsoring kann nicht nur als Geldleistung erfolgen, ebenso sinnvoll können Sach- und Dienstleistungen sein. Produkte können bereitgestellt werden und kostenlose Dienstleistungen können in den unterschiedlichsten Einsatzbereichen helfen, Ausgaben zu vermeiden.

Anhand von definierten qualitativen und quantitativen **Indikatoren**, die vor der Sponsoringmaßnahme festgelegt werden, muss das Ausmaß der Zielerreichung überprüft werden. Dazu wird untersucht, welche Auswirkungen das Sponsoring hatte und welche Verbesserungen zukünftig möglich sind.

8.2.5 Marketing-Mix

Die Darstellung der Marketinginstrumente legt nahe, sie nicht einzeln isoliert einzusetzen, sondern situations- und zielbezogen zu kombinieren.

> Als Marketing-Mix wird die Gesamtheit aller Marketingmaßnahmen bezeichnet, die für einzelne Leistungsangebote zur Erreichung der Marketingziele am Markt gegenüber den potenziellen Kunden eingesetzt werden.

Zusammenwirken der Marketingmaßnahmen

Die Bestandteile des Marketing-Mix ergeben sich aus Abbildung 8.25. Er enthält nach gängiger Einteilung die **»4 P«:**

Product	Produkt
Price	Preis
Promotion	Kommunikation
Place	Distribution

Wird das Beziehungsmarketing stärker in den Vordergrund gerückt, liegt der Schwerpunkt beim Einsatz der Marketinginstrumente auf den **»3 R«:**

Recruitment	Gewinnung neuer Kunden
Retention	Vertiefung und Festigung bestehender Kundenbeziehungen
Recovery	Abgewanderte Kunden müssen zurückgewonnen werden

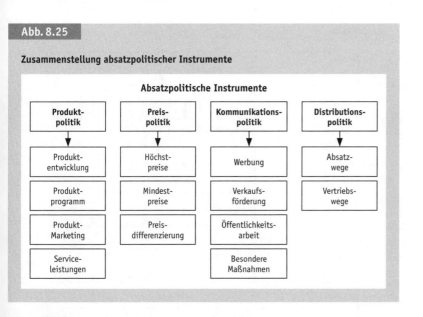

Abb. 8.25

Zusammenstellung absatzpolitischer Instrumente

Absatzpolitische Instrumente

Produkt-politik	Preis-politik	Kommunikations-politik	Distributions-politik
Produkt-entwicklung	Höchst-preise	Werbung	Absatz-wege
Produkt-programm	Mindest-preise	Verkaufs-förderung	Vertriebs-wege
Produkt-Marketing	Preis-differenzierung	Öffentlichkeits-arbeit	
Service-leistungen		Besondere Maßnahmen	

8.3 Vertriebsmanagement

> Das Vertriebsmanagement umfasst alle Aktivitäten und Maßnahmen, die der Erreichung der Verkaufsziele dienen.

Deshalb müssen die Funktionsbereiche Marketing, Verkaufsinnen- und -außendienst, Kundendienst, Service, aber auch Entwicklung, Konstruktion und Produktion so integriert werden, dass Produkte und Dienstleistungen angeboten werden können, die den Kundenanforderungen entsprechen.

8.3.1 Vertriebsorganisation

Im Vertrieb werden neue Kunden gewonnen und Bestandskunden betreut. Die Vertriebsorganisation sichert die effiziente Gestaltung des Vertriebsprozesses. Dazu müssen:

▸ die Bestellannahme,
▸ der Kundendienst,
▸ die Terminplanung,
▸ die Auslieferung,
▸ die Rechnungsstellung

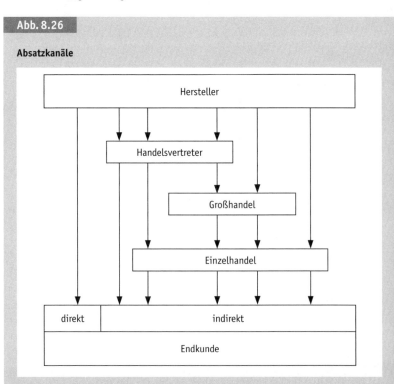

Abb. 8.26

Absatzkanäle

geplant, durchgeführt und überwacht werden. Die Mitarbeiter im **Außendienst** haben bei der Akquisition und der Distribution den unmittelbaren Kundenkontakt, der **Innendienst** entlastet sie von internen Aufgaben.

Der Vertrieb kann nach Absatzprodukten, Absatzkanälen (vgl. Abbildung 8.26) oder Absatzmärkten organisiert werden.

Gegebenenfalls sind dabei Einschränkungen zu beachten:

▸ **Räumliche Beschränkung**: Die Produkte werden nur in einer bestimmten Region angeboten.

▸ **Personelle Beschränkung**: Die Produkte werden nur bestimmten Kunden angeboten.

▸ **Zeitliche Beschränkung**: Die Produkte werden nur in einem bestimmten Zeitraum angeboten.

8.3.2 Vertriebscontrolling

Die Verantwortlichen für den Vertrieb sind bei ihren Entscheidungen auf ein aussagefähiges Vertriebscontrolling angewiesen. Zentraler Ansatzpunkt sind alle Entscheidungen, die direkte Auswirkungen auf die Vertriebsaktivitäten haben. Das Vertriebscontrolling soll die Unternehmensleitung und die Fach- und Führungskräfte in Vertrieb und Marketing bei ihren betriebswirtschaftlichen Planungs-, Koordinierungs-, Durchführungs- und Kontrollprozessen unterstützen. Die optimale Kundenbetreuung und -pflege wird durch gegenwarts- sowie zukunftsorientierte Betrachtungen sichergestellt. Die Ziele des Vertriebscontrollings sind deshalb:

Aufgaben des Vertriebscontrollings

▸ Definition transparenter und eindeutiger Zielvorgaben.

▸ Abweichungsanalysen, wenn die Soll-Vorgaben nicht erreicht werden konnten.

▸ Anpassung der Vertriebsziele an die veränderte Situation:
 – Anpassung der Zielinhalte,
 – Anpassung des Zielerreichungsgrades,
 – Anpassung des Zeitpunktes, an dem das Ziel erreicht werden soll.

Zu den wichtigsten **Instrumenten** zählen:

▸ Vertriebserfolgsrechnung,

▸ Break-even-Analyse,

▸ Deckungsbeitragsrechnung,

▸ Vertriebskennzahlensysteme,

▸ Kundenstrukturmanagement,

▸ Produktlebenszyklus-Analyse,

▸ Portfolio-Analyse,

▸ GAP-Analyse,

▸ Vertriebswegeanalyse.

8.4 Internationale Geschäftsbeziehungen

8.4.1 Außenhandel

Als Außenhandel wird der Teil des Handels bezeichnet, der über die Staatsgrenzen hinweg betrieben wird. Er soll durch internationale Arbeitsteilung den Wohlstand steigern. Die wichtigsten Unterschiede zum Binnenhandel bestehen in höheren Kosten und Risiken. Grenzüberschreitender Handel verursacht Kosten durch:

▸ Zölle,
▸ höhere Transportkosten,
▸ höheren Zeitaufwand.

Die Risiken sind in Abbildung 8.27 zusammengefasst.

Während traditionell der internationale Handel durch bilaterale Verträge über Zölle und Beschränkungen reguliert worden ist, wird die internationale Handelsstruktur seit dem Zweiten Weltkrieg zunehmend mit multilateralen Verträgen und Vereinbarungen geregelt.

WTO

Die World Trade Organisation ist eine Sonderorganisation der UN zur Festlegung und Überwachung von verbindlichen Regeln zu den internationalen Handelsbeziehungen. Der WTO gehören mehr als 130 Staaten an. Sie überwacht alle geschlossenen Abkommen über den Handel mit Waren, Dienstleistungen und geistigem Eigentum. Bei Handelskonflikten soll sie für Streitschlichtung sorgen. Ihre wichtigsten Regeln sind im Folgenden aufgeführt.

Abb. 8.27

Risiken im Außenwirtschaftsverkehr

Wirtschaftliche Risiken	Wechselkursrisiken	Politische Risiken
Herstellungsrisiko	Kursänderungsrisiken	Warenbezogene Risiken – Beschlagnahme – Vernichtung
Warenannahmerisiko	Für den Exporteur: Abwertungsrisiko der ausländischen Währung	Forderungsbezogene Risiken – Konvertierungsrisiko – Transferrisiko – Moratorium
Forderungsrisiken Zahlungsverzug Zahlungsverweigerung Zahlungsunfähigkeit	Für den Importeur: Aufwertungsrisiko der ausländischen Währung	
Transportrisiko		

‣ **Reziprozität**, das Prinzip der Gegenseitigkeit,
‣ **Liberalisierung**, der Abbau von Handelshemmnissen,
‣ **Nichtdiskriminierung** durch Meistbegünstigung.

Grundsätze der WTO

Im Rahmen der WTO geht es nicht um eine Vereinheitlichung des Wettbewerbsrechts, sondern um die Vereinbarung von **internationalen Mindeststandards** und die Einführung internationaler Wettbewerbsregeln (sogenanntes »Singapur-Thema«). Zumindest langfristig sollen Vereinbarungen getroffen werden, um Wettbewerbsverzerrungen zu vermeiden, Marktzugang zu gewährleisten und dadurch die Vorteile der Handelsliberalisierung zu sichern. Angestrebt werden

‣ die Verbesserung der internationalen Zusammenarbeit der Wettbewerbsbehörden,
‣ die Schaffung international verbindlicher Wettbewerbs-Mindeststandards (insbesondere Verhinderung horizontaler Absprachen wie Preis- und Quotenkartelle),
‣ die Einrichtung eines klar definierten Streitschlichtungsmechanismus für Wettbewerbsstreitigkeiten,
‣ die Schaffung eines Wettbewerbspolitischen Ausschusses bei der WTO als Forum für die Weiterentwicklung der Vereinbarungen.

Weltbankgruppe

Die Weltbank ist eine Organisation der Vereinten Nationen. Sie wurde 1944 in Bretton Woods gegründet, um den Wiederaufbau in Europa nach dem Zweiten Weltkrieg zu fördern. Die Weltbank hat 185 Mitgliedstaaten, die auch dem IWF angehören müssen.

Der Schwerpunkt ihrer aktuellen Arbeit liegt in der Bekämpfung der Armut. Die Weltbank fördert die Ausbildung, Gesundheit und eine starke Wirtschaft durch langfristige Kredite, technische Hilfen und Beratung in den Entwicklungsländern.

Aufgaben der Weltbank

Die finanzierten Projekte müssen grundsätzlich international ausgeschrieben werden, sofern dies technisch möglich und wirtschaftlich sinnvoll ist. Bevor ein Darlehen gewährt wird, erfolgt eine Prüfung der Wirtschaftslage des kreditnehmenden Landes und eine ausführliche Projektprüfung. Etwa ein Jahr nach voller Auszahlung der Mittel wird ein Bericht erstellt, in dem die Ergebnisse des Vorhabens überprüft werden. Die Art der geförderten Projekte hat immer wieder zu ernster Kritik an der Politik der Weltbank geführt. Da oft kapitalintensive Vorhaben (Staudämme, Hotelanlagen, Transportwege) finanziert worden sind, war der unmittelbare Nutzen für die Bevölkerung oft nicht erkennbar.

OECD

Die Organisation für wirtschaftliche Zusammenarbeit und Entwicklung – ein Zusammenschluss von 34 zumeist hoch entwickelten Ländern, die sich der Marktwirtschaft verpflichtet fühlen – vertritt die Auffassung, dass durch mehr Wettbewerb die Produktivität erhöht werde und gleichzeitig der Wettbewerbsdruck die Innovationen und eine schnellere Verbreitung neuer Technologien fördere. Reallohnsteigerungen seien die Folge, weil die Preise durch den starken Wettbewerb sinken. Die OECD

Zusammenschluss
von Industrieländern

empfiehlt deshalb, die Privatisierung öffentlicher Unternehmen voranzutreiben, Bürokratie abzubauen, den Beschäftigungsschutz zu lockern und qualifikationsbezogene Zugangsvoraussetzungen im Handwerk abzuschaffen.

Die OECD will dadurch folgende Ziele fördern:

▸ nachhaltiges Wirtschaftswachstum,
▸ höhere Beschäftigung,
▸ Steigerung des Lebensstandards,
▸ Erhöhung des Welthandels,
▸ Förderung der Entwicklung anderer Länder,
▸ Sicherung der finanziellen Stabilität.

Europäische Union

Die EU ist der wirtschaftliche und politische Zusammenschluss von 28 Staaten (das Vereinigte Königreich wird die EU voraussichtlich verlassen), die einen Teil ihrer staatlichen Souveränität abgetreten haben, vor allem an die EU-Kommission und das Europäische Parlament. Die EU kann europäische Hoheitsakte erlassen, die in ihrer Wirkung einer staatlichen Gesetzgebung entsprechen. Allerdings sind die Staaten durch den Ministerrat an allen Entscheidungen beteiligt.

Europäisches Recht

Weil die EU eine Konföderation und kein Bundesstaat ist, bilden Verträge die Grundlage für das umfangreiche Europäische Recht, das hauptsächlich aus Richtlinien und Verordnungen besteht:

▸ Mit Richtlinien wird für alle Mitgliedstaaten ein gemeinsames Ziel festgelegt. Die konkrete Umsetzung bleibt aber den Mitgliedstaaten überlassen.
▸ Verordnungen gelten unmittelbar in allen Mitgliedstaaten.

Vertraglich ist genau festgelegt, in welchen Politikbereichen die Organe der Gemeinschaft allein zuständig sind, in welchen sie mit den Regierungen der Mitgliedstaaten zusammenarbeiten und in welchen die Staaten weiterhin autonom entscheiden.

▸ In der Agrarpolitik, Außenhandelspolitik, Wettbewerbspolitik und Geldpolitik liegt die Zuständigkeit ausschließlich bei den Organen und Institutionen der EU.
▸ In anderen Politikbereichen, z. B. Umwelt, Verbraucherschutz, Einwanderung und Forschung, werden bindende Rahmenrichtlinien beschlossen, die von den nationalen Parlamenten innerhalb einer bestimmten Frist in nationales Recht umgesetzt werden müssen. Die Entwürfe dazu legt die Kommission vor, die Minister der Mitgliedstaaten beschließen gemeinsam mit dem Europäischen Parlament.
▸ In anderen Bereichen handeln die Regierungen der Mitgliedstaaten allein und stimmen sich lediglich untereinander ab. Die EU kann dazu Leitlinien vorgeben. Zu diesen Teilbereichen gehören die Wirtschafts- und Finanzpolitik, die Bildungspolitik und die Familienpolitik.

Gründe für die EU

Für die europäische Einigung können sechs wesentliche Motive angeführt werden:

▸ **Friedenssicherung.** Von Beginn an war die Sicherung des Friedens in Europa ein wichtiges Argument für die Aufnahme neuer Staaten in die Gemeinschaft. Es hatte sogar Vorrang, wenn ökonomische Gründe eher gegen eine Aufnahme sprachen.

▸ Zugehörigkeit zu einer **Wertegemeinschaft.** Der Schutz der Menschenrechte und Rechtssicherheit gehören ebenfalls zu den gemeinsamen Werten, denen sich die Mitgliedstaaten verpflichtet fühlen. Sie fördern humane und fortschrittliche Werte, damit die globalen Veränderungen zum Vorteil ihrer Bürger genutzt werden können. Freiheits- und Gleichheits-, wirtschaftliche sowie soziale Rechte sind z. B.:
  – Gedanken-, Gewissens- und Religionsfreiheit,
  – Meinungs- und Informationsfreiheit,
  – Versammlungs- und Vereinigungsfreiheit, Streikrecht,
  – Recht der Arbeitnehmer auf Unterrichtung und Anhörung,
  – Freiheit von Kunst und Wissenschaft,
  – Recht auf Bildung,
  – Recht auf Gesundheitsschutz,
  – unternehmerische Freiheit,
  – das Recht, in jedem Mitgliedsstaat Arbeit aufzunehmen,
  – Recht auf Vereinbarkeit von Familien- und Berufsleben.
Nach dem Vertrag von Lissabon können in die EU nur Staaten aufgenommen werden, die die europäischen Werte nicht nur achten, sondern auch aktiv fördern.

▸ Steigerung des wirtschaftlichen **Wohlstandes.** Die Europäische Union ist der größte Wirtschaftsraum und die größte Handelsmacht. Für einen großen Markt kann günstiger produziert werden, Kursschwankungen, Grenzkontrollen und unterschiedliche Vorschriften entfallen.
Die Mitgliedschaft in der EU schafft die Größe (»kritische Masse«), um den Einfluss Europas auf globaler Ebene erhalten zu können.
Strukturfonds sollen zur Verringerung der Ungleichheiten zwischen den verschiedenen Teilen Europas beitragen.

▸ Mehr Einfluss auf die Außen- und Sicherheitspolitik. Die EU kann eine größere **weltpolitische Verantwortung** übernehmen als Einzelstaaten. Außen- und sicherheitspolitische Entscheidungen könne allerdings nur gemeinsam getroffen werden.
Die Umsetzung erfolgt durch den Hohen Vertreter der Union für Außen- und Sicherheitspolitik, der von einem eigenen diplomatischen Dienst, dem Europäischen Auswärtigen Dienst, unterstützt wird.

▸ **Lösung grenzüberschreitender Probleme.** Vielen politischen Problemen kann auf nationaler Ebene nicht mehr wirkungsvoll begegnet werden. Beispiele sind Drogenhandel, Terrorismusbekämpfung, Umweltschutz und Geldwäsche. Die beteiligten Länder arbeiten im Europäischen Polizeiamt Europol zusammen.

▸ Stärkung der **Völkerfreundschaft.** Die EU unterstützt mit einer Vielfalt von Angeboten die Aktivitäten zur Festigung einer guten Nachbarschaft, z. B. durch zahlreiche Austauschprogramme. Gemeinsame Werte und Rechte stärken das Gefühl der Zusammengehörigkeit. Die regionalen Besonderheiten und die Vielfalt der Traditionen und Kulturen sollen dabei erhalten und gefördert werden.

8.4.2 Kooperationen im Außenhandel

International sind prinzipiell die gleichen Kooperationen möglich wie national. Allerdings haben sich einige typische Formen entwickelt, bei denen rechtlich selbstständige Unternehmen bei Außenhandelsgeschäften zusammenarbeiten.

Lizenzvertrag
Bei einem Lizenzvertrag überlässt der Inhaber eines gewerblichen Schutzrechtes (z. B. Urheberrecht, Patent, Gebrauchsmuster) die Nutzungsrechte daran einem Lizenznehmer gegen Entgelt.

Franchising
Beim Franchising übernimmt der Franchisenehmer ein Geschäftsmodell von dem Franchisegeber gegen Entgelt. Er ist rechtlich selbstständig, aber die Rechte und Pflichten zwischen ihm und dem Franchisegeber sind so detailliert geregelt, dass die Vertriebsstätten wie Filialen erscheinen. Beispiele: McDonald´s, Subway, Hertz.

Joint Venture
Bei einem Joint Venture wird von mehreren Unternehmen eine neue selbstständige Geschäftseinheit gegründet. Sie ist rechtlich und organisatorisch von den Gründungsunternehmen unabhängig. Die Gründungsgesellschaften bringen außer dem Kapital meistens weitere Erfolgspotenziale ein, die sich gegenseitig ergänzen. Das Joint Venture ist also durch Kooperation bei gleichzeitiger Autonomie gekennzeichnet.

8.4.3 Interkulturelle Kommunikationsdimensionen

Kommunikation bezeichnet die Übertragung von Informationen zwischen einem Produzenten (z. B. Sprecher, Schreiber) und einem Rezipienten (z. B. Hörer, Leser). Die **Kommunikationsformen** sind bei interkulturellem Austausch von besonderer Bedeutung, weil sie in verschiedenen Kulturkreisen unterschiedliche Auswirkungen haben. Zu beachten sind:

Unterschiedliche Kommunikationsformen

▸ **Verbale Kommunikation und Sprachrhythmus.** Wer mit einem Gespräch beginnt und ob man den Gesprächspartner ausreden lässt oder ihm ins Wort fallen kann, ist stark kulturabhängig.

▸ **Niedriger und hoher Kontext.** Bei niedriger Kontextkultur sind der Gesprächsort, die Position des Gesprächspartners und der Gesprächsanlass unerheblich. Eine hohe Kontextkultur ist dadurch gekennzeichnet, dass Gespräche mit allgemeinen Themen (Small Talk) beginnen und erst dann über geschäftliche Themen gesprochen wird, wenn sich die Partner für loyal und zuverlässig halten.

▸ **Paraverbale Kommunikation.** Kulturbedingte Nuancen, Lautstärke und Doppeldeutungen bestimmen die idiomatische Bedeutung mit.

▸ **Körpersprache.** Der sozial akzeptierte Körperabstand ist kulturell bedingt sehr unterschiedlich. Derselbe Abstand kann einmal als Distanzierung, in anderer Situation als aufdringlich empfunden werden.

▸ **Augenkontakt.** In europäischen Kulturen ist es höflich, dem Kommunikationspartner in die Augen zu blicken, in eine andere Richtung schauen gilt als desinteressiert. In anderen Ländern wäre es dreist, sich in die Augen zu schauen.

▸ **Berührung.** Während in vielen Ländern ein fester Händedruck üblich ist, gilt das in anderen bereits als Übergriff und in manchen Kulturkreisen werden Männer Frauen gar nicht die Hand geben.

Die Unterschiede beruhen weitgehend auf anderen Gewichtungen und der Akzeptanz der **kulturellen Dimensionen**:

»Kulturelle Dimensionen«

▸ **Machtdistanz** beschreibt, in welchem Ausmaß Entscheidungen delegiert werden und Betroffene Mitsprachemöglichkeiten erwarten. In Kulturen mit großer Machtdistanz sind Organisationen stark hierarchisch und bürokratisch geprägt.

▸ **Individualismus** gilt als Maßstab für das Verhältnis zwischen Eigeninitiative und staatlicher Fürsorge. In kollektivistischen Kulturen dominieren die Werte der Gruppe, in individualistisch geprägten stehen die Selbstständigkeit und die persönliche Entfaltung im Vordergrund.

▸ **Maskulinität** zeigt, in welchem Ausmaß von Männern und Frauen unterschiedliche Rollenmuster gelebt werden. In femininen Kulturen wird keine Rollenteilung angestrebt.

▸ **Unsicherheitsvermeidung** zeigt, welche Regelungsdichte zur Vermeidung von Unsicherheitsgefühlen angestrebt wird. In Kulturen mit wenig Unsicherheitsvermeidung wird weniger geplant und strukturiert, dafür wird mehr auf Eigeninitiative gesetzt.

▸ **Langzeitorientierung** beschreibt das Ausmaß der langfristigen Planung in einer Gesellschaft. Hohe Langzeitorientierung führt zu einem sparsameren Umgang mit Ressourcen und zu einer größeren Beharrlichkeit bei der Verfolgung der Ziele.

8.5 Spezielle Rechtsaspekte

8.5.1 Wettbewerbsrecht

Die Aufgabe der Wettbewerbspolitik besteht darin, im Interesse der Verbraucher und der Unternehmen den Zugang zu den Märkten zu sichern.

Wettbewerbspolitik

> Voraussetzungen für einen funktionierenden Wettbewerb sind die Wettbewerbsfreiheit und Wettbewerbsregeln.

Die Funktionen des Wettbewerbs sind in Abbildung 8.28 dargestellt.

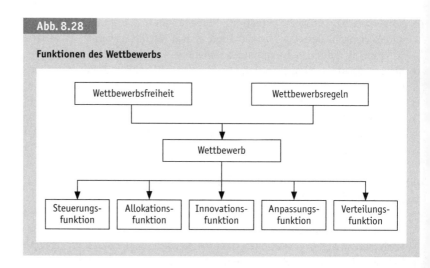

Abb. 8.28

Funktionen des Wettbewerbs

8.5.1.1 Verbot unlauteren Wettbewerbs

Durch das **Gesetz gegen unlauteren Wettbewerb** (UWG) sollen Konkurrenten, Verbraucher und sonstige Marktteilnehmer vor unlauterem Wettbewerb geschützt werden.

> »Unlautere geschäftliche Handlungen sind unzulässig, wenn sie geeignet sind, die Interessen von Mitbewerbern, Verbrauchern oder sonstigen Marktteilnehmern spürbar zu beeinträchtigen.« (§ 3 Abs. 1 UWG)

Unlautere geschäftliche Handlungen sind z. B.:
▸ Ausnutzung der geschäftlichen Unerfahrenheit,
▸ Ausnutzung einer Zwangslage,
▸ Verkaufsförderung durch Gewinnspiele,
▸ sogenannte Schleichwerbung,
▸ Missbrauch von Warenzeichen,
▸ Herabsetzung des Konkurrenten,
▸ irreführende Werbung,
▸ unzumutbare Belästigungen,
▸ Irreführung durch unwahre Angaben,
▸ Schneeballsysteme,
▸ Geheimnisverrat.

Vergleichende Werbung ist ebenfalls im UWG geregelt und seit 2000 aufgrund einer EG-Richtlinie unter bestimmten Voraussetzungen erlaubt.

8.5.1.2 Kartellverbot

Das – auch »**Kartellgesetz**« genannte – Gesetz gegen Wettbewerbsbeschränkungen (GWB) soll der Erhaltung eines funktionierenden Wettbewerbs dienen und den

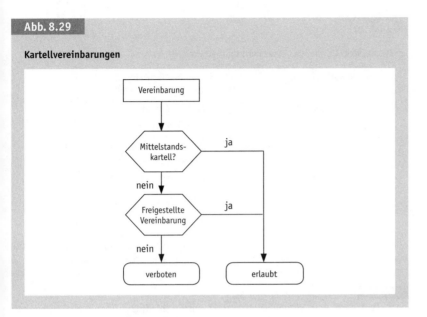

Abb. 8.29

Kartellvereinbarungen

Missbrauch von Marktmacht verhindern. Die drei Säulen des Gesetzes sind die Kartellbekämpfung, die Missbrauchsaufsicht und die Fusionskontrolle.

Kartellverbot

Absprachen zwischen rechtlich selbstständigen Unternehmen (**Kartelle**) sind grundsätzlich verboten.

> »Vereinbarungen zwischen Unternehmen, Beschlüsse von Unternehmensvereinigungen und aufeinander abgestimmte Verhaltensweisen, die eine Verhinderung, Einschränkung oder Verfälschung des Wettbewerbs bezwecken oder bewirken, sind verboten.« (§ 1 GWB)

Definition Kartelle

Ausnahmen bilden nur Mittelstandkartelle und die sogenannten Freigestellten Vereinbarungen. Abbildung 8.29 verdeutlicht den Zusammenhang.

Mittelstandskartelle sind zulässig, wenn sie den Wettbewerb nicht wesentlich beeinträchtigen und wenn sie dazu dienen, die Wettbewerbsfähigkeit kleiner und mittlerer Unternehmen zu verbessern.

Eine **Freigestellte Vereinbarung** liegt vor, wenn eine wettbewerbsbeschränkende Maßnahme

‣ zur Verbesserung der Warenerzeugung oder -verteilung beiträgt und
‣ die Verbraucher an den durch die Vereinbarung entstehenden Vorteilen angemessen beteiligt sind und
‣ die Wettbewerbsbeschränkung unerlässlich ist, um die angestrebten Verbesserungen zu erreichen und
‣ der Wettbewerb nicht ausgeschaltet wird.

Abb. 8.30

Formen des Missbrauchs einer marktbeherrschenden Stellung

Behinderungsmissbrauch	Ausschließlichkeitsbindungen Lieferungsverweigerungen
Ausbeutungsmissbrauch	Forderung überhöhter Preise
Strukturmissbrauch	Preisspaltung
Missbrauch durch Zugangsverweigerung	Bei eigenen Netzen oder Infrastruktureinrichtungen
Sachlich nicht gerechtfertigte Ungleichbehandlung	Gewährung von besonderen Vergünstigungen

Solche Freistellungen können sich z. B. auf Absprachen über Normen beziehen. Die Verbraucher genießen dabei in der Regel einen angemessenen Vorteil.

Beispiel

Zum Abspielen von Videokassetten sind unterschiedliche Techniken entwickelt worden. Erst die Absprache, das VHS-System als Standard zu definieren, ermöglichte, alle Bänder auf allen Geräten abspielen zu können.

Marktbeherrschende Stellungen

Voraussetzungen

Eine marktbeherrschende Stellung wird angenommen, wenn ein Unternehmen auf einem relevanten Markt
▸ ohne Wettbewerber ist oder keinem wesentlichen Wettbewerb ausgesetzt ist oder
▸ eine im Verhältnis zu seinen Wettbewerbern überragende Marktstellung hat.

Nach dem GWB wird vermutet, dass eine marktbeherrschende Stellung in folgenden Fällen vorliegt:

1 Unternehmen	mit 1/3 Marktanteil
3 Unternehmen	mit 1/2 Marktanteil
5 Unternehmen	mit 2/3 Marktanteil

Abbildung 8.30 zeigt Beispiele missbräuchlicher Ausnutzung einer marktbeherrschenden Stellung.

Fusionskontrolle

Nach dem GWB sind kontrollpflichtige und nicht kontrollpflichtige Zusammenschlüsse zu unterscheiden. Fusionen sind kontrollpflichtig, wenn im letzten Geschäftsjahr vor dem Zusammenschluss
▸ die beteiligten Unternehmen insgesamt weltweit Umsatzerlöse von mehr als 500 Millionen Euro und
▸ mindestens ein beteiligtes Unternehmen im Inland Umsatzerlöse von mehr als 25 Millionen Euro sowie ein anderes mehr als 5 Millionen Euro erzielt hat.

Kontrollpflichtige Fälle sind vorher anzumelden (§ 39 GWB). Das Bundeskartellamt kann Zusammenschlüsse von Unternehmen verbieten, missbräuchliche Verhaltensweisen untersagen, Auflagen erteilen und bei Verstößen auch Geldbußen verhängen.

Der Bundesminister für Wirtschaft und Technologie kann aber einen vom Bundeskartellamt untersagten Unternehmenszusammenschluss trotzdem erlauben, wenn im Einzelfall die Wettbewerbsbeschränkung von gesamtwirtschaftlichen Vorteilen aufgewogen wird oder der Zusammenschluss durch ein überragendes Interesse der Allgemeinheit gerechtfertigt ist (**Ministererlaubnis**). Ministererlaubnis

8.5.2 Markenrecht

Ein Produkt wird durch einen unverwechselbaren Namen oder ein Zeichen zu einer Marke. Dadurch werden Waren und Dienstleistungen von Konkurrenzangeboten abgegrenzt.

> »Als Marke können alle Zeichen, insbesondere Wörter einschließlich Personennamen, Abbildungen, Buchstaben, Zahlen, Hörzeichen, dreidimensionale Gestaltungen einschließlich der Form einer Ware oder ihrer Verpackung sowie sonstige Aufmachungen einschließlich Farben und Farbzusammenstellungen geschützt werden, die geeignet sind, Waren oder Dienstleistungen eines Unternehmens von denjenigen anderer Unternehmen zu unterscheiden.« (§ 3 Abs. 1 MarkenG) Definition Marke

Das Markenrecht schützt die Einzigartigkeit von Produkten im geschäftlichen Verkehr.

8.5.2.1 Schutz von Marken und geschäftlichen Bezeichnungen

Markenschutz kann erreicht werden durch

▸ Eintragung des Zeichens in das Register beim Deutschen Patent- und Markenamt,
▸ die Benutzung des Zeichens im gewerblichen Verkehr, wenn die Marke Verkehrsgeltung hat,
▸ die Pariser Verbandsübereinkunft zum Schutz des gewerblichen Eigentums, wenn die Marke im Sinne des Artikel 6bis notorisch bekannt ist.

Ein Markenzeichen muss Markenzeichen

▸ ein Zeichen im Rechtssinne sein (Zeichenfähigkeit),
▸ abstrakt geeignet sein, Waren oder Dienstleistungen von anderen zu unterscheiden (abstrakte Unterscheidungseignung),
▸ grafisch darstellbar sein (grafische Darstellbarkeit).

Der Inhaber einer Marke hat dann zwei Rechte, die in unterschiedliche Richtung wirken:

▸ Er kann die Marke, die für ihn eingetragen oder auf andere Weise geschützt ist, zur Kennzeichnung seiner Waren oder Dienstleistungen benutzen.

▸ Er kann gegen die Eintragungen von kollidierenden Zeichen vorgehen und Unterlassung und gegebenenfalls Schadensersatz fordern.

8.5.2.2 Beginn und Ende des Markenschutzes

Gesetzlich geregelt

Die Dauer des Markenschutzes ist geregelt in § 47 MarkenG, sie beträgt zehn Jahre. Der Schutz beginnt mit dem Tag der Anmeldung und endet mit dem letzten Tag des Monats, in dem der 10-Jahreszeitraum endet. Allerdings kann der Markenschutz beliebig oft verlängert werden, faktisch besteht er damit dauerhaft. Wenn keine Verlängerung beantragt wird, wird die Marke aus dem Register gelöscht und die Schutzzeit ist beendet.

8.5.3 Verbraucherschutz

Nationale und europäische Vorschriften

Durch Maßnahmen des Verbraucherschutzes sollen die Verbraucher geschützt werden, die i. d. R. ein Informationsdefizit gegenüber den Anbietern haben. Es gibt kein Verbrauchergesetz, in dem alle Maßnahmen und Bestrebungen dazu zusammengefasst werden, sie sind vielmehr in zahlreichen nationalen und europäischen Vorschriften enthalten.

Beispiele aus dem Lebensmittelbereich

Lebensmittel- und Bedarfsgegenstände-Gesetz (LMBG),
Milch- und Fettgesetz,
Weingesetz,
Fleischhygienegesetz,
Rindfleisch-Etikettierungsgesetz,
Lebensmittel-Kennzeichnungs-VO,
Zusatzstoff-Zulassungs-VO.

Beschränkungen

Das Europäische Parlament hat zahlreiche Beschränkungen veranlasst, die dem Verbraucherschutz dienen, z. B.:

Kraftstoff	Seit 2007 ist nur noch schwefelfreier Kraftstoff zulässig.
Tabak	Irreführende Bezeichnungen wie »mild« und »light«, sind verboten. Auf den Zigarettenpackungen wird drastisch auf die Folgen des Rauchens hingewiesen.
Kosmetika	Seit 2009 dürfen keine Kosmetika mehr in den Handel gebracht werden, die mithilfe von Tierversuchen entwickelt worden sind.
Elektroschrott	Seit 2004 ist jeder Hersteller für die umweltschonende Entsorgung elektrischer und elektronischer Geräte verantwortlich.

8.5.3.1 Besonderheiten des Verbrauchsgüterkaufs

> Ein Verbrauchsgüterkauf liegt vor, wenn ein Verbraucher eine beweglichen Sache von einem Unternehmer erwirbt (§ 474 BGB).

Bei Grundstücken, Häusern, Wertpapieren u. Ä. liegt kein Verbrauchsgüterkauf vor. Beim Verbrauchsgüterkauf können die gesetzlichen Regelungen des Kaufvertragsrechts nicht oder nur eingeschränkt abgeändert werden.

Einschränkung der Vertragsfreiheit

Der Unternehmer kann sich nicht auf eine Vereinbarung berufen, die Rechte des Käufers bei einem Mangel bezüglich Rücktritt, Nacherfüllung und Minderung ausschließt (§ 475 Abs. 1 BGB).

Garantie

Eine Garantieerklärung muss bei einem Verbrauchsgüterkauf einfach und verständlich sein und folgende Hinweise enthalten:

Bestandteile der Garantieerklärung

▸ Gesetzliche Rechte des Verbrauchers. Die gesetzlichen Rechte dürfen durch die Garantie nicht eingeschränkt werden.
▸ Inhalt der Garantie.
▸ Alle wesentlichen Angaben, die notwendig sind, um die Garantie geltend machen zu können.

Der Verbraucher kann verlangen, dass ihm die Garantieerklärung schriftlich ausgehändigt wird.

Beweislastumkehr

In den ersten 6 Monaten nach dem Kauf der Sache wird davon ausgegangen, dass ein entdeckter Mangel bereits bei Übergabe vorhanden war.

> Zeigt sich innerhalb von sechs Monaten seit Gefahrübergang ein Sachmangel, so wird vermutet, dass die Sache bereits bei Gefahrübergang mangelhaft war, es sei denn, diese Vermutung ist mit der Art der Sache oder des Mangels unvereinbar. (§ 476 BGB)

Im Zweifel muss der Verkäufer beweisen, dass der Käufer den Mangel herbeigeführt hat.

Versendungskauf

Beim Verbrauchsgüterkauf geht die Gefahr der Verschlechterung oder des zufälligen Untergangs erst dann auf den Käufer über, wenn die Kaufsache beim Verbraucher abgeliefert ist (§ 447 BGB).

Beispiel

K bestellt im Internet ein Lehrbuch bei der Buchhandlung V, die es per Post verschickt. Wenn die Sendung verlorengeht, kann K trotzdem weiter die Lieferung verlangen.

Wenn K das Lehrbuch bei einer Privatperson P bestellt, wenn also kein Verbrauchsgüterverkauf vorliegt, trägt K das Risiko des Verlustes und kann keine Lieferung mehr verlangen. Die Gefahr geht dann mit Übergabe an die Transportperson vom P auf K über.

8.5.3.2 Widerrufsrecht bei Verbraucherverträgen

Private Käufer/
Verbraucher

Das Widerrufsrecht sichert jedem Verbraucher das Recht zu, sich von einem schwebend wirksamen Vertrag innerhalb der gesetzlichen Fristen zu lösen. Private Käufer bzw. Verbraucher haben gegenüber einem gewerblich tätigen Verkäufer bei folgenden Vertragsarten ein Widerrufsrecht:

▸ Haustürgeschäft,
▸ Fernabsatzvertrag,
▸ Teilzeit-Wohnrechtevertrag,
▸ Verbraucherdarlehensvertrag,
▸ Ratenlieferungsvertrag,
▸ Fernunterrichtsvertrag,
▸ Versicherungsvertrag.

Der Käufer kann sein Widerrufsrecht durch Widerrufserklärung in Textform oder durch Rücksendung der Ware ausüben. Die Länge der Widerrufsfrist beträgt im Normalfall zwei Wochen. Sie beginnt aber frühestens, wenn der Verbraucher eine wirksame Widerrufsbelehrung erhalten hat. Es genügt die Absendung des Widerrufs vor Fristablauf.

8.5.3.3 Einbeziehung und Kontrolle von AGB

Vorformulierte Vertrags-
bedingungen

Allgemeine Geschäftsbedingungen sind vorformulierte Vertragsbedingungen, die eine Vertragspartei der anderen bei Abschluss eines Vertrages stellt. Sie dürfen keine von der wesentlichen Erwartung abweichenden Regelungen enthalten. Gegenüber Verbrauchern werden die AGB wirksam, wenn

▸ bei Vertragsschluss ausdrücklich darauf hingewiesen wird,
▸ die andere Vertragspartei die Möglichkeit hat, in zumutbarer Weise von ihrem Inhalt Kenntnis zu nehmen,
▸ sich der andere Teil mit den AGB einverstanden erklärt.

Die Inhaltskontrolle der AGB erfolgt in drei Stufen:
1. In § 309 BGB werden Klauseln aufgezählt, die in jedem Fall **unwirksam** sind.
   Beispiele:
   – Ein Haftungsausschluss bei Verletzung der Gesundheit ist auch bei grobem Verschulden unwirksam.
   – Schadenersatzansprüche werden pauschaliert.

2. In § 308 BGB sind **Klauselverbote** aufgezählt, die nur mit einer bestimmten Abwägung nach den Umständen des Einzelfalls unwirksam sind.
Beispiel: Eine unangemessen lange Nachfrist ist unzulässig. Im Einzelfall muss geprüft werden, was »unangemessen lange« bedeutet.

3. § 307 BGB sieht als **Generalnorm** vor, dass Bestimmungen unwirksam sind, wenn sie den Vertragspartner unangemessen benachteiligen.
Beispiel:
   - Eine Bestimmung ist unverständlich.
   - Starre Fristen für Schönheitsreparaturen während der Mietzeit sind unwirksam.

gelernt & gewusst Kapitel 8

Aufgabe 8.1 (IHK F12)

Die Huber AG ist Zulieferer für die Automobilindustrie. Sie hat Rahmenvereinbarungen getroffen und liefert auf Anforderung. Die bisherigen Planungen waren unbefriedigend. Weil die Absatzplanung die Grundlage für die Erstellung der anderen betrieblichen Pläne ist, wird das Vertriebscontrolling aufgefordert, ein neues Konzept für eine aussagefähige Absatzplanung vorzustellen.

a) Erläutern Sie zunächst generell die unterschiedlichen Ansätze
   ▸ einer strategischen Absatzplanung und
   ▸ einer operativen Absatzplanung. (4 Punkte)
b) Erklären Sie, welche besondere Problematik sich für den Vertrieb und das Vertriebscontrolling bei der Huber AG stellt. (3 Punkte)
c) Schlagen Sie eine Lösung für diese Problematik vor. (2 Punkte)

Aufgabe 8.2

Der Verkaufsleiter der Pico AG, die Küchengeräte herstellt, überlegt, die Werbung zu optimieren.

a) Nennen Sie die vier Grundsätze, die Werbung erfüllen muss.
b) Erläutern Sie, welche Vorteile eine Markenstrategie für die Pico AG haben könnte.

Aufgabe 8.3 (IHK F10)

Die Quickbau GmbH ist ein mittelständischer Hersteller von schlüsselfertigen Gewerbe- und Bürobauten. Die schlechte Umsatzrentabilität führt zu einer Diskussion zwischen den Eigentümern und dem Geschäftsführer. Man ist sich nicht einig, ob eine kostenorientierte Preisgestaltung oder eine konkurrenzorientierte Preisgestaltung sinnvoller für das Unternehmen ist.

a) Erklären Sie anhand je eines Beispiels die beiden Strategien –
   der kostenorientierten Preisgestaltung und der konkurrenzorientierten Preisgestaltung. (6 Punkte)
b) Begründen Sie, welche Preisgestaltung für die Quickbau GmbH Ihrer Meinung nach am besten geeignet wäre. (2 Punkte)

Aufgabe 8.4 (IHK H10)

Die Distribution der Eurosound OHG, die Erzeugnisse im Bereich Heimelektronik herstellt, soll neu überdacht werden, da die bisherigen Distributionswege nicht den gewünschten Erfolg gebracht haben.

a) Erläutern Sie den Inhalt der Distributionspolitik.   *(4 Punkte)*

b) Welche zwei Vertriebsformen werden grundsätzlich unterschieden?

    Nennen Sie zu jeder Vertriebsform zwei dazugehörende Absatzorgane. (4 Punkte)

Aufgabe 8.5 (IHK H10)

Eine effizient angeordnete Vertriebsorganisation ist in der heutigen Zeit von entscheidender Bedeutung.

In einer eindimensionalen Gliederung der Vertriebsorganisation (Linienorganisation) werden Sie mit den Orientierungspunkten:

▸ Funktionsorientierung,

▸ Produktorientierung,

▸ Kundenorientierung,

▸ Gebiets-/Regionenorientierung

konfrontiert.

Beschreiben Sie drei dieser Begriffe.   *(6 Punkte)*

9 Führung und Zusammenarbeit

9.1 Zusammenarbeit, Kommunikation und Kooperation

Voraussetzung für koordiniertes organisatorisches Handeln in einer funktionierenden und effektiv arbeitenden Organisation ist die Fähigkeit, mit anderen Menschen in Kontakt zu treten. Kommunikation sichert den zeitnahen Austausch von Informationen, Wissen und Erfahrungen. Kooperation und Kommunikation sind Vorbedingung für die optimale Nutzung der verfügbaren Ressourcen und eine motivationsförderliche Atmosphäre.

Bedeutung der Zusammenarbeit

Wer die Zusammenarbeit mit Kollegen, Lieferanten und Kunden optimieren will, muss die unterschiedlichen Wege der Kommunikation und Kooperation kennen und nutzen. Wer in der Lage ist, Verhalten anderer richtig zu deuten, kann diese Information zur Erreichung der angestrebten Ziele einsetzen.

9.1.1 Persönlichkeit und berufliche Entwicklung

Die individuellen, insbesondere psychischen Eigenschaften machen jeden Menschen einzigartig. Das Besondere macht seine Persönlichkeit aus. Für die Zusammenarbeit in Organisationen sind vor allem die Kompetenzen von Vorgesetzten und Mitarbeitern von Bedeutung.

Kompetenzen

▸ **Fachkompetenz.** Fachliche Fähigkeiten, Fertigkeiten und Kenntnisse.
▸ **Methodenkompetenz.** Organisatorische und planerische Fähigkeiten.
▸ **Sozialkompetenz.** Beeinflussung des Verhaltens von Vorgesetzten, Mitarbeitern, Kunden und Lieferanten.
▸ **Personale Kompetenz.** Reflexion eigenen Handelns.

9.1.2 Entwicklung des Sozialverhaltens

> Das Sozialverhalten umfasst alle Verhaltensweisen, die auf die Beeinflussung anderer zielen.

Definition Sozialverhalten

Dazu gehören z. B. das Sprechen, die Körpersprache und der Umgang mit Konflikten. Es hängt von individuellen und gesellschaftlichen Faktoren ab (vgl. Abbildung 9.1), die im Laufe des Lebens die Persönlichkeit geprägt haben. In Unternehmen ist die Beherrschung sozialer Verhaltensketten erforderlich, um Arbeitssituationen erfolgreich bewältigen zu können, an denen auch andere Personen beteiligt sind.

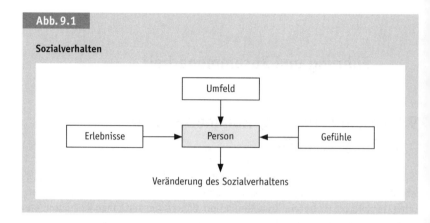

Abb. 9.1

Sozialverhalten

Die Entwicklung des Sozialverhaltens beginnt im Säuglingsalter, es wird deshalb stark von den Eltern beeinflusst. Verschiedene Situationen – z.B. Erfolge und Misserfolge – verändern das Selbstwertgefühl, das sich wiederum auf das Verhalten auswirkt: Erfolgreiche Handlungsweisen werden beibehalten, negative Erfahrungen vermieden. Als Konsequenz wird der Vorgesetzte zur Beeinflussung seiner Mitarbeiter

▸ an bekannte Erfahrungen anknüpfen,
▸ zur Nachahmung anregen,
▸ Lernen aus Misserfolgen zulassen,
▸ erwünschtes Verhalten stabilisieren,
▸ unerwünschtes Verhalten diskriminieren.

9.1.3 Psychologische und soziologische Aspekte bestimmter Personengruppen

Ob Kommunikation und Kooperation zum gewünschten Ziel führen, ist allerdings nicht allein abhängig von den Kompetenzen und Motiven der Beteiligten, sondern auch von der persönlichen Situation, in der sich die Beteiligten befinden. Informationen werden nämlich bevorzugt weitergegeben, wenn sie dem jeweiligen Normen- und Wertesystem entsprechen und wenn durch die Weitergabe keine unangenehmen Konsequenzen zu erwarten sind. Eine besondere Sensibilität ist deshalb bei

▸ jugendlichen Mitarbeitern,
▸ Frauen,
▸ älteren Mitarbeitern,
▸ behinderten Mitarbeitern,
▸ ausländischen Mitarbeitern,
▸ Leiharbeiter.

Führungsmittel

Führungsmittel			
prozessbezogen	informationsbezogen	aufgabenbezogen	personenbezogen
‣ Ziele ‣ Planung ‣ Kontrolle	‣ Besprechungen ‣ Richtlinien ‣ Anweisungen	‣ Kooperation ‣ Delegation ‣ Partizipation ‣ Stellenbeschrei- bung	‣ Lob und Kritik ‣ Arbeitsbewertung ‣ Entlohnung ‣ Statussymbole ‣ Personalentwicklung

erforderlich. Ungewollt kann es aufgrund von Erfahrungen leicht zu Missverständnissen kommen, die eine zielorientierte Kommunikation und Kooperation beeinträchtigen.

9.1.3.1 Führungsmethoden und Führungsmittel

Führungsgrundsätze werden abgeleitet aus der Unternehmensphilosophie und spiegeln damit die Werte der Unternehmensleitung wider. Sie sind **Leitsätze für die Zusammenarbeit** zwischen Vorgesetzten und Mitarbeitern. Ziel ist ein möglichst einheitliches Führungsverhalten, das unabhängig von der Persönlichkeitsstruktur der Führungskräfte und der Mitarbeiter in allen Unternehmensbereichen gültig ist.

Je nach Art des Unternehmens sind unterschiedliche Führungsmethoden erforderlich.

‣ Bei sehr flachen Hierarchien herrscht oft ein eher zurückhaltender Führungsstil, der den Mitarbeitern große Entscheidungsspielräume einräumt.

‣ In anderen Bereichen ist die strenge Einhaltung von Regeln erforderlich (z. B. Krankenhäuser, Flughäfen) und deshalb ein eher straffer Führungsstil angemessen.

Führungsmittel werden eingesetzt, um zusammen mit den Mitarbeitern den gewünschten Führungserfolg zu erreichen. Einen Überblick über die Vielzahl von Führungsmitteln gibt Abbildung 9.2.

9.1.3.2 Führungsdefizite

Obwohl Führungsqualität ein zentraler Erfolgsfaktor für die Arbeitsqualität ist, können viele Probleme auf mangelnde Führungsfähigkeit zurückgeführt werden. Führungskräfte sind in ein vielfältiges Beziehungsgefüge eingebettet und mit einer großen Anzahl von Anforderungen und Erwartungen konfrontiert. Das Verhalten von Vorgesetzten wird oft nicht als unterstützend, sondern als belastend empfunden. Ein guter Vorgesetzter muss nämlich nicht nur über fachliche Qualitäten verfügen, sondern auch über ein hohes Maß an sozialer Kompetenz. Mangelnde Kommunikationsfähigkeit und Transparenz zeigt sich u. a. in folgenden Phänomenen:

Probleme durch mangelnde Führungsfähigkeit

‣ Die Mitarbeiter können nicht ausreichend motiviert werden, ihre Leistungspotenziale können nicht ausgeschöpft werden.
‣ Operationalisierbare Ziele fehlen oder können nicht kommuniziert werden.
‣ Ein konsequentes und berechenbares Verhalten ist für die Mitarbeiter nicht erkennbar. Unsicherheit und Vorsicht beeinträchtigen dann ihre Entscheidungen.
‣ Trotz Fachkenntnisse und Engagement mangelt es an Durchsetzungsvermögen.
‣ Fehlende Qualifikationen sollen durch Forderung eines höheren Arbeitspensums kompensiert werden.

Um derartige Probleme zu vermeiden, sind grundsätzlich mehrere Strategien geeignet:

Strategien für Problem-
vermeidung

‣ **Personalauswahl.** Eine sorgfältige und möglicherweise durchaus aufwändige Auswahl der Führungskräfte kann spätere Probleme vermeiden. Externe Berater, Assessment-Center und Referenzen können die Risiken, die mit der Einstellung neuer Personen immer verbunden sind, wirkungsvoll senken.
‣ **Personalentwicklung.** Durch eine effektive Personalentwicklung können Mitarbeiter mit Perspektive auf Führungspositionen vorbereitet werden. Die Wahrscheinlichkeit des Scheiterns ist dann geringer als bei Externen. Sie kennen das Unternehmen und die Anforderungen und sind der Unternehmensleitung bekannt.
‣ **Weiterbildung.** Erkannte Führungsdefizite dürfen nicht toleriert werden, sondern müssen wirkungsvoll beseitigt werden. Je nach Art der Anforderungen können dazu Coaching, Lehrgänge, Seminare, Studium, Fachlektüre u. v. a. m. eingesetzt werden.
‣ **Personalfreisetzung.** Wenn andere Maßnahmen keinen Erfolg zeigen, muss für Führungskräfte, die auch absehbar ihre Position nicht ausfüllen können, eine andere Verwendung gefunden werden. Mangelnde Führungsqualität kann sonst den Unternehmenserfolg insgesamt gefährden.

9.1.4 Grundsätze der Zusammenarbeit

Leitbild

Der Grundsätze der Zusammenarbeit werden aus der Unternehmensphilosophie abgeleitet und in einem **Leitbild** festgehalten. Abbildung 9.3 zeigt, welche Elemente dabei berücksichtigt werden.

Grundsätze der Zusammenarbeit

Zusammenarbeit	Gegenseitige Unterstützung zur Erreichung der Unternehmensziele.
Persönliche Entwicklung	Die Mitarbeiter bilden sich ständig fachlich weiter. Sie arbeiten kontinuierlich an ihrer persönlichen Entwicklung.
Vertrauen	Durch Offenheit, Fairness und Loyalität zwischen Vorgesetzten und Kollegen wird das gegenseitige Vertrauen gefördert.
Unternehmerisches Denken	Das unternehmerische Klima schafft Freiräume für Kreativität und Flexibilität.
Zielgerichtetes Handeln	Die Unternehmensziele werden gemeinsam vereinbart und verfolgt.
Zuverlässigkeit	Die Aufgaben werden ziel- und termingerecht erfüllt.
Information	Informationen werden konkret und umfassend weitergegeben.
Verantwortung	Für die übertragenen Aufgaben wird die Verantwortung übernommen.
Entscheidungen	Entscheidungen werden sachlich und verständlich begründet. Sie werden von den Mitarbeitern mit dem größten Fachwissen vorbereitet.
Entlohnung	Eine leistungsgerechte Entlohnung trägt zur Arbeitszufriedenheit bei.

9.2 Mitarbeitergespräche

Für eine erfolgreiche Zusammenarbeit ist es notwendig, dass Vorgesetzter und Mitarbeiter regelmäßig und zusätzlich bei Bedarf über die Ziele, Leistungsbeurteilungen, Entwicklungsmöglichkeiten und Formen der gemeinsamen Arbeit sprechen.

Das Mitarbeitergespräch stellt eines der wichtigsten Führungsinstrumente dar.

Mitarbeitergespräche werden genutzt, die **Zufriedenheit** und **Motivation** der Mitarbeiter zu erhöhen. Sie sollen ein offener Dialog sein, in dem sich Vorgesetzte und Mitarbeiter über den Stand der Zusammenarbeit in fachlicher und zwischenmenschlicher Hinsicht austauschen. Sie verständigen sich über die Stärken und Probleme bei der gemeinsamen Arbeit, die Arbeitsbedingungen und die Perspektiven für die weitere Zusammenarbeit.

Offener Austausch über die Zusammenarbeit

Das Mitarbeitergespräch findet unter vier Augen statt. Wenn die Mitarbeiter es wünschen, kann aber die Teilnahme einer Vertrauensperson, z. B. eines Betriebsratsmitglieds, ermöglicht werden.

Mitarbeitergespräche sollen regelmäßig – mindestens einmal im Jahr – stattfinden, ein besonderer Anlass ist dazu nicht erforderlich. Aus konkretem Anlass können weitere Gespräche erforderlich werden.

9.2.1 Anerkennungs- und Kritikgespräch

Wertschätzung schafft
Erfolgserlebnisse

Durch ein **Anerkennungsgespräch** schafft der Vorgesetzte ein Erfolgserlebnis. Die Mitarbeiter werden bestätigt und motiviert, ihre Stärken weiterzuentwickeln. Sie werden vertrauensvoll in die Verantwortung für die gemeinsame Arbeit einbezogen, dadurch werden weitere Anstrengungen gefördert.

Hat ein Mitarbeiter gute oder sehr gute Leistungen erbracht, die über dem Durchschnitt liegen, sollte die Führungskraft dies dem Mitarbeiter auch durch ein besonderes Lob mitteilen. Diese Wertschätzung durch den Vorgesetzten stärkt das Selbstbewusstsein und steigert die Motivation des Mitarbeiters. Besonders, wenn ein Mitarbeiter selbst das Gefühl hat, gute Arbeit geleistet zu haben, erwartet er eine Anerkennung, vielleicht sogar im Beisein von Kollegen. Unterlässt es die Führungskraft, positive Arbeitsergebnisse zu bestätigen, kann die Leistungsbereitschaft des Mitarbeiters mittelfristig stark nachlassen, weil es sich dann nach seiner Erfahrung nicht lohnt, sich anzustrengen.

Anerkennung ist i. d. R. verbal, kann aber auch materiell erfolgen, z. B. durch eine Lohn- bzw. Gehaltserhöhung, eine Prämie oder in Form einer Beförderung. Solche materiellen Anerkennungen können aber nur selten eingesetzt werden. Daher sind die immateriellen, sozialen bzw. moralischen Anerkennungen weitaus weiter verbreitet. In Einzelfällen kann es auch durchaus sinnvoll sein, Mitarbeiter für ihre Tätigkeiten im Privatleben zu loben, also eine Anerkennung auszusprechen, wenn sich ein Mitarbeiter z. B. in seiner Freizeit ehrenamtlich sozial engagiert.

Schätzt ein Mitarbeiter seine Leistungen besser ein als sein Vorgesetzter, wird das Mitarbeitergespräch genutzt, um gemeinsam aktiv an einer Verbesserung zu arbeiten. Weil solche Gespräche unangenehm sind, weichen ihnen Vorgesetzte gerne aus. **Kritikgespräche** sind jedoch ein wichtiges Führungsinstrument, langfristig können sie ohnehin nicht vermieden werden. Deshalb sollen sie schnell und konsequent als unmittelbare Reaktion auf fehlerhafte oder mangelhafte Arbeitsleistungen erfolgen. Wenn das Gespräch zeitnah zu den erkannten Fehlern erfolgt, wird es einfacher und spannungsärmer ablaufen.

Mitunter ist einem Mitarbeiter gar nicht bewusst, dass seine Leistungen nicht den Erwartungen des Vorgesetzten entsprechen, oder dass er sich in seinen Augen falsch verhalten oder falsche Entscheidungen getroffen hat. Gerade dann ist es besonders wichtig, dass der Vorgesetzte seinen Mitarbeiter darauf anspricht, denn nur dann hat der Mitarbeiter die Chance, seine Leistung, sein Verhalten oder seine Einstellung zu verändern.

Kritik soll immer **sachbezogen** sein und niemals einen Mitarbeiter persönlich angreifen. Auf keinen Fall darf sein Selbstwertgefühl beschädigt werden. Ein Tadel sollte immer unter vier Augen stattfinden, im direkten Gespräch und ohne Zeitdruck. Da Vorgesetzter und Mitarbeiter i. d. R. auch nach dem Kritikgespräch weiterhin zusammenarbeiten werden, sollten die ermahnenden Worte immer mit konstruktiven Verbesserungsvorschlägen oder einem Appell an ein zukünftig besseres Verhalten verbunden werden.

Kritik kann als Schikane empfunden werden, wenn der Mitarbeiter mit der Kritik nicht einverstanden ist. Der Vorgesetzte sollte seine Kritik also gut begründen können und dem Mitarbeiter die Möglichkeit geben, ausführlich Stellung zu beziehen. Vielleicht stellt sich heraus, dass die Ursachen für die ungenügende Leistung gar nicht beim Mitarbeiter liegen, sondern externe Ursachen haben.

9.2.2 Beurteilungsgespräch

In regelmäßigen Abständen muss durch die Vorgesetzten die Leistung und das Verhalten ihrer Mitarbeiter bewertet werden.

> Bei einer Personalbeurteilung werden die Beschäftigten anhand vorher festgelegter Kriterien bewertet.

In einem persönlichen Gespräch werden die Stärken und Schwächen angesprochen und die Ziele für die weitere Zusammenarbeit vereinbart. Dem Mitarbeiter wird mitgeteilt, wie seine Arbeitsleistung eingeschätzt wird. Seine Qualifikationen sollen dadurch erweitert und sein Potenzial für weitere Aufgaben nutzbar gemacht werden.

Die Beurteilung muss so transparent wie möglich sein. Dazu gehört, dass sie gut vorbereitet und gut verständlich sein muss. Sie bezieht sich in der Regel auf drei Bereiche:

▸ Die Leistungsziele werden überprüft und kontrolliert.   Beurteilungsbereiche
▸ Zu der Leistung und dem Verhalten wird ein Gesamtbild erarbeitet.
▸ Maßnahmen zur Erreichung neuer Ziele werden vereinbart. Dazu zählen auch die Fort- und Weiterbildung.

> Nach § 82 Abs. 2 BetrVG kann jeder Arbeitnehmer eine Bewertung seiner Leistungen verlangen.

Eine ausführliche Mitarbeiterbeurteilung erfordert fest definierte Leistungsstandards, die bei der Mitarbeiterbeurteilung zu Grunde gelegt werden. Die Aufstellung dieser allgemeinen Beurteilungsgrundsätze bedarf nach § 94 Abs. 2 BetrVG der Zustimmung des Betriebsrates. Eine Beurteilung zum Abschluss des Arbeitsverhältnisses wird **Zeugnis** genannt.   Zeugnis

9.2.2.1 Grundsätze, Ziele und Anlässe

Beurteilungen sind ein zentrales Element in der Personalentwicklung. Sie umfassen grundsätzlich alle Maßnahmen zur systematischen Einschätzung von Wissen, Leistung, Verhalten und Potenzial (vgl. Abbildung 9.4) und sind ein innerbetriebliches Mittel zu Qualitätssicherung oder Qualitätsverbesserung.

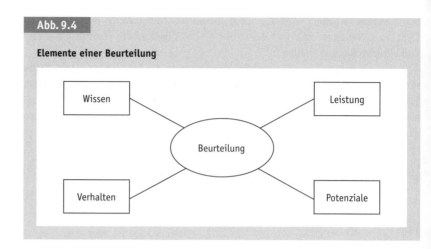

Abb. 9.4

Elemente einer Beurteilung

Wissen — Beurteilung — Leistung
Verhalten — Beurteilung — Potenziale

Eine Beurteilung ist **systematisch**, wenn die Beurteilungskriterien und Beurteilungsmaßstäbe verbindlich festgelegt sind. Anzustreben ist eine formalisierte Vorgehensweise, insbesondere ein fester Beurteilungsrhythmus und eine schriftliche Dokumentation. Das ermöglicht einen chronologischen Vergleich und damit Aussagen über positive oder negative Veränderungen.

Ziele der Beurteilung

Beurteilungen dienen der
▸ Personal- und Karriereplanung,
▸ Optimierung des Personaleinsatzes,
▸ Ermittlung des Entgelts,
▸ Vermittlung unternehmensspezifischer Werte,
▸ Verstärkung der Mitarbeitermotivation.

Neben den regelmäßigen werden bei Bedarf auch anlassbedingte Beurteilungen eingesetzt. Gründe können z. B. ein Stellenwechsel im Unternehmen oder der Wechsel des Vorgesetzten sein. Der häufigste Anlass ist die Beendigung des Arbeitsverhältnisses.

9.2.2.2 Beurteilungskriterien und -systeme

Eine sinnvolle Beurteilung erfordert, dass die Beurteilung als **permanente Aufgabe** verstanden wird. Der Mitarbeiter soll ganzjährig beobachtet werden, Besonderheiten können im Beurteilungsgespräch nur dann eine Rolle spielen, wenn sie schriftlich festgehalten sind.

Die Kriterien, nach denen die Beurteilung erfolgt, sollen einen nachvollziehbaren Zusammenhang mit der Tätigkeit haben. Sie sollen vorrangig eindeutige und vergleichbare Beurteilungen ermöglichen. Ihre Zahl soll einerseits ein differenziertes Bild ermöglichen, andererseits aber nicht so groß sein, dass eine Scheingenauigkeit entsteht.

Zur Abstufung sind analytische Beurteilungssysteme verbreitet, bei denen verschiedene Arten von Skalen eingesetzt werden. Abbildung 9.5 enthält Beispiele. Für

Abb. 9.5

Skalierungsmöglichkeiten

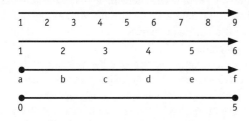

Abb. 9.6

Beispiel eines Beurteilungsbogens

Beurteilung Frau Maier

Beurteilungsmerkmal	Beurteilungsstufe		Ergebnis
Leistungsverhalten	nicht angemessen	0	
	nicht ganz angemessen	2	
	angemessen	5	
	sehr angemessen	8	X
	vorzüglich	10	
Arbeitsergebnisse	Viele Beanstandungen	0	
	Häufige Beanstandungen	2	
	Gelegentliche Beanstandungen	5	X
	Selten Beanstandungen	8	
	Keine Beanstandungen	10	
Einsatzmöglichkeit	sehr eingeschränkt	0	
	wenig eingeschränkt	2	
	eingeschränkt	5	
	vielseitig	8	X
	überall	10	
Arbeitssorgfalt	unangemessen	0	
	noch nicht angemessen	2	
	angemessen	5	
	hoch	8	
	vorbildlich	10	X
Gesamturteil			8
Datum, Unterschriften			

eine ungerade Anzahl der Beurteilungsstufen spricht, dass dabei ein Mittelwert existiert.

Diese Vorgehensweise überzeugt mehr und findet eine höhere Akzeptanz als die analytischen Verfahren, die nur eine Reihenfolge ergeben, und die summarischen Verfahren, bei denen nur ein Gesamturteil gefällt wird. Akzeptanz, Transparenz und leichte Verständlichkeit sind aber Voraussetzungen für ein praktikables und erfolgreiches Beurteilungssystem.

Beurteilungsbögen

Durch den Einsatz von Beurteilungsbögen kann sichergestellt werden, dass alle Teilaspekte angesprochen werden und dass alle Mitarbeiter zumindest nach gleichen Kriterien beurteilt werden. Abbildung 9.6 zeigt ein einfaches Beispiel.

Ein abschließendes Fazit ist erforderlich, damit die Beurteilung nach den Einzelkriterien zu einem Gesamteindruck führt, bei dem auch die eher unangenehmen Teilergebnisse nicht ausgespart werden.

9.2.2.3 Ablauf des Beurteilungsgesprächs

Ein Beurteilungsgespräch kann nur erfolgreich sein, wenn es in einer vertrauenerweckenden Atmosphäre stattfindet, die sowohl Aufmerksamkeit als auch Offenheit von beiden Seiten ermöglicht.

In einem persönlichen (4-Augen-) Gespräch werden die bisherigen Leistungen angesprochen und die Ziele für die weitere Zusammenarbeit vereinbart. Der Mitarbeiter erfährt, wie seine Arbeitsleistung eingeschätzt wird. Sein Potenzial soll für weitere Aufgaben nutzbar gemacht werden und seine Qualifikationen sollen erweitert werden. Der Mitarbeiter erhält die Möglichkeit, dem Vorgesetzten seine Pläne, Erwartungen und Einschätzungen darzustellen. Einen typischen Ablauf zeigt Abbildung 9.7.

Die Beurteilung wird vom Vorgesetzten unterschrieben, der Mitarbeiter bestätigt, dass er Kenntnis genommen hat.

9.2.2.4 Beurteilungsfehler

Die Bedeutung der Beurteilungen erfordert eine möglichst vorurteilsfreie Vorgehensweise. Aufgrund der notwendigen subjektiven Einschätzungen sind jedoch zahlreiche Beurteilungsfehler möglich. Abbildung 9.8 zeigt die wichtigsten.

Abb. 9.7

Ablauf eines Beurteilungsgespräches

Vorbereitung	→	Termin festlegen Raum festlegen Mitarbeiter informieren Unterlagen bereitlegen
Eröffnung	→	Höfliche und freundliche Begrüßung Zwanglose Atmosphäre schaffen
Positive Punkte	→	Veränderungen herausstellen Bewertungen konkret belegen
Negative Punkte	→	Zukunftsorientiert darstellen Bewertung konkret belegen Lösungsmöglichkeiten zeigen Unterstützung anbieten
Stellungnahme des Mitarbeiters	→	Interessiert zuhören Nachfragen
Diskussion	→	Konstruktive Formulierungen benutzen Konkrete Hinweise geben Mit einem Ergebnis abschließen
Abschluss	→	Wesentliche Punkte zusammenfassen Zielvereinbarung festhalten Positive Verabschiedung

Abb. 9.8

Beurteilungsfehler

Halo (Heiligenschein)-Effekt	Ein besonders herausragendes Merkmal wird auf die übrigen Eigenschaften übertragen.
Recency-Effekt (Nikolaus-Effekt)	Die Bewertung beruht auf einem Ereignis, das erst kürzlich stattgefunden hat und deshalb noch gut in Erinnerung ist.
Primacy-Effekt (First-Impression-Effekt)	Der erste Eindruck überlagert alle späteren Informationen.
Kleber-Effekt	Wenn jemand lange nicht befördert worden ist (»an seinem Stuhl klebt«), wird das seine Gründe haben, die Beurteilung fällt tendenziell schlechter aus.
Hierarchie-Effekt	Wenn ein Mitarbeiter eine höhere Hierarchiestufe erreicht hat, wird das seinen Grund haben. Er wird tendenziell besser beurteilt.
Tendenz zur Mitte	Um unangenehmen Situationen vorzubeugen, wird auf besonders gute oder besonders schlechte Bewertungen verzichtet.
Nähe-Effekt	Mitarbeiter, mit denen eine enge Arbeitsbeziehung oder räumliche Nähe besteht, werden eher positiv bewertet.

9.3 Mitarbeiterförderung

> Als Mitarbeiterförderung werden alle Anstrengungen verstanden, die Qualifikation der Mitarbeiter zu erhalten und zu erweitern.

Das Unternehmen fördert seine Mitarbeiter nicht selbstlos, sondern wird anschließend selbst davon profitieren, wenn Aufgaben mit höheren Anforderungen und größerer Verantwortung übertragen werden können.

9.3.1 Personalentwicklung als Mittel der Steuerung und Förderung der personellen Ressourcen

Gründe für Personalentwicklung

Ziel der Personalentwicklung ist der Erhalt bzw. die Schaffung eines Leistungspotenzials, das Voraussetzung ist für langfristige Wettbewerbsfähigkeit und den Erhalt oder die Verbesserung der Marktposition. Die Gründe für eine aktive Personalentwicklung liegen sowohl in den Beziehungen des Unternehmens zu seiner Umwelt als auch in seiner internen Entwicklung. Typische Anlässe sind:

▸ Der technische Wandel stellt neue Herausforderungen an die Mitarbeiter.
▸ Neue Produkte oder Produktionsverfahren verlangen zusätzliche Fachkenntnisse.
▸ Neue Mitarbeiter verfügen nicht über die notwendigen Qualifikationen.
▸ Der zunehmend schnellere Wissenszuwachs muss in den Unternehmen umgesetzt werden.
▸ Der Trend zur Spezialisierung führt zur Erwartung vertiefter und gleichzeitig aktueller Kenntnisse.
▸ Die Veränderung gesellschaftlicher Einstellungen erfordert ein geändertes Führungsverhalten.
▸ Persönliche Konflikte zwischen Mitarbeitern gleicher oder unterschiedlicher Hierarchieebenen müssen gelöst werden.

Abbildung 9.9 verdeutlicht, dass in einer konkreten Situation der Anstoß zu einer Maßnahme von den Interessen des Unternehmens oder des Mitarbeiters ausgehen

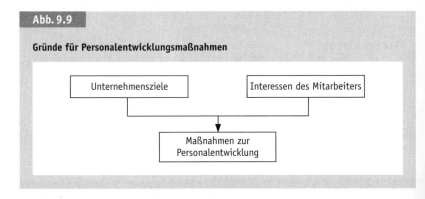

Abb. 9.9

Gründe für Personalentwicklungsmaßnahmen

Unternehmensziele   Interessen des Mitarbeiters

Maßnahmen zur
Personalentwicklung

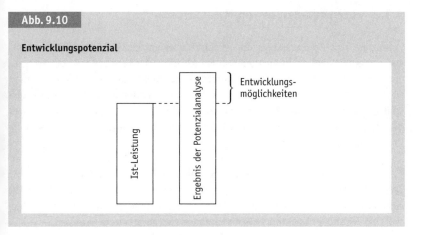

Abb. 9.10

Entwicklungspotenzial

kann. Die Unternehmensziele sollen unter Berücksichtigung seiner Bedürfnisse und Qualifikationen erreicht werden.

Der Maßnahmenplanung geht eine Bedarfsanalyse voraus. Die geforderten Qualifikationen und Kompetenzen werden den bereits vorhandenen gegenübergestellt und auf diese Weise der Schulungs- und Entwicklungsbedarf ermittelt (vgl. Abbildung 9.10). Berücksichtigt werden die vorhandenen fachlichen Qualifikationen und die potenziellen Entwicklungschancen.

Bedarfsanalyse

Grundlage für die Durchführung von Personalentwicklungsmaßnahmen in Unternehmen sind Laufbahn- und Nachfolgeplanungen, Beurteilungen, Wünsche und Interessen. Informationen dazu erhält die zuständige Abteilung durch eigene Recherchen, Hinweise von Vorgesetzten und Kollegen, Trainern, Kunden und den Mitarbeitern selbst. Hilfreich kann auch ein Portfolio sein, das die aktuelle Leistung und die prognostizierte Entwicklungsfähigkeit erfasst. Während die Maßnahmen zur Erreichung der Unternehmensziele sich unmittelbar daraus ableiten lassen, sind die Interessen der Mitarbeiter individuell unterschiedlich.

Beispiele

Die Buchhalterin B. erkennt, dass ihr nur Aufstiegsmöglichkeiten geboten werden, wenn sie sich zusätzliche Fachkenntnisse aneignet und eine entsprechende Prüfung ablegt.

Die Kontiererin K., die zwei Kinder zu betreuen hat, erkennt, dass sie einen Telearbeitsplatz realistisch nur anstreben kann, wenn sie über Kenntnisse verfügt, die im Unternehmen unentbehrlich erscheinen.

Herr C. möchte seine Sprachkenntnisse erweitern, weil er anstrebt, in die neue Filiale in Shanghai zu wechseln.

9.3.2 Potenzialanalyse von Mitarbeitern

Vorbereitung auf zukünf-
tige Aufgaben

Potenziale sind Kompetenzen, die verstärkt oder entwickelt werden können. Bei einer Potenzialanalyse interessieren demnach nicht die bereits gezeigten Leistungen, sondern die Erfassung der Fähigkeitspotenziale für zukünftige Tätigkeiten.

Die Ergebnisse werden in einem Potenzialprofil zusammengefasst. Die festgestellten Schwächen des Mitarbeiters können danach abgebaut und die Stärken gezielt gefördert werden, damit sein Profil dem Anforderungsprofil der Stelle möglichst genau entspricht.

9.3.2.1 Instrumente für den Entwicklungsprozess der Mitarbeiter

Jede Entwicklungsmaßnahme beginnt mit der Bestimmung der Ist-Situation, an die sich eine Soll-Ist-Analyse anschließt. Sie kann sich auf die nächsthöhere Hierarchiestufe oder auf die gesamte mögliche Laufbahn des Mitarbeiters beziehen.

Die Qualität der Personalanalyse hängt entscheidend von den gewählten Merkmalen und gegebenenfalls ihrer weiteren Untergliederung ab.

Entscheidungen über die Entwicklung von Mitarbeitern können erst getroffen werden, wenn die Eigenschaften der Person und die Anforderungen des Arbeitsplatzes miteinander verglichen wurden.

▸ **Standardisierte Verfahren** nutzen vorhandene Messinstrumente zur Analyse des Arbeitsplatzes. Das ist vergleichsweise einfach, aber auch pauschalisiert.
- Strukturierte Interviews,
- Tests,
- Beurteilungen,
- teilnehmende Beobachtung.
▸ **Nicht-standardisierte Methoden** können Stellenmerkmale flexibler ermitteln, ihre Nutzung bedarf jedoch großer Erfahrung.

Sinnvoll ist die Kombination mehrerer Verfahren, die Aussagekraft wird dadurch erhöht und die Besonderheiten der Branche oder des Unternehmens können besser einfließen. Ausgangspunkt ist die Identifikation der bereichsspezifischen Anforderungen.

9.3.2.2 Potenzialeinschätzung als Stärken-Schwächen-Profil

Das Stärken-Schwächen-Profil (vgl. Abbildungen 9.11 bis 9.13) zeigt die Ergebnisse der Potenzialanalyse im Verhältnis zu den Anforderungen an einen Arbeitsplatz.

Abb. 9.11

Soll-Ist-Vergleich als Stärken-Schwächen-Profil

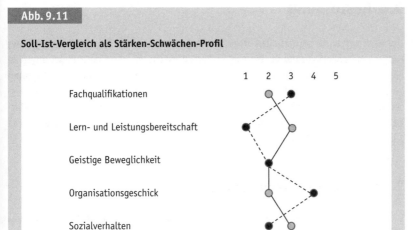

	1	2	3	4	5
Fachqualifikationen					
Lern- und Leistungsbereitschaft					
Geistige Beweglichkeit					
Organisationsgeschick					
Sozialverhalten					

Abb. 9.12

Stärken-Schwächen-Profil mit Darstellung des Entwicklungspotenzials

	Entwicklungspotenzial	Stärken
Fachqualifikation	•→	
Lern- und Leistungsbereitschaft		•
Geistige Beweglichkeit	•→	→
Organisationsgeschick		•
Sozialverhalten	•→	

Abb. 9.13

Stärken-Schwächen-Profil mit acht Kriterien für 3 Personen

Delegationsfähigkeit
Logisches Denken
Flexibilität
Stressresistenz
Lernbereitschaft
Teamfähigkeit
Durchsetzungsfähigkeit
Komplexes Problemlösen

9.4 Ausbildung

Die wichtigsten Regeln zur Berufsausbildung enthalten das **Berufsbildungsgesetz** und die **Handwerksordnung**, für einige Berufe existieren besondere Regelungen in eigenen Gesetzen. Die betriebliche Ausbildung ist in den **Ausbildungsordnungen** geregelt. Für die Aufnahme in eine Ausbildung gibt es keine formalen Voraussetzungen, tatsächlich werden aber ein Schulabschluss oder vergleichbare Qualifikationen erwartet. Je nach Beruf und persönlichen Voraussetzungen dauert die Ausbildung 2 bis 3,5 Jahre.

9.4.1 Rechtliche Rahmenbedingungen

Die wichtigsten Regeln zur Berufsausbildung enthalten das **Berufsbildungsgesetz** und die **Handwerksordnung**, für einige Berufe existieren besondere Regelungen in eigenen Gesetzen. Die betriebliche Ausbildung ist in den **Ausbildungsordnungen** geregelt. Für die Aufnahme in eine Ausbildung gibt es keine formalen Voraussetzungen, tatsächlich werden aber ein Schulabschluss oder vergleichbare Qualifikationen erwartet. Je nach Beruf und persönlichen Voraussetzungen dauert die Ausbildung 2 bis 3,5 Jahre.

Die Berufsausbildung wird im **Dualen System** durchgeführt. Abbildung 9.14 verdeutlicht das Prinzip: Die Berufsschule soll die Allgemeinbildung und das jeweilige fachtheoretische Wissen fördern, die fachpraktischen Kenntnisse werden am Arbeitsplatz in den Unternehmen oder in überbetrieblichen Ausbildungsstätten erworben. Die beiden formal voneinander unabhängigen Säulen arbeiten zusammen, um eine möglichst optimale Qualifikation zu sichern.

Die Ausbildung am Arbeitsplatz und in der Berufsschule wird als »Duales System« bezeichnet.

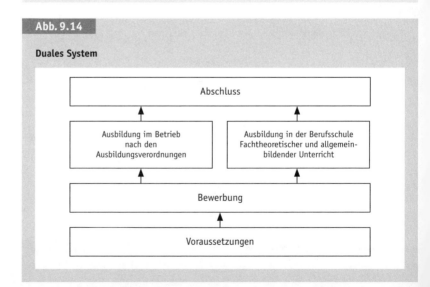

Abb. 9.14

Duales System

Der erfolgreiche Abschluss der Berufsausbildung wird durch Zeugnisse bestätigt.

Prüfungszeugnis der Kammer	Bestätigt, in welchem Beruf die Kammerprüfung bestanden wurde.
Berufsschulzeugnis	Bestätigt, dass die Berufsschule mit Erfolg besucht wurde.
Betriebliches Ausbildungszeugnis	In einem qualifizierten Zeugnis bewertet der Ausbildungsbetrieb die Leistungen und das Verhalten.

9.4.2 Ausbilder-Eignungsverordnung

Die Ausbildereignung soll zur Planung, Durchführung, Qualitätssicherung und zum Abschluss von Berufsausbildungen befähigen. Die Ausbildereignungsverordnung (AEVO) enthält dazu Bestimmungen zum Geltungsbereich, zur berufs- und arbeitspädagogischen Eignung, zu Prüfungsausschüssen und zur Prüfungsordnung. Qualifikationen müssen in folgenden Handlungsfeldern vorhanden sein (§ 2 AEVO):

▸ Planung der Ausbildung,
▸ Mitwirkung bei der Einstellung von Auszubildenden,
▸ Ausbildung am Arbeitsplatz,
▸ Förderung des Lernprozesses,
▸ Ausbildung in der Gruppe,
▸ Ausbildung beenden.

Nachweis von Qualifikationen

Die Qualifikationen müssen in einer **Prüfung** nachgewiesen werden, die aus einem schriftlichen und einem praktischen Teil besteht. Im schriftlichen Teil müssen mehrere fallbezogene Aufgaben unter Aufsicht bearbeitet werden. Der praktische Teil besteht aus einer Präsentation oder der praktischen Durchführung einer Ausbildungseinheit und einem Prüfungsgespräch.

Befreiungsmöglichkeiten stellen sicher, dass bisher erfolgreiche Ausbilder auch weiterhin keine Prüfung ablegen müssen. Bei zahlreichen Fortbildungsabschlüssen gehört die Ausbildereignung bereits zum Qualifikationsprofil. Wenn eine Berufsausbildung vorliegt, erhält man bei erfolgreich bestandener Prüfung die Bezeichnung »Geprüfte Aus- und Weiterbildungspädagogin/Geprüfter Aus- und Weiterbildungspädagoge«.

9.4.3 Anforderungen an die Eignung der Ausbilder

Wer die Ausbildungsinhalte einer Ausbildung in der Ausbildungsstätte unmittelbar, verantwortlich und in wesentlichem Umfang vermittelt und die Eignungsanforderungen erfüllt, wird als **Ausbilder** bezeichnet. Für den Erfolg der betrieblichen Ausbildung sind die persönliche Eignung des Ausbilders und dessen fachliche und pädagogische Qualitäten ausschlaggebend. Nach dem Berufsbildungsgesetz (BBiG) darf nur ausbilden, wer persönlich und fachlich geeignet ist.

Ausbilder

> »Ausbilder in Gewerbebetrieben, im Bergwesen, in der Landwirtschaft, in der Hauswirtschaft und im öffentlichen Dienst haben für die Ausbildung in nach dem Berufsbildungsgesetz geregelten Ausbildungsberufen den Erwerb der berufs- und arbeitspädagogischen Kenntnisse ... nachzuweisen.« (§ 1 AEVO)

Die fachliche Eignung umfasst vor allem
▸ die erforderlichen berufsfachlichen Fertigkeiten und Kenntnisse,
▸ in der Regel eine Abschlussprüfung in einer entsprechenden Fachrichtung,
▸ die berufs- und arbeitspädagogischen Kenntnisse.

Wer erfolgreich die Prüfung nach der AEVO bestanden hat, besitzt die Ausbildungs-befähigung. Die **Ausbildungsberechtigung** setzt aber zusätzlich voraus, dass
▸ eine abgeschlossene Berufsausbildung oder ein abgeschlossenes Studium vorliegt und
▸ der Ausbildungsbetrieb bei der zuständigen Kammer (IHK oder Kreishandwerker-schaft bzw. Handwerkskammer) eingetragen ist.

9.4.4 Beteiligte und Mitwirkende an der Ausbildung

An der Berufsausbildung sind vier Personengruppen beteiligt:
▸ Ausbildende (§ 10 BBiG),
▸ Ausbilder (§ 28 Abs. 2 BBiG,)
▸ Ausbildungsbeauftragte (§ 28 Abs. 3 BBiG),
▸ Auszubildende.

Die Abb. 9.15 zeigt das Zusammenwirken.

Ausbildender
Ausbildende sind die Arbeitgeber, die mit dem Auszubildenden einen Berufsausbil-dungsvertrag abschließen. Der Ausbildende kann die Ausbildung selbst durchführen oder einen Ausbilder damit beauftragen.

Ausbilder
Der Ausbilder übernimmt im Auftrag des Ausbildenden Planung, Durchführung und Kontrolle der Berufsausbildung. Er vermittelt unmittelbar, verantwortlich und in wesentlichem Umfang die Ausbildungsinhalte. Nach dem Berufsbildungsgesetz darf nur ausbilden, wer persönlich und fachlich dazu geeignet ist.

Die zuständige Stelle überwacht die persönliche und fachliche Eignung der Aus-bilder. Falls Mängel nicht beseitigt werden, kann die Einstellung von Auszubil-denden untersagt werden.

Abb. 9.15

Zusammenwirken der Beteiligten an der Berufsausbildung

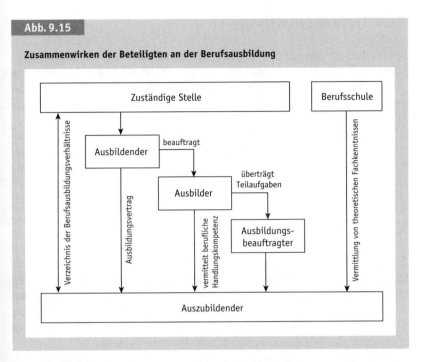

Ausbildungsbeauftragter

Der Ausbilder kann einzelne Ausbildungsteile delegieren, damit die Auszubildenden verschiedene Arbeitsplätze und Abteilungen kennenlernen können. Die beauftragten Personen sind aber nicht für die Ausbildung verantwortlich.

9.4.5 Ergänzende individuelle Bildungsmaßnahmen

Zu den Inhalten der Ausbildung können zusätzliche interne und externe Angebote das Qualifikationsniveau in den Unternehmen weiter erhöhen. In einem Beratungsgespräch werden dazu die Vorstellungen und Interessen der Auszubildenden mit den Belangen des Arbeitgebers erörtert und abgestimmt. Angeboten wird die Vermittlung von

▸ Basiswissen (z. B. Rechnen, Rechtschreibung), um die Ausbildungsfähigkeit zu erreichen,

▸ weiterführenden Kenntnisse (z. B. IT-Kurse, Fremdsprachen), um im Rahmen der Personalförderung die notwendigen Qualifikationen zu sichern.

Individuelle Bildungsmaßnahmen können auf verschiedene Weise gefördert werden.

9.4.6 Prüfungsdurchführung

Das Berufsbildungsgesetz regelt in § 37, dass in den anerkannten Ausbildungsberufen Abschlussprüfungen stattfinden müssen. Sie werden nach § 39 BBiG von einem Prüfungsausschuss der »zuständigen Stelle« durchgeführt. Das sind in der Regel die örtlichen Berufskammern. Ablauf und Inhalte bestimmen die jeweiligen Ausbildungs- und der Prüfungsordnungen.

In den dualen Ausbildungsberufen finden eine schriftliche und eine praktische Prüfung statt, die durch den Prüfungsausschuss in den Betrieben abgenommen wird. Noten für schriftliche und praktische Prüfungen werden in einem Zeugnis aufgeführt.

9.4.7 Unterweisung

Stufen der Arbeits-
unterweisung

Die Vermittlung des Verantwortungsbewusstseins und der notwendigen Fertigkeiten, Kenntnisse und Erfahrungen, die zur Erfüllung einer Arbeitsaufgabe notwendig sind, wird als Arbeitsunterweisung bezeichnet. Sie erfolgt prinzipiell in **vier Stufen**:
1. **Vorbereitung:** Durch Vorstellung der Tätigkeit und ihrer Bedeutung wird bei den Auszubildenden Interesse geweckt. Der Ausbilder erkundet die Vorkenntnisse und stellt die Unterlagen und das notwendige Material bereit.
2. **Vorführung:** Der Arbeitsvorgang wird den Auszubildenden vorgeführt. Die Tätigkeiten werden erklärt und gegebenenfalls wiederholt. Der Ausbilder ermutigt zum Nachmachen.
3. **Ausführung:** Unter Aufsicht des Ausbilders werden Arbeitsvorgänge wiederholt. Die Auszubildenden sollen ihre Arbeit dabei erklären, damit eventuelle Verständnisprobleme erkannt werden können. Fortschritte werden sofort gelobt und Fehler korrigiert.
4. **Abschluss:** Der Arbeitsvorgang wird geübt, bis er einwandfrei beherrscht wird. Der Ausbilder kontrolliert und gibt notwendige Hilfestellungen.

Diese handlungsorientierte Methode ist immer dann geeignet, wenn einfach strukturierte manuelle Aufgaben erlernt werden sollen. Die praktischen Tätigkeiten können so automatisiert werden.

Bei der **Leittextmethode** werden die Mitarbeiter im Selbstlernen unterstützt. Ein schriftlicher Leittext führt sie durch Fragen und Aufgaben, die Geschwindigkeit können sie selbst bestimmen. Abbildung 9.16 zeigt die vier Lernstufen. Diese Methode ist besonders zur Förderung von Schlüsselqualifikationen geeignet.

Eine besondere Bedeutung haben die **Sicherheitsunterweisungen** im Arbeitsschutz und der Arbeitssicherheit.

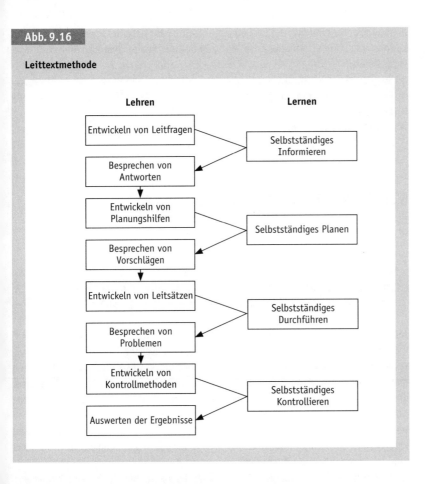

Abb. 9.16

Leittextmethode

Lehren	Lernen

Entwickeln von Leitfragen → Selbstständiges Informieren → Besprechen von Antworten

Entwickeln von Planungshilfen → Selbstständiges Planen → Besprechen von Vorschlägen

Entwickeln von Leitsätzen → Selbstständiges Durchführen → Besprechen von Problemen

Entwickeln von Kontrollmethoden → Selbstständiges Kontrollieren → Auswerten der Ergebnisse

9.4.8 Außer- und überbetriebliche Ausbildung

Die **außerbetriebliche Ausbildung** richtet sich an Personen, die keinen betrieblichen Ausbildungsplatz gefunden haben. Zur Verbesserung ihrer beruflichen Qualifizierung wird ihnen eine Berufsausbildung in einer eigenständigen, anerkannten außerbetrieblichen Einrichtung angeboten, die dazu mit öffentlichen Mitteln finanziert wird. Die außerbetriebliche Ausbildung ist nicht an einen Betrieb oder ein Unternehmen angegliedert. Vermittelt werden berufliche Grundkenntnisse, Hilfen bei der Berufswahlentscheidung oder die Möglichkeit zur Erlangung eines allgemeinbildenden Schulabschlusses.

Wegen zunehmender Spezialisierung sind manche Betriebe nicht in der Lage, ihren Auszubildenden alle Fertigkeiten und Kenntnisse zu vermitteln, die von der Ausbildungsordnung gefordert werden. Deshalb haben Innungen und Kammern **überbetriebliche Werkstätten** für die Auszubildenden der Mitgliedsbetriebe eingerichtet, wo sie ihre betriebliche Ausbildung abrunden können. So werden die

Qualifikationen erreicht, die von einem einzelnen Betrieb nicht vermittelt werden können. Die überbetriebliche Ausbildung ist Teil des Dualen Systems. Sie erfüllt drei Funktionen:

▸ **Systematisierungsfunktion.** Vereinheitlichung der betrieblichen Ausbildung.
▸ **Ergänzungsfunktion.** Ergänzung der betrieblichen Ausbildung in spezialisierten Bereichen.
▸ **Transferfunktion.** Neue Technologien werden auch kleinen und mittleren Unternehmen zugänglich.

9.5 Moderation von Projektgruppen

9.5.1 Arbeitsgruppen

Wenn zwei oder mehr Personen aufgrund gemeinsamer Interessen, Aufgaben oder anderer Voraussetzungen regelmäßig miteinander kommunizieren und dabei eine bestimmte Rollenverteilung akzeptieren, wird von einer **Gruppe** gesprochen.

Jede Zusammenarbeit bedingt ein gemeinsames Verständnis von Zielen, Werten, Vorgehen und Lernen. Darüber hinaus ist das gegenseitige Vertrauen eine Grundvoraussetzung für eine gute Kooperation. Führungskräfte sollten dazu Aufgaben und Kompetenzen soweit wie möglich in die Eigenverantwortung der Mitarbeiter übertragen und sie an Entscheidungen beteiligen, um ihre Leistungs- und Verantwortungsbereitschaft zu fördern. Die gemeinsame Verpflichtung gibt einem Team seine besondere Qualität. Nur wenn sich alle Teammitglieder gleichermaßen mit den vorgegebenen Zielen identifizieren, können klare Prioritäten gemeinsamen gesetzt und entsprechend verfolgt werden.

Eine weitere Voraussetzung für eine erfolgreiche Zusammenarbeit ist eine gewisse Fehlertoleranz. Fehler sollten erlaubt sein, um aus ihnen lernen zu können. Eine **Fehlerkultur** ist eine gute Voraussetzung für partnerschaftliches Handeln und entzieht dem Individualismus den Nährboden.

9.5.1.1 Gruppenarbeit

Ausschlaggebend für eine erfolgreiche Arbeit im Team sind weit reichende Selbstbestimmungsmöglichkeiten. Das Team sollte autonom sein bei der Umsetzung von Konzepten und Maßnahmen und seine Probleme möglichst intern lösen. Das funktioniert nur, wenn ein entsprechendes Maß an Eigenverantwortung eingeräumt wird. Gute Kommunikation und kontinuierliche Information sind die zentralen Voraussetzungen für eine erfolgreiche Zusammenarbeit.

Der Erfolg hängt darüber hinaus vom Teamgeist ab, dem Zusammengehörigkeitsgefühl in der Gruppe. Das Zusammenwirken unterschiedlicher Ideen, Persönlichkeiten, Erfahrungen und Arbeitsweisen trägt dazu bei, dass Teams besondere Leistungen bringen können. Deshalb erhoffen sich Unternehmen eine Leistungssteigerung, die durch einzelne Mitarbeiter allein nicht erreicht werden könnte.

Ein geregelter Informationsfluss und die entsprechende Transparenz ermöglichen allen Teammitgliedern, sich im gleichen Umfang zu beteiligen. Die Weitergabe von Informationen sollte möglichst direkt und ohne Umwege erfolgen, um Gerüchten vorzubeugen. Erfolgreiche Teams zeichnen sich durch folgende Merkmale aus:

Merkmale erfolgreicher Teams

‣ kleine, funktionsgegliederte Arbeitsgruppe,
‣ gemeinsame Zielsetzung,
‣ intensive, wechselseitige Beziehungen,
‣ ausgeprägter Gemeinschaftsgeist,
‣ starker Gruppenzusammenhalt,
‣ aktive Beteiligung aller Teammitglieder.

9.5.1.2 Besetzung von Projektgruppen

Der Erfolg eines Projektes ist abhängig von den Projektmitgliedern, die ihre Einstellungen, Fachkenntnisse, sozialen Kompetenzen, Fähigkeiten und Fertigkeiten und dazu ihr persönliches Engagement einbringen. Teams sollen zielgerichtet besetzt werden, um die definierten Aufgaben in einem festgelegten Zeitraum erledigen zu können. In einem gemischten Team können unterschiedliche Kompetenzen wirkungsvoll integriert werden. Bei der Zusammenstellung spielen

‣ Fachkompetenz,
‣ Persönlichkeitsprofil und
‣ Teamfähigkeit

eine wichtige Rolle. Dabei gibt zunächst die Aufgabenstellung vor, wer überhaupt in Frage kommen kann. Folgende Kernkompetenzen sollen vorhanden sein:

Kompetenzen in Projektgruppen

‣ **Promoten:** Andere von neuen Ansätzen überzeugen.
‣ **Entwickeln:** Neue Ansätze beurteilen und auf ihre Anwendbarkeit prüfen.
‣ **Organisieren:** Neue Mittel und Wege finden, um Dinge zum Laufen zu bringen.
‣ **Umsetzen:** Leistungsvorgaben konsequent erfüllen.
‣ **Überwachen:** Prozesse und Ergebnisse kontrollieren.
‣ **Stabilisieren:** Die Einhaltung von Normen und Verfahren sicherstellen.
‣ **Beraten:** Informationen beschaffen und vermitteln.
‣ **Innovieren:** Neue Ideen hervorbringen und damit experimentieren.

Für erfolgreiches Arbeiten in Teams sollten möglichst alle acht Kompetenzen vorhanden sein und sinnvoll koordiniert werden. So können Synergie-Effekte entstehen und zielgerichtet genutzt werden. Von der konstruktiven Zusammenarbeit hängt sowohl der Erfolg des Einzelnen als auch der des gesamten Teams ab.

In Projekten übernehmen die Mitglieder unterschiedliche Aufgaben und Rollen. Sie arbeiten außerhalb des Projektes auf verschiedenen Hierarchiestufen, haben unterschiedliche Ausbildungen, Vorstellungen und Denkweisen und kommen – oft nicht freiwillig – zusammen, um gemeinsam an einer Problemlösung zu arbeiten. Entsprechend haben sie unterschiedliche Ideen und verschiedene Blickwinkel auf die gemeinsame Aufgabe. Die heterogenen Qualifikationen und Einstellungen zusammenzubringen, beinhalten gleichzeitig Risiken und Chancen. In der Regel sind folgende Rollen zu besetzen:

▸ Projektauftraggeber (PAG),
▸ Projektentscheider,
▸ Projektleiter,
▸ Teilprojektleiter (TPL),
▸ Projektmitarbeiter (PM),
▸ Projektlenkungsausschuss.

Entsprechend ihren Kompetenzen werden den Projektmitarbeitern ihre Aufgaben zugeordnet. Das schließt ein

▸ die Festlegung der Dauer ihrer Projektzugehörigkeit,
▸ die Regelung der konkreten Arbeitszeiten, Dienstpläne,
▸ die zeitliche Koordination,
▸ die örtliche Zuordnung.

Sinnvolle Personal-fluktuation

Es kann sinnvoll sein, im Projekt eine maßvolle **Personalfluktuation** vorzusehen und von Zeit zu Zeit Personen neu in das Projekt zu integrieren. Sie werden durch kritische Nachfragen die Projektidee noch weiter spezifizieren können und zu noch klareren Perspektiven und besseren Ergebnissen beitragen.

9.5.2 Moderation von Arbeits- und Projektgruppen

Die Moderation stellt eine teilweise formalisierte Vorgehensweise dar, die zur Strukturierung und Visualisierung von Gruppenarbeiten und Diskussionen beiträgt.

Ziel der Moderation

> Die Moderation soll unter Anleitung einen Meinungs- bzw. Willensbildungsprozess einer Gruppe ermöglichen und vereinfachen, ohne inhaltlich einzugreifen.

Sie wird überall dort angewendet, wo sich eine Gruppe bemüht, zu einem Konsens zu gelangen, beispielsweise bei Workshops, Personalbesprechungen und Projektteams.

9.5.2.1 Moderation als Methode der aktiven Beteiligung

Die Moderation stellt die Balance her zwischen den individuellen Bedürfnissen der Teilnehmenden, den Gruppenbedürfnissen und den inhaltlichen Zielen. Sie dient der **Themenbearbeitung und Problemlösung**, um die gestellten Ziele möglichst optimal erreichen zu können. Die besondere Schwierigkeit liegt darin, eine sachgerechte und lösungsorientierte Arbeitsatmosphäre zu schaffen, die den sozialen und emotionalen Bedürfnissen der Teilnehmenden nicht im Wege steht. In Gruppen kann als Widerspruch empfunden werden, einerseits die Freiheit des individuellen Arbeitsstils zu gewährleisten und andererseits dabei trotzdem Störungen zu vermeiden. Während die einen den regen kommunikativen Austausch brauchen, benötigen andere Ruhe und Konzentration.

Für den Moderator bedeutet das, genau zu erfassen, wer was wann äußert und einzuschätzen, was es für die Gruppe bedeuten könnte. Er muss die Entwicklung der Gruppe beobachten und fördern und die Bedeutungen von Störungen erkennen und

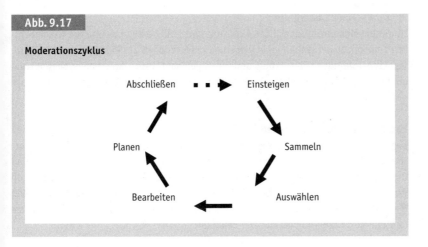

Abb. 9.17

Moderationszyklus

Abschließen • • ▶ Einsteigen

Planen Sammeln

Bearbeiten Auswählen

klären. Dazu muss er seine eigenen Grenzen genau kennen und wissen, welche Schwierigkeiten er aushalten bzw. handhaben kann. Die Moderation erfordert ein Höchstmaß an Flexibilität und Improvisationsfähigkeit.

Sie folgt immer einem bestimmten »Fahrplan«. Abbildung 9.17 zeigt die Phasen des Moderationszyklus.

Je nach Ziel- und Zusammensetzung der Gruppe können die einzelnen Moderationsabschnitte sehr unterschiedlich ablaufen. Um einen funktionierenden Moderationsplan zu erstellen, ordnet der Moderator jeder Phase im Moderationszyklus eine Methode, entsprechende Hilfsmittel und die benötigte Zeit zu.

Moderationsschritte

Phase 1 – Einstieg in die Moderation
In der ersten Phase einer Moderation wird die Besprechung eröffnet, die Teilnehmer werden begrüßt. Der Moderator schafft eine positive Arbeitsatmosphäre und macht die Vorgehensweise transparent. Alle Beteiligten werden in diesen Prozess einbezogen, um unnötige Unsicherheiten zu vermeiden. In der Einstiegsphase werden außerdem die organisatorischen Bedingungen und der zeitliche Ablauf geklärt.

Phase 2 – Themen sammeln
In diesem Arbeitsschritt wird festgelegt, welche Fragestellungen bearbeitet werden sollen. Zur Sammlung von Themen, Ideen und anderen Beiträgen ist die Kartenabfrage eine geeignete Methode, die je nach Situation auch in den anderen Moderationsabschnitten verwendet werden kann. Daneben eignen sich auch die Abfrage auf Zuruf oder ein Brainstorming. Der Moderator soll die Fragen präzise und zielorientiert an die Teilnehmer richten und möglichst auch visualisieren.

Phase 3 – Thema auswählen
Der Moderator stellt fest, welche der zusammengetragenen Themen von den Teilnehmern in welcher Reihenfolge bearbeitet werden sollen. Dazu eignet sich das Anlegen eines Themenspeichers, z.B ein Flipchart.

Phase 4 – Thema bearbeiten

In diesem Moderationsabschnitt erfolgt die inhaltliche Bearbeitung der ausgewählten Themen. Dabei stehen viele verschiedene Methoden zur Verfügung, deren Wahl von der jeweiligen Zielsetzung abhängig gemacht wird. Zur Themenbearbeitung eignen sich z. B. das Problem-Analyse-Schema, das Zwei-Felder-Schema, Mind-Mapping u. v. m.

Phase 5 – Maßnahmen planen

Der Moderator bespricht mit den Teilnehmern, welche der erarbeiteten Lösungsvorschläge weiter verfolgt werden sollen, welche konkreten Maßnahmen zu treffen sind und wer sie durchführen soll. Dabei muss darauf geachtet werden, dass die Ziele und Aufgaben und auch der zeitliche Rahmen möglichst genau formuliert werden. Ein **Maßnahmenplan** ermöglicht eine genaue Darstellung der erforderlichen Schritte und die Zuordnung zu bestimmten Personen.

Phase 6 – Abschluss der Moderation

Im letzten Moderationsabschnitt überzeugt sich der Moderator noch einmal, dass die Teilnehmer mit der Vorgehensweise und dem Ergebnis zufrieden sind. Gemeinsam wird die Veranstaltung kurz reflektiert und zusammengefasst.

Moderationsplan

Um einen Moderationsplan zu erstellen, ordnet der Moderator jeder Phase im Moderationszyklus eine Methode, entsprechende Hilfsmittel und die benötigte Zeit zu. Die Abbildung 9.18 zeigt dies beispielhaft.

Aus dem Plan ist erkennbar, welche Arbeitsmaterialien (Flipcharts, Plakate usw.) noch vorbereitet werden müssen und welche Medien und Hilfsmittel noch besorgt werden müssen.

9.5.2.2 Geteilte Moderation

Um eine Gruppe zu einem erfolgreichen Arbeitsergebnis bringen zu können, sind die Beherrschung von Fragetechniken und verschiedenen Visualisierungsmethoden notwendige Voraussetzung, sie gehören zum unentbehrlichen Repertoire eines jeden Moderators. Weil einerseits die Gruppe durch präzise formulierte Fragen angeleitet und andererseits die Arbeitsergebnisse visualisiert werden müssen, bietet sich in vielen Fällen eine Aufteilung der Leitung auf mehrere Moderatoren an.

Auf diese Weise kann einer die Gruppe weiter moderieren, während der andere sich auf das Visualisieren auf Pinnwand oder Flipchart konzentriert oder z. B. eine Kartenabfrage organisiert. Die Visualisierung ersetzt dabei nicht das gesprochene Wort, sondern dient der Unterstützung.

Die Teilung der Moderation kann entweder im Wechsel stattfinden oder mit einer klaren Aufgabenverteilung konsequent von Anfang an.

9.5.2.3 Regeln für die Vorbereitung

Der Ablauf und die Methodik der Moderation sollten bereits im Vorfeld gründlich geplant werden. Das schafft Sicherheit und ermöglicht einen reibungslosen Modera-

Abb. 9.18

Beispiel Moderationsplan

Schritt	Ziel	Methode	Hilfsmittel	Zeit
Gesamte Moderation	Maßnahmen planen zur Einführung eines neuen Produktes		Moderationskoffer 5 Pinnwände 2 Flipcharts Vorbereitete Charts/Plakate	4 Std.
1. Einstieg	Eröffnung	Kennenlern-Matrix	Vorbereitetes Plakat	10 Min.
2. Sammeln	Inhaltliche Vorstellungen der Teilnehmer kennenlernen	Karten-Abfrage	Vorbereitetes Plakat Visualisierte Frage Rechteck-Karten Moderationsmarker	20 Min.
3. Auswählen	Thema festlegen, Prioritäten setzen	Mehr-Punkt-Abfrage	Vorbereitetes Plakat Themenspeicher Klebepunkte	15 Min.
4. Bearbeiten	Problemanalyse – Ansätze zur Problemlösung	Kleingruppenarbeit: 2-Felder-Schema Ursache-Wirkungs-Diagramm	Vorbereitete Plakate	90 Min.
5. Planen	Katalog von Maßnahmen	Liste	Vorbereitetes Plakat	60 Min.
6. Abschluss	Abschluss der Gruppenarbeit	Blitzlicht	Visualisierte Abschlussfrage	20 Min.
Pausen				25 Min.

tionsprozess. Der Ablauf darf dabei nicht zu starr vorgesehen werden, weil sonst die nötige Flexibilität, die eine gute Moderation ausmacht, nicht gewährleistet werden kann. Die Vorbereitung der Moderation umfasst folgende Bereiche:

Vorbereitung der Moderation

▸ organisatorische Vorbereitung,
▸ methodische Vorbereitung,
▸ inhaltliche Vorbereitung,
▸ persönliche Vorbereitung.

Für die **organisatorische Vorbereitung** sollte sich der Moderator zunächst einen allgemeinen Überblick verschaffen:

▸ Wann wird die Veranstaltung stattfinden?
▸ Welche Räume stehen zur Verfügung?
▸ Wie lange soll die Veranstaltung dauern?
▸ Wer wird daran teilnehmen?
▸ Wie viele Personen werden es sein?
▸ Welche Erwartungen haben sie?

Darüber hinaus sollte er auch wissen, wie die Räumlichkeiten aussehen, um zu bestimmen, wie er Stühle und Tische arrangiert (Halbkreis ohne Tische, Hufeisen mit Tischen usw.). Mithilfe von Checklisten kann der Moderator überprüfen, welches Material noch benötigt wird, welches am Veranstaltungsort bereits vorhanden ist und was noch besorgt werden muss. Der Moderator muss in Erfahrung bringen, wie die **Zielgruppe** zusammengesetzt ist, welche Erwartungen an die Veranstaltung gestellt werden und welches Vorwissen vorhanden ist. So kann er bereits im Vorfeld mögliches Konfliktpotenzial ausmachen und wird dann während der Moderation nicht von vorprogrammierten Konflikten überrascht. Je mehr er über die Zielgruppe in Erfahrung bringt, desto besser kann er seine Methoden ihren Bedürfnissen anpassen.

In einem nächsten Schritt erfolgt die Vorbereitung unter inhaltlichen Aspekten. Der Moderator muss wissen, worum es geht, damit er zielgerichtete Fragen stellen kann. Er muss jedoch kein Experte für das Thema sein.

Mithilfe von Checklisten kann überprüft werden, welche organisatorischen Maßnahmen noch erforderlich sind.

Als **persönliche Vorbereitung** sollte der Moderator darauf achten, dass er körperlich und geistig in guter Verfassung ist. Die Konzentrationsfähigkeit gehört zu den entscheidenden Erfolgskriterien für eine gelungene Moderation.

9.5.2.4 Nachbereitung der Moderation

Grundsätzlich gehört zu jeder Nachbereitung einer Moderation ein Protokoll, das die Verbindlichkeit der Ergebnisse sichert. Auch wenn kein konkretes Ergebnis erreicht worden ist, muss der Stand der Diskussion festgehalten werden. Egal, ob der Moderator selbst oder ein Teilnehmer das Protokoll erstellt, muss auf jeden Fall dafür Sorge getragen werden, dass es alle Teilnehmer erreicht und sie auch die Möglichkeit erhalten, Änderungen anzuregen.

Protokoll

Der Zweck des Protokolls bestimmt seine Form und seine Ausführlichkeit. Häufig reicht ein knappes Ergebnisprotokoll, das die Teilnehmer an die verabredeten Termine erinnern soll und eventuell bereits gezielt zur Vorbereitung des nächsten Treffens auffordert. Ein Ergebnisprotokoll kann kurz und knapp formuliert werden, muss dabei jedoch noch so ausführlich sein, dass die Teilnehmer auch nach längerer Zeit die einzelnen Punkte nachvollziehen können.

Dank neuer Technik ist es möglich, auch die Visualisierung einfach zu dokumentieren. Mit einer Digitalkamera können Flipcharts und Pinnwände fotografiert und die Darstellungen per E-Mail an die Teilnehmer verschickt werden.

Persönliche Nachbereitung

Zusätzlich sollte der Moderator auch eine persönliche Nachbereitung durchführen. Mithilfe seiner Notizen kann er den Arbeitsprozess reflektieren und eine Erfolgskontrolle durchführen. Was ist gut gelaufen? Was weniger? Was muss verbessert werden? Daraus kann er Schlussfolgerungen für die weitere gemeinsame Arbeit ziehen und sie in die Planung der folgenden Sitzungen einbeziehen.

9.5.3 Steuern von Arbeits- und Projektgruppen

9.5.3.1 Phasen der Prozesssteuerung

Eine arbeitsfähige Gruppe entsteht in vier Phasen, die für die Führung bzw. Steuerung von Gruppen von zentraler Bedeutung sind.

Orientierungsphase

In der Orientierungsphase (**Forming**) kommen alle zukünftigen Teammitglieder zum ersten Mal zusammen. Sie ist gekennzeichnet durch Unsicherheit bei allen Beteiligten. Auf der Sachebene wird zunächst geklärt, welche Aufgaben und Ziele die Gruppe hat und mit welchen Methoden sie erreicht werden sollen. Auf der Beziehungsebene lernen sich die Teilnehmer kennen und müssen in der neuen Situation ihre Rolle finden. Viele orientieren sich in dieser Phase am Moderator, der sich seiner Vorbildfunktion bewusst sein muss.

Forming

Konfrontations- und Konfliktphase

Die Konfrontations- und Konfliktphase (**Storming**) ist entscheidend für den weiteren Verlauf der Gruppenfindung und den Erfolg des Arbeitsprozesses. Sie ist durch Meinungsverschiedenheiten und Auseinandersetzungen gekennzeichnet. Persönliche Unsicherheiten in Kombination mit dem Aufeinandertreffen unterschiedlicher Ansichten bergen ein hohes Konfliktpotenzial. Auf der Sachebene entstehen Meinungsverschiedenheiten über die anzuwendenden Methoden und Verfahren.

Storming

Am Ende dieser Phase muss ein gemeinsamer Grundkonsens gefunden sein, in dem die Einzelinteressen und das Gruppenziel in Übereinstimmung gebracht worden sind. Die erarbeiteten Regeln helfen, diese schwierige Phase erfolgreich abzuschließen.

Organisationsphase

In der Organisationsphase (**Norming**) ist erstmals ein positives Zugehörigkeitsgefühl bei den Gruppenmitgliedern zu erkennen. Das Team wird von ihnen als Einheit erlebt, bestimmte Verhaltensnormen haben sich herausgebildet. Auf der Sachebene findet ein offener Austausch von Informationen, Meinungen, Fakten usw. statt. Die Gruppe beginnt, sich selbst zu steuern und es entsteht ein Gemeinschaftsgefühl. Um diesen harmonischen Zustand möglichst beibehalten zu können, werden die Teilnehmer versuchen, Konflikte zu vermeiden. In der Organisationsphase hat das Team eine solide Arbeitsbasis gefunden.

Norming

Integrations- und Wachstumsphase

In der Integrations- und Wachstumsphase (**Performing**) geht es dann um die eigentliche Aufgabenbewältigung. Alle Aktivitäten werden auf die Zielerreichung konzentriert, unterschiedliche Meinungen und Ansichten werden diskutiert. Die Rollen kristallisieren sich nun klarer heraus und können gewinnbringend miteinander kombiniert werden, Spitzenleistungen im Team werden möglich. Eine kontinuierliche Prozessverbesserung wird angestrebt, um dem eigenen Qualitätsanspruch ge-

Performing

recht werden zu können. Regelmäßige Feedback-Sitzungen zu den verschiedenen Sachthemen sind in dieser Phase von großer Bedeutung.

Für den Moderator ist es wichtig, ein positives Gruppenklima zu sichern und die Gruppendynamik zu optimieren.

9.5.3.2 Verhalten von Gruppenmitgliedern

Auch wenn es aus pädagogischer Sicht nicht unbedingt wünschenswert ist, Teilnehmer in »Schubladen« zu stecken, kann es für die Seminarleitung hilfreich und entlastend sein zu wissen, dass bestimmte Phänomene immer wieder in Seminaren auftauchen. Auf diese Weise sind Typisierungen für Teilnehmer entstanden, die verdeutlichen sollen, welche unterschiedliche Kräfte in jedem Gruppenprozess wirken.

Teilnehmertypen

▸ Der **Besserwisser.** Dieser Teilnehmertyp hält sich für einen Experten und stellt sich gerne in den Mittelpunkt. Er wirkt deshalb häufig vorlaut. Mit ihm lässt sich schlecht diskutieren, weil er seinen Gesprächspartnern ständig ins Wort fällt. Besonders kompliziert gestaltet sich die Situation, wenn der Besserwisser auch noch die Eigenschaften eines Vielredners aufweist oder bei Nichtanerkennung seines »umfangreichen Wissens« zum Saboteur wird.

▸ Der **Saboteur.** Dieser Teilnehmertyp kann die Seminaratmosphäre empfindlich stören, weil er Widerstand offen praktiziert: Er widerspricht ständig, verweigert aber die aktive Mitarbeit oder legt allgemein eine destruktive Haltung an den Tag. Dagegen helfen das Verschaffen von Erfolgserlebnissen, die direkte Bitte um Stellungnahme und das persönliche Gespräch.

▸ Der **Schweigsame.** Egal ob aus Schüchternheit oder weil er einfach keine Notwendigkeit sieht, sich mitzuteilen, der Schweigsame gibt wenig Input, ist aber recht dankbar: Er ist in der Regel pünktlich und schreibt jede Äußerung des Seminarleiters mit. Diese Teilnehmer sollten zur aktiven Mitarbeit motiviert werden, indem Übungen integriert werden, bei denen alle nacheinander zu Wort kommen, oder indem die Schweigsamen durch Übungen mit Moderationskarten zum Mitmachen animiert werden. So müssen sie nicht unbedingt vor der Gruppe sprechen, haben aber trotzdem eine Möglichkeit, sich zu äußern.

▸ Der **Unpünktliche.** Dieser Teilnehmer kommt ständig zu spät und quittiert entsprechende Äußerungen des Seminarleiters immer mit einer gewissen Ironie. Er liebt die Aufmerksamkeit und erfindet gern Geschichten, um seine Verspätung zu rechtfertigen. Häufen sich diese Fälle, sollte ohne weitere Kommentierung mit der Stoffvermittlung begonnen werden, damit die anderen Teilnehmer nicht unter seinem Verhalten leiden müssen.

▸ Der **Vielredner.** Dieser Teilnehmer hört sich selbst gerne reden und hat jeder Äußerung des Seminarleiters etwas hinzuzufügen. Er ist von seiner eigenen Unfehlbarkeit überzeugt, was häufig zu Konflikten führt. Hier gilt es, den Redefluss eines solchen Teilnehmers zu bremsen und in Bahnen zu lenken.

Die Rolle, die ein Einzelner in der Gruppe übernimmt, legt seinen individuellen Handlungsspielraum fest. Es gibt Gruppenmitglieder, die verstärkt für den sachlichen Fortschritt in einer Gruppe verantwortlich sind, und andere, die sich um den Zusammenhalt und die positive Atmosphäre bemühen. In der Praxis gibt es häufig zwei herausgehobene Positionen in einer Gruppe: den »Tüchtigen« und den »Beliebten«.

Entsprechend den Kernkompetenzen können sich die folgenden Rollen herausbilden:

Rollen in Gruppen

▸ Der **informierte Berater** übernimmt eine unterstützende Rolle. Er sammelt Informationen und ist besonders kenntnisreich. Seine Stärken sind Toleranz und Entdeckungsfreude.
▸ Der **kreative Innovator** liebt komplexe Probleme und sucht stets nach neuen Methoden. Er ist der erfindungsreiche, zukunftsorientierte und unabhängige Problemlöser.
▸ Der **entdeckende Promotor** kann Mittel beschaffen und liebt vielseitige, interessante Arbeiten. Er überzeugt durch seine Kommunikationsfähigkeit und seine guten Kontakte.
▸ Der **auswählende Entwickler** meidet Routine. Analytisch, objektiv, experimentierfreudig, tatorientiert und unabhängig kann er seine Stärken einbringen.
▸ Der **zielstrebige Organisator** arbeitet ergebnisorientiert an den Aufgaben. Er ist ein entscheidungsstarkes Organisationstalent.
▸ Der **systematische Umsetzer** schätzt Effizienz. Er liebt Pläne, die er pünktlich und effektiv umsetzt.
▸ Der **kontrollierende Überwacher** sorgt für die Einhaltung von Regeln, er nimmt alles sehr genau und konzentriert sich auf das Wesentliche.
▸ Der **unterstützende Stabilisator** sorgt für den Zusammenhalt im Team, er übernimmt durch seine Loyalität, sein Verhandlungsgeschick und den Sinn für Gerechtigkeit eine beratende Funktion.

Neben diesen arbeitsbezogenen Rollen gibt es auch andere, die hauptsächlich das Klima beeinflussen und dadurch Schwierigkeiten verursachen können:

▸ den Außenseiter, den es zu integrieren gilt,
▸ den Gruppenclown, der die Arbeit nicht stören sollte,
▸ den Gegenführer, der Unruhe in die Gruppe tragen und sie spalten könnte,
▸ die Mitläufer, die motiviert und aktiviert werden müssen.

Der Moderator muss negativen Rollenzuweisungen entgegenwirken und die Teammitglieder bei der positiven Ausgestaltung ihrer Rolle unterstützen.

9.5.4 Projektabschluss

Der Projektabschluss ist nach DIN 69905 das formale Ende eines Projekts, alle Tätigkeiten werden beendet. Die Projektgremien werden aufgelöst, die Dokumente werden archiviert, die Kostenstelle wird abgeschlossen und die Projektergebnisse können übergeben und abgenommen werden.

Ob ein Projekt erfolgreich war, kann aus verschiedenen Perspektiven beurteilt werden.

▸ Aus Unternehmenssicht ist festzustellen, ob das Projektziel innerhalb des vorgegebenen zeitlichen und finanziellen Rahmens erreicht worden ist.

▸ Der Auftraggeber beurteilt, ob das Projekt zur Beantwortung seiner konkreten Fragestellung beigetragen hat. Ein aus Unternehmenssicht erfolgreiches Projekt muss nicht auch aus der Sicht des Auftraggebers erfolgreich sein.

▸ Die Projektbeteiligten beurteilen den Projekterfolg nach ihrer persönlichen Interessenlage. Die Mitarbeit kann – unabhängig vom Erreichen des Projektzieles – den persönlichen und beruflichen Zielen dienlich oder hinderlich gewesen sein.

Lessons learned bezeichnet die systematische Dokumentation von Erfahrungen, die in einem abgeschlossenen Projekt gemacht worden sind und deren Kenntnis für zukünftige Projekte hilfreich sein könnte. Die Projektbeteiligten verfügen über neue Erkenntnisse, die anderen zugänglich gemacht werden, damit sie positive Erfahrungen nutzen können und Fehler nicht wiederholt werden. Die Dokumentation beruht also auf – positiven oder negativen – praktischen Erfahrungen, die so für weitere Projekte verfügbar und nutzbar werden.

Mit der Projektabschlussanalyse wird eine abschließende Nachkalkulation durchgeführt. Abweichungen von den angestrebten Zielen werden einer Abweichungsanalyse unterzogen, in späteren Projekten kann so von den Erfahrungen profitiert werden.

Die **Projektdokumentation** ist die Zusammenstellung ausgewählter, wesentlicher Daten über Konfiguration, Organisation, Mitteleinsatz, Lösungswege, Ablauf und erreichte Ziele des Projektes.

So wird erkennbar, aus welchen Gründen ein bestimmter Lösungsweg gewählt worden ist, ob das angestrebte Ergebnis erreicht werden konnte und welche Gründe gegebenenfalls ein besseres Ergebnis nicht zugelassen haben. Schließlich enthält die Projektdokumentation auch Hinweise, ob Anschlussprojekte möglich und sinnvoll sind. Idealerweise stehen die Lessons learned recherchierbar für zukünftige Projekte zur Verfügung.

9.6 Präsentationstechniken

Eine Präsentation ist ein mündlicher Vortrag, dessen vorbereitete Inhalte unter Verwendung visueller, auf die Zielgruppe bezogener Hilfsmittel für eine Diskussion oder Entscheidung von einem Präsentator dargestellt werden.

Präsentiert wird mit dem gesprochenen Wort, mit Bildern sowie technischen Geräten.

9.6.1 Ziel und Gegenstand der Präsentation

Durch die Präsentation soll bei den Zuhörern in kurzer Zeit ein bestimmter Effekt erzielt werden. Um sie motivieren und überzeugen zu können, sollen die Teilnehmer in die Präsentation eingebunden werden. Durch den Einsatz von Sprache und Visualisierung kann ihre Orientierung auf bestimmte Handlungen in relativ kurzer Zeit erreicht werden. Dazu wird
▸ ein Sachverhalt erläutert,
▸ ein Prozess beschrieben,
▸ ein Produkt vorgestellt,
▸ eine Entscheidungsalternative angeboten.

Bei einer Präsentation sollen sowohl sachbezogene Informations- oder Überzeugungsziele als auch persönliche Ziele des Vortragenden erreicht werden. Konsequent muss vor einer Präsentation entschieden werden:

Ziele des Vortragenden

▸ Aus welchem Grund wird die Präsentation durchgeführt?
▸ Welche Informationen sollen die Zuhörer mitnehmen?
▸ Wovon sollen die Zuhörer überzeugt werden?
▸ Welche Botschaft soll die Präsentation enthalten?
▸ Sollen die Zuhörer zu bestimmten Aktivitäten veranlasst werden?
▸ Sollen bei den Zuhörern bestimmte Empfindungen geweckt werden?
▸ Welchen Eindruck möchte der Vortragende von sich erwecken?
▸ Welche Folgen erwartet der Vortragende für sich?

9.6.2 Voraussetzungen für eine Präsentation

Präsentationen müssen inhaltlich und didaktisch gestaltet sein. Die Abbildung 9.19 zeigt, dass die Präsentationstechnik dabei in einem Spannungsverhältnis zu den Inhalten und den Teilnehmern steht.

Wie bei anderen Kommunikationsformen beruht der Erfolg einer Präsentation nicht allein auf der noch so perfekt vorbereiteten und gestalteten Sachebene, der Einfluss durch die Beziehungsebene ist ebenso wichtig. Abbildung 9.20 verdeutlicht die beiden Ebenen.

Die beste Wirkung wird erzielt, wenn der Vortragende kompetent und als Persönlichkeit erscheint, der seine Inhalte und Vorstellungen so strukturieren kann, dass die Zuhörer ihm leicht und gerne folgen.

Konzept und Performance müssen zusammenpassen.

Deshalb müssen vor der Präsentation folgende Fragen eindeutig geklärt sein:
▸ Was genau soll erreicht werden?
▸ Welche Voraussetzungen müssen berücksichtigt werden?
▸ Wie setzt sich die Zielgruppe zusammen?
▸ Wie können die Zuhörer angesprochen werden?
▸ Welche Präsentationstechnik kann eingesetzt werden?

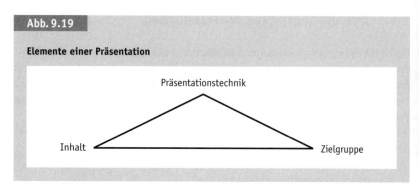

Abb. 9.19

Elemente einer Präsentation

Präsentationstechnik

Inhalt

Zielgruppe

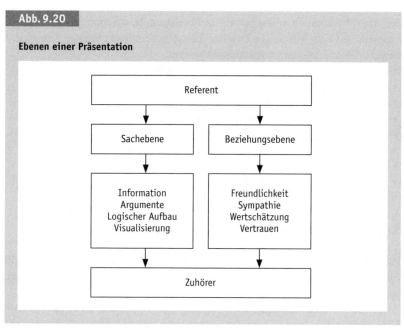

Abb. 9.20

Ebenen einer Präsentation

Referent

Sachebene

Beziehungsebene

Information
Argumente
Logischer Aufbau
Visualisierung

Freundlichkeit
Sympathie
Wertschätzung
Vertrauen

Zuhörer

Abhängig von der Zielsetzung des Vortragenden wird die Präsentation grundsätzlich nach den **Bedürfnissen der Teilnehmer** gestaltet. Sie muss also auf das Vorwissen und die Motivation die Zielgruppe abgestimmt werden. Die Inhalte müssen grundsätzlich einfach und klar erklärt werden. Was das im Einzelfall bedeutet, hängt von der Zusammensetzung der Teilnehmer ab: Experten müssen komplexer angesprochen werden als Neugierige, die sich erst in ein Thema einarbeiten wollen. Vereinfachungen dürfen aber niemals dazu führen, dass Fakten falsch dargestellt werden. Die dazu passenden Medien müssen so eingesetzt werden, dass die Teilnehmer die Informationen jederzeit optimal aufnehmen können.

Für eine erfolgreiche Präsentation müssen **Zweck und Ziel** (z. B. Information, Motivation, Anregung, Überzeugung, Selbstdarstellung) der Präsentation nicht nur bekannt sein, sondern detailliert definiert werden. Insbesondere dürfen Zweck und Ziel nicht verwechselt werden.

Nur wenn das Ziel so klar wie möglich formuliert ist, können der inhaltliche Aufbau und die Durchführung der Präsentation gelingen.

Der Referent entwickelt einen »roten Faden«, der das Thema eingrenzt und mit dem die Breite und Tiefe der Präsentation bestimmt werden. Ein Überblicksthema erfordert mehr Breite, ein Schwerpunktthema mehr Tiefe in der Darstellung.

9.6.3 Organisatorische Vorbereitung

Es ist für jeden Referenten ein absolutes Muss, sich rechtzeitig mit der vorhandenen technischen Ausstattung vertraut zu machen. Die Seminarräume werden standardmäßig nach den Erfahrungen und Möglichkeiten des Veranstalters – und nicht selten auch nach Lust und Laune der Verantwortlichen – eingerichtet. Anordnung, Auswahl und Qualität von Möbeln und Technik stimmen danach häufig nicht überein mit den Bedürfnissen des Seminarleiters und seiner Teilnehmer. Einen Vorschlag für eine Checkliste dazu enthält Abbildung 9.21.

Der Medieneinsatz und damit die Medienausstattung müssen sich nach den Anforderungen des Trainers richten, nicht umgekehrt.

9.6.3.1 Rhetorisch-methodische Bedingungen

Eine gute Präsentation zeichnet sich dadurch aus, dass sie das Publikum in den Mittelpunkt stellt. Die Zuhörer haben ein bestimmtes Ziel: Sie wollen aus ganz verschiedenen Gründen nützliche Informationen erhalten. Zumindest aber wollen Sie nicht gelangweilt werden, denn ihre Zeit ist kostbar. Deshalb müssen die Inhalte wirkungsvoll präsentiert werden, eine kreative und gelungene Darstellung ist für die Wirkung der Präsentation ausschlaggebend.

Orientierung am Publikum

Vortrag und Visualisierung verlangen gleichzeitig gestalterische und soziale Kompetenzen. Die Gefahr besteht immer, dass Kreativität, Phantasie und Gestaltungskraft als Selbstzweck in den Vordergrund rücken und die Inhalte überdecken.

Vortrag

Ein Vortrag ist – auch wenn nur einer spricht – kein Monolog, sondern die Zuhörer müssen gedanklich einbezogen werden. Deshalb ist Verständlichkeit eine selbstverständliche Grundbedingung für den Erfolg der Präsentation.

Verständlichkeit

▸ Die Lautstärke muss so austariert werden, dass der Vortrag für alle Zuhörer verständlich ist, aber nicht »marktschreierisch« wirkt. Gegebenenfalls muss eine Verstärkungsmöglichkeit genutzt werden.

▸ Einfache kurze Sätze machen das gesprochene Wort leichter verständlich.

▸ Durch kurze Pausen können inhaltliche Blöcke gebildet werden, die das Verständnis erleichtern. Kurze Unterbrechungen zum Nachdenken oder zum Blick auf den Spickzettel erscheinen dem Vortragenden meistens länger als den Zuhörern.

Abb. 9.21

Checkliste Organisation einer Präsentation

Raum	in Ordnung	Klärungsbedarf
Größe ausreichend?		
Lichtverhältnisse in Ordnung?		
Können die Schalter selbst bedient werden?		
Genügend Tische und Stühle?		
Bestuhlung wie gewünscht?		
Projektionsfläche vorhanden?		
Ausschilderung vorhanden?		
Bewirtung geklärt?		
Ansprechpartner bekannt?		

Material	benötigt	erledigt	besorgen
Folien und Overheadprojektor			
Funktionalität geprüft? Ersatzlampen vorhanden?			
Beamer und entsprechende PowerPoint-Software			
Kompatibilität gesichert?			
Moderationskoffer			
Inhalt vollständig?			
Folienstifte und andere Schreibmaterialien			
Schriftstärke ausprobiert?			
ausreichend Papier			
Filzstifte			
Klebepunkte			
Moderationskarten			
ausreichend Farben und Formen?			
Pinnwand			
Flipchart			
Ersatzblocks vorhanden?			
Handouts für die Teilnehmer			
Drucker/Kopierer einsatzfähig?			
Zeigestab, Laserpointer			
Rechner mit Internetzugang			
ausprobiert?			
Sekundärliteratur und Recherchematerial			

- Hinter jeden Satz wird ein akustischer Punkt gesetzt. Diese sinnvolle Betonung ist normalerweise kein Problem, weil die Stimme am Satzende immer automatisch sinkt. Trotzdem kann die bewusste Betonung von besonders wichtigen Passagen sinnvoll sein.
- Ein persönlicher Sprachstil wirkt sympathisch und soll deshalb nicht bewusst künstlich unterdrückt werden.

Medien

Medien werden zur Visualisierung eingesetzt, weil Inhalte besser behalten werden, wenn mehrere Sinneskanäle (Sehen, Hören) angesprochen werden. Während des Vortrags werden simultan Grafiken, Bilder u. Ä. gezeigt, um komplexe Zusammenhänge zu verdeutlichen. Einfache Inhalte benötigen keine Visualisierung.

Mehrere Sinneskanäle nutzen

Die Medien müssen deshalb so ausgewählt und eingesetzt werden, dass die Teilnehmer die Informationen jederzeit optimal aufnehmen können. Das gelingt mit der richtigen Art der Visualisierung zum richtigen Zeitpunkt bzw. in der richtigen Zeitspanne. Die Auswahl der geeigneten Medien ist von zahlreichen Einflussfaktoren abhängig, darunter vor allem

- Teilnehmerzahl,
- Raumgröße und -ausstattung,
- Beherrschung der Technik,
- Einbindung in das didaktische Konzept,
- gewünschte Dauer der Sichtbarkeit.

Die verschiedenen Methoden und Medien werden so ausgewählt, dass alle Lerntypen gleichermaßen angesprochen werden. Die Methoden sollen häufiger wechseln, um der nachlassenden Konzentration entgegenzuwirken. Wenn genügend Zeit zur Verfügung steht, können Rollenspiele, Gruppenübungen und andere »aktivierende« Methoden eingesetzt werden, die sich als besonders förderlich für die Aufnahmefähigkeit der Teilnehmer erwiesen haben.

Flipchart. Ein Flipchart eignet sich, um Informationen festzuhalten, die entwickelt werden und deshalb während einer längeren Zeit sichtbar sein sollen. Das können ein Ablaufplan sein, ein »roter Faden«, Schaubilder, Organigramme oder auch die Namensliste.

Wegen der sehr einfachen Handhabung kann auch unproblematisch vorgesehen werden, dass Teilnehmer dieses Medium nutzen. Bei der Präsentation von Arbeitsergebnissen nach Partner- oder Gruppenarbeiten kann das Flipchart z. B. einfach, schnell und trotzdem wirkungsvoll genutzt werden. Die Vor- und Nachteile zeigt Abbildung 9.22.

Pinnwand. Eine Pinnwand wird ähnlich eingesetzt (vgl. Abbildung 9.23) wie das Flipchart, allerdings mit zwei Unterschieden:

- Die Arbeitsfläche lässt sich bei der Pinnwand nicht so schnell und einfach austauschen wie beim Flipchart.

Abb. 9.22

Vor- und Nachteile beim Einsatz von Flipcharts

Vorteile	Nachteile
▸ Die Charts können einfach vorbereitet werden. ▸ Die Teilnehmer können an der Gestaltung aktiv mitarbeiten. ▸ Der Einsatz ist überall möglich, Lichtverhältnisse und Stromanschluss spielen keine Rolle. ▸ Nutzungsmöglichkeit in jedem Raum und auch im Freien. ▸ Die Darstellungen können aufbewahrt und wieder verwendet werden.	▸ Die Fläche für die Darstellungen ist begrenzt. ▸ Viele Flipcharts sind nur begrenzt standfest. ▸ Änderungen sind nicht möglich bzw. sichtbar. ▸ Die Transportmöglichkeiten sind begrenzt. ▸ Der Papierverbrauch ist hoch, Ergänzungsblocks sind teuer. ▸ Kopien sind nicht möglich bzw. umständlich (Fotoprotokoll).

Abb. 9.23

Vor- und Nachteile beim Einsatz von Pinnwänden

Vorteile	Nachteile
▸ Vielseitige Einsatzmöglichkeiten, unterschiedliche Dinge können angeheftet werden, ▸ Teilnehmer können bei der Gestaltung mitwirken, ▸ Pinnwand preiswert, ▸ leicht zu handhaben.	▸ Angeheftete Gegenstände können nur klein sein, aus der Entfernung schlecht zu lesen, ▸ unübersichtlich, Gliederung erfordert Übung, ▸ vorgefertigte Kärtchen relativ teuer, ▸ wirkt traditionell.

▸ Die Pinnwand lässt sich vielfältiger nutzen. Angebracht werden können Kärtchen unterschiedlicher Farbe und Form, Fotos, Zeitungsausschnitte und vieles andere. Damit kann die Pinnwand bevorzugt zur Sammlung von Informationen eingesetzt werden, die spontan – z. B. als Arbeitsergebnisse – anfallen, die geordnet werden sollen und die dauernd zur Verfügung stehen müssen.

Tageslichtprojektoren. (oder Overheadprojektoren) gehören zu den am meisten verwendeten Hilfsmitteln. Mit einem Overheadprojektor lassen sich transparente Folien mit ganz oder teilweise deckender Schrift und Grafik vergrößert auf eine Leinwand projizieren. Die Projektion ist in der Regel ohne Verdunkelung sichtbar, daher auch die Bezeichnung Tageslichtprojektor.

Overheadprojektionen sind grundsätzlich für alle Arten von Vorträgen geeignet. Wenn es wesentlich ist, dass die Betrachter die Informationen schnell und zweifelsfrei erkennen können, ist das mithilfe von Grafiken und Farbe besonders gut und leicht möglich. Dadurch wird die Aufmerksamkeit erhöht, die Teilnehmer können sich besser orientieren und der Vortragende hat die Möglichkeit, wesentliche Merkmale auf einfache Weise zu betonen.

Abb. 9.24

Vor- und Nachteile bei der Nutzung von Folien

Vorteile	Nachteile
▸ Folien sind relativ preiswert. ▸ Sie lassen sich leicht und mit geringem technischem Aufwand herstellen. ▸ Sie können von Hand oder mit einem PC erstellt werden. ▸ Auch für große Teilnehmergruppen geeignet. ▸ Sie sind leicht transportierbar. ▸ Folien können kopiert werden. ▸ Tageslichtprojektoren gehören zur Grundausstattung von Tagungsräumen, deshalb sind die Folien praktisch überall einsetzbar.	▸ Technische Pannen kommen häufig vor. ▸ Die Präsentation wird leicht als „altmodisch" empfunden. ▸ Folien sind vorbereitet und deshalb spontan nicht ganz einfach an die jeweilige Situation anzupassen. ▸ Gefahr der Überfrachtung. ▸ Das Auflegen und Entfernen der Folien auf dem Projektor unterbricht und lenkt die Aufmerksamkeit ab. ▸ Der Vortragende steht zwischen Projektor und Projektionsfläche.

Folien. Folien leiten durch den Vortrag, dürfen ihn aber auf keinen Fall in schriftlicher Form wiederholen. Teilnehmer können entweder nur lesen oder nur zuhören. Die bildliche oder grafische Darstellung von Sachverhalten hat entscheidende Vorteile:

▸ Folien strukturieren den Vortrag.

▸ Sie reduzieren den Rede- und Schreibaufwand.

▸ Der Vortrag bleibt besser im Gedächtnis.

▸ Die Veranschaulichung wird erleichtert.

▸ Die Unterscheidung von Wichtigem und Unwichtigem wird deutlich.

▸ Zusammenfassungen sind leicht möglich.

Die Vor- und Nachteile für die Nutzung zeigt Abbildung 9.24.

Beim Einsatz von Folien sind wenige, aber wichtige Regeln zu beachten, damit der Vortrag optimal visualisiert wird:

Einsatz von Folien

▸ Die Folien sollen nur projiziert werden, wenn sie auch benötigt werden. Die Aufmerksamkeit der Zuhörer wird andernfalls auf die – interessante – Visualisierung umgeleitet und damit von den vorgetragenen Inhalten abgelenkt.

▸ Wenn Bilder oder Grafiken die Aussagen belegen und anschaulich machen sollen, dürfen die entsprechenden Folien auf keinen Fall vor der Kernaussage zu sehen sein. Andernfalls werden die Zuhörer versuchen, die Aussage der Bilddarstellung selbst zu entschlüsseln und dabei vom Vortrag abgelenkt.

▸ Gute Folien mit Text bestehen aus wenigen Punkten, die die Kernaussage enthalten. Je präziser die Aussage, desto höher ist der Informationswert. Die Aufzählung soll aus nicht mehr als acht Zeilen bestehen. Jede Folie sollte nur einen Gedanken enthalten.

▸ Texte auf Folien dürfen auf keinen Fall abgelesen werden. Die Information ist dann redundant und entsprechend uninteressant, die Aufmerksamkeit schwindet.

▸ Die Aufmerksamkeit wird ebenfalls auf die Projektionsfläche abgelenkt, wenn vom Vortragenden ständig auf die Folie gezeigt wird. Das ist meistens entweder überflüssig oder ein Zeichen für eine schlecht gestaltete Visualisierung.

▸ Der Rhythmus, in dem die Folien aufgelegt werden, soll gleichmäßig und vor allem nicht zu kurz sein. Andernfalls entsteht ein visuelles Chaos, die Zuhörer können den Inhalten dann nicht mehr folgen.

▸ Mit »Reservefolien« kann auf erwartete Fragen und Diskussionsbeiträge eingegangen werden.

Ähnliche Regeln gelten auch für Projektionen mit einem Beamer.

Medienmix. Die Verwendung von unterschiedlichen Medien ist grundsätzlich hilfreich, weil sie bei einer Präsentation unterschiedliche Funktionen übernehmen können. Die Bündelung mehrerer Medien potenziert ihre Wirkung. Statt einem manchmal nahe liegenden und praktischen »Entweder-oder« empfiehlt sich ein teilnehmerorientiertes und dabei durchaus manchmal aufwändigeres »Sowohl-als-auch«.

Beispiel

Bei der Präsentation mit einem Beamer nehmen die Teilnehmer ständig wechselnde Folien wahr, selbst bei ehrlichem Bemühen kann dabei leicht der Gesamtüberblick verlorengehen. Wird zusätzlich ein Flipchart eingesetzt, auf dem während des gesamten Vortrages der Ablauf ersichtlich ist, kann das eine hilfreiche Orientierung sein.

Der Wechsel der Visualisierungsmethode
▸ spricht verschiedene Sinne an,
▸ unterbricht und sichert so die Aufmerksamkeit,
▸ gleicht Schwächen einzelner Methoden aus,
▸ bringt den Vortragenden als Akteur in Erinnerung,
▸ gibt der Präsentation einen handwerklich-persönlichen Anstrich,
▸ erleichtert bei einer technischen Panne ein alternatives Weiterarbeiten.

Mindestens zwei unterschiedliche Medien sollten bei einer professionellen Präsentation Standard sein.

9.6.3.2 Zusammensetzung der Zielgruppe

Für den Erfolg einer Präsentation ist die Spezifikation der Zielgruppe entscheidend, um das Angebot interessenbezogen planen zu können. Schon die Bedarfsermittlung kann erste Informationen zur Zielgruppe enthalten, z. B. Alter und Geschlecht der Teilnehmer (vgl. Abb. 9.25). Um jedoch ein möglichst präzises Bild zu bekommen, ist es unabdingbar, weit mehr über die Teilnehmer in Erfahrung zu bringen.

Zusammenhang zwischen Zielgruppe und Medien

Die Zusammensetzung der **Zielgruppe** bestimmt die Auswahl von Methoden und den Medieneinsatz. So können Lerninhalte und Methoden aufeinander abgestimmt werden. Fachlich muss darauf geachtet werden, dass die Teilnehmer weder unter-

Abb. 9.25

Parameter der Zielgruppenanalyse

Persönlichkeits-merkmale	Bildung	Kenntnisse	Tätigkeits-merkmale	Motivation
Alter	Schulabschluss	Berufserfahrung Thematische Vorkenntnisse	Aufgaben	Eigen-motivation (intrinsisch
Geschlecht	Berufs-ausbildung	Fachkenntnisse	Projekte	Fremd-motivation (extrinsisch)
Herkunft	Studium	Allgemeine Erfahrung mit Fortbildungen	Informations-austausch	

noch überfordert werden. Eine heterogene Gruppe führt zu Schwierigkeiten, weil entweder einige nicht mehr teilnehmen oder andere nicht teilnehmen können. Danach kann über die Tiefe der Ausführungen entschieden werden.

Vielfach hat der Vortragende allerdings keinen oder nur sehr eingeschränkten Einfluss auf die Zusammensetzung der Zuhörer. Unternehmen entscheiden, welche Mitarbeiter eine Fortbildung besuchen, in Lehrgängen entscheiden nur formale Voraussetzungen über die Teilnahmeberechtigung und Teilnehmer schätzen sich falsch ein.

Wenn alle oder die Mehrheit der Teilnehmer über dieselben Merkmale verfügen, spricht man von einer **homogenen** Zielgruppe. Sie erleichtert die Vorbereitung der Präsentation, weil nicht auf unterschiedliche Vorkenntnisse und Interessen Rücksicht genommen werden muss. In der Praxis kommen jedoch häufig Teilnehmer aus verschiedenen Altersgruppen mit unterschiedlichen persönlichen und beruflichen Hintergründen zusammen. Sie bilden eine **heterogenen** Zielgruppe. Dann müssen Inhalte und Methoden so gewählt werden, dass sie für alle Teilnehmer gleichermaßen geeignet sind bzw. flexibel angepasst werden können.

9.6.4 Gliederung der Präsentation

Einleitung

Ein starker Einstieg muss mit besonderer Sorgfalt entwickelt werden, damit die Aufmerksamkeit der Zuhörer geweckt wird. Am Anfang einer Präsentation steht die Begrüßung der Teilnehmer. Die anschließende Vorstellung wird je nach Anlass und Bekanntheitsgrad mehr oder weniger sachlich oder persönlich sein. Unverzichtbar ist ein kurzer Hinweis auf das weitere Vorgehen, um die Teilnehmer auf den Inhalt und das Ziel der Präsentation einzustimmen. Durch eine rhetorische Frage, eine provokante These, ein Zitat oder eine Anekdote kann schon ein Hinweis auf den weiteren Ablauf gegeben und gleichzeitig ein positiver Kontakt zu den Zuhörern erreicht werden.

Aufmerksamkeit wecken

Hauptteil

Kernaussagen

In dem zentralen Teil der Präsentation muss sichergestellt werden, dass die Zuhörer für das Thema eingenommen werden und das beabsichtigte Ziel erreicht werden kann. Er enthält die eigentlichen Kernaussagen der Präsentation. Unter Berücksichtigung ihrer fachlichen Vorkenntnisse und ihrer Bedürfnisse gelten wenige Grundregeln:

▸ Der Vortragende hat ein Anliegen, aber die Zuhörer entscheiden in ihrer Interessenslage, was für sie wichtig ist.

▸ Die Zuhörer werden überzeugt, wenn sie durch die Präsentation einen Vorteil genießen. Es ist deshalb essentiell, deutlich zu machen, warum das Thema wichtig ist. Die Argumente müssen klar herausgearbeitet werden.

▸ Die Teilnehmer müssen persönlich angesprochen werden. Wenn Ingenieuren eine technische Veränderung erklärt wird, muss eine andere Form gewählt werden als bei einem eher philosophischen Thema. Die Ansprache, die Auswahl der Beispiele, eingestreute Anekdoten usw. werden der Zielgruppe entsprechend angepasst.

▸ Die fachliche Darstellung muss überzeugen und auch bei kritischen Nachfragen belastbar sein.

▸ Entscheidend ist der »Rote Faden«. Die Zuhörer müssen jederzeit den logischen Aufbau erkennen können. Ein dramaturgischer Bogen führt zu dem angestrebten Ergebnis.

▸ Eine vollständige und umfassende Behandlung zeugt vielleicht von dem breiten Fachwissen des Vortragenden, erwartet wird aber eine erkennbare Bildung von Schwerpunkten. Die Zuhörer wollen »auf den Punkt« angesprochen werden.

Schluss

Sorgfältige Inszenierung

Weil der letzte Eindruck besonders in Erinnerung bleibt und die »empfundene Qualität« bestimmt, muss auch der starke Schluss einer Präsentation – obwohl eigentlich alles gesagt ist – sorgfältig inszeniert werden. Eine gezielte inhaltliche Zusammenfassung der wesentlichen Gedanken, möglichst verbunden mit einer Aufforderung, verstärkt nochmals die Botschaft aus dem Hauptteil. Wiederholungen sind dabei durchaus angebracht, denn die Zuhörer wünschen nochmals eine Übersicht. Eventuelle Schwächen erscheinen weniger bedeutsam, wenn der Eindruck entsteht, die Präsentation sei logisch sinnvoll und inhaltlich stimmig abgeschlossen worden.

Eine abschließende Pointe kann die Anspannung aller Beteiligten lösen. Die gesamte Präsentation endet mit einem Dank für die Aufmerksamkeit und dem Angebot, das Thema anschließend in einer Diskussion oder zu einem späteren Zeitpunkt zu vertiefen. Der vereinbarte Zeitrahmen muss dabei auf jeden Fall eingehalten werden.

9.6.5 Umgang mit unvorhergesehenen Tatsachen

Probleme mit Teilnehmern stellen eine Herausforderung dar, auf die eine Vorbereitung nur schwer möglich ist. Schwierige Situationen entstehen in der Regel durch unterschiedliche Meinungen der Teilnehmer oder durch eine große Unzufriedenheit der Teilnehmer mit Methoden oder einzelnen Inhalten des Seminars. Auch wenn es aus pädagogischer Sicht nicht unbedingt wünschenswert ist, Teilnehmer zu typisieren, kann es für Vortragende entlastend sein, die Phänomene zu kennen, die immer wieder auftauchen. Diese werden ausführlich im Abschnitt 9.5.3.2 dargestellt.

Jede Störung ist für einen Moderator eine Bedrohung, weil er die Verantwortung für die Arbeitsfähigkeit der gesamten Gruppe trägt. Er fungiert als Identifikationsfigur und bestimmt die Seminarkultur. In Krisensituationen wird seine Professionalität besonders auf die Probe gestellt. Abbildung 9.26 enthält eine Checkliste nach Weidenmann, die dazu anregen soll, einen Konflikt so zu erfassen, dass eine Intervention erfolgreich sein kann.

Nur wenn diese Fragen reflektiert und beantwortet worden sind, besteht die Möglichkeit, die schwierige Situation bewältigen zu können. Es geht dabei nicht darum, den Störer zu identifizieren oder zu sanktionieren, sondern um den **Erhalt der Arbeitsfähigkeit.** Möglicherweise ist die Störung nur Ausdruck einer allgemeineren Unzufriedenheit.

Es kann nicht richtig sein, engagierte Teilnehmer in ihrer Arbeitsfähigkeit und Engagement einzuschränken, vielmehr muss die Arbeitsfähigkeit für alle Gruppenmitglieder erhalten bleiben. Durch einen Methodenwechsel, beispielsweise vom Lehrgespräch zur Kleingruppenarbeit, wird schnell deutlich, ob ein einzelner Störer die Gruppe hemmt oder ob sie ohnehin insgesamt unmotiviert ist.

Abb. 9.26

Checkliste bei Störungen

Umgang mit Störungen	
Realität erfassen	**Arbeitsfähigkeit herstellen**
Wessen Arbeitsfähigkeit ist gestört?	Was soll das Handeln bewirken?
Wie erleben die Beteiligten das Problem?	Was möchten die Beteiligten anders haben?
Was sollten die Beteiligten voneinander wissen?	Was wollen und können die Beteiligten dafür tun?
Wie wird sich die Situation entwickeln, wenn nichts getan wird?	Was wäre eine gute Maßnahme oder Vereinbarung?
Soll ich handeln, sollen andere handeln?	Was ist zu tun, wenn die Maßnahme nicht klappt?
Wann soll gehandelt werden?	Wie steht´s jetzt mit der Arbeitsfähigkeit?

Der **Zeitpunkt** einer Intervention ist entscheidend für ihren Erfolg. Wenn zu früh eingegriffen wird, haben die Teilnehmer keine Möglichkeit, eine schwierige Situation ohne Anleitung untereinander zu lösen. Ein Erfolgserlebnis durch eine gelungene Problemlösung führt aber zu einem Zusammenwachsen der Gruppe und verbessert ihre Arbeitsfähigkeit.

Störungen vorbeugen

Eleganter ist selbstverständlich, Störungen vorzubeugen. Die Beachtung einfacher Regeln bietet dazu schon eine wirkliche Chance:

▸ Die Präsentation abwechslungsreich gestalten.
▸ Den Lernfortschritt der Teilnehmer überprüfen, nicht zu schnell durch den Stoff hasten.
▸ Aufgaben eindeutig formulieren, keinen Raum lassen für eigene Interpretationen.
▸ Den Wissensstand der Teilnehmer beachten, keine banalen Fragen stellen.
▸ Schwierigen Stoff so aufbereiten und diskutieren, dass keine Verständnisschwierigkeiten entstehen.
▸ Den Teilnehmern die Bedeutung des Lernstoffs verdeutlichen.
▸ Auf Bedürfnisse und Wünsche der Teilnehmer eingehen.

9.6.6 Nachbereitung einer Präsentation

Auch bei einer erfolgreichen und gelungenen Präsentation gibt es immer noch Verbesserungsmöglichkeiten. Deshalb soll die Chance genutzt werden, aus den konkreten Erlebnissen zu lernen. Eine kritische Nachbereitung wird sich positiv auf folgende Präsentationen auswirken. Die Zeit, die für eine intensive Nachbereitung benötigt wird, wird an anderer Stelle eingespart, weil neben der allgemeinen Verbesserung der Routine die nächsten Präsentationen einfacher vorzubereiten sind.

Insbesondere müssen folgende Fragen ehrlich beantwortet werden:

▸ Entsprach der Ablauf dem vorgesehenen Plan? An welchen Stellen würde eine Änderung zu einem besseren Ergebnis führen?
▸ Konnte das inhaltliche Ziel erreicht werden? Wenn nicht, warum nicht?
▸ War die inhaltliche Aufbereitung der Präsentation für die Zielgruppe angemessen?
▸ War die Beziehung zu den Teilnehmern gegeben?
▸ Wurden die Teilnehmer ausreichend einbezogen? Sind alle Fragen beantwortet?
▸ Waren die eigenen Reaktionen angemessen?
▸ War der Medieneinsatz angemessen?
▸ Muss noch etwas nachgereicht werden?
▸ Welche Kontakte sind für weitere Präsentationen hilfreich?

Wertvoll ist ein Feedback der Teilnehmer. Sie sollen ihren Arbeitsprozess und das Ergebnis bewerten, aber auch die Präsentation kritisch beurteilen. Welche Form dazu genutzt wird (z.B. Fragebogen, persönliches Gespräch), ist stark situationsabhängig.

gelernt & gewusst Kapitel 9

Aufgabe 9.1 (IHK H10)

Sie sind von der Geschäftsführung der Eurosound OHG damit beauftragt worden, als Projektmanager Veränderungsprozesse in Gang zu setzen. Sie erwarten vor allem seitens der beteiligten Abteilungsleiter Widerstände gegen die geplanten Maßnahmen. Um nach dem Grundsatz »Betroffene zu Beteiligten machen« vorzugehen, möchten Sie Gespräche mit den Vorgesetzten in Form einer Moderation führen.

a) Beschreiben Sie drei organisatorische Maßnahmen, die Sie im
   Vorfeld ergreifen. *(3 Punkte)*

b) Sie leiten als Moderator eine Abteilungsleitersitzung mit mehreren
   Vorgesetzten. Sie erwarten Widerstände von den Vorgesetzten aufgrund
   ihrer vorliegenden Rollentypologie:
   ‣ aggressiver Meinungsführer,
   ‣ schüchterner, aber fachlich kompetenter Vorgesetzter,
   ‣ notorischer Verweigerer.
   Erläutern Sie Ihre Vorgehensweise als Moderator im Umgang mit den
   Teilnehmern, um mögliche Widerstände aufzulösen. *(6 Punkte)*

c) Schildern Sie den Einsatz von zwei geeigneten Instrumenten zur
   Visualisierung der Moderation. *(2 Punkte)*

Aufgabe 9.2

Nennen Sie die Phasen, die einen Moderationszyklus bilden.

Aufgabe 9.3

Beschreiben Sie die vier Aspekte, die jeder Nachricht zugeordnet werden.

Aufgabe 9.4 (IHK F12)

Das Beurteilungssystem der Huber AG soll grundlegend überarbeitet werden. Dabei ergibt sich die Frage, ob der Beurteilungsbogen in einer freien, gebundenen oder gemischten Form erstellt werden soll.
Beschreiben Sie für jede Beurteilungsform zwei Vorteile. Begründen Sie,
welches System Sie empfehlen würden. *(7 Punkte)*

Aufgabe 9.5 (IHK F11)

Die Frisch & Fit GmbH produziert und vertreibt Fitnessgeräte. In großen Städten sind jeweils Verkaufsräume angemietet. Dort sind jeweils ein Geschäftsstellenleiter und vier Verkäufer, allesamt ausgebildete Fitnesstrainer, beschäftigt. In einer Schwachstellen-analyse wird festgestellt, dass ein Grund für den massiven Umsatzrückgang die fehlende emotionale Bindung wichtiger Entscheidungsträger an die Firma ist.

a) Beschreiben Sie für die zwei Gruppen Geschäftsstellenleiter und Verkäufer
   je zwei mögliche Ursachen für die fehlende emotionale Bindung an
   die Firma. *(4 Punkte)*

b) Beschreiben Sie drei Maßnahmen zur Mitarbeitermotivation. *(6 Punkte)*

10 Mündliche Prüfung

10.1 Zulassungsvoraussetzungen

Zu der mündlichen Prüfung der Wirtschaftsfachwirte, die in der Prüfungsordnung »Situationsbezogenes Fachgespräch mit Präsentation« genannt wird, kann nur zugelassen werden, wer die Teilprüfung »Wirtschaftsbezogene Qualifikationen« mit den Qualifikationsbereichen

1. Volks- und Betriebswirtschaft
2. Rechnungswesen
3. Recht und Steuern
4. Unternehmensführung

und die Teilprüfung »Handlungsspezifische Qualifikationen« mit den Qualifikationsbereichen

5. Betriebliches Management
6. Investition, Finanzierung, betriebliches Rechnungswesen und Controlling
7. Logistik
8. Marketing und Vertrieb
9. Führung und Zusammenarbeit

bestanden hat. In allen Fächern müssen mindestens ausreichende Leistungen erbracht worden sein. Ein »mangelhaft« auch in nur einem Fach ist nicht möglich und kann auch nicht durch gute Leistungen in anderen Fächern ausgeglichen werden.

Allerdings kann im Qualifikationsbereich »Wirtschaftsbezogene Qualifikationen« eine nicht ausreichende schriftliche Leistung in nicht mehr als einem Qualifikationsbereich durch eine mündliche Ergänzungsprüfung ausgeglichen werden. Bei einer oder mehreren ungenügenden Leistungen ist das nicht möglich. Abbildung 10.1 verdeutlicht die Regelungen.

Die Entscheidung über die Zulassung zur mündlichen Prüfung bzw. zur Ergänzungsprüfung trifft der jeweilige Prüfungsausschuss, nicht die Verwaltung der IHK. Nach den notwendigen Vorarbeiten wird den zugelassenen Teilnehmern der genaue Termin und der Ort der Prüfung etwa 10 bis 14 Tage vor der mündlichen Prüfung mitgeteilt.

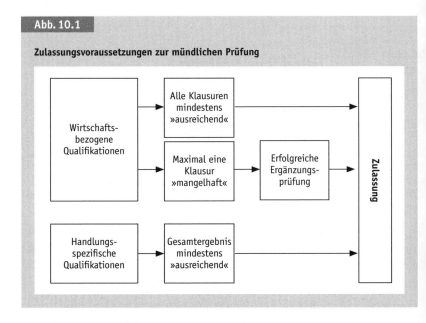

Abb. 10.1

Zulassungsvoraussetzungen zur mündlichen Prüfung

10.2 Vorbereitung

Jede mündliche Prüfung stellt eine neue Herausforderung dar. In einem Prüfungsgespräch können fachliche Themen anders angesprochen und erörtert werden als
bei einer schriftlichen Abfrage. Inhalte können diskutiert werden, aktuelle Ereignisse können als Anknüpfungspunkte genutzt werden und zu verwandten Themen
können Verbindungen gezogen werden. Deshalb muss die Vorbereitung anders sein
als zur schriftlichen Prüfung.

Fachliche Vorbereitung

Das Lernen des Prüfungsstoffes muss grundsätzlich bis zur schriftlichen Prüfung
abgeschlossen sein. Trotzdem ist es erforderlich, nochmals die Unterlagen zu stu-
dieren, denn die schriftliche Prüfung liegt bereits mehrere Wochen zurück, manche
Themen können dann schon in Vergessenheit geraten sein. Die Schwierigkeit wird
darin bestehen, die Motivation aufrecht zu erhalten, den erlernten Stoff über
mehrere Wochen weiter präsent zu halten.

Von einem erneuten Lernen unmittelbar vor der Prüfung muss dringend abgera-
ten werden. Im Kurzzeitgedächtnis werden Informationen oft nur wenige Minuten
gespeichert, der Lerneffekt ist äußerst gering.

Zusätzlich kann es sinnvoll sein, sich über wichtige aktuelle wirtschaftliche
Ereignisse zu informieren. Im Prüfungsgespräch werden sie gerne als Aufhänger
benutzt (»Gestern habe ich in der Zeitung gelesen, dass...«) und es macht einen
guten Eindruck, wenn auf diese Weise die Verbindung zwischen dem theoretischen
Lernstoff und der beruflichen Praxis hergestellt werden kann.

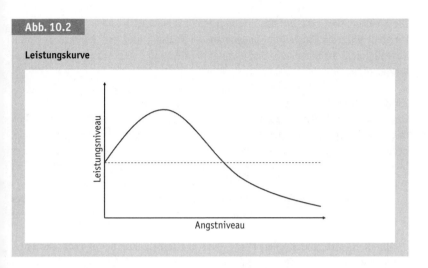

Abb. 10.2

Leistungskurve

Mentale Vorbereitung

Eine gewisse Nervosität vor der Prüfung ist völlig normal. Schließlich handelt es sich um eine Ausnahmesituation, von der die weitere berufliche – und oft auch die private – Entwicklung abhängen kann. Angst ist zwar unnötig, Respekt aber angebracht. Lampenfieber führt im Allgemeinen sogar dazu, dass sich die Leistung verbessert. Abbildung 10.2 verdeutlicht, dass bei wachsendem Angstniveau zunächst Konzentration und Aufmerksamkeit sogar zunehmen und erst bei übertriebener Angst die Leistung sinkt.

Selbstverständlich sollte sich jeder bemühen, möglichst entspannt und ohne Ängste in die mündliche Prüfung zu gehen. Es gibt zahlreiche Empfehlungen dafür, wie diese relative Gelassenheit erreicht werden kann. Sie können aber nur zufällig nützen, denn jeder weiß am besten, was zu seiner persönlichen Entspannung beiträgt. Beispiele: Yoga, lesen, joggen, kochen, schlafen, Musik hören usw.

Kleidung

Die Industrie- und Handelskammern gehen davon aus, dass der Prüfungstermin für die Teilnehmer ein wichtiger Tag ist. So wollen sich die Prüfer verhalten und das sollte auch durch die äußere Erscheinung und das Auftreten der Teilnehmer zum Ausdruck kommen. Übertreibungen sind dabei ebenso unangemessen wie übertrieben sportliches Outfit.

Beispiele

Absolut unangemessen sind:
▶ Motorradkleidung,
▶ Sportkleidung,
▶ Jeans mit T-Shirt,
▶ ein gewollt tiefer Ausschnitt,
▶ elegante Abendkleidung.

Die Kleidung darf zwar auf das Prüfungsergebnis eigentlich keinen Einfluss haben, sie zeigt aber die Einstellung gegenüber der Prüfung und den Prüfern. Sie kann deshalb leicht als Provokation empfunden werden und – unbewusst – zum Nachteil ausgelegt werden.

Körpersprache

Der persönliche Auftritt bestimmt – unabhängig von den Fachinhalten – wesentlich mit, wie der Vortrag von den Prüfern aufgenommen wird. Ein souveräner Auftritt erhöht die Akzeptanz. Der Ausdruck durch die Körpersprache lässt sich nur bedingt bewusst kontrollieren, einige Grundregeln helfen aber, häufig auftretende Fehler zu vermeiden.

Fachvortrag

Der Fachvortrag wird im Stehen gehalten. Das ist zwar nirgendwo festgelegt, aber üblich und wird daher sicherlich auch bei der Wirtschaftsfachwirt-Prüfung so gehandhabt.

Mimik, Gestik und Körpersprache sind nonverbale Kommunikationselemente, durch die sprachliche Kommunikation unterstützt und verdeutlicht wird. Durch die Körpersprache werden Signale ausgesendet, die den Prüfern einen Eindruck vermitteln von der Persönlichkeit und der Einstellung der Teilnehmer. Es ist wichtig, sich diese Erkenntnis bewusst und zunutze zu machen. Wenig geübte Referenten drücken unbewusst ihre Unsicherheit durch ihre Haltung aus.

Am wichtigsten ist ein sicherer Stand. Fester Kontakt mit dem Boden (gleichmäßige Belastung beider Beine) vermindert automatisch den verständlichen Stress, der Vortrag wirkt ruhiger und damit kompetenter. Sinnvoll ist eine seitliche Grundstellung in Richtung der Prüfer.

Übertriebene Selbstsicherheit ist ebenso wenig passend wie extreme Ängstlichkeit und Zurückhaltung. Eine sachlich aufgeschlossene, sichere Ausstrahlung trägt zu einer angenehmen Atmosphäre bei und macht neugierig auf die Persönlichkeit, die an diesem Tag eine schwere Prüfung abschließen wird.

Zu einem entspannten Ablauf trägt eine kommunikative Bindung bei, deshalb soll der Blickkontakt zu den Prüfern gehalten werden. Das wirkt offen und signalisiert Interesse. Die Prüfer erkennen, ob eine Frage verstanden ist, oder ob eine neue Formulierung gesucht werden muss.

Hände

Wer wenig Erfahrung hat, weiß oft nicht, wo die Hände hingehören. Individuelle Vorlieben lassen keine allgemeine Regel zu, man kann sich aber ganz bewusst vornehmen, darauf zu achten:

▸ Die Hände gehören auf keinen Fall beide gleichzeitig in die Taschen. Das wirkt uninteressiert und überheblich.
▸ Eine Hand kann allerdings kurzzeitig in die Tasche gesteckt werden, aber nicht während der ganzen Prüfung.
▸ Hände gehören nicht ins Gesicht und schon gar nicht vor den Mund.
▸ Vor der Brust verschränkte Arme signalisieren Abwehr und fördern Distanz.
▸ Eine Lösung kann darin bestehen, die Hände scheinbar »auf den Tisch zu kleben«. Das strahlt Ruhe aus und signalisiert zugleich Offenheit.

Die **Sprache** soll deutlich und verständlich sein. Unklare Formulierungen können fehlende Kenntnisse nicht verbergen, weil die Prüfer nachfragen werden. Wenn möglich ist die – korrekte – Verwendung der Fachsprache sinnvoll, das soll aber möglichst nicht gezwungen und gestelzt wirken.

Eine angemessene Lautstärke ist im Allgemeinen kein Problem, weil nicht vor einem großen Publikum gesprochen werden muss. Trotzdem lässt sich so ein souveräner Eindruck vermitteln und lästige Rückfragen werden vermieden.

10.3 Ablauf der mündlichen Prüfung

Prüfungsausschüsse

Die Prüfungsausschüsse werden von den Industrie- und Handelskammern errichtet, um verantwortlich die Ermittlung und Bewertung der Prüfungsleistungen vorzunehmen. Sie bestehen aus mehreren Prüfern, weil § 40 BBiG bestimmt, dass in jedem Prüfungsausschuss drei Gruppen vertreten sein müssen. Abbildung 10.3 zeigt die Zusammensetzung.

Beauftragte der Arbeitgeber und Arbeitnehmer müssen dem Prüfungsausschuss in gleicher Zahl angehören, dazu mindestens ein Dozent eines Weiterbildungsträgers. Mindestens zwei Drittel der Gesamtzahl der Mitglieder müssen Beauftragte der Arbeitgeber und der Arbeitnehmer sein. Dadurch besteht der Prüfungsausschuss immer aus mindestens drei Mitgliedern. Wenn es aus sachlichen Erwägungen sinnvoll erscheint, kann er auch größer sein.

Die Mitglieder der Prüfungsausschüsse müssen sachkundig und für die Mitwirkung im Prüfungswesen geeignet sein. Die meisten sind seit vielen Jahren ehrenamtlich in dieser Funktion tätig und sichern schon dadurch eine faire und gleiche Behandlung aller Teilnehmer.

Über das Bestehen der Prüfungsteile entscheiden alle Mitglieder des Prüfungsausschusses gemeinsam.

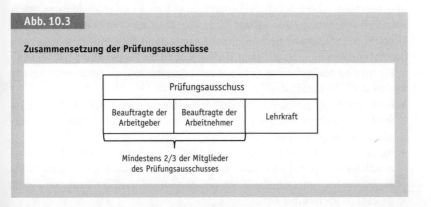

Abb. 10.3

Zusammensetzung der Prüfungsausschüsse

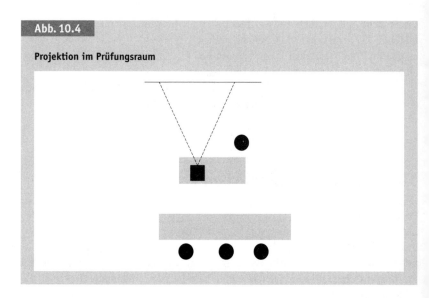

Abb. 10.4

Projektion im Prüfungsraum

Durchführung der Prüfung

Vor dem Beginn der Prüfung wird die Identität des Teilnehmers anhand des Personalausweises oder hilfsweise mit einem anderen Lichtbildausweis überprüft. Um spätere Anfechtungen wegen gesundheitlicher Einschränkungen zu vermeiden, bestätigen die Teilnehmer, dass sie gesund sind und sich in der Lage sehen, die Prüfung abzulegen.

Nachdem die Teilnehmer in den Prüfungsraum gebeten worden sind, erfolgt eine kurze Begrüßung. Die Prüfungsausschüsse lassen dann genügend Zeit, die Präsentation vorzubereiten. Die Teilnehmer können sich mit dem Overhead-Projektor vertraut machen (Der Schalter ist manchmal versteckt an der Vorderseite, manchmal neben der Auflagefläche für die Folien.) und die vorbereiteten Spickzettel, Folien und Karten geordnet ablegen. Abbildung 10.4 skizziert einen typischen Prüfungsraum.

Meistens führt nur ein Prüfer das Gespräch. Wenn der Themenbereich gewechselt wird, übernimmt aber möglicherweise auch ein anderer die Gesprächsführung. Wenn zusätzlich andere eingreifen, erfolgt das in aller Regel zum Vorteil des Teilnehmers. Vielleicht möchte jemand nochmal unterstützend nachhaken, weil er weitere richtige Antworten vermutet, vielleicht möchte jemand die Fragestellung präzisieren.

Protokoll

Ein Mitglied des Prüfungsausschusses führt ein Protokoll, die Dokumentation hat zwei wesentliche Funktionen:

▸ Nach dem Prüfungsgespräch kann mit den Aufzeichnungen leicht nachvollzogen werden, welche Themen behandelt worden sind und welche richtigen oder falschen Antworten gegeben worden sind.

▸ Wenn von einem Teilnehmer Widerspruch gegen die Entscheidung des Prüfungsausschusses eingelegt wird, kann der Verlauf des Prüfungsgespräches nachvollzogen werden. Im Zweifelsfall müssen der Verlauf und die Bewertung auch gerichtlich überprüfbar sein.

Die Niederschrift ist die entscheidende Grundlage für den Prüfungsbescheid.

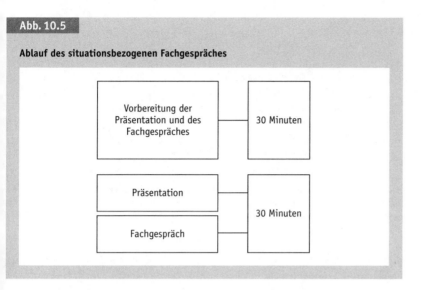

Abb. 10.5

Ablauf des situationsbezogenen Fachgespräches

10.4 Situationsbezogenes Fachgespräch mit Präsentation

Das situationsbezogene Fachgespräch besteht aus zwei Teilen. Der Prüfungsteilnehmer stellt in etwa 10 Minuten seine Lösungsvorschläge zu der Aufgabenstellung dar. Er nutzt dabei von ihm gewählte Medien zur Visualisierung. Anschließend führt er in der verbleibenden Zeit ein Fachgespräch mit dem Prüfungsausschuss.

Vorbereitung

Dem Fachgespräch geht eine maximal 30-minütige Vorbereitungszeit voraus, in der sich die Teilnehmer auf das Fachgespräch mit Präsentation vorbereiten. Abbildung 10.5 zeigt den vorgesehenen zeitlichen Ablauf.

Das bedeutet praktisch, dass in den 30 Minuten eine Präsentation vorbereitet werden muss. Das anschließende Fachgespräch wird ohnehin von den Mitgliedern des Prüfungsausschusses gestaltet.

Die Themenstellung geht von einem betrieblichen Beratungsauftrag aus. Weil die Prüfungsordnung regelt, dass er sich vor allem auf den Handlungsbereich »Führung und Zusammenarbeit« beziehen muss, geht es dabei fast immer um einen personalpolitischen Entscheidungsvorschlag, der erarbeitet und präsentiert werden muss. Die Teilnehmer sollen damit nachweisen, dass sie angemessen mit Gesprächspartnern innerhalb und außerhalb des Unternehmens sprachlich kommunizieren können und dabei Präsentationsmittel sach- und personenorientiert einsetzen können.

Zur Vorbereitung stellen die Industrie- und Handelskammern einen eigenen Raum zur Verfügung, in dem sich die Teilnehmer die Präsentation unter Aufsicht erarbeiten können. Dabei sind sie oft nicht allein, weil gleichzeitig mehrere Ausschüsse

Abb. 10.6

Empfohlene eigene Hilfsmittel

Lineal	Unterstreichungen und Grafiken wirken mit Lineal sauberer und überzeugender.
Taschenrechner	Falls Berechnungen erforderlich sind, ist ein eigener Rechner hilfreich.
Folienstifte	So kann sichergestellt werden, dass bevorzugte Farben und Schriftstärken zur Verfügung stehen.
Uhr	Eine große, gut ablesbare Uhr erleichtert die Zeiteinteilung.
Kariertes Konzeptpapier	Wenn Folien angefertigt werden müssen, kann ein Blatt untergelegt werden und als Linienblatt dienen.

prüfen oder parallel noch andere Prüfungen stattfinden, bei denen ebenfalls eine Vorbereitung erforderlich ist.

Die Vorbereitungszeit wird als ausgesprochen kurz empfunden, denn die Teilnehmer müssen

▸ die Aufgabenstellung lesen,
▸ das Problem verstehen,
▸ über eine Lösung nachdenken,
▸ die Lösung entwickeln und
▸ die Präsentationsmittel erstellen.

Ausarbeitung
Die Industrie- und Handelskammern stellen in der Regel Overhead-Projektor, Flipchart, Pinnwand und einen Moderatorenkoffer zur Verfügung, der Stifte, Karten Stecknadeln und andere notwendige Utensilien enthält. Trotzdem macht es Sinn, **eigene Hilfsmittel** mitzubringen. Abbildung 10.6 zeigt, welches eigene Material empfohlen wird.

Weil mit diesen Hilfsmitteln keine Täuschungsversuche möglich sind, ist die Aufsicht im Vorbereitungsraum in der Regel großzügig. Ein Anspruch auf die Nutzung eigener Hilfsmittel besteht aber nicht.

Laptop und Beamer können schon deshalb nicht eingesetzt werden, weil die Zeit für die Gestaltung von Powerpoint-Folien viel zu kurz ist.

Wenn wenig oder keine Erfahrung vorhanden ist, in kurzer Zeit eine Aufgabe zu bearbeiten und für eine Präsentation vorzubereiten, bietet es sich an, zunächst eine Mindmap zu entwickeln. Weil dieses Instrument im Handlungsbereich »Betriebliches Management« zum Lernstoff gehört, muss es zur Prüfung ohnehin bekannt sein (vgl. Kap. 5.4.2.2).

Aus den gesammelten und skizzierten Gedanken muss anschließend eine schlüssige Gliederung entwickelt werden, sie ist eine wichtige Voraussetzung für eine erfolgreiche Präsentation. Die relevanten Teile des Themas müssen klar benannt und zueinander in eine logische Beziehung gesetzt werden. Abbildung 10.7 zeigt ein mögliches Grundschema.

Abb. 10.7

Gliederungsschema

Einleitung	Begrüßung Abgrenzung des Themas Definitionen	ca. 15%
Hauptteil	Einordnung Problemstellung Lösungsmöglichkeiten Vorteile/Nachteile	ca. 75%
Schluss	Zusammenfassung Empfehlung Ausblick Dank	ca. 10%

Die einzelnen Sinnabschnitte der Präsentation bilden das Grundgerüst für die hierarchische Gliederung. Bei geringer Erfahrung bietet sich eine dezimale Gliederung mit arabischen Ziffern an. Sie ist einfach, übersichtlich und auch unter Zeitdruck leicht zu erstellen. Die Abbildung 10.8 verdeutlicht das Prinzip.

Abb. 10.8

Dezimale Gliederung

1	Einleitung
2	Hauptteil
2.1	Kapitel
2.1.1	Unterabschnitt
2.1.2	Unterabschnitt
2.2	Kapitel
2.2.1	Unterabschnitt
2.2.2	Unterabschnitt
2.3	Kapitel
3	Schluss

Die erarbeiteten Ergebnisse müssen danach – am einfachsten auf Overhead-Folien – visualisiert werden und sollten zusätzlich auf einem Spickzettel festgehalten werden. Der ist den Prüfern nicht zugänglich und wird erst nach Abschluss der Prüfung von der IHK zu ihren Unterlagen genommen.

Bei wenig Erfahrung empfiehlt sich, DIN-A4-Blätter als Spickzettel zu nutzen. Weil sie größer sind als Karteikarten, werden weniger Blätter benötigt und die Notizen lassen sich übersichtlicher anordnen. Die Stichwörter müssen groß und deutlich geschrieben werden, damit sie auch dann noch lesbar sind, wenn ein Blatt aus der Hand gelegt werden muss. Blätter und Karteikarten sollten immer durchnummeriert werden, damit sie schnell wieder sortiert werden können, falls sie in der Aufregung durcheinander geraten oder aus der Hand rutschen.

Die Präsentation »lebt« davon, dass sie frei vorgetragen und eben nicht abgelesen wird. Deshalb dürfen die Spickzettel nur Stichwörter enthalten. Bei einem ausformulierten Text ist es fast sicher, dass abgelesen wird. Das wirkt immer steif und unbeholfen, der Blickkontakt zu den Prüfern geht verloren, der Vortrag verliert an Lebendigkeit und wirkt unsicher.

> Es ist unbedingt notwendig, die Erarbeitung eines Vortragsthemas in 30 Minuten zu üben und eine unbekannte Aufgabenstellung zu bearbeiten. Die Themen sollen von einem Dritten gestellt werden, damit sie nicht – ungewollt – aus bekannten und beherrschten Bereichen stammen. Es kommt aber darauf an, unbekannte Aufgabenstellungen zu strukturieren und unter Zeitdruck in eine sinnvolle Gliederung zu bringen.

Präsentation

Die Präsentation beginnt mit einer Begrüßung und einer kurzen Vorstellung. Dabei ist z. B. eine Information über die berufliche Tätigkeit sinnvoll oder über die Ziele, die mit der Prüfung erreicht werden sollen. Die Prüfer erhalten dadurch Hinweise auf mögliche Anknüpfungspunkte im anschließenden Fachgespräch.

Einleitung. Die Einleitung soll Interesse und Aufmerksamkeit erzeugen. Entsprechend sorgfältig sollte die Einstiegsphase gestaltet werden. Sie soll erkennbar machen, worum es bei der Bearbeitung der Aufgabenstellung gehen wird und warum das Thema relevant und interessant ist. Eine besondere Spannung kann z. B. durch

▸ einen Hinweis auf ein aktuelles Ereignis,
▸ ein Zitat,
▸ eine Statistik,
▸ die Verbindung mit eigenen Erfahrungen

erzeugt werden.

Weil der Schwerpunkt der Darstellung aus dem Handlungsbereich »Führung und Zusammenarbeit« stammen muss, lässt sich auch die fachliche Einleitung bereits vorbereiten. Einstiegshilfen, die leicht an das bearbeitete Thema angepasst werden können, sind Überlegungen wie:

▸ Welche Bedeutung haben Führungsaufgaben in einem Unternehmen?
▸ Was ist »Führung«? Welche grundsätzlichen Probleme treten dabei auf?
▸ Welche Konflikte können entstehen? Wie können sie gelöst werden?
▸ Wie können Mitarbeiter gefördert und unterstützt werden?
▸ Welche Bedeutung haben Moderationen? Welche Rolle spielt ein Moderator?

Solche (und andere) möglichen allgemeinen Einleitungen können bereits in den Tagen vor der mündlichen Prüfung vorbereitet werden. Sie lassen sich einfach variieren und so an das konkrete Thema anpassen.

Hauptteil. Im Zentrum der Präsentation steht die fachliche Bearbeitung der Aufgabenstellung, sie muss die meiste Zeit in Anspruch nehmen. Entscheidend ist, dass die Aufgabenstellung möglichst vollständig bearbeitet wird. Die durch die Gliederung vorgegebenen Punkte werden in ihrem logischen Zusammenhang erörtert. Die jeweilige Kernbotschaft soll deutlich herausgearbeitet sein. Der »Rote Faden« muss dabei für die Prüfer jederzeit erkennbar sein.

Kritische Anmerkungen und Hinweise auf Verbindungen mit anderen Problemen des betrieblichen Managements lassen erkennen, dass die Aufgabenstellung auch in ihren Facetten erkannt worden ist und souverän eingeordnet werden kann.

Schluss. Der Schluss liefert den Prüfern einen abschließenden Eindruck und bleibt ihnen im Gedächtnis. Er rundet die Präsentation ab, die Prüfer sollen danach das Gefühl haben, die Präsentation sei logisch sinnvoll und inhaltlich stimmig abgeschlossen worden. Auch die Elemente, die in den Schlussteil aufgenommen werden, lassen sich vorbereiten, weil sie weit gehend von der Aufgabenstellung unabhängig sind.

▸ Auf die – kurze – Zusammenfassung zum Schluss sollte auf keinen Fall verzichtet werden.
▸ Gegebenenfalls kann ein Fazit gezogen werden.
▸ Welche Konsequenzen können aus den Ausführungen gezogen werden?
▸ Auf weiterführende Fragestellungen kann hingewiesen werden.

Die Präsentation endet mit einem knappen Dank für die Aufmerksamkeit. Die Körpersprache zeigt, dass die Präsentation beendet ist.

> Es wirkt unglücklich, wenn die Präsentation abgeschlossen wird mit Formulierungen wie
> »Ich freue mich jetzt auf das Fachgespräch.«
> »Gerne stehe ich jetzt für Ihre Fragen zur Verfügung.«
> Alle Beteiligten wissen nämlich, dass sie nicht der Wahrheit entsprechen.

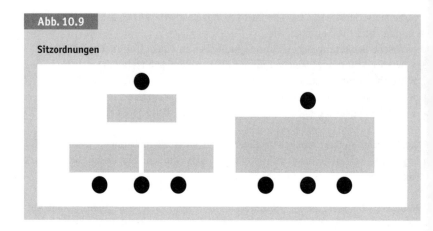

Abb. 10.9

Sitzordnungen

Fachgespräch

Weil die Prüfungsordnung für die gesamte mündliche Prüfung 30 Minuten vorsieht, stehen nach dem Fachvortrag noch etwa 20 Minuten für das eigentliche Fachgespräch zur Verfügung. Der Prüfungsteilnehmer soll nachweisen, dass er in der Lage ist, sein Fachwissen in betriebstypischen Situationen anzuwenden und sachgerechte Lösungen zu entwickeln.

Während die Präsentation typisch im Stehen erfolgt, sitzen sich beim Fachgespräch Teilnehmer und Prüfer an einem Tisch gegenüber. Die Abbildung 10.9 zeigt zwei häufige Varianten.

In vielen Prüfungsausschüssen ist es üblich, dass die Teilnehmer zu Beginn um einen Themenvorschlag gebeten werden:

Beispiele

»Haben Sie ein Lieblingsthema in diesem Fach?«
»Worüber sollen wir uns denn unterhalten?«

Falls der Teilnehmer eine Frage nicht beantworten kann, könnte er wie folgt reagieren:

Beispiele

»Können Sie einen Hinweis geben?«
»Ich kenne die Antwort bestimmt, aber sie fällt mir nicht ein.«

Das macht zwar nicht so einen guten Eindruck wie eine schnelle korrekte Antwort, ist aber immer noch besser als langes unproduktives Nachdenken, das nur Zeit kostet und ganz bestimmt keine positive Bewertung nach sich zieht.

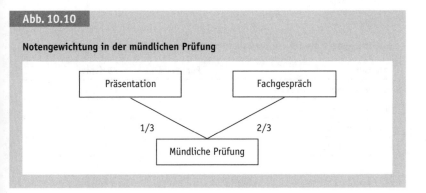

Abb. 10.10

Notengewichtung in der mündlichen Prüfung

Präsentation   Fachgespräch

1/3   2/3

Mündliche Prüfung

Themen im Fachgespräch

Das Fachgespräch schließt an die Präsentation an. Die Prüfer können nochmal nachfragen, wenn einzelne Aspekte aus ihrer Sicht nicht deutlich genug waren oder sie können das Thema ergänzen und vertiefen.

Die Formulierung der Prüfungsordnung, dass sich das Gespräch »inhaltlich auf die Qualifikations- und Handlungsbereiche nach den Absätzen 2 und 3 beziehen« soll, bedeutet für die Teilnehmer, dass sie sich auch auf die Themen:

▸ Volks- und Betriebswirtschaft,
▸ Rechnungswesen,
▸ Recht und Steuern,
▸ Unternehmensführung,
▸ Betriebliches Management,
▸ Investition, Finanzierung, betriebliches Rechnungswesen und Controlling,
▸ Logistik.
▸ Marketing und Vertrieb,
▸ Führung und Zusammenarbeit.

vorbereiten müssen. »Soll« bedeutet in einer IHK-Prüfungsordnung, dass die Teilnehmer einen formalen Anspruch darauf haben, dass auch über diese Bereiche gesprochen wird.

Der Schwerpunkt liegt dabei auf »Führung und Zusammenarbeit«.

Bewertung

Die beiden getrennten Bewertungen der Präsentation und des Fachgespräches werden zu einer Punktzahl für die mündliche Prüfung insgesamt zusammengefasst. Abbildung 10.10 zeigt die Gewichtung, die in der Prüfungsordnung festgelegt ist.

Als Bewertungskriterien für das situationsbezogene Fachgespräch werden herangezogen:

Bewertungskriterien

▸ Logischer Aufbau der Vorstellung des Entscheidungsvorschlages,
▸ fachliche Argumentation zu dem Lösungsvorschlag,
▸ sinnvoller und angemessener Einsatz der Präsentationstechnik,

Abb. 10.11

Ermittlung der Note für die Wirtschaftsbezogenen Qualifikationen

Klausur	Punktzahl	Beispiel
Volks- und Betriebswirtschaft		82
Rechnungswesen		65
Recht und Steuern		71
Unternehmensführung		86
: 4	Ergebnis	76 Punkte

Abb. 10.12

Ermittlung der Note für die Handlungsspeziischen Qualifikationen

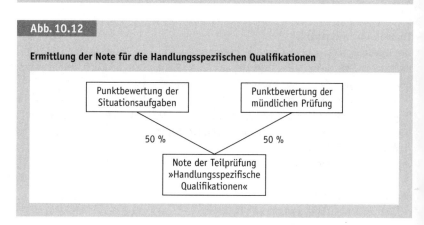

▸ kommunikative Kompetenz im situationsbezogenen Fachgespräch,
▸ fachliche Kompetenz im situationsbezogenen Fachgespräch.

Über das Bestehen des situationsbezogenen Fachgespräches informiert der Prüfungsausschuss im Anschluss an seine abschließende Beratung. Abbildung 10.12 zeigt, dass damit auch die Bewertung der Teilprüfung »Handlungsspezifische Qualifikationen« festliegt.

10.5 Bestehen der Prüfung

Die beiden Teilprüfungen »Wirtschaftsbezogene Qualifikationen« und »Handlungsspezifische Qualifikationen« werden gesondert bewertet, eine Gesamtnote ist nicht vorgesehen. Bei den »Wirtschaftsbezogenen Qualifikationen« wird die Note als arithmetisches Mittel aus den Bewertungen der vier Klausuren ermittelt. Abbildung 10.11 verdeutlicht die Berechnung.

Abb. 10.13

IHK-Bewertungsschema

Punkte	Note	Beschreibung
92 – 100	sehr gut	Eine den Anforderungen in besonderem Maße entsprechende Leistung.
81 – 91	gut	Eine den Anforderungen voll entsprechende Leistung.
67 – 80	befriedigend	Eine den Anforderungen im Allgemeinen entsprechende Leistung.
50 – 66	ausreichend	Eine Leistung, die zwar Mängel aufweist, aber im Ganzen den Anforderungen noch entspricht.
30 – 49	mangelhaft	Eine Leistung, die den Anforderungen nicht entspricht, jedoch erkennen lässt, dass die notwendigen Grundkenntnisse vorhanden sind.
0 – 29	ungenügend	Eine Leistung, die den Anforderungen nicht entspricht und bei der selbst die Grundkenntnisse lückenhaft sind.

Bei den »Handlungsspezifischen Qualifikationen« wird die Note als arithmetisches Mittel aus den Bewertungen der schriftlichen Situationsaufgabe und der mündlichen Prüfung gebildet. Abbildung 10.12 zeigt das Prinzip.

Die Bewertung erfolgt bei den Industrie- und Handelskammern nach einer 100-Punkte-Bewertungsskala. Das Schema verdeutlicht Abbildung 10.13.

Die Prüfung kann zweimal wiederholt werden. Die Prüfungsentscheidung stellt einen Verwaltungsakt dar, gegen den Rechtsmittel eingelegt werden können. Der Prüfungsteilnehmer kann zunächst Widerspruch bei der IHK einlegen. Wenn der Widerspruch keinen Erfolg hat, kann Klage beim Verwaltungsgericht eingereicht werden. Das Verfahren illustriert Abbildung 10.14.

Die gerichtliche Anfechtung des Prüfungsergebnisses ist in der Regel aussichtslos. Das Gericht prüft nur unter formalen Gesichtspunkten, bei fachlichen, wissenschaftlichen und pädagogischen Aspekten wird ein erheblicher Ermessensspielraum eingeräumt. Lediglich bei formalen Verstößen – z. B. falscher Zusammensetzung des Prüfungsausschusses oder Rechenfehlern bei der Ermittlung der Punktzahl – besteht begründete Aussicht, dass die Prüfungsentscheidung aufgehoben wird.

Abb. 10.14

Widerspruchsverfahren

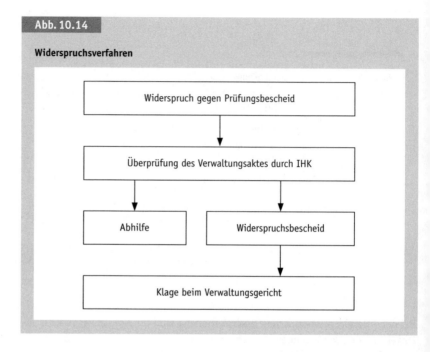

Lösungen zu den Übungsaufgaben

Volks- und Betriebswirtschaft

Lösung 1.1

a) *Merkmale einer GmbH sind z. B.:*
  ▸ *Mindestgründungskapital in Höhe von 25.000 €.*
  ▸ *auf das Gesellschaftsvermögen beschränkte Haftung.*
  ▸ *Eintragung im Handelsregister, Abteilung B, erforderlich.*
  ▸ *Eine GmbH unterliegt der linearen Körperschaftsteuer.*
  ▸ *Der Jahresabschluss ist publizitätspflichtig.*

b) *Die GmbH & Co. KG ist eine Personenhandelsgesellschaft, mit der Besonderheit, dass deren Vollhafter (Komplementär) eine GmbH ist. Zusätzlich ist mindestens ein Teilhafter (Kommanditist) nötig.*
  Vorteile sind z. B.:
  ▸ *Freibetrag in Höhe von 24.500 € bei der Gewerbesteuer.*
  ▸ *Kommanditisten sind nicht vertretungsberechtigt.*

Lösung 1.2

a) *Bei Kooperationen bleiben die beteiligten Unternehmen rechtlich und wirtschaftlich selbstständig. Ihre wirtschaftliche Selbstständigkeit wird lediglich in dem Bereich der Zusammenarbeit eingeschränkt*
  Bei Konzentrationen bleiben die beteiligten Unternehmen in der Regel rechtlich selbstständig, verlieren aber zum Teil bzw. ganz ihre wirtschaftliche Selbstständigkeit.
  Hinweis für den Korrektor: *Die Konzentration kann auch in Form einer Fusion erfolgen.*

b) ▸ *Kooperationen, z. B.: Verbände, Kartelle, Arbeitsgemeinschaften*
  ▸ *Konzentrationen, z. B.: Konzerne, Fusionen Trust*

Lösung 1.3

a) *Hoher Beschäftigungsstand*
  Preisniveaustabilität
  stetiges und angemessenes Wirtschaftswachstum
  außenwirtschaftliches Gleichgewicht
  gerechte Einkommens- und Vermögensverteilung
  Umweltschutz

b) Schaffung von Arbeitsplätzen ⟷ Erhöhung der CO_2-Emissionen
Wirtschaftswachstum ⟷ Preisstabilität
Hoher Beschäftigungsstand ⟷ Preisstabilität
c) Rücknahme von Verpackungsmaterial

Lösung 1.4

a) 1.

> ► *Primäre Aufgaben zeichnen sich dadurch aus, dass sie unmittelbar/direkt am Wertschöpfungsprozess beteiligt sind.*
> ► *Sekundäre Aufgaben hingegen sind mittelbar/indirekt am Wertschöpfungsprozess beteiligt.*

2.

primäre Aufgaben:

> ► *Beschaffung*
> ► *Produktion*
> ► *Logistik (mit Materialwirtschaft)*
> ► *Absatz/Marketing*

sekundäre Aufgaben:

> ► *Finanzierung/Investition*
> ► *Rechnungswesen*
> ► *Controlling*
> ► *Personal*

b) Z. B.:

> *Um die Produktionskapazitäten zu erhöhen, benötigt ein Unternehmen eine weitere Maschine. Bevor die Maschine bestellt wird, muss geklärt werden, mit welchen Mitteln der Kauf finanziert werden kann. Stehen Unternehmensgewinne zur Verfügung, so können diese zur Finanzierung herangezogen werden. Es besteht aber auch die Möglichkeit, die Maschine mit einem Kredit zu finanzieren.*

Hinweis für den Korrektor: *Das Beispiel des Prüfungsteilnehmers muss beinhalten, dass die Finanzierung, die Bereitstellung und die Investition die Verwendung finanzieller Mittel darstellt.*

Lösung 1.5

a) Konjunkturelle Arbeitslosigkeit ist eine zeitlich befristete Arbeitslosigkeit, die im Konjunkturabschwung bzw. im Konjunkturtief auftritt, wenn die Kapazitäten aufgrund eines gesamtwirtschaftlichen Nachfragerückganges nicht ausgelastet sind. Konjunkturelle Arbeitslosigkeit betrifft alle Branchen und Regionen einer Volkswirtschaft. Sie ist ein gesamtwirtschaftliches Phänomen.

b) Z. B.:

> ► *friktionelle Arbeitslosigkeit*
> ► *saisonale Arbeitslosigkeit*
> ► *strukturelle Arbeitslosigkeit*

c) Zur Bekämpfung der Arbeitslosigkeit soll nach der Theorie von J. M. Keynes in einer Rezession bzw. einem Konjunkturtief die fehlende gesamtwirtschaftliche Nachfrage durch antizyklisches Verhalten des Staates ausgeglichen werden. Mit expansiver

Fiskalpolitik *(Erhöhung der Staatsausgaben und Senkung der Staatseinnahmen) soll der Staat aktiv in den Wirtschaftsprozess eingreifen. Ausgabenüberschüsse sollen kreditfinanziert werden (Deficit Spending).*
Hinweis für den Korrektor: *Auch andere sinnvolle Antworten sind zu bewerten.*

Lösung 1.6

	Funktionsbereich	Auswirkung
1	Logistik	Zusätzliche Anforderungen an die Lagerung durch das zusätzliche Sicherheitselement.
2	Absatz/Marketing	Bei einer Preissteigerung geht die Absatzmenge tendenziell zurück. Durch Marketinganstrengungen kann eine bessere Position im Markt erreicht werden.
3	Rechnungswesen	Umsatz- und Gewinnentwicklung werden von der noch absetzbaren Menge abhängen.
...	Controlling	Grundsätzlich keine.
...	Personal	Bei sinkender Absatzmenge wird tendenziell weniger Personal benötigt. Steigerungen der Materialkosten können eventuell durch Maßnahmen im Personalbereich kompensiert werden.

Hinweis: Die drei Funktionsbereiche können – orientiert an der Einschätzung des eigenen Wissens – beliebig gewählt werden. Wichtig sind aber klare und nachvollziehbare Darstellungen der Auswirkungen.

Rechnungswesen

Lösung 2.1

	Buchführungspflicht nach Handelsrecht	Buchführungspflicht nach Steuerrecht	keine Buchführungspflicht
1. Frau Schmitz betreibt alleine eine Änderungsschneiderei. Der Umsatz und der daraus resultierende Gewinn reichen gerade zum Lebensunterhalt.			X
2. Frau Mayer ist Inhaberin eines Ladens für Schreibwaren und in das Handelsregister mit dem Firmenzusatz e. K. eingetragen. Im abgelaufenen Geschäftsjahr erzielte sie einen Umsatz von 450.000 € und einen Gewinn von 25.000 €.	X	X	

3. Herr Müller führt in dritter Generation eine Forellenzucht. Sein Umsatz im abgelaufenen Geschäftsjahr betrug 480.000 €, sein Gewinn 80.000 €. Der Gewinn im Vorjahr lag bei 70.000 €. Er ist nicht in das Handelsregister eingetragen.		X	
4. Herr Lohmann führt eine Steuerberatung in der Rechtsform einer GmbH. Mit drei Angestellten erzielte er einen Umsatz in Höhe von 750.000 € und erwirtschaftete dabei einen Gewinn von 250.000 €.	X	X	

Lösung 2.2

a) Kostenauflösung

	Kostenänderung	Mengenänderung	Kostenänderung je Stück	variable Kosten/ Stück
Januar/Februar	34.800 €	150	$\dfrac{34.800}{150}$	232 €
Februar/März	17.400 €	75	$\dfrac{17.400}{75}$	232 €

	Gesamtkosten	Variable Kosten		Fixe Kosten	
		Berechnung	Ergebnis	Berechnung	Ergebnis
Januar	1.922.400	7.200 × 232	1.670.400	1.922.400 - 1.670.400	252.000
Februar	1.887.600	7.050 × 232	1.635.600	1.887.600 - 1.635.600	252.000
März	1.905.000	7.125 × 232	1.653.000	1.905.000 - 1.653.000	252.000

b) Stückkosten je Monat

	$\dfrac{Gesamtkosten}{Menge}$	Gesamtkosten je Stück
Januar	$\dfrac{1.922.400}{7.200}$	267,00 €
Februar	$\dfrac{1.887.600}{Menge\ 7.050}$	267,74 €
März	$\dfrac{1.905.000}{Menge\ 7.125}$	267,37 €

Lösung 2.3

1) 70.000   200.000 €

    <u>60.000</u>   <u>180.000 €</u>

    10.000   20.000 €

10.000 Essen kosten zusätzlich 20.000 €, also 2,00 € je Essen.

2)

Gesamtkosten bei 60.000		180.000 €
variable Kosten bei 60.000	→ 60.000 × 2,00 € =	120.000 €
fixe Kosten	→	60.000 €

Gesamtkosten bei 70.000		200.000 €
variable Kosten bei 70.000	→ 70.000 × 2,00 €	140.000 €
fixe Kosten	→	60.000 €

3) $\dfrac{60.000}{3,50 - 2,00} = \dfrac{60.000}{1,50} = 40.000$ Stück

Lösung 2.4

a)

$$k_v = \frac{\Delta K}{\Delta x} = \frac{55.250}{650 \text{ Mengeneinheiten}} = 85 \text{€} / \text{Mengeneinheit}$$

$$K_f = K - k_v \cdot x = 667.550 - 85\text{€} \cdot 4.550 = 280.800 \text{€/Monat}$$

Die Kostenfunktion lautet: $K = 280.800 \text{€} \times 85 x$

b)

1. $X_{gs} = \dfrac{K_f}{p - k_v} = \dfrac{280.800}{145\text{€} - 85\text{€}} = 4.680$ Mengeneinheiten/Monat

2. Beschäftigungsgrad $= \dfrac{4.680}{6.500} \times 100 = 72\%$

c) Beschäftigungsgrad 90 % = 5.850 Mengeneinheiten/Monat

   Deckungsbeitrag = db × x = 60 × 5.850 = 351.000 €/Monat

   Betriebsergebnis = DB − K_f = 351.000 € − 280.800 € = 70.200 €/Monat

Lösung 2.5

Kostenart	Summe Ge-meinkosten	Hauptkostenstellen			
		Material	Fertigung	Verwaltung	Vertrieb
Gehälter	55.982 €	3.600 €	12.000 €	27.982 €	12.400 €
Hilfslöhne	13.000 €	5.000 €	8.000 €		
Heizungskosten	4.800 €	960 €	2.400 €	1.120 €	320 €
Energiekosten	6.500 €	1.000 €	3.500 €	1.500 €	500 €
Gaskosten	2.800 €		2.800 €		
Abschreibungen	14.400 €	1.680 €	9.600 €	2.400 €	720 €
sonstige Gemeinkosten	25.898 €	3.560 €	11.700 €	5.998 €	4.640 €
Summe Gemeinkosten	123.380 €	15.800 €	50.000 €	39.000 €	18.580 €
Bezugsbasis/ Zuschlagsgrundlage		79.000 €	40.000 €	184.800 €	184.800 €
Gemeinkosten-zuschlagssatz		20,00 %	125,00 %	21,10 %	10,05 %

Lösung 2.6

1.

a) Rentabilität des Gesamtkapitals

Gesamtkapital	300.000 + 100.000 + 500.000	900.000
Jahresüberschuss + Zinsaufwand	104.000 + 40.000	144.000
Gesamtrentabilität	$\dfrac{144.000}{900.000} \times 100$	16%

b) Rentabilität des Eigenkapitals

Jahresüberschuss : EK	$\dfrac{104.000}{400.000} \times 100$	26%

2.

GK	300.000 + 100.000 + 500.000 + 500.000	1.400.000
FK-Zinsen	8 % von 1.000.000	80.000
Rendite	16 % von 1.400.000	224.000
Rendite − FK-Zinsen	224.000 - 80.000	144.000
EK-Rentabilität	$\dfrac{144.000}{400.000} \times 100$	36%

Die Investition ist lohnend.

Lösung 2.7

Produkte	A	B	C	D	
Produktions- und Absatzmenge in Stück	400	200	50	40	
Erlös je Stück in €	200	400	450	600	
variable Kosten/Stück in €	160	220	240	380	
absoluter Deckungsbeitrag	40	180	210	220	
Zeitfaktor	: 1	: 6	: 21	: 11	
relativer Deckungsbeitrag je Stunde	40	30	10	20	
optimale Menge	400	200	10	40	
Kontrolle Zeitbedarf	400	1.200	210	440	= 2.250 Stunden

Recht und Steuern

Lösung 3.1

a)

▸ Mietverträge begründen Dauerschuldverhältnisse, aus denen der Vermieter zur Überlassung des Gebrauches einer Sache auf Zeit, der Mieter zur Zahlung des Mietzinses verpflichtet ist.
Dieselben Pflichten werden mit einem Pachtvertrag begründet.

▸ Der Darlehensvertrag verpflichtet den Darlehensgeber zur Überlassung einer bestimmten Sache – meistens Entgelt – und den Darlehensnehmer, eine Sache nach gleicher Art und Güte nach Fälligkeit zurückzugeben. Hauptanwendungsfall ist das Gelddarlehen (Kredit).

▸ Der Dienstvertrag ist ein gegenseitiger Vertrag, in dem sich der eine Teil zur Leistung der versprochenen Dienste und der andere zur Gewährung der vereinbarten Vergütung verpflichtet.

▸ Durch den Werkvertrag verpflichtet sich der Unternehmer zur Erbringung eines bestimmten Arbeitserfolges. Der Besteller hat den vereinbarten Werklohn zu zahlen.

b) Die Parteien des Pachtvertrages, Verpächter und Pächter, haben grundsätzlich dieselben Rechte und Pflichten wie die des Mietvertrages. Der Verpächter wird darüber hinaus verpflichtet, dem Pächter auch die Früchte des Pachtgegenstandes (z. B. Mieteinnahmen) zu überlassen. Außerdem können die Kündigungsfristen frei ausgehandelt werden. Im Übrigen ist nach dem BGB die Kündigung für Grundstücke und Räume am dritten Werktag des Halbjahres zum Schluss des Pachtjahres zulässig.

Hinweis für den Korrektor: Auch andere sinnvolle – sich aus dem Gesetz ergebende – Erläuterungen sind zu bewerten.

Lösung 3.2

Katja ist minderjährig und deshalb beschränkt geschäftsfähig. Sie hat jedoch das Arbeitsverhältnis mit der Silber GmbH mit Ermächtigung der Vertretungsberechtigten abgeschlossen. Sie ist deshalb unbeschränkt geschäftsfähig für alle Rechtsgeschäfte, die mit dem Eingehen und der Aufhebung eines Arbeitsvertrages zusammenhängen (§ 113 BGB). Die Kündigung und der Abschluss des Arbeitsvertrages mit Gold AG waren wirksam.

Lösung 3.3

a) Beide Grundpfandrechte dokumentieren die Belastung des Betriebsgrundstücks mit der vereinbarten Summe. Die Hypothek ist forderungsabhängig (akzessorisch), die Grundschuld nicht (fiduziarisch).

b) Beide Grundpfandrechte werden nach Zustimmung des Eigentümers in der dritten Abteilung des Grundbuches eingetragen. Dem Gläubiger kann ein Hypotheken- oder Grundschuldbrief ausgehändigt werden, der vom Grundbuchamt ausgestellt wird.

Lösung 3.4

a) Das Arbeitsverhältnis kann aus wichtigem Grund ohne Einhaltung einer Kündigungsfrist gekündigt werden, wenn Tatsachen vorliegen, aufgrund derer dem Kündigenden unter Berücksichtigung aller Umstände des Einzelfalles und unter Abwägung der Interessen beider Vertragsteile die Fortsetzung des Arbeitsverhältnisses bis zum Ablauf der Kündigungsfrist oder bis zu der vereinbarten Beendigung des Arbeitsverhältnisses nicht zugemutet werden kann (vgl. § 626 I BGB).

b) Eine wirksame Abmahnung liegt vor, wenn der Arbeitgeber ein bestimmtes pflichtwidriges Verhalten des Arbeitnehmers beanstandet (Rügefunktion) und den Arbeitnehmer darauf hinweist, dass im Wiederholungsfall arbeitsrechtliche Konsequenzen drohen (Warnfunktion).

c) Hier kann eine fristlose Kündigung ausgesprochen werden. Voraussetzung für eine außerordentliche Kündigung ist ein wichtiger Grund, wobei insoweit grundsätzlich eine Einzelfallabwägung vorzunehmen ist. Vorliegend hat Udo Mayer das Vertrauen seines Arbeitgebers missbraucht. Das Vertrauensverhältnis wurde durch den zugegebenen und damit nachgewiesenen Diebstahl nachhaltig zerstört, sodass dem Arbeitgeber eine Fortsetzung des Arbeitsverhältnisses nicht zuzumuten ist. Eine Abmahnung wäre angesichts der strafbaren Handlung des Arbeitnehmers nicht erforderlich.

d) Die Kündigung kann nur innerhalb von zwei Wochen erfolgen, wobei die Frist mit dem Zeitpunkt beginnt, in dem der Arbeitgeber von den für die Kündigung maßgebenden Tatsachen Kenntnis erlangt – hier: ab Kontrolle und Geständnis (vgl. § 626 II BGB).

e) Udo Mayer könnte eine Kündigungsschutzklage vor dem zuständigen Arbeitsgericht innerhalb von drei Wochen ab Zugang der schriftlichen Kündigung erheben.

Lösung 3.5

Grundsätzlich erhebt bei jedem Umsatz der ausführende Unternehmer Umsatzsteuer vom Kunden, egal ob dieser ein Endverbraucher oder selbst Unternehmer ist, und gibt sie an das Finanzamt weiter (Allphasensteuer). Umsatzsteuer, die der Unternehmer selbst für Vorprodukte entrichten musste (Vorsteuer), zieht er dabei von der erhaltenen Umsatzsteuer ab (Nettoumsatzsteuer mit Vorsteuerabzug) und führt somit nur die Differenz an das Finanzamt ab. Damit soll wirtschaftlich nicht er, sondern der Endverbraucher belastet werden.

Großhändler Grundhoff liefert an Einzelhändler Eiletz Waren für 10.000 € zuzüglich 1.900 € (19 %) Umsatzsteuer. Grundhoff erlöst dafür 10.000 € netto und zahlt 1.900 € Umsatzsteuer an das Finanzamt.

In gleicher Höhe macht Eiletz gegenüber dem Finanzamt einen Vorsteuerabzug geltend. Es erstattet ihm also 1.900 €.

Veräußert Eiletz die Waren später für 15.000 € zuzüglich 2.850 € Umsatzsteuer an Verbraucher Voelkel, so hat Eiletz für den Umsatz diese 2.850 € Umsatzsteuer an das Finanzamt zu zahlen. Dieser Betrag bleibt dann beim Finanzamt. Es erhält damit letztendlich nur einmal 19 %, und zwar vom Verkaufspreis an den Endverbraucher.

Lösung 3.6

a) Es liegen insgesamt drei Rechtsgeschäfte vor.

Hansen und der Autohändler schließen einen Kaufvertrag, das sogenannte Verpflichtungsgeschäft.

Mit der Übereignung des Lkw und des Kaufpreises folgen zwei Verfügungsgeschäfte.

b) Der Tod des Autohändlers ist für die Wirksamkeit der Willenserklärung ohne Einfluss.

Hansen kann den Vertrag also durch Annahmeerklärung gegenüber den Erben zustande bringen (§ 130 II BGB).

c) ▸ Verpflichtungen des Verkäufers:
   – Übergabe der Sache
   – Eigentum an der Sache zu verschaffen
   – Sache frei von Sach- und Rechtsmängeln zu verschaffen
   ▸ Verpflichtungen des Käufers:
   – Zahlung des vereinbarten Kaufpreises
   – Abnahme der gekauften Sache

Unternehmensführung

Lösung 4.1

a) Corporate Behaviour ist das Verhalten, wie gehen wir miteinander um. Es bezieht sich auf Mitarbeiter, Kunden, Geschäftspartner und ist Bestandteil der Public Relations. Es vermittelt Werte und Normen des Unternehmens.

b) Beispiel
   ▸ Corporate Vision
   ▸ Corporate Mission
   ▸ Corporate Communication
   ▸ Corporate Image
   ▸ Corporate Design
   ▸ Corporate Governance
   ▸ Corporate Complaints
   oder alternativ auch die Nennung
   ▸ Kleidung
   ▸ Produkte
   ▸ Logo
   ▸ Farben
   ▸ Internetauftritt

Lösung 4.2

▸ *Komplementäre Ziele:*
 Maßnahmen unterstützen sich gegenseitig bei der Zielerreichung, z. B.:
 Ziel 1: Umsatzsteigerung
 Ziel 2: Einführung von Prämiensystemen
▸ *Konkurrierende Ziele:*
 Maßnahmen behindern sich gegenseitig bei der Zielerreichung, z. B.:
 Ziel 1: optimale Liquidität der finanziellen Mittel
 Ziel 2: optimale Rentabilität der Mittel

Lösung 4.3

a) *Bei der intrinsischen Motivation geschieht die Handlung »aus sich heraus«, die z. B. von Neugier, Interesse oder Spaß hergeleitet ist. Die extrinsische Motivation ist von dem Außen beeinflusst oder an äußere Impulse geknüpft, z. B. Lob, positive Kritik begründen das Verhalten oder eine Nichtausführung der Handlung ist z. B. an einen Tadel oder an eine negative Kritik geknüpft. Die intrinsische Motivation setzt sich infolgedessen zusammen aus dem Sachinteresse (Neugier), dem Anreiz (positives Gefühl) und der Erfolgserwartung. Die extrinsische Motivation besteht lediglich aus der positiven oder negativen Verstärkung: Belohnung oder Vermeiden einer Sanktion.*

b) *Faktoren, die extrinsische Motivation fördern, z. B.:*
 ▸ *Lob und Anerkennung*
 ▸ *Entwicklungsmöglichkeiten*
 ▸ *innerbetriebliche Aufstiegsmöglichkeiten*
 ▸ *Titel*
 ▸ *Prämie, Zielerreichungsprämie, Leistungsprämie*
 Faktoren, die intrinsische Motivation fördern, z. B.:
 ▸ *Work-Life-Balance*
 ▸ *Entscheidungsfreiräume*
 ▸ *Mitspracherechte*
 ▸ *Innovationsklima im Unternehmen*
 ▸ *Unternehmenskultur*

Hinweis für den Korrektor: *Die Faktoren sind zu erläutern.*

Lösung 4.4

a) *Der Zeitlohn bei Arbeitern und das Tarifgehalt bei Angestellten werden als rein von der Arbeitszeit (Stunde, Schicht, Tag, Monat usw.) abhängige Entgeltformen eingestuft. Lohn bzw. Gehalt sind pro Zeiteinheit konstant, d. h., der Gesamtverdienst verhält sich proportional zur Arbeitszeit, unabhängig davon, ob während der Arbeitszeit der Leistungsgrad über- oder unterschritten wurde. Zeitlöhne und -gehälter werden überdies nicht selten mit einer Leistungszulage kombiniert. Neben dem anforderungsorientierten Grundgehalt der außertariflichen Angestellten enthält das Gesamtgehalt zusätzlich leistungsabhängige Komponenten und sonstige Zusatzleistungen wie beispielsweise betriebliche Altersversorgung, Firmenwagen, Versicherungen oder besondere Weiterbildungsangebote.*

Der Leistungslohn unterscheidet sich vom Zeitlohn deshalb, weil die Beschäftigten nicht für die Dauer der Arbeitszeit, sondern für die erbrachte Mengenleistung entlohnt werden. Dementsprechend werden nur solche Arbeiten als akkordfähig bezeichnet, deren Ergebnisse in Abhängigkeit vom Arbeitseinsatz mengenmäßig erfassbar sind und deren Zeitbedarf aufgrund eines im Voraus bekannten Ablaufes messbar ist.

b) *Vorteile des Zeitlohnes können z. B. sein:*
  ‣ *Probleme der Leistungsmessung entfallen.*
  ‣ *Der Lohn des Arbeitnehmers schwankt nicht.*
  Vorteile des Leistungslohnes können z. B. sein:
  ‣ *leistungsgerechte und leistungsfördernde Entlohnung für den Mitarbeiter*
  ‣ *Vorplanung der Arbeitsabläufe*
  ‣ *Vorplanung des Arbeitskräfte- und Betriebsmittelbedarfes*

c) *Zeitlohn ist sinnvoll, wenn die Leistung nur unzureichend gemessen werden kann bzw. der Mitarbeiter die Leistungserbringung nicht allein verantworten kann, z. B.:*
  ‣ *Personalabteilung*
  ‣ *Kindergarten*
  ‣ *Beratung*
  ‣ *Verkauf im Ladengeschäft*
  Leistungslohn ist sinnvoll, wenn die Leistung exakt gemessen werden kann, z. B.:
  ‣ *Massenproduktion*
  ‣ *Gebäudereinigung*

Lösung 4.5

a) Ordentliche betriebsbedingte Kündigung	Wirksam, Frist eingehalten
b) Personenbedingte Kündigung	Unwirksam wegen Zustellung per E-Mail
c) Außerordentliche Kündigung	Unwirksam, Frist nicht eingehalten
d) Verhaltensbedingte Kündigung	Unwirksam, Abmahnung erforderlich Verletzung des Postgeheimnisses
e) Außerordentliche Kündigung	Wirksam, Diebstahl ist immer ein Grund für eine außerordentliche Kündigung

Aufgabe 4.6

a)

Schätzverfahren	Beruht auf Erfahrung
Globale Bedarfsprognose	Ableitung aus Größen der Vergangenheit
Kennzahlenmethode	Verhältniszahlen, die in der Vergangenheit stabil waren
Arbeitswissenschaftliche Verfahren	Zeitbedarf pro Arbeitseinheit

b) *Interne Personalbeschaffung scheidet aus, weil nur eine Verkäuferin angestellt ist. Allerdings kann die neue Filiale nicht nur mit neuen unerfahrenen Angestellten gestartet werden, deshalb sollte die Angestellte eine der beiden Filialen leiten.*

c) *Neubedarf wegen Kapazitätserhöhung.*

d)

Methode	Sinnvoll	Nicht sinnvoll
Personalanzeige	X	
Personalausleihe	X	
Personalberater		X
Stellengesuche	X	
Bewerberkartei		X
Arbeitsagentur	X	
Messen		X
Hochschulen		X

Lösung 4.7

Tätigkeit	Zeitlohn	Akkordlohn	Gruppenakkord	Bemerkung
Verpackung von Äpfeln in Transportkisten		X	X	
Einzelanfertigung von Schmuckstücken	X			Sorgfalt geht Schnelligkeit vor.
Kassieren im Supermarkt		X		
Verkauf von modischen Kleidungsstücken	X			Beratungsleistung nicht messbar
Reinigung von Fußböden		X	X	
Reinigung von Schornsteinen	X			Sicherheitsrelevant
Entwurf von Plakaten	X			Kreative Tätigkeit

Betriebliches Management

Lösung 5.1

»Ich habe fünfmal bei dir angerufen!«	
Sachinhaltsebene	»Ich wollte Dich sprechen.«
Selbstoffenbarungsebene	»Ich brauche dich, ich fühle mich einsam.«
Beziehungsebene	»Du vernachlässigst mich.«
Appellebene	»Rufe mich an, kümmere Dich um mich!«

Lösung 5.2

Die Grundannahme ist, dass sich eine Organisation ändert, wenn sich ihre Akteure ändern:

1. *Phase: Auftauen (»Unfreezing«):*

   Die Organisation befindet sich im Gleichgewicht, alles läuft in gewohnten Bahnen. Die Notwendigkeit, Einstellungs- und Verhaltensänderungen vorzunehmen, wird in diesem Zustand nicht gesehen. Um Änderungen überhaupt zu ermöglichen, muss die Starre aufgetaut bzw. aufgeweicht werden. Dabei kann kurzfristig ein Leistungsabfall zu verzeichnen sein, weil Routinetätigkeiten wegfallen (»Haben wir schon immer so gemacht.«). Der Ausgangszustand der Organisation kann durch Schock, Angsterzeugung, Überraschung usw. aufgetaut werden.

   Die Einhaltung der Organisationsrichtlinien der PrimeOffice GmbH muss am Arbeitsplatz überprüft und durchgesetzt werden. Die Bereitschaft für die Einführung dieser Qualitätssicherung kann z. B. durch Leistungszulagen oder Leistungskürzungen bei Nichteinhaltung bzw. durch neue Schwerpunktsetzung im Rahmen der anstehenden Expansion erzeugt werden.

2. *Phase: Bewegen (»Moving«):*

   Nach dem Auftauen bewegen bzw. verändern sich die alten Verhaltensweisen. Es werden neue Verhaltensweisen ausgebildet, ausprobiert und reflektiert. Die rationale Einsicht und emotionale Akzeptanz der Mitarbeiter bezüglich der neuen Verhaltensweisen setzen sich durch.

   Die Mitarbeiter der PrimeOffice GmbH gewöhnen sich an die Anwendung und Umsetzung der Organisationsrichtlinien. Sie üben diese wiederholt ein und lassen sie zur Routine werden. Die Überprüfung der Einhaltung wird intensiviert und die Ergebnisse werden über Mitarbeitergespräche reflektiert. Die Mitarbeiter bekommen ein positives Feedback.

3. *Phase: Einfrieren (»Refreezing«):*

   Die neuen Verhaltensweisen werden zur Selbstverständlichkeit. Mit der Stabilisierung und Integration der neuen Verhaltensweisen erfolgt das Einfrieren dieser auf einem höheren Niveau.

   Nachdem sich die Einhaltung und Überwachung der Organisationsrichtlinien bei der PrimeOffice GmbH etabliert haben, wird dieser Prozessablauf eingefroren, sprich zur Routine.

Hinweis für den Korrektor: *Auch andere sinnvolle Phasenmodelle sind entsprechend zu werten.*

Lösung 5.3

a) Beschreibung z. B. der

   Unternehmensziele:

   ▸ *Erhöhung der fachlichen Qualifikation*
   ▸ *Anpassung an neue Technologien*
   ▸ *Sicherung des Bestandes an Führungskräften und Spezialisten*
   ▸ *Unabhängigkeit vom Arbeitsmarkt*
   ▸ *Steigerung der Motivation*
   ▸ *Steigerung der Leistung*

‣ *Senkung der Kosten*
‣ *Verbesserung der Sozialkompetenzen*
‣ *Steigerung der Wettbewerbsfähigkeit*
‣ *Aufspüren von Entwicklungspotenzial*
‣ *Herausfinden von Fehlbesetzungen*
‣ *Senkung der Fluktuation*
Mitarbeiterziele:
‣ *Weiterqualifizierung*
‣ *Voraussetzungen für den Aufstieg*
‣ *Voraussetzungen für die Übernahme neuer Aufgaben*
‣ *neue Kenntnisse und Fähigkeiten erwerben*
‣ *persönliche Kompetenzen erweitern*
‣ *Sicherung des Arbeitsplatzes*
‣ *Verbesserung der Chancen auf dem Arbeitsmarkt*
‣ *Erhöhung des Einkommens*
‣ *Prestigegewinn*
b) *Erläuterung z. B. der*
Anbieter:
‣ *Gibt es Erfahrungen mit dem Anbieter?*
‣ *Liegen Referenzen vor?*
‣ *Umfang des Gesamtangebotes?*
‣ *Ausstattung und Kapazitäten?*
‣ *Termine, Ort und Dauer des Angebotes*
‣ *Ausgabe anerkannter Zertifikate*
Lernziele:
‣ *Vergleich Angebot – eigene Anforderungen*
‣ *Definition von Lernzielen*
‣ *Wie präzise sind die inhaltlichen Angaben?*
‣ *Übereinstimmung von Stundenanzahl und zu vermittelnden Inhalten?*
‣ *Aussagen zu Lehrmethoden*
‣ *Bereitschaft, auf betriebsbezogene Fragestellungen einzugehen?*
Zielgruppe:
‣ *Welcher Zielgruppe wird die Maßnahme angeboten?*
‣ *Sind Zielgruppe und eigener Mitarbeiterkreis identisch?*
‣ *Angaben über Erfahrungen/Vorbildung*
‣ *Anzahl der Teilnehmer*
‣ *Teilnehmerkreis anderer Unternehmen*
Referenten:
‣ *ein/mehrere Referent/-en*
‣ *Qualifikation der Referenten*
‣ *praktische Erfahrungen der Referenten*
‣ *Branchenkenntnisse*
‣ *pädagogische Erfahrungen*
‣ *Bereitstellung von Unterrichtsmaterial*
‣ *Erfahrungsaustausch möglich?*
‣ *Bereitschaft für spätere Nachfragen?*

Kontrolle:
- *Teilnahme an Prüfungen*
- *Überprüfung, ob die angegebenen Lernziele erreicht wurden*
- *Kann das Unternehmen den Erfolg prüfen?*
- *Seminarbeurteilung durch die Teilnehmer*
- *Einfordern von Kritik oder Verbesserungsvorschlägen.*

Kosten:
- *Teilnahmegebühr*
- *weitere Kosten: Reisekosten, Personalkosten*
- *Kosten-Nutzen-Vergleich mit anderen Alternativen*
- *Organisationsaufwand*

Umsetzung:
- *Tipps/Unterstützung für die Umsetzung in die Praxis?*
- *Gibt es Folgeseminare?*
- *Sind weitere Kontaktmöglichkeiten vorhanden?*

c) *Beschreibung von z. B.:*

intern:
- *Inhalte genau auf das Unternehmen abgestimmt*
- *Umsetzung am Arbeitsplatz gelingt leichter*
- *Kostenvorteile bei großer Teilnehmerzahl*
- *Kontrolle der Maßnahmen leichter*
- *Unabhängigkeit von externen Angeboten*
- *Spezielle Ausstattung vorhanden, z. B. bei Softwareschulungen*

extern:
- *Kontakte zu anderen Unternehmen*
- *Erfahrungsaustausch zwischen Mitarbeitern unterschiedlicher Unternehmen*
- *Förderung der Mobilität*
- *Geschulte Fachreferenten*
- *Größere Professionalität bei Durchführung*

Aufgabe 5.4

a) *Ziel Umsatzsteigerung*
   – Unterziel z. B.: Umsatzsteigerung der Anbauteile um x Prozent
   Ziel Kostensenkung
   – Unterziel z. B.: Personalkosten um x Prozent senken
   Ziel Qualität erhöhen
   – Unterziel z. B.: Ausschussquote um x Prozent verringern
Hinweis für den Korrektor: *Alle Ziele, die der SMART-Regel entsprechen, sind zu bewerten*

b) *Planungsinhalte der strategischen Planung sind z. B.:*
   - *langfristige Konzeption im Hinblick auf das Vordringen in neue Marktsegmente*
   - *Entwicklung von strategischen Geschäftseinheiten*
   - *Planung von neuen Technologien und Innovationen*

Planungsinhalte der operativen Planung sind z. B.:

▸ kurzfristige Planung bei der Gestaltung von verkaufsfördernden Maßnahmen
▸ Schulung/Qualifizierung der Mitarbeiter
▸ kurzfristige Reduzierung von Ressourcen (z. B. von Betriebsmitteln)

Lösung 5.5

a)

1. Der Moderator lenkt die Gruppe, ohne Einfluss auf das Arbeitsergebnis zu nehmen.
   Er gestaltet den organisatorischen Rahmen.
   Er plant den Einsatz der Hilfsmittel bei der Moderation.
   Er nimmt Einfluss auf die Zusammensetzung des Teilnehmerkreises.
2. ▸ Methodenkompetenz
   ▸ Kommunikationsfähigkeit
   ▸ persönliche Autorität
   ▸ rhetorische und methodische Fähigkeiten
b) ▸ Begrüßen und Bekanntgabe des Themas und des Zieles
   ▸ Festlegen des organisatorischen Ablaufes
   ▸ Ideenfindung
   ▸ Zusammenführung der Ideen
   ▸ Bewertung der Ideen
   ▸ Entscheidung über das weitere Vorgehen/Maßnahmenplan
   ▸ Entscheidung über den Umgang mit den nicht weiter verfolgten Ideen
   ▸ Protokoll/Nachbereitung

Lösung 5.6

Beispiel:

Nach dem Pareto-Modell (80/20-Regel) werden Prioritäten erkennbar. Es dient als Grund-lage für Entscheidungen. Z. B. führen 20 % der Zeit zu 80 % der Ergebnisse. Umgekehrt werden für 20 % der Aufgaben 80 % der Zeit verwendet.

Beim Eisenhower-Prinzip wird eine Einteilung von Tätigkeiten nach Dringlichkeit und Wichtigkeit vorgenommen. Dieses Prinzip ist ein Hilfsmittel zur Priorisierung von Aufgaben.

Die ABC-Analyse ist ein Hilfsmittel zur Priorisierung von Aufgaben und ordnet Tätigkeiten nach drei Kategorien (z. B. wichtig, durchschnittlich wichtig, weniger wichtig) ein.

Hinweis für den Korrektor: Auch grafische Darstellungen sind entsprechend zu bewerten.

Lösung 5.7

Sachebene	"In der Suppe schwimmt ein Haar!"
Selbstkundgabe	"Ich bin sauer."
Beziehungshinweis	"Ich bin Dir wohl nicht wichtig."
Appellseite	"Pass gefälligst besser auf!"

Investition, Finanzierung und Controlling

Lösung 6.1

a)

$$\text{Liqidität } I = \frac{190.000}{2.080.000} \times 100 = 9,1\%$$

$$\text{Liquidität } II = \frac{190.000 + 850.000}{2.080.000} \times 100 = 50\%$$

b) *Beispiele:*

▸ *Als besonders belastend sind die hohen Vorräte anzusehen, die kurz- bis mittelfristig abgebaut werden müssen (z. B. durch Sonderaktionen im Verkauf, Produktionseinschränkungen durch Kurzarbeit usw.).*

▸ *Die Forderungen könnten an ein Factoringunternehmen verkauft werden. Das schafft kurzfristig einen finanziellen Spielraum, senkt allerdings wegen der anfallenden Gebühren die Rentabilität.*

▸ *Es wäre darüber nachzudenken, von den Groß- bzw. Bestandskunden Anzahlungen einzufordern, um darüber zu kostenlosen kurzfristigen Mitteln zu kommen.*

▸ *Kurzfristige liquide Mittel ließen sich über einen Verkauf von dafür geeigneten Teilen des Anlagevermögens erreichen, wenn diese wieder zurückgeleast werden können.*

c)

50 % von 800.000.000 € =	4.000.000 €	
davon 3 %	120.000 €	*(Skontoertrag)*
für 46 Tage zu finanzieren	3.880.000 €	

$$Z = \frac{3.880.000 \times 12 \times 46}{100 \times 360} \qquad 59.493,33 \text{ € } \qquad (Zinsaufwand)$$

Finanzierungsgewinn bei Inanspruchnahme des Skontos
= 120.000,00 € – 59.493,33 € = 60.506,67 €

Lösung 6.2

a) Zu ermitteln ist der Kapitalwert.

	grundsätzlich			einfacher	schnellste Möglichkeit	
340.000	0,925926	314.814,84		340.000	RBF	abzüglich
340.000	0,857339	291.495,26		× 3,992710	400.000	RBF
340.000	0,793832	269.902,88			× 6,710081	60.000
340.000	0,735030	249.910,20				× 3,992710
340.000	0,680583	231.398,22			2.684.032,40	239.562,60
		1.357.521,30		1.357.521,40		
400.000	0,630170	252.068,00				
400.000	0,583490	233.396,00				
400.000	0,540269	216.107,60				
400.000	0,500249	200.099,60				
400.000	0,463193	185.277,20		3.800.000		
3.400.000	0,463193	1.574.856,20		× 0,463193		+ 1.574.856,20
		2.661.804,60				
		4.019.325,90		**4.019.325,90**		**4.019.326,00**

Der maximale Kaufpreis beträgt 4.019.326,00 €.

b) Mögliche Risiken:

Die prognostizierten Mietzahlungen werden nicht erreicht.

Der vorgesehene Verkaufspreis kann nicht erzielt werden.

Die erforderliche Mindestverzinsung muss verändert werden.

Lösung 6.3

Investiert man die freigesetzten Mittel vor Ablauf der Maschinennutzungsdauer wieder, vergrößern sich der Anlagenbestand und die Kapazität, ohne dass zusätzlich Geldmittel von außen beansprucht werden.

Das setzt voraus, dass die Umsätze alle Kosten abdecken und die Abschreibungsgegenwerte der Unternehmung in liquider Form zufließen.

Kritisch bleibt u. a. weiter anzumerken, dass

▸ *die Abschreibungsdauer der tatsächlichen Nutzungsdauer im Betrieb entsprechen muss,*

▸ *die Anlagegüter technisch gleich sein müssen, es also keinen technischen Fortschritt gibt,*

▸ *Zinseszinseffekte vernachlässigt werden,*

▸ *eine Erhöhung der Kapazität auch eine Erhöhung des Umlaufvermögens und eventuell weiteres Personal erforderlich macht,*

▸ *konstante Wiederbeschaffungspreise und konstante Absatzpreise vorausgesetzt werden.*

Lösung 6.4

*Bei der internen Zinsfußmethode wird gefragt, mit welchem Zinssatz sich das inves-
tierte Kapital verzinsen muss, damit die Investition vorteilhaft bleibt. Beim internen
Zinsfuß ist der Kapitalwert null.*

*Bei der Näherungsmethode werden zwei Versuchszinssätze gewählt, von denen man
annimmt, dass der gesuchte Wert dazwischen liegt. Danach erfolgt eine lineare Inter-
polation.*

Versuchszinssatz $p_1 = 0,02$

Versuchszinssatz $p_2 = 0,06$

Jahr	Betrag	bei 6 %		bei 2 %	
		Abzinsungsfaktor	*Barwerte*	*Abzinsungsfaktor*	*Barwerte*
0	– 100.000	$1,06^0$	– 100.000	$1,02^0$	– 100.000
1	18.000	$1,06^{-1}$	16.981	$1,02^{-1}$	17.647
2	20.000	$1,06^{-2}$	17.800	$1,02^{-2}$	19.223
3	22.000	$1,06^{-3}$	18.472	$1,02^{-3}$	20.731
4	20.000	$1,06^{-4}$	15.842	$1,02^{-4}$	18.477
5	25.000	$1,06^{-5}$	22.417	$1,02^{-5}$	27.172
L.-erlös	5.000				
Kapitalwert			– 8.488		3.250

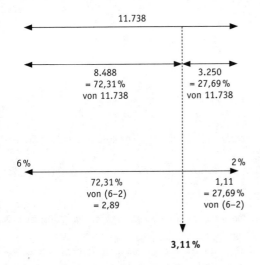

Der gesuchte Zinssatz ist 3,11 %.

Lösung 6.5

a) Die durchschnittliche Absatzmenge beträgt 160.000 Stück.

Der durchschnittliche Jahreserlös beträgt 160.000 × 8 = 1.280.000 €.

	Anlage A		**Anlage B**	
Abschreibungen	$\dfrac{1.000.000 - 250.000}{5}$	150.000	$\dfrac{1.500.000 - 300.000}{5}$	240.000
Kalk. Zinsen	$\dfrac{1.000.000 + 250.000}{2}$ × 10%	62.500	$\dfrac{1.500.000 + 300.000}{2}$ × 10%	90.000
sonstige Fixkosten		300.000		200.000
Fixkosten gesamt		512.500		530.000
variable Kosten	160.000 × 3	480.000	160.000 × 2	320.000
Kosten gesamt		992.500		850.000
Erlöse		1.280.000		1.280.000
Gewinn		287.500		430.000

Die Anlage B ist zu bevorzugen.

b) Die kritische Menge ergibt sich aus

$$\frac{\text{Fixkosten B} - \text{Fixkosten A}}{\text{variable Kosten A} - \text{variable Kosten B}} = \frac{530.000 - 512.500}{3 - 2} = \frac{17.500}{1} = 17.500 \text{ Stück}$$

Logistik

Lösung 7.1

a) Beispiele:

▸ Ex Works (ab Werk des Lieferanten):
Käufer trägt vom Werk des Lieferanten ab alle Transportkosten sowie die Risiken.
▸ FAS (free alongside Ship)
Käufer trägt Kosten des Transportes sowie die Risiken vom Hafen/Pier des Versenders ab.
▸ FOB (free on Board)
Käufer trägt Kosten des Transportes sowie die Risiken vom Seeschiff/Güterzug ab.
▸ CIF (Cost Insurance and Freight)
Hier trägt der Käufer die Kosten des Transportes bis zum Bestimmungshafen/-bahnhof des Käufers, die Risiken jedoch schon ab Versendebahnhof/-hafen.

Hinweis für den Korrektor: Versionen 2000 und 2010 können beide verwendet werden.

b) Beispiel:

Von der PrimeOffice GmbH bis zum Rheinhafen per Lkw, per Binnenschiff von Karlsruhe nach Rotterdam, per Seeschiff nach Dublin, per Lkw zum Kunden.

c) ▸ Beschädigung/Zerstörung des Containers und damit des Inhalts durch einen Unfall auf den Straßen, auf dem See- bzw. Flussweg
▸ Container kann fehlgeleitet werden.
▸ Diebstahl
▸ Liefertermine werden nicht eingehalten.

Lösung 7.2

a) Das Kreislaufwirtschaftsgesetz nennt folgende Prioritäten in Bezug auf mögliche Abfälle: Abfallvermeidung vor Abfallverwertung und Abfallverwertung vor Abfallbeseitigung.

b)

Objekte – Beispiele	Entstehungsgründe – Beispiele
Materialabfall	Verschnitt Makulatur Anguss Probeproduktion
Fertigungsausschuss	Fehlproduktion Qualitätsmängel
nicht absetzbare Endprodukte	Überschussproduktion mangelnde Nachfrage
Pack- und Packhilfsmittel	Transportschutz eingekaufter Materialien von Kunden zurückerhaltene Verpackungen
Abfälle aus Güternutzung	Altmaschinen Altöl ausgediente Anlagen und Werkzeuge

c)

Objekte – Beispiele	Strategien der Abfallvermeidung – Beispiele
Materialabfall	Bei Produktentwicklung und Konstruktion darauf achten, dass der Materialeinsatz optimiert wird, z. B. beim Zuschnitt, Produktionsprozesse mit geringem Materialeinsatz bevorzugen, entstehende Nebenprodukte eliminieren
Fertigungsausschuss	vorbeugende Wartung von Maschinen, Einführung von Prozessregelkarten mit Vorwarnstufen bei Verschlechterung der Toleranzwerte, Einführung von Total-Quality-Management, Sensibilisierung von Mitarbeitern, z. B. durch Prämien.
nicht absetzbare Endprodukte	Verbesserung der Disposition auftragsbezogene Fertigung
Pack- und Hilfsmittel	Einsatz von Mehrwegsystemen Optimierung der Verpackungsmittel

Lösung 7.3

a) *Diese drei Beschaffungsstrategien sind z. B. zu unterscheiden:*

▸ *Just-in-time-Lieferungen:*
Hier wird davon ausgegangen, dass die Lieferanten in der Lage und bereit sind, stets bei Bedarf zu liefern. Das ist sinnvoll bei konstantem Bedarf z. B. bei Sand und Zement.

▸ *Lagerhaltungsstrategie:*
Hier wird davon ausgegangen, dass aus unterschiedlichen Gründen (z. B. Sicherheit, mangelnde eigene Marktmacht, große Lagerkapazität, Finanzkraft) benötigte Materialien auf Lager gelegt werden und von dort bei Bedarf abgerufen werden, z. B. Solaranlagen, Bauteile und Verbindungselemente.

▸ *Bedarfsbezogene, fallweise Beschaffung:*
Hier wird davon ausgegangen, dass jeweils erst bei konkret vorliegenden Aufträgen beschafft wird. Dies wird bei Spezialanfertigungen der Fall sein, bei denen keine oder wenige der sonst verarbeiteten Materialien Verwendung finden können, z. B. Grundstahl, Stahlbauteile.

b) *Wegen der allgemein unsicheren Wirtschaftslage können alle drei Strategien sinnvoll sein. Dies hängt vom jeweiligen Status des Unternehmens ab. Im Baubereich bietet sich für die meisten Materialien die bedarfsbezogene Beschaffung an, da Lagerhaltung hier nicht sinnvoll ist und Just-in-time-Lieferungen zu riskant sind. Werkzeuge wird man in einer bestimmten Mindestanzahl auf Lager legen, um sie jederzeit verfügbar zu haben (nicht oder nur schwer planbarer Verschleiß).*

Hinweis für den Korrektor: *Auch andere sinnvolle Lösungen sind zu werten.*

Lösung 7.4

a) *Beispiele:*

sachliche Richtigkeit einer Rechnung:
▸ *Übereinstimmung mit bestellter Ware*
▸ *Mengenabweichungen*
▸ *richtiger Absender*
▸ *Einhaltung von Lieferterminen*
▸ *Abweichungen von Rechnungsdatum und Lieferdatum*
preisliche Prüfung:
▸ *Abweichung zwischen Rechnungspreis und Bestellpreis*
▸ *Mindestanzahl von Preisangeboten*
▸ *Bevorzugung von Lieferanten*
rechnerische Prüfung:
▸ *Rechenfehler*
▸ *Mehrfachberechnungen*
▸ *Zahlungsziele, Skonti*
▸ *Transportkosten*

b) *Vorteile Einkauf, z. B.:*
▸ *größere Nähe Lieferanten*
▸ *höhere Kompetenzen bei inhaltlicher Prüfung*

▸ schnellere Abwicklung

▸ schnellere Reaktionen bei Reklamationen

Vorteile Rechnungswesen, z. B.:

▸ Neutralität der Kontrollfunktion

▸ geringe Nähe zu Lieferanten

▸ schnellere Zahlungsabwicklung.

Lösung 7.5

a) Die Zielsetzung der optimalen Bestellmenge ist es, die Summe aus den Kosten der Lagerhaltung und den Bestell- bzw. Transaktionskosten zu minimieren. Je häufiger bestellt wird, umso höher sind die Bestellkosten und umso niedriger die Lagerhaltungskosten. Bei geringer Bestellhäufigkeit sind die Lagerhaltungskosten hoch und die Bestellkosten niedriger. Die optimale Bestellmenge wird dann erreicht, wenn die Summe aus Bestell- und Lagerhaltungskosten minimal ist.

b) Von einer festgelegten Bestellmenge wird dann abgewichen, wenn

▸ die Packungsgrößen oder Transportgrößen eine andere Menge verlangen.

▸ die Lagerkapazitäten begrenzt sind.

▸ es zu Liquiditätsengpässen kommt.

▸ der Lagerkostensatz sich verändert.

▸ der Periodenbedarf sich verändert.

▸ die Einstandspreise sich stark verändern.

Hinweis für den Korrektor: Auch andere sinnvolle Antworten sind zu bewerten.

c) ▸ Sinkende Einstandspreise führen zu einer höheren optimalen Bestellmenge.

▸ Steigender Lagerhaltungskostensatz führt zu einer niedrigeren optimalen Bestellmenge.

Marketing und Vertrieb

Lösung 8.1

a) ▸ Die strategische Planung ist eine langfristige Planung. Im Absatzbereich konzentriert sie sich auf Geschäftsfelder, Kundenstrukturen, Portfolio-Strategien und Erfolgsfaktoren.

▸ Die operative Planung ist eher kurzfristig. Im Absatzbereich konzentriert sie sich auf die Absatzmengen der einzelnen Produkte bzw. Produktgruppen, Verkaufsgebiete (Inland: Bundesländer, Regionen, Ausland: Länder, Kontinente), Kundengruppen/Kunden, Zeiträume (Monate, Quartale, Kalenderwochen).

b) Die Huber AG ist Zulieferer von großen Automobilherstellern. Damit ist sie sowohl langfristig als auch kurzfristig von deren Absatzsituation abhängig. Im Bereich der operativen Absatzplanung ist sie letztlich »Befehlsempfänger« der Einkaufsabteilungen ihrer Kunden und muss folglich auf kurzfristige Schwankungen und Bedarfsänderungen reagieren. Zwar werden die Preise aufgrund von Jahreskontrakten mittelfristig stabil sein, bei den Absatzmengen dürfte hingegen nur ein Planungszeitraum von sechs bis acht Wochen möglich sein. In der strategischen Absatz-

planung ist die Huber AG frei in ihren Planungen, so können z. B. neue Absatzfelder außerhalb der Automobilindustrie strategisch geplant werden.

Hinweis für den Korrektor: *Auch andere sinnvolle Antworten sind entsprechend zu werten.*

c) Die Absatzplanung muss im kurzfristigen Bereich (Quartal) besonders flexibel gestaltet sein, um den Bedürfnissen der Kunden zu entsprechen. Für die Produktions-, Einkaufs- und Kostenplanung sollte hingegen im Bereich von drei bis zwölf Monaten mit Rahmendaten (Produktgruppen, Tonnagen usw.) gearbeitet werden. Für deren Aussagen müssten entsprechende Informationsgespräche mit den Kunden sowie Marktanalysen zu Grunde gelegt werden.

Lösung 8.2

a) Wahrheit, Klarheit, Wirksamkeit, Wirtschaftlichkeit, Soziale Verantwortung

b) Die Markenbildung kann zur Unterscheidung, Wiedererkennung und Differenzierung der Küchengeräte beitragen.

Vorteile sind z. B.

▸ *Steigerung des Bekanntheitsgrades*
▸ *Durchsetzung des angestrebten Qualitätsniveaus*
▸ *Verbesserte und vereinfachte Werbung*
▸ *Absicherung des angestrebten Preisniveaus*

Lösung 8.3

a) – Bei der kostenorientierten Preisgestaltung wird im Rahmen der Vollkostenrechnung festgelegt, welcher Preis auf dem Markt gefordert wird. Das Unternehmen versucht, alle anfallenden Kosten zu decken und zusätzlich einen Gewinnaufschlag zu erzielen. Üblich ist diese Art der Preissetzung, wenn das Produkt Alleinstellungsmerkmale aufweist, wie z. B. Markenjeans.

– Bei der konkurrenzorientierten Preisbildung richtet man sich bei der Preisfindung nach den Mitbewerbern am Markt. So lassen sich bestimmte Produkte, z. B. Waschmittel, Reinigungsmittel, Körperpflegeprodukte usw. nur zu Preisen verkaufen, die der Kunde akzeptiert.

Zu unterscheiden sind dabei die Hochpreisstrategie und die Niedrigpreisstrategie.

b) – Die Quickbau GmbH muss eine kostenorientierte Preisgestaltung betreiben. Die Produkte sind kundenindividuell zu fertigen. Es gibt keine vergleichbaren Marktpreise. Der Konkurrenz aus den osteuropäischen Ländern sollte man mit einem erweiterten Serviceangebot begegnen.

Hinweis für den Korrektor: *Auch eine sinnvoll begründete konkurrenzorientierte Preisgestaltung ist entsprechend zu bewerten.*

Lösung 8.4

a) *Die Distributionspolitik bezieht sich auf alle Entscheidungen, die in Zusammenhang mit dem zu gehenden Weg eines Produktes zum Endverbraucher stehen. Wie gelangt das Produkt zum Anwender?*
Die Distributionspolitik umfasst zudem die Wahl der Absatzkanäle sowie die physische und die akquisitorische Distribution.
physisch = logistischer Weg der Produkte zum Kunden
akquisitorisch = Kundengewinnung und Betreuung vor Ort

b) *direkter Absatzweg:*
  ‣ *Innendienst*
  ‣ *Außendienst (Reisende)*
  ‣ *Verkaufsbüros*
  ‣ *E-Commerce*
  ‣ *Niederlassungen*
  indirekter Absatzweg:
  ‣ *Großhandel*
  ‣ *Einzelhandel*
  ‣ *Franchisesysteme*
  ‣ *Versandhandel*
  ‣ *Kommissionäre*

Lösung 8.5

‣ *Funktionsorientierung = Gliederung des Vertriebes nach Verrichtungen, indem man unterschiedliche Tätigkeiten zusammenfasst, wie z. B. Außendienst, Training und Ausbildung, Controlling: Jede Funktion wird von Spezialisten zur Aufgabenerfüllung geführt. Funktionsbereiche werden der Vertriebsleitung unterstellt.*

‣ *Produktorientierung = Gliederung des Vertriebes nach Produkten bzw. Produktgruppen: Die Vertriebsmitarbeiter sind Produktspezialisten. Das ist dann besonders wichtig, wenn Unternehmen mit verschiedenen Sparten (Divisionen, Produktbereichen) am Markt auftreten oder aber hochtechnische, stark erklärungs- oder beratungsbedürftige Produkte verkaufen, z. B. im Bereich Maschinenbau.*

‣ *Kundenorientierung = Gliederung des Vertriebes nach Kunden oder Kundengruppen: Das ist dann besonders wichtig, wenn Kunden hohe Wertigkeiten und/oder stark differenzierte Bedürfnisse haben. Großkunden können z. B. von Key Account Managern betreut werden, unterschiedliche Handelssparten von speziell geschulten Mitarbeitern.*

‣ *Gebiets-/Regionenorientierung = Gliederung des Vertriebes nach geografischen Gesichtspunkten/Besonderheiten: Die entstehenden Verkaufsgebiete werden nicht nur nach regionalen Aspekten (Nord, Süd, West usw.), sondern auch nach nationalen Gesichtspunkten getrennt (Deutschland, deutschsprachiges Europa, EU, restliches Europa, Welt). Eingesetzt wird dieses Konzept vor allem von Industrieunternehmen mit einem homogenen Produktportfolio, im Handel dagegen weniger.*

Führung und Zusammenarbeit

Lösung 9.1

a) Beispiele:

▸ *Informationen über den leitenden Angestellten einholen*
▸ *diesen rechtzeitig über das Treffen informieren*
▸ *erforderliche Unterlagen beschaffen und bereitstellen*
▸ *angenehme Gesprächsatmosphäre schaffen*

b) Beispiele:

aggressiver Meinungsführer:

▸ *bremsen; auf der einen Seite am Ehrgeiz packen, auf der anderen Seite Defensiv-taktiken anwenden (z. B. Toter Winkel)*
▸ *Einhaltung von klaren Regeln einfordern*
▸ *Einwände von ihm selbst beantworten lassen*

schüchterner, aber fachlich kompetenter Vorgesetzter:

▸ *mit konkreten und einfachen Fragen aktivieren*
▸ *vorbereitete Statements vortragen lassen*
▸ *konstruktive Rollen übertragen, z. B. Co-Moderator*

notorischer Verweigerer:

▸ *nach Motiven seiner Weigerung fragen*
▸ *aktivieren*
▸ *Einwände zurückgeben*
▸ *nach persönlichen Erfahrungen fragen*
▸ *Einwände begründen lassen*
▸ *Einbinden in Lösungen*

Lösung 9.2

▸ *Einstieg*
▸ *Sammeln*
▸ *Auswählen*
▸ *Bearbeiten*
▸ *Planen*
▸ *Abschluss*

Lösung 9.3

Sachseite	*Daten und Fakten stehen im Vordergrund*	*Was ist wahr, was unwahr? Was ist wichtig, was unwichtig?*
Selbstkundgabeseite	*Die Nachricht enthält Hinweise auf die Persönlichkeit*	*Wie ist die Stimmung? Was geht in dem Sender vor?*
Beziehungsseite	*Hinweis auf die Beziehung durch Formulierungen, Tonfall und Mimik*	*Wie fühle ich mich behandelt? Was hält der Sender von mir?*
Appellseite	*Angestrebte Wirkung steht im Vordergrund: Wünsche, Ratschläge, Anweisungen*	*Was soll ich machen? Was soll ich denken?*

Lösung 9.4

Freie Form, z. B.:

▸ *bessere Differenzierung*

▸ *individuellere Beurteilung*

Gebundene Form, z. B.:

▸ *geringerer Zeitaufwand*

▸ *vergleichbar*

▸ *Teilnehmer kennt die Beurteilungskriterien*

Gemischte Form, z. B.:

▸ *Leistung und Verhalten lassen sich getrennt beurteilen*

▸ *Situationen/Beispiele können ergänzt werden.*

Hinweis für den Korrektor: *Jede sinnvoll begründete Entscheidung soll entsprechend bewertet werden.*

Lösung 9.5

a) *Geschäftsstellenleiter wurden beim Aufbau der Unternehmenskultur nicht beteiligt, Kommunikation zwischen Zentrale/Geschäftsführung und den Filialleitern ist gestört.*

Verkäufer wurden in den Zeiten des Umsatzwachstums vernachlässigt, vertrauensbildende Maßnahmen zwischen Geschäftsleitung und Verkäufern wurden reduziert.

b) *Beispiele:*

▸ *Beteiligung der Mitarbeiter an Messen*

▸ *Beteiligung an der Auswahl neuer Geräte*

▸ *Probetraining an den Geräten*

▸ *Einführung einer Umsatzbeteiligung*

▸ *Cafeteria-Systeme*

Literaturverzeichnis

Baßeler, U./Heinrich, J./Utecht, B.: Grundlagen und Probleme der Volkswirtschaft, 19. Auflage, Stuttgart 2010.

Berne, E.: Struktur und Dynamik von Organisationen und Gruppen, München 1979.

Blake, R. R./Mouton, J.: The Managerial Grid: The Key to Leadership Excellence, Houston 1964.

Bleicher, K.: Organisation. Strategien, Strukturen, Kulturen, Wiesbaden, 2. Auflage 1991.

Bühner, R.: Personalmanagement, 2. Auflage, Landsberg/Lech 1997.

Coenenberg, A. G. et al.: Kostenrechnung und Kostenanalyse, 9. Auflage, Stuttgart 2016.

Däubler, W.: Tarifvertragsgesetz mit Arbeitnehmer-Entsendegesetz. Kommentar, 3. Auflage, Baden-Baden 2012.

Ebel, B.: Kompakt-Training Produktionswirtschaft, Leipzig 2002.

Ehrmann, H.: Logistik, 7. Auflage, Ludwigshafen (Rhein) 2012.

Eisele, D./Seßinghaus, C./Walkenhorst, R.: Steuerkompendium Band 2, 11. Auflage, Herne 2009.

Endriss, H.W./Baßendowski, W./ Küpper, P./Schönwald, S.: Steuerkompendium Band 1, 13. Aufl., Herne 2012

Europäische Zentralbank, Monatsberichte, Frankfurt (Main).

Fischer, H.: Unternehmensplanung, München, 1996

Giersch, H.:, Allgemeine Wirtschaftspolitik, I. Grundlagen, Wiesbaden 1961.

Graf, C./Nicolini, H.J./Quilling, E./Starke, D.: Praxiswissen Netzwerkarbeit, Wiesbaden 2013.

Gräfer, H.: Jahresabschlussanalyse, in: Endriss, H.W. (Hrsg.): Bilanzbuchhalter-Handbuch, 8. Auflage, Herne 2011.

Halaczinski, R./Sikorski, R./ Weber, H.: Steuerrecht I, 7. Auflage, München 2008.

Hersey, P./Blanchard K.H.: Management of organizational behaviour: Utilizing human ressources, Englewood Cliffs N.J. 1987.

Hock, G.: Recht, München 2008.

Jung, H.: Allgemeine Betriebswirtschaftslehre, 12. Auflage, München/Wien 2010.

Jung, R.H./Kleine, M.: Management, München/Wien, 1993.

Kosiol, E.; Organisation der Unternehmung, Wiesbaden 1983.

Kresse, W./Leuz, N. (Hrsg.): Steuerrecht, Internationale Rechnungslegung, 11. Auflage, Stuttgart 2010.

Küpper, H.-U. et al.: Controlling, 6. Auflage, Stuttgart 2013.

Lang, H.: Kosten- und Leistungsrechnung, München 2009.

Lewin, K.: Frontiers in group dynamics, in: Human Relations, 1/1947, S. 5–41.

Meffert, H./Burmann, C./Kirchgeorg, M.: Marketing: Grundlagen marktorientierter Unternehmensführung. Konzepte – Instrumente – Praxisbeispiele, 11. Auflage, Wiesbaden 2012.

Melchior, J.: Steuerrecht II, 7. Auflage, München 2008.

Mentzel, W.: Unternehmenssicherung durch Personalentwicklung, 7. Auflage, Freiburg i. Br. 1997.

Nicolini, H.J.: Betriebswirtschaftliche Beratung, 3. Auflage, München 2008.

Nicolini, H.J.: Sozialmanagement, Köln 2012.

Oeldorf, G./Olfert, K.: Kompakt-Training Materialwirtschaft, 3. Auflage, Ludwigshafen (Rhein) 2009.

Olfert, K./Rahn, H.J.: Kompakt-Training Organisation, 6. Auflage, Ludwigshafen (Rhein) 2012.

Olfert, K.: Personalwirtschaft, 15. Auflage, Ludwigshafen (Rhein) 2012.

Palandt, Bürgerliches Gesetzbuch, Kommentar, 71. Auflage, München 2012.

Probst, G. u. a.: Wissen managen: Wie Unternehmen ihre wertvollste Ressource optimal nutzen, Wiesbaden 1997.

Quilling, E./Nicolini, H.J.: Erfolgreiche Seminargestaltung, 2. Auflage, Wiesbaden 2009.

Quilling, E.: Führungsaufgaben und Moderation, Bonn 2008

Schulz von Thun, F.: Miteinander reden: Störungen und Klärungen. Psychologie der zwischenmenschlichen Kommunikation, Reinbek 1981.

Schulz von Thun, F.: Miteinander Reden, Band 1–3, Reinbeck bei Hamburg 2001.

Verordnung über die Prüfung zum anerkannten Abschluss Geprüfter Wirtschaftsfachwirt/Geprüfte Wirtschaftsfachwirtin i. d. F. vom 25. August 2009, BGBl. S. 2960 ff.

Weidenmann, B.: Erfolgreiche Kurse und Seminare. Professionelles Lernen mit Erwachsenen, 6. Auflage, Weinheim 2004.

Wilke, H./Wit, A.: Gruppenleistung, in: Stroebe, W./Hewstone, M./Jonas, K. (Hrsg.): Sozialpsychologie. Eine Einführung, 4. Auflage, Berlin, Heidelberg, New York 2002, S. 497–532.

Witte, H.: Allgemeine Betriebswirtschaftslehre, 2. Auflage, München 2007.

Wöhe, G.: Einführung in die Allgemeine Betriebswirtschaftslehre, 24. Auflage, München 2010.

Stichwortverzeichnis